# 深度学习理念下大单元教学

## 初中 物理 化学 生物学

总 主 编：苏文玲
本册主编：解 宝　刘国坤
　　　　　吕 妍　翁晓丹

世界图书出版公司

图书在版编目（CIP）数据

深度学习理念下大单元教学 / 苏文玲著 . -- 北京：世界图书出版公司，2022.12
ISBN 978-7-5232-0016-2

Ⅰ.①深… Ⅱ.①苏… Ⅲ.①教学研究 Ⅳ.①G420

中国国家版本馆 CIP 数据核字 (2023) 第 011539 号

| | |
|---|---|
| 书　　　名 | 深度学习理念下大单元教学　初中　物理　化学　生物学 |
| （汉语拼音） | SHENDU XUEXI LINIANXIA DADANYUAN JIAOXUE　CHUZHONG WULI　HUAXUE　SHENGWUXUE |
| 著　　　者 | 苏文玲 |
| 总　策　划 | 吴　迪 |
| 责 任 编 辑 | 王林萍 |
| 装 帧 设 计 | 包　莹 |
| 出 版 发 行 | 世界图书出版公司长春有限公司 |
| 地　　　址 | 吉林省长春市春城大街 789 号 |
| 邮　　　编 | 130062 |
| 电　　　话 | 0431-86805551（发行）　0431-86805562（编辑） |
| 网　　　址 | http：//www.wpcdb.com.cn |
| 邮　　　箱 | DBSJ@163.com |
| 经　　　销 | 各地新华书店 |
| 印　　　刷 | 河北品睿印刷有限公司 |
| 开　　　本 | 787 mm×1 092 mm　1/16 |
| 印　　　张 | 18.25 |
| 字　　　数 | 272 千字 |
| 印　　　数 | 1—3 000 |
| 版　　　次 | 2022 年 12 月第 1 版　2022 年 12 月第 1 次印刷 |
| 国 际 书 号 | ISBN 978-7-5232-0016-2 |
| 定　　　价 | 45.00 元 |

版权所有　翻印必究

（如有印装错误，请与出版社联系）

# 编委会

顾　　问：崔成林

总 主 编：苏文玲

本册主编：解　宝　刘国坤　吕　妍　翁晓丹

编　　委：（按照姓氏笔画排序）

　　　　　　王　会　王思瑶　田　玥　刘纪彤

　　　　　　刘银洁　孙婷婷　李黎明　张　芮

　　　　　　张　莹　张予畅　林广洪　班春阳

# 序

  知易行难。作为指导专家，深知大单元设计和教学实践的艰难，要想把"死教材"变成"活课程"，不仅需要理念培育、策略建构，还需要一线教师有较高的专业素养和持之以恒的热情。长春经济技术开发区教师进修学校，基于深度学习理念下教学评一体化实践研究，从教研员带头做起，以教师进修学校附属学校（育隆学校）、项目学校及学科基地校为实践基地，上挂下联，促进教学理念转化，扎根学校课堂实践，解决了理论联系实践的难题，并结出了丰硕的果实，提炼出一个个优质的教学案例，汇集出版了《深度学习理念下大单元教学》专著和中考九个学科的"教学案例"，给基础教育学校提供了急需的可借鉴、可临摹的大单元设计范例，可喜可贺！

## 一、为什么要进行"大单元整体设计"

  素养立意，深度学习，以大单元整体教学为载体，目的是培养知行合一的优秀学习者，这是实施大单元教学的根本价值。然而，一线教师不喜欢这种"大道理"，作为一位常自诩"在理论与实践割裂处穿行"的学者，将从教学质量提升的实践角度谈谈自己的感悟。

  "讲练结合"是一线教师公认的有效教学策略。传统的以"课"为单位的教学，"课"与"课"各自为政，缺乏有机统一、分工合作，形不成"整体"力量，让老师陷入了"讲练两难"的境地。如果按照现在流行的说法，"把课堂还给学生"，教师"少讲"，学生"多练"，人们发现，在这样的课堂，学生学习知识不系统、理解不深刻。由于"讲""练"无法两全，于是，课内损失课外补，"满堂讲""满堂问"依然是当前课堂的主题曲，这说明"单打独斗"式的"课时主义"，不仅导致了知识与知识之间、问题与问题之间、课与课之间……缺乏关联和迁移，导致有效的教学策略难以落地，而且直接影响教学质量的提升。

既然"单打独斗"的"课时主义"有诸多弊端，那么是否可以尝试一下"整体作战"呢？即以一个单元（自然单元或重组单元）为最小的教学单位来组织教学。这种"整体作战"，在一个课程单元教学中，分工合理，各展所长：有的课时可以系统讲，有的课时可以集中练，有的课时重在作业讲评，有的课时着眼方法提升……相互配合、有机统一、统筹安排，则可以解决当前课堂"讲练结合"捉襟见肘的问题。以单元为一个教学单位组织教学，可以产生"1+1"大于"2"的教学效果，解决教学碎片化、孤立化的困境；可以让教师的教学决策更加灵活，做到张弛有度、收放自如。

课堂教学是一门艺术，同样需要"战略战术"。视角孤立的"课时教学"，零散、浅表、呆板、高耗，过分强调"教学速度和知识效率"，达不到知识、思维和素养生长应该具有的"课标"高度，不符合当今素养导向的中高考综合测试要求。单元整体视角的"单元教学"具有"大主题"统领、"系统化"分析、"整体性"编排、"结构化"关联的内涵特征，利于学科素养的落实和质量提升。

二、如何进行"大单元整体设计"

什么是"单元"？《现代汉语词典》：整体中自成段落、系统，自为一组的单位。我们日常所说的教材单元是由若干个相同知识组成的集合，通过课时教学的组织方式来完成。真正的课程单元，应该以一个"单元"为"一个最小的教学单位"，以课时为单元的组成部分。这如同一只手，手指是手的组成部分，各有各的作用，有机统一才能发挥一只手的完整功能。

那么何谓"大单元"呢？大单元的"大"字，并不是数量、形状的比较词，大单元是指"课程单元""学习单元"。这个"大"字如果需要诠释，我以为用"素养"，即"知行统一"解读更准确，"素养为大"。大单元是指基于学科核心素养和课程标准要求，根据学生认知规律和基本学情，以一个主题（专题、话题、问题）为核心，根据单元目标、组织、连接学习内容，形成贯通学习情境、学习任务、学习活动和学习评价的整体联系的最小的教学单位。

"大单元整体设计"的特点是"系统分析、整体设计"。系统分析，是指整个单元规划和课时设计必须建立在对课程标准、核心内容、基本学情深度分析的基础上的"再建构"，是通过大问题、大任务、大观念或大项目的组织方式来完成的，而非一味沿袭教材、教参和学辅资料的规定与说明；整体设计，是指课时教学之前，要在系统分析的基础上组建单元、确定主题、明确目标（含学业质量标准）、结构化任务、递进性活动以及课型、课时、作业等内容。

（一）未设计、先分析——分析课标、分析教材、分析学情，这是单元设计的基础工程

没有对课标、教材、学情的深度解析和精准把握，单元规划和课时设计就成了无源之水、无本之木，教学质量也就无从谈起了。单元设计教案一般会设置课标分析、教材分析、学情分析这些栏目，让老师们把分析显性化、可见化。依我看来，这种分析可以写在纸上，"显而易见"，也可以隐藏在对"课标、教材、学情"分析后的"产品"中。单元目标制定得是否准确，单元学业质量标准制定得是否精准，足以验证设计者是否深度解析并准确把握住了课程标准；单元结构化的学习任务是否完整，分类分层逻辑是否科学，足以验证设计者是否深度阅读并剖析了教材和相关学习资源，是否深谙学科内容之间的逻辑关系；单元递进性活动设置得是否得当，学习过程组织得是否有序，也足以证明设计者对学情把握得准确与否，是否符合自己所教学生的最近发展区。以输出成果证明过程效能，也是一种验证课标、教材、学情分析品质的方法。

（二）整体性、结构化——"整体设计、统筹安排""课程结构、思维进阶"，这是大单元设计的基本特征与内在逻辑

由零散走向关联，由浅表走向深度，由知识化走向课程化（面向真实问题解决），要求设计者站到课程的高度，遵循育人的需要，整体建构，旨在取得最大、最佳教学效能。以主题为统领，以目标为指向，以标准为依据，综合利用各种教学形式和教学策略，完成具有内

在联系的学习任务，达到迁移运用水平。

1.纲举目张——主题是单元设计的聚合器

以核心素养为纲来设计大单元，关键在于提炼一个合适的大主题。通过提炼合适的主题来统领整个单元。单元主题可以这样设计：（1）以大概念或核心概念为主题；（2）以项目化学习主体任务为主题；（3）以课程内容对应解决的主问题、主任务为主题；（4）以教材整合后指向的核心目标为主题；（5）以现实问题整合的跨学科生成为主题；（6）直接采用教科书单元主题；等等。主题的确定应遵循以下基本原则：指向素养提升，落实课程标准，遵循教学规律，体现学科本质和学科育人价值。

2.进阶式目标——具有递进层次的完整目标

优质单元设计的重要品质之一就是澄清本质不同的目标：短期学习目标（知识和技能）和长期学习目标（理解意义和迁移）。单元目标应体现从知识到素养的"思维进阶"，分清低阶学习目标（双基）和高阶学习目标（运用双基）。这种进阶式学习目标可以将学习目标组织成非常有用的结构，它是一个连续统一体，能清楚地说明与具体标准相关的不同层次的知识与技能。

3.单元评价——学业质量标准的单元化

无规矩不成方圆，无标准难求质量。新修订的课程标准，一个较大的变化是增加了"学业质量标准"。根据"逆向设计"理念，单元设计应该在学习目标（学习结果）确定之后，设计单元"学业质量标准"，彰显目标达成评估证据，然后设计单元结构化活动（任务）。单元达成评价可通过设计评价性任务或问题，以完成的情况和质量来测评；可通过各类学习活动成果、课堂汇报、展示或演讲来评估；也可在过程中设置观察评价点，根据学生学习行为、过程来评价等。

4.结构化活动——区分课程单元与教材单元的标志

单元结构化活动是为了达成单元目标，解决学习问题或完成学习任务而进行的一系列习得行为和过程方法，相对独立，又彼此联系，构成一个体系化的课程学习活动结构，由单元结构化学习任务和递进

化学习活动设计构成。以单元主题为基础,将本单元知识进行课程开发,转化为学习任务(或问题),按照"主题(大概念)——主问题/任务(核心概念)—— 分问题/任务(重要概念)—— 子问题/任务(基础概念)"逻辑,将子任务活动化,组成一个课程学习的意义整体,是区分课程单元与教材单元的主要标志。

单元结构化任务需要站在单元知识结构化的角度,确定构成系统的各项子任务。这些子任务具有层次性,从低级到高级地解决学习问题或完成子任务的学习方式或策略行为,即递进性活动。单元活动设计要求站在单元知识结构性的高度,以学习问题(或任务)解决为主线赋予相应的认知策略,通盘设计,构建一系列相对独立又内具关联的活动群,整体协同达成单元目标,成为单元规划课时、课型的基本依据和划分标准。

在完成上述研究分析和单元设计之后,我们需要上述内容和结构化活动,联系学生的学情,进行目标的分解、课时的划分,并根据学科特点设计适合的课型,形成具有进阶性且整体闭合的单元教学过程,同时进行设计作业及统筹安排。单元作业设计要整体设计,应具有递进性和关联性。单元作业要求站在单元层面统筹考虑整个单元系列性作业,将单元内零散的、单一的作业采取删减、增补、重组等方式合理整合,而不是对单元内一课一课作业的叠加。要求依据学生的认知特点和某个单元的教学内容,设计合理的、有一定思维梯度的作业,注重学习的阶段性和层次性,避免传统作业的随意性与盲目性。

大单元设计是一项复杂的工作,对设计者的专业能力要求特别高。第一,设计者应该是一个教学研究者,需要对课标、学情、教材深度解析,并转化为单元主题、目标、评价等课程产品;第二,设计者应该是一个课程开发者,需要把教材内容抽丝剥茧,变成结构化的学习问题、学习任务,并赋予情境,引导学生通过学习活动解决问题;第三,设计者应该是一个顶层设计者,需要整体构思、科学统筹课型、课时,从单元规划到课时教学,形成一个完整的系统化设计。

在大单元设计方面,无论理论研究专家还是一线实践者,我们仍在路

上……但只要我们坚持如一，不断摸索，就能够克服一个个难关，"他山之石，可以攻玉"，我们不妨以此为参考，继续深化研究，以期结出丰硕的果实。

崔成林

崔成林：山东省特级教师，正高级教师。山东省十大创新人物，泰安市功勋教师。长期致力于课堂实践研究，在教学设计、教学评价、现代课堂建构方面有独到见解和实践经验，已在国家和省市教育期刊发表论文上百篇。近几年，着力深度学习理论转化，推进深度教学改革，取得了丰硕的成果，获得了山东省教学成果一等奖、国家教学成果二等奖，本人也荣获"第四届全国教育改革创新先锋奖"。

# 目录
## contents

➡ **物理大单元教学设计/1**

　　八年级下册第七章"力"/2

　　九年级全一册第十五章"电流和电路"/19

　　九年级全一册第十七章"欧姆定律"/38

➡ **化学大单元教学设计/67**

　　九年级上册第四单元"自然界的水"/68

　　九年级上册第六单元"碳和碳的氧化物"/91

　　九年级上册第七单元"燃料及其利用"/115

　　九年级下册重组单元"有关物质变质的探究"/135

　　九年级下册第九单元"溶液"/156

➡ **生物学大单元教学设计/179**

　　七年级上册重组单元"黄豆的一生"/180

　　七年级上册重组单元"水的循环"/200

　　七年级下册第四单元第三章"人体的呼吸"/217

　　七年级下册重组单元"葡萄糖的人体奇妙之旅"/232

　　八年级下册第八单元第一章"传染病和免疫"/258

# 物理大单元教学设计

# 八年级下册第七章"力"

长春经济技术开发区育隆学校　张芮

## 单元教学规划

一、单元内容

人教版八年级下册第七章"力"。

二、单元分析

（一）课标分析

义务教育物理课程标准中对本章节内容要求如下：

1.核心素养

（1）物理观念：从物理学视角形成相互作用的总体认识，将物理概念在头脑中提炼与升华，并能以此解释自然现象和解决实际问题。

（2）科学思维：具体运用分析综合、推理论证等方法在问题探究时，提出创造性见解的品格与能力。

（3）科学探究：基于观察和实验提出 $G$ 与 $m$ 的关系、形成猜想与假设、设计实验与制订方案、获取与处理信息、基于证据得出结论并作出解释，以及对探究过程和结果进行交流、评估等要素。

（4）科学态度与责任：经历实验探究过程形成严谨认真、实事求是、持之以恒的品质。

2.目标要求

（1）认识力，能将所学物理知识与实际情境联系起来。

（2）能对相关问题和信息进行分析并得出结论，具有初步推理能力。

（3）有科学探究意识，能发现问题、提出问题，能制定简单的科学探究方案，能分析、处理，得出结论。能书面或口头表述自己的观点，具有与他人交流的能力。

3.课程内容

内容要求：2.2.3 通过常见事例或实验，了解重力、弹力、摩擦力，认识力的作用效果。

例3 通过实验，认识力的作用是相互的。

例4 通过实验，认识力可以改变物体运动的方向和快慢，也可以改变物体的形状。

2.2.4 能用示意图描述力。会测量力的大小。

5.1.1 能发现日常生活中与物理学有关的问题，提出解决方案。

4.学业要求

（1）了解力，能用物理知识解释自然界的有关现象，解决日常生活中的有关问题，形成初步的运动和相互作用观念。

（2）能在解释自然现象和解决实际问题时引用证据，具有使用科学证据的意识。

（3）能基于观察和实验，提出与力有关的科学探究问题，并作出有依据的猜想与假设；在科学探究中，能制订初步的实验方案；能正确使用弹簧测力计等相关器材获取实验数据；能通过对数据的比较与分析，发现数据的特点，进行初步的因果判断，得出实验结论；能表述实验过程和结果，撰写实验报告。

（4）知道物理学是对相关自然现象的描述与解释，物理学研究需要观察、实验和推理，具有对运动和力等知识的学习兴趣和严谨认真、实事求是的科学态度，逐步养成实现中华民族伟大复兴的责任感与使命感。

5.教学提示

（1）教学策略建议：建议从学生的已有经验和认知水平出发，设计多种学习活动，重视物理概念的建构过程，促进学生对抽象概念的理解，引导学生在问题解决中提升能力，发展核心素养。

①联系生活实际创设学习情境。如蹦极，启发引导学生对真实情境中的物理问题进行思维加工，概括力的共同特征。

②渗透科学研究方法，培养学生的科学思维。引导学生通过实验寻找证据，归纳总结出一般性规律，鼓励学生勇于质疑，敢于表达自己的观点。

③注重问题导向，合理设计探究活动。在活动中，注重发挥学生的积极性和主动性，给学生留出恰当的时间和空间；鼓励学生发现问题、提出问题，通过科学方法收集证据、得出结论；引导学生揭示得出结论的理由，并对探究过程和结果进行评估、反思与交流。

④充分利用科学史料，建议学生在了解火箭发射升空原理的过程中，通过查找资料，了解我国长征系列运载火箭的发展历程，培养学生的爱国情怀、提升学生的民族自豪感和实现中华民族伟大复兴的使命感。

（2）情景素材建议：与力及其作用效果相关的素材：利用弹簧测力计感受和测量力，利用气球演示力的作用效果。

（二）教材分析

本章包含"力""弹力""重力"三节内容，第一节初步认识力的概念，为后续对弹力、重力、摩擦力等力的学习奠定基础；在充分感受力的基础上，教科书进一步从力的作用效果出发，得出了力的三要素及力的示意图。以实例分析力的作用是相互的。第二节认识弹力，从易观察的现象入手，初步认识弹力概念，从实际应用的角度出发，重点探究弹簧测力计的正确使用方法。第三节认识重力，先创设情境，帮助学生了解重力的存在；按照重力的"大小、方向、作用点"三要素进一步开展探究活动，全面认识重力，让学生能利用相应特点解决生活中的问题。本章通过对弹力、重力等具体的力的学习，一方面巩固对力的初步认识，另一方面也对这两种力的性质有了具体的了解，帮助学生在经历感知、描述、测量等认识过程，以达到逐步认识、深化的目的。

力学在物理学中占有非常重要的地位。它是物理学的基础，也是物理学及其他学科研究的典范。本章所学有关力的基础知识，是学生学习后续各章如"牛顿第一定律""压强""浮力""简单机械"等内容所必需的预备性知识。

（三）学情分析

已有经验：学生经历八年级上的学习，已经对物理学习有了一些基础，力的概念生活中经常涉及，学生对力有非常丰富的感性认识，但比较片面和肤浅。

学习障碍：八年级下相较于八年级上，对学生的分析能力要求更高，学生对于一些比较抽象的概念的表述难以形成清晰的认识，要让学生经历丰富的具体实例感知力的存在，初步归纳、概括各个实例的共同特征，初步理解力的概念。同时通过实验引导学生从两个方面认识力的作用效果，从影响力的作用效果角度介绍力的三要素。"弹力""重力"的处理思路与"力"是一脉相承的，都是从感知力、描述力、测量力、分析力等角度开展，帮助学生进一步深化、巩固对力的掌握。

应着重培养学生解决实际问题的能力，并能对相应原理进行准确表述。

三、单元主题

从蹦极中认识力。

## 四、单元目标

### （一）低阶目标

1. 了解力产生的原因，举出生活中存在的力，知道力的国际单位及其符号，理解一个力对应着施力物体和受力物体。
2. 区分力的两种作用效果。
3. 知道力的"三要素"，会对力进行作图描述。
4. 理解力的作用的相互性，会判断一对相互作用力。
5. 说出弹力的产生原因和特点。
6. 总结弹簧测力计的工作原理。会使用弹簧测力计测量力的大小。
7. 知道重力的概念、产生原因、物理符号及单位。
8. 通过实验探究重力与质量的关系。
9. 能利用公式$G=mg$及其变形式计算有关的问题。
10. 能说出重力方向的正确表述。
11. 能知道如何改变重心，提高物体的稳定性。

### （二）高阶目标

12. 分析蹦极时弹性绳伸长过程中对运动的影响。
13. 能利用重力方向进一步设计水平仪，判断台面是否水平。
14. 能自制平衡鸟模型，并解释其中原理。

## 五、单元评价

1.1 说出力的概念，分析蹦极中存在的力。正确说出力的国际单位及其表示符号。

1.2 分析蹦极中具体的力，感受力的产生过程，正确区分施力物体和受力物体。

2.1 分析蹦极中力作用时会产生哪些效果，并进行分类。

2.2 以蹦极中具体力为例，说出力产生的过程，正确区分施力物体和受力物体。

3.1 通过实例感受，总结力的三要素。分析不同要素对力的作用效果的影响。

3.2 会正确画出力的示意图。

4.1 通过人与绳之间的相互作用，总结出力的作用是相互的。

4.2 分析生活中利用力的作用是相互的这一原理的实例，并在实例中正确分析出每个力的施力物体、受力物体。

4.3 对拉弹簧测力计，总结相互作用力的特点。

5.1 能通过对蹦极中的力进行简单分类，总结弹力的特点与产生原因。

5.2 能区分弹性和塑性。

6.1 通过自制弹簧测力计，介绍各部分构造的设计意图，分析弹簧测力计的工作原理。

6.2 能利用自制弹簧测力计正确测量力的大小。

7.1 通过将蹦极中的重力与弹力两种力对比，说出重力的产生原因、施力物体及作用效果。

7.2 能正确说出重力的表示符号和单位。

8.1 通过小组讨论，围绕实验目的针对不同的实验器材确定需要测量的物理量以及测量仪器。

8.2 能合理画出表格，记录实验数据。

8.3 能选择合适的方法分析实验数据，得出正确结论。

9.1 通过计算身边同学的重力，会用公式 $G=mg$ 带入数据及相应单位得出正确结果。

10.1 通过对悬挂重物的细线与桌面的位置关系，总结出重力方向的正确表述。

10.2 举例说明应用重力方向竖直向下的实例。

11.1 通过观察不倒翁的构造，分析重心对物体稳定性的影响，并举出利用此原理的生活中的仪器。

12.1 能利用弹簧伸长量与外力成正比分析蹦极时弹性绳伸长过程中对运动的影响。

13.1 理解细线的竖直是与水平面垂直。

13.2 逆向思考与细线垂直便是水平。

13.3 总结用什么仪器可准确说明垂直的位置关系。

14.1 能正确分析出平衡鸟的构造对重心的影响。

## 六、单元结构化活动

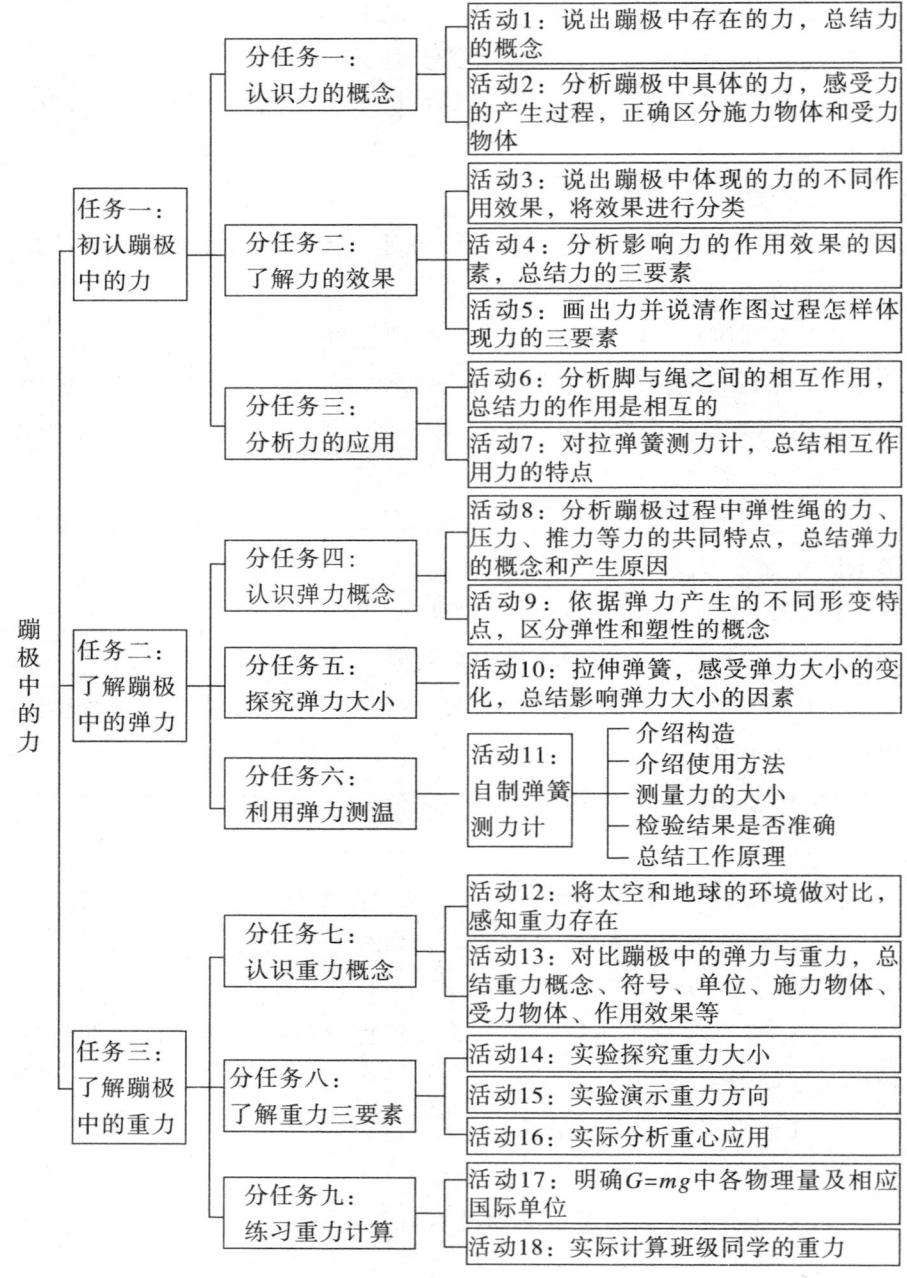

## 七、课时分配

共3课时。

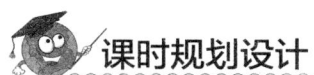课时规划设计

## 第1节 力
(新授课,1课时)

**一、课时目标**

1.了解力产生的原因,举出生活中存在的力,知道力的国际单位及其符号,理解一个力对应着施力物体和受力物体。

2.区分力的两种作用效果。

3.知道力的"三要素",会对力进行作图描述。

4.理解力的作用的相互性,会判断一对相互作用力。

5.能分析利用力的作用是相互的这一原理在生产生活中的实际应用。

**二、情境任务**

初认蹦极中的力。

**三、学生活动**

活动1:说出蹦极中存在的力,总结力的概念。

活动2:分析蹦极中具体的力,感受力的产生过程,正确区分施力物体和受力物体。

活动3:说出蹦极中体现的力的不同作用效果,将效果进行分类。

活动4:分析影响力的作用效果的因素,总结力的三要素。

活动5:画出力并说清作图过程怎样体现力的三要素。

活动6:分析脚与绳之间的相互作用,总结力的作用是相互的。

活动7：对拉弹簧测力计，总结相互作用力的特点。

**四、课时作业**

操作性作业：

作业一：（任选1个）

①查找资料，了解长征系列运载火箭的发展历程，录制视频进行介绍。

②自制水火箭，视频讲解水火箭的工作原理。

## 第2节 弹力
（实践课，1课时）

**一、课时目标**

1.说出弹力的产生原因和特点。

2.总结弹簧测力计的工作原理。会使用弹簧测力计测量力的大小。

3.分析蹦极时弹性绳伸长过程中对运动的影响。

**二、情境任务**

了解蹦极中的弹力。

**三、学生活动**

活动1：分析蹦极过程中弹性绳的力、压力、推力等力的共同特点。总结弹力的概念和产生原因。

活动2：依据弹力产生的不同形变特点，区分弹性和塑性的概念。

活动3：拉伸弹簧，感受弹力大小的变化，总结影响弹力大小的因素。

活动4：自制弹簧测力计。

**四、课时作业**

操作性作业（A、B可选做一个）：

A组：制作简易纸弓箭，比比谁射得远。

B组：制作橡皮筋飞机，并解释主要工作原理。

## 第3节 重力

（实验课，1课时）

### 一、课时目标

1. 知道重力的概念、产生原因、物理符号及单位。
2. 通过实验探究重力与质量的关系。
3. 能利用公式 $G=mg$ 及其变形式计算有关的问题。
4. 能说出重力方向的正确表述。
5. 能知道如何改变重心提高物体的稳定性。
6. 能利用重力方向进一步设计水平仪，判断台面是否水平。
7. 能自制平衡鸟模型，并解释其中原理。

### 二、情境任务

了解蹦极中的重力。

### 三、学生活动

活动1：将太空和地球的环境做对比，感知重力存在。

活动2：对比蹦极中的弹力与重力，总结重力概念、符号、单位、施力物体、受力物体、作用效果等。

活动3：实验探究重力大小。

活动4：实验演示重力方向。

活动5：实例分析重心应用。

活动6：明确 $G=mg$ 中各物理量及相应国际单位。

活动7：实际计算班级同学的重力。

### 四、课时作业

实践性作业：

A层（必做）：

1. 开启脑洞，用一段文字描述如果没有重力，会给我们的生活带

来什么影响。（100字左右）

2.计算家庭成员的重力，记录并汇报。

B层（3、4可选做一个进行录制）：

操作类作业：

3.根据课上讨论，利用家里的物品自制平衡鸟，并说明原理。

4.斜立可乐瓶，查找并尝试解释其中的原理。

## 课时教学设计及课堂教学实录

### 第3节　重力

（新授课，1课时）

#### 一、学习目标

（一）低阶目标

1.知道重力的概念、产生原因、物理符号及单位。

2.通过实验探究重力与质量的关系。

3.能利用公式$G=mg$及其变形式计算有关的问题。

4.能说出重力方向的正确表述。

5.能知道如何改变重心提高物体的稳定性。

（二）高阶目标

6.能利用重力方向进一步设计水平仪，判断台面是否水平。

7.能自制平衡鸟模型，并解释其中原理。

#### 二、达成评价

1.1 通过将蹦极中的重力与弹力两种力对比，说出重力的产生原因、施力物体及作用效果。

1.2 能正确说出重力的表示符号和单位。

2.1 通过小组讨论围绕实验目的针对不同的实验器材确定需要测

量的物理量以及测量仪器。

2.2 能合理画出表格，记录实验数据。

2.3 能选择合适的方法分析实验数据，得出正确结论。

3.1 通过计算身边的同学的重力，会用公式$G=mg$带入数据及相应单位得出正确结果。

4.1 通过对悬挂重物的细线与桌面的位置关系，总结出重力方向的正确表述。

4.2 举例说明应用重力方向竖直向下的实例。

5.1 通过观察不倒翁的构造，分析重心对物体稳定性的影响，并举出利用此原理的生活中的仪器。

6.1 理解细线的竖直是与水平面垂直。

6.2 逆向思考与细线垂直便是水平。

6.3 总结用什么仪器可准确说明垂直的位置关系。

7.1 能正确分析出平衡鸟的构造对重心的影响，总结重心可以不在物体上。

### 三、学习过程

（一）先行组织

将太空和地球的环境做对比，分析宇航员在太空蹦极能否实现？

学生：不能，宇航员在太空不能下落。

为什么在地球上蹦极的人可以下落？

学生：因为人在地球上受到重力，产生的作用效果是使人下落。

（二）任务（问题）与活动

任务一：认识重力概念。

活动1：举例说明重力的存在，感知重力。

学生1：抛出的篮球最后落向地面。

学生2：吊灯绳断裂之后，也会向下落向地面。

追问：绳不断裂，吊灯受到重力吗？

学生2：受到，因为绳子是绷直的。

活动2：对比蹦极中的弹力与重力，总结重力概念、符号、单位、施力物体、受力物体等。

学生3：重力是由于地球的吸引而使物体受到的力。符号：$G$，单位：N。施力物体：地球，受力物体是地球上任一物体。

任务二：了解重力的三要素。

【思考】研究重力应该从哪些角度进行？

学生：重力的大小、方向和作用点。

重力的大小与什么因素有关？我们要如何证明自己的猜想？

学生：重力的大小与质量有关，可以通过实验来探究重力与质量的关系。

活动3：实验探究重力与质量的关系。

【提出问题】如何设计实验进行探究？

【组织学习】依据评价标准，先独立思考，小组交流后汇报。

（评价标准：说明实验中需要获得哪些物理量，依据各组不同物品，选择何种测量仪器，+1；合理设计表格记录，并说明设计理由，+2；以什么方式分析实验数据更直观？对结果进行合理预设，+3。）

【表达成果】

学生：实验中需要知道质量和重力两个物理量，我们组用的是质量未知的橡皮、小食品等，因此需要用电子秤测量质量，用弹簧测力计测量重力。（师追问：橡皮和小食品都不能直接挂在弹簧测力计挂钩处，要如何处理这一情况？学生：可以用轻质塑料袋挂在挂钩处，调零后再把物品放进袋子里。）需要测量3组不同物品的质量和重力，所以表格设计如下：

|  | 1 | 2 | 3 |
|---|---|---|---|
| 质量 |  |  |  |
| 重力 |  |  |  |

最后将记录在表格中的数据，在坐标系中描点连线，用图象的方式分析能更加直观。

【交互反馈】请其他同学依据评分标准对这组的设计进行评价。

学生互评：可以得4分，第2点表格的表头设计不够合理，没有物理量单位，第3点没有对结果进行合理预设。

说说你们组的讨论结果。

学生：我们也认为实验需要知道质量和重力，因为我们组用的是质量已知的钩码，所以只需要用弹簧测力计测量不同质量的钩码受到的重力即可。表格也是记录3组数据，表头用质量$m/kg$、重力$G/N$来表示，如下表：

|  | 1 | 2 | 3 |
|---|---|---|---|
| 质量$m/kg$ |  |  |  |
| 重力$G/N$ |  |  |  |

最后描点连线，用图象进行分析，根据我们组的猜测，最后的图象可能是一条倾斜的直线。

请其他同学依据评分标准对这组的设计进行评价。

学生互评：可以得6分，每一点都进行了准确表述。

【进行实验】小组合作，进行实验，将数据记录在表格中并作出图象，分析图象特点，说出$G$与$m$的关系。

学生：图象是一条过原点的倾斜直线，说明$G$与$m$成正比。

各小组代表将本组数据用相同颜色的磁扣汇总到黑板上的同一个坐标系，每组磁扣颜色不同。

师引导：所有组数据都在同一直线上，将G与m作比，有何发现？结合书上内容，总结结论。

【整合提升】学生总结回答

学生：G与m的比值是一个定值，9.8 N/kg，用g表示，粗略计算时，g可以取10 N/kg。所以重力和质量之间的关系$G=mg$。

活动4：为什么蹦极时，针对不同体重，配备不同绳索？

学生：因为质量不同，重力不同，对绳子产生的拉力也不同。若体重和绳索不匹配，会出现危险。

帮助计算同学的重力。说出公式中各物理量的国际单位，进行计算。

活动5：实验观察重力方向。

观察悬挂重物的细绳，总结重力方向。

（评价标准：说出如何体现重力方向，+1；底座放在水平面上，细绳与底座什么关系，底座倾斜放置，关系是否发生变化，+1；正确描述重力方向，举例说明生活应用实例，+2。）

学生：可以通过观察细绳的伸直方向，绳的方向与重力的方向一致，底座放在水平面时，细绳与底座垂直，倾斜放置时，绳的方向没有变化，但与底座不垂直。把这个方向定义为竖直向下。生活中利用铅垂线检查墙壁是否竖直。

活动6：实例分析重心应用。

阅读教材，说出重力的作用点及常见位置。

学生：重力的作用点是重心，形状规则、质量分布均匀的物体重心在它的几何中心。

分析西安"不倒翁"女孩能做到不倒的原理。

学生："不倒翁"底部是质量远大于人的重石，整体重心分布在底部，降低重心提高物体的稳定程度。

生活中有哪些应用涉及这一原理？

学生：电风扇、台灯等底座质量大都是为了提高物体的稳定性。

活动7：阅读教材了解重力的由来。

学生：宇宙间的物体，大到天体，小到尘埃，都存在互相吸引的力，这就是万有引力。正是地球对它附近物体的引力，使水向低处流。

（三）迁移运用

活动8：设计水平仪，检测台面是否水平，说明设计原理。

（评价标准：介绍各部分装置，+1；利用什么原理设计，+2；说明通过观察到什么样的现象可判断台面是否水平，+3。）

学生：需要一个质量大的木板做底座，两个相同直角三角板，分别将一个直角边贴在底座固定，另一个直角边与底座垂直。在中间顶点处悬挂一个重物，相当于一个铅垂线，绳的方向是竖直的。当绳的方向与中线重合时证明台面水平，否则台面倾斜。

（四）成果集成

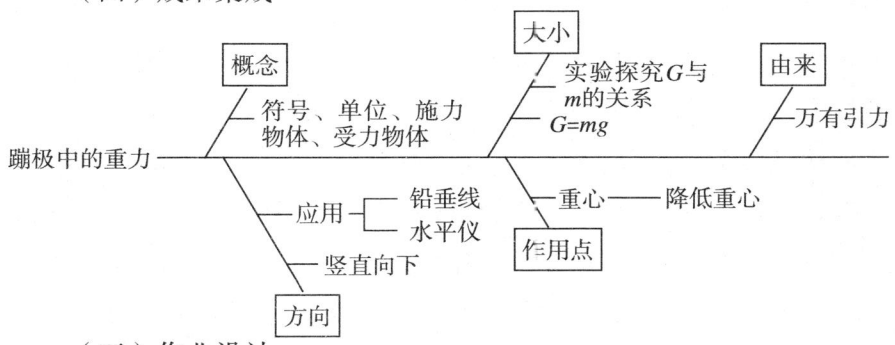

（五）作业设计

基础类作业：

A层（必做）：

1.开启脑洞，用一段文字描述如果没有重力，会给我们的生活带来什么影响。（100字左右）

2.计算家庭成员的重力,记录并汇报。

B层(3、4可选做一个进行录制):

操作类作业:

3.根据课上讨论,利用家里的物品自制平衡鸟。(学生自评)

| 评价标准 | 1.视频录制完整清楚,无抖动。+1<br>2.介绍平衡鸟原理,语言简洁、表述准确。+2<br>3.制作仪器过程中是否遇到困难,如遇到,说清楚自己是如何解决的。+3 | 实得分数: |
|---|---|---|

4.斜立可乐瓶,查找并尝试解释其中的原理。

| 评价标准 | 1.视频录制完整清楚,无抖动。+1<br>2.尝试在可乐罐中倒入不同质量的水,总结出可乐罐中大约装多少水可以使实验成功。+2<br>3.查找资料,尝试将原理解释清楚。+3 | 实得分数: |
|---|---|---|

(六)课后反思

本节课从物理视角进一步认识重力,基于对生活中蹦极这项运动的观察,通过对弹力、重力等具体的力的学习,形成一定的物理思维。归纳出研究力要从概念、三要素逐步分析。对比弹力和重力,加深对不同力的理解与应用。利用小组合作,让小组成员在独立思考的基础上,交流讨论,将结果进行汇总,提高学生合作探究的能力,形成依据相关现象作为证据,正确、完整表达自己观点的能力。对于实验设计等需要细化步骤的重点知识,让学生依据评价标准进行自评与互评,在自我反思和评价他人过程中提升能力,突破重难点。在具体生活中的实际情境下,说明本节知识在生活中有哪些应用,基于实际情境,思考如何解决过程中遇到的困难或进行合理改进,能让生活更加便利,让学生在真实情景下分析、解决问题。

# 九年级全一册第十五章"电流和电路"

长春经济技术开发区育隆学校　孙婷婷

## 单元教学规划

### 一、单元内容

人教版九年级全一册第十五章"电流和电路"。

本单元从生活中现象认识摩擦起电，从能量转化的角度认识电源和用电器的作用，根据发光二极管的单向导电性明确电路中电流的方向，在电路学习中关注学生的体验性，通过电路的连接、电路的识别、电路图与实物图互画加深学生对电路图的理解，并通过对比串、并电路展开学习，总结电路的规律。

### 二、单元分析

（一）课标分析

1.内容要求

（1）了解静电现象。了解生产生活中关于静电防止和利用的技术。

（2）知道原子是由原子核和电子构成的，了解原子的核式结构模型，了解人类探索微观世界的大致历程，关注人类探索微观世界的新进展。

（3）学习使用电流表。

（4）探究并了解串联电路和并联电路中电流的特点。

2. 教学提示

（1）通过实验感知摩擦起电现象。

（2）通过查阅资料，理解静电的防止和利用。

（3）通过实验，理解电路的构成、电路的三种状态。

（4）通过实验让学生知道串、并联两种方式。

（5）通过阅读电流表使用说明书，掌握电流表的使用方法。

（6）通过实验探究串、并联电路中电流的规律。

3. 学业要求

（1）能举例说明生活中的静电现象。

（2）会看、会画简单的电路图。

（3）会连接简单的串联电路和并联电路。

（4）说出生产生活中采用简单串联电路或并联电路的实例。

（5）能运用电的一些规律分析简单问题。

（6）能通过对现象的比较与分析，进行初步的判断，得出结论。

4. 学业质量

（1）能认识电，认识能量的转化与守恒，能掌握所学的电学概念和规律。

（2）能基于观察和实验，提出电学中的一些规律，能根据经验和已有知识做出猜想与假设，能针对提出的问题，设计合理的科学探究方案，并根据实验方案进行规范、安全的实验操作，会正确读取和记录实验数据，并能排除简单的电路故障。

（3）能把所学电学概念和规律与实际情境联系起来，能综合运用电学概念和规律，分析和解决熟悉情境下的简单物理问题，具有初步的物理观念。

（4）能表述物理问题，会用物理学术语、符号、图表等描述探究过程，说明探究结果，撰写简单的科学探究报告。

（二）教材分析

本章从摩擦起电现象入手，在引出电荷的概念的基础上，伴随着学生对电路的认识，逐渐形成对电流概念的初步认识，另外，识别电路、连接电路、会看会画电路图、会正确使使用电流表测量电流等技能也将直接关系到后章电学知识的学习。

本章主要内容是电学的三个基本概念——电荷、电流和电路，电流是核心概念。若想要学生建构某一领域的知识结构，首先必须帮助其构建起该领域一系列的概念及其相互联系。从电学部分知识结构的特点来看，后两章内容注意将电荷、电流、电路、电压、电阻等基本概念建立起相互联系。

（三）学情分析

现代社会离不开电，学生对家用电器和电路有部分了解，而且在小学阶段对电学知识已有所接触，能对容易导电和不容易导电的物品进行简单的分类，但所掌握的知识呈现碎片化。电学内容较为抽象，且概念较多，因此需要从观察摩擦起电现象入手，激发学生的学习兴趣，在引出电荷概念的基础上，联系生活创设问题情境，设计学生活动，伴随着学生对电路的认识（连接电路、识别电路、会看会画电路图、会正确使用电流表等），能根据实验数据总结电学规律，使学生从具体形象思维向抽象思维过度。

### 三、单元主题

电路初探。

### 四、单元目标

（一）低阶目标

1.通过实验观察摩擦起电现象，了解静电现象。了解生产生活中的有关静电防止和利用的常用方法。

2.通过实验从能量转化的角度认识用电器和电源的作用。

3.阅读教材认识电源和用电器等元件符号，并知道电路的构成。

4.阅读电流表使用说明书，会使用电流表测量电路中的电流。

5.通过练习与总结会看、会画简单的电路图，会连接简单的串联电路和并联电路，能说出生产生活中采用简单串联电路或并联电路的实例。

（二）高阶目标

6.通过实验探究并了解串联电路和并联电路中电流的特点，使学生有科学的探究意识，养成严谨认真、实事求是、持之以恒的品质。

7.能从物理视角解决实际问题，会设计电路。

### 五、单元评价

1.1 能通过实验理解摩擦起电现象，并能够举例说明生活中的静电现象。

1.2 能够了解生活中存在的两种电荷，并能够掌握两种电荷间的相互作用，理解静电现象的原理，并能够理解验电器的使用原理。

1.3 能够查阅资料，了解静电防止和利用的常用方法。

1.4 通过借助电荷在金属中的定向移动，能判断生活中的绝缘体和导体。

2.1 能够结合之前所学的内能以及其他能量，定性说明一些家用电器，如电热水壶、电风扇、电冰箱等工作时能量转化的情况。

2.2 能够举例说明其他能量转化和转移的实例，知道能量在转化和转移的过程中是守恒的，并能够解决生活中的有关问题，形成初步的能量观念。

3.1 通过如何使小灯泡发光，能准确说出电流的形成条件。

3.2 通过发光二极管发光情况，准确说出电流的方向。

3.3 通过小组实验探究（使小灯泡亮、蜂鸣器响、电动机转），并能够小组讨论总结出电路的基本构成。

3.4 通过练习画电路图，熟练掌握常用的电路元件。

3.5 根据同学连接的错误电路，认识到电路存在的故障，并认识到生活中短路的危害。

4.1 能够正确使用电流表测量串并联电路中的电流。

5.1 能够准确将实物图和电路图互画。

5.2 通过探究使小灯泡发光的不同方式，总结串联和并联的定义以及各自的特点，并能连接简单的串并联电路。

5.3 能够利用串并联电路的特征，准确说出生产生活中采用串并联电路的实例。

5.4 能够设计简单电路。

6.1 通过小组的讨论，以及多次实验探究正确总结出串并联电路中电流的特点。

7.1 能根据要求设计电路。

## 六、单元结构化活动

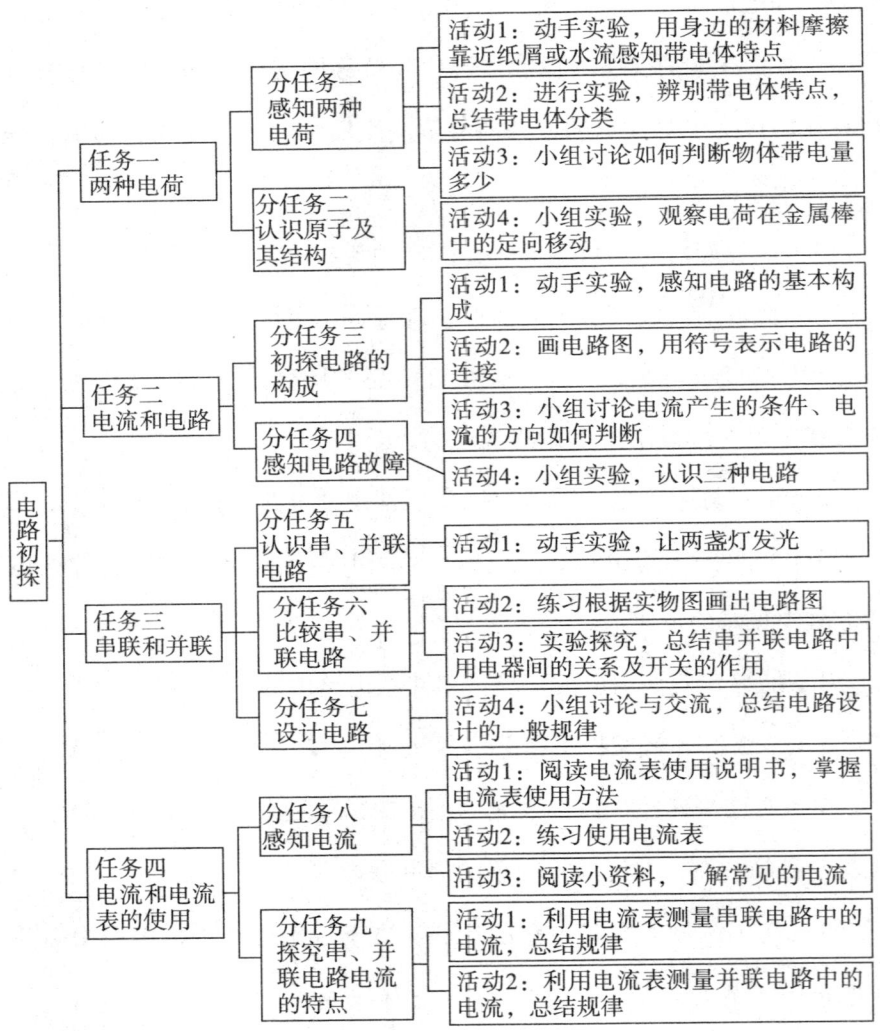

## 七、课时分配

两种电荷，1课时；电流和电路，2课时；串联和并联，2课时；电流和电流表的使用，2课时。

课时规划设计

## 两种电荷

（新授课，1课时）

### 一、课时目标

1. 通过干燥的丝绸摩擦的玻璃棒（或干燥的毛皮摩擦的橡胶棒）吸引纸屑，认识摩擦起电现象，并会运用摩擦起电的知识解释一些简单的相关现象。

2. 通过丝绸摩擦的玻璃棒（或毛皮摩擦的橡胶棒）间相互作用规律，猜想丝绸摩擦玻璃棒和毛皮摩擦橡胶棒间相互作用，并探究餐巾纸摩擦饮料吸管、干燥毛皮摩擦气球实验中，饮料吸管和气球所带电荷的特点，感受和领悟人们在认识"自然界中只有两种电荷"的过程中所运用的推理方法。

3. 通过电荷间相互作用能够理解验电器的使用原理，知道验电器的构造、作用，知道电荷量及其单位。

4. 通过借助电荷在金属中的定向移动，能判断生活中的绝缘体和导体。

### 二、情境任务

任务一：感知两种电荷。

### 三、学生活动

活动1.1.1 动手实验，用身边的材料摩擦靠近纸屑或水流感知带电体特点。

活动1.1.2 进行实验，辨别带电体特点，探究丝绸摩擦玻璃棒、毛皮摩擦橡胶棒间相互作用，总结带电体分类。

活动1.1.3 小组讨论如何判断物体带电量多少。

### 四、课时作业

（一）基础作业

将塑料绳的一端扎紧，尽可能将其撕成更多细丝，用干燥的手从上向下捋几下，注意观察发生的现象，并试着做出解释。

（二）提升作业

制作一个简单的验电器（透明塑料瓶、瓶口塞、塑料搅拌勺、吸管、锡纸、铁丝扎带、剪刀）。

## 电流和电路

（新授课，2课时）

### 一、课时目标

1.通过动手实验知道电流的形成条件，知道电流方向的规定。

2.通过电路的连接，认识电路的构成，能用电路元件符号画简单的电路图。

3.通过实验认识断路、通路、短路。

### 二、情境任务

任务一：初探电路的构成。

任务二：感知电路故障。

### 三、学生活动

活动2.1.1 动手实验，感知电路的基本构成。

活动2.1.2 画电路图，用符号表示电路的连接。

活动2.1.3 小组讨论电流产生的条件、电流的方向如何判断。

活动2.2.1 小组实验，认识三种电路。

### 四、课时作业

（一）基础作业

搜集集成电路发展史。

（二）提升作业

1.如图甲所示是小明画的电路图，图乙是该电路所用的元件，请你帮他把实物图连好。

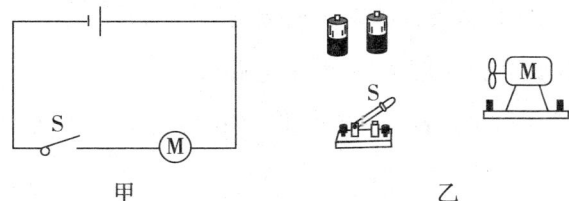

2.图甲是一名同学所连接的电路，图中多接了一根导线。请你找出这根多余的导线，在这根导线上打"×"（表示不要），并在图乙的虚线框中画出正确的电路图。

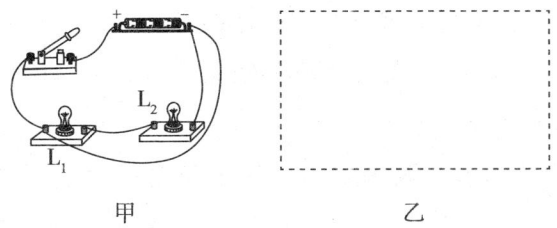

# 串联和并联

（实验课，2课时）

## 一、课时目标

1.通过让两盏灯发光，对电路进行分类。

2.知道什么是串联电路和并联电路，会画简单的串、并联电路图。

3.通过实验探究串并联电路的特点。

4.尝试根据已有知识、经验设计简单的串、并联电路。

## 二、情境任务

任务一：认识串、并联电路。

任务二：比较串、并联电路。

任务三：设计电路。

三、学生活动

活动3.1.1 动手实验，让两盏灯发光。

活动3.2.1 练习根据实物图画出电路图。

活动3.2.2 实验探究，总结串并联电路中用电器间的关系及开关的作用。

活动3.3.1 小组讨论与交流，总结电路设计的一般规律。

四、课时作业

（一）基础作业

1.调查市场上销售的节日彩灯的连接方式。

2.教室里的几盏荧光灯是串联的还是并联的？为什么？

（二）提升作业

制作选答器模型，要求如下：一个问题有两个可供选择的答案（a）和（b），与它们对应的灯分别由两个开关控制，选择哪一个答案就闭合哪一个开关，使对应的灯发光。

## 电流的测量

（实验课，2课时）

一、课时目标

1.通过演示实验感知同一盏灯明暗不同，认识电流的大小，知道电流的单位、符号，了解生活中一些用电器的工作电流。

2.通过观察电流表的构造、阅读使用说明书，知道电流表的用途、符号，正确使用电流表的规则，并会将电流表正确接入电路中，画出相应电路图。

3.能认识电流表的量程，正确读出电流表的示数。

4.根据两盏灯在串联电路中亮度不同引发猜想，通过探究串、并联电路电流规律，体验科学探究的步骤、方法和态度。

5.会运用串、并联电路的电流规律解决简单的问题。

## 二、情境任务

任务一：感知电流

任务二：探究串、并联电路电流的特点

## 三、学生活动

活动4.1.1 阅读电流表使用说明书，掌握电流表使用方法。

活动4.1.2 练习使用电流表。

活动4.1.3 阅读小资料，了解常见的电流。

活动4.2.1 利用电流表测量串联电路中的电流，总结规律。

活动4.2.2 利用电流表测量并联电路中的电流，总结规律。

## 四、课时作业

（一）基础作业

1.单位换算。

（1）500 μA=_____mA=_____A。

（2）0.3 A=_____mA=_____μA。

2.如图所示为常见的家用电器，关于它们正常工作时的电流，下列说法中合理的是 （　　）

空调　　　电冰箱　　　电饭煲　　节能灯

A.空调约2 A　　　　　　B.电冰箱约1 A

C.电饭煲约0.8 A　　　　D.节能灯约1.5 A

3.如图所示的实物电路中,当开关闭合时,甲电流表的示数为0.5 A,乙电流表的示数为0.2 A,则下列判断正确的是 (  )

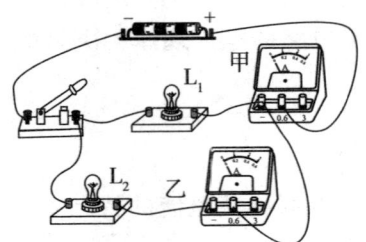

A.通过灯$L_1$的电流为0.5 A

B.通过灯$L_1$的电流为0.3 A

C.通过灯$L_2$的电流为0.7 A

D.通过灯$L_2$的电流为0.3 A

（二）提升作业

学校的前、后门各安装一个开关,传达室内有红、绿两盏灯,电铃和电池组。若前门来人闭合开关时,红灯亮、电铃响;若后门来人闭合开关时,绿灯亮、电铃响。图中符合要求的电路是 (  )

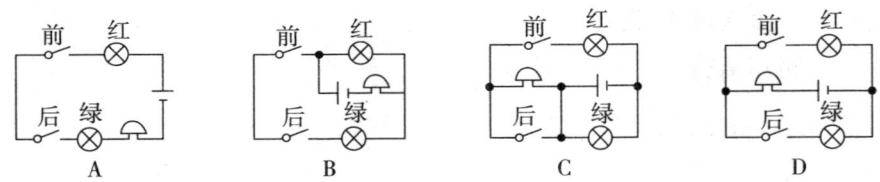

## 课时教学设计及课堂教学实录

# 串联和并联

（实验课,1课时）

## 一、学习目标

（一）低阶目标

1.知道什么是串联电路和并联电路,会画简单的串、并联电路图。

2.通过实验探究串、并联电路的特点，会连接简单的串、并联电路。

（二）高阶目标

3.尝试根据生活经验和已有知识，按要求设计简单的串、并联电路，体会从生活走向物理，从物理走向社会的课程理念。

二、达成评价

1.1 能通过实验，认识串联电路和并联电路。

1.2 会根据实物图的连接画出相应电路图。

2.1 能根据电路图简单描述串并联电路电流路径的特点。

2.2 能依据嵌入评价，分析实验现象，总结出串并联电路中用电器间的关系、开关的作用。

3.1 能结合生活事例，设计简单的电路。

三、学习过程

（一）先行组织

用一个电源、两个小灯泡、一个开关和一些导线组成电路，要想让两个小灯泡都发光，可以有几种接法？

（二）任务与活动

任务一：认识串并联电路。

活动1：动手实验——让两盏灯发光。

学生连接电路，对电路进行分类。

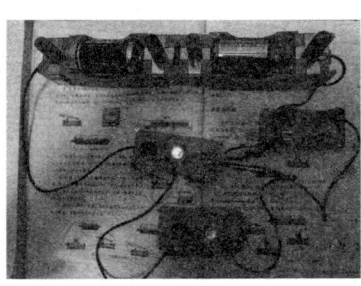 

任务二：比较串并联电路。

活动2：根据实物图画出电路图。

学生练习画电路图。

学生1展示：

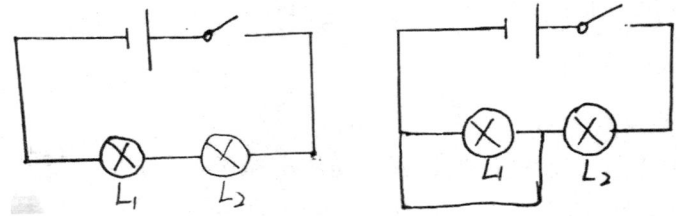

学生2纠错：并联电路不正确。应该如下图。

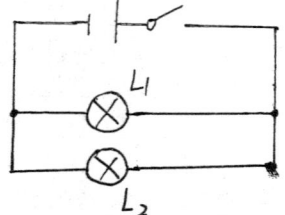

活动3：探究串并联电路中用电器间的关系及开关的作用。

问题：在两个小灯泡串联（并联）且都发光时，取下其中一个小灯泡，观察到什么现象？

学生1：串联电路中取下一个灯泡，另一个灯泡不发光；并联电路中取下一个灯泡，另一个灯泡仍发光。

问题：为什么会出现上述现象呢？

学生2：串联电路中电流路径只有一条，并联电路中电流路径有两条。串联电路中用电器相互影响，并联电路中用电器互不影响。

问题：改变串联（并联）电路中开关的位置，你观察到什么现象？

学生3：串联电路中开关位置改变了，开关控制作用不变。并联电路中开关位置不同，作用不同。

师追问：在并联电路的两个支路中各接入一个开关，先后闭合两个开关，再先后断开开关，观察到什么现象？

学生4：干路开关控制整个电路，支路开关控制它所在的支路。

任务三：设计电路。

【提出问题】

1.小明房间的吊灯与壁灯应如何连接？开关应如何连接在电路中？

2.画出吊灯、壁灯、开关连接的电路图，并与同学交流。

3.思考声控开关控制灯亮、公交车扶杆开关控制铃响灯亮生活情景，总结开关与用电器的关系。

【组织学习】

先独立思考，然后小组交流。

（评价标准：能准确画出电路图，并能与组内同学交流，+1；能试着根据生活事例准确表达出声控开关控制灯亮、公交车扶杆开关控制铃响灯亮的情景，+1；能准确总结出开关与用电器间的控制关系，+2。）

【表达成果】

1组学生代表：吊灯与壁灯并联。

展示电路图：

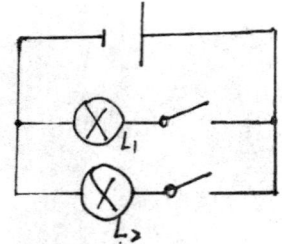

楼道的声控灯需要有人发出声响才会发光，公交车扶杆上两个开关按任意一个，司机那边的铃响灯亮。

2组学生代表：吊灯坏了，壁灯仍能正常工作，所以吊灯与壁灯应该是并联。开关与所控制灯泡串联。

展示电路图：

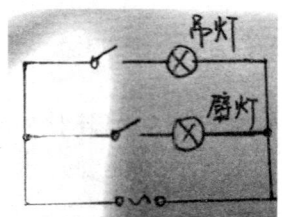

楼道的声控灯需要有人发出声响（相当于开关闭合）才会发光，公交车扶杆上两个开关按任意一个（相当于开关闭合），司机那边的铃响灯亮。

【交互反馈】

师：请其他组代表依据评分标准对他们进行评价。

3组学生代表：1组得1分，2组得1.5分，1组家庭电路是交流电，电源画错了，2组楼道的灯需要在晚上或光线较暗时有人发出声响才会发光，光敏电阻达到亮度阈值，自动输出开关信号相当于光控开关，当发出声响时电路导通，灯泡就会发光。

师追问：那么声控开关、光控开关和灯泡是如何连接的呢？

学生：光控开关闭合时，声控开关再闭合才能工作，两个开关串联控制灯泡。

师追问：那么公交车扶杆的两个开关与灯泡和铃是如何连接的呢？

学生：闭合任意一个开关，灯泡和铃都可以工作，说明两个开关并联控制灯泡和铃。

【整合提升】

学生总结：多个开关同时闭合控制用电器，则两开关串联；多个开关闭合任意一个控制用电器，则两开关并联。

（三）迁移运用

在我们的生活中，有许多任务需要简单电路来完成，下面以"设计病房呼叫电路"为例，讨论、设计电路，制作出电路模型。

思考：

1.需要的器材有哪些？

2.如果有两张病床，器材应该如何连接？

（四）成果集成

| 两种连接方式 | 串联 | 并联 |
|---|---|---|
| 连接特点 | 首尾顺次相连 | 首首相连、尾尾相连 |
| 路径特点 | 一条 | 两条 |
| 开关作用 | 控制整个电路，与位置无关 | 干路开关控制整个电路 支路开关控制所在支路 |
| 用电器间工作特点 | 相互影响 | 互不影响 |
| 电路图 | | |

| 电路设计 | | |
|---|---|---|
| 开关与用电器的关系 | 闭合开关，用电器工作，串联 | 闭合开关，用电器不工作；断开开关，用电器工作。并联 |
| 多个开关与用电器的关系 | 同时闭合，开关与开关是串联的 | 闭合任意一个开关工作，开关与开关是并联的 |

（五）作业设计

［基础作业］（必做）

1.调查市场上销售的节日彩灯的连接方式。

2.教室里的几盏荧光灯是串联的还是并联的？为什么？

［提升作业］（选做）

制作选答器模型，要求如下：一个问题有两个可供选择的答案（a）和（b），与它们对应的灯分别由两个开关控制，选择哪一个答案就闭合哪一个开关，使对应的灯发光。

（六）课后反思

本章内容是电路初探，本课时以使两盏灯发光为主线，探究电路连接的两种方式，本节课在课标中的内容要求如下：会连接简单的串联电路和并联电路，能说出生产生活中采用简单的串联电路或并联电路的实例。基于以上内容要求设计了本节课的教学目标为两个低阶目标和一个高阶目标。为了达成目标，逆向设计达成评价。

本节课通过实验探索结合的形式，发挥小组合作探究的优势，通过"情景教学"为学生提供了一个交流、合作、探究、发展的平台，并根据评价标准为学生完成任务提供适切的"支架"，在交互反馈过程中突破重难点，帮助学生在熟悉的情境中形成物理思维，使学生会用物理的视角解释自然现象并解决生活中的实际问题。

# 九年级全一册第十七章"欧姆定律"

长春经济技术开发区育隆学校　班春阳

## 单元教学规划

### 一、单元内容

人教版初中物理九年级全一册第十七章"欧姆定律"。

### 二、单元分析

（一）课标分析

1.内容要求

用电流表和电压表测量电阻。用电流表、电压表、滑动变阻器等探究电流与电压、电阻的关系。

2.学业要求

能根据控制变量法制订简单的探究方案，会正确使用电压表、电流表测量基本的电学量，正确读取和记录实验数据，并排除简单的实验故障；能用表格、图象等多种方式展示实验数据，并通过分析和处理数据得出实验结论；能撰写实验报告，书面或口头表述科学探究的过程和结果。

3.教学建议

关注学生对实验方案的设计，收集数据的能力的培养，给学生提供自主探究的时间和空间，注重发挥每个学生的潜在创新力；引导学生通过分析实验数据得出结论，鼓励学生充分发表见解，调动学生在探究活动中的积极性和主动性；注重对学生的交流合作、评估反思能力的培养。

4.学业质量

了解电学基础知识，能将所学的欧姆定律与电阻的性质，与实际情境相结合，并解决生活中常见的电学问题，具有初步的物理电学观念；在熟悉的环境中，会用所学模型分析常见的实际问题，能对活动探究中的电学信息进行归纳整理，得到物理结论，在面对日常生活中的实际问题时，能运用所学物理概念、规律进行简单的演绎推理，得到结论；在获取信息时，有判断信息可靠性和合理性的意识，能从物理学视角对生活中不合理的说法进行质疑并说出理由，发表自己的见解；能针对提出的问题，运用控制变量法指定比较合理的科学探究方案，会正确使用学生必做实验所涉及的实验器材，并根据试验方案进行规范、安全的实验操作，会正确读取和记录实验数据，能排除简单的电路实验故障；能根据实验目的整理实验数据，能利用表格分析数据，会进行初步的因果判断，形成结论并作出解释，说出探究结果，会撰写简单的实验探究报告。

5.结论

内容学业上要求学生通过物理实验探究锻炼会看、会读、会操作、会分析、会总结等能力，在教学方面，教师要注重科学探究，突出问题的导向，强调真实问题情境，以学生为主本，引导学生不断探究，提高分析问题、解决问题的本领和科学思维能力，发展物理核心素养。

（二）教材分析

横向分析：欧姆定律是电学的基本定律，它是第十五章"电流和电路"、第十六章"电压 电阻"这两章知识的延伸。电流、电压、电阻这三个概念的建立是探究电流跟电压、电阻的关系的知识基础，正确规范使用电流表和电压表则是研究电流跟电压、电阻关系的技能基础，它是进一步学习电学知识和分析电路的基础，是学习电功率、家庭电路等后续章节的必备知识。本章具有承上启下的作用，是电学的重点之一。

纵向分析：本章通过第一节探究电流与电压的关系、探究电流与电阻的关系两个探究类实验，进而得出规律——欧姆定律，分析欧姆定律公式以及应用注意事项。最后，能够利用欧姆定律进行测量类实验探究——伏安法测电阻，以及处理串、并联电路问题。

| 欧姆定律 | 1.内容：导体中的电流，跟导体两端的电压成正比，跟导体的电阻成反比<br>2.公式：$I=\dfrac{U}{R}$ | 符号的意义及单位：<br>$U$—电压—伏特（V）<br>$I$—电流—安培（A）<br>$R$—电阻—欧姆（Ω） |
|---|---|---|
| 电阻的串联和并联 | 1.电阻的串联，串联电路的总电阻等于各种串联电阻之和，即 $R=R_1+R_2$<br>2.电阻的并联，并联电路总电阻的倒数等于各并联电阻的倒数之和，即 $\dfrac{1}{R}=\dfrac{1}{R_1}+\dfrac{1}{R_2}$ | 1.串联电路的总电阻比任何一个分电阻大<br>2.并联电路的总电阻比任何一个分电阻小<br>3.串联分压：分压与电阻成正比；并联分流，分流与电阻成反比 |
| 测量小灯泡的电阻 | 1.原理：$R=U/I$<br>2.方法：伏安法（用电流表和电压表测量） | 电路图： |
| 欧姆定律和安全用电 | 1.断路：没有接通的电路<br>2.短路：用导线将电源两极或用电器两端直接相连。短路电源的危害是损坏电源或造成火灾，但不会烧坏用电器 | |

（三）学情分析

已有经验：学生经过第十五章和第十六章的学习，对于电路的分析已经有了自己一定的思维体系，并且已经掌握了实验的基本操作流程和注意事项，能够对电路情况进行简单的分析和独立的思考。

已有认知：学生在第十五章、第十六章已经接触了电流、电压、电阻这三个概念，建立起了探究电流与电压、电阻的关系的基础知识体系，具备正确规范使用电流表和电压表探究实验的技能基础。

思维特点：学生的思维正在从"经验型"向"理论分析型"转化，从简单的数据整理和简单的计算能力向理论分析型推理能力转变。

心理因素：学生的身心开始走向成熟，但对事物的认识和对规律的分析还是具有片面性和表面性，同时具有良好的接受性和发展潜力性，教师稍加引导，学生便能够将问题分析得由表及里、由浅入深。

学习障碍：透过宏观现象分析微观本质的能力较弱，缺少抽象性思维。本章的学习既有实验探究，又有思维探究，而且又是第一次学习电学计算，同时在情感上对学生有一定的挑战。需要精选问题，搭设台阶，帮助学生培养好的学习习惯。

三、单元主题

欧姆定律。

四、单元目标

（一）低阶目标

1.通过简单的回顾，更加熟练掌握电压、电流和电阻定义、符号、单位以及物理意义。

2.通过串并联电路中电流、电压的规律实验的复习，掌握探究电流与电压、电阻的关系实验的思路与方法。

3.通过实验探究，更加熟悉探究实验中的常用方法——控制变量法。

4.通过伏安法测电阻实验的探究，进一步明确使用电压表、电流表和滑动变阻器的方法和注意事项，以及说出滑动变阻器在不同实验中的作用。

5.通过计算，掌握电学计算题的一般方法，加深对欧姆定律及其应用的理解。

（二）高阶目标

6.通过观察、收集、分析实验中的数据，尝试采用图象法分析出实验数据特点。

7.基于实验所探究的电流跟电压、电阻的定量关系，分析归纳得到欧姆定律。

8.通过解构探究串并联电路实验探究过程，利用欧姆定律设计出伏安法测电阻的实验过程。

五、单元评价

1.1 能基于对电流与电路、电压与电阻知识点的整理，列出串并联电路中电流、电压和电阻之间的联系与区别。

2.1 能够通过复习串并联电路中电流与电压的规律，设计简单实验探究电路中电流与电压的关系以及电流与电阻的关系。

2.2 能够对实验探究电流与电压和电阻的关系实验进行归纳总结，形成探究物理量之间的关系实验的一般思路和方法。

3.1 能够基于实验的探究，更加熟练地应用控制变量法。

4.1 能够结合实验的操作，更加熟练地应用电学测量仪器电压表和电流表，以及滑动变阻器。

4.2 能够通过体验动手实验与分析，总结出滑动变阻器在不同实验中的不同作用。

5.1 能够通过练习与总结电学计算题，归纳出自己的解题思路和方法。

5.2 能够通过电学计算，总结出欧姆定律应用的条件，进一步加深对欧姆定律的理解。

6.1 能够通过观察、收集、分析实验中的数据，总结出电流与电压和电阻的关系。

6.2 能够基于数学函数模型，分析测量数据中所出现的不足之处。

7.1 能够根据实验所探究的电流跟电压、电阻的定量关系，分析得到欧姆定律。

8.1 能够根据已学实验，利用欧姆定律设计出伏安法测小灯泡正常发光的电阻的实验过程。

8.2 能够根据已学实验，利用欧姆定律设计出伏安法测定值电阻的阻值的实验思路和方法。

## 六、单元结构化活动

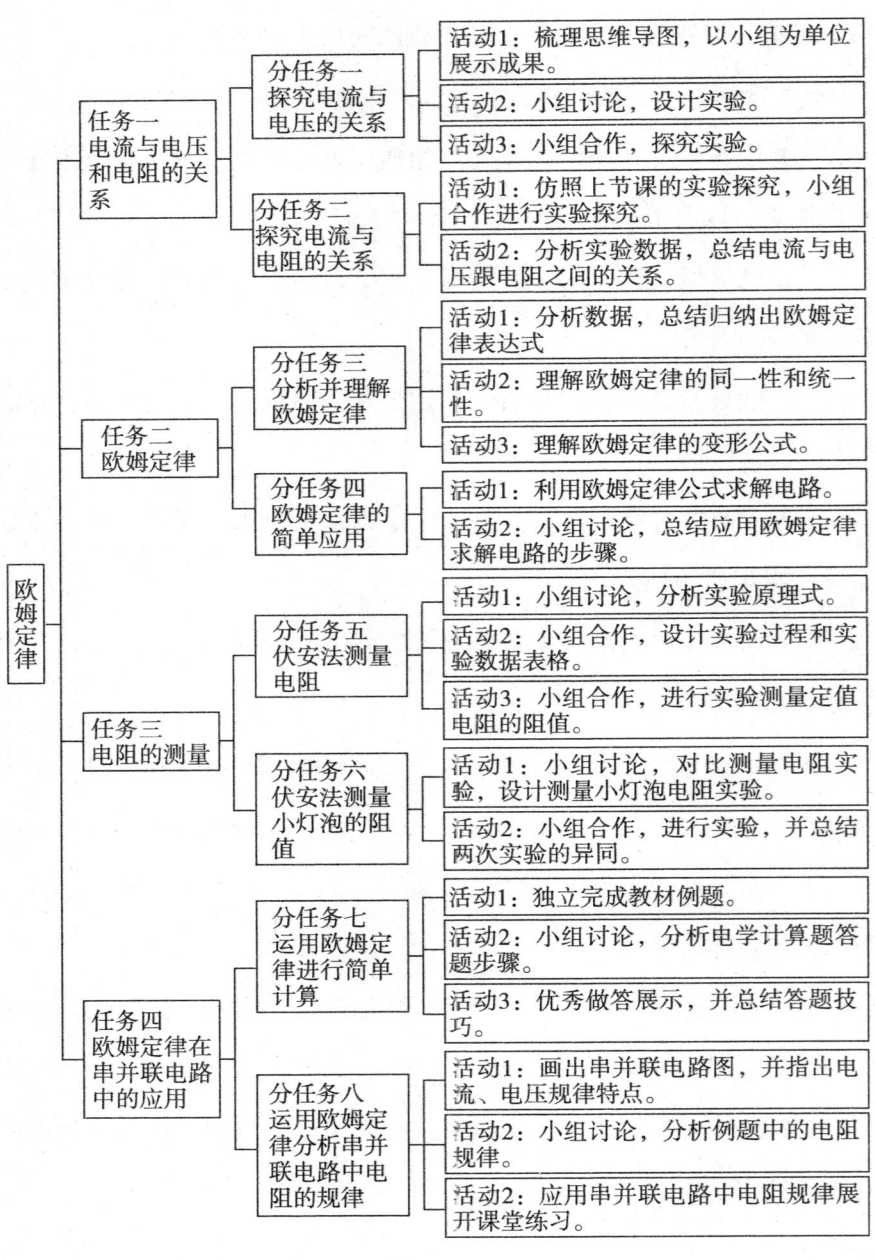

### 七、课时分配

本章共设置5课时，其中新授课2课时，实验课3课时。第一课时为探究电流与电压的关系；第二课时为探究电流与电阻的关系；第三课时为欧姆定律；第四课时为电阻的测量；第五课时为欧姆定律在串并联电路中的应用。

课时规划设计

## 第一课时　探究电流与电压的关系
（实验课，1课时）

### 一、课时目标

（一）低阶目标

1.通过讨论与总结，掌握电流、电压和电阻三个物理量的物理意义。

2.通过经历科学探究的全过程，进一步熟悉物理探究实验中常用的一种方法——控制变量法。

（二）高阶目标

3.结合实验探究的数据分析，说出电流与电压成正比的关系。

### 二、情境任务

任务一：探究电流与电压的关系。

### 三、学生活动

活动1.1 梳理思维导图，以小组为单位展示成果。

活动1.2 小组讨论，设计实验。

活动1.3 小组合作，探究实验。

四、课时作业

（一）基础性作业

1.在如图的电路中，电源电压保持不变，R为定值电阻。为探究电流与电压的关系，下列关于滑动变阻器的分析正确的是（　　）

A.控制电阻两端电压不变

B.闭合开关前应将滑片滑到最左端

C.改变电阻两端电压

D.它是多余的，只是为了图象美观

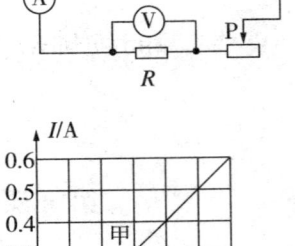

2.小红同学在"探究通过导体的电流与其两端电压的关系"时，将记录的实验数据通过整理作出了如图所示的图象，根据图象，下列说法不正确的是（　　）

A.通过导体甲的电流与其两端的电压成正比

B.导体甲的电阻小于导体乙的电阻

C.当在导体乙的两端加上1 V的电压时，通过导体乙的电流为0.1 A

D.将甲、乙两导体串联后接到电压为3 V的电源上时，电路中的电流为0.9 A

（二）拓展性作业

1.用如图所示电路研究电流跟电压的关系。为了改变定值电阻R两端电压，设计了三种方案：

甲：在MN间先后接入电压不同的电源；

乙：在MN间先后串联接入电源与电阻大小不同的定值电阻R'；

丙：在MN间串联接入电源与滑动变阻器。

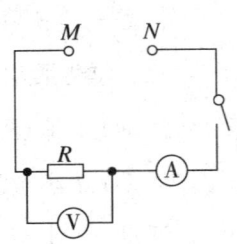

可行的方案是　　　　　　　　　　　　　　　　　（　　）

A.仅有甲

B.仅有乙

C.仅有甲、乙两种

D.甲、乙、丙都可行

2.小明想通过实验探究"电流与电压的关系"。

（1）小明采用了如下电路进行实验，其中电源电压4.5 V、定值电阻阻值5 Ω、最大阻值为10 Ω和30 Ω的滑动变阻器各一只；连接实验电路的过程中，开关应_____。

（2）他准备闭合开关时，发现了接线有一处错误。请在图中将连接错误的导线打"×"，并用笔画一根正确连接的导线。

（3）正确连接电路后进行"探究电流与电压的关系"的实验，实验中滑动变阻器的主要作用：一是_____；二是改变电路中的电流和定值电阻两端的电压。

（4）实验时发现无论如何调节滑动变阻器，电压表都不能达到1.0 V，说明他选用的滑动变阻器的最大阻值是_____（选填"10 Ω"或"30 Ω"）。换用另一只滑动变阻器后完成了实验，下表中没有记录的数据是_____。

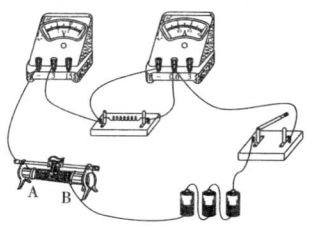

实验数据记录如表：

| $U/V$ | 3.0 | 2.0 | 1.0 |
|---|---|---|---|
| $I/A$ | 0.60 | 0.40 | |

## 第二课时　探究电流与电阻的关系

（实验课，1课时）

一、课时目标

（一）低阶目标

1.通过实验探究，更加熟悉控制变量法在实验中的应用方式。

47

（二）高阶目标

2.结合实验探究的数据分析，说出电流与电阻成反比的关系。

3.通过对比探究电流与电压、电阻的关系两个实验，分析两个实验的异同点。

二、情境任务

任务一：探究电流与电阻的关系。

三、学生活动

活动2.1 仿照上节课的实验探究，小组再次合作进行实验探究。

活动2.2 分析实验数据，总结电流与电压跟电阻间的关系。

四、课时作业

（一）基础性作业

1.小红用如图所示的电路图，探究通过导体的电流与导体电阻关系（电源电压恒定），移动滑动变阻器滑片时，应特别观察的是

(　　)

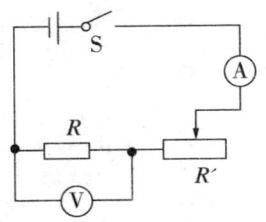

A.变阻器滑片　　　　　B.定值电阻$R$

C.电流表示数　　　　　D.电压表示数

2.小明利用图甲所示的电路做"探究通过导体的电流与导体电阻的关系"的实验。他使用的器材有：两节干电池，阻值为5 Ω（$R_1$）、10 Ω（$R_2$）、20 Ω（$R_3$）的定值电阻、"15 Ω　1 A"的滑动变阻器、电流表、电压表和开关各一只，导线若干。

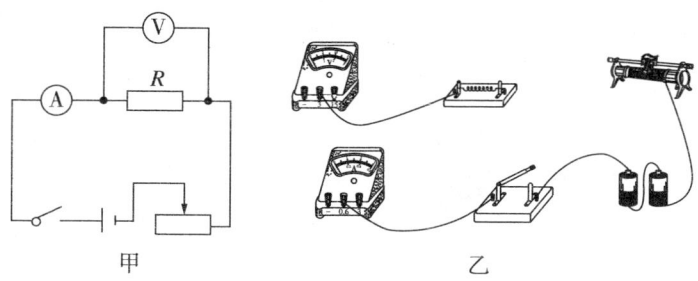

（1）根据图甲所示的电路，请用笔画线代替导线，将图中实物电路连接完整。

（2）电路中滑动变阻器的作用是_____。

（3）正确连接好电路后，小明首先将$R_1$接入电路，移动滑动变阻器滑片使$R_1$两端的电压为1.5 V，读出电流表的示数。

①小明将用$R_2$替换$R_1$接入电路，接下来他应该进行的操作是_____，读出电流表的示数。

②小明用$R_3$替换$R_2$接入电路进行实验，发现无论怎样移动滑动变阻器，$R_3$两端的电压始终无法达到1.5 V，经检查，电路连接无误，各元件均完好。请你帮他找出一种可能的原因：_____。

③选用不同阻值的电阻多次实验的目的是_____。

（二）拓展性作业

1.如图所示，是探究电流与电阻的关系实验电路图，电源电压保持6 V不变，滑动变阻器的规格是"20 Ω 0.5 A"。实验中，先在$a$、$b$两点间接入10 Ω的电阻，闭合开关S，移动滑动变阻器的滑片P，使电压内表的示数为4 V，读出并记录下此时电流表的示数。接着需要更换$a$、$b$间的电阻再进行两次实验，为了保证实验的进行，应选择下列的哪两个电阻　　　　　　　　　　　　　　（　　）

A.5 Ω和20 Ω　　　　　　　B.20 Ω和40 Ω

C.50 Ω和40 Ω　　　　　　　D.30 Ω和60 Ω

2.如图甲所示，在研究"导体电流与电阻关系"的实验中，同学们利用了阻值分别为5 Ω、10 Ω、15 Ω的定值电阻和变阻器进行了探究，变阻器规格是"10 Ω　1 A"，电源电压4.5 V并保持不变。

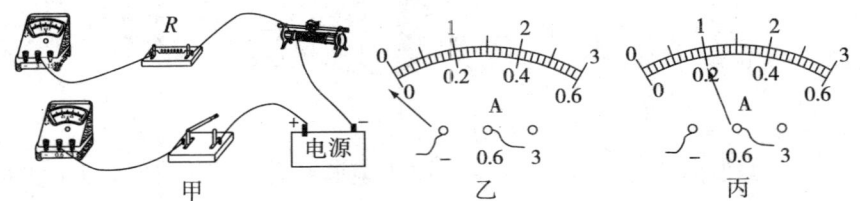

（1）闭合开关前，电流表指针如图乙所示，对电流表的操作应该是_____。

（2）实验中，先接入15 Ω的电阻，调节滑片时电压表示数为3 V，观察到电流表示数如图丙所示，则电流表示数为_____A；用10 Ω电阻代替15 Ω电阻接入电路，应将滑片向_____端（选填"左"或"右"）移动，才能使电压表示数保持3 V，并记录下电流表示数为0.3 A；用5 Ω电阻代替10 Ω电阻接入电路，正确操作，电流表示数为0.6 A。

（3）分析三次的实验数据，可得出电流与电阻的关系是_____。

（4）王强同学继续探究：他用了30 Ω的定值电阻代替原来的电阻实验，发现无论怎样移动滑片都不能满足电压表示数为3 V，原因是_____。

## 第三课时　欧姆定律

（新授课，1课时）

一、课时目标

（一）低阶目标

1.通过分析欧姆定律表达式，充分理解欧姆定律变形公式的物理意义。

2.通过计算，学会解答串并联电路中有关计算的问题，掌握应用欧姆定律的答题技巧，养成良好的解答习惯。

3.通过实验探究电流与电压、电阻的定量关系，分析归纳得到欧姆定律。

（二）高阶目标

4.运用欧姆定律分析和解决电学问题。

5.通过对探究电流与电压、电阻的关系实验数据的分析以及规律的总结归纳，对实验方案和实验过程进行评估。

## 二、情境任务

任务一：分析并理解欧姆定律。

任务二：简单应用欧姆定律。

## 三、学生活动

活动3.1.1 分析数据，总结归纳出欧姆定律表达式。

活动3.1.2 理解欧姆定律的同一性和同时性。

活动3.1.3 理解欧姆定律的变形公式。

活动3.2.1 利用欧姆定律公式求解电路。

活动3.2.2 小组讨论，总结应用欧姆定律求解电路的步骤。

## 四、课时作业

（一）基础性作业

1.关于对欧姆定律的公式$I=U/R$及变形式$R=U/I$的理解，下列说法正确的是 （    ）

A.导体的电阻一定时，导体两端的电压与通过导体的电流成正比

B.导体两端的电压为零时，导体的电阻也为零

C.通过导体的电流一定时，导体的电阻与导体两端的电压成正比

D.电阻是导体本身的一种性质，与通过导体的电流和导体两端的

电压无关

2."探究电流与电压的关系"的实验中,分别用$R_1$、$R_2$两个电阻进行了探究,并根据各自的实验数据绘制出如图所示的$I$-$U$关系图象,从图中可以看出$R_1$、$R_2$的大小关系为（　　）

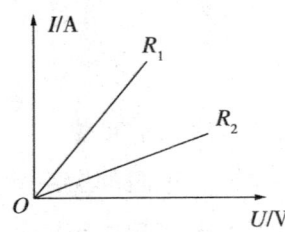

A.$R_1$>$R_2$　　　　B.$R_1$<$R_2$　　　C.$R_1$=$R_2$　　　D.不能确定

（二）拓展性作业

1.将阻值不同的电阻$R_1$、$R_2$按甲图所示电路连接,闭合开关S后,电流表示数为0.6 A；保持电源电压不变,再将电阻$R_1$、$R_2$按乙图所示电路进行改接,闭合开关S后,关于电流表的示数,下列说法中正确的是（　　）

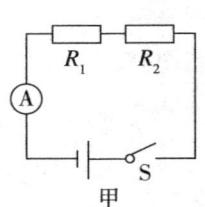
甲

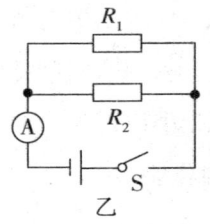
乙

A.一定小于0.6 A　　　　　　B.一定大于2.4 A

C.一定大于0.6 A,但小于1.2 A　D.一定大于1.2 A,但小于2.4 A

2.如图a所示的电路,电源电压保持不变。闭合开关S,调节滑动变阻器,两电压表的示数随电路中电流变化的图象如图b所示,根据图象信息可知：_____（选填"甲"或"乙"）是电压表$V_1$示数变化的图象,电源电压为_____V,电阻$R_1$的阻值为

_____ Ω。

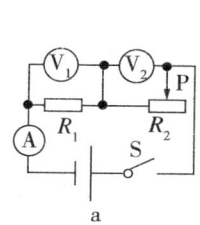
a

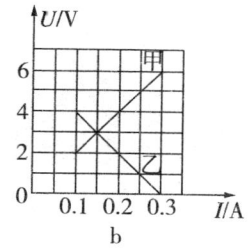
b

（三）探究性作业

阅读科学材料，了解5G智能机器人工作原理，并尝试画出机器人内部的电路构造图。

5G智能机器人

中国移动将如图甲所示5G智能机器人运用到校园环境监测中，进行红外智能测温以及校园消毒。

智能机器人配备了5台高清摄像头和红外热成像测温仪，能够在5 m范围内同时扫描多达10人的体温，如果检测到体温异常或者未戴口罩，机器人会向相关人员自动发送警报。机器人当剩余电量减为电池容量的20%时，会主动寻找充电器充电。下表为某智能机器人的部分参数。

| 水箱容积 | 额定雾化量 | 行进速度 | 净重 |
| --- | --- | --- | --- |
| 20 L | 10 L/h | 0.3 ~ 0.6 m/s | 102 kg |

机器人上还安装了超声波雾化器自动喷枪，工作时，雾化片产生每秒170万次的高频率振动，将消毒液雾化成大量1 μm～5 μm的超微粒子，再吹散到空气中进行消杀病毒。其中额定雾化量是指雾化器正常工作1 h雾化液体的体积。

如图乙是简化的智能测温报警电路：电源电压调为18 V，报警器（电阻不计）通过的电流超过10 mA时就会报警，电阻箱最大阻值为

999 Ω，热敏电阻$R_T$其阻值随温度升高而减小，在37℃时是500 Ω。

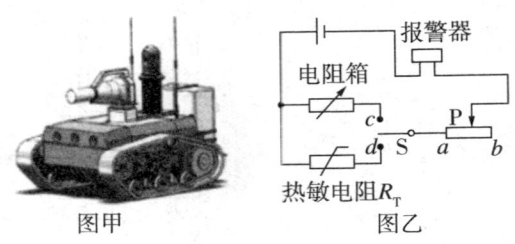

图甲　　　　　　　　　　图乙

## 第四课时　电阻的测量

（实验课，1课时）

### 一、课时目标

（一）低阶目标

1.经过实验的操作，加深在理论方面对欧姆定律以及电阻概念的理解和掌握。

2.通过实验的操作，更加明确如何正确地使用电流表、电压表以及滑动变阻器，熟练地掌握电路的设计和连接方法。

3.通过分析实验数据，总结串并联电路中电阻规律，加深对欧姆定律以及电阻概念的认识。

（二）高阶目标

4.分析实验测量原理，并根据原理设计电路图。

5.通过实验的探究，对比出定值电阻的测量与小灯泡电阻测量实验的异同。

### 二、情境任务

任务一：伏安法测定值电阻的阻值。

任务二：伏安法测小灯泡的阻值。

### 三、学生活动

活动4.1.1 小组讨论，分析实验原理式。

活动4.1.2 小组合作，设计实验过程和实验数据表格。

活动4.1.3 小组合作，进行实验测量定值电阻的阻值。

活动4.2.1 小组讨论，对比测量电阻实验，设计测量小灯泡电阻实验。

活动4.2.2 小组合作，进行实验，并总结两次实验的异同。

## 四、课时作业

（一）基础性作业

1.在用伏安法测电阻的实验中，连接电路正确的是（　　）

A.开关断开或闭合都可以

B.连接滑动变阻器时，应该使滑片置于接入电路的阻值最大处

C.接线时，必须从电源正极开始，开关要靠近电源正极

D.在实验结束时，只要把变阻器滑片再置于电阻值最小位置即可

2.在"伏安法测电阻"的实验中，关于滑动变阻器作用的下列说法中正确的是（　　）

A.控制电源的电压，以免损坏电压表

B.改变电阻两端的电压和电路中的电流，实现多次测量

C.使电压表和电流表的读数更加准确

D.只能使电阻两端的电压升高，电阻中的电流变大

3.用伏安法测电阻的实验中，实验电路图如图所示，电源电压保持不变：

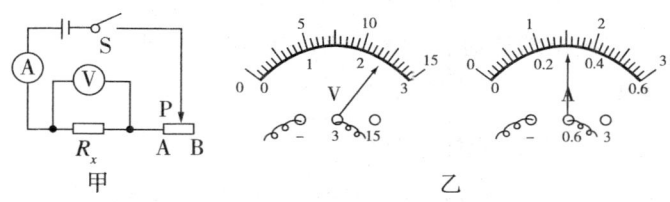

（1）该实验的原理是_____。

（2）闭合开关S前，滑动变阻器滑片P应置于_____（填"A"或"B"）端。

（3）小华按图甲所示的实验电路图正确连接电路，进行实验，某次实验中电压表示数、电流表示数如图乙所示，则被测电阻 $R_x$=_____。

（二）探究性作业

查阅课外资料，利用电路中电阻的特点，自制一个模拟的可调光台灯电路图。

## 第五课时  欧姆定律在串、并联电路中的应用

（新授课，1课时）

### 一、课时目标

（一）低阶目标

1.通过例题的练习，更加熟练地掌握欧姆定律表达式以及变形公式。

2.通过例题的练习，更加熟练地掌握运用欧姆定律解决简单的串并联电路问题的方法步骤，明确利用欧姆定律时要注意的问题。

（二）高阶目标

3.结合串并联电路电学计算题的问题，总结归纳出例题所蕴含的串并联电路中电阻的规律。

### 二、情境任务

任务一：运用欧姆定律进行简单的电学计算。

任务二：运用欧姆定律分析电路中电阻的规律。

### 三、学生活动

活动5.1.1 独立完成教材例题。

活动5.1.2 小组讨论，分析电学计算题答题步骤。

活动5.1.3 优秀做答展示，并总结答题技巧。

活动5.2.1 画出串并联电路图,并指出电流电压规律特点。

活动5.2.2 小组讨论,分析例题中的电阻规律。

活动5.2.3 应用串并联电路中电阻规律展开课堂练习。

四、课时作业

(一)基础性作业

1.如图所示,三个阻值均为5 Ω的定值电阻接在电压为U的电路中,此时电流表的示数为0.6 A,若把电流表换成电压表,则电压表的示数为_____V。

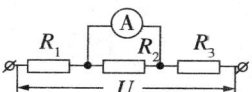

2.如图所示,电源电压保持不变。闭合开关,滑片P从最右端向最左端滑动过程中,下列说法正确的是　　　　　　　　　　(　　)

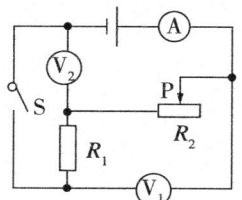

A.电流表示数变小　　　　　　B.电压表$V_2$示数变小

C.电压表$V_1$示数不变　　　　D.电压表$V_2$示数不变

(二)拓展性作业

1.如图所示电路,电源电压保持不变。闭合开关S,当滑动变阻器的滑片P向下滑动时,下列判断中正确的是　　　　(　　)

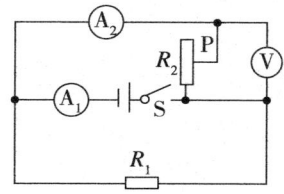

A.电压表V示数变大

B.电流表$A_1$示数不变

C.电流表$A_1$示数与电流表$A_2$示数的差值变小

D.电压表V示数与电流表$A_2$示数的比值变小

2.某实验小组用如图所示的电路进行实验,下列分析正确的是
(　　)

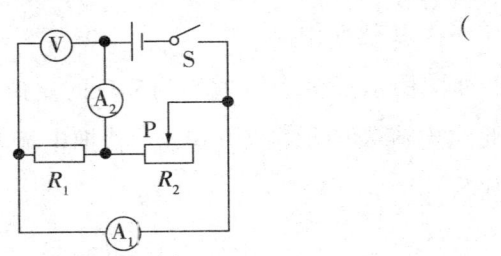

A.电路中$R_1$、$R_2$串联

B.实验中,滑动变阻器的滑片可以任意滑动

C.将$R_2$的滑片向右移动,电压表V与电流表$A_1$的示数比值变大

D.实验中,若一只电表示数突然变小,另两只电表示数不变,则可能是$R_2$断路

3.如图所示是自动测定油箱内油量的原理图,$O$为杠杆支点,油量表是由量程为0～0.6 A的电流表改装而成的,$R_0$阻值为10 Ω,电源电压为3 V,$R_x$是规格为"20 Ω　1 A"的滑动变阻器。当$R_x$的滑片处于最上端时,电路中的电流是_____A,此时油量表标示为0;当油面上升时,接入电路的阻值_____(选填"变大"或"变小")。若换用电压表改装成油量表,要求油面升高时电压表示数变大,电压表应并联在图中_____(选填"$R_0$"或"$R_x$")两端。

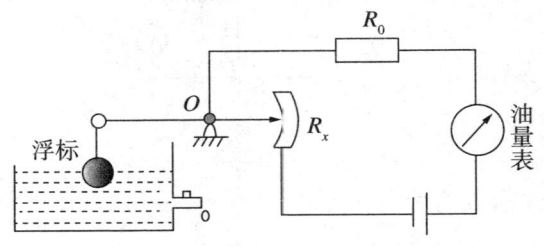

4.查阅网上资料，了解生活中有关应用串并联电路中规律的实例，并整理出相关电路图（例如家用电器中涉及多档位调节问题）。以此大概了解下一章内容"电功率"。

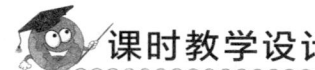

## 课时教学设计及课堂教学实录

### 第四课时　电阻的测量
（实验课，1课时）

#### 一、学习目标

（一）低阶目标

1.经过实验的操作，加深在理论方面对欧姆定律以及电阻概念的理解和掌握。

2.通过实验的操作，更加明确如何正确地使用电流表、电压表以及滑动变阻器，熟练地掌握电路的设计和连接方法。

3.通过分析实验数据，总结串并联电路中电阻规律，加深对欧姆定律以及电阻概念的认识。

（二）高阶目标

4.分析实验测量原理，并根据原理设计电路图。

5.通过实验的探究，对比出定值电阻的测量与小灯泡电阻测量实验的异同。

#### 二、达成评价

1.1 能通过阅读教材，简单构思出伏安法测电阻的实验思路。

1.2 能通过小组合作讨论，整理思路设计详细的实验过程。

1.3 通过小组合作探究，能够更加理解电阻的物理意义，并熟悉欧姆定律。

2.1 能通过全程操作实验探究过程，能非常熟练地操作电路连接，正确地使用滑动变阻器、电压表和电流表。

3.1 能够根据所测实验数据正确地计算出定值电阻的阻值。

3.2 能依据嵌入评价，观察实验现象，记录小灯泡不同情况下的阻值。

3.3 能通过记录的数据，分析小灯泡的阻值变化，总结小灯泡电阻的变化规律。

4.1 能通过阅读教材，设计出实验原理电路图，并根据实验电路图精析电路元件的作用。

5.1 能通过总结归纳，整理测量定值电阻实验与测量小灯泡电阻实验的异同点。

三、学习过程

（一）先行组织

教师通过多媒体出示一个电视机的线路板（如图所示），告诉学生经过检查，发现一条模糊不清的电阻线断了，需要更换。

想想议议：如何更换新电阻？

学生：应该先测量出坏电阻的阻值，然后选择一个等阻值的好电阻将其替换。

具体怎么换，大家思考过程。

（二）任务与活动

任务一：测量定值电阻的阻值。

活动1：想一想，说一说。

根据课前的情景问题，小组展开讨论，分析实验原理式。

实际并没有测量电阻阻值的测量工具，怎么测量电阻呢？

学生：先测出两端的电压，在测量出电路中的电流，利用欧姆定律变形公式便能计算出电阻。

活动2：议一议，做一做。

【提出问题】

如何测量定值电阻的阻值？应该遵循什么原理进行实验探究？需要哪些电学实验器材？应该设计哪些实验步骤？实验中都应该注意哪些问题？

【组织学习】

设计实验：

先独立思考，然后小组交流讨论；

设计实验所需器材以及实验步骤，画出实验数据表格。

除了定值电阻、电流表、导线、开关、电源和电压表之外，还需要什么实验器材？

设计并画出实验原理电路图。

进行实验：

学生进行如下实验：

（1）断开开关，按照电路图连接电路；

（2）接入电路的滑动变阻器阻值调到最大；

（3）检查无误后，再闭合开关S，改变滑动变阻器的阻值三次，分别读出对应的电流表、电压表的示数，并填入表格中；

（4）断开开关，计算定值电阻$R$的阻值，并算出三次阻值的平均值填入表格。

（评价标准：设计出正确的实验电路图，快速将实物电路连接完好，+1；能够选择正确的电压表、电流表的量程进行连接，+1；匹配正确的量程进行实验，闭合开关前，将滑动变阻器的阻值调节到阻值最大处，+1；经过实验测量出定值电阻两端的电压以及电路中的电流，并计算出对应电阻，+2；能够按照正确的实验顺序测量出三组或三组以上电阻值，并能求出电阻平均值，+2。）

【表达成果】

学生1：实验所需要的实验器材有电源、开关、电流表、电压表、滑动变阻器以及导线若干；利用欧姆定律变形公式$R=U/I$为原理进行实验测量。

学生2：实验中注意连接电路时，应将开关断开；在闭合开关前，滑动变阻器应调节到阻值最大处。

学生3：将每一次测量的电流电压数据记录在表格中，并将阻值计算出来填写在表格中；至少测量三组电流电压值，对比三次测量电阻的阻值是否相同。

【交互反馈】师：请其他同学依据评分标准对他进行评价。

学生4：可以得6分，未说如何选择量程。

思考：如何选择电流表、电压表量程？

学生思考后回答：电压表量程要根据电源电压选择，两节干电池对应的电源电压是3 V，选择电压表0–3 V量程，超过则选择0–15 V量程；电流表则不同，需要先用大量程试触，观察指针偏转情况，指针偏转角度过小且未超过小量程，则换用小量程。

电表量程的选择问题将伴随着各个电学实验，学生要掌握选择的方法。

【整合提升】学生总结回答

学生5：利用欧姆定律推导公式计算电阻，并依据此公式进行实验探究，实验所需要的实验器材有电源、开关、电流表、电压表、滑动变阻器以及导线若干；首先设计实验电路，然后连接实际电路，利用滑动变阻器调节定值电阻两端的电压，测量对应不同电压值下的电流，将数据填入表格，并计算阻值以及阻值的平均值。

学生6：此实验说明，当定值电阻两端的电压改变时，通过它的电流也随之改变，但电压与电流的比值，即电阻不变，同时证明了导体的电阻是由自身的性质所决定的，与电压和电流无关。

任务二：测量小灯泡的阻值。

活动1：比一比，做一做。

【提出问题】

对比测量定值电阻的阻值如何测量小灯泡的阻值？应该遵循什么原理进行实验探究？需要哪些电学实验器材？应该设计哪些实验步骤？实验中都应该注意哪些问题？

【组织学习】

进行实验：

学生小组简单讨论，进行如下实验：

（1）断开开关，将定值电阻更换为小灯泡；

（2）接入电路的滑动变阻器阻值依旧调到最大；

（3）检查无误后，再闭合开关S，改变滑动变阻器的阻值三次，分别读出对应的电流表、电压表的示数，并填入表格中；

（4）断开开关，计算小灯泡的阻值填入表格，比较计算出的几个数值，看看每次算出的电阻的大小相同吗？有什么变化规律吗？

（评价标准：根据测量定值电阻实验，快速将实物电路连接完好，+1；闭合开关前，将滑动变阻器的阻值调节到阻值最大处，+1；经过实验测量出小灯泡两端的电压以及电路中的电流，并计算出对应电阻，对比出小灯泡的阻值不同，+2；能够分析出小灯泡的电阻的变化规律，+2。）

【表达成果】

学生1：利用欧姆定律原理式进行实验探究、进行测量。

学生2：实验中注意连接电路时，应将开关断开；在闭合开关前，滑动变阻器应调节到阻值最大处；

学生3：将每一次测量的电流电压数据记录在表格中，并将阻值计算出来填写在表格中；至少测量三组电流电压值，对比三次测量电阻的阻值是否相同。

【交互反馈】

其他同学依据评分标准对他进行评价与补充。

思考：小灯泡的电阻变化的原因是什么？

学生思考后回答：小灯泡的温度会有所变化，猜测小灯泡的阻值会随着温度的变化而改变。

讨论听讲解：由于定值电阻采用对电流的阻碍作用受温度影响小的材料制成的，而小灯泡的灯丝是采用对电流障碍作用受温度影响较大的材料制成，因此，当灯泡两端的电压增大时，灯丝的温度升高，灯丝的电阻受温度的影响而增大，灯丝的电阻变化并不是因为实验误差而引起的。

【整合提升】学生总结回答

学生5：对应定值电阻测量实验连接实际测量小灯泡阻值电路，利用滑动变阻器调节定值电阻两端的电压，测量对应不同电压值下的电流，将数据填入表格，并计算阻值，对比发现每次测量的阻值不同，实际小灯泡的阻值会随着温度的变化而变化。

活动2：想一想，说一说。

说出两个实验中的异同点，以及特别需要注意的地方。

学生1：任务一中多次测量的目的是求平均值，减小误差；任务二中多次测量的目的是多次观察，探究小灯泡电阻变化的普遍规律。

学生2：测量定值电阻实验中可通过电流表、电压表示数情况判断电路故障，而测量小灯泡电阻实验中可通过小灯泡亮与不亮简单判断电路故障。

（三）迁移运用

利用电路中电阻的特点，自制一个模拟的调光灯电路图。

（四）成果集成

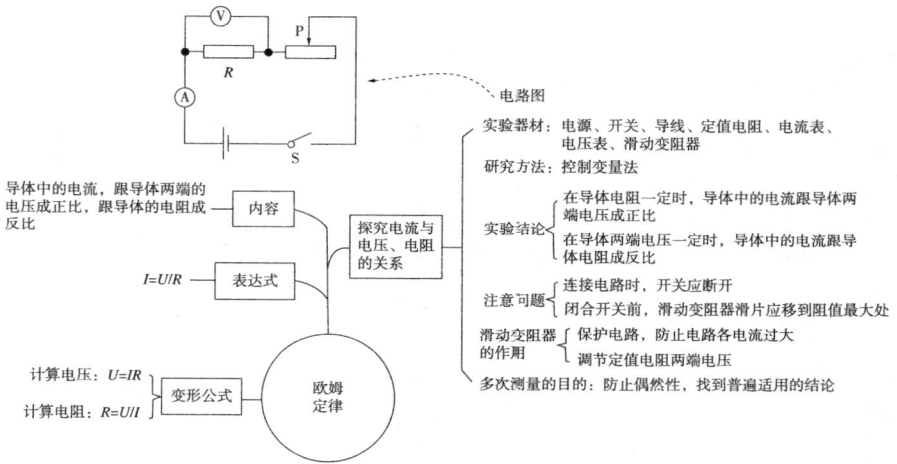

（五）作业设计

［基础性作业］

1.在用伏安法测电阻的实验中，连接电路正确的是　　　（　　）

A.开关断开或闭合都可以

B.连接滑动变阻器时，应该使滑片置于接入电路的阻值最大处

C.接线时，必须从电源正极开始，开关要靠近电源正极

D.在实验结束时，只要把变阻器滑片再置于电阻值最小位置即可

2.在"伏安法测电阻"的实验中，关于滑动变阻器作用的下列说法中正确的是　　　　　　　　　　　　　　　　　　（　　）

A.控制电源的电压，以免损坏电压表

B.改变电阻两端的电压和电路中的电流，实现多次测量

C.使电压表和电流表的读数更加准确

D.只能使电阻两端的电压升高，电阻中的电流变大

3.用伏安法测电阻的实验中，实验电路图如图所示，电源电压保持不变：

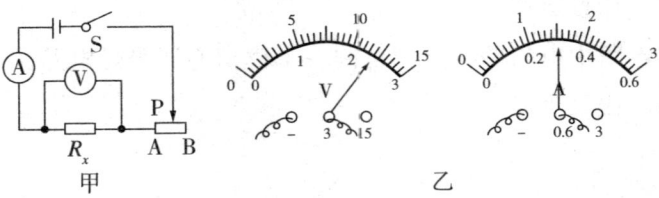

（1）该实验的原理是_____。

（2）闭合开关S前，滑动变阻器滑片P应置于_____（填"A"或"B"）端。

（3）小华按图甲所示的实验电路图正确连接电路，进行实验，某次实验中电压表示数、电流表示数如图乙所示，则被测电阻 $R_x=$ _____。

[探究性作业]

查阅课外资料，利用电路中电阻的特点，自制一个模拟的可调光台灯电路图。

（六）课后反思

本堂课是欧姆定律内容的延续，通过重构教材内容，基于新课标要求设计了本节课的教学目标为三个低阶目标和一个高阶目标。为了达成目标，逆向设计达成评价。首先设置开放性的物理问题，将学生带入真实的物理情境，激发学生的兴趣，接着又提出问题，如何更换电路中的坏损电阻，引入课题"如何测量一个定值电阻的阻值"。然后，从想一想、说一说、议一议、做一做、比一比等几个环节来组织本课的教学。在本课的教学中，主体内容是利用电压表、电流表测算出未知定值电阻的阻值，让学生自己发现问题，通过交流与论证，得出电阻是导体本身的一种性质，与电路中的电流和电压无关，从而突破本课的教学难点。

为了达成物理素养的培养目标，注重科学探究，倡导教学方式多样化。本堂课主要采用学生小组讨论、合作探究的方法让学生自主进行探究，让学生亲身感受用物理知识成功解决问题的喜悦。这不仅培养了学生研究物理的科学方法，还提高了学生综合运用知识的能力、动手能力、解决现实问题的能力。

# 化学大单元教学设计

# 九年级上册第四单元"自然界的水"

长春经济技术开发区育隆学校　丛冬梅　张予畅

## 一、单元内容

人民教育出版社九年级上册第四单元"自然界的水"。

本单元从社会生产实际和学生生活实际出发，紧紧围绕自然界的水这一主题展开，共介绍了三部分内容。第一部分内容从社会层次上介绍全球水资源储量、水体污染状况及水资源保护等社会热点问题。第二部分内容从化学学科角度借助水的净化及软化等实验，介绍吸附、沉淀、过滤、蒸馏等常用净水方法，初步渗透了利用过滤方法可对混合物进行简单的分离。第三部分内容是借助水的组成探究实验、水分子分解示意图及化学式化合价等内容，将宏观、微观、符号相结合，定量与定性相结合，充分认识水这种物质的变化与规律。本单元以水这种物质为载体，将化学学科的一些基本概念和基本技能穿插于紧密联系社会、联系生活的实践之中，从自然界到实验室，从社会到学科，从宏观到微观，由浅入深，逐步深入，将学科知识与社会现实问题融为一体，以学科知识充实水的主题，用水的主题衬托学科价值。

## 二、单元分析

（一）课标分析

1. 内容要求

针对本单元的教学内容，2022年版化学课程标准要求如下：

（1）学生可以初步学习使用过滤方法对混合物进行分离，初步学会观察实验现象，并如实记录、处理实验数据。

（2）知道物质可以分为纯净物和混合物、单质和化合物等。了解吸附、沉淀、过滤和蒸馏是净化水的常用方法。认识水是一种宝贵的自然资源，形成保护和节约资源的可持续发展意识和社会责任。

（3）初步形成基于元素和分子、原子认识物质及其变化的视角，建立认识物质的宏观和微观视角之间的关联。可以用符号表示物质的组成，知道常见元素的化合价，学习用化学式表示常见物质组成的方法，认识相对原子质量、相对分子质量的含义及应用。

（4）主动践行节约资源、环境友好的生活方式，树立人与自然和谐共生的科学自然观和绿色发展观。知道资源开发可能会对环境产生影响，树立环保意识。通过实践活动，初步形成应用元素观和科学探究方法解决问题的思路。

2. 学业质量

（1）在认识物质组成、性质及分析相关实际问题的情境中，能从元素与分子视角辨识常见物质，结合实例区分混合物与纯净物、单质与化合物；能用物质名称和化学式表示常见物质，能分析常见物质中元素的化合价；能用相对原子质量、相对分子质量进行物质组成的简单计算。

（2）在探索化学变化规律及解决实际问题的情境中，能基于化学变化中元素种类不变，有新物质生成，从宏观、微观、符号相结合的视角说明物质变化的现象和本质。

（3）在实验探究情境和实践活动中，能根据实验目的选择必要的试剂，常见的实验仪器和装置、运用实验基本操作技能和条件控制的方法，安全、顺利地实施实验探究方案；能对观察、记录的实验现象和数据进行分析、处理，得出合理的结论，能用规范的语言呈现探究结果，并与他人交流、讨论；能基于物质及其反应的规律和跨学科知识，完成简单的作品制作。

（4）在常见的生产生活和社会情境中，能初步运用化学观念解释与化学相关的现象和事实，参与相关的简单的实践活动；能将化学知识与生产生活实际相结合，主动关注有关水资源保护、资源回收再利用等实际问题，并参与讨论。

3.教学提示

化学教学是落实化学课程目标，引导学生达成义务教育化学课程学业质量标准的基本途径。教师应紧紧围绕发展学生的核心素养这一主旨，积极开展核心素养导向的化学教学，充分发挥化学课程的育人功能，落实立德树人根本任务。

（1）深刻领会核心素养内涵，科学制订化学教学目标。

（2）全面理解课程内容体系，合理组织化学教学内容。

（3）充分认识化学实验的价值，积极开展科学探究与实践活动。

（4）大力开展核心素养导向教学，有效促进学习方式转变。

4.学业要求

形成化学观念，解决实际问题。能对物质进行分类；能从元素、原子、分子视角初步分析物质的组成及变化；初步学会从定性和定量的视角研究物质的组成及变化。发展科学思维，强化创新意识。初步学会运用观察、实验、调查等手段获取化学事实，能初步运用比较；能以宏观、微观、符号相结合的方式认识和表征化学变化；初步建立物质及其变化的相关模型；能对不同的观点和方案提出自己的见解，发展创新思维能力。经历科学探究，增强实践能力。能进行安全、规范的实验基本操作，独立或与同学合作完成简单的化学实验任务；能用科学语言合理表述探究的过程和结果，并与同学交流；能从化学视角对常见的生活现象、简单的跨学科问题进行探讨，初步解决与化学有关的实际问题。养成科学态度，具有责任担当。逐步形成崇尚科学、严谨求实、大胆质疑、追求真理、反对伪科学的科学精神；初步形成节约资源、保护环境的态度，能积极参加与化学有关的社会热点问题的讨论并作出合理的价值判断；树立人与自然和谐共生的科学自然观和绿色发展观。

（二）教材分析

横向分析：自然界的水为人教版初中化学教材九年级上册第四单元内容。通过前面三个单元内容的学习和积累，学生已经具备一定的化学思维能力。学习了化学反应的概念以及一些常见气体的相关性质，学生已经具备探究水的组成这个实验的知识储备条件。学习了物质构成的奥秘部分内容，学生已经熟知了分子和原子、元素等基本概念，这对于学习本章节化学式和化合价来说是一个基础，有利于学生对宏观和微观的建构。并且，通过对本单元物质水的学习，学生可以了解研究物质基本的方法和手段，掌握基本实验操作技能，为第六单元碳和碳的氧化物的学习奠定理论基础和实验基础。

纵向分析：本单元以学生熟知的物质水入手，从宏观方面介绍了全球水资源概况、水的污染与防治、水的净化、水的组成、水的化学表示等定性的内容。同时，又以水为载体，通过"水的组成"从微观、宏观两个方面让学生进一步认识物质的变化和分类，从定量角度认识物质各组成元素之间的质量关系，使学生充分认识水这种物质的变化与规律。又将单质、化合物、氧化物、物质的组成、原子、分子等化学基本概念以及沉淀、吸附、过滤、蒸馏等化学实验基本操作技能的学习贯穿其中，使学生不仅可以多角度、全方位认识水这种物质，还可以掌握化学学科要求的基本学科技能。整个单元内容将化学学科的学习与生活实际紧密相连，增强学科育人价值，培养学生对自然、社会的责任感和正确的价值观。

（三）学情分析

经过日常生活经验以及学习的知识和方法技能的积累，学生们对水这种物质已有一定的认识和了解。在本节课之前，学生已经学习了化学反应的概念以及一些常见气体的相关性质，学生本身已经具备探究水的组成这个实验的知识储备条件，可以对水的电解和其反应生成的气体进行实验探究。通过对物质构成的奥秘的学习，学生已经熟知了分子和原子、元素等基本概念，这对于学生学习化学式和化合价来说是一个基础，也有利于学生对宏观和微观的建构。并且在物理、地理、生物等其他学科领域的学习中，也有对水相关知识的学习和介绍，加之初中学生的认知能力不断增强，能够掌握更复杂的知识结构，并能够运用所学知识解决实际问题，所以，学生对于本单元的学习内容并不陌生。

但是，初中学生心理特点正处于半幼稚、半成熟状态，思维活动既有具体形象成分，又有抽象逻辑思维，仍以经验型思维为主，在教学中，以学生具体经验出发，结合化学学科特点，利用组织学生观察实验现象，具体实践等教学手段，使学生思维不断向高水平转化。加之学生基础经验不同，认知方式不同，知识掌握程度不同，教学活动设计要分层次，使不同层次的学生都能参与其中，另外，大多数学生对缺水几乎没有切身体验，很多同学对水的污染情况知之甚少，节约用水意识薄弱，在活动设计上要真实合理，情景真实，使同学们真真切切了解目前水资源状况，树立爱护水资源、节约用水的意识，培养对自然、社会的责任感和正确的价值观和科学素养。

**三、单元主题**

俯瞰地球之美——自然界的水。

**四、单元目标**

（一）低阶目标

1.通过查阅资料、交流汇报等方式了解世界和我国的水资源状况，关注水体污染状况及水资源保护等社会热点问题。

2.通过一系列实验探究活动及生活现象分析、了解基本净水方法，初步掌握物质分离、鉴别的一般思路和方法及基本化学实验操作。

3.通过对水的组成实验探究，学习从宏观、微观等不同角度认识物质及其变化规律并初步形成物质分类思想。

4.基于化学式、化合价的学习，能从定性、定量等角度认识物质及各元素组成、含量等。

（二）高阶目标

5.通过对爱护水资源内容的学习，学会用辩证的方法看待问题，认识到水资源与个人生活和化学学科的学习密切相关，逐步形成保护水资源和节约用水的意识，培养对自然、社会的责任感和正确的价值观和科学素养。

6.通过对水的一系列探究实验，理论与实际相结合，在实际应用中掌握操作技能，认识实验操作技能在生活和生产中的应用价值，建立化学思维模型，感受化学与社会的密切联系，培养学习化学的兴趣。

7.通过宏观与微观相结合、定性与定量相结合的不断深入学习，逐步形成化学思维模型。

五、单元评价

1.1 能通过查阅资料、交流汇报等方式了解目前水资源现状，形成节约用水、爱护水资源的意识，生活中能践行节约用水具体行为。

2.1 能了解日常生产生活中水的基本净化流程，能熟练运用过滤方法对混合物进行初步分离。

2.2 生活中能对硬水及软水进行区分，了解硬水的危害，能对硬水进行软化处理。

3.1 能从宏观、微观等角度辩证认识水这种物质，能对物质依据不同标准进行简单分类。

4.1 能熟练写出常见物质的化学式，了解化学式的含义。

4.2 能看懂商品标签或说明书中物质的成分及含量。

5.1 能够树立正确的价值观和对自然、对社会的责任感。

6.1 能掌握基本的实验操作技能，培养化学学科的学习兴趣和学科素养，练习运用化学学科知识解决生活实际问题。

7.1 能利用形成的宏微符化学思维模型、定型定量思维模型解决一类问题。

## 六、单元结构化活动

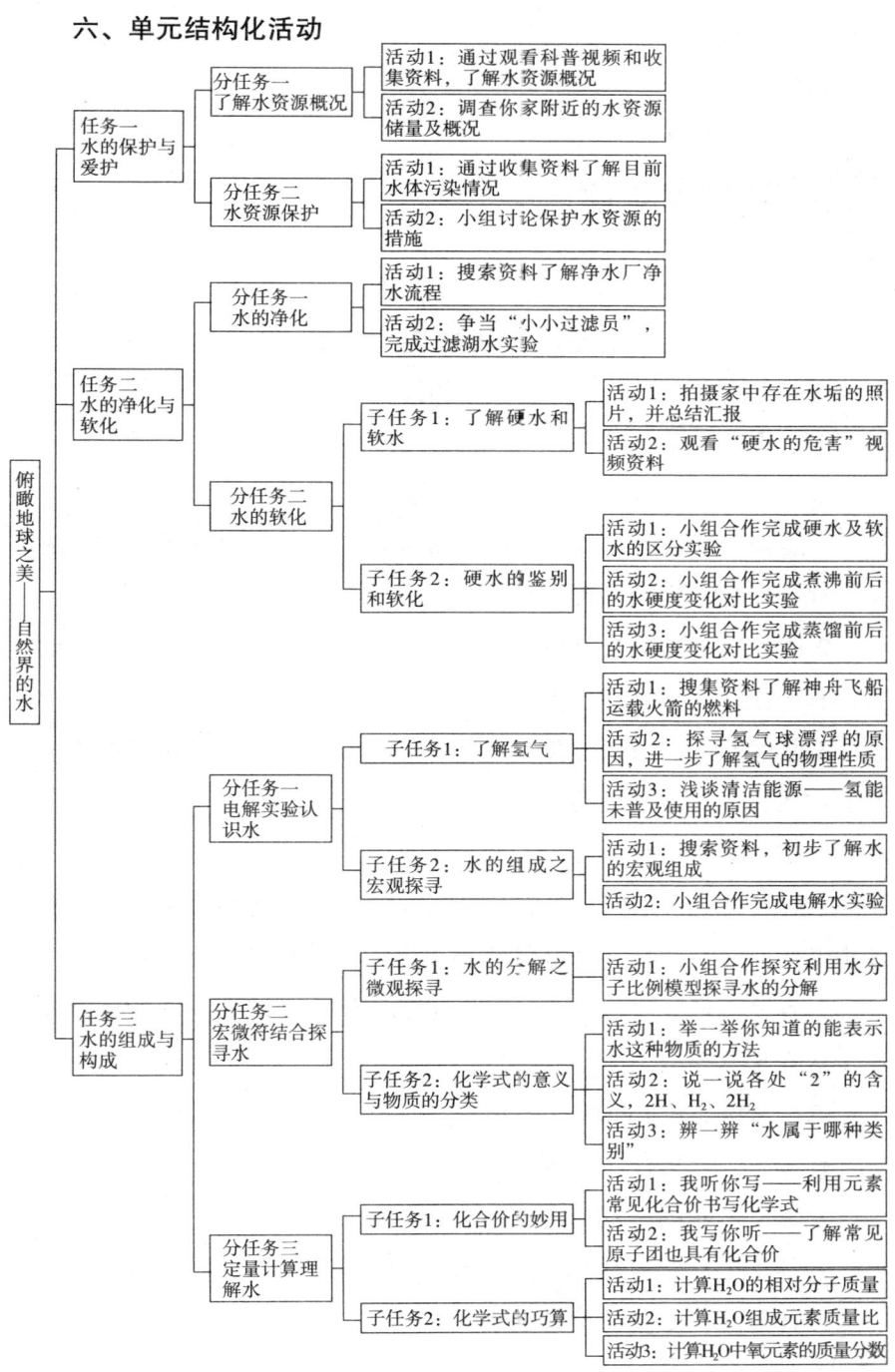

## 七、课时分配

共5课时。

## 课时规划设计

## 新授课

（3课时）

### 一、课时目标

（一）低阶目标

1.能基于资料收集及日常生产生活实践，了解水资源现状，提高关注社会问题，爱护水资源意识。

2.通过对水的组成及构成探究，知道可以从物质的存在、组成、变化和用途等视角认识物质。

3.通过宏观微观相结合、定量计算等方式，多角度认识物质水，了解物质组成元素之间的关联。

（二）高阶目标

1.通过对爱护水资源内容的学习，学会用辩证的方法看待问题，逐步形成对自然、社会的责任感和正确的价值观和科学素养。

2.通过宏观微观相结合、定性定量相结合，培养化学学科思维，逐步建立化学模型。

### 二、情境任务（问题）

任务一：水的保护与爱护。

任务二：水的组成与构成。

分任务二：宏微符结合探寻水。

分任务三：定量计算理解水。

## 三、学生活动

活动1.1 通过观看科普视频和收集资料，了解水资源概况。

活动1.2 调查你家附近的水资源储量及概况。

活动1.3 通过收集资料了解目前水体污染情况。

活动1.4 小组讨论保护水资源的措施。

活动2.1 小组合作探究利用水分子比例模型探寻水的分解微观过程。

活动2.2 举一举你知道的能表示水这种物质的方法。

活动2.3 说一说各处"2"的含义，2H、$H_2$、$2H_2$。

活动2.4 辨一辨"水属于哪种类别"。

活动3.1 我听你写——利用元素常见化合价书写化学式。

活动3.2 我写你听——了解常见原子团也具有化合价。

活动3.3 计算$H_2O$的相对分子质量。

活动3.4 计算$H_2O$组成元素质量比。

活动3.5 计算$H_2O$中氧元素的质量分数。

## 四、课时作业

（一）基础作业

1.下列说法中，错误的是　　　　　　　　　　　　　（　　）

A.淡水在自然中分布很广，约占地球表面积的3/4

B.动植物体内都含有大量的水

C.凡是无色透明的水都能喝

D.水在人的日常生活中和工农业生产上都有重要的作用

2.下列含氮元素的化合物，氮元素化合价最高的是　　　（　　）

A.NO　　　　B.$NO_2$　　　　C.$N_2O_5$　　　　D.$N_2O$

（二）提升作业

1.某物质含有A、B两种元素，已知A、B两种元素原子的相对原

子质量之比为7∶2，经测定该物质A、B两种元素的质量比为7∶3，则该物质的化学式为（　　）

A.$A_2B_3$　　　　B.$AB_2$　　　　C.$A_2B$　　　　D.$A_3B_2$

2.（经典回放）下图是表示气体分子的示意图，图中"●"和"○"分别表示两种不同质子数的原子，其中可能表示氧化物的是（　　）

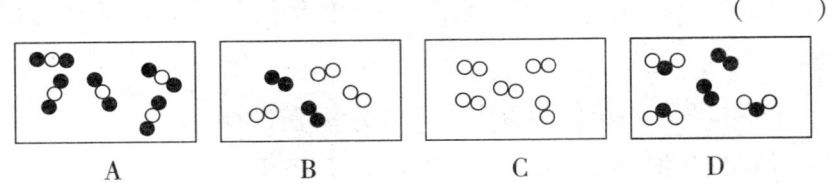

A　　　　　　B　　　　　　C　　　　　　D

（三）实践作业

拍摄节约用水，爱护水资源主题宣传视频。（视频要求5分钟以内，形式不限，符合主题要求即可）

## 实验课

（2课时）

### 一、课时目标

（一）低阶目标

1.通过水的净化探究实验，掌握过滤的基本实验操作，初步了解不同物质的区分和鉴别方法。

2.能通过电解水实验活动，认识水是由氢、氧两种元素组成。

3.通过观察实验现象，能够从定性、定量两个角度描述实验现象，并且根据现象判断物质。

（二）高阶目标

4.通过水的电解实验，逐步建立根据化学反应产物推断物质组成的思维模型。

5.通过水的软化实验，理论与实践相结合，将硬水软化应用于生活实践，形成健康生活方式，指导健康生活。

### 三、情境任务（问题）

任务一：水的净化与软化。

任务二：电解实验认识水。

### 四、学生活动

活动1.1 搜索资料并汇报。

活动1.2 争当"小小过滤员"。

活动1.3 拍摄家中存在水垢的照片，并总结汇报。

活动1.4 观看"硬水的危害"视频资料。

活动1.5 小组合作完成硬水及软水的区分实验。

活动1.6 小组合作完成煮沸前后的水硬度变化对比实验。

活动1.7 小组合作完成蒸馏前后的水硬度变化对比实验。

活动2.1 搜集资料了解神舟飞船运载火箭的燃料。

活动2.2 探寻氢气球漂浮的原因，进一步了解氢气的物理性质。

活动2.3 浅谈清洁能源——氢能未普及使用的原因。

活动2.4 搜索资料，初步了解水的宏观组成。

活动2.5 小组合作完成电解水实验，记录并尝试从水的组成角度解释实验现象。

### 五、课时作业

（一）前置作业

1.学习小组分工合作搜集神舟飞船内部净水系统及自来水厂净水过程相关资料并汇总。

2.拍摄家中烧水壶、恒温壶、水龙头等处存在水垢的照片，和家长一同探寻水垢成因及去除水垢的方法。

(二)课后作业

1.在实验室进行如下过滤操作，回答下列问题。

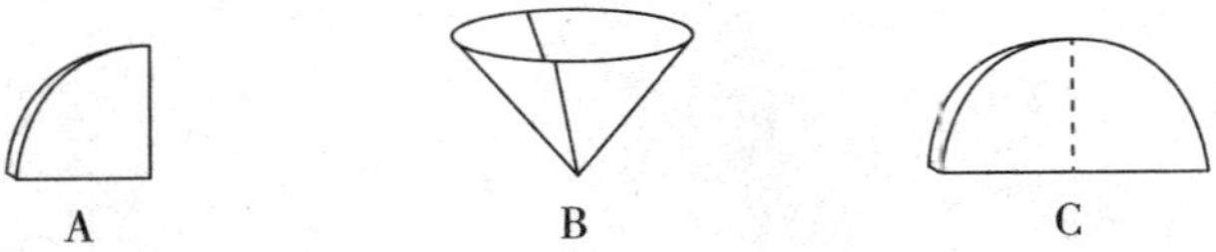

图1 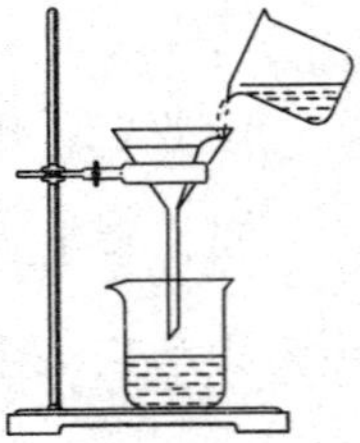　　　　　　　　　　图2

（1）滤纸折叠过程如图1如图所示，其正确操作顺序为_____（填序号）。

（2）根据图2过滤装置示意图回答：

①装置中还缺少一种仪器，该仪器的名称是_____，其在过滤当中的作用是_____。

②操作过程中，他发现过滤速度太慢，产生的原因可能有：_____（写一种原因即可）。

③过滤后发现滤液仍然浑浊。可能的原因有_____（写一种原因即可），并写出一条补救措施是_____。

2.根据电解水的实验装置图完成下列问题：

（1）指出电源的正、负极，左边为_____，右边为_____，事先往水里加少量硫酸，目的是_____。

（2）左试管中产生的是_____，检验该气体的方法是_____；右试管中产生的是_____，检验该气体的方法是_____。由以上实验事实得出结论：说明水是由_____组成的。

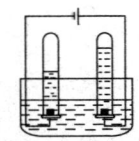

通电分解水的简易装置

（三）实践作业

【废物利用】利用家中闲置物品及材料，自制简易净水器，并拍摄净水过程视频。

【小材大用】用不同颜色的彩泥、吸管、牙签等物品制作水分子分解模型。（注意颜色配比以及原子大小）

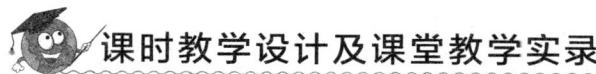

## 课时教学设计及课堂教学实录

### 水的净化与软化

（1课时）

一、学习目标

（一）低阶目标

1.通过课前学习小组搜集有关自来水厂净水过程资料，初步了解吸附、沉淀、过滤、蒸馏等基本净水方法。

2.通过小组合作完成天然水（湖水）的过滤实验，掌握过滤的基本操作和注意事项。

3.通过观看视频资料及完成硬水、软水的检验实验，了解硬水的危害，掌握硬水软化的方法及硬水和软水的基本区分方法。

（二）高阶目标

4.通过完成基本实验，搜集相关资料，初步培养从实验中观察、比较、分析、归纳信息及加工信息的能力。

5.通过对水的净化内容的学习，形成保护和节约水资源的可持续发展意识与社会责任。

二、达成评价

1.1 能通过对搜集的资料进行汇总，总结归纳出自来水厂净水流程。

2.1 能基于小组合作，完成过滤实验操作。

2.2 实验过程中能规范使用化学仪器和药品，规范操作，准确观察并记录实验现象。

2.3 能梳理出实验过程中遇到了哪些问题，展示出问题解决的办法。

3.1 能基于小组合作，完成硬水和软水的鉴别实验。

3.2 能通过比较煮沸、蒸馏操作前后水的硬度大小，归纳出硬水软化的两种常见方法。

4.1 能够通过搜集相关资料，完成过滤、硬水和软水检验等实验操作，对资料进行总结归纳和提取，对现象进行观察、比较、分析。

5.1 能通过对水的净化的学习，加强爱护水资源，保护水资源的意识，增强责任意识，感受化学与生活息息相关。

三、学习过程

（一）先行组织

空间站的水从哪里来？

神舟十五号飞船在轨时间长达6个月，据估算，每名航天员一天大约需要饮用2千克水，除此之外，航天员日常生活中也需要消耗不少水。由此算下来，3名航天员在空间站半年时间至少需要1吨水。那么，空间站内的这些水都是从哪里来的呢？生活污水又是如何处理的呢？（学生：通过飞船带上去的、货运飞船提供补给、净水系统处理后循环使用的）了解净水系统的基本净水流程。

（二）任务（问题）与活动

任务一：水的净化。

活动1：搜索资料，了解净水流程。

小组分工合作，课前搜集神舟飞船净水系统相关资料对比了解我们日常饮用的自来水的净水过程，比较哪种方式水的净化程度较高，并概括整合自来水厂水净化的一般过程。（航天站净水流程：尿液—去钙离子—蒸馏冷凝—过滤—RO反渗透技术—饮用水自来水厂：沉淀—过滤—吸附—消毒—饮用水）

活动2：争当"小小过滤员"，完成过滤湖水实验。

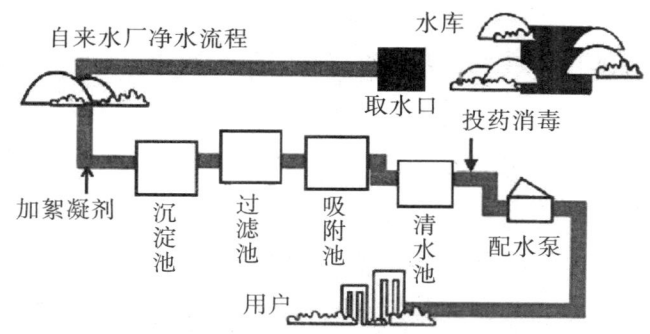

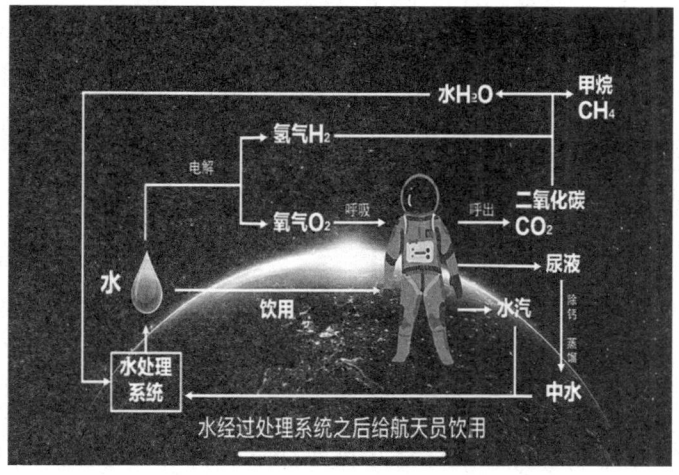

【布置任务】

神舟飞船的水处理系统中也包含自来水厂净水流程中的过滤这一基本操作，过滤操作可将水与杂质物质进行分离，对水起到一定的净化作用，请依据过滤原理，以小组为单位完成湖水的过滤实验。

【组织学习】

先结合教材75页图4至图16，独立思考完成湖水过滤实验需要如何组装实验装置，为了达到较好的过滤效果，实验过程中需要注意哪些问题，然后小组讨论，达成共识后，小组合作完成湖水过滤实验。

（评价标准：小组分工明确，相互配合完成实验，+1；正确使用化学仪器，过滤操作规范，并且准确记录实验现象，+2；用化学语言准确描述实验现象，+1；基于实验现象分析总结过滤要点，反思过滤效果不显著的原因，+2。）

【表达成果】

学生1：过滤后得到的水比过滤之前澄清一些，但是实验过程中我们组发现滤液下降速度有些慢，所以就用玻璃棒在漏斗中轻轻搅动滤液，这样滤液流速就加快了，但是过滤效果不如其他小组的好，实验结束也发现滤纸破损了。

【交互反馈】

学生互评：他们小组没有规范使用玻璃棒，不能得满分，实验过程中不能用玻璃棒搅动滤液，会把滤纸搅破，要让滤液沿着玻璃棒流入漏斗内。

学生1：我们应当更换滤纸，对滤液再次进行过滤，并在实验过程中规范使用玻璃棒。

学生2：我们小组严格按照实验教材提示组装实验装置进行实验，并且实验过程中慢慢倾倒滤液，保证滤液液面低于滤纸边缘，过滤效果显著，应该得满分。

【整合提升】

师生共同总结过滤要点，"一贴、二低、三靠"，其中，玻璃棒在过滤中的作用是引流。

任务二：水的软化。

1.了解硬水和软水

活动1：拍摄家中烧水壶、恒温壶、水龙头等处存在水垢的照片，和家长一同探寻成因及去除水垢的方法总结汇报。

学生汇报水垢成因：水垢的主要成分是碳酸钙和氢氧化镁，形成水垢主要原因是水中溶有较多的可溶性钙和镁化合物，这种水叫硬水，硬水加热或长久放置，这些化合物会生成沉淀形成水垢。

学生汇报清除水垢小妙招：（1）在水壶中加入醋，浸泡一段时间，或者加热可清除水垢；（2）使用专门水垢清洁剂。

活动2：观看"硬水的危害"视频资料，表达交流想法。

学生交流：硬水对生活生产带来许多麻烦，硬水进行软化确有必要。

2.硬水的区分和软化

将等量肥皂水分别滴加到盛有等量的硬水、软水的试管中，振荡，观察两支试管中产生的现象会有所不同。

活动1：小组分工合作，根据所提供的实验药品及器材，完成实验，观察并记录实验现象。

如果将硬水煮沸后再次加入肥皂水进行实验，现象是否会发生变化？

活动2：在上述实验的基础上，将硬水进行煮沸，比较煮沸前后加入肥皂水的现象有什么不同，根据现象猜想原因。

学生总结现象：硬水煮沸后加入肥皂水振荡产生更多的泡沫、更少的浮渣，说明煮沸后水的硬度下降，生活中可以通过煮沸降低水的硬度。

将硬水进行蒸馏处理后，加入肥皂水现象又会是怎样？观看教师演示利用硬水制备蒸馏水。

活动3：利用教师制备的蒸馏水及肥皂水完成比较硬水蒸馏前后的硬度变化实验。

学生总结现象：蒸馏水中加入肥皂水产生更多的泡沫、更少的浮渣，说明实验室可以通过蒸馏来降低水的硬度。

（三）迁移运用

1.根据某品牌净水器的六级精滤原理，回答下列问题：

（1）每一级原理对应水的净化中的哪一步骤？

（2）分析经此净水器净化后的水硬度是否发生变化？

（3）经此净水器净化后得到的水是纯水吗？

折叠PP棉 — 滤除泥沙、铁锈等大颗粒杂质
前置炭棒 — 吸附余氯、异味异色等
长效阻垢因子 — 减少钙、镁离子结垢
RO反渗透膜 — 去除无机物重金属、细菌
后置炭棒 — 改善口感，入口清冽
无纺布 — 拦截后置少量炭粉，出水更纯净

*重金属：铅、汞、镉等测定结果符合国家标准；
微生物：总大肠菌群等未检出；
检测机构：深圳市计量质量检测研究院；
报告编号：221000379。

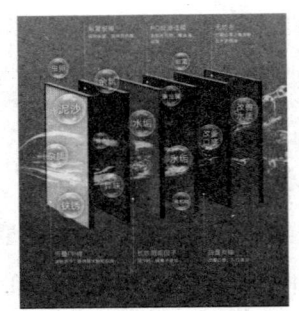

2.某化工厂工人曾说，他可以通过化学反应，将水直接变为汽油（主要含C、H元素），供汽车使用。通过讨论，回答"水变油"是不是伪科学，并说理由。

（四）成果集成

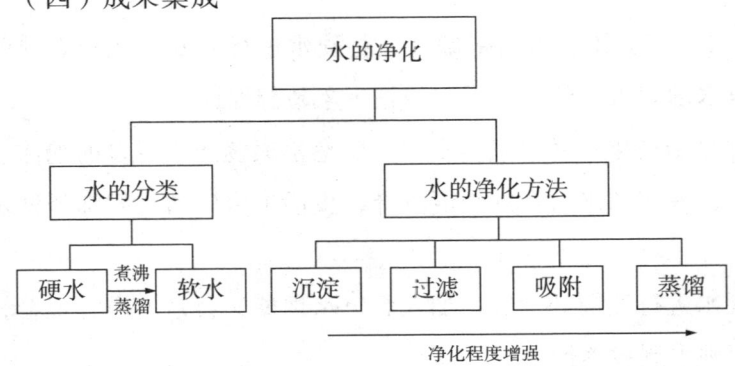

（五）作业设计

[前置作业]

1.学习小组分工合作搜集自来水厂净水过程相关资料并汇总。

2.拍摄家中烧水壶、恒温壶、水龙头等处存在水垢的照片，和家长一同探寻成因及去除水垢的方法。

[课堂作业]

1.右图为同学自制的简易净水器：

（1）小卵石、石英砂、膨松棉的作用是_____，活性炭的作用是_____。

（2）为确定净化后是硬水还是软水，可用_____来检验。

（3）长期饮用硬水对人体健康不利，要降低水的硬度，可采取_____。

2.下列关于过滤操作的叙述中，错误的是（　　）

A.滤纸边缘应低于漏斗边缘　　B.滤液面与滤纸边缘相平

C.漏斗的下端口紧靠烧杯内壁　　D.滤液浑浊，应再过滤一次。

3.下列净化水的操作过程中，发生化学变化过程的是（　　）

A.沉淀　　　　　　　　　　B.消毒

C.过滤　　　　　　　　　　D.蒸馏

（课堂作业自评标准：填空题，每空1分，字迹错误不给分；选择题，每题1分，字迹模糊不清不给分。）

[课后作业]

1.如图为活性炭净水器示意图，该净水器的进出水方向是_____（填"a→b"或"b→a"），选择该进出水方向的原因是_____。

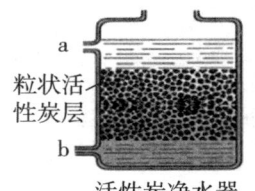

活性炭净水器

2.吉林省内有长白山天池、查干湖、松花江等，淡水资源丰富，水是生命之源，人们生活离不开水资源，下列有关水的说法正确的是
(    )

A.吉林省内有长白山、查干湖、松花江、雁鸣湖等，可供利用的淡水资源是无限的

B.松花湖水经过沉降、过滤、吸附、杀菌消毒等净化过程后可用作生活用水

C.长期饮用蒸馏水有益健康

D.经过净水器净化后的水都是纯水

3.饮用遭到污染或硬度大的地下水不利于人体健康，目前我国部分农村地区还是饮用地下水，为了让农民喝上健康的水，政府也加大投入，积极建设自来水厂。

（1）可利用_____来检验某地下水是硬水还是软水。

（2）倡导健康饮水，为了降低水的硬度，建议在饮用地下水之前要先将水_____。

（3）自来水厂净化水时向水中加入漂白粉的作用是_____。

（4）保护环境、珍爱水资源，是每个公民应尽的责任和义务。请写出一条日常生活中节约用水的措施：_____。

4.在实验室进行如下过滤操作，回答下列问题。

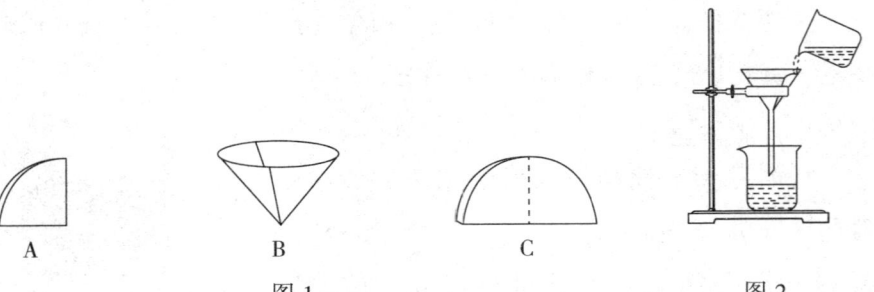

图1　　　　　　　　　　　　　图2

（1）滤纸折叠过程如图1所示，其正确操作顺序为

_____（填序号）。

（2）根据图2过滤装置示意图回答：

①装置中还缺少一种仪器，该仪器的名称是_____，其在过滤当中的作用是_____。

②操作过程中，他发现过滤速度太慢，产生的原因可能有：_____（写一种原因即可）。

③过滤后发现滤液仍然浑浊，可能的原因有_____（写一种原因即可），并写出一条补救措施是_____。

（课后作业自评标准：填空题，每空1分，字迹错误不给分；选择题，每题1分，字迹模糊不清不给分。）

[实践作业]

【废物利用】利用家中闲置物品及材料，自制简易净水器，并拍摄净水过程视频。

（实践作业自评标准：完成净水器制作，+1；清楚拍摄净水视频，+1。）

[拓展作业]（选做）

自然界各种水体都具有一定的自净能力，如果我们能够科学有效地利用水的自净功能，就可以降低水体的污染程度，使有限的水资源发挥其最大的效益，包括经济效益、社会效益、环境效益等，请搜索相关资料，结合地理、生物学等学科知识，以水的自净为主题，进行演讲。

（六）课后反思

本课题以水的净化和水的软化两大任务为主要线索开设化学实验探究课程，在实验操作中培养学生从化学视角观察实验现象，用化学术语描述实验现象的能力以及动手实践的能力，培养学生在比较、分析、综合、归纳中不断发展科学思维和创新能力。

课时设计以情境任务设置为主线，以教师辅助引领为依托，以学生活动为根本落脚点，通过对生活中常见物质水的净化、硬水与软水的区分、硬水的危害等内容不断深入学习，将化学学科知识与生活生产实际相联系，从学科到社会，从知识到生活，逐渐培养学生利用化学观念解决实际问题的能力。

课前学生在教师的引导下，积极主动搜索资料，了解净水流程，理论联系实际，制订切实可行的去处水垢方案，为课上内容的学习奠定基础，课上学生能积极主动思考，基于小组合作完成实验探究任务，分析实验现象及原因，师生共同总结经验达成共识，形成了教师大胆放手、学生主动探索的良性循环，大大提高了课堂效率。

# 九年级上册第六单元"碳和碳的氧化物"

长春经济技术开发区教师进修学校　吕妍

## 单元教学规划

### 一、单元内容

人教版九年级上册第六单元"碳和碳的氧化物"。

### 二、单元分析

（一）课标分析

1.内容要求

（1）认识物质是多样的；知道物质具有独特的物理性质和化学性质，同类物质在性质上具有一定的相似性；知道物质具有广泛的应用价值，物质的性质决定用途。

（2）通过实验探究认识二氧化碳的主要性质，认识物质的性质与用途的关系；初步学习二氧化碳的实验室制法，归纳实验室制取气体的一般思路与方法；以自然界中的碳循环为例，认识物质在自然界中可以相互转化及其对维持人类生活与生态平衡的意义。

（3）了解物质物理和化学性质，知道可以从物质的存在、组成、变化和用途等视角认识物质的性质；了解物质的共性和差异性，认识物质性质的方法；了解观察、实验，以及对事实进行归纳概括、分析解释等认识物质性质的基本方法。

（4）认识物质性质在生活、生产、科技发展等方面的广泛应用，体会科学地利用物质对提高人们的生活质量具有重要作用。

（5）学生必做实验及实践活动。

①二氧化碳的实验室制取与性质。

②基于碳中和理念设计低碳行动。

2.学业要求

（1）能通过实验说明二氧化碳的主要性质，能举例说明物质性质的广泛应用及性质与用途的关系，能利用常见物质的性质分析解释一些简单的化学现象和事实，能设计简单实验，制备并检验氧气和二氧化碳。

（2）能运用研究物质性质的一般思路与方法，设计实验方案，分析解释有关的实验现象，进行证据推理，得出合理的结论。

（3）能基于真实问题情境，依据常见物质的性质，初步分析和解决相关的综合问题；能基于物质的性质和用途，从辩证的角度，初步分析和评价物质的实际应用，对空气保护、低碳行动、化学品合理使用等社会科学议题展开讨论，积极参与相关的综合实践活动。

3.教学提示

（1）通过实物、图片、模型等直观手段，引导学生认识感受物质的多样性。

（2）通过典型实例，帮助学生认识物质性质与用途的关系，展现丰富鲜活的物质应用事实，引导学生基于物质性质对物质应用进行分析、解释和创意设计，促进学生"性质决定用途"观念的形成。

（3）充分发挥学生必做实验功能，给学生提供充分的动手实践和动脑思考的机会，经历完整的探究过程，引导学生在反思和交流的基础上，提炼基础物质性质的一般思路和方法。

（4）设计真实情境和任务，利用跨学科实践活动，开展项目式学习，发展学生多角度分析和解决实际问题，以及合作、实践、创新等能力。

4.学业质量

（1）能举例说明物质组成、性质和用途的关系。

（2）感受物质的多样性，体会物质的性质及应用与日常生活、科技发展的密切联系，认识化学学科对解决实际问题的重要意义。

（3）能根据解决与化学相关的简单问题的需要，运用物质的性质、实验的研究思路与方法，设计简单的实验探究方案，能根据实验目的选择必要的试剂、常见的仪器和装置，运用实验基本操作技能和条件控制的方法，安全、顺利地实施实验探究方案，能对观察、记录的实验现象和数据进行分析、处理，对实验证据进行分析和推理，得出合理结论。

（4）能从科学、技术、社会、环境的相互关系，安全环保和科学伦理等角度，辩证分析与化学相关的简单的社会性科学议题，尝试提出自己的见解和建议，作出合理的价值判断，初步形成节能低碳、节约资源、保护环境的态度和绿色出行的健康生活方式。

（二）教材分析

纵向分析：碳和碳的氧化物安排在上册第六单元，前面学习过空气、氧气、分子和原子、水、化学方程式，在学习"元素及其化合物知识"时，有前面的铺垫，又为以后学习燃料及其利用、金属、酸碱、盐和化肥等单元内容打基础、做铺垫，起承上启下之作用。这种安排有利于学生做渐进式学习，也有利于培养学生的学习兴趣。

横向分析：碳和碳的氧化物是初中化学元素化合物知识的重要组成部分，是后面学习相关化学反应的基础；作为身边的化学物质，相比于氧循环、碳循环的物质更丰富有趣，含碳物质自然界中无所不在，许多物质的本质变化多端，很适合学生认识和探究身边化学物质的素材，在学习中通过引导学生观察实验和体验化学之美。如学习氧气的制取和二氧化碳的制取，学习氧气、碳、一氧化碳的可燃性和还原性，它们的相互关系是复习、补充和深化拓展。

通过对"二氧化碳过多导致温室效应"的了解，培养学生的环保意识，理解现在大力倡导的节能减排，大力倡导的低碳生活。通过本主题的教学，使学生认识学习化学的重要意义。

（三）学情分析

已有经验：学生对二氧化碳气体与日常生活联系紧密，由于在氧气的学习中已经形成了一定的学习方法，对碳单质和一氧化碳了解不多，学习了氧气对认识物质有了初步了解，知道物质性质决定用途，实验室制取氧气已能从反应原理、装置、收集等已有初步感知，但还没形成系统认识。

已有认知：学生已有了由现象推知性质、由性质了解用途的思维，但对于结构与性质的关系还不知道，所以要使学生初步认识"用途—性质—结构"三者之间的关系，对实验室制取气体有一定的知识积累和感性认识，对实验室制取气体的一般思路有了初步的体验，但还没形成理论认知。

心理因素：学生在学习物质构成以及元素符号、化学式、化学方程式等化学用语中产生的枯燥感。加之本单元的实验贴近学生生活实际、重视学科间的联系、注重探究能力培养，可以有效地恢复学生在第四、第五单元学习中受到影响的学习化学的兴趣。

学习障碍：学生习惯于对知识的死记硬背，忽略知识间的联系和规律，不会构建知识体系。

三、单元主题

多角度认识碳及碳的氧化物——圆"碳"之梦。

## 四、单元目标

（一）低阶目标

1.基于碳单质、碳的氧化物的学习，认识物质的多样性。

2.通过实验探究和对生活实例的分析，理解碳单质的性质和用途的关系。

3.通过对实验室制取氧气的复习，掌握实验室制取二氧化碳的思路与方法。

4.通过实验探究和对生活实例的分析，知道一氧化碳和二氧化碳的性质与用途的关系。

5.通过查阅、分析和处理资料，了解温室效应及其产生的危害，关注碳达峰、碳中和等热点问题。

（二）高阶目标

6.结合生活中关于碳和碳的氧化物的应用，对比分析、推理、归纳物质的性质决定物质的用途，体会事实性知识背后的化学观念。

7.基于对含碳物质转化关系的梳理，认识物质在自然界中可以相互转化及其对维持人类生活与生态平衡的意义。

8.通过了解自然界中的碳循环，从物质的组成及变化视角分析和讨论生态环境保护的问题，主动践行低碳行动，树立建设美丽中国、为全球生态安全做贡献的信念。

## 五、单元评价

1.1 能基于对碳单质结构模型的建构，说出物质的结构与性质的关系。

1.2 能通过对生活实例的分析，说出碳单质的性质与对应用途的关系。

2.1 能基于实验室制取氧气的实验探究，设计简单实验，制备并检验二氧化碳。

2.2 能通过对实验室制取$O_2$和$CO_2$的比较分析归纳，学会实验室制取气体的一般思路和方法。

3.1 能举例说明二氧化碳性质的广泛应用及性质与用途的关系。

3.2 能举例说明一氧化碳性质的广泛应用及性质与用途的关系。

4.1 能通过查阅、分析、处理资料，了解温室效应及其产生的危害。

4.2 能基于二氧化碳化学性质的学习，初步了解碳达峰、碳中和等社会热点问题。

5.1 能结合碳和碳的氧化物具体内容，认识物质的多样性。

6.1 能结合生活中关于碳和碳的氧化物的应用，对比分析、推理、归纳物质的性质决定物质的用途。

6.2 能基于对性质与用途关系的分析，体会事实性知识背后的化学观念。

7.1 能基于对含碳物质转化关系的梳理，认识物质在自然界中可以相互转化。

7.2 能基于物质在自然界中的相互转化关系，分析其对维持人类生活与生态平衡的意义。

8.1 能结合自然界中的碳循环，从物质的组成及变化视角，对低碳行动等社会性科学议题展开讨论，制定简单践行低碳行动方案。

8.2 能基于生态环境保护问题的分析与讨论，主动践行低碳行动，树立建设美丽中国、为全球生态安全作贡献的信念。

## 六、单元结构化活动

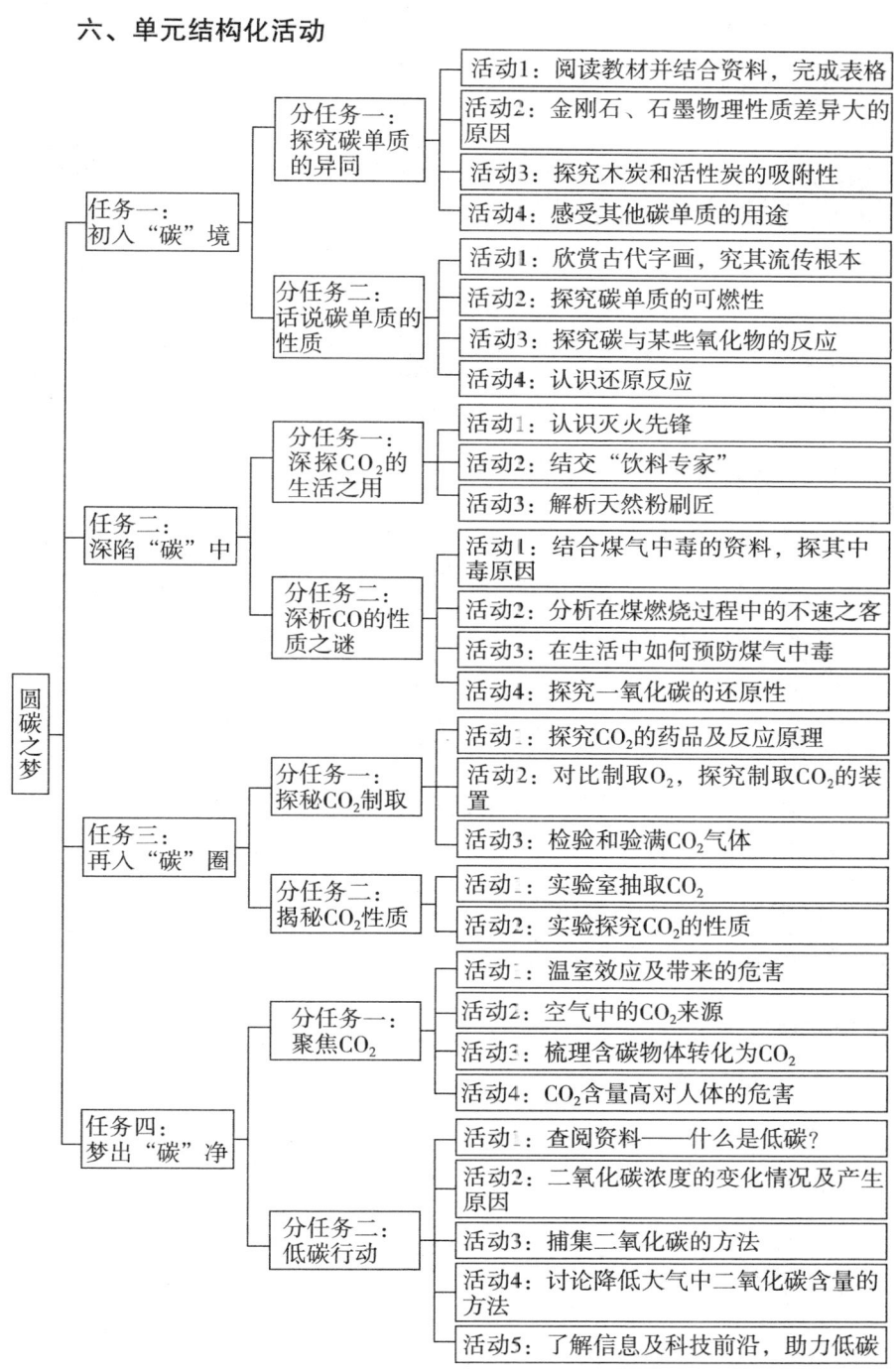

## 七、课时分配

共8个课时。

## 课时规划设计

### 新授课

（4课时）

**一、课时目标**

（一）低阶目标

1.通过对生活实例的分析，理解碳单质的性质和用途的关系。

2.通过对碳单质的化学性质的探究，知道同类物质在性质上具有一定的相似性。

3.结合生活实例，分析二氧化碳性质与用途的关系。

4.结合生活实例，分析一氧化碳性质与用途的关系。

（二）高阶目标

5.通过典型实例，帮助学生认识物质性质与用途的关系，引导学生基于物质性质对物质应用进行分析、解释和归纳，促进学生性质决定用途观念的形成。

**二、情境任务**

任务一：探究碳单质的异同。

任务二：话说碳单质的性质。

任务三：深探$CO_2$的生活之用。

任务四：深析CO的性质之谜。

## 三、学生活动

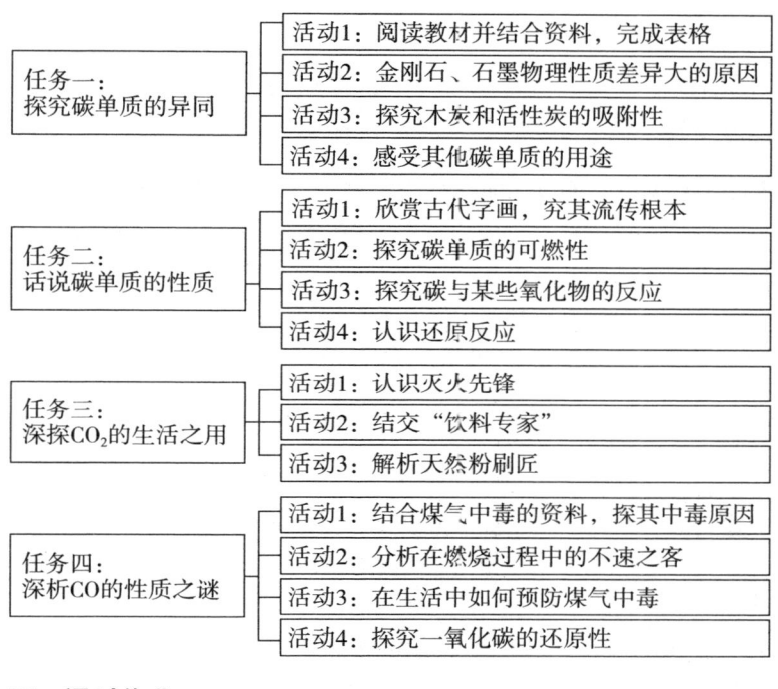

## 四、课时作业

（一）基础作业

1.下列有关金刚石、石墨的说法正确的是　　　　　　　　　（　　）

A.都由碳元素组成

B.都是黑色固体

C.都能导电

D.硬度都很大

2.下列有关碳的化学性质的描述中，正确的是　　　　　　　（　　）

A.碳单质具有可燃性，燃烧后一定生成二氧化碳

B.碳充分燃烧时放热，不充分燃烧时吸热

C.木炭可以燃烧，金刚石不可以燃烧

D.$C_{60}$完全燃烧的化学方程式为 $C_{60}+60O_2 \xrightarrow{点燃} 60CO_2$

3.$CO_2$的下列用途既跟它的物理性质有关,又跟化学性质有关的是 (　　)

A.灭火　　　　　　　　　B.做化工原料

C.制干冰　　　　　　　　D.温室中用做肥料

4.除去$CO_2$中含有少量的CO,下列方法可行的是 (　　)

A.点燃气体　　　　　　　B.通过灼热的CuO粉末

C.通入澄清石灰水　　　　D.通入石蕊试液中

5.下列有关$CO_2$性质的实验,无明显现象的是 (　　)

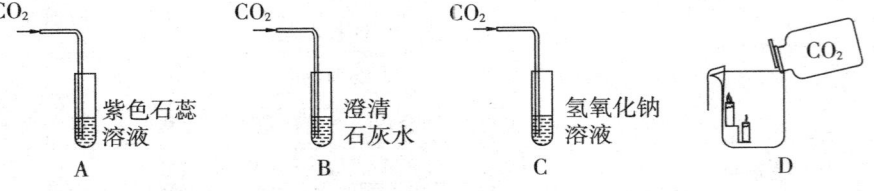

（二）提升作业

1."碳海绵"是已知的最轻的固体材料,其由碳元素组成,具有多孔结构,弹性好,对石油有很强的吸附能力（不吸水）,将吸入的石油挤出后仍可恢复原状。下列关于碳海绵的说法中不正确的是 (　　)

A.碳海绵是一种新型化合物

B.碳海绵可用于海上原油污染时吸附油污

C.在常温下,碳海绵的化学性质不活泼

D.碳海绵完全燃烧能产生$CO_2$

2.2022年春节联欢晚会上,《只此青绿》和《忆江南》两幅名画大放异彩。古代水墨画是用墨调以水画成的,墨的主要成分为石墨。

（1）下列有关石墨的性质和用途说法错误的是_____。

A.具有滑腻感用于制作润滑剂

B.耐高温用于制作刻划玻璃的玻璃刀

C.质软可用于制作铅笔芯

D.有良好的导电性用于制作干电池的电极

（2）从物质分类上说，石墨属于_____（填"单质'或"化合物"），我国古代水墨字画保存至今仍完好无损，说明石墨具有的化学性质是_____。

（3）古代制墨的主要工序流程如图所示。

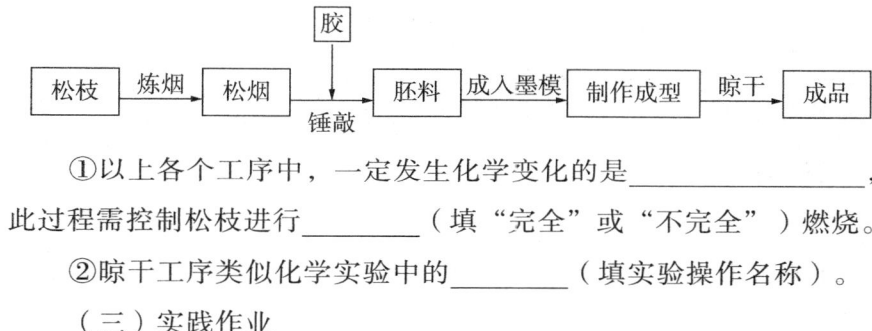

①以上各个工序中，一定发生化学变化的是_____，此过程需控制松枝进行_____（填"完全"或"不完全"）燃烧。

②晾干工序类似化学实验中的_____（填实验操作名称）。

（三）实践作业

用木炭吸附美年达饮料中橙色色素，并用木炭自制简易水龙头净水装置。

## 实验课

（2课时）

一、课时目标

（一）低阶目标

1.通过对实验室制取氧气的复习，掌握实验室制取二氧化碳的思路与方法。

2.能通过对实验室制$O_2$和$CO_2$的归纳总结，初步形成实验室制取气体的一般思路和方法。

（二）高阶目标

3.通过对实验室制取$CO_2$气体的思路的探究，培养学生学会表达、交流和善于合作的团队精神及科学思维能力。

## 二、情境任务

任务一：探秘$CO_2$制取。

任务二：揭秘$CO_2$制取。

## 三、学生活动

任务一：探秘$CO_2$制取
- 活动1：探究制取$CO_2$的药品及反应原理
- 活动2：对比制取$O_2$，探究制取$CO_2$的装置
- 活动3：检验和验满$CO_2$气体

任务二：揭秘$CO_2$性质
- 活动1：实验室制取$CO_2$
- 活动2：实验探究$CO_2$的性质

## 四、课时作业

### （一）基础作业

1.在实验室制取二氧化碳时，老师观察到了四个同学的如下操作，其中正确的是（　　　）

 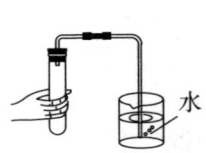 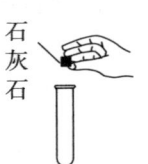 

A.连接仪器　　B.检查气密性　　C.取用石灰石　　D.验满

2.下图为实验室制取气体的发生装置和收集装置，请回答下列问题：

   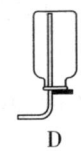 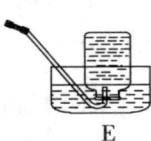

A　　　　B　　　　C　　　　D　　　　E

（1）仪器a的名称是_____；

（2）实验室用大理石和稀盐酸制取$CO_2$气体，应选择的发生装置为_____和收集装置为_____（均填装置字母编号），检验该

气体的化学反应方程式＿＿＿＿＿＿＿＿＿＿＿＿＿＿＿＿＿；

（3）用C装置收集二氧化碳时，证明是否集满的方法是＿＿＿＿＿＿。

（二）提升作业

下图是实验室常用的部分实验装置，请按要求回答问题。

（1）写出标有序号仪器的名称：①＿＿＿＿＿，若选用A装置作为高锰酸钾制取氧气的发生装置，该发生装置存在的问题是＿＿＿＿＿，反应的化学的方程式为＿＿＿＿＿＿＿＿＿＿，其中转化为氧气的氧元素质量占高锰酸钾中氧元素质量的百分比是＿＿＿＿＿。

（2）常温下，氨气是一种极易溶于水的有毒气体，实验室用加热氯化铵和氢氧化钙固体混合物制取，写出反应的化学方程式：＿＿＿＿＿＿＿＿＿＿＿＿＿＿，最适宜的收集装置＿＿＿＿＿（填装置字母序号），为了环保，所接尾气处理装置中的试剂最好选用＿＿＿＿＿（填选项字母）。

A.水　B.浓氢化钠溶液　C.硫酸溶液　D.饱和碳酸氢钠溶液

（3）发生装置＿＿＿＿＿（填装置字母序号）能用于实验室制取二氧化碳，控制反应随时发生和停止；若用装置H收集，验满的操作是＿＿＿＿＿＿＿＿＿＿＿＿。

（三）实践作业

与父母一起给水壶洗洗澡——除水垢。

## 实践课

（2课时）

### 一、课时目标

（一）低阶目标

1.通过查阅、分析和处理资料，知道什么是低碳，列举温室效应的危害，阐述空气中$CO_2$的来源。

2.通过交流讨论，多方考虑，对比，分析吸收空气中$CO_2$含量的最优方案。

3.通过小组合作的方式，设计低碳宣传海报，践行低碳行动。

（二）高阶目标

4.结合自然界中的碳循环，从物质的组成及变化视角，形成节能低碳，保护环境的健康生活方式。

### 二、学习任务

任务一：聚焦$CO_2$。

任务二：低碳行动。

### 三、学生活动

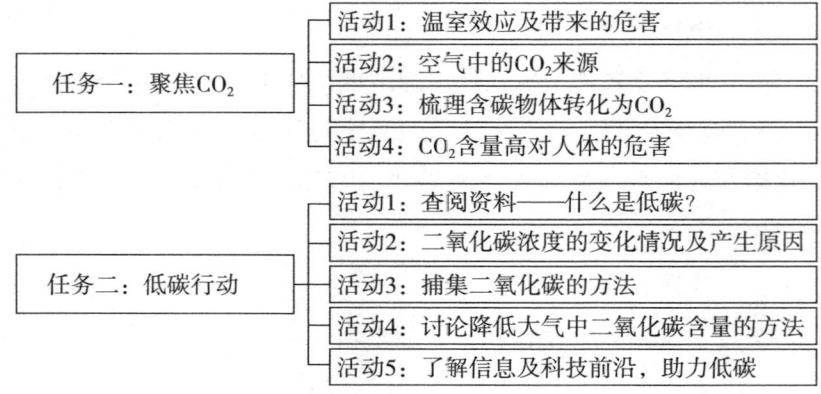

### 四、课时作业

（一）基础作业

1.由于气候变暖，南北极冰川以前所未有的速度融化，下列气体中能引起气候变暖的是　　　　　　　　　　　　　　（　　）

A.氧气　　　B.氮气　　　C.一氧化碳　　　D.二氧化碳

2.碳达峰就是我们国家承诺在2030年前，二氧化碳的排放不再增长，达到峰值之后再慢慢减下去；而到2060年，针对排放的二氧化碳，要采取各种方式全部抵消掉，这就是碳中和。下列措施不利于"碳中和"的是　　　　　　　　　　　　　　　　　　（　　）

A.植树造林　　　　　　　B.节能减排

C.大力发展火力发电　　　D.利用太阳能、风能发电

（二）提升作业

星辰之上的中国超级"净化器"：2021年10月16日，神舟十三号乘组成功进驻天宫空间站，开启了新的旅程，并在6个月之后，于2022年4月16日成功返回，此次任务取得圆满成功。其"环控生保系统"的工作原理图如图所示。请回答问题：

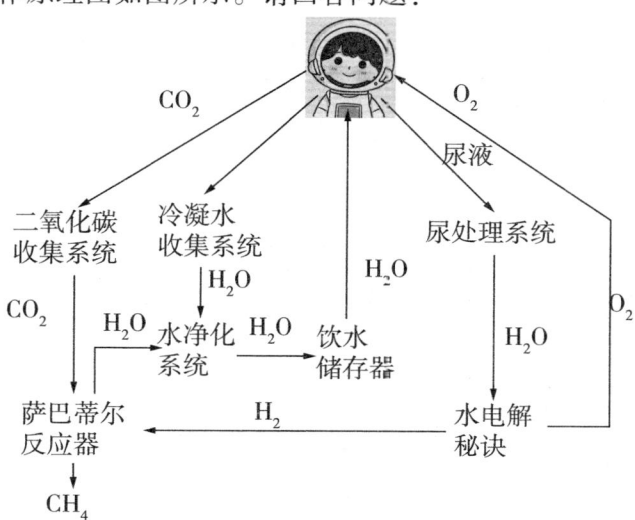

（1）尿处理系统采用蒸汽压缩蒸馏技术，从"尿"中取得"蒸馏水"，此过程发生的变化属于_____（选填"物理"或者"化学"）变化。

（2）二氧化碳收集系统中含有分子筛，可以吸附二氧化碳，其表面布满孔穴且结构类似于生活中净水器用到的物质_____，此过程属于物理吸附。

（3）萨巴蒂尔反应器内，在570—580 K的温度范围且有催化剂的条件下能实现$CO_2$的转化，请写出此化学方程式_____。

（三）实践作业

走进家庭、社区宣讲、践行低碳行动。

# 课时教学设计及课堂教学实录

## 梦出"碳"净——低碳行动

（1课时）

### 一、学习目标

（一）低阶目标

1.知道什么是低碳、温室效应带来的危害，说出空气中$CO_2$的来源。

2.从定性和定量角度验证吸收$CO_2$和计算所用NaOH的质量。

3.学会利用二氧化碳的性质与转化解决实际问题。

（二）高阶目标

4.通过低碳行动，围绕我国"碳达峰、碳中和"的目标开展讨论，设计低碳宣传海报，体会我国对推动构建人类命运共同体的责任和担当。

二、达成评价

1.1 能通过课前调查，初步描述什么是低碳。

1.2 能通过对温室效应资料的处理与分析，列举出温室效应的危害。

1.3 能通过交流讨论，准确地归纳并阐述出空气中$CO_2$的来源。

2.1 能在教师指导下设计实验，掌握吸收二氧化碳的含量的方法，并选择最优方案。

2.2 能通过计算吸收一定量的$CO_2$所用NaOH的质量。

3.1 能列举出减少$CO_2$排放量，加强吸收$CO_2$的措施。

4.1 学生运用化学知识对生活与社会问题作出判断和决策能力，设计低碳宣传海报，树立可持续发展观念，分析解决真实问题的能力。

三、学习过程

（一）先行组织

我国最近召开的二十大刚刚落下帷幕，在二十大报告会上，习近平总书记就双碳目标和低能减排做了相应的总结和未来工作的部署，我国已经取得了巨大的突破和进步。随着二十大的落幕，我们关于圆碳之梦的学习也进入尾声。

现在我们观看视频，从1980到2022年冬奥会，火炬的点火仪式的变化，学生感受低碳是一个全球性的共同目标。

（播放视频）

（二）问题与活动

问题一：什么是低碳？

活动1：课前查阅资料——什么是低碳？

小组汇报。

问题二：为什么要低碳？

活动2：二氧化碳浓度的变化情况及产生原因。

这是一幅有关二氧化碳浓度与全球地表温度的变化图。

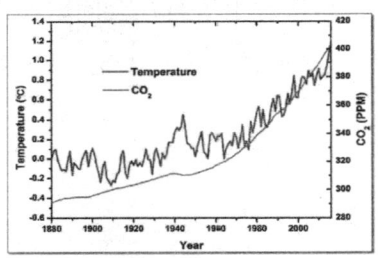

（1）请同学们读图分析二氧化碳浓度随全球地表温度的变化情况。学生描述二氧化碳浓度逐年呈上升趋势。

（2）二氧化碳浓度升高的原因

请同学们看图分析二氧化碳在自然界中的循环图，你能分析出二氧化碳浓度升高的原因吗？

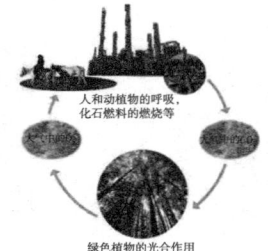

自然界中二氧化碳的循环

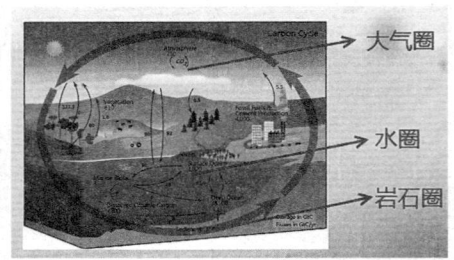

学生：人类所消耗的化石燃料过多，人们乱砍滥伐导致树木减少，吸收二氧化碳的能力减弱。

师讲解：自然界中的大气圈、水圈和岩石圈存在着碳循环，吸收二氧化碳的能力有限，也会使二氧化碳浓度升高。

活动3：捕集二氧化碳的方法。

【提出问题】二氧化碳浓度过高就会形成温室效应，你能利用老师给出的仪器和药品中，设计实验收集过多的二氧化碳吗？

提供信息：$CO_2$能与NaOH溶液反应生成碳酸钠和水。

【组织学习】

1.小组内实验验证哪种试剂吸收二氧化碳的效果最好？

药品：（1）3个盛满$CO_2$气体的塑料瓶；（2）氢氧化钠溶液；（3）氢氧化钙溶液；（4）水。

要求：完成学案内容，填写报告。

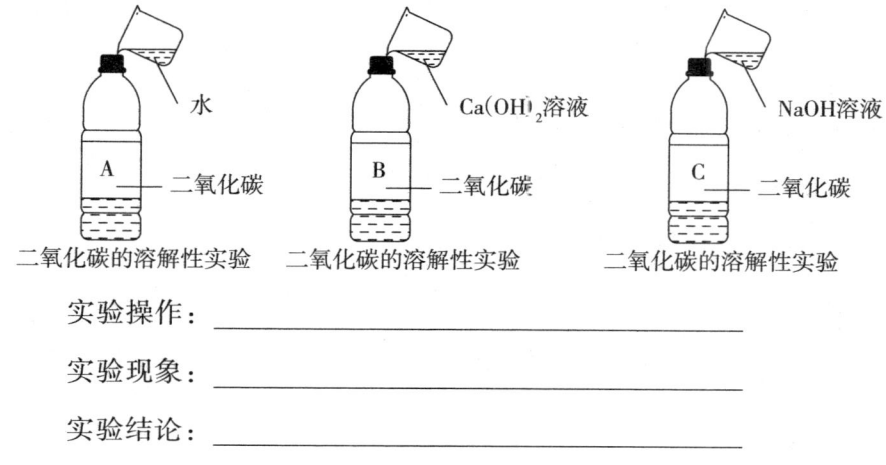

二氧化碳的溶解性实验　　二氧化碳的溶解性实验　　二氧化碳的溶解性实验

实验操作：_____

实验现象：_____

实验结论：_____

（评价标准：能安全规范进行实验操作，+1；能正确记录并描述实验现象，+2；能根据实验现象得出正确结论，+3。）

【表达成果】

1组学生代表：将等体积的水、NaOH溶液和氢氧化钙溶液分别加入盛满$CO_2$气体的塑料瓶，马上旋紧瓶盖，并振荡，发现瓶子变瘪的程度不同，加入氢氧化钠溶液的塑料瓶变得最瘪，说明用氢氧化钠溶液吸收$CO_2$效果最好。

【交互反馈】师：请其他小组根据评分标准对其评价。

2组学生代表：1组实验操作规范，现象记录准确，结论准确可以得到6分。

师：大家都觉得用氢氧化钠溶液吸收$CO_2$效果好，我们吸收$CO_2$时不仅要考虑吸收效果，还要考虑成本，那你能从定量角度计算一下吸收一定量的$CO_2$需要消耗NaOH的量吗？

师追问：工业中用NaOH溶液捕集$CO_2$是否合理？

信息资料：据统计，火力发电1度会排放890 g $CO_2$，根据化学方程式计算出需要消耗NaOH的质量为多少？据资料显示NaOH的价格为4 050元/吨，每发1度电释放的$CO_2$，若利用NaOH吸收，请计算价格。

（已知：$CO_2 + NaOH = Na_2CO_3 + H_2O$）

【表达成果】每个小组选一名学生代表将计算结果投屏展示。

解：设需要消耗 NaOH 的质量为 x

$CO_2 + 2NaOH = Na_2CO_3 + H_2O$
44       80
890g     x

$\dfrac{44}{890g} = \dfrac{80}{x}$

$x = 1618.2g$

$\dfrac{4050}{1\times10^6} \times 1618.2 = 6.6 元$

$2NaOH + CO_2 = Na_2CO_3 + H_2O$
80       44
x        890g

$\dfrac{80}{x} = \dfrac{44}{890g}$

$x = 1618.2g$

$\dfrac{4050}{1\times10^6} \times 1618.2g = 6.6 元$

师生总结：从价格方面考虑氢氧化钠吸收 $CO_2$ 不合理，太贵了。

师：那如何实现低碳呢？

【布置任务】

问题三：怎么实现"低碳"？

活动4：讨论降低大气中二氧化碳含量的方法。

【组织学习】阅读教材和课前资料，先独立思考，然后小组内交流。

（评价标准：能从控制 $CO_2$ 排放量说出2点及以上，+2；能从吸收 $CO_2$ 的途径说出2点及以上，+3。）

【表达成果】

1组学生代表：

控制 $CO_2$ 排放：第一，减少使用煤、石油和天然气等化石燃料；第二，更多地利用太阳能、风能、地热能等清洁能源；第三，节能产品的进一步开发和普及，提高能源的生产效率和使用效率。

学生评价：可以得到2分。

2组学生代表补充：

吸收 $CO_2$ 来控制排放：大力植树造林；通过阅读材料可以采用海洋碳汇、草地碳汇等方法。

学生评价：可以得到3分。

【整合提升】师生共同总结：控制和吸收$CO_2$方法和途径。

问题四："低碳"路上取得哪些成绩？

活动5：了解信息及科技前沿，助力低碳。

（1）阅读教材121页及所给资料信息，谈谈实现"低碳"具体措施。

学生1：世界各国应制定旨在限制二氧化碳排放的政府和国际规定，签订国际公约（如《联合国气候变化框架公约》《京都议定书》这是人类历史上第一个具有法律约束力的国际环保协议《哥本哈根协议》等），并严格执行。

（2）观看视频：十八大以来，中国所取得减排成就，杰出贡献：

师总结：我国在低碳减排路上科技人员所做的杰出贡献，希望能成为同学们努力学习的榜样，为早日实现我国提出的碳中和、碳达峰

目标，尽自己一份微薄的力量。

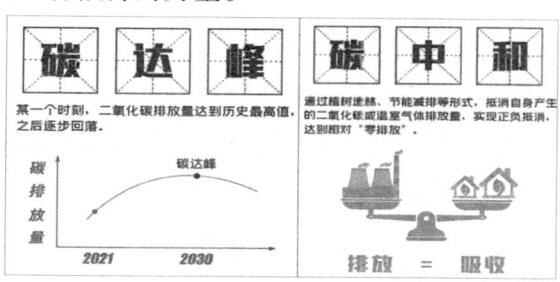

（三）迁移运用

结合实际生活，谈谈个人如何践行低碳行动？

学生1：公交出行，步行代替车行，使用布袋，少使用一次性筷子。

学生2：节约用电，节约纸张……

（四）成果集成

学生梳理"低碳"思路：

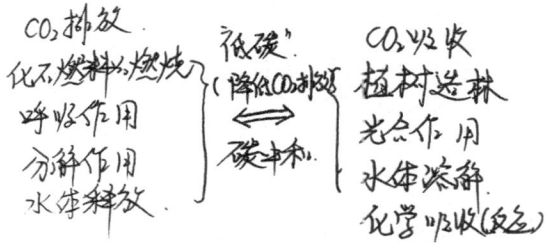

（五）作业设计

［实践性作业］

制作低碳生活的宣传海报或者录制短视频宣传低碳生活。

| 课后作业评分标准 | | | 自评 |
| --- | --- | --- | --- |
| 优秀 | 良好 | 合格 | |
| 小组合作<br>录制视频<br>内容全面<br>大范围宣传 | 小组合作<br>录制视频<br>内容全面<br>小范围宣传 | 小组合作<br>录制视频<br>内容不全<br>宣传范围极小 | □优秀<br>□良好<br>□合格 |

## （六）课后反思

本节课充分体现了新课程理念下的教学思想：让学生成为课堂的主人，成为规律的"发现者"。通过本课题学习，学生能积极参与与化学有关的社会热点问题的讨论，并做出合理的价值判断，初步形成主动参与社会决策的意识，认识物质在自然界中可以相互转化及其对维持人类生活与生态平衡的意义。学生能基于真实问题情境，依据物质的性质，分析和解决相关的综合性问题，分析和评价物质的实际应用设计低碳行动方案等社会性一题展开讨论，积极参与的实践活动。

在教学过程中，教师把自己作为学生中的一员，与学生一起共同参与学习过程，进行平等对话和交流，真正实现了教师角色的转换——合作者、参与者和引领着。无论是学生还是教师，课前都搜集了丰富的素材，为本节课的一气呵成打下了坚实的基础。课堂上师生之间、生生之间进行了充分的展示和交流，老师为学生搭建学习支架通过组内讨论、小组互评、师生共评等方式，课堂上进行了充分的展示和交流。

所以，本节课的内容教师教得轻松，学生学得愉快，势必会收到事半功倍的教学效果，通过分析、比较、探究等活动培养学生勇于探究的核心素养，体现了学生学习的科学态度与责任。

# 九年级上册第七单元"燃料及其利用"

长春经济技术开发区育隆学校　王会

单元教学规划

一、单元内容

人教版九年级上册第七单元"燃料及其利用"。

二、单元分析

（一）课标分析

1.内容要求

（1）物质的变化与转化——认识物质的变化过程伴随着能量变化。

（2）通过实验探究认识燃烧的条件，理解燃烧和灭火的原理及其在生活中的应用，初步体会调控化学反应的重要意义。

（3）学习从物质变化、能量变化、反应条件、反应现象和元素守恒等视角认识化学反应，初步形成认识化学反应的系统思维意识。

（4）结合实例认识合理利用、调控化学反应的重要性，初步树立资源循环使用、绿色环保的发展理念。

（5）学生必做实验及实践活动——燃烧条件的探究。

（6）主动践行节约资源、环境友好的生活方式，树立人与自然和谐共生的科学自然观和绿色发展观。

（7）结合实例，从物质及其变化的视角，认识资源的综合利用

与新能源的开发，理解化学与生态环境保护的关系；了解酒精、天然气等在社会生活中的应用；知道资源开发、能源利用可能会对环境产生影响，树立环保意识。

（8）通过参与社会性科学议题的探讨活动，体会以理性、积极的态度和系统、创新的思维应对挑战的重要性。

2.学业要求

（1）能运用变量控制思想设计燃烧条件等实验探究方案；能利用化学反应及绿色环保理念设计实验方案。

（2）能基于真实的问题情境，多角度分析和解决生产生活中有关化学变化的简单问题。

（3）能列举生活中常见的能源和资源及其应用；能举例说明化学在保护环境等方面的作用。

（4）能从物质的组成及变化视角，分析和讨论资源综合利用、生态环境保护等有关问题。

（5）能积极参加与化学有关的社会热点问题的讨论并作出合理的价值判断；初步形成节能低碳、节约资源、保护环境的态度和健康的生活方式。

3.教学提示

（1）选取学生身边的物质变化事实和生动直观的实验现象，引导学生进行观察、分类和概括，建立化学反应的相关概念。

（2）设计关于化学反应应用的真实情境和任务，促进学生多角度分析和解决问题，逐步发展学生的系统思维，增强学生的跨学科意识，促进核心素养的融合发展。

（3）明确该学习主题的教学定位，注重综合应用化学知识，引导学生从物质的组成及变化视角分析和解决资源、能源、环境等实际问题，认识化学科学的重要价值，培养学生的合作、实践、创新等素养。

4.学业质量

（1）能在探索化学变化规律及解决实际问题的情境中，能基于化学变化中元素种类不变且伴随着能量变化的特征，说明物质变化的现象和本质。

（2）能结合简单的实例说明反应条件对物质变化的影响，初步形成条件控制的意识。

（3）能体会化学反应在能源开发、资源利用和生态环境保护等方面的应用价值。

（4）能对观察、记录的实验现象和数据进行分析、处理，对实验证据进行分析和推理，得出合理的结论，能用规范的语言呈现探究结果，并与他人交流、讨论。

（5）在常见的生产生活和社会情境中，能初步运用化学观念解释与化学相关的现象和事实，参与相关的简单的实践活动。

（6）能从科学、技术、社会、环境的相互关系，安全环保和科学伦理等角度，辩证分析与化学相关的简单的社会性科学议题，尝试提出自己的见解和建议，作出合理的价值判断，初步形成节能低碳、节约资源、保护环境的态度和绿色出行的健康生活方式。

（7）能从化学角度认识我国生态环境保护等法律法规对促进社会可持续发展的重要性。

（8）能体会化学科学在应对环境污染、资源匮乏、能源危机等人类面临的重大挑战中作出的创造性贡献。

（二）教材分析

横向分析：人教版九年级上册第七单元"燃料及其利用"包括两个课题，本单元位于本册教材的最后一单元，将化学学科知识与社会知识紧密联系，内容涉及能源、环境等社会问题，突出化学在科技、社会、生活中的作用，体现化学的应用价值；对于学生认识化学的重要性，体会化学与人类的关系，增强化学观念具有重要作用。

纵向分析：本单元是对第二单元氧气的化学性质以及第六单元二氧化碳的化学性质进一步的总结，同时也是对九年级下册十二单元的一个铺垫，让学生感知化学在解决与资源、能源、材料、环境、人类健康等相关的问题中的作用。

（三）学情分析

已有经验：学生在日常生活中早已接触到了燃烧现象，也听到过火灾的一些相关情况。在学习氧气时又观察了木炭、硫、红磷、铁丝、蜡烛等物质的燃烧，而且还知道氢气不纯遇明火会发生爆炸。已有课程中涉及了大量的实验探究，在前个几单元中学生也多次感受了实验探究、对比、讨论、归纳等方法，这为本课的实验探究打下了基础。

学习障碍：学生的脑海里已经对燃烧的定义有了模糊的印象，很多生活经验也能够帮助学生了解燃烧是需要条件的，只不过他们还没有形成比较系统、规范的概念和方法。

学习动机：近几年来，我国及国际上都在倡导低碳，以及碳达峰和碳中和等热点社会问题，所以燃料的开发和利用问题、使用燃料对环境的影响等是国际上的热点问题。学生在生活中可以收集和利用的素材很多，为本课题的学习提供了丰富的资源。

三、单元主题

燃料及其利用——我为奥运选火炬。

四、单元目标

（一）低阶目标

1.通过实验探究认识燃烧的条件，理解燃烧和灭火的原理及其在生活中的应用。

2.通过生石灰与水等反应，认识物质的变化过程伴随着能量变化。

3.通过讨论氢气、甲烷、酒精、煤等燃料哪种更理想，了解酒精、天然气等在社会生活中的应用。

4.通过查阅资料和生活经验知道资源开发、能源利用可能会对环境产生影响，树立环保意识。

5.通过了解我国能源消耗和化石燃料分布，认识资源的综合利用与新能源的开发的重要意义，理解化学与生态环境保护的关系。

（二）高阶目标

6.通过从物质变化、能量变化和元素守恒等不同的视角认识化学反应，初步形成认识化学反应的系统思维意识，并运用化学知识解决实际问题。

7.通过从物质的组成及变化视角分析和讨论生态环境保护的问题，主动践行低碳行动，树立建设美丽中国、为全球生态安全作贡献的信念。

五、单元评价

1.1 能通过实验探究认识燃烧的条件和灭火的原理及其在生活中的应用。

1.2 能基于燃烧的条件和灭火的原理，初步体会调控化学反应的重要意义。

2.1 能通过生石灰与水等反应认识物质的变化过程伴随着能量变化，在一定条件下通过化学反应可以实现物质转化。

3.1 能基于讨论氢气、甲烷、酒精、煤等燃料哪种更理想，了解酒精、天然气等在社会生活中的应用，列举生活中其他常见的能源。

4.1 能通过资源开发、能源利用可能会对环境产生影响，树立环保意识。

4.2 能基于对能源和资源的了解，知道燃料变迁的原因和意义。

5.1 能通过了解我国能源消耗和化石燃料分布，认识资源的综合利用与新能源的开发的重要意义，理解化学与生态环境保护的关系。

6.1 能通过从物质变化、能量变化和元素守恒等不同的视角认识化学反应，初步形成认识化学反应的系统思维意识。

7.1 能通过从物质的组成及变化视角分析和讨论生态环境保护的问题，主动践行低碳行动，树立建设美丽中国、为全球生态安全作贡献的信念。

## 六、单元结构化活动

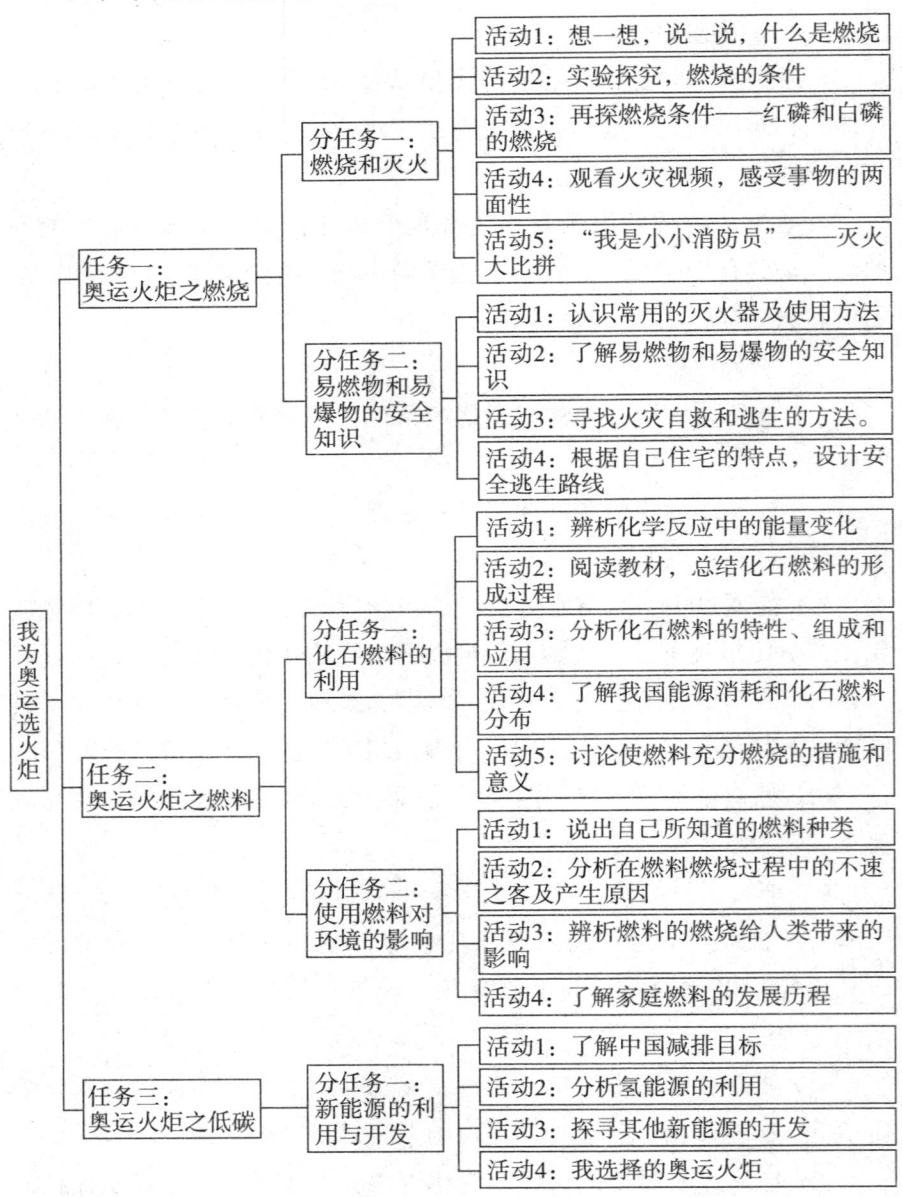

## 七、课时分配

共5课时。

 课时规划设计

## 实验课

（1课时）

### 一、课时目标

（一）低阶目标

1.通过实验探究认识燃烧的条件，理解燃烧和灭火的原理及其在生活中的应用。

（二）高阶目标

2.能通过对火双面性的认识和控制，形成安全意识，知道事物的两面性，树立辩证唯物主义的世界观。

### 二、情境任务

任务一：奥运火炬之燃烧——探究燃烧的条件和灭火的原理。

### 三、学生活动

活动1：想一想，说一说，什么是燃烧？

活动2：实验探究，燃烧的条件。

活动3：再探燃烧条件——红磷与白磷的燃烧。

活动4：观看火灾视频，感受事物的两面性。

活动5："我是小小消防员"——灭火大比拼。

### 四、课时作业

（一）基础作业

1.森林着火时，救火员开辟防火隔离带的目的是（　　）

A.隔绝空气　　　　　　B.开辟道路以利于运水灭火

C.隔离可燃物　　　　　D.使可燃物温度降低到着火点以下

2.住宅或商场等地发生火灾后,消防人员用高压水枪喷水灭火,水在灭火过程中的作用主要是 （    ）

A.降低可燃物的着火点　　　　B.隔绝空气中的氧气

C.水分解出不能助燃的物质　　D.降低温度到可燃物的着火点以下

（二）提升作业

白磷燃烧产生大量的白烟会刺激人的呼吸道、污染环境,那么该燃烧条件的实验装置有什么不足?如何改进?

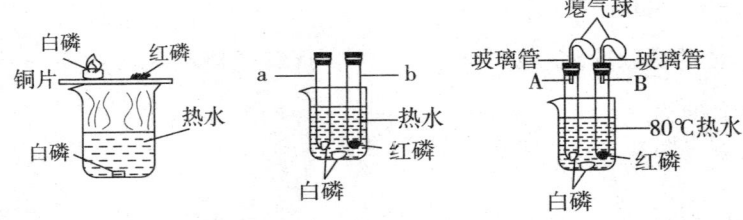

（三）实践性作业

家庭小实验——自制小型灭火器。

## 新授课

（3课时）

一、课时目标

（一）低阶目标

1.通过查阅资料和生活经验,增强自我保护和社会安全意识。

2.通过生石灰与水等反应,认识物质的变化过程伴随着能量变化。

3.通过查阅资料和生活经验知道资源开发、能源利用可能会对环境产生影响,树立环保意识。

（二）高阶目标

4.通过了解我国能源消耗和化石燃料分布,认识资源的综合利用与新能源的开发的重要意义,理解化学与生态环境保护的关系。

## 二、情境任务

任务二：奥运火炬之燃烧——易燃物和易爆物的安全知识。

任务三：奥运火炬之燃料——化石燃料的利用。

任务四：奥运火炬之燃料——使用燃料对环境的影响。

## 三、学生活动

任务二：

活动1：认识常用的灭火器及使用方法。

活动2：了解易燃物和易爆物的安全知识。

活动3：寻找火灾自救和逃生的方法。

活动4：根据自己住宅的特点，设计安全逃生路线。

任务三：

活动1：辨析化学反应中的能量变化。

活动2：阅读教材，总结化石燃料的形成过程。

活动3：分析化石燃料的特性、组成和应用。

活动4：了解我国能源消耗和化石燃料分布。

活动5：讨论使燃料充分燃烧的措施和意义。

任务四：

活动1：说出自己所知道的燃料种类。

活动2：分析在燃料燃烧过程中的不速之客及产生原因。

活动3：辨析燃料的燃烧给人类带来的影响。

活动4：了解家庭燃料的发展历程。

## 四、课时作业

（一）基础作业

1.2019年10月15日，广西玉林一化工厂发生爆炸，造成4人死亡、8人受伤。安全事故无小事。下列图标与燃烧、爆炸无关的是
（　　）

A.　　　　　B.　　　　　C.　　　　　D.

2.下列关于燃烧和灭火的说法错误的是　　　　　　　　（　　　）

A.酒精灯被碰翻着火时,立即用湿抹布盖灭

B.图书档案着火,可用液态二氧化碳灭火器扑灭

C.将木柴架空燃烧,是为了使木柴与空气充分接触

D.家用电器着火时,立即用水浇灭

3.火的利用推动了人类文明的进程,观察下图:

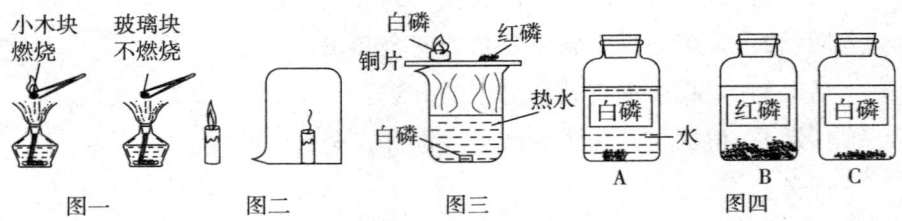

选择序号回答问题（1）~（3）：①与氧气接触　②温度达到着火点　③有可燃物

（1）图一所示实验现象,说明燃烧应具备的条件是_____；

（2）图二烧杯中蜡烛渐渐熄灭,说明燃烧应具备的条件是_____；

（3）图三铜片上白磷燃烧红磷不燃烧,说明燃烧应具备的条件是_____；

（4）图三实验中所用药品的保存方法正确的是_____（选填图四中的字母编号）。

（二）提升作业

化学活动课上,老师给同学们表演了一个"水能生火"的魔术（如图所示）,他将包有过氧化钠（$Na_2O_2$）粉末的脱脂棉放在石棉网上,向脱脂棉上滴了几滴水,脱脂棉立刻燃烧起来。通过查阅资料可知,过氧化钠和水反应生成的产物只有两种,都是初中化学常见的物质。根据所学化学知识回答：

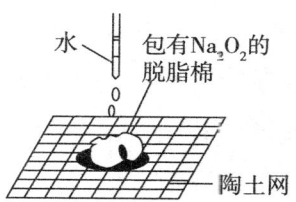

（1）从燃烧的条件分析可知，过氧化钠（$Na_2O_2$）和水发生反应生成了可以支持燃烧的物质_____，反应_____（填"吸收"或"放出"）大量的热。

（2）根据质量守恒定律可推测另一种产物必含的元素是_____。

（3）过氧化钠和水反应的化学方程式是_____。

（三）实践性作业

根据自家住宅的特点，设计应急逃生方案。

## 迁移课

（1课时）

一、课时目标

（一）低阶目标

1.通过从物质及其变化的视角，认识资源的综合利用与新能源的开发，理解化学与生态环境保护的关系。

（二）高阶目标

2.通过从物质的组成及变化视角分析和讨论生态环境保护的问题，主动践行低碳行动，树立建设美丽中国、为全球生态安全作贡献的信念。

二、情境任务

任务五：奥运火炬之低碳——新能源的利用与开发。

### 三、学生活动

活动1：了解中国减排目标。

活动2：分析氢能源的利用。

活动3：探寻其他新能源的开发。

活动4：我选择的奥运火炬。

### 四、课时作业

（一）基础作业

1.下列物质与空气充分混合后，遇明火不会发生爆炸的是（　　）

　　A.面粉　　　　　B.氮气　　　　　C.氢气　　　　　D.甲烷

2.碳达峰就是我们国家承诺在2030年前，二氧化碳的排放不再增长，达到峰值之后再慢慢减下去；而到2060年，针对排放的二氧化碳，要采取各种方式全部抵消掉，这就是碳中和。下列措施不利于碳中和的是（　　）

　　A.植树造林　　　　　　　B.节能减排

　　C.大力发展火力发电　　　D.利用太阳能、风能发电

3.2021年3月全国两会期间，政府工作报告中提到的"碳达峰""碳中和"成为热词。中国努力争取2060年前实现碳中和。下列说法不正确的是（　　）

　　A.积极鼓励植树造林，降低空气中$CO_2$含量

　　B.可利用氨水捕集废气中的$CO_2$

　　C.一定条件下，将$CO_2$转化为$CH_3OH$，实现$CO_2$的资源化利用

　　D.研发新型催化剂将$CO_2$分解成碳和$O_2$，同时放出热量

（二）提升作业

"碳中和"指的是在一定时间内直接或间接产生的二氧化碳或温室气体排放总量，通过植树造林、节能减排等形式，以抵消自身产生的二氧化碳或温室气体排放量，实现正负抵消，达到相对

"零排放"。如图是自然界中碳、氧循环简图（X为$H_2CO_3$，Y为$C_6H_{12}O_6$）。下列说法不正确的是（　　）

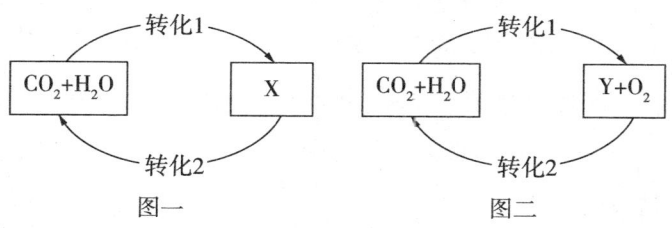

图一　　　　　　　　图二

A.图一中的转化1是酸雨形成的主要原因

B.图二中可实现有机物与无机物的相互转化

C.绿色植物通过光合作用，将太阳能转化成化学能

D.碳循环和氧循环有利于维持大气中氧气和二氧化碳含量的相对稳定

（三）实践性作业

调查汽车燃料的变化历程。

## 课时教学设计及课堂教学实录

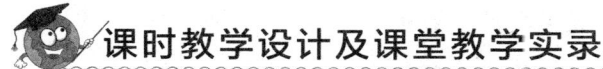

## 燃烧和灭火

（1课时）

一、学习目标

（一）低阶目标

1.通过学过的燃烧反应与现象和生活经验，说出燃烧的定义。

2.通过生活经验与燃烧条件的实验探究，从化学反应的角度认识燃烧、灭火的原理。

3.通过用学到的化学知识，解释实验与日常生活中燃烧和灭火出现现象的原因。

（二）高阶目标

4.通过对火双面性的认识和控制，形成安全意识，知道事物的两面性，树立辩证唯物主义的世界观。

5.通过对燃烧的条件和灭火的原理的探究及在生活中的应用，初步体会调控化学反应的重要意义，树立珍惜资源、绿色环保的发展理念。

二、达成评价

1.1 能通过学过的燃烧反应与现象及生活经验，尝试总结出燃烧的定义。

2.1 能通过生活经验与对燃烧条件的实验探究，从化学反应的角度认识燃烧、灭火的原理。

2.2 能运用变量控制思想设计燃烧条件等实验探究方案。

3.1 能够通过用学到的化学知识，解释实验与日常生活中燃烧和灭火出现现象的原因，并能说出灭火的原理。

4.1 能通过对火双面性的认识和控制，形成安全意识，知道事物的两面性，树立辩证唯物主义的世界观。

5.1 能基于真实的问题情境，多角度分析和解决生产生活中有关化学变化的简单问题，树立安全、绿色环保的发展理念。

三、学习过程

（一）先行组织

古代的火炬传递作为一种神圣的象征，火在希腊历史上代表着创世、再生和光明。首先我们来看一下从1980—2022年火炬的变化，那么圣火是如何产生的？这节课让我们一起来探究其中的奥秘。

（二）任务（问题）与活动

问题一：什么是燃烧？

活动1：想一想，说一说。

回顾所学过的燃烧反应并观察现象，通过燃烧的现象特点从而总结出燃烧的定义。

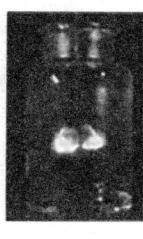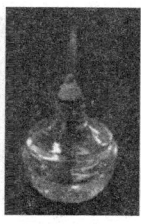

学生通过硫、红磷、木炭、铁丝、酒精等物质的燃烧现象，总结出燃烧的特点。

问题二：燃烧需要怎样的条件？

活动2：探究燃烧的条件。

【提出问题】燃烧是人类最早利用的化学反应之一，人类利用燃烧反应的历史，可追溯到远古时代。那么燃烧需要怎样的条件？

【组织学习】学生分组进行实验，根据教师所给实验用品进行实验探究，并依照评价标准，小组交流互评。

（评价标准：能安全规范进行实验操作，+1；能正确描述实验现象，+2；能填写实验报告、总结出燃烧的条件，+3。）

---

探究燃烧的条件

探究1：你能让下列物质燃烧起来吗？

纸条、木条、玻璃棒、煤块、石块、酒精、水、蜡烛、泥沙

实验结论：_____。

探究2：分别点燃两支小蜡烛，将其中的一支用烧杯罩住。你会看到什么现象？

实验结论：_____。

探究3：用坩埚钳分别夹取一根小木条和一块小煤块，在酒精灯上点燃，比较点燃的难易。

实验结论：_____。

燃烧条件小结：（1）_____；（2）_____；（3）_____。

【表达成果】

学生1：纸条、木条、酒精、蜡烛可燃烧，煤块、玻璃棒、石块、水、泥沙不可燃烧，所以燃烧需要可燃物。

学生2：一支蜡烛正常燃烧，用烧杯罩住后的蜡烛熄灭，所以燃烧需要与氧气接触。

学生3：小木条很快燃烧，煤块不能燃烧，所以燃烧需要可燃物。

【交互反馈】请其他同学依据评分标准对他进行评价。

学生4：学生1回答不够准确，可以得4分，其中探究1中的煤块也可以燃烧，只是温度没有达到着火点而已。

……

【整合提升】学生总结回答

物质的燃烧需要可燃物、与氧气接触、温度达到可燃物的着火点。

师追问：这三个条件是需要同时具备还是只具备其一即可呢？现在我们用实例分析证明。

活动3：看一看，辩一辩。

【任务布置】思考：燃烧的三个条件是需要同时具备还是只具备其一即可呢？

在500 mL的烧杯中加入300 mL热水，在烧杯上边盖一块薄铜片。在薄铜片上分别放一小堆红磷和白磷，在烧杯中也放一块同样大小的白磷，观察现象。

1.根据什么现象可以得到燃烧需要与氧气接触？

2.根据什么现象可以得到燃烧时温度需要达到可燃物的着火点？

3.你能想办法让热水里的白磷燃烧吗？

【组织学习】认真观看实验视频，然后小组内交流。

【表达成果】

学生1：铜片上的白磷燃烧，说明燃烧需要与氧气接触。

学生2：铜片上的白磷燃烧，红磷不燃烧说明燃烧时温度需要达到可燃物的着火点。

学生3：可以向水中通入氧气。

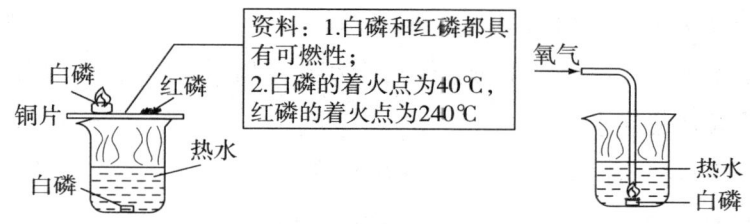

【交互反馈】

学生互评：学生1表达不完整，应该与水中的白磷对比，铜片上的白磷燃烧，而水中的白磷不燃烧说明燃烧需要与氧气接触。

师追问：在这个实验中，我们要注意探究实验中的什么思想？

学生：对比思想，控制变量法。

【整合提升】学生总结回答

物质的燃烧需要可燃物、与氧气接触、温度达到可燃物的着火点，必须同时满足，缺一不可。

问题三：火给人类带来了光明和希望，那么是否给人类带来的都是有利的一面呢？

活动4：看一看，说一说。

观看住房火灾、森林火灾的图片。

学生根据看到的图片，结合生活经验，发表自己的看法。

活动5："我是小小消防员"——灭火大比拼。

【提出问题】我们知道了燃烧必须同时满足三个条件，那么我们需要灭火时应该怎么办？

【组织学习】可选用提供的仪器和药品：剪刀、沙子、扇子、抹布、烧杯、镊子、水、小苏打、食醋，尽可能多的方法将燃着的蜡烛熄灭，并分析这些方法为什么能灭火。

教师在实验台摆出燃烧的蜡烛，学生根据教师所给实验用品进行实验。

（评价标准：能够选择灭火工具进行灭火，+1；能够准确进行实验操作，+2；能够准确进行实验操作并说出灭火的原理，+3。）

【表达成果】

学生1：我选择抹布，可以隔绝氧气。

学生2：我选择剪刀，可以清除可燃物。

学生3：我选择水，可以隔绝氧气。

学生4：我选择小苏打和食醋，可以生成二氧化碳，隔绝氧气。

……

【交互反馈】请其他同学依据评分标准对他进行评价。

学生4：学生3可以得3分，其中灭火的原理说错了，用水灭火主要是把温度降到可燃物的着火点以下。

学生5：我觉得学生4可以得满分，操作和原理都正确，这个方法是我没有想到的。

【整合提升】学生总结回答

物质的燃烧需要可燃物、与氧气接触、温度达到可燃物的着火点，三者必须同时满足，但灭火时只需要破坏其中一个条件即可。

（三）迁移运用

1.猜想：奥运火炬是如何燃烧和熄灭的？

2.解释成语："釜底抽薪""钻木取火""火上浇油"。

3.楼房火灾与自救：如果你所在的房子出现火灾，你该如何处理？

（四）成果集成

学生整理燃烧的条件和灭火的原理关系图。

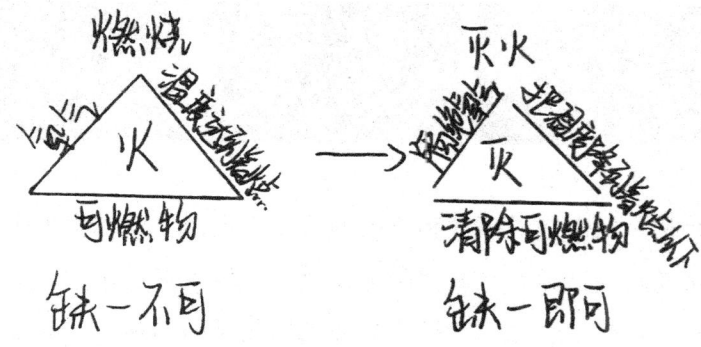

（五）作业设计

［基础作业］

1.森林着火时，救火员开辟防火隔离带的目的是　　　（　　）

A.隔绝空气　　　　　　B.开辟道路以利于运水灭火

C.隔离可燃物　　　　　D.使可燃物温度降低到着火点以下

2.住宅或商场等地发生火灾后，消防人员用高压水枪喷水灭火，水在灭火过程中的作用主要是　　　　　　　　　　　　（　　）

A.降低可燃物的着火点　　B.隔绝空气中的氧气

C.水分解出不能助燃的物　D.降低温度到可燃物的着火点以下

［提升作业］

白磷燃烧产生大量的白烟会刺激人的呼吸道，污染环境，那么该燃烧条件的实验装置有什么不足？如何改进？

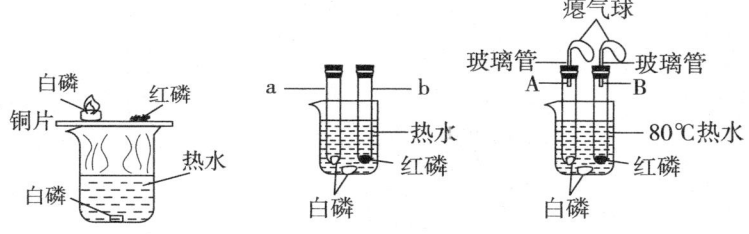

[实践性作业]

家庭小实验——自制小型灭火器。

（六）课后反思

本课时是以燃烧的条件和灭火的原理为主线，以学生为主体设计学生活动来完成目标。本节课基本完成了课标中形成化学观念，解决实际问题，具有安全意识和形成合理选用化学品的观念。通过实验探究认识燃烧的条件，理解燃烧和灭火的原理及其在生活中的应用，初步体会调控化学反应的重要意义，能运用变量控制思想设计燃烧条件等实验探究方案。并且能够运用科学思维，运用化学知识去解决生活中的实际问题，树立辩证唯物主义世界观和安全意识。

# 九年级下册重组单元 "有关物质变质的探究"

长春经济技术开发区实验学校　林广洪

单元教学规划

一、单元内容

人教版九年级下册第八单元、第十单元和第十一单元重组单元，有关物质变质的探究。

二、单元分析

（一）课标分析

1.内容要求

（1）初步学会根据某些性质检验和区分一些常见的物质。

（2）通过具体的化学实验探究活动，学习研究物质性质，探究物质组成和反应规律，进行物质分离、检验等不同类型化学实验探究活动的一般思路与基本方法。

（3）了解物质的化学性质，知道可以从用途视角认识物质的性质。

（4）结合实例体会化学品的保存与物质性质的重要关系。

2.学业要求

（1）能用化学方程式表示常见酸碱盐的性质及其转化关系。

（2）能运用研究物质性质的一般思路与方法，初步预测常见的金属、酸和碱的主要性质，设计实验方案，分析、解释有关的实验现象，进行证据推理，得出合理的结论。

（3）能依据常见酸、碱、盐的性质，设计方案解决有关物质检验、鉴别和除杂的问题。

（4）通过对混合体系的物质检验，能设计排除相关物质干扰的方法。

3.教学提示

（1）通过典型实例，帮助学生认识物质性质与用途的关系，展现丰富、鲜活的物质应用事实，引导学生基于物质性质对物质应用进行分析、解释和创意设计，促进学生"性质决定用途"观念的形成。

（2）设计关于物质的性质与应用的真实情境和任务，发展学生多角度分析和解决实际问题，以及合作、实践、创新等能力。

4.学业质量

（1）在实验探究情境和实践活动中，能根据解决与化学相关的简单问题的需要，运用混合物分离、物质检验和性质探究等实验探究的一般思路与方法，设计简单的实验探究方案。

（2）能根据实验目的选择必要的试剂、常见的实验仪器和装置，运用实验基本操作技能和条件控制的方法，安全、顺利地实施实验探究方案。

（3）能对观察、记录的实验现象和数据进行分析、处理，对实验证据进行分析和推理，得出合理的结论，能用规范的语言呈现探究结果，并与他人交流、讨论。

（4）能体会实验在化学科学发展、解决与物质转化及应用相关实际问题中的重要作用。

（二）教材分析

横向分析：本单元属于人教版九年化学下册第八、十和十一单元的整合专题复习内容。在本单元以外的知识为：第七单元第二节课学过有关生石灰与水反应的学习。

纵向分析：本单元有关氢氧化钠变质的探究在教材中以习题形式出现，氢氧化钙的变质没有系统的学习，本节课的整合有关初中常见物质变质的探究，主要属于对酸碱盐性质的综合应用。酸碱盐是初中化学学习的重点，也是难点，在教材中占有重要的地位。酸碱盐内容主要分布在人教版化学九年级下册第十、十一两个单元中，第八单元也涉及部分酸和盐的知识，本单元将教材第八、十和十一单元进行整合，开展了以第十一单元中探究氢氧化钠变质为依托点，融合酸、碱、盐相关知识，构建解决变质类问题的思维模型。将结构化认识和解决物质转化问题的思维方法贯穿于课堂实验探究始终，帮助学生从"概念理解—模型建构—模型运用与评价"3个维度，体验模型认知的具体过程，总结"变质类实验探究"基本认知模型的总复习课的设计与实践，探索促进学生自主建构对物质间相互转化认识的思路框架和学科核心素养发展的有效路径。实现结构化认识和解决物质转化问题的思维模型建构，提升化学学科核心素养。

总之，本单元的安排的两节复习建构课，是为了进一步继续系统地学习酸碱盐的性质及其相互反应规律，深入浅出地让大部分学生在达成基本知识、基本技能、基本方法巩固功能的同时，进一步构建化学学科知识的模型，提升了学生迁移应用所学知识去分析、解决生活问题的能力，为学生对知识学会系统化和结构化认识奠定了基础，因此在整个教材中占有及其重要的地位。

（三）学情分析

已有认知：学生在前面的学习中对氧化钙、氢氧化钠、氢氧化钙和铁以及酸碱盐的一些简单的化学性质有了一定认识。

已有经验：已具备一定的自主学习能力、合作学习能力、实验探究能力。

学习障碍：学生在学习上普遍表现为对单个物质性质的认识都能较好地理解，但将酸、碱、盐的转化应用在真实情境的问题解决时，则缺乏结构化认知，知识迁移与应用茫然无措。对物质变质后成分的探究也未有过深入思考。

三、单元主题

有关物质变质的探究。

四、单元目标

（一）低阶目标

1.通过常见物质成分的分析，知道常见物质变质原因。

2.通过在真实的情境的探究，学会检验常见物质变质和变质程度的方法，以及学会一些简单的除杂方法。

3.通过物质变质和变质程度的探究，复习巩固其中运用到的酸碱盐的化学性质、现象及其化学方程式的书写，提高酸碱盐之间的转化关系的应用能力。

（二）高阶目标

4.通过对变质类系列问题的分析，构建解决物质变质类问题的思维模型。

5.基于对变质类系列问题的探究，巩固运用酸碱盐知识解决实际问题的能力。

6.通过辩证地看待物质变质的问题，发展辩证唯物主义世界观，养成科学态度。

**五、单元评价**

1.1 基于生石灰与水反应，氢氧化钠、氢氧化钙分别与二氧化碳的反应，知道生石灰、氢氧化钠、氢氧化钙变质的原因。

1.2 能基于铁生锈的条件探究，知道铁变质的原因。

2.1 能基于检验生成物的视角，确定物质是否变质。

2.2 能基于反应物的缺失情况，确定物质变质的程度。

2.3 能基于部分变质中氢氧化钠的提纯，知道简单的提纯方法。

3.1 能基于化学方程式的书写、现象的描述，巩固酸碱盐的化学性质及其转化关系。

4.1 能基于对氢氧化钠等变质类系列问题的分析，形成物质检验和除杂的一般思路和方法，能构建出解决变质类问题的思维模型。

5.1 能基于对氢氧化钠变质情况的探究，巩固运用酸碱盐知识解决实际问题的能力。

6.1 能基于生活情境，会客观的评价变质类问题的利与弊。

## 六、单元结构化活动

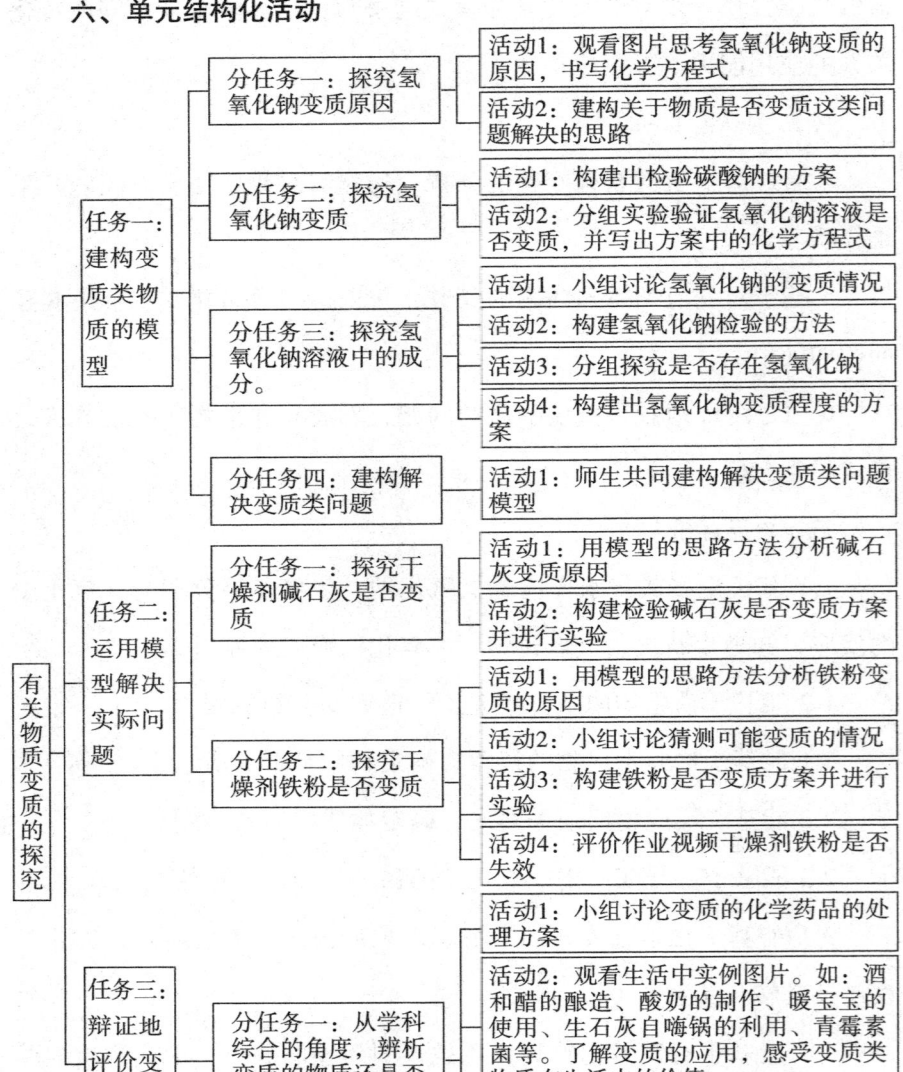

## 七、课时分配

两课时。

课时规划设计

## 第一课时　建构解决变质类问题模型
### ——以氢氧化钠的变质问题为例
（复习课）

**一、课时目标**

（一）低阶目标

1.通过对氢氧化钠性质的分析，知道氢氧化钠变质原因，且学会检验氢氧化钠是否变质以及变质程度的方法。

（二）高阶目标

2.通过对氢氧化钠变质系列问题的分析，构建物质变质类问题解题思维模型，学会运用模型迁移解决类似问题。

3.通过对氢氧化钠变质及其变质程度的实验探究知道药品保存的重要性以及节约药品的思想意识。

**二、情境任务（问题）**

任务一：建构变质类物质的模型。

分任务二：探究氢氧化钠变质。

分任务三：探究氢氧化钠溶液中的成分。

**三、学生活动**

分任务二：

学生活动1：构建出检验碳酸钠的方案。

学生活动2：分组实验验证氢氧化钠溶液是否变质，并写出方案中的化学方程式。

分任务三：

学生活动1：小组讨论氢氧化钠的变质情况。

学生活动2：构建氢氧化钠检验的方法。

学生活动3：分组探究是否存在氢氧化钠。

学生活动4：构建出氢氧化钠变质程度的方案。

四、课时作业

（一）知识型作业

［基础型］

化学药品在实验室中若保存不当，可能会发生变质，某学校化学实验活动小组的同学们为了探究实验室中久置的氢氧化钠固体药品的成分，进行了下列有关实验。

【猜想与假设】久置的氢氧化钠固体的成分有下面3种可能情况：

猜想一：只有氢氧化钠；

猜想二：_____；

猜想三：只有碳酸钠。

【实验探究】

| 实验方案 | 实验现象 | 结论 |
| --- | --- | --- |
| 称取 $m$ g固体放入试管中，加蒸馏水，完全溶解，然后滴加足量的$BaCl_2$溶液。 |  | 猜想一不成立 |

为了进一步验证是猜想二还是猜想三成立，活动小组的同学们又提出了一个定量实验方案。实验如下：将反应后的物质过滤、洗涤、干燥，称得沉淀的质量为 $n$ g（忽略操作过程中物质的损失）。若猜想二成立，则 $n$ 的取值范围是_____。

【反思与交流】氢氧化钠露置在空气中容易变质，其主要原因是_____（用化学方程式表示），因此实验室中氢氧化钠固体必须保存。

[提升型]

从定性到定量分析，测定NaOH变质程度。

现有一瓶久置的氢氧化钠固体，想测定其变质情况，设计实验如下，通过实验数据能推算出氢氧化钠变质的程度。（C：12　O：16　Na：23　Ca：40）

$$10\text{ g 干燥样品} \xrightarrow[\text{过滤}]{\text{加足量水溶解}\atop\text{加入过量的}CaCl_2\text{溶液}} \begin{cases}\text{白色沉淀} \xrightarrow{\text{洗涤、干燥}} 5\text{ g 白色固体}\\ \text{滤液}\end{cases}$$

（评价标准：能从定性的角度分析氢氧化钠变质的物质，+1分；能从定量的角度分析出利用碳酸钙的沉淀质量测定出碳酸钠质量，+2分；能计算出结果，进而得出变质程度结论，+3分。）

（二）实践型作业

利用课上建构的变质类模型，设计实验探究生活中食品包装中的干燥剂的变质情况？（如月饼包装袋内干燥剂铁粉等，自己自选其他食品干燥剂），建构解决问题的过程模型并录制解说的实验视频。

（评价标准：能知道干燥包变质的原因，+1；能知道利用自家厨房中的食醋来验证铁粉变质情况，+2；能基于已有模型，构建出解决铁粉变质问题的过程模型，+3；能进行实验并录制解说视频，要素：操作、现象、结论，+5。）

## 第二课时　运用模型解决实际问题
### （复习课）

一、课时目标

（一）低阶目标

1.通过对干燥剂碱石灰和铁粉的分析，知道生活中常见干燥剂的变质原因，进而知道生活中干燥剂的用途。

2.通过运用模型解决干燥剂碱石灰和铁粉的变质类问题探究，进一步巩固巩固酸碱盐间的转化，构建知识结构化认识。

（二）高阶目标

3.通过运用模型解决干燥剂碱石灰和铁粉的变质类问题探究，提高运用模型解决生活中实际问题的能力。

4.通过对变质的物质价值的辨析，提高用发展辩证的眼光看待物质变质的问题的能力。

二、情境任务（问题）

任务二：运用模型解决实际问题。

分任务二：探究干燥剂铁粉是否变质。

三、学生活动

分任务二：

学生活动1：用模型的思路方法分析铁粉变质的原因。

学生活动2：小组讨论猜测可能变质的情况。

学生活动3：构建铁粉是否变质方案并进行实验。

学生活动4：评价作业视频干燥剂铁粉是否失效。

四、课时作业

（一）知识型作业

1.泡沫铁粉（铁粉包裹在泡沫塑料中）是一种新型的食品干燥剂和保鲜剂，当它露置于空气中一段时间，同学们决定对其成分进行探究

猜想一：未生锈_____。

猜想二：部分生锈_____。

猜想三：完全生锈_____。

（1）为检验某泡沫铁粉是否还有效，可向其中滴加_____，

若看到_____现象，说明还有效。

（2）铁生锈应该及时除锈，写出盐酸除铁锈的化学方程式_____。

2.碱石灰是氧化钙和固体氢氧化钠的混合物，常用作干燥剂。实验室现有一瓶久置的碱石灰，同学们决定对其成分进行探究，同学们按照如下操作对样品进行了预处理。

碱石灰样品 —足量水溶解→ 固液混合物 —操作X→ 固体甲 / 溶液M

（1）操作X为_____。

（2）实验一：探究溶液M溶质成分，同学们提出如下猜想：

猜想Ⅰ：NaOH　　猜想Ⅱ：$NaCO_3$　　猜想Ⅲ：$Ca(OH)_2$

猜想Ⅳ：_____　　猜想Ⅴ：NaOH和$NaCO_3$

通过分析：同学们发现猜想Ⅲ不合理，原因是_____。

进行实验：取少量溶液M试管中，先滴加酚酞溶液，观察到溶液变成红色，再滴加过量氯化钙溶液，观察到_____，证明猜想Ⅱ正确。

综合分析：该碱石灰样品的成分为_____。

（二）拓展型作业

你知道海苔包里干燥剂的主要成分吗？请你利用自家厨房中的物质探究它是否变质，进而探究一下它是否还有效。设计实验方案并录制解说的实验视频。

（评价标准：能基于氧化钙的性质知道变质原因，+1；能知道利用自家厨房中的食醋来验证其变质情况，+2；能进行实验并录制解说视频，要素：操作、现象、结论，+5。）

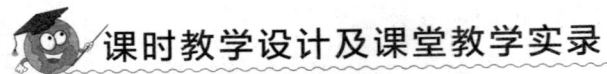

# 课时教学设计及课堂教学实录

## 第一课时 建构解决变质类问题模型
## ——以氢氧化钠的变质问题为例

### 一、学习目标

（一）低阶目标

1.通过对氢氧化钠性质的分析，知道氢氧化钠变质的原因。

2.通过实验探究掌握检验氢氧化钠是否变质以及变质程度的方法。

（二）高阶目标

3.通过对氢氧化钠变质系列问题的分析，形成物质检验和除杂的一般思路和方法，构建物质变质类问题解题思维模型。

4.通过已有模型解决生活中的变质问题，培养证据推理和模型认知的化学学科素养，以及节约药品的思想政治意识。

### 二、达成评价

1.1 能基于氢氧化钠与二氧化碳的反应，知道氢氧化钠变质的原因。

2.1 能基于检验生成物的视角，确定氢氧化钠是否变质，并利用碳酸钠的性质检验其存在。

2.2 能基于反应物的缺失情况，确定氢氧化钠变质的程度，并利用氢氧化钠和碳酸钠的性质检验变质程度及提纯氢氧化钠的方法。

3.1 能基于对氢氧化钠变质的分析，构建物质变质类问题解题思维模型。

4.1 能基于已有模型，解决氢氧化钙的变质的问题。

三、学习过程

（一）先行组织

同学们，这是厨房清洁剂的成分表，是我们学过的什么物质？（学生：氢氧化钠），请同学们评价一下如果不小心忘盖盖子，会不会对清洁效果有影响呢？（学生：有影响，氢氧化钠会变质，清洁效果会不好甚至失效。）

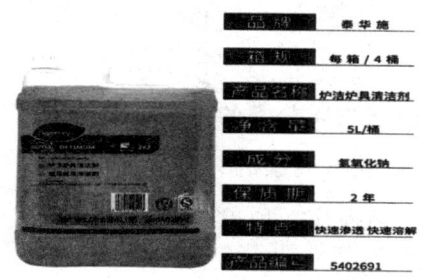

（二）任务（问题）与活动

任务1：探究氢氧化钠变质的原因。

活动1：思考氢氧化钠变质的原因，书写化学方程式。

学生：氢氧化钠因为吸收空气中的二氧化碳而变质，书写化学方程式。

活动2：建构物质是否变质这类问题的模型，师生合作解决问题的思路。

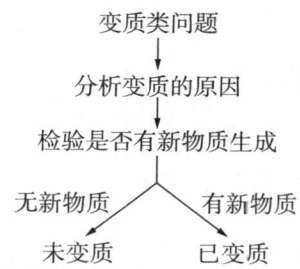

任务2：探究氢氧化钠变质。

活动1：构建出检验碳酸钠的方案。

【提出问题】我们之前学过有关碳酸钠的化学性质，请同学们回顾都哪些物质能与碳酸钠反应有明显现象，思考如何检验未知溶液中是否存在碳酸钠或者碳酸根离子？

【组织学习】

1.小组讨论，说一说都哪些物质能与碳酸钠反应并阐明明显现象。

2.根据现象判断如何检验未知溶液中是否存在碳酸钠或者碳酸根离子？

（评价标准：能从物质分类的角度说出与碳酸钠反应的物质，说出一类，+1；能准确说出现象的，+2；能结合实验现象，说出检验碳酸钠的方法的，包括操作、现象、结论，+3。）

【表达成果】

学生1：盐酸能与碳酸钠反应，产生气泡；

学生2：氢氧化钙与碳酸钠反应，产生白色沉淀；

学生3：氯化钙与碳酸钠反应，产生白色沉淀；

教师追问学生1：根据盐酸与碳酸钠反应的现象，该如何进行实验操作证明溶液中含有碳酸钠呢？

学生1继续回答：加入稀盐酸，如果看到气泡，证明溶液中含有碳酸钠。

【交互反馈】请其他同学依据评分标准对这几名学生进行评价。

学生4：学生2和3各得3分，学生1得5分，她没有强调取样，并且加入的盐酸试剂也应该有量的要求。

教师讲解：在检验物质时，取样要注意取少量，加入的试剂保证能看到现象。

【整合提升】学生总结回答

学生5：取少量溶液于试管中，加入适量的酸（稀盐酸或者稀硫酸）、碱（氢氧化钙或者氢氧化钡溶液）、盐（氯化钙或者氯化钡溶液），如有明显现象，则证明变质。

教师追问：大家设计的方案是否可行呢？请同学们进行分组实验验证氢氧化钠是否变质。

活动2：分组实验验证氢氧化钠溶液是否变质，并写出方案中的化学方程式。

第1和2组：利用实验盘中稀盐酸检验氢氧化钠是否变质；

第3和4组：利用实验盘中澄清石灰水检验氢氧化钠是否变质；

第5和6组：利用实验盘中氯化钙检验氢氧化钠是否变质；

教师巡视实验并通过iPad同屏展示学生的实验成果及其方程式的书写。

$Na_2CO_3 + CaCl_2 = CaCO_3\downarrow + 2NaCl$

$Na_2CO_3 + 2HCl = 2NaCl + H_2O + CO_2\uparrow$

任务3：探究氢氧化钠溶液中的成分。

【布置任务】大家刚刚做的实验中都已经证明氢氧化钠已经变质，请小组讨论一下，氢氧化钠的变质情况。

活动1：小组讨论氢氧化钠的变质情况。

学生：

猜想一：没有变质，只有NaOH。

猜想二：部分变质，NaOH和$Na_2CO_3$。

猜想三：完全变质，$Na_2CO_3$。

教师：根据同学们的猜想，检验氢氧化钠的变质程度实质就是检验NaOH和$Na_2CO_3$的存在？刚刚我们已经构建了检验$Na_2CO_3$的方案，下面我们来构建一下检验氢氧化钠的方法。

【组织学习】活动2：构建氢氧化钠检验的方法。

1.小组讨论，说一说都哪些物质能与氢氧化钠反应并说明反应现象。

2.根据现象判断哪些物质能用于检验氢氧化钠？

（评价标准：能根据学过的氢氧化钠的化学性质，说出与氢氧化钠反应的物质，说出一种，+1；能判断反应的现象，+2；能结合有明显现象的物质，说出检验氢氧化钠的方法，包括操作、现象、结论，+3。）

【表达成果】

学生1：指示剂遇到氢氧化钠变色，二氧化碳与酸都能与氢氧化钠反应但没现象，硫酸铜与氢氧化钠反应有蓝色沉淀，氯化铁与氢氧化钠反应有红褐色沉淀。

学生2：可以选择指示剂比如紫色石蕊，如果溶液变蓝了证明溶液中含有氢氧化钠；

学生3：取样，加入氯化铁溶液，看是否有红褐色沉淀，如果有，证明含有$OH^-$。

【交互反馈】

学生互评：学生1可以得5分；学生2可以得4分，但是选择指示剂最好是无色酚酞溶液，因为现象更明显；学生3可以得6分，说的比较全面。

教师追问：都哪些物质能用于检验氢氧化钠呢？

学生4：指示剂无色酚酞，硫酸铜和氯化铁。

【整合提升】

师生共同总结：取样，加入适量的指示剂无色酚酞或硫酸铜或氯化铁，如有明显现象，则证明含有氢氧化钠。

教师：下面同学们在检验碳酸钠的试管中，继续检验溶液中还是否存在氢氧化钠，开始进行分组实验。

活动3：分组探究是否存在氢氧化钠。

教师巡视实验并通过iPad同屏展示学生的实验成果。

$FeCl_3 + 3NaOH = 3NaCl + Fe(OH)_3\downarrow$　　$2NaOH + CuSO_4 = Na_2SO_4 + Cu(OH)_2\downarrow$

请同学们思考一下为什么有的小组没有检验到氢氧化钠呢？是否可以判断该瓶溶液为完全变质？

活动4：构建出氢氧化钠变质程度的方案。

小组讨论：

1. 小组讨论本组的两次操作，可否验证氢氧化钠的变质情况？

一组同学：我们组第一次先加的是稀盐酸去检验碳酸钠，在检验碳酸钠的同时，把溶液中氢氧化钠反应了，所以我们再在去检验氢氧化钠就没有现象了，因此不能判断我们组溶液的变质情况。

三组同学：我们检验碳酸钠时加的是氢氧化钙溶液，氢氧化钙与碳酸钠反应生成了新的氢氧化钠，干扰了溶液中氢氧化钠的检验，因此，我们组也不能判断溶液的变质程度。

五组同学：我们检验碳酸钠时加的氯化钙溶液，产色白色沉淀碳酸钙的同时生成的是氯化钠，氯化钠溶液呈中性，对即将检验的氢氧化钠没有影响，所以第二次加的酚酞溶液，观察溶液变红，最终我们组可以证明氢氧化钠为部分变质。

2.如何检验氢氧化钠的变质程度的实验方案？

师生共同总结：按照PPT的流程图梳理验证氢氧化钠变质程度的方案及其注意事项。

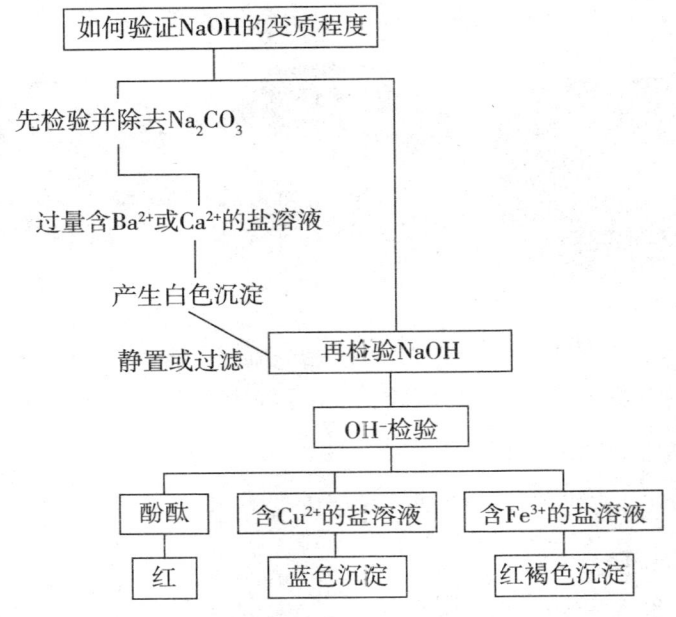

任务4：建构解决变质类问题模型。

活动4.1：建构解决变质类问题模型。

本节课探究了氢氧化钠变质的原因，学会了检验碳酸钠变质方法，知道对已经变质的溶液中，检验是否存在原物质，去判断溶液的变质程度，请大家根据解决氢氧化钠变质的过程想一想，如何构建变质类问题的解决模型呢？

学生交流回答：先研究变质原因，再去检验是否有新物质生成，知道变没变质，如果变质了再根据物质的性质去判断变质程度。

本节课已经构建了解决变质类问题的模型，下面大家运用模型来解决一下氢氧化钙的变质情况，并与大家进行交流。

### （三）迁移运用

1.运用模型，解决氢氧化钙变质情况？

2.请同学们评价一下如果不小心忘盖盖子，会不会对清洁效果有影响呢？（提示：等浓度的$Na_2CO_3$的pH小于NaOH）

### （四）成果集成

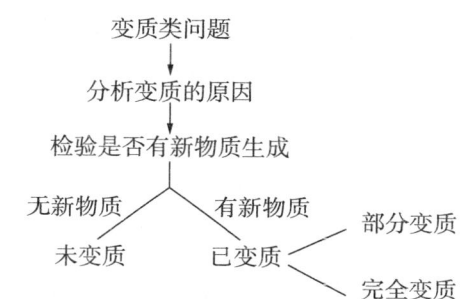

### （五）作业设计

[知识型作业]

基础型：

化学药品在实验室中若保存不当，可能会发生变质，某学校化学实验活动小组的同学们为了探究实验室中久置的氢氧化钠固体药品的成分，进行了下列有关实验。

【猜想与假设】久置的氢氧化钠固体的成分有下面3种可能情况：

猜想一：只有氢氧化钠；

猜想二：_____；

猜想三：只有碳酸钠。

【实验探究】

| 实验方案 | 实验现象 | 结论 |
| --- | --- | --- |
| 称取 $m$ g固体放入试管，加蒸馏水,完全溶解,然后滴加足量的$BaCl_2$溶液。 |  | 猜想一不成立 |

为了进一步验证是猜想二还是猜想三成立，活动小组的同学们又提出了一个定量实验方案。实验如下：将反应后的物质过滤、洗涤、干燥，称得沉淀的质量为 $n$ g（忽略操作过程中物质的损失）。若猜想二成立，则 $n$ 的取值范围是_____。

【反思与交流】氢氧化钠露置在空气中容易变质，其主要原因是_____（用化学方程式表示），因此实验室中氢氧化钠固体必须保存。

提升型：

从定性到定量分析，测定 NaOH 变质程度。

现有一瓶久置的氢氧化钠固体，想测定其变质情况，设计实验如下，通过实验数据能推算出氢氧化钠变质的程度。（C：12  O：16  Na：23  Ca：40）

10 g 干燥样品 →（加足量水溶解，加入过量的 $CaCl_2$ 溶液过滤）→ 白色沉淀 / 滤液；白色沉淀 →（洗涤、干燥）→ 5 g 白色固体

（评价标准：能从定性的角度分析氢氧化钠变质的物质，+1分；能从定量的角度分析出利用碳酸钙的沉淀质量测定出碳酸钠质量，+2分；能计算出结果，进而得出变质程度结论，+3分。）

[实践型作业]

利用课上建构的变质类模型，设计实验探究生活中食品包装中的干燥剂的变质情况？（如月饼包装袋内干燥剂铁粉等，自己自选其他食品干燥剂），建构解决问题的过程模型并录制解说的实验视频。

（评价标准：能知道干燥包变质的原因，+1；能知道利用自家厨房中的食醋来验证铁粉变质情况，+2；能基于已有模型，构建出解决铁粉变质问题的过程模型，+3；能进行实验并录制解说视频，要素：操作、现象、结论，+5。）

（六）课后反思

首先，本节课充分发挥了以学生为三，教师为辅的新课程理念下的课堂教学，充分落实了教学评一体化的新型课堂，本节课教学过程中学生能按照评分标准进行自评，通过自评的评价结果知道自己都哪些知识掌握了，哪些知识还需要继续亟待提升。

其次，本节课的教学设计与实施，发现学生从模型建构角度出发，对解决变质类问题能够深刻理解，并懂得反思平时在学习过程中只注重知识的积累，很少去关注自己是如何思考的，面对陌生情境中的问题解决能力不强，并表示在今后的学习过程中不仅要注重知识的学习，更要深入思考如何利用知识建立模型来解释和解决一些陌生情境问题，充分落实了发展学生证据推理与模型认知的核心素养。

最后，本节课为了突破碳酸钠对检验原物质氢氧化钠的干扰的难点，设计教学时先搭梯子，在检验碳酸钠基础上进行检验氢氧化钠，再去分析原因，最后学生自主建构出检验氢氧化钠变质程度的药品组合，不仅收到很好的效果，又充分发挥了以学生为主体，教学为辅的新课程理念和培养了学生合作探究的能力。另外，本节课又充分使用现代技术iPad实时传屏，一边做实验，一边拍摄，实时"直播"实验的画面，不仅随时规范学生的操作，对其他同学又是借鉴，节省时间的同时，教学效果良好，充分落实了发展学生的科学探究的核心素养。

# 九年级下册第九单元"溶液"

长春经济技术开发区育隆学校　张莹

**单元教学规划**

### 一、单元内容

人教版九年级下册第九单元"溶液"。

本单元从定性的角度宏微结合初步认识溶液,从定量的角度研究物质的溶解性,以物质的溶解度为核心展开,再进一步从定量的角度认识溶液组成的表示方法,主要围绕溶液的浓稀,即一定量的溶液中含有多少溶质这一问题展开,引出溶液中溶质的质量分数和概念,并结合这一概念进行一些简单的计算。

### 二、单元分析

（一）课标分析

新课标关于"溶液"分别从内容要求、学业要求、教学提示、学业质量四个方面提出了明确的实施要求,注重实现"教—学—评"的一致性,为教师进行高质量教学实践提供了重要依据。

| | |
|---|---|
| 内容要求（学什么） | - 认识溶解和结晶现象。<br>- 知道溶液是由溶质和溶剂组成的，具有均一性和稳定性。<br>- 知道水是一种重要的溶剂。<br>- 知道绝大多数物质在溶剂中的溶解是有限度的，了解饱和溶液和溶解度的含义。<br>- 知道溶质质量分数可以表示浓度，认识溶质质量分数的含义。<br>- 学习计算溶质质量分数和配置一定溶质质量分数的溶液和基本方法，初步感受定量研究的意义。<br>- 体会溶液在生产生活中的应用价值。 |
| 教学提示（怎么学） | - 通过实物、图片、模型等直观手段，联系学生常见的具体物质，引导学生感受物质的多样性。<br>- 通过典型实例帮助学生认识物质性质与用途的关系。<br>- 基于对生活真实情境的分析，从定性定量、宏观微观的视角认识溶液。<br>- 通过查阅溶解度数据并对数据进行处理，绘制溶解度曲线。<br>- 观察氯化钠、硝酸钾、氢氧化钠在水中溶解时溶液的温度变化。<br>- 配制一定溶质质量分数的氯化钠溶液，解决生活中的实际问题。 |
| 学业要求 | - 能从定性和定量的视角说明饱和溶液、溶解度和溶质质量分数的含义。<br>- 能进行溶质质量分数的简单计算。<br>- 能根据需要配置一定溶质质量分数的溶液。<br>- 能利用物质的溶解性，设计粗盐提纯、水的净化等物质分离的方案。 |
| 学业质量 | - 能用质量分数表示混合物体系中物质的成分。<br>- 能通过溶解度和溶解度曲线描述物质的溶解程度。<br>- 能利用溶解性的差异进行物质的分离、提纯。<br>- 感受物质的多样性，体会物质的应用与日常生活的密切联系，认识化学科学对解决实际问题的重要意义。 |

（二）问卷星数据支持的学情分析

1.您在以前的实验中使用过溶液吗？

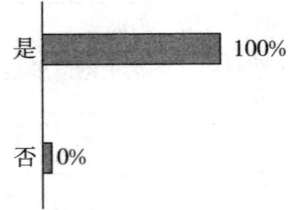

2.您认为溶液中有固体吗？

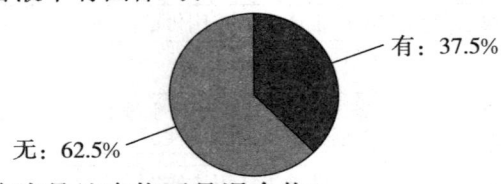

3.您认为溶液是纯净物还是混合物？

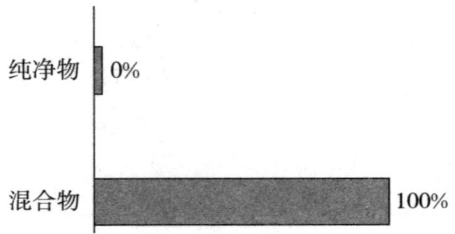

4.您认为泥水是溶液吗？

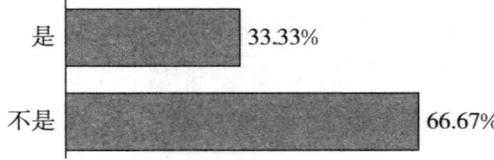

5.您知道食盐水中被溶解的物质是什么吗？

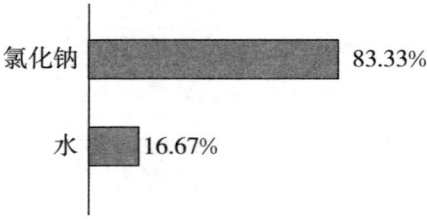

6.您知道氯化钠的微观构成吗？

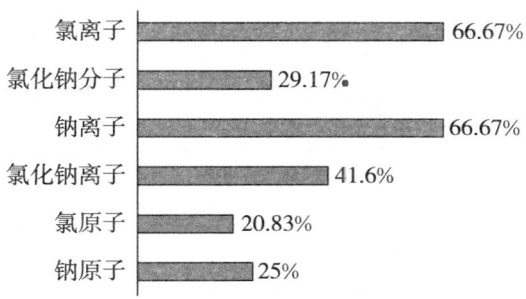

7.请您判断美年达饮料是溶液吗？

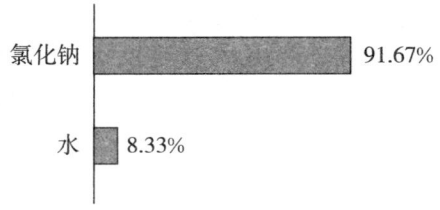

8.请您判断食盐水是溶液吗？

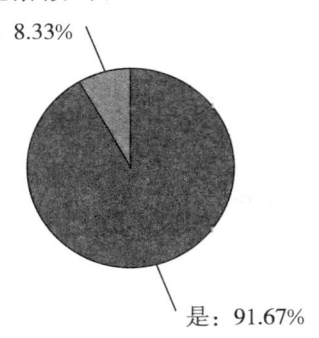

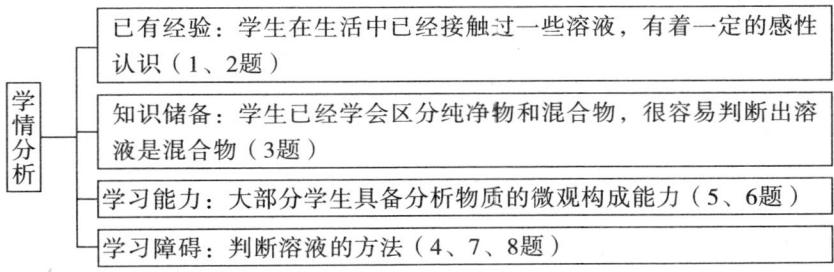

## （三）教材分析

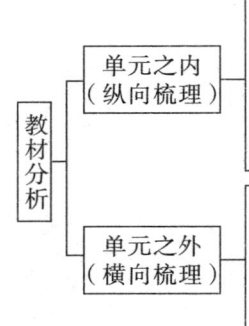

| 教材分析 | 单元之内（纵向梳理） | 本单元分三部分，第一部分从定性的角度初步认识溶液，第二部分从定理的角度研究物质的溶解性，第三部分进一步从定量的角度认识溶液组成的表示方法。三个部分密切相关，多元视角逐步深入，知识的逻辑性很强，从"溶液→饱和溶液→溶解度→溶质的质量分数"，既符合化学学科的逻辑规律，又符合学生的认识规律。 |
| | 单元之外（横向梳理） | 本单元属于"物质的性质与应用"这一学习主题，是在学习了"空气、自然界的水、金属材料中的合金"之后，进一步从物质的形成、组成、变化和用途等多元视角学习混合物，并基于定性研究与定量研究，宏观辨识与微观探析，为后面的酸碱盐溶液、溶液的分离、除杂奠定了基础。 |

## 三、单元主题

多元视角下的溶液。

## 四、单元目标

### （一）低阶目标

1.通过实验探究，建构溶液、溶质、溶剂的概念，初步认识溶解现象和溶液的组成。

2.通过实验探究和动画模拟可视化手段，从宏观和微观两个视角认识溶液的形成。

3.基于定量视角对饱和溶液的探究，形成对溶解度的认识。

4.通过实例分析，认识溶质质量分数的含义，掌握溶质质量分数的计算方法。

5.通过实验探究，掌握溶液的配制方法。

### （二）高阶目标

6.基于实验探究，创建宏观现象与微观世界的联系，逐步形成化学学科的微粒观。

7.运用定性、定量结合的方法判断和调控溶液的形成和变化，感受定性、定量结合研究化学物质的重要性。

8.通过对溶液实际应用的理解，体会溶液在实际生活和工农业生产中的重要性。

## 五、单元评价

1.1 能通对实验探究，初步认识溶解现象。

1.2 能通过实验探究，说明溶解过程的热量变化。

1.3 能基于实验现象的分析，建构溶液、溶质、溶剂的概念，说出溶液的组成。

2.1 能基于溶液导电的宏观现象分析和动画模拟的可视化手段，解释溶液形成的微观本质。

3.1 能通过探究物质的溶解性，知道饱和溶液与不饱和溶液的转化方法。

3.2 能基于饱和溶液与不饱和溶液的转化方法，认识物质在一定条件下的溶解是有限度的。

3.3 能基于定量视角对饱和溶液的探究，形成对溶解度的认识。

4.1 能通过实例分析，阐释溶质质量分数的含义，进行有关计算。

5.1 能运用溶质质量分数的概念，根据需要配制一定质量分数的溶液。

6.1 能基于溶液导电性的探究，解析宏观现象背后的微观实质。

6.2 能通过物质溶解过程的微观模拟动画，创建宏观现象与微观世界的联系，逐步形成化学学科的微粒观念。

7.1 运用定性、定量结合的方法判断和调控溶液的形成和变化，感受定性、定量结合研究化学物质的重要性。

8.1 能基于对溶液实际应用的分析，体会溶液在实际生活和工农业生产中的重要性。

## 六、单元结构化活动

**多元视角下的溶液**

- **任务一 研析溶液的形成**
  - **分任务一 宏微视角建构溶液**
    - 活动1：探究食盐、蔗糖、食醋、芝麻油、胡椒粉在水中的溶解性
    - 活动2：探究食盐和蔗糖的导电性，结合微观模拟动画，分析食盐和蔗糖消失的原因
    - 活动3：分析实验现象和微观实质，建构溶液、溶质、溶剂概念
    - 活动4：列举出雪碧中的溶剂和三种不同状态的溶质各一种
    - 活动5：列举在化学实验室里你曾用过哪些溶液并判断其中的溶质和溶剂
    - 活动6：实验探究，观察乙醇和水互溶的现象
    - 活动7：列举实例，谈谈溶液在生活中的用途
  - **分任务二 定性视角探究溶液**
    - 活动1：设计实验，比较氯化钠、氢氧化钠和硝酸铵形成溶液时的热量变化
    - 活动2：进行实验，体验物质溶解形成溶液时温度的改变
    - 活动3：设计实验，探究影响物质溶解能力的内在因素
    - 活动4：寻找清洗油渍的方法，分析清洗原理

- **任务二 探究溶解的限度**
  - **分任务三 定量视角研溶解度**
    - 活动1：实验探究氯化钠和硝酸钾的溶解能力
    - 活动2：设计实验，探究影响溶解能力的外在因素
    - 活动3：分析实验，总结饱和溶液与不饱和溶液的转化方法
    - 活动4：设计并进行实验比较氯化钠与硝酸钾的溶解能力，建构溶解度概念
  - **分任务四 二维视角绘制曲线**
    - 活动1：阅读教材，找出溶解度的表示方法
    - 活动2：应用溶解度表，绘制溶解度曲线
    - 活动3：读溶解度曲线图，归纳出溶解度随温度变化的3种典型曲线
    - 活动4：应用溶解度曲线，解决具体问题
    - 活动5：结合生活实例，分析影响气体溶解度的因素

- **任务三 表示溶液的浓度**
  - **分任务五 定量视角表示浓度**
    - 活动1：实验探究，判断溶液的浓稀
    - 活动2：分析实验数据，建构溶质质量分数概念
    - 活动3：结合实例，利用溶质质量分数进行简单的计算
    - 活动4：执笔计算，解决溶液稀释的问题
  - **分任务六 实践活动配制溶液**
    - 活动1：利用固体氯化钠配制质量分数为6%的氯化钠溶液
    - 活动2：利用6%的氯化钠溶液配制3%的氯化钠溶液

### 七、课时分配

本单元共6课时。

## 课时规划设计

## 新授课

（5课时）

### 一、课时目标

（一）低阶目标

1.通过实验探究，感受溶液的形成过程，建构溶液、溶质以及溶剂的概念。

2.通过对物质在水中溶解限度的探究，构建溶解度的概念。

3.基于直角坐标系中曲线等数学知识，初步学会绘制和分析溶解度曲线的信息。

4.通过实验探究和分析，建立溶质质量分数的概念并学会运用概念分析问题、解决问题。

5.基于生活中溶液应用的分析，体会化学与生活密不可分的关系。

（二）高阶目标

6.基于溶液导电性的探究，体验宏观现象与微观世界的联系，逐步形成化学学科的微粒观念。

7.运用定性、定量结合的方法判断和调控溶液的形成和变化，感受定性、定量结合研究化学物质的重要性。

### 二、情境任务

任务一：宏微视角，建构溶液。

任务二：定性视角，探究溶液。

任务三：定量视角，研溶解度。

任务四：二维视角，绘制曲线。

任务五：定量视角，表示浓度。

### 三、学生活动

**任务一 宏微视角，建构溶液**
- 活动1：探究食盐、蔗糖、食醋、芝麻油、胡椒粉在水中的溶解性
- 活动2：探究食盐和蔗糖的导电性，结合微观模拟动画，分析食盐和蔗糖消失的原因
- 活动3：分析实验现象和微观实质，建构溶液、溶质、溶剂概念
- 活动4：列举出雪碧中的溶剂和三种不同状态的溶质各一种
- 活动5：列举在化学实验室里你曾用过哪些溶液并判断其中的溶质和溶剂
- 活动6：实验探究，观察乙醇和水互溶的现象
- 活动7：列举实例，谈谈溶液在生活中的用途

**任务二 定性视角，探究溶液**
- 活动1：设计实验，比较氯化钠、氢氧化钠和硝酸铵形成溶液时的热量变化
- 活动2：进行实验，体验物质溶解形成溶液时温度的改变
- 活动3：设计实验，探究影响物质溶解能力的内在因素
- 活动4：寻找清洗油渍的方法，分析清洗原理

**任务三 定量视角，研溶解度**
- 活动1：实验探究氯化钠和硝酸钾的溶解能力
- 活动2：设计实验，探究影响溶解能力的外在因素
- 活动3：分析实验，总结饱和溶液与不饱和溶液的转化方法
- 活动4：设计并进行实验比较氯化钠与硝酸钾的溶解能力，建构溶解度概念

**任务四 二维视角，绘制曲线**
- 活动1：阅读教材，找出溶解度的表示方法
- 活动2：应用溶解度表，绘制溶解度曲线
- 活动3：读溶解度曲线图，归纳出溶解度随温度变化的3种典型曲线
- 活动4：应用溶解度曲线，解决具体问题
- 活动5：结合生活实例，分析影响气体溶解度的因素

**任务五 定量视角，表示浓度**
- 活动1：实验探究，判断溶液的浓稀
- 活动2：分析实验数据，建构溶质质量分数概念
- 活动3：结合实例，利用溶质质量分数进行简单的计算
- 活动4：执笔计算，解决溶液稀释的问题

四、课时作业

（一）基础作业

1.把少量的下列物质分别放入水中，充分搅拌，能形成溶液的是
（　　）

A.面粉　　　B.蔗糖　　　C.花生油　　　D.泥土

2.现有一瓶密封保存的合格的生理盐水，下列说法正确的是
（　　）

A.瓶口部分浓度小

B.放置一段时间，瓶底会有固体出现

C.瓶中各部分浓度相同

D.瓶中氯化钠分子均匀地分散在水分子中

3.碘单质有毒，它在下列三种不同溶剂中的溶解性如表所示：

| 溶质 | 碘 | | |
|---|---|---|---|
| 溶剂 | 水 | 酒精 | 苯（有毒） |
| 溶解性 | 微溶 | 可溶 | 易溶 |

由表中提供的信息判断，实验室里除去试管内的碘最好选用
（　　）

A.水　　　　　　　B.酒精

C.苯　　　　　　　D.加热使之升华

4.（点移动，知变化）如图是NaCl和$KNO_3$两物质的溶解度曲线，$t_2$ ℃时，向100 g水中加入60 g的甲，充分溶解后，得到m溶液。

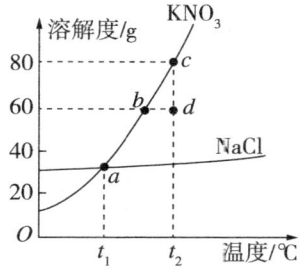

请根据图讨论下列问题：

（1）所得m溶液对应的点是图中的哪个点呢？_____；此时溶液饱和吗？_____。

（2）b、c两点对应的溶液是饱和溶液还是不饱和溶液？能否通过一定的方法将d点转移到b点或c点呢？

_____

（3）若将d点溶液降温至$t_1$℃，溶液将发生怎样的变化？并转移到哪个点？

_____

5.（看曲线，得信息）俗话说"夏天晒盐，冬天捞碱"，谈谈你对这句话的理解。

_____

（二）提升作业

分析NaCl、$KNO_3$的溶解度表以及溶解度曲线，回答问题。

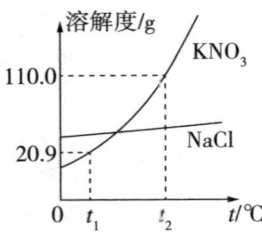

| 温度/℃ | | 0 | 10 | 20 | 60 |
|---|---|---|---|---|---|
| 溶解度/g | $KNO_3$ | 13.3 | 20.9 | 31.6 | 110 |
| | NaCl | 35.7 | 35.8 | 36.0 | 37.3 |

（1）在_____（选填"<$t_1$℃""$t_1$℃-$t_2$℃"或">$t_2$℃"）温度范围内，可以配制出溶质质量分数相同的硝酸钾和氯化钠饱和溶液；

（2）20℃时，NaCl饱和溶液的溶质质量分数为_____（结果保留一位小数）；

（3）将分别含有35.8 g KNO₃和NaCl的溶液从60℃降温到10℃（不考虑水分蒸发），对所得溶液的叙述不正确的是_____（填字母序号）。

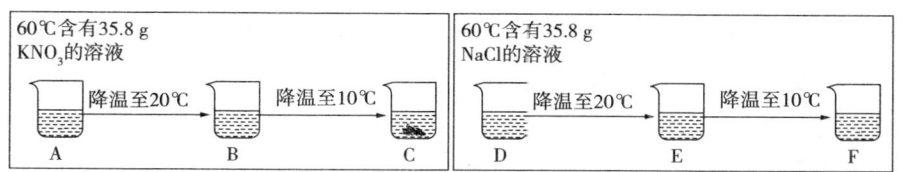

A.20℃时，此KNO₃溶液变成饱和溶液，NaCl溶液是不饱和溶液

B.溶剂质量：KNO₃<NaCl

C.B和E中溶质质量：KNO₃=NaCl

D.降温至20℃时，溶质质量分数：KNO₃=NaCl

E.降温至10℃时，溶质质量分数：KNO₃>NaCl

（三）趣味作业

1.画一画——食盐溶于水形成氯化钠溶液的微观实质图示，并配以文字说明。

2.试一试——用清水来洗涤沾有糖渍、油渍的碗碟，观察洗涤现象，并分析出现对应洗涤现象的原因。

3.做一做——查阅资料，结合所学，为家里的植物制作营养液。

## 实验课

（1课时）

一、课时目标

（一）低阶目标

1.初步学会配制配制一定溶质质量分数的溶液。

2.通过配制一定质量分数的氯化钠溶液，学会利用溶质质量分数解决实际问题。

（二）高阶目标

3.通过动手实验，经历科学探究过程，增强实践能力，形成严谨求实的科学素养。

二、情境任务

任务一：实践活动，配制溶液。

三、学生活动

任务一：实践活动，配制溶液 ── 活动1：利用固体氯化钠配制质量分数为6%的氯化钠溶液。
活动2：利用6%的氯化钠溶液配制3%的氯化钠溶液。

四、课时作业

（一）基础作业

1.某实验小组用质量分数为6%的氯化钠溶液（密度约为1.04 g/cm³）和水（密度约为1 g/cm³）配制50 g质量分数为3%的氯化钠溶液，下列说法错误的是（　　）

A.实验的主要步骤有计算、量取、混匀、装瓶贴标签

B.计算需要6%的氯化钠溶液的质量是25 g（约24.0 mL），水的质量是25 g

C.实验中用到的玻璃仪器有量筒、试剂瓶、烧杯、玻璃棒、胶头滴管

D.配置好的溶液装入试剂瓶时有液体溅出，溶质的质量分数变小

2.过氧乙酸是一种常见的消毒剂。现有过氧乙酸溶液，其质量分数为15%。请填空。

（1）向100 g该溶液中加入200 g水，所得溶液的质量分数为_____。

（2）将100 g该溶液与100 g 5%的过氧乙酸溶液混合，所得溶液

的质量分数为_____。

（二）提升作业

根据NaCl和KNO₃的溶解度数据表，回答下列问题：

| 温度/℃ | | 0 | 10 | 30 | 40 | 50 | 60 | 70 |
|---|---|---|---|---|---|---|---|---|
| 溶解度/g | NaCl₃ | 35.5 | 35.8 | 36.3 | 36.6 | 37.0 | 37.3 | 37.8 |
| | KNO₃ | 13.3 | 20.9 | 45.8 | 63.9 | 85.5 | 110 | 138 |

（1）10℃时，NaCl的溶解度是_____g；

（2）30℃时，溶解度较大的是_____（选填"NaCl"或"KNO₃"）；

（3）下列分析正确的是_____。

A.10℃时，能够配制出溶质的质量分数为20.9%的KNO₃溶液

B.20℃时，20 gNaCl固体加入100 g水，充分溶解后得到NaCl的不饱和溶液

C.20℃到30℃之间，能配制出溶质质量分数相等的NaCl饱和溶液和KNO₃饱和溶液

D.将KNO₃溶液经过某种操作后，析出KNO₃晶体，过滤所得溶液溶质的质量分数原溶液相比，可能变大、变小或不变。

（三）实践作业

根据家里所需，结合溶解度表，调制20℃时的最咸腌蛋食盐水。

| 温度/℃ | | 0 | 10 | 20 |
|---|---|---|---|---|
| 溶解度/g | NaCl | 35.5 | 35.8 | 36.0 |
| | KNO₃ | 13.3 | 20.9 | 31.6 |

## 课时教学设计及课堂教学实录

### 课时1 多元视角下的溶液——宏微视角，建构溶液（1）

#### 一、学习目标

（一）低阶目标

1.通过对探究食盐、蔗糖、食醋、芝麻油、胡椒粉在水中溶解性的探究，认识溶解现象，感受溶液的形成过程，建构溶液、溶质以及溶剂的概念。

2.通过实验探究食盐和蔗糖的导电性，结合微观模拟动画，分析食盐和蔗糖消失的原因，理解溶液形成的微观本质。

（二）高阶目标

3.基于实验探究，创建宏观现象与微观世界的联系，逐步形成化学学科的微粒观。

4.通过对溶液概念的理解，判断生活中的溶液以及体会化学与生活密不可分的关系。

#### 二、达成评价

1.1 能通过五种物质在水中的溶解现象，判断出能形成溶液的物质；

1.2 能借助蔗糖溶液变化的情况，分析出溶液的特征。

2.1 能基于物质的微观构成，准确说出构成蔗糖、氯化钠和水的微观粒子；

2.2 能通过食盐和蔗糖导电性的探究以及微观模拟动画的可视化手段，从微粒运动的角度认识溶液的形成过程。

3.1 能基于溶液导电性的探究，解析宏观现象背后的微观实质；

3.2 能通过物质溶解过程的微观模拟动画，创建宏观现象与微观世界的联系，逐步形成化学学科的微粒观念。

4.1 能基于溶解现象、溶液的特征和类别,判断出生活中的溶液;

4.2 能基于溶液在生产生活中的应用,体会化学与生活密不可分的关系,说出化学科学在解决实际问题时的重要价值。

三、学习过程

(一)先行组织

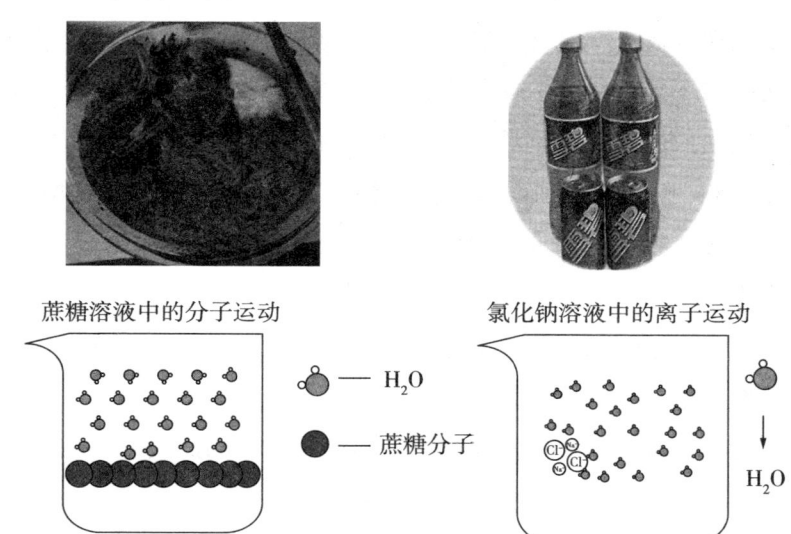

蔗糖溶液中的分子运动　　　氯化钠溶液中的离子运动

化学源于生活,用于生活,与我们的衣食住行息息相关,炎热的夏季,我们吃冷面配雪碧,既凉爽又美味,那么冷面好吃与否,关键在汤汁,那么做冷面汤汁需要哪些材料呢?(学生:水、食盐、蔗糖、味精、食醋、芝麻油、辣椒油、胡椒粉等)

这些材料哪些会消失在水中呢?(学生:食盐、蔗糖)

食盐、蔗糖为什么会消失呢?它们去哪里了呢?

(二)任务与活动

任务一:汤汁引领,感知溶液的形成。

活动1:小组合作探究食盐、蔗糖、芝麻油、胡椒粉在水中的溶解性。

（1）将食盐、蔗糖、食醋、芝麻油、胡椒粉分别放入水中，观察现象。

学生实验观察到食盐、蔗糖消失在水中，芝麻油、胡椒粉不能消失在水中。

（2）将蔗糖、食盐同时加入水中，观察现象。

学生实验观察到食盐、蔗糖能一起消失在水中。

任务二：宏微结合，建构溶液的概念。

【提出问题】食盐、蔗糖为什么会消失呢？它们去哪里了呢？

活动1：探究食盐和蔗糖的导电性，观察现象，结合微观模拟动画，分析食盐和蔗糖消失的原因。

【组织学习】

1.小组合作探究食盐和蔗糖的导电性，观察并记录现象，分析食盐、蔗糖导电与否说明了什么？

2.观看微观模拟动画，分析食盐和蔗糖消失的原因。

（评价标准：准确记录实验现象，+1；从物质微观构成的视角分析出食盐、蔗糖导电与否说明了什么，+2；结合实验现象，从微粒运动的视角，分析出蔗糖在水中消失的原因，+3；结合实验现象，从微粒运动的视角，分析出食盐在水中消失的原因，+3。）

【表达成果】

1组学生代表：

（1）观察到食盐固体、蔗糖固体、糖水不能导电，食盐水能导电；

（2）食盐水能导电说明氯化钠是由离子构成的；蔗糖不导电说明蔗糖不是离子构成的；

（3）食盐的主要成分是氯化钠，氯化钠是由氯离子和钠离子构成的，在水分子的作用下，氯离子和钠离子向水里扩散，最终均一的分散到水分子中间，形成食盐水，因此食盐水能导电。

（3）蔗糖是由蔗糖分子构成的，蔗糖表面的分子在水分的作用下向水里扩散，最终蔗糖分子均一的分散到水分子中间，形成糖水，因此糖水不能导电。

【交互反馈】师：请其他小组根据评分标准对第1小组进行评价。

2组学生代表：第1小组实验现象记录准确，原因分析得很透彻，可以得9分。

从微观粒子运动的视角，我们找到了蔗糖、食盐在水中消失的根本原因，那么蔗糖、食盐与水混合后形成的物质是属于纯净物还是混合物呢？

学生：食盐水、蔗糖水是混合物。

若将食盐水或者蔗糖水取出任意一部分进行比较，它们的组成完全相同吗？

学生：食盐水、蔗糖水各部分组成相同。

若水分不蒸发，温度不变化，蔗糖与水（氯化钠与水）会分离吗？

学生：蔗糖与水（氯化钠与水）不会分离。

食盐水、蔗糖水各部分组成相同可以总结为食盐水、蔗糖水具有均一性，蔗糖与水（氯化钠与水）不会分离，可以总结为食盐水、蔗糖水具有稳定性，像糖水、食盐水这样具有均一性、稳定性的混合物，我们可以统称为溶液，那什么是溶液呢？

【整合提升】

活动2：结合教材26页和27页的内容，小组交流讨论，总结食盐和蔗糖在水中消失的原因，分析实验现象和微观实质，建构溶液、溶质、溶剂概念，表述溶液的特征。

学生代表：像蔗糖、食盐这样一种或几种物质分散到另一种物质（比如：水）里形成均一的、稳定的混合物，就叫做溶液，能溶解其他物质的物质（水）就是溶剂，（食盐、蔗糖）被溶解的物质，叫做溶质。

溶液具有均一性、稳定性。

活动3：小组合作交流讨论以下问题：

（1）在溶液中一种溶剂只能溶解一种溶质吗？

（2）具有均一性、稳定性的液体一定是溶液吗？

（3）我们吃冷面配的雪碧是否是溶液呢？若是请说出理由。

3组学生代表汇报讨论结果：

（1）任务一中，将食盐和蔗糖同时放入水中，食盐和蔗糖全都被水溶解了，说明一种溶剂可以溶解多种溶质。

（2）不一定，例如：水不是溶液，因为水是纯净物，溶液是混合物。

（3）雪碧是溶液，因为雪碧是混合物，具有均一性和稳定性。

师问：如何判断雪碧中的溶质和溶剂呢？

雪碧柠檬味汽水
配料：碳酸水（水、二氧化碳）、白砂糖、果葡萄浆、柠檬酸、香料、苯甲酸钠

【任务布置】任务三：生活有据，历数身边的溶液。

【组织学习】

活动1：阅读雪碧的成分表，列举出雪碧中的溶剂和三种不同状态的溶质各一种。

活动2：列举在化学实验室里你曾用过哪种溶液并判断其中的溶质和溶剂。

（评价标准：能根据溶剂的概念准确判断出溶剂，+1；能根据溶质的概念准确判断出一种固体溶质，+1；能根据溶质的概念准确判断出一种气体溶质，+2；能根据溶质的概念准确判断出一种液体溶质，+2；能列举出在化学实验室里曾用过的溶液5种，+2；能准确判断出所列举溶液中的溶质和溶剂，+3。）

【表达成果】

学生1：雪碧中水是溶剂，白砂糖是固体溶质，果葡糖浆是液态溶质，二氧化碳是气态溶质。

学生2：过氧化氢溶液，过氧化氢是溶质、水是溶剂；

硫酸铜溶液，硫酸铜是溶质，水是溶剂；

氯化亚铁溶液，氯化亚铁是溶质，水是溶剂；

稀盐酸，盐酸是溶质，水是溶剂；

澄清石灰水，溶质是石灰，水是溶剂……

【交互反馈】学生互评：学生1判断准确，可以得到6分；学生2可以得到4分，因为稀盐酸中溶质是氯化氢气体而不是盐酸，澄清石灰水中溶质是氢氧化钙。

师追问：所列举的溶液都是无色的吗？

学生：不是，硫酸铜溶液是蓝色的、氯化亚铁溶液是浅绿色的。

师追问：所列举的溶液中所含的溶质都是固体吗？

学生：溶质不都是固体，稀盐酸中溶质是氯化氢气体。

活动3：实验探究，观察乙醇和水互溶的现象。

学生实验得出乙醇能溶解在水中，形成溶液。

师讲解：在溶液中，溶质可以是固体，也可以是气体或者液体，溶剂中最常见的是水，乙醇、汽油也可以作为溶剂。当固体、气体与液体混合时，固体、气体则作为溶质，液体作为溶剂，若两种液体相互混合时，一般量多的一种是溶质，量少的一种是溶剂，若其中一种是水，则把水叫做溶剂，例如上述实验中，乙醇是溶质，水是溶剂，混合在一起形成乙醇的水溶液，因为溶剂是水时，可以简称乙醇溶液。

【整合提升】学生总结理解溶液时的注意事项：

1.溶液中的溶质可以是一种也可使是多种，溶剂是一种；

2.在溶液中，溶质可以是固体，也可以是气体或者液体，最常见的溶剂是水；

3.具有均一性、稳定性的液体不一定是溶液，例如水；

4.溶液不一定是无色的，例如硫酸铜溶液、氯化亚铁溶液等；

活动4：小组合作交流讨论，列举实例，谈谈溶液在生活中的用途。

学生1：生理盐水，给病人补水，维持人体渗透压；

学生2：蔗糖溶液，补充人体能量；

学生3：碘酒溶液，对伤口杀菌消毒；

学生4：植物营养液，给植物提供营养……

（三）迁移运用

自制汽水：

材料：柠檬汁、白糖、小苏打、冷开水；

工具：纸杯、水果刀、吸管。

（四）成果集成

制作本课时的知识网络图。

学生作品：

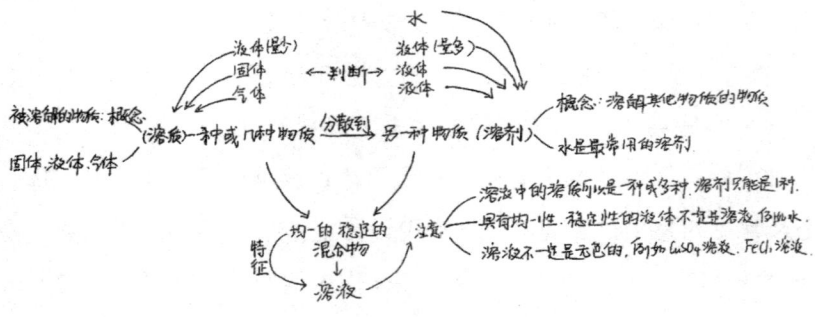

（五）作业设计

[基础作业]

1.把少量的下列物质分别放入水中，充分搅拌，能形成溶液的是
（    ）

A.面粉　　　　B.蔗糖　　　　C.花生油　　　　D.泥土

2.现有一瓶密封保存的合格的生理盐水，下列说法正确的是（　　）

A.瓶口部分浓度小

B.放置一段时间，瓶底会有固体出现

C.瓶中各部分浓度相同

D.瓶中氯化钠分子均匀地分散在水分子中

3.写出下列溶液中溶质和溶剂的化学式。

| 溶液 | 医用酒精 | 高锰酸钾溶液 | 浓盐酸 | 铁和稀硫酸恰好完全反应后的溶液 |
|---|---|---|---|---|
| 溶质 | | | | |
| 溶剂 | | | | |

[提升作业]

碘单质有毒，它在下列三种不同溶剂中的溶解性如表所示：

| 溶质 | 碘 | | |
|---|---|---|---|
| 溶剂 | 水 | 酒精 | 苯（有毒） |
| 溶解性 | 微溶 | 可溶 | 易溶 |

由表中提供的信息判断，实验室里除去试管内的碘最好选用（　　）

A.水　　B.酒精　　C.苯　　D.加热使之升华

[趣味作业]

1.画一画——食盐溶于水形成氯化钠溶液的微观实质图示，并配以文字说明。

自评评价量表

| 评价内容 | 等级 |
|---|---|
| 能透过宏观现象深入理解氯化钠溶于水的微观实质，文字说明表述言简意赅，并能通过绘图形式将实质可视化且图示准确、美观。 | □优秀 |
| 能透过宏观现象深入理解氯化钠溶于水的微观实质，文字说明表述言简意赅，并能通过绘图形式将实质可视化，图示做比较准确。 | □良好 |
| 能透过宏观现象深入理解氯化钠溶于水的微观实质，图示做到基本准确。 | □合格 |

学生作品：

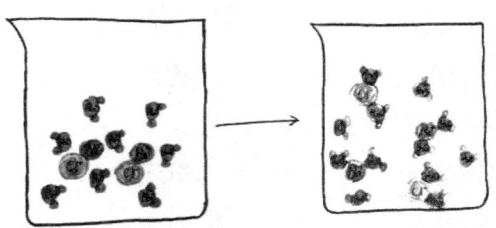

把食盐放入水中，氯化钠在水分子的作用下，向水里扩散，最终均一地分散到分子中间，形成氯化钠溶液，NaCl是以$Na^+$、$Cl^-$的方式存在溶液中。

2.做一做——查阅资料，结合所学，为家里的植物制作营养液。

（六）课后反思

本课时从定性、宏观、微观等多元视角初步认识溶液，包括溶解过程、溶液、溶剂和溶质的概念，溶液的用途等，基于课标、教材以及学情的综合分析，设计了本课时的进阶性目标，并且以学生为主体设计学生活动完成目标，引导学生基于多元视角认识物质的多样性，形成化学观念，解决实际问题。

本课时具体的设计以学生熟悉的真实情境素材——冷面汤汁和雪碧为先行组织，引发学生的认知冲突，激发学生的学习兴趣，通过冷面汤汁这一情境引领，设计了结构化的学习任务、递进式学生活动、多元评价方式，引导学生感知溶液的形成，又借助实验探究进行宏观辨识与微观探析，学生在小组合作与交流中自主建构溶液的概念体系，嵌入评价，搭建学习支架，学生自评、互评，教师再根据学生的表现，跟学生进行对话，给予积极肯定的评价，帮助学生在熟悉的生活情境中感受化学的重要价值，促进落实宏观辨识、微观探析、科学探究、社会责任等核心素养综合发展的特殊价值。

# 生物学大单元教学设计

# 七年级上册重组单元"黄豆的一生"

长春经济技术开发区教师进修学校　翁小丹

单元教学规划

一、单元内容

本单元选自人教版七年级上册第三单元第二章"被子植物的一生"和第三章"绿色植物与生物圈的水循环",为更好地落实课标,本单元以黄豆这种被子植物为例,从黄豆种子萌发、植株生长、开花、传粉、受精、形成果实、产生新种子这样的生命过程展开,打破原有教材结构,按照植物的生命周期进行重构。本单元共包含三部分内容,种子的萌发、植株的生长、开花和结果。

二、单元分析

（一）课标分析

本单元主要涉及《义务教育生物学课程标准（2022年版）》七个学习主题中的主题四：植物的生活。

1.内容要求

植物有自己的生命周期,可以制造有机物,直接或间接地为其他生物提供食物,参与生物圈中的水循环,并维持碳—氧平衡。（本单元没有涉及制造有机物部分,因此重点突出生命周期和水循环。）

2.学业要求

（1）识别和描述种子、根尖、叶片、花的结构及功能，以及花与果实在发育上的联系，通过绘图或模型等形式呈现各个结构的特点。

（2）运用植物蒸腾作用方面的知识，解释生产生活中的相关现象。

（3）设计单一变量的实验，探究关于植物生活的影响因素。

3.教学提示

（1）引导学生通过观察、演示实验、探究实验等多种途径，探究和认识植物的蒸腾作用、吸收和运输等生理过程及其影响因素。

（2）结合当地的农业生产实践，设计简单的任务，指导学生运用植物生理过程的相关知识、跨学科知识等，尝试分析和解决实际问题。

4.学业质量

基于真实的黄豆栽培情境，描述生物学现象或与生物有关的特征，运用生物学的结构与功能观、物质与能量观、进化与适应观、生态观等生命观念解释产生特定生物学现象的原因，针对生物学相关议题进行科学论证与合理决策，并尝试探究生命活动过程、生物与环境等方面的问题，初步形成从不同生命观念的视角认识和分析生物学问题的意识，初步形成基于证据、逻辑分析和解决问题的科学思维方式，形成科学态度和健康意识，并具有一定的责任担当。

（二）教材分析

本单元隶属于人教版七年级上册第三单元"生物圈中的绿色植物"，绿色植物被誉为生物圈中的基石，与人类的生存和发展关系极为密切，学习第三单元对学生的终身发展具有重要意义。第三单元共有六章，"黄豆的一生"是其中两章的内容融合，考虑到纳入光合作用和呼吸作用单元内容过于庞大，且这部分利用黄豆植株进行实验的现象不够明显，因此舍弃，因黄豆植株的根瘤明显，因此加入了人教版八年级上册关于豆科植物与根瘤菌共生的内容。最终划定"黄豆的一生"包含三部分内容，种子的萌发、植株的生长、开花和结果，是按照黄豆生命活动过程的三个阶段命名的，与教材内容不完全一致，在教学内容中注重联系实际，更多关注有关知识在农业生产上的应用。

（三）学情分析

通过上一章生物圈中有哪些绿色植物的学习，学生已经认识了植物的主要类群，其中被子植物是种类最多、分布范围最广的类群，在学生的生活中也最为常见，与人类的关系也最密切，就黄豆而言更是如此。而处于这一阶段的学生，对枯燥的知识比较反感，思维活动上既有具体的形象成分，又有抽象的逻辑思维，很多时候依赖经验的获得，但也能运用概念、提出假设、检验假设来进行抽象逻辑思维。因此适于设计探究活动，进行实验观察和栽培实践，能产生很好的教学效果。

三、单元主题

黄豆的一生。

四、单元目标

（一）低阶目标

1.理解绿色开花植物的生命周期包括种子萌发、生长、开花、结果与死亡等阶段。（探究实践、生命观念）

2.描述植物通过吸收、运输和蒸腾作用等生理活动，获取养分，进行物质运输，供植物利用，其中大部分水通过蒸腾作用散失。（生

命观念）

（二）高阶目标

3.立足坚实的生物学学科内容基础，形成结构与功能相适应的生命观念和敢于探究、严谨求实的科学思维，能够通过探究实践，进行表达、交流或展示，最终形成解决生产生活问题的责任担当和能力。

五、单元评价

1.1 能通过体验黄豆的栽培过程，理解绿色开花植物的生命周期各个阶段。

1.2 能通过观察黄豆种子，识别和描述双子叶植物种子的结构和功能。

1.3 能通过探究实验描述种子萌发的环境条件及自身条件，以及种子萌发的过程，并利用抽样检测的方法测定种子的发芽率。

1.4 能通过观察和探究，概述开花和结果的过程。

1.5 能通过观察黄豆植株的根，了解豆科植物与根瘤菌的共生关系。

2.1 能通过观察黄豆的根毛和根尖结构，描述其功能。

2.2 能通过实验观察黄豆茎中的导管，了解植物由根部吸收生活所需的水和无机盐，通过导管向上运输，供植物利用，其中大部分通过蒸腾作用散失。

2.3 练习制作临时切片，能识别和描述叶片的结构及功能。

3.1 能够掌握植物的生活方面的基础知识，初步形成结构与功能相适应的生命观念。

3.2 能够运用比较、归纳、概括、分析等思维方法认识事物，解释生活中的相关现象，尝试分析和解决实际问题。

3.3 能够通过探究实践，进行表达、交流或展示，最终形成解决生产生活问题的责任担当和能力。

## 六、单元结构化活动

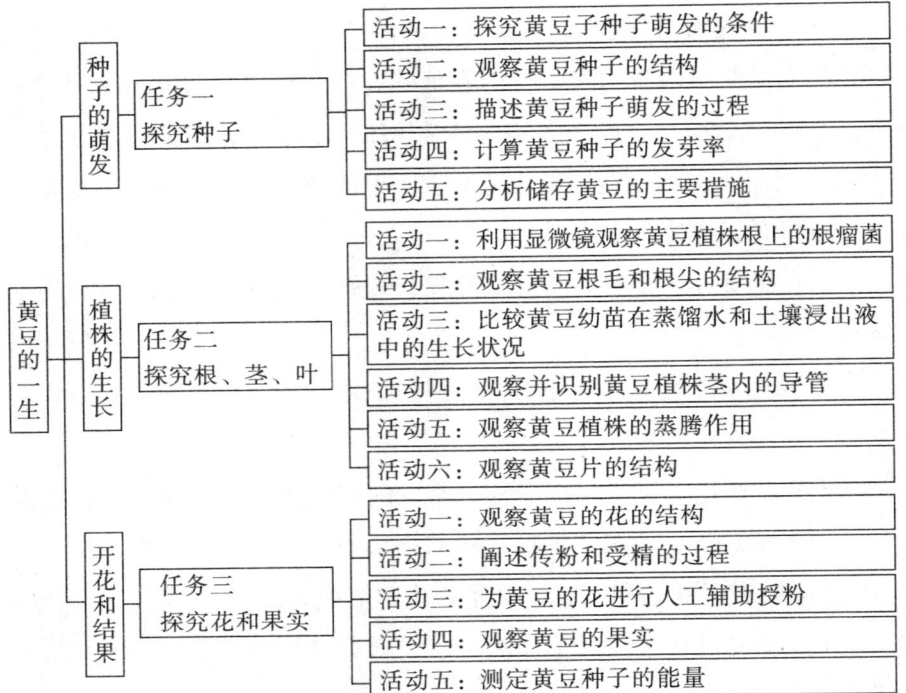

## 七、课时分配

本单元共6课时。

## 种子的萌发（一）

（新授课，1课时）

### 一、课时目标

（一）低阶目标

1.通过探究实验描述种子萌发的环境条件及自身条件。（探究实践、科学思维）

2.通过观察黄豆种子，识别和描述双子叶植物种子的结构和功能，明确种子包括种皮和胚等结构。（探究实践、生命观念）

（二）高阶目标

3.初步形成结构与功能相适应的生命观念。（生命观念）

4.敢于探究实践，积极进行表达、交流或展示。（科学思维）

## 二、情境任务

1.了解黄豆的生命周期第一个阶段——种子的萌发。

2.了解黄豆种子的结构特点及其功能。

## 三、学生活动

1.课前发黄豆芽，观察并记录种子萌发的过程。

2.小组合作，探究黄豆种子的萌发条件。

3.借助放大镜观察浸软的黄豆种子结构，并分析各部分的功能。

## 四、课时作业

1.完善思维导图。

2.观察和移栽黄豆芽。

3.实施探究计划并做好记录。

# 种子的萌发（二）

（新授课，1课时）

## 一、课时目标

（一）低阶目标

1.描述种子萌发的过程，并利用抽样检测的方法测定种子的发芽率，关注农业选种上的应用。（探究实践、科学思维、责任态度）

2.理论联系实际，分析储存黄豆的主要措施。（态度责任）

（二）高阶目标

3.初步形成结构与功能相适应的生命观念。（生命观念）

4.敢于探究实践，积极进行表达、交流或展示。（科学思维）

5.能够解释生活中的相关现象，尝试分析和解决选种与储存种子的实际问题。（态度责任）

## 二、情境任务

1.进一步了解黄豆的生命周期第一个阶段——种子的萌发。

2.统计适宜环境条件下黄豆种子萌发的数量，计算种子的发芽率。

3.分析储存种子的主要措施。

## 三、学生活动

1.继续观察并记录种子萌发过程，描述种子萌发的过程。

2.运用随机抽样检测的方法，计算种子的发芽率。

3.通过了解种子的萌发条件，分析储存种子的主要措施。

## 四、课时作业

1.完善思维导图。

2.观察并记录黄豆植株的生长。

3.参照教材，在蒸馏水和土壤浸出液中培养黄豆植株，并观察生长状况。

# 植株的生长（一）

（新授课，1课时）

## 一、课时目标

### （一）低阶目标

1.通过观察黄豆植株的根，了解豆科植物与根瘤菌的共生关系。（探究实践、生命观念）

2.通过观察黄豆的根毛和根尖结构，描述其功能，了解根的生长主要包括根尖分生区细胞的分裂和伸长区细胞的生长；同时联系生产实际，关注植物的移栽。（探究实践、生命观念、责任态度）

3.通过比较黄豆幼苗在蒸馏水和土壤浸出液中的生长状况，说明植物生活需要水和无机盐，并由根部吸收。（探究实践、科学思维、生命观念）

（二）高阶目标

4.通过学习共生知识，形成结构与功能相适应的生命观念。（生命观念）

5.通过观察根尖及根毛形态结构，了解根的功能，形成结构与功能相适应的生命观念；并学习移栽技术。（生命观念、探究实践）

6.运用比较的科学方法，初步养成科学思维的习惯和能力。（科学思维）

二、情境任务

1.进一步了解黄豆的生命周期第二个阶段——植株的生长。

2.探究黄豆根的结构特点及其功能。

三、学生活动

1.栽培黄豆，观察并记录黄豆植株的生长。

2.借助显微镜观察根瘤菌和根尖根毛的结构，了解其功能。

3.比较黄豆幼苗在蒸馏水和土壤浸出液中的生长状况，并表达交流。

四、课时作业

1.完善思维导图。

2.观察并记录黄豆植株的生长。

3.观察叶脉。

# 植株的生长（二）

（新授课，1课时）

## 一、课时目标

（一）低阶目标

1.利用红墨水，观察并识别黄豆植株茎内的导管，说明水和无机盐由导管向上运输。（探究实践、生命观念）

2.通过观察黄豆植株的蒸腾作用，说明根吸收由导管运输的水分大部分通过蒸腾作用散失，认同蒸腾作用的意义。（探究实践、生命观念、态度责任）

3.练习制作临时切片，识别和描述黄豆叶片的结构及功能，认识蒸腾作用的"门户"与"窗口"气孔。（探究实践、生命观念）

（二）高阶目标

4.通过观察叶片、导管的形态结构，了解叶片、导管的功能，形成结构与功能相适应的生命观念。（生命观念）

5.认同蒸腾作用的意义，初步形成保护森林的意识。（态度责任）

## 二、情境任务

1.进一步了解黄豆的生命周期第二个阶段——植株的生长。

2.探究黄豆叶和茎内导管结构特点及其功能，描述植物的蒸腾作用。

## 三、学生活动

1.栽培黄豆，观察并记录黄豆植株的生长。

2.观察黄豆植株茎内导管的结构，了解其功能。

3.观察黄豆植株的蒸腾作用。

4.练习制作临时切片，观察黄豆叶片的结构，了解气孔的结构与功能。

四、课时作业

1.完善思维导图。

2.观察并记录黄豆植株的生长。

3.查阅豆科植物花的结构知识。

# 开花和结果（一）
## （新授课，1课时）

一、课时目标

（一）低阶目标

1.通过观察和探究，概述开花和结果的过程。（探究实践、生命观念）

2.借助视频，阐述传粉和受精的过程。（生命观念）

3.动手实践，为黄豆的花进行人工辅助授粉。（探究实践）

（二）高阶目标

4.通过观察花的结构，了解其功能，形成结构与功能相适应的生命观念。（生命观念）

5.通过阐述传粉和受精过程，理解传粉不足的后果，通过人工辅助授粉实践，形成解决生产生活问题的责任担当和能力。（探究实践、态度责任）

二、情境任务

1.了解黄豆的生命周期第三个阶段——开花和结果。

2.探究黄豆的花的结构特点及其功能。

3.为解决传粉不足的实际问题，进行人工辅助授粉。

### 三、学生活动

1.栽培黄豆，观察并记录开花结果的整个过程。

2.观察花的结构。

3.阐述传粉和受精的过程。

4.为黄豆的花进行人工辅助授粉。

### 四、课时作业

1.完善思维导图。

2.观察并记录黄豆植株的生长。

3.查阅资料，了解黄豆中含有的营养物质。

## 开花和结果（二）

（新授课，1课时）

### 一、课时目标

（一）低阶目标

1.通过观察黄豆的果实，了解其由果皮和种子构成，阐明花与果实和种子的关系。（探究实践、生命观念）

2.通过探究活动测定黄豆种子中的能量，可以直观感受到能量的存在，并可以用科学的方法对所含能量进行测定。（探究实践、科学思维）

（二）高阶目标

3.测定黄豆种子中所含的能量时，能够运用植物的相关知识、跨学科知识等，尝试如何降低能量损失。（科学思维）

4.立足坚实的生物学学科内容基础，形成结构与功能相适应的生命观念和敢于探究、严谨求实的科学思维。（生命观念、科学思维）

## 二、情境任务

1.进一步了解黄豆的生命周期第三个阶段——开花和结果。

2.探究黄豆果实和种子的结构特点及其功能。

## 三、学生活动

1.栽培黄豆,观察并记录开花和结果的整个过程。

2.观察黄豆的果实。

3.测定黄豆种子中的能量。

## 四、课时作业

1.完善并形成本单元的整体思维导图。

2.继续观察并记录黄豆植株的生长,直至死亡。

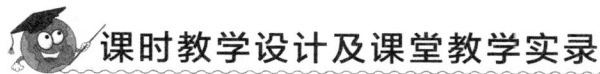

# 课时教学设计及课堂教学实录

## 种子的萌发(一)

### 一、学习目标

(一)低阶目标

1.通过探究实验描述种子萌发的环境条件及自身条件。

2.通过观察黄豆种子,识别和描述双子叶植物种子的结构和功能。

(二)高阶目标

3.初步形成结构与功能相适应的生命观念。(生命观念)

4.敢于探究实践,积极进行表达、交流或展示。(科学思维)

### 二、达成评价

1.1 能够通过体验黄豆的栽培过程,理解绿色开花植物的生命周期中的萌发阶段。

1.2 结合探究实验能够准确描述种子萌发的环境条件及自身条件。

2.1 能够运用正确的方法观察黄豆种子，识别和描述双子叶植物种子的结构和功能。

3.1 能够通过识别种子的结构，了解种子各部分的功能，初步形成结构与功能相适应的生命观念。

3.2 敢于进行探究实践，并积极参加讨论交流，表达自己的观点，展示学习成果。

三、学习过程

（一）先行组织

通过查询资料或请教家长了解如何发黄豆芽，并动手实践，记录操作过程和实践结果。

（二）任务（问题）与活动

任务一：探究黄豆种子萌发的条件（环境条件和自身条件）。

活动1：说一说，想一想。

学生交流发黄豆芽的实践经验，包括成功的和失败的，通过查找失败原因，分析出黄豆种子萌发的条件。自身条件：胚是完整的、活的、度过休眠期的；环境条件：适宜的温度、一定的水分和充足的空气。

以上结论都是从实践中分析出来的，并不科学严谨，需要我们运用科学方法设计对照实验进一步探究证明。

活动2：小组合作，设计探究某种环境条件对黄豆种子萌发的影响实验。

【提出问题】一、二组，三、四组，五、六组请各选择一种环境条件设计对照实验，探究这种环境条件是不是真的影响黄豆种子的萌发？

选择结果：

一、二组设计探究温度对黄豆种子萌发的影响实验

三、四组设计探究水分对黄豆种子萌发的影响实验

五、六组设计探究空气对黄豆种子萌发的影响实验

【组织学习】给出评价标准，小组讨论交流，合作完成实验设计。

（评价标准：表述提出的问题，+1；应用已有知识，对问题的答案提出可能的设想，+1；列出所需要的材料与用具，+2；找出控制变量，说明如何控制单一变量，+2；设计对照实验，+2；说明实验过程中应该将种子分成几组，每一组应当有多少粒黄豆种子？说出每隔多长时间观察一次，+2。）

【表达成果】

设计同一环境条件的实验小组之间依据评分标准进行互评，其他小组补充评价。

一组同学：我们组设计的实验是温度是否会对黄豆种子的萌发有影响。根据我们的经验常识，我们觉得温度会影响黄豆种子的萌发，我们选的材料用具有：黄豆种子、两个瓶子、餐巾纸、一定的水，还要有一个冰箱，变量应该是温度，除了温度不同外，其他条件都相同。我们先在瓶底铺上餐巾纸，浇上适量的水，然后把黄豆种子放在餐巾纸上，两个瓶子都这么处理，然后一个放在冰箱里，另一个放在室内常温下，我们将黄豆种子分成了两组，每个瓶子里放一组，每组用了20粒黄豆种子，每天观察一次，这就是我们组设计的实验。

【交互反馈】

请二组同学依据评价标准打分，并说出理由。

二组同学：我觉得一组应该得9分，他提到的黄豆种子，应该说是度过休眠期的活的黄豆种子，实验表述不严谨。

其他小组同学：我觉得应该得8分，根据我的经验，我觉得黄豆吸水很快，每天除了观察，还应该添加等量的适量的水。其他的表述都很准确。

师：一组同学，你们认为自己应该得多少分？

一组同学：我们自认为应该得10分，但是听了其他同学的评价，我们现在觉得合理的分数是8分。

师：其实一组除了没有考虑到种子萌发的自身条件外，其他的设计都非常严谨。老师建议在做实验之前，先对黄豆种子进行浸泡处理，可以浸泡2个小时，之后再展开实验，当然，在观察过程中应该关注水的多少，及时添加。

二组同学：我们组和一组一样，选的是温度这个环境条件，提出的问题是，温度会影响黄豆种子的萌发吗？根据我们在家里实践的结果，认为温度会影响黄豆种子的萌发，我们选了40粒黄豆种子，是度过了休眠期的、完整的、活的黄豆种子，两个一样大小的瓶子、一些餐巾纸和适量的水，参照老师给的建议，我们先浸种2小时，然后在两个瓶子的瓶底都铺上餐巾纸，浇适量的水，分别取20粒黄豆种子放在瓶中，把其中一个瓶子放在冰箱里，另一个放在室内常温下，每天观察一次，并做好记录。这就是我们组设计的实验。我认为我们组可以得10分。

其他组同学：可以得10分，符合评价标准。

第二组同学的描述逻辑性很强，每一个点都表述得非常到位，而且参考老师的建议及时做出了调整，10分很合理。

三组同学：我们组选的是水分这个环境条件，提出的问题是水分会影响黄豆种子的萌发吗？根据我们在家里实践的结果，认为水分会影响黄豆种子的萌发，我们也选了40粒黄豆种子，是度过了休眠期的、完整的、活的黄豆种子，两个一样大小的瓶子、一些餐巾纸和适量的水，因为我们的实验变量是水，所以我们小组商讨后决定不浸种，直接进入实验环节，在两个瓶子的瓶底都铺上餐巾纸，A瓶浇适量的水，B瓶不提供水，每个瓶中放20粒黄豆种子，都放在室温下避免强光照射的地方，每天观察一次，并做好记录，并且及时为A瓶补充水分，保持潮湿。这就是我们组设计的实验。我认为我们组可以得10分。

四组同学：为什么放在避免强光照射的地方？

三组同学：避免阳光对种子萌发造成影响。

四组同学：阳光影响黄豆种子的萌发吗？

教师指导：阳光不是种子萌发的必要条件，但有的种子萌发需要光，如烟草种子，有的种子萌发必须遮光，如苋菜种子，至于黄豆种子萌发是否需要光，你们可以课下设计实验进行探究。四组同学设计的实验中都放在避免强光照射的地方，保证了变量唯一，同时考虑问题比较全面，值得表扬。

三组同学最终评定10分。

四组同学：我们组选的也是水分这个环境条件，提出的问题是水分会影响黄豆种子的萌发吗？根据我们的实践结果，认为水分会影响黄豆种子的萌发，我们也选了40粒黄豆种子，是度过了休眠期的、完整的、活的黄豆种子，两个一样大小的瓶子、一些餐巾纸和适量的水，我们不浸种，在两个瓶子的瓶底先铺上同样厚度的餐巾纸，其中一个浇适量的水，另一个不提供水，每个瓶中放20粒黄豆种子，都放在室温下，我们放在有光照的地方，每天观察一次，并做好记录。这就是我们组设计的实验。我认为我们组可以得10分。

三组同学：都放在阳光下，我们觉得可以，阳光是否影响黄豆种子萌发我们不知道，但觉得瓶内水分会很快蒸发，所以建议及时给第一个瓶子中添加适量的水。

经同学评定得9分。

五组同学：我们组选的是空气这个环境条件，提出的问题是空气会影响黄豆种子的萌发吗？根据我们的经验，认为空气会影响黄豆种子的萌发，对于空气这个变量，我们首先想到的是把一个瓶子抽成真空，另一个瓶子不做处理，但没想到好的办法抽成真空，于是借鉴了教材中的做法，利用过量的水排挤出空气。我们也选了40粒黄豆种子，是度过了休眠期的、完整的、活的黄豆种子，两个一样大小的瓶子、一些餐巾纸和适量的水，参照老师给的建议，我们先浸种2小时，然后在两个瓶子的瓶底都铺上同样厚度的餐巾纸，A瓶装适量的水，B瓶装入过量的水，分别取20粒黄豆种子放在瓶中，都放在室内常温下，每天观察一次，并做好记录。注意A瓶及时补水，这就是我们组设计的实验。我认为我们组可以得10分。

五组同学认真思考了变量如何处理，并借助教材内容解决了如何控制空气这个变量，值得表扬。

同学们一致认为可以得10分。

六组同学：我们组选的也是空气这个环境条件，提出的问题是空气会影响黄豆种子的萌发吗？根据我们的经验，同样认为空气会影响黄豆种子的萌发，我们也选了40粒黄豆种子，是度过了休眠期的、完整的、活的黄豆种子，但我们不用瓶子，而选用两个同样大小的密封袋，因为密封袋可以把空气挤压出去，还准备了一些餐巾纸和适量的水，参照老师给的建议，我们先浸种2小时，然后在两个密封袋里铺上同样厚度的餐巾纸，都装入适量的水，分别取20粒黄豆种子放在袋中，A袋把空气挤压出去，B袋敞开口，保证有充足的空气，都放在室内常温下，每天观察一次，并做好记录。这就是我们组设计的实验。我认为我们组可以得10分。

五组同学：他们的设计思路很新颖，用密封袋代替玻璃瓶，实验设计严谨，可以得10分。

【整合提升】

通过小组讨论和教师指导，检查自己的实验设计，对考虑不周之处进行修改，进一步完善自己的实验设计，最终学会设计对照实验。

师：课后实施，进行观察实验，收集数据，得出科学的结论。

本节课已经学习了如何设计对照实验探究温度、水分和空气对种子萌发的影响，思考其他环境条件是否会对黄豆种子的萌发产生影响，任选一种环境条件，设计探究这种环境对黄豆种子萌发的影响实验，如阳光、土壤等，并在组内进行交流。

思维提升：

思考教材中设计的是几组对照实验，变量分别是什么，说出这样设计的巧妙之处。

学生讨论后回答：3组对照实验，变量分别是温度、水分和空气，巧妙之处是设置了一个对照组，把3组对照实验组合在一起。

任务二：观察黄豆种子的结构。

活动3：实验探究。

老师准备一些正处于萌发初期的黄豆种子，已经吸水膨胀，给出需要解决的问题，并强调注意实验安全。

1.思考种子的哪一个部分将发育成新的黄豆植株？

2.推测根、茎和叶是由种子的哪一部分发育来的。

3.推测发育过程中所需营养和能量由哪个部分提供，说出理由。

4.判断黄豆是单子叶植物还是双子叶植物？

学生带着疑问进行实验探究，参照菜豆种子的结构（迁移运用），利用浸软的黄豆种子进行观察。

教师进行投屏，学生边指认结构边回答上述问题。

学生：黄豆种子由种皮和胚组成。胚是新植物体的幼体，它包括胚芽、胚轴、胚根和子叶，它有两片子叶，可以确定黄豆是双子叶植物。

学生：推测子叶为种子萌发提供营养和能量，因为它所占的体积最大，里面含有大量的营养物质。

学生：推测根是由胚根发育来的，叶是由胚芽发育来的，茎是由胚轴发育来的。

教师更正，实际上胚根发育成根，胚芽发育成茎和叶，胚轴发育成连接根和茎的部分。

实验整理归位。

（三）迁移运用

本节课已经学习了关于黄豆种子的相关知识，同学们可以借助这些知识探究一下其他种子，比如绿豆种子、番茄种子、向日葵种子等，可以从种子结构、萌发条件、萌发时间、生长状况等各方面进行对比，做好记录。

（四）成果集成

梳理并绘制本节课的思维导图，包括黄豆种子的结构图，各部分的发育趋势，以及相应的萌发条件。

（五）作业设计

1.完善本节课的思维导图。（为绘制本单元的思维导图做铺垫）

2.把课前实践中已经萌发的黄豆芽移栽到土壤中，继续观察。（为下一步观察根毛和进行移栽做准备）

3.实施课上设计的探究实验计划，观察，记录，得出科学的结论。特殊要求：记录对照组所用黄豆种子数和萌发的种子数（为计算发芽率做铺垫）

（六）课后反思

本章内容属于植物的生活主题。在被子植物的一生中，本节课属于起始阶段——种子的萌发。主要引导学生通过探究活动了解种子萌发的环境条件和自身条件，通过识别种子结构，为后续描述种子萌发过程做铺垫。本单元选择黄豆的一生作为主线，是因为黄豆种子的大小方便观察，同时易于培养，观察根尖、移栽等实验都可以融入其中，同时还涉及豆科植物与根瘤菌的共生知识，能够把生物学知识很好地与生活实践相结合，在实践探究中建立生命观念，培养科学思维。

本课时共设计了两个实验探究活动：探究种子萌发所需的条件和观察种子的结构，同时实现了栽培一种常见植物，观察其生长发育全过程中的第一步，后续活动将陆续展开。观察种子结构的活动，是建立在前面观察菜豆种子结构的基础上的，属于知识的迁移运用，没有操作难度，又起到了复习旧知、建构新知的作用，降低了描述种子萌发过程的难度。总体来说，本节教学设计高度关注了学生学习过程中的实践经历，选择真实的情境来设计学习任务，学生通过动手与动脑相结合，加深了对生物学概念的理解，激发了学生学习的兴趣，提升了应用知识的能力，体现了教学过程重实践的课程理念。

# 七年级上册重组单元"水的循环"

长春经济技术开发区育隆学校　李黎明

## 单元教学规划

一、单元内容

本单元选自人教版七年级上册第三单元第二章第二节"植株的生长"、第三章"绿色植物与生物圈的水循环"、第五章"绿色植物与生物圈中的碳—氧平衡","水的循环"这个单元是以水的循环为主线进行单元重组,内容包含两大任务:水的循环旅行记和水的循环再生记。

二、单元分析

(一)课标分析

参考《义务教育生物学课程标准(2022年版)》,涉及主题:植物的生活。

1.内容要求

概念4　植物有自己的生命周期,可以制造有机物,直接或间接地为其他生物提供食物,参与生物圈中的水循环,并维持碳氧平衡

4.2　植物通过吸收、运输和蒸腾作用等生理活动,获取养分,进行物质运输,参与生物圈中的水循环

4.2.1　植物根部吸收生活所需的水和无机盐,通过导管向上运

输，供植物利用，其中大部分水通过蒸腾作用散失

  4.2.2 叶片产生的有机物通过筛管运输，供植物其他器官利用

  4.2.3 植物通过对水的吸收和散失参与生物圈中的水循环

  4.3 植物通过光合作用和呼吸作用获得生命活动必需的物质和能量，有助于维持生物圈中的碳氧平衡

  4.3.1 植物能利用太阳能（光能），将二氧化碳和水合成为贮存了能量的有机物，同时释放氧气

  4.3.2 细胞能通过分解糖类获得生命活动所需的能量，同时生成二氧化碳和水

2.学业要求

  识别和描述叶片的结构及功能，通过绘图或模型等形式呈现结构的特点（生命观念）；运用植物蒸腾作用的知识，解释生产生活中的相关现象（科学思维）。从物质变化的角度，理解植物在生物圈中的作用（生命观念、态度责任）；设计单一变量的实验，探究关于植物生活的影响因素（探究实践）。

3.教学提示

  （1）引导学生通过观察、演示实验、探究实验等多种途径，探究和认识植物的光合作用、呼吸作用、蒸腾作用、吸收和运输等生理过程及其影响因素。

  （2）引导学生通过科学史等资料，了解科学家对光合作用的探究历程，认识到科学的发展是众多科学家经过长期探索、共同努力的结果。

  （3）结合学生的生活经验，通过实例分析，引导学生关注植物生命活动的原理在生产生活中的实际应用。

  （4）结合当地的农业生产实践，设计简单的任务，指导学生运用植物生理过程的相关知识、跨学科知识等，尝试分析和解决实际问

题。

（5）海尔蒙特的柳树苗实验、普利斯特利的小鼠实验、英国豪斯的植物净化空气实验的情景素材。

（6）活动建议：观察根尖的结构。制作徒手切片，观察叶片的结构。运用无土栽培技术栽培一种植物。探究光合作用的原料和产物。认同植树造林的重要意义。

4.学业质量

学生能够理解植物生命活动的基本过程和原理，运用这些生命活动原理分析、解释、解决生产活动中的某些实际问题。从物质循环的角度，阐明植物在生物圈中的重要地位。明确水对于植物、动物和生物圈的重要性，加强爱护水源的态度和意识。

（二）教材分析

本单元包含了三个章节，内容上是以水的循环为主线，以水的循环旅行记和水的循环再生记为主要任务。主要从植物的蒸腾作用来介绍绿色植物的生命活动，阐述植物的生命活动不仅满足了自身生命活动的需要，而且对生物圈的水循环起到了重要作用。水不仅通过蒸腾作用参与水循环，也作为原料参与光合作用，作为产物参与呼吸作用。

从纵向上来看，本单元将第二章第二节"植株的生长"中根尖的结构、第三章"绿色植物与生物圈的水循环"，整合为水的循环旅行记。以水的循环再生记为大情景，学习水是光合作用的原料、水是呼吸作用的产物。整体从细胞到组织、器官、植物体，由点到面地学习植物的结构与功能、植物与人类的关系和植物对生物圈的重要作用。

（三）学情分析

已有经验：通过前面的学习，学生们已经了解到生物圈中绿色植物细胞的结构、植物体结构层次、植物的类别、植物的生活环境、植物的繁殖方式和植物的生长发育等内容，初步形成了结构与功能相适应的生命观念。

已有认知：学生初步观察过植物的各个器官，知道根有根毛、叶片有叶脉，知道绿色植物能够保持水土，了解水对生物圈的作用是十分重要的，与人类的生活也是息息相关。

学习障碍：学生对根尖和叶片的认识是浅显的，学生的实验操作能力有待提升，再加上学生的个体差异较大，知识遗忘现象比较严重。

三、单元主题

水的循环。

四、单元目标

（一）低阶目标

1.通过观察实验和小组讨论，识别和描述根尖的结构及功能。

2.通过观看视频说明植物体内水分运输的途径。

3.通过观察演示实验定义蒸腾作用。

4.通过练习制作叶片横切面的临时切片，认识叶片的结构。

5.通过联系生活实际，描述绿色植物在生物圈的水循环中的作用。

6.通过分析科学家们的探究实验，阐明植物利用二氧化碳和水制造有机物并释放氧气。

7.通过小组讨论分析演示实验，概述细胞通过呼吸作用生成水和二氧化碳。

（二）高阶目标

8.归纳实验方法，设计创意探究实验方案。

9.能够运用蒸腾作用原理分析生活中的实际问题。

10.通过课内外知识的整合，明确珍惜水资源的重要性，树立保护水资源的社会责任感。

五、单元评价

1.1 能通过观察幼苗和根尖永久玻片，识别根尖的结构特点。

1.2 能通过小组讨论描述根尖各个结构的功能。

2.1 能通过观看视频确认植物通过根部吸收水和无机盐。

2.2 能通过观察染色的芹菜，说明导管是水分在植物体内运输的通道。

3.1 能通过观察教师演示实验，定义蒸腾作用，说出叶片是散失水分的主要结构。

3.2 能结合生活常识，体会蒸腾作用是植物体水分向上运输的动力。

4.1 能通过观看教师演示实验，初步掌握制作叶片横切面的临时切片的方法。

4.2 能通过练习制作叶片横切面的临时切片，认识叶片的结构。

5.1 能通过观看动画，解释气孔控制水分和二氧化碳进出叶片的机制。

5.2 能联系生活实际，描述绿色植物在生物圈的水循环中的作用。

6.1 能通过小组讨论科学家们的探究实验过程，说出光合作用的原料和产物。

6.2 能通过观看视频，阐明植物利用二氧化碳和水制造有机物并释放氧气。

7.1 能通过小组讨论演示实验，概述细胞通过呼吸作用生成水和二氧化碳。

8.1 能归纳实验方法，设计探究实验方案。

9.1 能运用蒸腾作用原理分析生活中的实际问题。

10.1 能通过课内外知识的整合，明确珍惜水资源的重要性，树立保护水资源的社会责任感。

### 六、单元结构化活动

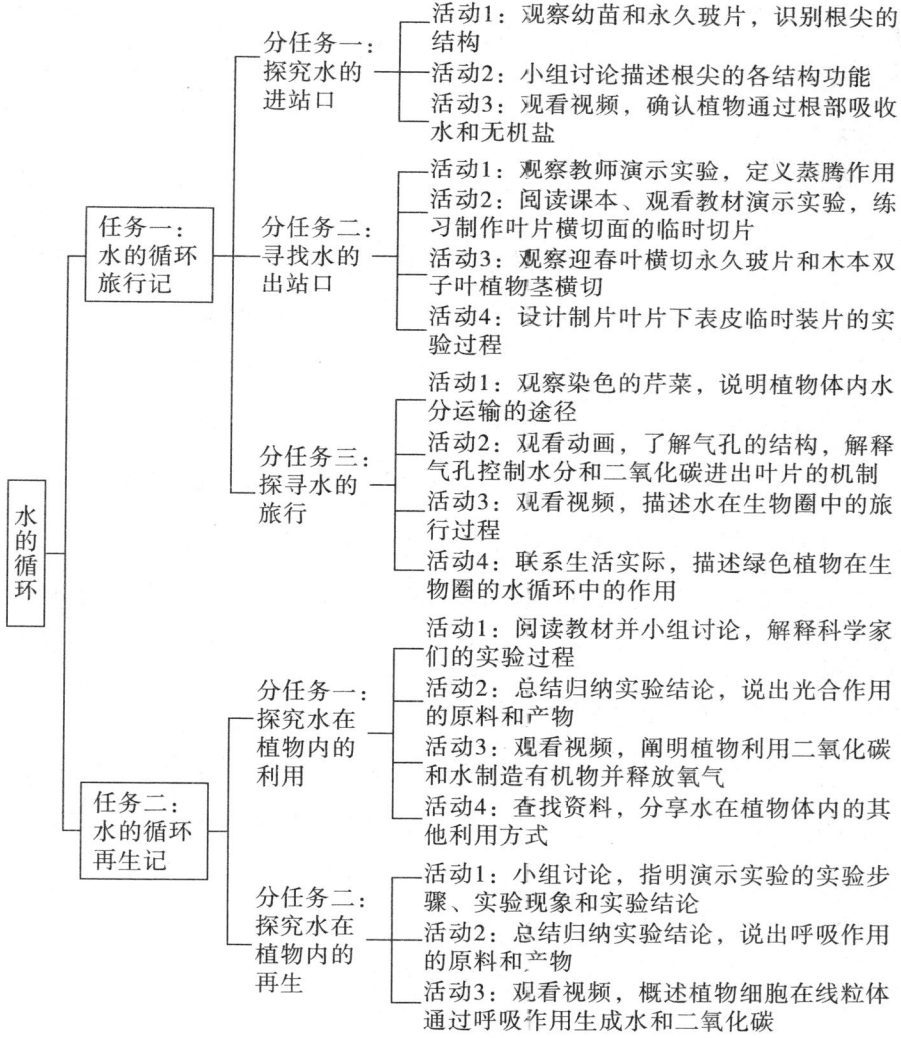

## 七、课时分配

| | | |
|---|---|---|
| 水的循环旅行记 | 3课时 | 探究水的进站口 |
| | | 寻找水的出站口 |
| | | 探寻水的旅行 |
| 水的循环再生记 | 2课时 | 探究水在植物体内的利用 |
| | | 探究水在植物体内的再生 |

课时规划设计

## 水的循环旅行记

（3课时，为新授课、实验课、新授课）

### 一、课时目标

（一）低阶目标

1.通过观察实验和小组讨论，识别和描述根尖的结构及功能。

2.通过观看视频，确认植物通过根部吸收水和无机盐。

3.通过观察染色的芹菜和动画演示，说明水在植物体的运输途径。

4.通过观察演示实验定义蒸腾作用。

5.通过练习制作叶片横切面的临时切片，认识叶片的结构。

6.通过联系生活实际，描述绿色植物在生物圈的水循环中的作用。

（二）高阶目标

7.归纳实验方法，设计探究实验方案。

8.运用蒸腾作用原理分析生活中的实际问题。

## 二、情境任务（问题）

任务一：探究水的进站口。

任务二：寻找水的出站口。

任务三：探寻水的旅行。

## 三、学生活动

活动1.1：观察幼苗和永久玻片，识别根尖的结构。

活动1.2：小组讨论，描述根尖的各结构功能。

活动1.3：观看视频，确认植物通过根部吸收水和无机盐。

活动2.1：观察教师演示实验，定义蒸腾作用。

活动2.2：阅读课本、观看教师演示实验，练习制作叶片横切面的临时切片。

活动2.3：观察迎春叶横切永久玻片和木本双子叶植物茎横切，进一步认识叶片的结构。

活动2.4：思考归纳实验方法，设计制作菠菜下表皮临时装片的实验过程，并实际操作。

活动3.1：通过观察染色的芹菜，说明植物体内水分运输的途径。

活动3.2：观看动画，解释气孔控制水分和其他气体进出叶片的机制。

活动3.3：观看视频，描述水在生物圈中的旅行过程。

活动3.4：联系生活实际，描述绿色植物在生物圈中的水循环的作用。

## 四、课时作业

（一）基础作业

绘制根尖、叶片和气孔的结构图，标注结构名称。

（评分标准：结构体系合理、结构标注准确为良好；结构体系合理、结构标注准确、整体美观大方为优秀。）

（二）提升作业

以一滴水珠为主人公，写一篇水珠的冒险记。

（评分标准：描绘水珠冒险的场所两个到四个，描述冒险内容完整准确为良好；描绘水珠冒险的场所四个以上，描述冒险内容完整准确、活泼生动为优秀。）

（三）实践作业

实践探究植物的气孔，是上表皮多还是下表皮多？

实验步骤：准备一片叶片和一杯热水（透明杯子），将叶片放入热水中，观察叶片的哪一面气泡多，拍摄照片或视频上传钉钉进行分享。

（评价标准：能清晰看见实验现象为优秀实验小能手。）

## 水的循环再生记

（2课时，新授课）

### 一、课时目标

（一）低阶目标

1.通过分析科学家们的探究实验，阐明植物利用二氧化碳和水制造有机物，并释放氧气。

2.通过小组讨论分析演示实验，概述细胞通过呼吸作用生成水和二氧化碳。

（二）高阶目标

3.归纳实验方法，设计探究实验方案并实际操作。

4.通过课内外知识的整合，确定珍惜水资源的重要性，树立保护水资源的社会责任感。

## 二、情境任务（问题）

任务一：探究水在植物体内的利用。

任务二：探究水在植物体内的再生。

## 三、学生活动

活动1.1：阅读教材并小组讨论，解释科学家们的实验过程。

活动1.2：总结归纳实验结论，说出光合作用的原料和产物。

活动1.3：观看视频，阐明植物利用二氧化碳和水制造有机物并释放氧气。

活动1.4：查找资料，分享水在植物体内的其他利用方式。

活动2.1：小组讨论，指明演示实验的实验步骤、实验现象和实验结论。

活动2.2：总结归纳实验结论，说出呼吸作用的原料和产物。

活动2.3：观看视频，概述植物细胞在线粒体通过呼吸作用生成水和二氧化碳。

## 四、课时作业

（一）基础作业

下图是某种树叶的外形图，请据图回答下列问题：

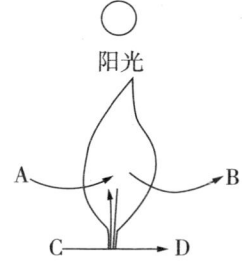

（1）若此图为光合作用示意图，箭头所指的物质分别是 A_____，B_____，C_____，D_____。

（2）若此图为呼吸作用示意图，箭头所指的物质分别是A_____，B_____，

（3）若此图为蒸腾作用示意图，则箭头B所指的物质是_____。

（4）物质A、B进出叶片的通道是_____，物质C的运输通道是_____，物质D的运输通道是_____。

（二）提升作业

设计探究实验方案，三选一：

（1）检验二氧化碳是否是光合作用的必需原料。提示：氢氧化钠溶液能够吸收二氧化碳；可以借鉴普利斯特利实验中，控制空气流动的方法。

（2）验证叶绿体是光合作用的场所。提示：银边天竺葵的叶片边缘为白色。

（3）检验水是否是光合作用的必需原料。提示：植物通过导管运输水。

（三）实践作业

搜集关于保护水资源的相关资料，调查我国保护水资源的成果，制作手抄报与宣传视频，在学校、社区进行宣传普及。

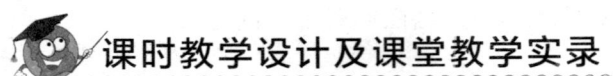

## 寻找水的出站口

（1课时）

一、学习目标

（一）低阶目标

1.通过观察演示实验，定义蒸腾作用。

2.通过观看教师演示实验，初步掌握制作叶片横切面的临时切片的方法。

3.通过练习制作菠菜叶片横切面的临时切片，认识叶片的结构。

4.通过观察永久玻片，画出叶片的结构。

（二）高阶目标

5.归纳实验方法，设计制作下表皮临时装片的实验方案并实际操作。

二、达成评价

1.1 能通过观察教师演示实验，定义蒸腾作用，说出叶片是散失水分的主要结构。

1.2 能结合生活常识，体会蒸腾作用是植物体水分向上运输的动力。

2.1 能通过观看教师演示实验，初步掌握制作叶片横切面的临时切片的方法。

3.1 能通过练习制作叶片横切面的临时切片，认识叶片的结构。

4.1 能运用显微镜所学知识，观察迎春叶横切永久玻片和木本双子叶植物茎横切，进一步认识叶片的结构。

4.2 能对照书中的叶片结构示意图，画出观察到的叶片结构。

4.3 能归纳实验方法，设计观察菠菜下表皮的临时装片的实验步骤，并实际操作。

三、学习过程

（一）先行组织

展示植物不同生命活动中水的利用率，思考植物中的水从哪里来？（学生：通过根吸收来的、主要是根尖的成熟区）观察一下水大部分都去哪里了呢？（学生1：大部分都通过蒸腾作用散失了）。为了更好地观察到蒸腾作用的现象，老师做了一组对照实验，请同学们观察。

（二）任务（问题）与活动

任务一：了解水向上运输的动力。

活动1：认真观察并思考。

观察演示实验，发现叶片多的盆栽，塑料袋上的水蒸气多，明确这种现象是植物通过蒸腾作用散失大量水分产生的。

阅读课本知道蒸腾作用的定义。联系生活实际，体会蒸腾作用是植物体水分向上运输的动力。学生进一步观察实验装置，说出蒸腾作用的主要器官是叶片。

任务二：寻找水的出站口。

活动2：阅读观看再实践。

【提出问题】现在我们要从叶片的结构中寻找水的出站口——应该如何操作呢？

在五分钟内阅读课本，完成实验报告中的步骤要点，检查实验台上准备的实验用品是否齐全。

认真观看教师演示实验，明确实验操作流程并进行实验。

【组织学习】学生开始以小组为单位（两人一组），进行制作菠菜叶片临时切片的实验操作。明确实验过程中注意实验安全。

制作菠菜横切面临时切片报告单

| 步骤要点 | 分值 | 得分 |
|---|---|---|
| 1.将新鲜的叶片平放在_____上 | 1分 | |
| 2.右手紧捏并排的刀片,左手扶住叶片,横向_____切割叶片 | 2分 | |
| 3.刀片的夹缝中有薄片,要多切几次(每切一次蘸一次水),切下的薄片放入水中 | 1分 | |
| 4.用毛笔蘸下最薄的一片,制成_____ | 2分 | |
| 5.用显微镜观察叶片横切面的临时切片 | 5分 | |
| 6.叶片横切面没有重叠 | 1分 | |
| 7.物像中没有气泡 | 2分 | |
| 8.能够分清菠菜叶的上表皮和下表皮 | 1分 | |

制作临时切片评价标准:

请小组内同学依据下面的评价标准在相应的(　　)内打"√",完成组内互评:

1.能正确依据实验报告完成操作,得8—10分,为合格。(　　)

2.能正确依据实验报告完成操作,得11—13分,在显微镜下能观察到清晰的叶片结构为良好。(　　)

3.能正确依据实验报告完成操作,得13—15分,在显微镜下能观察到清晰的叶片结构,视野内无气泡为优秀,评为实验小能手。(　　)

【表达成果】优秀的图像通过希沃授课助手进行投屏展示,学生讲解。

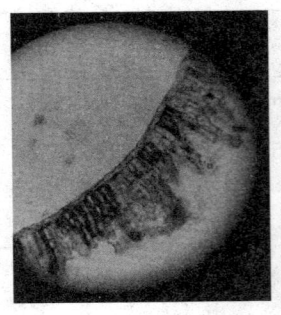
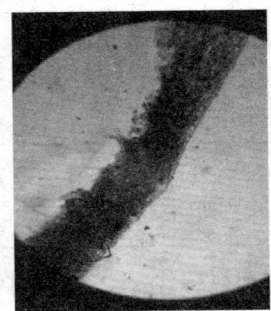

生1：大家来看一下这个叶片的结构，分为表皮、叶肉和叶脉，这里面表皮又分为上表皮和下表皮。

【交互反馈】生2：我们可以清晰地看见接近上表皮的细胞排列紧密，接近下表皮的细胞排列疏松，这也是我们区分上下表皮的方法。

生3：他可以得11分，其中显微镜观察时，没有先将镜筒下降到接近玻片标本，叶片横切面有部分重叠，视野中有气泡。

师追问：出现气泡的原因是什么？

学生回答是因为盖盖玻片的时候操作不当。

【整合提升】

学生运用显微镜所学知识，观察迎春叶横切永久玻片和木本双子叶植物茎横切，进一步学习叶片的结构。

活动3：看书对照再绘制。

学生看一看书中叶片结构示意图，与自己观察的物像进行对照之后，将自己所观察到的叶片结构画在实验报告中。

（三）迁移运用

学生学会制作叶片横切面的临时切片，思考总结实验方法，设计菠菜下表皮临时装片的方法步骤，并进行实际操作。进一步观察气孔。

## （四）成果集成

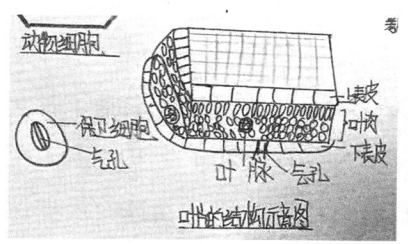 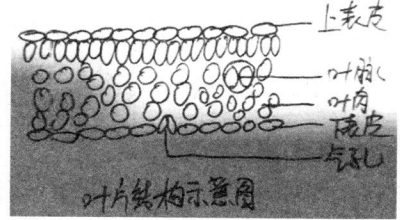

## （五）作业设计

[基础作业]

绘制叶片和气孔的结构图，标注结构名称。

（评分标准：结构体系合理、结构标注准确为良好；结构体系合理、结构标注准确、整体美观大方为优秀。）

[实践作业]

实践探究植物的气孔，是上表皮多还是下表皮多？

实验步骤：准备一片叶片和一杯热水（透明杯子），将叶片放入热水中，观察叶片的哪一面气泡多，拍摄照片或视频上传钉钉进行分享。

（评价标准：能清晰看见实验现象为优秀实验小能手。）

## （六）课后反思

本节课属于"水的循环"中水的循环旅行记。通过前一节课的学习，学生已经掌握了水的进站口——根尖的结构与功能，初步形成了生物学结构与功能相适应的生命观念。

本节课以学生为主体，整体教学过程注重实践。学生在观察中思考，在实验中探究，通过了解叶片和气孔的形态结构，明确气孔是水的出站口。

在教学流程中，我以"寻找水的出站口"为主要情景任务。引导学生通过分析数据、观察演示实验和阅读教材，明确水是通过蒸腾作用向上运输，了解蒸腾作用的主要器官是叶片。以水的出站口在叶片哪个结构上的问题为导向，寻找水的出站口。为了解决学生在探究实验中动手操作能力不足的问题，我设计了实验报告单，引导学生更准确地完成实验操作流程，学生既可以通过填写实验步骤了解实验流程，又可以依据实验评价标准，进行自我评价和生生互评。为了更充分地进行成果展示和生生评价，我会将优秀的作品通过希沃授课助手进行展示。在这个过程中因为学生的基础差异较大，所以不是所有的学生都能完全地参与到探究实验中，到台前进行展示讲解的组别也较少。为提高学生将创意付诸实践的能力，形成坚持不懈的探索精神、实践创新意识，我会引导学生设计制作菠菜下表皮临时装片的实验过程。个别学生能够独立完成这个实验过程的设计，大部分学生需要教师更为细致地引导。就本节课而言，学生的学习过程是主动参与的，实验的操作技能得到进一步提升。

# 七年级下册第四单元第三章"人体的呼吸"

长春经济技术开发区育隆学校　田玥

单元教学规划

### 一、单元内容

本单元围绕"氧气探险记"主题，选择人教版生物学七年级下册第四单元第三章"人体的呼吸"中的两节课内容"呼吸道对空气的处理"和"发生在肺内的气体交换"，属于自然单元。

### 二、单元分析

（一）课标分析

《义务教育生物学课程标准（2022版）》对本单元有如下要求：

1.内容要求

概念5　人体的结构与功能相适应，各系统协调统一，共同完成复杂的生命活动

5.3　人体通过呼吸系统与外界进行气体交换

5.3.1　呼吸系统由呼吸道和肺构成，其主要功能是从大气中摄取代谢所需要的氧气，排出代谢产生的二氧化碳

5.3.2　呼吸运动可以实现肺与外界的气体交换

5.3.3　肺泡与周围毛细血管内的血液、毛细血管内的血液与组织细胞进行气体交换

2.学业要求

描述呼吸等系统的构成和功能，初步形成结构与功能相适应的观念。

3.教学提示

（1）结合学生的生活经验，通过模型或实物展示、材料分析、探究活动等活动形式，引导学生识别和推断人体各系统相应结构的功能，帮助其初步形成结构与功能相适应的观念。

（2）肺部纤维化疾病（如尘肺病）的防治、人工心肺机（ECMO，体外膜肺氧合机）原理的情景素材。

（3）实验探究活动：验证人体呼出的气体中含有较多的二氧化碳。

4.学业质量

基于真实的生物学问题情境，描述生物学现象或与生物有关的特征，运用生物学的结构与功能观等生命观念解释产生特定生物学现象的原因，并尝试探究生命活动过程、人体健康等方面的问题。在这一过程中，能够初步形成从不同生命观念的视角认识和分析生物学问题的意识；初步形成基于证据、逻辑分析和解决问题的科学思维方式；形成科学态度和健康意识，并具有一定的责任担当。

（二）教材分析

本单元内容的编排顺序遵照气体进入人体的过程——空气经过呼吸道的处理进入肺，然后在肺内进行气体交换，对应两节，第一节为"呼吸道对空气的处理"，包括呼吸系统的组成以及呼吸道的作用两部分，第二节为"发生在肺内的气体交换"，由肺与外界的气体交换以及肺泡与血液的气体交换两部分组成。"发生在肺内的气体交换"是本单元的重点，也是本单元中的学习难点之一。

本单元内容蕴含呼吸系统的各器官形态结构与功能是相适应的这样的观点。教材既介绍呼吸系统的有关知识，又引导学生关注呼吸系统的健康，关注空气质量和健康。例如，"呼吸道对空气的处理"一节，既介绍呼吸道保证气流的畅通，并对吸入的气体进行处理使之温暖、湿润、清洁，同时，又指出呼吸道对气体的处理能力是有一定限度的。这样，既可以让学生形成呼吸系统结构与功能是相适应的这一观点，又能在掌握有关知识的基础上理解保护呼吸系统的卫生是维持健康的重要条件，同时还能形成关注环境中空气质量的意识。

（三）学情分析

已有经验：呼吸是学生随时都在进行的生命活动，学生对呼吸有着自己的经验。

已有认知：学生通过学习，已知人体是由细胞、组织、器官、系统构成的整体，人体细胞通过呼吸作用释放能量，维持生命活动需要；以小肠和大肠为例，学习了结构与功能相适应的观点。

思维特点：七年级学生对于自己可以参与的活动抱有很大的积极态度，对于一些与生活相关的知识点，可以让学生们尽情地体验，以此来调动学生们的积极性。

学习障碍：学生对气压变化、扩散运动等物理知识的缺失是学习人体呼吸的难点；对呼吸的认知未必是正确的，也并不十分明白呼吸是如何进行的，不清楚呼吸与人体健康的关系；在人体建模以及解决实际问题方面，能力稍显不足。

三、单元主题

氧气探险记。

四、单元目标

（一）低阶目标

1.描述呼吸系统的结构和功能。

2.说明人体通过呼吸系统与外界进行气体交换。

（二）高阶目标

3.落实结构与功能相适应的生命观念，运用结构与功能观解释生物学现象，发展科学思维。

### 五、单元评价

1.1 能通过阅读教材，填写学案，指认结构的方式，描述人体呼吸系统的组成。

1.2 能结合不同生活情境中的生活事例或经验、观察图片、视频、分析资料的方式，说出与呼吸道结构相适应的功能。

2.1 能通过体验、模拟实验，掌握呼吸运动的原理。

2.2 能通过观察图片，表达交流，说出肺可以进行气体交换的结构特点。

2.3 能依照肺泡与周围毛细血管的结构特点，分析发生在组织细胞处的气体交换过程。

3.1 能通过资料分析、总结归纳，形成基本的结构与功能观。

3.2 能结合生活事例，认同呼吸系统的重要性，选择健康的生活方式。

### 六、单元结构化活动

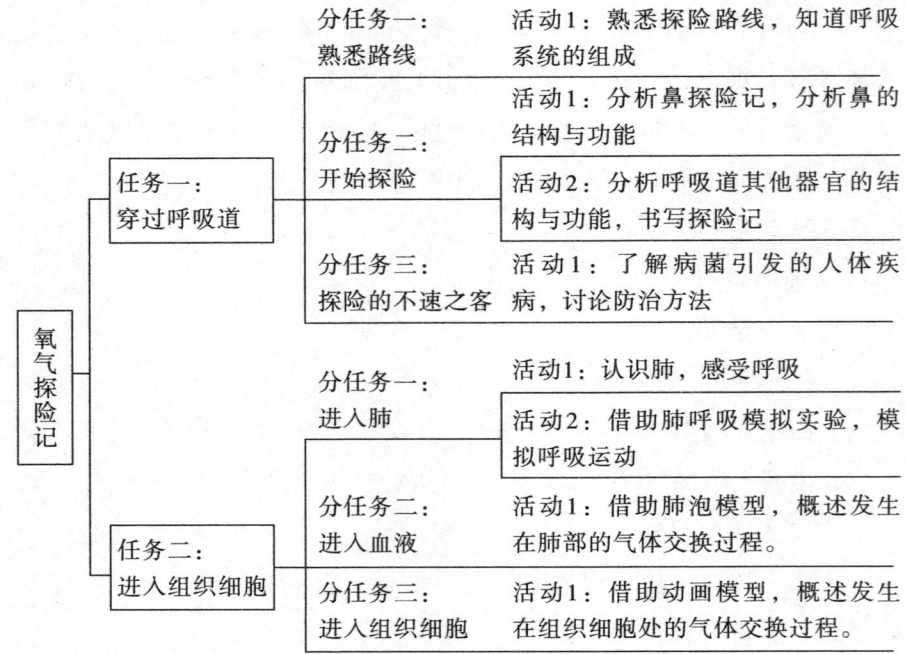

## 七、课时分配

本单元共2课时,第一课时为"氧气探险记——穿过呼吸道",第二课时为"氧气探险记——进入组织细胞"。

## 课时规划设计

## 氧气探险记——穿过呼吸道

(新授课,1课时)

### 一、课时目标

(一)低阶目标

1.描述人体呼吸系统的组成。

2.说出呼吸道的作用,以及呼吸道与其功能相适应的结构。

(二)高阶目标

3.认同呼吸道的结构与它承担的功能是相适应的,形成基本的结构与功能观,并应用这一生命观念解决生活中遇到的实际问题。

### 二、情境任务

氧气如何穿过呼吸道。

### 三、学生活动

活动1.1 阅读教材,说出呼吸系统的组成。

活动1.2 基于鼻的探险记,分析鼻的结构与功能。

活动1.3 观看视频,阅读资料,写出经过呼吸道其他器官的探险记。

活动1.4 交流讨论病菌进入呼吸系统会引发的疾病及防治。

### 四、课时作业

(一)基础作业

画呼吸道的结构图,并标出结构相对应的功能。

## （二）拓展作业

新型冠状病毒感染会引发身体的不良反应，感染新型冠状病毒后同学们的身体会产生不适感。那么新型冠状病毒是如何进入人体的？用文字或漫画的形式表达出来。

## 氧气探险记——进入组织细胞

（新授课，1课时）

### 一、课时目标

（一）低阶目标

1. 说出呼吸运动可以实现肺与外界的气体交换。

2. 识别和推断肺泡与周围毛细血管内的血液、毛细血管内的血液与组织细胞进行气体交换。

（二）高阶目标

3. 形成基本的结构与功能观，并应用这一生命观念解释生物学现象。

### 二、情境任务

氧气怎样进入组织细胞？

### 三、学生活动

活动1.1 观察肺结构图，认识肺，感受肺的呼吸。

活动1.2 模拟呼吸运动，体会呼吸运动过程。

活动1.3 借助肺泡模型，分析肺泡适于气体交换的特点。

活动1.4 依照肺泡与周围毛细血管的结构特点，分析发生在组织细胞处的气体交换过程。

### 四、课时作业

选做作业一：利用线团、气球、黏土等工具模拟制作呼吸系统结构模型图，要求选择适合的材料，结构合理，能体现结构特点，具有美观性。

选做作业二：以二氧化碳为主人公，记录二氧化碳从组织细胞到外界的历险。要求过程完整，语言生动形象，能体现呼吸系统的结构和功能特点。

## 课时教学设计及课堂教学实录

### 氧气探险记——穿过呼吸道
（1课时）

#### 一、学习目标

（一）低阶目标

1.描述人体呼吸系统的组成。

2.说出呼吸道的作用，以及呼吸道与其功能相适应的结构。

3.认同呼吸道对空气的处理能力是有限的。

（二）高阶目标

4.认同呼吸道的结构与它承担的功能是相适应的，形成基本的结构与功能观，并应用这一生命观念解决生活中遇到的实际问题。

#### 二、达成评价

1.1 能通过阅读教材，填写学案，指认结构的方式描述人体呼吸系统的组成。

2.1 能通过观察图片、视频、联系生活实际的方式，说出呼吸道的结构特点。

2.2 能基于对结构特点的分析，说出与呼吸道结构相适应的功能。

3.1 能结合尘肺病、哮喘、新型冠状病毒感染等实例，认同呼吸道对空气的处理能力是有限的。

4.1 能通过总结归纳，说出呼吸道的作用，形成基本的结构与功能观。

4.2 能运用呼吸道对空气处理的原理，说出处理教室空气的方法。

4.3 能结合生活事例，认同呼吸道的重要性，选择健康的生活方式。

**三、学习过程**

**（一）先行组织**

我们每时每刻都在呼吸，是为了获得空气中的氧气。完成呼吸需要依靠呼吸系统，今天，氧气要进行人体探险，让我们跟随它完成探险并记录下来。

**（二）任务与活动**

任务一：熟悉路线。

活动1：阅读教材并结合手中的学案，共同熟悉历险路线，知道呼吸系统的组成，填写学案。

学生交流呼吸系统的组成包括呼吸道和肺，呼吸道包括鼻、咽、喉、气管、支气管。

任务二：开始探险。

活动2："我首先顺畅地进入了一个山洞，里面有许多长毛怪阻挡我的前进，还有不知名的东西让我变得湿润和温暖起来……"探险记的第一段已书写好，当氧气从鼻进入呼吸系统时，它会有这样的感受，学生用生活中的实例分析氧气为什么会有如此经历。

学生1："长毛怪"是鼻毛，鼻毛有阻挡的作用。

学生2：湿润是因为有鼻涕。

师讲解：鼻涕主要是由于鼻黏膜分泌的黏液，它有湿润的功能。

学生3：氧气能顺畅地进入鼻，是因为鼻里有骨，把鼻子支撑起来。

师追问：有时鼻子会流温热的鼻血，这与氧气感受到温暖有没有关？

学生4：鼻里有丰富的毛细血管，里面流温暖的血液，所以氧气会感觉到温暖。

学生总结鼻内有鼻毛、黏液、毛细血管、骨，决定了鼻有清洁、温暖、使气体顺畅通过的功能。

【任务布置】需要同学们记录氧气探险记接下来的故事，出示评价标准。

[记录故事达成评价：能说出氧气遇到的结构（呼吸道的结构特点）；能说出氧气的感受（与结构相适应的功能）；能运用生动的语言描述。满足1点，为校级探险家；满足2点，为市级探险家；满足3点，为国家级探险家。]

氧气经过了鼻的重重障碍，来到了咽喉部，这是一个十字路口，氧气如何能成功到达气管而不是食道？当氧气进入气管、支气管后，它又会经历什么？观看动图、视频、阅读资料，并将探险记录下来。

【组织学习】先独立思考，然后小组内交流。

【表达成果】学生1：咽喉部有会厌软骨，当吞咽食物的时候，会厌软骨会盖住气管；正常呼吸时，会厌软骨会打开。

【交互反馈】学生2：他只说了结构，没有说感受，只能是校级探险家。"我又走了几秒，到了一个岔路口，两个山洞该走哪个呢？哎呀，那是……一块骨头，噢，这里应该是咽的地盘，我选择了没被软骨盖住的通道，开始向下方滑起了滑梯，得了，走起……"

学生3："'我的天呀'，'哎哟'，在往下滑的途中，C型软骨让我进入得很通畅呢！想必，这里就是气管了。等下，等下，怎这上面还有毛和黏液，把我和我的兄弟们都往回赶呢！哼，哪有到了再回去的道理，'兄弟们冲啊'，我高呼一声，我带头冲出了气管。我们继续往下走，走到了几个小洞中，发现气管壁越来越薄，我们欢呼起来，我们成功了！我们知道，我们已经到达了支气管，成功地到达了肺部。"

【整合提升】最终氧气成功进入了肺部，在经过呼吸道的过程中，呼吸道对氧气进行了处理，师生总结归纳出呼吸道对氧气都有哪些处理，并进行结构分类。

学生1：鼻中的骨和气管中的C型软骨能让气体顺畅通过；鼻中的鼻毛、黏液，气管中的纤毛和黏液都有清洁的作用。

学生2：鼻中的毛细血管有温暖的作用。

学生3：黏液还有湿润的作用。

师生共同总结：呼吸道对氧气的处理有温暖、湿润、清洁和使气体顺畅通过。

任务三：探险的不速之客。

活动3：氧气在进入呼吸系统的同时，有些细菌、病毒不速之客也跟随着一起进入了呼吸系统。虽然呼吸道能对空气进行处理，但是处理能力是有限度的，还是有一些病菌躲过了处理，引发了人体疾病。教师介绍几种呼吸系统疾病，如哮喘、白肺、尘肺病。师生交流如何能够预防这些呼吸系统疾病。

（三）迁移运用

讨论如何利用呼吸道对空气处理的原理，处理教室内的空气。

学生1：扫地相当于纤毛的清扫，拖地相当于黏液起到湿润和黏住细菌的作用。

学生2：经常开窗通风使气体顺畅通过。

学生3：纱窗就像鼻毛，能够阻挡外面的小虫子和灰尘。

（四）成果集成

学生记录氧气历险记，说出呼吸道的结构和相对应的功能。

（五）作业设计

基础作业：画呼吸道的结构图，并示出结构相对应的功能。

拓展作业：新型冠状病毒感染会引发身体的不良反应，感染新型冠状病毒后同学们会产生不适感。那么新型冠状病毒是如何进入人体的？用文字或漫画的形式表达出来。

（六）课后反思

本节课在课标中的要求是说出呼吸系统由呼吸道和肺构成，描述呼吸等系统的构成和功能，初步形成结构与功能相适应的观念。情景素材：肺部纤维化疾病（如尘肺病）的防治。根据以上课标要求设置了本节课的学习目标。为了达成目标，逆向设计了达成评价。

本单元以氧气探险记为大情景，第一课时是氧气从呼吸道进入肺时，呼吸道对空气的处理。以氧气为主要视角，使学生快速进入情景，更好地理解气体通过呼吸道时被呼吸道处理的过程。

本节课的嵌入评价贯穿始终，以"为氧气记录探险故事"为支架，应用评价标准，帮助学生高质量完成活动，引导学生思考。同时一直渗透结构与功能相适应观点，使学生形成基本的生命观念，并且能够运用科学思维，探讨真实情境中的生物学问题，关注呼吸系统结构对健康的影响，树立健康意识。

## 氧气探险记——进入组织细胞

（1课时）

一、学习目标

（一）低阶目标

1.说出呼吸运动可以实现肺与外界的气体交换。

2.识别和推断肺泡与周围毛细血管内的血液、毛细血管内的血液与组织细胞进行气体交换。

（二）高阶目标

3.形成基本的结构与功能观，并应用这一生命观念解决生活中遇到的实际问题。

二、达成评价

1.1 借助肺结构图，感受吸气与呼气，体会呼吸运动。

1.2 借助肺呼吸模拟实验、动画模型，能用自己的语言准确描述肺的工作过程。

2.1 借助肺泡模型，在教师的提示下能概述发生在肺部及组织细胞处的气体交换过程。

2.2 借助血液与组织细胞图，分析情景，能推断发生在血液与毛细血管之间的气体交换过程。

3.1 通过分析结构图，能说出生物进行气体交换的场所具有的共同特点，并能用自己的语言合理地解释，形成结构与功能相适应的生命观念。

三、学习过程

（一）先行组织

人体需要通过呼吸系统获得氧气，通过上节课的探险，氧气已经成功经过呼吸道，接下来氧气会经历怎样的探险？最终它会到哪里？

（二）任务与活动

任务一：进入肺。

活动1：

认识肺：观察肺结构图，说出肺左右各一个，左肺有两叶，右肺有三叶。分析出左肺有两叶是因为胸腔左部有心脏。

感受呼吸：把手放在胸部两侧，深深吸气、深深呼气，感受胸廓、肋骨的变化。发现吸气时胸廓、肋骨向上，呼气胸廓、肋骨向下。

活动2：

【提出问题】模拟呼吸运动：展示呼吸系统模型，模型不能自主完成呼吸，氧气不能自动进入肺，小组动手实验，依据观察手册，思考为了让氧气可以顺利进入肺，需要做些什么？

（观察手册：说出模型各部分都模拟了呼吸系统的什么结构，+1；动手使模型可以"呼吸"，+1；观察气球变化，橡皮膜位置、状态变化，+2；说出想要让氧气进入肺，需要做些什么，+2。）

【组织学习】学生先独立思考，后小组动手操作交流。

【表达成果】学生1：模型中气球模拟肺、长玻璃管模拟气管、两个短的玻璃管模拟支气管。下面的橡皮膜模拟膈肌，玻璃罩模拟胸廓肋骨。用手用力向下拉橡皮膜，可以发现气球变大了，相当于肺变大了，吸气。把手松开后气球会变小，肺变小呼气。所以想要让氧气进入肺，需要膈肌向下拉。

【交互反馈】学生2：我要进行补充。用力向下拉时橡皮膜也就是膈肌的状态是收缩，位置是向下，所以氧气进入肺，需要膈肌收缩，位置向下。

师追问：橡皮膜收缩与气球变大，谁在前，谁在后？

学生：先橡皮膜收缩后气球变大，也就是膈肌先收缩，再吸气。

师讲解：模型中只有膈肌能够收缩，其实在人体中，肋骨间的肌肉也能够收缩和舒张，位置也能够上升和下降，就像刚刚我们感受呼吸时就感受到了肋骨的上升与下降。当膈肌收缩时，膈肌会下降；肋骨收缩时，胸廓左右径会变大（展示动图），此时胸廓的上、下、左、右径都变大。容积变大后，气压会有什么变化？观看视频。

观看视频后说出，容积越大，气压越小。气体会从气压大的地方向气压小的地方运动,所以因为肺内容积变大,气压变小,气体入肺吸气。这样的原理就是呼吸运动。

【整合提升】学生用自己的语言准确描述肺的工作过程:膈肌收缩下降,肋间肌收缩→胸廓的上下径、左右径增大→胸廓容积变大→肺内气压减小→气体入肺。

任务二:进入血液。

活动3:氧气顺着支气管在肺里的各级分支,到达了支气管最细的分支末端形成的肺泡。观察肺泡模型,分析讨论氧气会去哪里?什么样的结构特点决定氧气的去向?

学生1:肺泡周围有丰富的毛细血管,所以氧气应该会从肺泡进入血液。就像我们学过的小肠有吸收的功能一样,肺泡是因为数量多、肺泡壁薄、毛细血管壁薄,这些结构特点决定了氧气能从肺泡进入血液。

学生2(总结):是因为肺泡数量多,周围毛细血管丰富,肺泡壁和毛细血管壁都很薄,所以氧气会从肺泡进入血液。

任务三:进入组织细胞。

活动4:氧气进入血液,开始随着血液进行下一步的探险。当它来到组织细胞处时,看见了血液与组织细胞图,依照肺泡与周围毛细血管的结构特点,分析发生在组织细胞处的气体交换过程。

学生1:毛细血管壁很薄,所以在组织细胞处可以进入组织细胞。

师追问与讲解:为什么氧气那么聪明,会从肺泡进入血液,再从血液进入组织细胞而不会迷路走反呢?是因为气体的扩散作用,气体会从浓度大的地方向浓度小的地方运动,例如当你的家人在厨房做饭时,香味会扩散到卧室。在人体中也是这样的原理,分析在肺泡、血液、组织细胞处氧气的浓度大小。

学生：肺泡氧气浓度>血液氧气浓度>组织细胞氧气浓度。

（三）迁移运用

人类进行呼吸是靠呼吸系统的肺，展示其他生物的呼吸器官结构图，如鱼的鳃、蝗虫的气管、鸟类的肺。说出生物能够进行气体交换的结构都有的共同特点是什么。

学生：都有丰富的毛细血管，壁都很薄，只有一层上皮细胞。

（四）成果集成

学生概述氧气从外界进入组织细胞的探险。

（五）作业设计

选做作业一：利用线团、气球、黏土等工具模拟制作呼吸系统结构模型图，要求选择适合的材料，结构合理，能体现结构特点，具有美观性。

选做作业二：以二氧化碳为主人公，记录二氧化碳从组织细胞到外界的历险。要求过程完整，语言生动形象，能体现呼吸系统的结构和功能特点。

（六）课后反思

本节课继续以氧气为第一视角，探索进入肺—血液—组织细胞的过程，通过嵌入评价搭建支架，使学生的学习方式从被动学习转变为主动自主学习、小组合作学习、探究式学习，实现了"以生为本"的教学理念。本课中知识的呈现不再是简单的、直接的、对基础知识考查的练习，而是要通过思考、小组合作探究才能完成，避免了知识的碎片化，有助于学生知识体系的整体构建。学生的所想、所做、所得体现了每一位学生的学习能力，以及小组学习中的合作能力，释放了每一位学生在生物课程学习中的真实生命，极大提高了学习效率和深度，学生从浅层学习走向深度学习，从低阶思维迈向高阶思维。

# 七年级下册重组单元
# "葡萄糖的人体奇妙之旅"

长春经济技术开发区洋浦学校　刘纪彤

## 单元教学规划

### 一、单元内容

本单元为人教版七年级下册第四单元第二章、第三章、第四章及第五章相关内容,为中考一轮复习重组单元。本单元的重点训练项目是以葡萄糖在人体内的变化为线索进行重新整合,主要分为四个模块:第一模块为葡萄糖的诞生记,主要涉及内容为人体的营养;第二模块为葡萄糖的寻常之旅,主要涉及内容为人体内物质的运输;第三模块为葡萄糖的不寻常之旅,主要涉及内容为人体内废物的排出及激素调节;第四模块为葡萄糖的变身记,主要涉及内容为人体的呼吸。

### 二、单元分析

（一）课标分析

本单元为《义务教育生物学课程标准（2022年版）》七个学习主题中"人体生理与健康"有关葡萄糖的知识,主要涉及新课标中重要概念5:人体的结构与功能相适应,各系统协调统一,共同完成复杂的生命活动。内容要求包括"5.1　人体通过消化系统从外界获取生命活动所需的营养物质;5.2　人体通过循环系统进行体内的物质运输；5.3 人体通过呼吸系统与外界进行气体交换；5.4 人体主要通过泌尿系统排出代谢废物和多余的水；5.5.5 胰岛素等激素参与人体生命活动的调节"。要求学生能够描述消化、循环、呼吸、泌尿、神经、内分泌等系统的构成和功能，初步形成结构与功能相适应的观念；能够设计简单的实验，探究有关人体生理与健康的问题；从结构与功能的角度，说明动脉、静脉和毛细血管在形态、结构和功能方面的差别；说明体循环和肺循环的相互联系；学会根据血常规、尿常规等化验的主要结果初步判断身体的健康状况；运用结构与功能相适应的观念，分析由于机体特定结构受损可能导致的机体功能障碍或异常行为表现，提出相应的预防措施；关注常见疾病对人体和社会产生的危害，模拟展示特定情况下的急救方法（如人工呼吸、心肺复苏、包扎止血）；学会科学、合理地用药；养成良好的生活和行为习惯，增强机体健康。

（二）教材分析

本单元为人教版七年级下册教材第四单元第二章、第三章、第四章及第五章相关内容，教材以人体各大系统为线，系统之间逻辑关系为面，形成立体式、螺旋式、进阶式的知识体系。理解人体各个系统相互联系、相互协调，以完成各种生命活动，并养成健康生活的态度和行为习惯。人吸收的营养物质需经循环系统运送到身体的各种组织、器官，最终在组织细胞的线粒体中氧化分解能释放能量，同时人体产生的废物也需通过呼吸系统和泌尿系统等的协调活动排出体外。逐步培养学生获取新知识的能力、收集和处理信息的能力、分析和解决问题的能力等，加强对学生创新精神和实践能力的培养，形成科学思维。本单元为中考一轮复习课，较新课不同，需要培养学生的识图和分析能力，构建知识体系，因此，典题+结构教学系列模型对本主题的学习较适用。

## （三）学情分析

八年级学生：思维活跃，探究欲望强烈，但是有意注意时间较短，容易被无意注意干扰；学生已经具备一定的观察能力、分析问题和解决问题的探究能力，能够通过小组合作，自主探究达成学习目标；通过之前的学习，已经具备了相关生物学知识，具备一定的生物学科核心素养，但由于距七下学习时间较远，学生对七下知识有所遗忘，且对于各系统之间的逻辑关系不清晰，识图和分析能力较弱，因此需要构建各系统之间的知识体系，帮助学生理解人是一个统一的整体。

## 三、单元主题

葡萄糖的人体奇妙之旅。

## 四、单元目标

### （一）低阶目标

1.描述消化系统、血液循环系统、泌尿系统、呼吸系统和激素调节等系统的构成和功能。

2.说出糖类等营养物质的主要作用及在平衡膳食宝塔中的位置。

3.描述消化系统由消化道和消化腺组成。

4.概述淀粉在消化道的消化过程。

5.通过观察小肠壁结构示意图，说出小肠的结构特点，分析小肠结构和功能的关系。

6.描述血液成分及主要功能。

7.说出动脉、静脉和毛细血管在形态、结构和功能方面的差别。

8.描述心脏的结构和功能与人体血液循环系统的组成，说出营养物质（葡萄糖）在人体内运输的过程及营养物质成分的变化。

9.描述人体泌尿系统的组成，概述尿液的形成和排出过程。

10.通过搜集有关糖尿病的资料，说出人体激素参与生命活动的调节及分泌异常时的表现。

11.描述人体呼吸系统的组成，说明能量来自细胞中有机物的氧化分解。

12.举例说明呼吸作用在生活中的应用。

（二）高阶目标

13.通过模型或实物展示、材料分析、探究实验等活动形式，引导学生识别和推断人体各系统相应结构的功能，理解人体各个系统相互联系，帮助其初步形成结构与功能相适应的观念。

14.关注常见疾病对人体和社会产生的危害，模拟展示特定情况下的急救方法（如人工呼吸、心肺复苏、包扎止血）；认识到合理饮食的重要性，养成良好的生活和行为习惯，增强学生的社会责任意识。

15.通过自选设计蛋白质、氨基酸或者脂肪的人体之旅，利用葡萄糖的知识结构体系，完成知识的迁移运用。

五、单元评价

1.1 能通过观看有声视频并对无声视频进行配音，描述消化系统、血液循环系统、泌尿系统、呼吸系统和激素调节等系统的构成和功能。

2.1 能分析食物中的主要营养物质，说出糖类等营养物质的主要作用及在平衡膳食宝塔中的位置。

2.2 通过参观葡萄糖的家和分析餐厅的"一日三餐食谱"活动，能简单分析食谱是否符合合理营养，能准确具体地从食物结构和能量来源分析食谱。

3.1 能通过指认结构的方式准确说出消化系统由消化道和消化腺组成。

4.1 能正确找出淀粉消化的位置并正确演示淀粉在相应位置的转

化物，且能说出相应的消化液和消化酶。

4.2 对于家庭版"探究唾液淀粉酶对淀粉的消化作用"实验，能够看到明显的实验现象。对于其他失败实验，能够简单分析失败原因，并能够概述淀粉在消化道的消化过程。

5.1 能说出小肠的结构特点，分析小肠结构和功能的关系。

5.2 能通过典型习题说出小肠适于消化的特点。

6.1 能描述血液成分及主要功能，使用人血涂片尝试区分各种血液成分。

7.1 能从结构与功能的角度说出动脉、静脉和毛细血管在形态、结构和功能方面的差别。

8.1 能通过指认结构的方式描述心脏的结构和功能。

8.2 能通过地图打卡的方式来描述人体血液循环系统的组成，说出营养物质（葡萄糖）在人体内运输的过程及营养物质成分的变化。

9.1 能通过指认结构的方式描述人体泌尿系统的组成。

9.2 能通过观察肾单位结构示意图，说出肾单位的组成。

9.3 能通过描述葡萄糖旅行，概述血液经过肾小球和肾小囊的滤过作用及肾小管的重吸收作用形成尿液。

9.4 能根据尿常规初步判断身体的健康状况。

10.1 能通过搜集有关糖尿病的资料，能够描述激素分泌异常时的症状。

11.1 能描述人体呼吸系统的组成。

11.2 能概述发生在肺部及组织细胞的气体交换。

12.1 能列举出呼吸作用在生产生活中应用的具体实例。

13.1 能通过数据分析、观察图片、模拟探究实验、总结归纳，初步形成结构与功能相适应的观念，认同人体各结构的重要性。

14.1 能运用结构与功能相适应的观念，分析由于机体特定结构受损可能导致的机体功能障碍或异常行为表现，提出相应的预防及解救措施。

14.2 能模拟展示特定情况下的急救方法（如人工呼吸、心肺复苏、包扎止血）。

14.3 能运用食物中的营养成分、消化与吸收、均衡膳食等知识，设计一份合理的食谱，认识到合理饮食的重要性，养成良好的生活和行为习惯。

15.1 能较好完成蛋白质、氨基酸或者脂肪的人体之旅的自主设计。

**六、单元结构化活动**

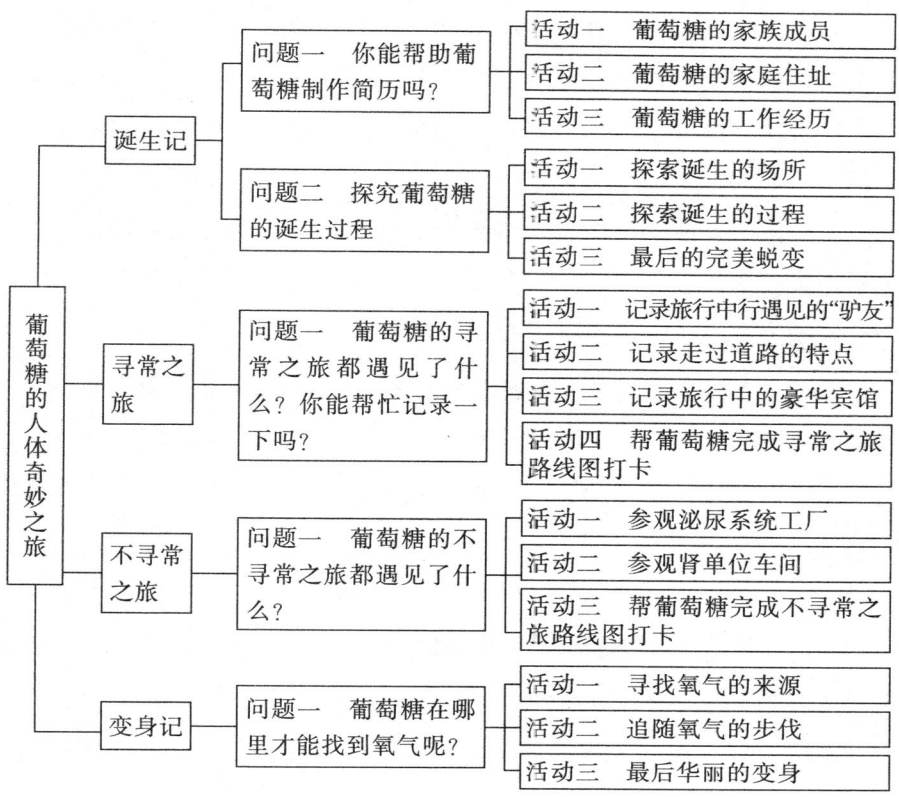

## 七、课时分配

共4课时。

## 课时规划设计

### 第一课时 葡萄糖的"诞生记"
（复习课）

#### 一、课时目标

（一）低阶目标

1.描述消化系统、血液循环系统、泌尿系统、呼吸系统和激素调节等系统的构成和功能。

2.通过分析食物中的主要营养物质，说出糖类等营养物质的主要作用。

3.通过参观葡萄糖的家和分析餐厅的"一日三餐食谱"活动，认识平衡膳食宝塔。

4.说出消化系统由消化道和消化腺组成。

5.通过模拟淀粉在消化酶的作用下发生的变化以及家庭版"探究唾液淀粉酶对淀粉的消化作用"实验，概述淀粉在消化道的消化过程。

6.通过观察小肠壁结构示意图，说出小肠的结构特点，分析小肠结构和功能的关系。

（二）高阶目标

7.通过参观葡萄糖的家和分析餐厅的"一日三餐食谱"活动，培养学生分析问题和解决问题的能力，形成科学思维。

8.认同消化系统对于人体的重要性，能够做到合理饮食，养成良好的生活和行为习惯，增强机体健康。

## 二、情境任务（问题）

情境：我是小小葡萄糖，我每天都会在人体内进行旅行。什么？你也想跟随我一起去探索人体之旅，好，跟我一起出发吧！

问题一：你能帮助葡萄糖制作简历吗？

问题二：探究葡萄糖的诞生过程。

## 三、学生活动

问题一：你能帮助葡萄糖制作简历吗？

活动一：葡萄糖的家族成员。

活动二：葡萄糖的家庭住址。

活动三：葡萄糖的工作经历。

问题二：探究葡萄糖的诞生过程。

活动一：探索诞生的场所。

活动二：探索诞生的过程。

活动三：最后的完美蜕变。

## 四、课时作业（二选一完成）

1.葡萄糖要去旅行，在旅行之前需要去办理一张身份证，请同学们根据本节课复习的知识自主为葡萄糖设计一张身份证。

2.请同学们借鉴葡萄糖的诞生记，结合所学知识并查找资料，自行设计蛋白质或氨基酸的诞生记，或者脂肪的诞生记的科普手抄报。

# 第二课时　葡萄糖的"旅行记"——寻常之旅
（复习课）

## 一、课时目标

（一）低阶目标

1.描述血液成分及主要功能，使用人血涂片尝试区分各种血液成分。

2.学会根据血常规初步判断身体的健康状况。

3.从结构与功能的角度，说明动脉、静脉和毛细血管在形态、结构和功能方面的差别。

4.通过情景借助血液循环图，描述心脏的结构和功能和人体血液循环系统的组成，说出营养物质（葡萄糖）在人体内运输的过程及营养物质成分的变化。

（二）高阶目标

5.认同心脏结构和功能相适应的观点，运用结构与功能相适应的观念，关注常见疾病对人体和社会产生的危害，模拟展示特定情况下的急救方法（心肺复苏、包扎止血），养成良好的生活和行为习惯，增强机体健康。

二、情境任务（问题）

情境：小小葡萄糖去旅行，它要从小肠绒毛毛细血管出发，去往组织细胞，在旅途中它都遇见了什么？同学们可以帮葡萄糖记录一下吗？

三、学生活动

活动一：记录旅行中遇见的"驴友"——血液的组成。

活动二：记录走过道路的特点——血管的特点。

活动三：记录旅行中的豪华宾馆——心脏的结构。

活动四：帮葡萄糖完成寻常之旅路线图打卡——血液循环系统的组成（葡萄糖如何到达组织细胞？）。

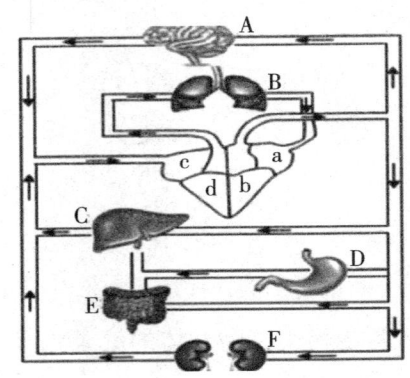

### 四、课时作业（二选一完成）

1.搜集长春市无偿献血政策。

2.为了了解心脏的结构，请同学们自行购买猪心（根据实际情况，猪心不方便购买时，可采用鸡心代替），并通过下发的"解剖猪心脏和鸡心脏实验"视频，尝试动手观察心脏的结构，并录制观察小视频，要求如下：

（1）根据教材中心脏结构示意图，辨别猪心（或鸡心）的结构。

（2）从上下腔静脉和肺静脉中注入水，用手挤压心室时，观察水从哪儿流出？

（3）比较左心室壁和右心室壁，哪一个较厚？

友情提示：实验结束后可以为父母做一盘美味的猪心（或鸡心）。

## 第三课时 葡萄糖的"旅行记"——不寻常之旅
（复习课）

### 一、课时目标

（一）低阶目标

1.描述人体泌尿系统的组成。

2.概述血液经过肾小球和肾小囊的过滤作用及肾小管的重吸收作用形成尿液的过程。

3.学会根据尿常规初步判断身体的健康状况。

4.通过搜集有关糖尿病的资料，体会人体激素参与生命活动的调节并描述分泌异常时的表现。

（二）高阶目标

5.认同肾脏的结构与它承担的功能是相适应的，形成基本的结构与功能观，并应用这一生命观念解决生活中遇到的实际问题。

6.培养学生归纳、整理资料的能力，树立健康意识，关注肾脏健康和糖尿病患者。

二、情境任务（问题）

小小葡萄糖来到了肾脏，它对于肾脏十分好奇，于是打算进入肾脏去看看，参观了肾脏之后一不小心迷路了，最后通过尿液排出了体外，同学们能帮助它来记录一下路线吗？

三、学生活动

活动一：参观泌尿系统工厂——泌尿系统的组成。

活动二：参观肾单位车间——尿液的形成过程。

活动三：检验参观成果——分析尿常规检验单。

活动四：帮葡萄糖完成不寻常之旅路线图打卡——葡萄糖如何排出体外？

四、课时作业（二选一完成）

1.为帮助葡萄糖了解肾脏的结构，请同学们绘制肾脏的内部结构示意图。

2.请同学以小组为单位，搜集有关糖尿病的症状、病因、治疗和预防的相关资料，设计一份糖尿病科普宣传手册并投票评出"最佳设计奖"。

## 第四课时 葡萄糖的"变身记"

（复习课）

一、课时目标

（一）低阶目标

1.描述人体呼吸系统的组成。

2.概述发生在肺部及组织细胞的气体交换。

3.运用呼吸作用的相关知识，说明能量来自于细胞中有机物的氧化分解。举例说明呼吸作用在生活中的应用。

（二）高阶目标

4.通过情境分析，帮助学生形成呼吸系统的结构和功能相适应的生命观念。关注呼吸系统健康，养成良好的生活习惯。

5.通过呼吸作用实例分析，引导学生关注植物生命活动原理在生产生活中的应用，提高学生分析和解决实际问题的能力，落实科学思维。

二、情境任务（问题）

小小葡萄糖要在组织细胞的线粒体处进行变身，但必须有氧气的帮助才能完成，在哪儿才能找到氧气呢？你能帮助葡萄糖一起寻找吗？

三、学生活动

活动一：寻找氧气的来源——呼吸系统的组成。

活动二：追随氧气的步伐——发生在肺内的气体交换。

活动三：最后华丽的变身——呼吸作用及应用。

活动四：寻找氧气的路线图打卡——氧气如何到达组织细胞？

四、课时作业（二选一完成）

1.搜集与呼吸有关的成语、名句，与呼吸作用有关的生活实例，并利用生物学知识对其进行解释。

2.请同学们以小组为单位，搜集有关新型冠状病毒以及新冠肺炎的相关内容，并开展以"我眼中的抗疫"为主题的课前五分钟演讲活动。

## 课时教学设计及课堂教学实录

### 葡萄糖的诞生记
（1课时）

**一、学习目标**

（一）低阶目标

1. 描述消化系统、血液循环系统、泌尿系统、呼吸系统和激素调节等系统的构成和功能。

2. 说出糖类等营养物质的主要作用及在平衡膳食宝塔中的位置。

3. 描述消化系统是由消化道和消化腺组成的。

4. 概述淀粉在消化道中的消化过程。

5. 通过观察小肠壁结构示意图，说出小肠的结构特点，分析小肠结构和功能的关系。

（三）高阶目标

6. 通过分析材料、模拟实验和典型例题等，培养学生分析问题和解决问题的能力，形成科学思维。

7. 认同消化系统对于人体的重要性，能够做到合理饮食，养成良好的生活和行为习惯，增强机体健康。

**二、达成评价**

1.1 能通过观看有声视频并对无声视频进行配音，描述消化系统、血液循环系统、泌尿系统、呼吸系统和激素调节等系统的构成和功能。

2.1 能分析食物中的主要营养物质，准确说出糖类等营养物质的主要作用及在平衡膳食宝塔中的位置。

2.2 通过参观葡萄糖的家和分析餐厅的"一日三餐食谱"活动，

能简单分析食谱是否符合合理营养，能准确具体的从食物结构和能量来源分析食谱。

3.1 能通过指认结构的方式准确说出消化系统由消化道和消化腺组成的。

4.1 能正确找出淀粉消化的位置并正确演示淀粉在相应位置的转化物，且能说出相应的消化液和消化酶。

4.2 对于家庭版"探究唾液淀粉酶对淀粉的消化作用"实验，能够看到明显的实验现象。对于其他失败实验，能够简单分析失败原因，并能够概述淀粉在消化道的消化过程。

5.1 能说出小肠的结构特点，分析小肠结构和功能的关系。

5.2 能通过典型习题说出小肠适于消化的特点。

6.1 通过参观葡萄糖的家和分析餐厅的"一日三餐食谱"等活动，能对材料和科学事实进行准确的分析，形成科学思维。

7.1 能认同消化系统对于人体的重要性，能够做到合理饮食，养成良好的生活和行为习惯。

### 三、学习过程

（一）先行组织

1.课前教师下发介绍"葡萄糖在人体的奇妙之旅"有声和消音无声（有字幕）视频（时长3分钟），要求学生观看有声视频并对无声视频进行配音。通过观看并录制与葡萄糖相关知识视频，描述消化系统、血液循环系统、泌尿系统、呼吸系统和激素调节等系统的构成和功能，初步建立知识结构体系和各个系统之间的逻辑关系。

2.课前教师下发家庭版"探究唾液淀粉酶对淀粉的消化作用"实验步骤，学生根据实验步骤录制实验短视频。

（1）准备米汤（提前）。

（2）用凉开水漱口，取唾液置于胶囊板（家庭小药箱中寻找）

的一个空穴位A中，将等量清水滴在胶囊板的另一个空穴位B中，形成对照。

（3）将A、B各滴一滴米饭汤，并用消毒牙签搅拌。

（4）准备37℃的温水，将胶囊板漂浮在37℃的水面上约5-10分钟。

（5）取1/2匙碘酒注入容器，加3-4匙清水融合，制成碘液。取等量碘液分别加入A、B中，观察实验现象。

（6）通过观察的现象，叙述结果得出结论。

通过对实验的改进，加深学生对"探究唾液淀粉酶对淀粉的消化作用"实验的理解，培养学生科学探究能力和科学思维。

（二）任务（问题）与活动

【情景导入】故事是这样的，在葡萄糖还没有长大之前，它就听到好多人说关于人体的传奇故事，但大人们一再告诫它，凡是进入人体的葡萄糖，大多数是有去无回，从小接受这样教育的葡萄糖，对于人体这个又畏惧又神秘的地方充满了好奇，终于有一天葡萄糖要告别亲朋好友去进行一段传奇的冒险之旅了。

任务一：葡萄糖的简历

【展示情境】我叫葡萄糖，从出生起我就有了"生命燃料的美誉"，在我旅行之前我需要制作一张简历，你能帮我制作简历吗？

活动1：我的家族成员。

我的家族有很多成员，你能帮我找到我的"亲朋""好友"吗？

出示多种食物图片，从中选出哪些属于"亲朋"糖类，哪些属于"好友"其他营养物质？并说说"好友"都属于哪些物质？

学生思考并小组交流。

学生：米饭、地瓜、土豆属于"亲朋"糖类，豆油、肉属于"好友"脂肪，豆腐、牛奶属于"好友"蛋白质。

教师：同学们需要注意，肥肉属于脂肪，瘦肉属于蛋白质。

出示下列问题，请说一说葡萄糖"亲朋好友"的作用。

1.为什么病人不能正常进食时要静脉注射葡萄糖溶液？

2.小胖得了甲流，几天不吃饭，为什么身体会明显消瘦？

3.为什么儿童青少年以及伤病员要多吃鱼、肉、蛋、奶？

学生分小组进行讨论并总结出糖类是主要功能物质、脂肪是备用能源物质、蛋白质是建造和修复人的重要原料，并完成典型例题。

【典型例题】体育中考时，同学们需消耗较多的能量，所以当天的早餐要适当增加含有_____较多的食物。

　　A.糖类　　　　　B.水　　　　　C.脂肪　　　　　D.蛋白质

学生：A

活动2：我的家庭住址。

【展示情境】我住在平衡膳食宝塔里面，周围住着很多的邻居，我带你们认识一下吧！

展示空白平衡膳食宝塔和各种食物，请同学帮助葡萄糖和它的邻居们找到他们的家！

问题：1.葡萄糖的家在哪一层？

2.葡萄糖的其他邻居都住在哪一层？

学生通过交流将食物拖拽到对应的位置并进行总结：糖类在最底层，果蔬在倒数第二层，脂肪在最顶层，同时完成典型例题。

【典型例题】每年的5月20日是"中国学生营养日"，了解消化系统结构与合理营养的知识，有助于青少年健康成长。请根据人体消化系统结构模式图和中国居民"平衡膳食宝塔"，回答问题：

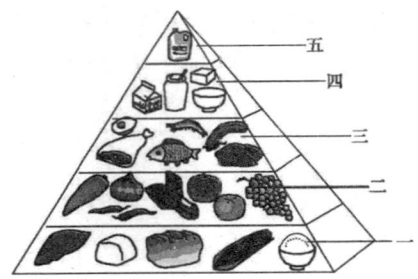

（1）"平衡膳食宝塔"第一层的食物，主要营养物质是_____。

（2）青少年处于长身体的关键阶段，在保证摄入足够的第一、第二层食物的同时，应多吃些处于第三层和第四层的食物，因为这些食物可以提供丰富的_____。

学生：脂肪；维生素。

活动3：我的工作经历。

【展示情境】我在一家餐厅工作，每天兢兢业业。而餐厅的老板每天致力于研究最吸引顾客的菜单，让我们一起来看看！

出示餐厅某一日三餐的套餐食谱，提问：根据平衡膳食宝塔和中国居民膳食指南，请同学们简单分析餐厅的食谱是否符合平衡膳食宝塔，并且是否做到了合理营养。

分析要求：

（1）食物结构分析：膳食结构和数量是否符合平衡膳食宝塔和中国居民膳食指南建议，特别是谷物、蔬菜、牛奶、豆类是否满足要求。

（2）能量来源分析：按照三餐3：4：3的能量和营养分配比例，分析各种食物摄入比例是否恰当，食物来源与膳食指南的参考相比是否适宜。

（评价标准：不能从食物结构和能量来源具体分析的为不合格；能简单分析食谱是否符合合理营养的为合格，但未能具体从食物结构和能量来源具体分析食谱是否符合合理营养的为良好；能从食物结构和能量来源具体分析食谱是否符合理营养的为优秀。）

学生先独立思考，然后小组交流。

学生1：本餐厅的食谱符合了平衡膳食宝塔和中国居民膳食指南建议，营养均衡，六种营养物质全面。

其他小组学生2评价：学生1回答的不全面，虽然餐厅食谱营养物质全面，但是脂肪摄入比例过高，三餐能量比基本上满足3：4：3。

教师评价：学生1能简单分析食谱是否符合合理营养，但未能具体从食物结构和能量来源具体分析食谱，评价为良好。学生2能从食物结构和能量来源具体分析食谱是否符合理营养，为优秀。可见我们应该按照平衡膳食宝塔和中国居民膳食指南建议进行合理饮食。

教师出示典型例题：

【典型例题】中考第一天，妈妈为小明设计了一份午餐食谱：米饭、红烧鲫鱼、麻辣鸡丝、黑椒杏鲍菇。你认为添加下列哪项将会使这份食谱更合理？（　　）

A.凉拌番茄　　　B.牛奶咖啡　　C.肉末鸡蛋　　D.小米稀饭

学生回答：A

任务二：葡萄糖的诞生记。

【展示情境】前世的我是淀粉，今生的我是葡萄糖，从前世到今生身份的转变我都经历了什么？

活动1：探索诞生的场所。

【提出问题】我诞生于人体的消化系统，有人说：消化系统是一条贯穿身体的管子和"挂"在管子上的几个附属器官。你认为正确吗？

【表达成果】学生回答：不正确，消化系统应该包括消化道和消化腺。

【提出问题】出示消化系统示意图，请同学们回忆消化道和消化腺都包括哪些结构呢？你能说出各序号相对应的结构是什么吗？

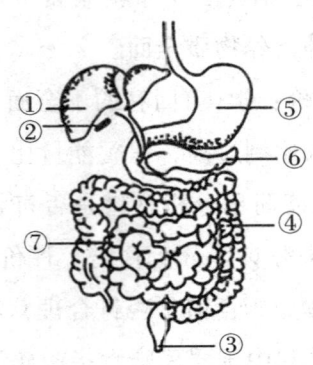

【组织学习】先独立思考,然后小组交流。

学生讨论:消化道包括口腔、咽、食道、胃、小肠、大肠和肛门。消化腺包括唾液腺、胃腺、肝脏、胰腺和肠腺。

【表达成果】学生回答:①肝脏,②胆囊,③肛门,④大肠,⑤胃,⑥胰,⑦小肠。

【交互反馈】教师:回答正确,消化道和消化腺组成了我们的消化系统,我们小试牛刀一下,出示典型习题。

【典型例题】如图是人体消化系统组成示意图,下列有关叙述正确的是 (　　)

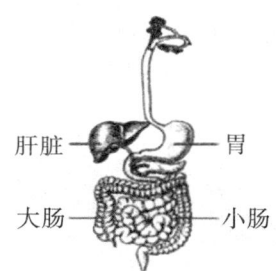

A.胃能将蛋白质初步分解成氨基酸

B.肝脏分泌的胆汁含有消化脂肪的酶

C.小肠内有肠液、胰液和胆汁利于消化

D.大肠只有消化功能,没有吸收功能

学生回答:B

活动2:探索诞生的过程。

【提出问题】一个蓝色贴纸代表葡萄糖⬡,两个蓝色贴纸代表麦芽糖⬡⬡,长链代表淀粉⬡⬡⬡⬡,剪刀代表消化酶,请同学们演示淀粉经过消化道的变化,并说出涉及哪些消化酶?

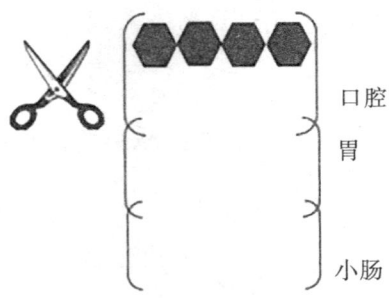

【组织学习】先独立思考，然后小组交流。

（评价标准：所写答案均不正确为不合格；能正确找出淀粉消化的位置为合格；能正确找出淀粉消化的位置并正确演示淀粉在相应位置的转化物为良好；能正确找出淀粉消化的位置并正确演示淀粉在相应位置的转化物，且能说出相应的消化液和消化酶为优秀。）

【成果展示】学生1在希沃白板上进行演示，回答：在口腔中淀粉分解成麦芽糖，在小肠中被消化糖类的酶分解成葡萄糖。

【交互反馈】其他小组学生2进行评价：同学1说的不够全面，评价为良好。应该是淀粉在口腔中被唾液分泌的唾液淀粉酶分解成麦芽糖，在小肠中被肠液和胰液分泌的消化糖类的酶分解成葡萄糖。

教师评价：学生1正确找出了淀粉消化的位置及正确演示淀粉在相应位置的转化物，但没能说出相应的消化液，评价为良好。学生2在此基础上有说出了出相应的消化液和消化酶，评价为优秀。

【整合提升】师生共同总结：淀粉在口腔中被初步分解成麦芽糖，在小肠中最终被分解成葡萄糖，完成了诞生。

【典型例题】

1.图中哪一条曲线表示淀粉的消化过程？

2.淀粉、脂肪和蛋白质各在消化道中的哪个部位开始被消化？

3.D中含有哪些消化酶？

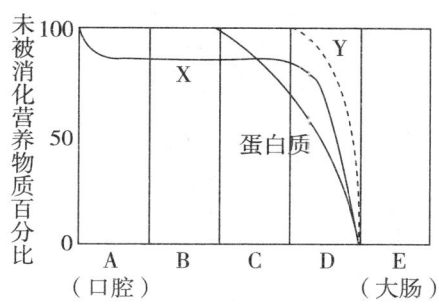

学生小组讨论回答问题并由师生共同总结答案：

1.X曲线。

2.口腔、小肠、蛋白质。

3.小肠中含有消化糖类、脂肪、蛋白质的酶。

教师播放学生完成的家庭版"探究唾液淀粉酶对淀粉的消化作用"实验的短视频，请你指出视频中存在的问题并与同组人进行分享。

发评价标准，小组之间进行讨论。

教师下发评价标准。

（评价标准：实验操作步骤有一处以上错误且未观察到实验现象为不合格；实验操作步骤基本正确但未观察到实验现象为合格；实验操作步骤准确并能观察到正确的实验现象，但进行语音解说发音欠标准，吐字不清晰为良好；实验操作步骤准确并能观察到正确的实验现象，且进行语音解说，发音标准，吐字清晰、声音洪亮的为优秀。）

学生3：某某同学在做实验之前未能进行漱口，口中食物残渣可能影响实验结果；实验时间未达到5分钟，淀粉可能未完全被消化。

学生4：某某同学在描述过程中声音洪亮，吐字清晰，但视频中的实验未观察到明显的实验现象。

学生互评：本实验评价为合格。

视频中的学生：通过亲自做本实验，对于"唾液淀粉酶对淀粉的消化作用"的实验有了更深的理解，在实验中应注意设置对照实验，实验变量为唾液，实验时间为10分钟，这样可以使淀粉被完全分解，有唾液的试管滴加碘液后的实验现象为未变蓝。

教师评价：刚才播放了某某同学的视频，他可以进行自评，说出实验的注意事项，因此本实验评价为良好。

师生共同总结：在口腔中淀粉被唾液淀粉酶分解成了麦芽糖。

活动3：最后的完美蜕变。

【展示情境】现在我完成了从前世的淀粉到今生的葡萄糖的完美蜕变，来到了小肠，于是准备将小肠壁结构进行记录。

出示小肠的结构示意图，请你总结小肠的结构特点。

学生思考后回答：小肠很长；小肠有很多皱襞，皱襞上有很多小肠绒毛，绒毛里面有丰富的毛细血管，小肠绒毛的壁和毛细血管壁很薄，只有一层上皮细胞构成；小肠里有多种消化液。

那哪些是小肠适于消化的特点呢？我们通过习题进行总结，教师出示习题。

【典型例题】下列与小肠适于消化的特点无关的是（　　）

A.小肠内有多种消化液

B.小肠壁内表面有大量皱襞和小肠绒毛

C.小肠长5～6米

D.小肠绒毛的壁和毛细血管壁很薄，只有一层上皮细胞构成

学生进行回答：D

师生共同总结：小肠适于消化的特点有ABC，D为小肠适于吸收的特点之一。

【总结】在旅行之前我已经做了充足的准备，通过今天的学习你都收获了什么？同学之间互相讲一讲吧！下节课我们一起来追寻葡萄糖的脚步，来领略它在旅途中的秀丽风光吧，大家敬请期待。

（三）迁移运用

请同学们借鉴葡萄糖的诞生记，结合所学知识并查找资料，自行设计蛋白质或氨基酸的诞生记，或者脂肪的诞生记讲给其他同学听。

（四）成果集成

学生自主梳理葡萄糖的诞生。

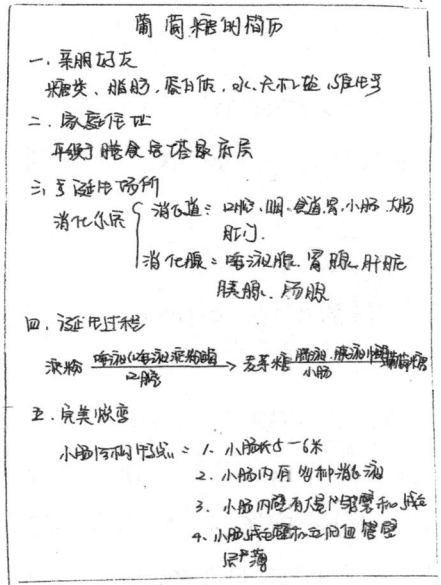

（五）作业设计

［基础型作业］

内容：葡萄糖要去旅行，在旅行之前需要去办理一张身份证，请同学们根据本节课复习的知识自主为葡萄糖设计一张身份证。（20分）

要求：

①涉及的知识点正确，逻辑清晰。（5分）

②内容丰富、详尽。（5分）

③书写工整，清晰，无错别字。（5分）

④版面设计合理、干净、整洁。（5分）

（评价标准：涉及的知识点每错一处，–1分；内容单调、不具体，–1分；书写不整齐，–1分，错别字一个，–0.5分。）

[拓展型作业]

内容：请同学们借鉴葡萄糖的诞生记，结合所学知识并查找资料，自行设计蛋白质或氨基酸的诞生记，或者脂肪的诞生记的科普手抄报。（共50分）

要求：

①涉及的知识点正确，逻辑清晰。（10分）

②报头醒目，主题鲜明，立意新颖。有出刊班级和姓名。（10分）

③配图精致，色彩协调。（10分）

④版面尺寸为8开纸的规格，版面设计合理、干净、整洁。（10分）

⑤书写工整，清晰，无错别字。（10分）

（评价标准：涉及的知识点每错一处，–1分；无报头，–2分，无出刊班级、姓名，–2分；配图与文章内容不符，–2分，色彩不协调，–2分；版面尺寸不为8开纸的规格，–1分，版面布局单调，整体效果差，–2分；书写不整齐，过小、过密，太大，太疏，–2分，错别字一个，–1分。）

（六）课后反思

本节课为一轮复习且为本单元的第一课时，主要复习内容为第二章"人体的营养"的相关知识点。本节课在课标中的要求包括：

内容要求：水、无机盐、糖类、蛋白质、脂质和维生素是人体生命活动所需的主要营养物质；消化系统由消化道和消化腺组成；消化系统能够将食物消化，并通过吸收将营养物质转运到血液中；不合理的饮食习惯和饮食结构可能导致营养不良或肥胖。

学业要求：描述消化系统、血液循环系统、泌尿系统、呼吸系统和激素调节等系统的构成和功能，初步建立知识结构体系和各个系统之间的逻辑关系；运用食物中的营养成分、消化与吸收、均衡膳食等知识，设计一份合理的食谱。基于以上课标要求设计了本节复习课的教学目标为六个低阶目标和两个高阶目标。

本节课设计时以单元为主题，内容聚焦大概念，以葡萄糖的人体奇妙之旅为情境素材，用第一人称进行讲述，对于各任务进行拟人化的描述，通过问题引导，以学生为主体设计学生活动完成目标。

本节课对于教材顺序进行了一定的调整，对于基础知识之间内在逻辑关系掌握较差的同学存在一定的难度，因此课前教师下发介绍"葡萄糖在人体的奇妙之旅"有声和消音无声（有字幕）视频（时长3分钟），要求学生观看有声视频并对无声视频进行配音，初步建立知识结构体系和各个系统之间的逻辑关系。接下来以帮助葡萄糖制作简历和探究葡萄糖的诞生过程为情境开展教学活动，通过结构化的学习任务和递进式的学生活动，嵌入教学评价辅助完成教学目标。同时一直渗透结构与功能相适应观点，使学生形成基本的生命观念，并且能够运用科学思维来进行分析和探究，认识到合理营养的重要性，树立健康意识。

# 八年级下册第八单元第一章
## "传染病和免疫"

长春经济技术开发区育隆学校　刘银洁

## 单元教学规划

### 一、单元内容

选自人教版八年级下册第八单元第一章，涉及"传染病及其免疫"和"免疫与计划免疫"的内容。我对这部分内容进行了重构，重构后的单元名称为"人体保卫战"，包括"对战传染病"和"免疫之战"两课时的内容。

### 二、单元分析

（一）课标分析

依据《义务教育生物学课程标准（2022年版）》。

1.内容要求

人体健康受传染病、心血管疾病、癌症及外部伤害的威胁，良好的生活习惯和医疗措施是健康的重要保障。

人体具有免疫功能，通过计划免疫等措施能够预防传染病；人体能够通过特异性免疫和非特异性免疫抵抗病原微生物的侵染；常见的寄生虫病（如血吸虫、肠道蠕虫病等）、细菌性传染病（如淋病）、病毒性传染病（如严重急性呼吸综合征、新型冠状病毒感染、艾滋病、乙型肝炎、丙型肝炎等）是人体健康的威胁；传染病可通过空气、食物、血液、接触等多种途径传播；控制传染源、切断传播途径和保护易感人群等措施可以控制传染病的流行；接种疫苗能够提高人体对特定传染病的免疫力；某些传染病，如新型冠状病毒感染，会对社会、经济和科技发展产生严重影响。

2.学业要求

关注有关传染病的社会性科学议题，举例说明传染病的危害，辨别信息的科学性和可靠性，作出合理判断，并与他人进行交流讨论。尝试提出可有效预防传染病的方法。

3.教学提示

（1）教学策略建议：通过对新型冠状病毒感染等传染病的具体应对措施的分析，引导学生认识有效预防传染病的重要性，帮助学生在实践过程中掌握传染病预防、特定情况下的急救等措施，增强学生的社会责任意识。

（2）情境素材建议：新型冠状病毒感染疫情和防疫资料，我国在抗疫中的成就和经验，我国科学家报效祖国、服务人民的事迹；我国古代传染病预防与治疗方面的成就，如东晋葛洪的《肘后救卒方》、唐代孙思邈的《千金方》中关于传染病治疗的描述，以及用人痘预防天花、利用艾叶预防瘟疫等；有关食品安全、流行病预防方面的法律法规。

（3）学习活动建议：调查当地的主要传染病；收集新型冠状病毒感染、艾滋病等传染病及其预防的资料；参与预防新型冠状病毒感染、艾滋病等传染病的宣传。针对当地某种传染病，通过小组合作学习，设计和制作社区海报，宣传传染病预防的科普知识。

4.学业质量要求

针对生物学相关议题进行科学论证与合理决策，并尝试探究人体健康等方面的问题，形成科学态度和健康意识，并具有一定的责任担当。

（二）教材分析

本内容是人教版生物学八年级下册第八单元第一章"传染病和免疫"，隶属于新课程标准中"人体生理与健康"这一主题。了解传染病的危害，理解人体免疫的基本原理，认识到遵守社区、地区和国家的相关防疫要求，有助于传染病的预防，增强社会责任意识。

（三）学情分析

学生对于传染病并不陌生，尤其是流行性感冒、新型冠状病毒等部分学生在这方面深有感触。八年级的学生对于免疫的功能认识比较肤浅，仅仅是抵抗外来病原的入侵，防止疾病的产生，对于其清除体内衰老、死亡和损伤的细胞以及异常细胞（如肿瘤细胞）认识不清，他们不了解人体的第二道和第三道防线，对于艾滋病的病因、传播途径和预防措施的认识也很肤浅，本节课要致力于清除这些前概念对学生学习的影响。实施新课标要求，能够让学生树立健康意识和社会责任感，关注身体内外各种因素对健康的影响，在饮食作息、体育锻炼、疾病预防等方面形成健康生活的态度和行为习惯。

三、单元主题

人体保卫战。

四、单元目标

（一）低阶目标

1.通过查找与分析资料，说出传染病的病因、传播途径和预防措施。（生命观念、科学思维）

2.结合生活实际，列举常见的寄生虫病、细菌性传染病和病毒性传染病。（科学思维）

3.养成良好的卫生习惯，自觉锻炼身体，提高人体的免疫力。（态度责任）

4.说出人体的三道防线的构成及功能。（生命观念）

5.区别人体的特异性免疫和非特异性免疫。（生命观念）

6.明确人体具有免疫功能，通过计划免疫等措施能够预防传染病。通过阅读教材，培养阅读和识图能力。（生命观念、科学思维）

（二）高阶目标

7.关注有关传染病的社会性科学议题，举例说明传染病的危害，辨别信息的科学性和可靠性，作出合理判断，并与他人交流讨论。尝试提出可有效预防传染病的方法。（科学思维、态度责任）

五、单元评价

1.1 能根据生活经验分析传染病的病因、如何进行传染和流行。

1.2 能通过查找与分析资料，说出传染病的传播途径和预防措施。

2.1 能结合生活实际，列举常见的寄生虫病、细菌性传染病和病毒性传染病。

2.2 能通过资料分析，明确预防常见的寄生虫病、细菌性传染病和病毒性传染病的方法。

3.1 能通过对新型冠状病毒感染等传染病的具体应对举措的分析，引导学生认识有效预防传染病的重要性，帮助学生在实践中掌握传染病预防的措施，增强学生的社会责任意识。

3.2 能通过了解传染病的传播途径，引导学生养成良好的卫生习惯，形成健康的生活方式。

4.1 能通过阅读教材，分析出人体的三道防线。

4.2 能通过对人体第一道防线和第二道防线的分析，总结出第

一、二道防线的共同特点。

5.1 能通过对人体的三道防线的理解,总结区分特异性免疫和非特异性免疫的异同点。

6.1 能利用图画解读免疫的功能。

6.2 能通过阅读教材,培养阅读和识图能力。

7.1 能通过查询资料,培养学生整理与选择资料的能力。

7.2 能通过小组合作,联系生活实际,寻找有效预防传染病的方法,培养解决实际问题的能力。

**六、单元结构化活动**

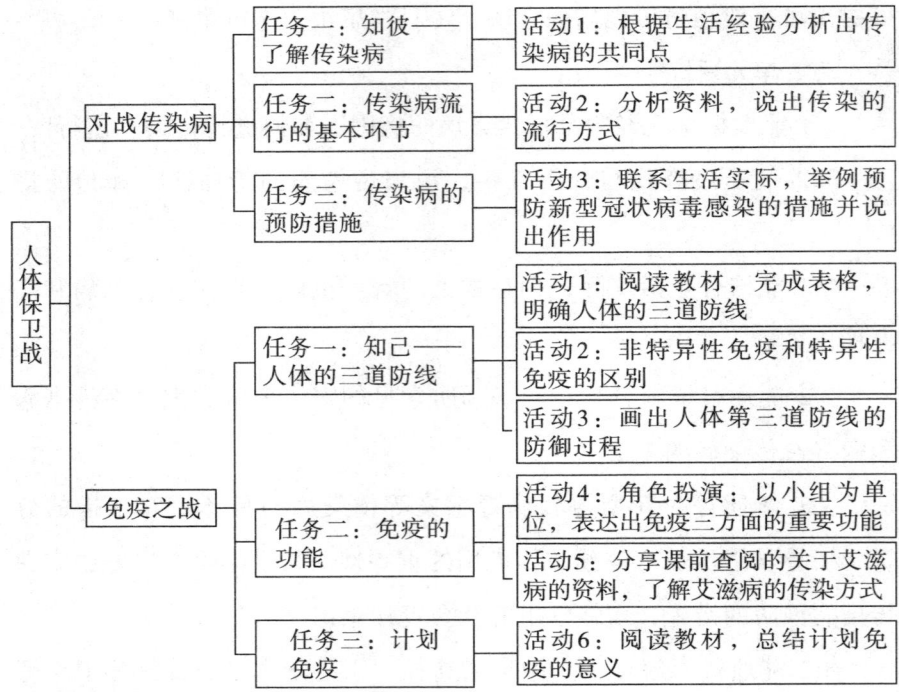

**七、课时分配**

对战传染病,1课时;免疫之战,1课时。

课时规划设计

## 对战传染病

（1课时，新授课）

### 一、课时目标

（一）低阶目标

1.说出传染病的病因以及传染病的流行基本环节。（生命观念、科学思维）

2.列举常见的寄生虫病、细菌性传染病和病毒性传染病。（科学思维）

（二）高阶目标

3.引导学生认识有效预防传染病的重要性，帮助学生在实践中掌握传染病预防的措施，增强学生的社会责任意识。（态度责任）

### 二、情境任务

任务一：知彼——了解传染病。

任务二：传染病的流行与预防。

### 三、学生活动

活动1.1 根据生活经验分析传染病的特点。

活动2.1 联系生活实际，列举传染病的预防措施。

活动2.2 引导学生认识有效预防传染病的重要性，帮助学生在实践中掌握传染病预防的措施，增强学生的社会责任意识。

### 四、课时作业

（一）基础作业

1.新型状病毒感染的传播途径主要是　　　　　　　（　　）

A.通过水、食物等饮食传播　　　B.通过饲料、投喂动物传播

C.通过蚊虫、蜱螨叮咬传播　　　D.通过飞沫或接触传播

2.中国脊髓灰质炎疫苗之父——顾方舟的去世备受关注。脊髓灰质炎（俗称小儿麻痹症）是由脊髓灰质炎病毒引起的严重危害儿童健康的急性传染病，轻症仅有低热而无瘫痪；重症发热较严重，肢体疼痛，数天内出现软瘫，偶尔也可危及生命。人是脊髓灰质炎病毒的唯一自然宿主，患者多为1~6岁儿童。可通过在婴幼儿时期口服脊髓灰质炎减毒活疫苗（小儿麻痹糖丸）来有效预防，从婴儿出生2个月开始，每月服用一次，连服三次。

（1）脊髓灰质炎病毒主要由蛋白质外壳和_____组成。从传染病的角度看，脊髓灰质炎病毒属于_____。感染脊髓灰质炎病毒的儿童属于传染病三个基本环节中的_____。

（2）婴幼儿通过有计划地口服糖丸预防小儿麻痹症称为_____，这属于传染病预防措施中的_____。

（二）实践作业

调查当地常见的几种传染病。

## 免疫之战

（1课时，新授课）

一、课时目标

（一）低阶目标

1.说出人体的三道防线的构成及功能。（生命观念）

2.区别人体的特异性免疫和非特异性免疫。（生命观念）

3.明确人体具有免疫功能，通过计划免疫等措施能够预防传染病。（生命观念）

（二）高阶目标

4.关注有关传染病的社会性科学议题，举例说明传染病的危害，

辨别信息的科学性和可靠性，作出合理判断，并与他人交流讨论。尝试提出可有效预防传染病的方法。（科学思维、态度责任）

二、情境任务

任务一：知己——人体的三道防线。

任务二：免疫的功能与计划免疫。

三、学生活动

活动1.1 阅读教材，明确人体的三道防线。

活动1.2 抗原与抗体的特异性结合——人体第三道防线的防御过程。

活动2.1 小组讨论：免疫的功能与计划免疫。

四、课时作业

选做作业1：请同学们通过媒体收集有关新型冠状病毒的资料，以"新冠病毒的人体探险"为题目写一篇小故事，注意体现出人体的三道防线与免疫的功能。（10分）

（评分标准：语言通顺流畅，语句优美，2分；清晰描述出新冠肺炎病毒侵染人体的过程，4分；体现出人体的三道防线与免疫的功能，4分。）

选做作业2：根据计划免疫的内容与意义，描述出接种新型冠状病毒疫苗后，人体内会产生哪些变化？（10分）

（评分标准：体现出接种新型冠状病毒疫苗是抗原，1分；说出攻克人体的第三道防线，2分；引发特异性免疫，2分；抗原与抗体特异性结合，2分；计划免疫的意义，3分。）

选做作业3：我是小小解说员：根据教材第82页的文字与图片录制免疫功能的解说视频，要求吐字清晰，逻辑通顺，并单独发给生物老师。（10分）

（评分标准：语言简练准确，表述清晰，逻辑通顺，3分；合理发挥自己的想象力进行表述，2分，免疫功能表述准确，5分。）

## 课时教学设计及课堂教学实录

### 对战传染病

（1课时）

一、学习目标

（一）低阶目标

1.说出传染病的病因以及传染病的流行基本环节。（生命观念、科学思维）

2.列举常见的寄生虫病、细菌性传染病和病毒性传染病。（科学思维）

（二）高阶目标

3.引导学生认识有效预防传染病的重要性，帮助学生在实践中掌握传染病预防的措施，增强学生的社会责任意识。（态度责任）

二、达成评价

1.1 能根据生活经验分析传染病的病因。

1.2 能根据资料分析传染病如何进行传染和流行。

2.1 能通过查找与分析资料，说出传染病的传播途径和预防措施。

2.2 能结合生活实际，列举常见的寄生虫病、细菌性传染病和病毒性传染病。

3.1 能通过对新型冠状病毒感染等传染病的具体应对举措的分

析，引导学生认识有效预防传染病的重要性，帮助学生在实践中掌握传染病预防的措施，增强学生的社会责任意识。

三、学习过程

（一）先行组织

在我们生活的环境中，到处都有细菌、病毒等微生物，例如新型冠状病毒感染，它是怎么进行传染的呢？

（二）任务与活动

任务一：知彼——了解传染病。

活动1：根据生活经验分析下列哪些病是能传染的？它们有什么共同点？

| 疾病名称 | 流行性感冒 | 麻疹 | 水痘 | 肺结核 | 近视 | 贫血 | 蛔虫病 |
|---|---|---|---|---|---|---|---|
| 是否患过此病 | | | | | | | |
| 是否是传染病 | | | | | | | |

学生1：流行性感冒、麻疹、水痘、肺结核、蛔虫病是传染病。

学生2：它们都能够传染给其他人，我小时候就被我哥哥传染过水痘。所以它具有传染性。

学生3：我觉得流行性感冒通过名字就能知道它具有流行性。

教师总结：传染病具有流行性、传染性和地方性等特点。

任务二：传染病流行的基本环节。

活动2：阅读书中资料，小组讨论分析传染病如何进行传染和流行，得出结论并交流。

学生交流传染病能够在人群中流行，必须同时具备传染源、传播途径和易感人群这三个基本环节。缺少其中任何一个环节，传染病就流行不起来。

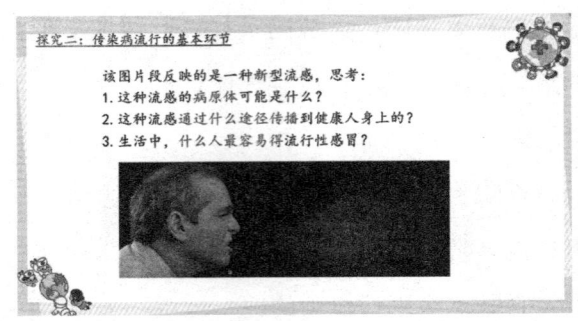

任务三：传染病的预防措施。

活动3：联系生活实际，举例说出如何预防新型冠状病毒感染，说明列举的措施在预防传染病流行中各起到的作用。

【提出问题】联系生活实际，回想大家是如何预防型冠状病毒感染的？并说明列举的措施在预防传染病流行中各起到的作用？

（出示评价标准：能说出3种预防型冠状病毒感染的措施；能说出列举的措施在预防传染病流行中的作用；能运用语言准确描述。满足1点，为一级防疫能手；满足2点，为二级防疫能手；满足3点，为三级防疫能手。）

【组织学习】先独立思考，然后小组内交流。

【表达成果】学生1：可以通过测量体温将感染者隔离起来，属于保护易感人群；可以通过佩戴口罩切断传播途径；我们接种的新冠疫苗是保护我们自己，属于保护易感人群。

【交互反馈】学生2：他只说对了2点，是二级防疫能手。测量体温将感染者隔离起来，不应属于保护易感人群，应该属于控制传染源，因为发现他体温高就隔离起来了。

学生3：我认同学生2的观点。我还能补充，加强身体锻炼，提高免疫力属于保护易感人群。

【整合提升】学生总结：控制传染源：测量体温将感染者隔离起来；切断传播途径：佩戴口罩；保护易感人群：接种新冠疫苗和加强

身体锻炼，提高免疫力。

（三）迁移运用

本节课已经学习了如何预防呼吸道传染病，那还有其他方式的传染病吗？如果有我们怎样进行预防呢？请同学们任选一类传染病（如消化道传染病等）在组内进行交流。

（四）成果集成

学生总结预防传染病的措施。

（五）作业设计

[基础作业]

1.新型冠状病毒感染的传播途径主要是　　　　　　　（　　）

　　A.通过水、食物等饮食传播　　B.通过饲料、投喂动物传播

　　C.通过蚊虫、蜱螨叮咬传播　　D.通过飞沫或接触传播

2.中国脊髓灰质炎疫苗之父——顾方舟的去世备受关注。脊髓灰质炎（俗称小儿麻痹症）是由脊髓灰质炎病毒引起的严重危害儿童健康的急性传染病，轻症仅有低热而无瘫痪；重症发热较严重，肢体疼痛，数天内出现软瘫，偶尔也可危及生命。人是脊髓灰质炎病毒的唯一自然宿主，患者多为1~6岁儿童。可通过在婴幼儿时期口服脊髓灰质炎减毒活疫苗（小儿麻痹糖丸）来有效预防，从婴儿出生2个月开始，每月服用一次，连服三次。

（1）脊髓灰质炎病毒主要由蛋白质外壳和_____组成。从传染病的角度看，脊髓灰质炎病毒属于_____。感染脊髓灰质炎病毒的儿童属于传染病三个基本环节中的_____。

（2）婴幼儿通过有计划地口服糖丸预防小儿麻痹症称为_____，这属于传染病预防措施中的_____。

［实践作业］

调查当地常见的几种传染病。

目的要求：练习调查的基本方法；通过调查，了解当地常见传染病及其防控措施。

方法提示：

①调查前应拟好调查提纲。调查提纲应包括调查目的、调查途径、调查内容等。

②可以通过访问当地医学院校的老师、医院和防疫站的医务人员、出入境管理处的工作人员等方式来了解情况；也可以从当地的报纸、刊物、书籍、电视节目，以及互联网等途径收集有关的资料。

③调查以小组为单位，选一种当地常见传染病，描述其传染源、病原体、传播途径和易感人群等情况，以及疾病的流行情况、当地主要的预防措施和人们对传染病患者、患者家庭的看法和态度等。在确保安全的前提下，也可以发热门诊为调查对象，描述该门诊接待的患者的患病情况、发热门诊在排查疑似传染病方面所起的作用；还可以调查我国传染病的防控法规、考察关于发热与感染人员的申报制度等。

④完成调查报告。调查报告应写明调查人、调查时间、被调查人或资料来源、调查提纲、调查结果、分析和建议等内容。

注意事项：在没有老师带领和未采取防护措施的情况下，学生不得擅自前往传染病医院、病人家庭等处进行调查，以免染上传染病。

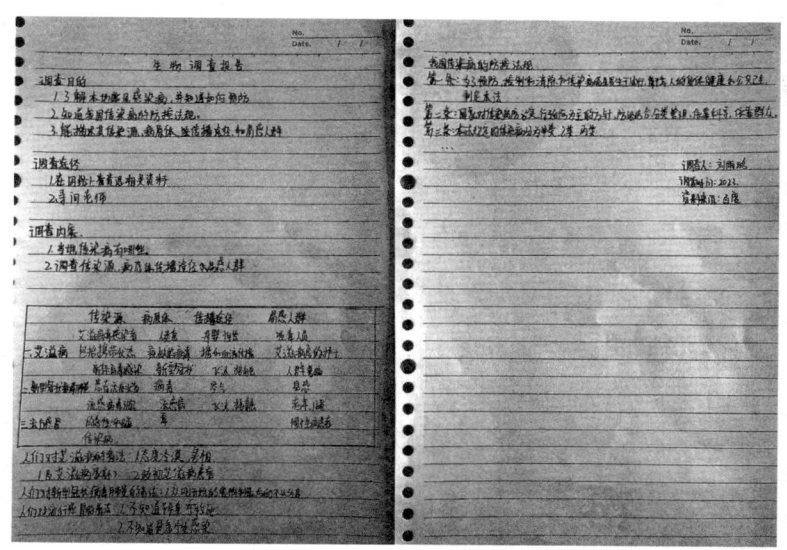

**（六）课后反思**

怎样让学生在课堂上积极主动地获取知识，就要想方设法激发学生学习的兴趣，我采用了动画短片作为本节课的开始，充分激发了学生的兴趣，是学生学习情绪高涨，积极主动地投入到了学习过程中。

要学生学得高效，老师教得轻松，就要提高课堂教学的有效性。本节主要内容是传染病流行需具备的基本环节、传染病的预防措施。通过设计活动和案例来分析生活中的实际问题，引导学生自主学习、努力探究、合作交流，满足了不同层次学生的需求，课堂教学开展得得心应手。发挥了教师的引导作用，教师成了学生学习的引领者、组织者和促进者，突出了学生的主体地位，以学生积累的生活经验和知识基础为出发点，结合学生的心理需求，激发了学生的学习兴趣，调动了学生自主学习的积极性和主动性。绝大多数学生在分小组进行自主探究、合作探究的过程中，积极主动性强，对每一个图片观察细心，分析透彻，对每一个问题认真分析讨论，在争论中解决问题，学生个性得到了充分发展。能够从中归纳出传染病流行的基本环节以及预防传染病的一般措施，再运用一般措施讨论预防四类传染病的具体措施。

## 免疫之战

（1课时）

### 一、学习目标

（一）低阶目标

1.说出人体的三道防线的构成及功能。（生命观念）

2.区别人体的特异性免疫和非特异性免疫。（生命观念）

3.明确人体具有免疫功能，通过计划免疫等措施能够预防传染病。（生命观念）

（二）高阶目标

4.关注有关传染病的社会性科学议题，举例说明传染病的危害，辨别信息的科学性和可靠性，作出合理判断，并与他人交流讨论。尝试提出可有效预防传染病的方法。（科学思维、态度责任）

### 二、达成评价

1.1 通过阅读教材，分析出人体的三道防线。

1.2 通过对人体第一道防线和第二道防线的分析，总结出第一、二道防线的共同特点。

2.1 通过对人体的三道防线的理解，总结区分特异性免疫和非特异性免疫的异同点。

3.1 利用图画解读免疫的功能。

3.2 通过阅读教材，培养阅读和识图能力。

4.1 通过查询资料，培养学生整理与选择资料的能力。

4.2 通过小组合作，联系生活实际，寻找有效预防传染病的方法，培养解决实际问题的能力。

### 三、学习过程

（一）先行组织

同学们还记得是谁最先发现细菌的吗？列文虎克利用自制显微镜观察了从未刷过牙的老人的牙垢，观察到微小的细菌之后，有的人就很恐慌：外面那么危险，为什么我们没有经常得病？

（二）任务与活动

任务一：知己——人体的三道防线。

活动1：阅读教材，完成表格，明确人体的三道防线。

学生自主阅读教材，总结归纳出人体三道防线的组成与功能，培养学生自主学习的能力。

| 人体的三道防线 | | | |
| --- | --- | --- | --- |
| 类别 | 组成 | 功能 | 免疫类型 |
| 第一道防线 | | （　　）、杀菌、清扫 | |
| 第二道防线 | | 溶解、（　　） | |
| 第三道防线 | | 产生（　　）清除抗原 | |

活动2：非特异性免疫和特异性免疫的区别。

人体的第一道防线和第二道防线属于非特异性免疫，人体的第三道防线属于特异性免疫，这两种免疫类型有什么区别呢？

| 非特异性免疫和特异性免疫的区别 | | |
| --- | --- | --- |
| 类别 | 非特异性免疫 | 特异性免疫 |
| 特性 | 针对（　　）病原体 | 针对（　　）病原体 |
| 形成时间 | | |
| 作用强弱 | | |

学生1：非特异性免疫是我们生来就有的，特异性免疫是后天才

形成的。

学生2补充总结：非特异性免疫生来就有，会针对多种病原体进行免疫；特异性免疫是后天形成的，可称为后天免疫，只针对某一特定的病原体免疫。

活动3：抗原与抗体的特异性结合——画出人体第三道防线的防御过程

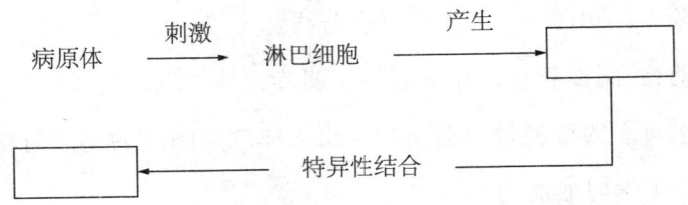

【提出问题】人体第三道防线如何防御病原体？需要经历哪些过程？

【组织学习】学生思考后到黑板上完成书写，并尝试对此过程讲解。

【表达成果】学生1：病原体刺激淋巴细胞产生抗体，抗体与病原体特异性结合。

【交互反馈】师：请其他同学评价他说的是否准确，如不完整是否有补充。

学生2：他表述不准确，抗体是与抗原特异性结合，而不是病原体。

【整合提升】师生共同总结：当病原体侵入人体后，刺激淋巴细胞产生一种抵抗该病原体的特殊蛋白质，叫做抗体。引起人体产生抗体的物质（如病原体等异物）叫做抗原。抗体与抗原特异性的结合。

任务二：免疫的功能。

活动4：角色扮演：学生阅读教材82页的图文内容，以小组为单位，以小品表演的形式来表达出免疫三方面的重要功能，在课堂上进行表演与评比，看看哪一组最棒。

【提出问题】免疫具有什么功能？

【组织学习】先独立思考，然后小组交流。

（评价标准：观察示意图，总结出免疫的三项功能，+3；小组成员分配角色，明确自己的"功能"，+2；免疫功能描述正确，语言流畅，表述清晰，+2。）

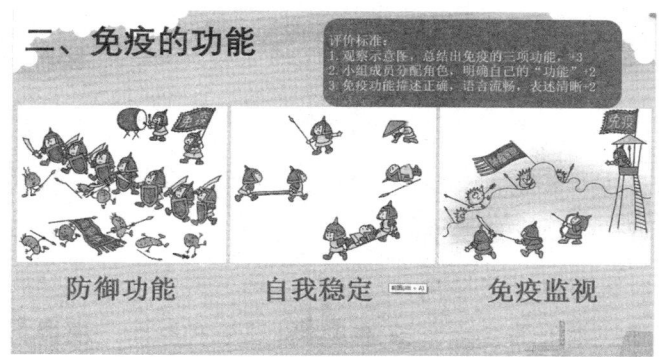

【表达成果】学生1（肿瘤细胞）：大家埋伏好，等夜深人静的时候进攻。

学生2（免疫细胞）：发现异常细胞，大家注意警惕！

学生3（抗原）：愚蠢的免疫细胞们，你们是抵挡不住我的！杀！

学生2（免疫细胞）：将士们不要怕，我们一定会抵抗抗原的侵入！

学生3（损伤的细胞）：啊！快救救我，我受伤了。

学生2（免疫细胞）：等等我，我马上就来救你。你们几个去救人，你们去清除衰老和死亡的细胞。

【交互反馈】师：请其他同学依据评分标准对他进行评价。

学生1：可以给5分，最终没有总结说出免疫的三项功能。

师追问：那你可以帮助同学们总结一下免疫的三项功能吗？

学生思考后回答：具有防御、自我稳定和免疫监视功能。

师讲解：免疫是人体的一种生理功能，人们依靠这种功能识别"自己"和"非己"成分，从而破坏和排斥进入体内的抗原物质，及人体本身所产生的损伤细胞和肿瘤细胞等，以维持人体的健康。

【整合提升】学生总结回答

免疫的三项功能是防御、自我稳定和免疫监视功能。

活动5：分享课前查阅的关于艾滋病的资料，了解艾滋病的传染方式。

学生：艾滋病也叫获得性免疫缺陷综合征，它是由人类免疫缺陷病毒也就是HIV引起的慢性传染病。这个病主要是通过性接触、血液和母婴进行传播。艾滋病潜伏期差异也是很大的。平均九年，短的可以是数月，长的可以达15年。过了潜伏期患者就进入艾滋病期，出现典型的艾滋病相关综合征、各种机会性感染和肿瘤。所以，艾滋病的患者应该定期复查，在抗病毒合适的时机即开始积极规范的抗病毒治疗，来延长生存期。

教师总结：艾滋病主要通过母婴、血液和性接触传播，握手、拥抱等方式是不会传染艾滋病的，所以同学们不要歧视艾滋病人，要关心爱护患有艾滋病的患者。

任务三：计划免疫。

活动6：学生阅读书中83~84页内容，总结计划免疫的意义。

学生总结：保护儿童健康和生命，提高人口素质，造福子孙后代。

（三）迁移运用

本节课我们学习了人体的三道防线以及免疫的形成与功能，为了我们的健康，我们应该如何提高免疫力呢？请同学们进行小组讨论交流。

（四）成果集成

学生梳理人体的三道防线以及免疫类型的表格，总结免疫的功能的小品。

（五）作业设计

为了满足不同层次学生的需求，锻炼学生利用所学知识解决实际问题，通过了解新型冠状病毒的侵染过程，从而明确如何防范新冠病毒的入侵，达到疫情防控的目的。

请同学们任选其中一项作业进行完成：

1.请同学们通过媒体收集有关新型冠状病毒的资料，以"新型冠状病毒的人体探险"为题目写一篇小故事，注意体现出人体的三道防线与免疫的功能。（10分）

（评分标准：语言通顺流畅，语句优美2分；清晰描述出新型冠状病毒侵染人体的过程，4分；体现出人体的三道防线与免疫的功能4分。）

2.根据计划免疫的内容与意义，描述出接种新型冠状病毒疫苗

后，人体内会产生哪些变化？（10分）

（评分标准：体现出接种新型冠状病毒疫苗是抗原，1分；说出攻克人体的第三道防线，2分；引发特异性免疫，2分；抗原与抗体特异性结合，2分；计划免疫的意义，3分。）

3.我是小小解说员：根据教材第82页的文字与图片录制免疫功能的解说视频，要求吐字清晰，逻辑通顺，并单独发给生物老师。（10分）

（评分标准：语言简练准确，表述清晰，逻辑通顺，3分；合理发挥自己的想象力进行表述，2分；免疫功能表述准确，5分。）

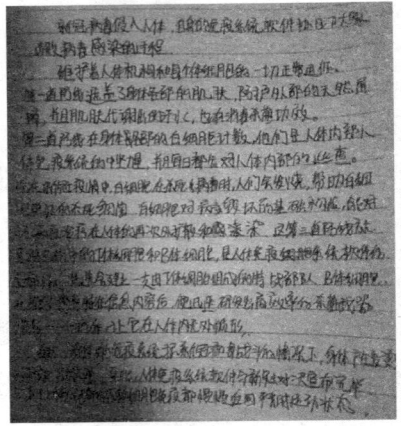

（六）课后反思

本章内容是人教版生物学八年级下册第八单元第一章"传染病和免疫"，包括两课时的内容。本节课是学生在认识了传染病的基础上来进行探究的。导致传染病发生的原因由病原体和人体自身免疫两个方面，而免疫可看做是防止疾病发生的部分生物学原理。

以学生为主体，学生进行课前预习，减少了课上书写导学案的时间，将更多时间交还给学生，使学生更多参与教学活动中去，学到更多的知识。在修改的过程中生物组的老师们也给予了我很大的帮助，提出一些实用性的建议，使我的教学设计更加合理与完善。

在设计教学流程的过程中我大概有如下环节：复习导入、人体的三道防线、特异性免疫的具体过程和免疫的功能。对于复习导入部分利用提问的方式让学生回忆第一个发现细菌的人——列文虎克，并且根据细菌分布广泛的特点，设疑："外面那么危险，为什么我们没有经常生病？"学生第一时间想到是免疫力强，所以引出本节课的课题"免疫与计划免疫"。人之所以能在有大量病原体的环境中健康地生活，是因为人体具有保卫自己的防线。那么究竟有哪些防线呢？引导学生自主讨论完善导学案中的表格一；通过学生的自主学习能够学会大部分的知识，然后学生进行汇报交流，老师再进行具体的讲解。但是在这个过程中，学生比较独立，所以没有达到小组合作讨论的效果。对于总结前两道防线学生理解与总结的非常到位。在讲解第三道防线防御过程时，让学生自主以画图的形式进行表示，锻炼学生理解教材内容的能力。其次在讲解免疫功能的时候，为了帮助学生理解免疫的三方面功能，我利用让学生表演的方式，加深学生的印象，便于学生理解；最后通过习分层作业来巩固学生的知识掌握。本节课总体来说教学流程比较完整，但教学过程的时间把握还需进一步加强。

# 深度学习理念下大单元教学

## 初中 道德与法治 历史 地理

总 主 编：苏文玲
本册主编：武胜男　朱艳秋
　　　　　李　燕　杨　梅

世界图书出版公司

图书在版编目（CIP）数据

深度学习理念下大单元教学 / 苏文玲著 . -- 北京：世界图书出版公司，2022.12
ISBN 978-7-5232-0016-2

Ⅰ .①深… Ⅱ .①苏… Ⅲ .①教学研究 Ⅳ .①G420

中国国家版本馆 CIP 数据核字 (2023) 第 011539 号

| | |
|---|---|
| 书　　　名 | 深度学习理念下大单元教学　初中　道德与法治 历史 地理 |
| （汉语拼音） | SHENDU XUEXI LINIANXIA DADANYUAN JIAOXUE　CHUZHONG DAODE YU FAZHI LISHI DILI |
| 著　　　者 | 苏文玲 |
| 总　策　划 | 吴迪 |
| 责 任 编 辑 | 王林萍 |
| 装 帧 设 计 | 包莹 |
| 出 版 发 行 | 世界图书出版公司长春有限公司 |
| 地　　　址 | 吉林省长春市春城大街 789 号 |
| 邮　　　编 | 130062 |
| 电　　　话 | 0431-86805551（发行）　0431-86805562（编辑） |
| 网　　　址 | http：//www.wpcdb.com.cn |
| 邮　　　箱 | DBSJ@163.com |
| 经　　　销 | 各地新华书店 |
| 印　　　刷 | 河北品睿印刷有限公司 |
| 开　　　本 | 787 mm×1 092 mm　1/16 |
| 印　　　张 | 11.75 |
| 字　　　数 | 175 千字 |
| 印　　　数 | 1—3 000 |
| 版　　　次 | 2022 年 12 月第 1 版　2022 年 12 月第 1 次印刷 |
| 国 际 书 号 | ISBN 978-7-5232-0016-2 |
| 定　　　价 | 45.00 元 |

版权所有　翻印必究

（如有印装错误，请与出版社联系）

# 编委会

顾　　问：崔成林
总 主 编：苏文玲
本册主编：武胜男　朱艳秋　李　燕　杨　梅
编　　委：王泽群　王　茜　王思瑶　王晓曼
　　　　　王紫萱　吕　超　刘舒欣　闫　琪
　　　　　张　昊　张　悦　邵　华　徐　红
　　　　　杨　静　曾淑仪　何碧云　李雪芬
　　　　　潘春浓

# 序

知易行难。作为指导专家，深知大单元设计和教学实践的艰难，要想把"死教材"变成"活课程"，不仅需要理念培育、策略建构，还需一线教师有较高的专业素养和持之以恒的投入热情。长春经济技术开发区教师进修学校，基于《区域推进深度学习理念下教学评一体化实践研究》的实践研究，从教研员带头做起，上挂下联，促进教学理念转化，扎根学校课堂实践，解决了理论联系实践的难题，并结出了丰硕的果实，提炼出一个个优质的教学案例，汇集出版了《深度学习理念下大单元教学》专著和《学科教学案例》，给基础教育学校提供了急需的可借鉴、可临摹的大单元设计范例，可喜可贺！

**一、为什么要进行"大单元整体设计"**

素养立意，深度学习，以大单元整体教学为载体，目的是培养知行合一的优秀学习者，这是实施大单元教学的根本价值。然而，一线教师不喜欢这种"大道理"，作为一位常自诩"在理论与实践割裂处穿行"的学者，从教学质量提升的实践角度谈谈自己的一点感悟。

"讲练结合"是一线教师公认的有效教学策略。传统的以"课"为单位的教学，"课"与"课"各自为战，缺乏有机统一、分工合作，形不成"整体"力量，让老师陷入了"讲练两难"的境地。"光说不练假把式"，"讲"的多了，学生"练"的不足，不仅学生主体地位难以落实，知识掌握和思维发展也无法达到理想的效果。如果按照现在流行的说法，"把课堂还给学生"，教师"少讲"，学生"多练"，人们发现，这样的课堂学生学习知识不系统、理解不深刻。由于"讲""练"无法两全，于是，课内损失课外补，"满堂讲""满堂问"依然是当前课堂的主题曲，这说明"单打独斗"式的"课时主义"，不仅导致了知识与知识之间、问题与问题之间、课与课之间……缺乏关联和迁移，有效的教学策略难以落地，而且直接影响了教学质量的提升。

既然"单打独斗"的"课时主义"有诸多弊端,那么是否可以尝试一下"集团作战"呢?即以一个单元(自然单元或重组单元)为最小的教学单位来组织教学。这种"整体作战",在一个课程单元教学中,合理分工,各展所长,有的课时可以系统讲,有的课时可以集中练,有的课时作业讲评,有的课时方法提升……相互配合,有机统一,统筹安排,则可以解决当前课堂"讲练结合"捉襟见肘的问题。"一双筷子轻轻被折断,十双筷子牢牢抱成团",以单元为一个教学单位组织教学,可以产生"1+1"大于"2"的教学效果,解决碎片、孤立化教学无法克服的困难;可以让教师的教学决策更加灵活,做到张弛有度、收放自如。

课堂教学是一门艺术,同样需要"战略战术"。视角孤立的"课时教学",零散、浅表、呆板、高耗,过分强调"教学速度和知识效率",达不到知识、思维和素养生长应该具有的"课标"高度,不符合当今素养导向的中高考综合测试要求。单元整体视角的"单元教学"具有"大主题"统领、"系统化"分析、"整体性"编排、"结构化"关联的内涵特征,利于学科素养的落实和质量提升。

## 二、如何进行"大单元整体设计"

什么是"单元"?按照百度百科的说法:单元,意思是指样本中自为一体或自成系统的独立成分,不可再分,否则就改变了事物的性质。我们日常说的教材单元是由若干个相同知识组成的集合,通过课时教学的组织方式来完成。真正的课程单元,应该以一个"单元"是"一个最小的教学单位",课时是单元的组成部分,这如同一只手,手指是手的组成部分,各有各的功能,有机统一,才能发挥一只手的完整功能。

那么何谓"大单元"呢?大单元的"大"字,并不是数量、形状比较词,大单元是指"课程单元""学习单元",这个"大"字如果需要诠释,我以为用"素养"即"知行统一"解读更准确,"素养为大"。大单元是指基于学科核心素养和课程标准要求,根据学生认知规律和基本学情,以一个主题(专题、话题、问题)为核心,根据单元目标,组织、连接学习内容,形成贯通学习情境、学习任务、学习活动和学习评价整体联系的最小的教学单位。

"单元整体设计"的特点是"系统分析、整体设计"。系统分析,是指整个单元规划和课时设计,必须建立在课程标准、核心内容、基本学情的深度分析基础上的"再建构",是通过大问题、大任务、大观念或大项目的组织方式来完成的,而非一味沿袭教材、教参和学辅资料的规定与说明;整体设计,是指课时教学以前,要在系统分析基础上组建单元、确定主题、明确目标(含学业质量标准)、结构化任务、递进性活动以及课型、课时、作业等内容。

(一)未设计、先分析——分析课标、分析教材、分析学情,这是单元设计的基础工程。

没有对课标、教材、学情的深度解析和精准把握,单元规划和课时设计就成了无源之水,无本之木,教学质量也就无从谈起了。单元设计教案一般会设置这些栏目,让老师们把分析显性化、可见化,依我看来,这种分析可以写在纸上"显而易见",也可以隐藏在对"课标、教材、学情"分析后的"产品"中。单元目标制定的是否准确,单元学业质量标准制定的是否精准,足以验证是否深度解析并准确把握住了课程标准;单元结构化的学习任务是否完整,分类分层逻辑是否科学,足以验证设计者是否深度阅读,并剖析了教材和相关学习资源,且深谙学科内容之间的逻辑关系;单元递进性活动设置的是否得当,学习过程组织的是否有序,也足以证明学情把握的准确不准确,是否符合自己所教学生的最近发展区。以输出成果证明过程效能,也是一种验证课标、教材、学情分析品质的方法。

(二)整体性、结构化——"整体设计、统筹安排""课程结构、思维进阶",这是大单元设计的基本特征与内在逻辑。

由零散走向关联,由浅表走向深度,由知识化走向课程化(面向真实问题解决)。要求设计者,站到课程的高度,遵循育人的需要,整体建构，旨在取得最大、最佳教学效能。以主题为统领，以目标为指向，以标准为依据，综合利用各种教学形式和教学策略，完成具有内在联系的学习任务，达到迁移运用水平。

1.纲举目张——主题是单元设计的聚合器

以核心素养为纲来设计大单元，关键在于提炼一个合适的大主题。通过提炼合适的主题，统领整个单元。单元主题可以这样来设计：（1）以大概念或核心概念做主题；（2）以项目化学习主体任务做主题；（3）以课程内容对应解决的主问题、主任务作为主题；（4）以教材整合后指向的核心目标作为主题；（5）以现实问题整合的跨学科生成主题；（6）直接采用教科书单元主题等。主题的确定应遵循以下基本原则：指向素养提升；落实课程标准；遵循教学规律；体现学科本质和学科育人价值。

2.进阶式目标——具有递进层次的完整目标

优质单元设计的重要品质之一就是澄清本质不同的目标：短期学习目标（知识和技能）和长期学习目标（理解意义和迁移）。单元目标应体现从知识到素养的"思维进阶"，分清低阶学习目标（双基）和高阶学习目标（运用双基做事），这种进阶式学习目标可以将学习目标组织成非常有用的结构，它是一个连续统一体，能清楚地说明与具体标准相关的不同层次的知识与技能。

3.单元评价——学业质量标准的单元化

无规矩不成方圆，无标准难求质量。新修订的课程标准，一个较大的变化是增加了学业质量标准，根据"逆向设计"理念，单元设计应该在学习目标（学习结果）确定之后，设计单元"学业质量标准"，彰显目标达成评估证据，然后设计单元结构化活动（任务）。单元达成评价可通过设计评价性任务或问题，以完成情况和质量来测评；可通过设计各类学习活动成果，通过课堂汇报、展示或演讲来评估；也可在过程中设置观察评价点，根据学生学习行为、过程来评价等。

4.结构化活动——区分课程单元与教材单元的标志

单元结构化活动是为了达成单元目标,解决学习问题或完成学习任务进行的一系列习得行为和过程方法,相对独立,又彼此联系,构成一个体系化的课程学习活动结构,由单元结构化学习任务和递进化学习活动设计构成。以单元主题为基础,将本单元知识进行课程开发,转化为学习任务(或问题),按照"主题(大概念)——主问题/任务(核心概念)——分问题/任务(重要概念)——子问题/任务(基础概念)"逻辑,将子任务活动化,组成一个课程学习的意义整体,是课程单元与教材单元区分的主要标志。

单元结构化任务需要站在单元知识结构化的角度,确定构成系统的各项子任务,这些子任务具有层次性,从低级的到高级解决学习问题或完成子任务的学习方式或策略行为,即递进性活动。单元活动设计要求站在单元知识结构性的高度,以学习问题(或任务)解决为主线赋予相应的认知策略,通盘设计,构建一系列相对独立又内具关联的活动群,整体协同达成单元目标,成为单元规划课时、课型的基本依据和划分标准。

在完成上述研究分析和单元设计之后,我们需要上述内容和结构化活动,联系学生的学情,进行目标的分解、课时的划分,并根据学科特点设计适合的课型,形成具有进阶性且整体闭合的单元教学过程,同时进行设计作业及统筹安排。单元作业设计要整体设计,具有递进性和关联性。单元作业要求站在单元层面统筹考虑整个单元系列性作业,将单元内零散的,单一的作业采取删减、增补、重组等方式合理整合,而不是对单元内一课一课作业的叠加。要求依据学生的认知特点和某个单元的教学内容,设计合理的、有一定思维梯度的作业,注重学习的阶段性和层次性,避免传统作业的随意性与盲目性。

大单元设计是一项复杂的工作,对设计者的专业能力要求特别高:第一,设计者应该是一个教学研究者,需要对课标、学情、教材深度解析,并转化为单元主题、目标、评价等课程产品;第二,设计者应该是一个课程开发者,需要把教材内容抽丝剥茧,变成结构化的学习问题、学习任务,并赋予情境,引导学生通过学习活动解决问题;第三,设计者应该是一个顶层设计者,需要整体构思、科学统筹课型、课时,从单元规划到课时教学,形成一个完整的系统化设计。在大单元设计方面,无论理论研究专家还是一线实践者,我们都在路上,《深度学习理念下大单元教学》提供的案例和相关的研究,是一块璞玉,有瑕疵,需要深入探讨和完善优化。他山之石,可以攻玉,我们不妨以此为参考,继续深化研究,也希望更多区域和学校产生自己的研究成果。

崔成林

崔成林:山东省特级教师,正高级教师。山东省十大创新人物,泰安市功勋教师。长期致力于课堂实践研究,在教学设计、教学评价、现代课堂建构方面有独到见解和实践经验,已在国家和省市教育期刊发表论文上百篇。近几年,着力深度学习理论转化,推进深度教学改革,取得了丰硕的成果,获得了山东省教学成果一等奖、国家教学成果二等奖,本人也荣获"第四届全国教育改革创新先锋奖"。

# 目 录
contents

➡ **道德与法治大单元教学设计 / 1**

  七年级下册 第四单元 走进法治天地 / 2

  八年级上册 第一单元 走进社会生活 / 17

  八年级下册 第一单元 坚持宪法至上 / 33

  九年级下册 第二单元 世界舞台上的中国 / 49

➡ **历史大单元教学设计 / 61**

  七年级下册 第一单元 隋唐时期：繁荣与开放的时代 / 62

  八年级上册 第五单元 从国共合作到国共对立 / 78

  八年级下册 第三单元 中国特色社会主义道路 / 94

  九年级上册 重组单元 古代亚非欧文明的产生、发展

           与多元面貌 / 107

➡ **地理大单元教学设计 / 121**

  中考复习  重组单元 区域地理——气候与传统民居 / 122

  七年级上册 第四章  居民与聚落 / 137

  七年级下册 第七章、第八章 分析地理特征及地理背景 / 158

# 道德与法治大单元教学设计

# 七年级下册 第四单元 走进法治天地

长春经济技术开发区育隆学校 张悦

 单元教学规划

一、单元内容

部编人教版七年级下册第四单元"走进法治天地"。

二、单元分析

（一）课标分析

1.目标要求

政治认同中理解社会主义核心价值观的内涵及其重要意义，在日常生活和社会活动中自觉践行；道德修养中维护公共秩序，讲社会公德，爱护公共财物，在公共生活中做一个文明的社会成员；法治观念中了解法律对个人生活、社会秩序和国家发展的作用，理解法治的本质及特征；了解以民法典为代表的、与日常生活相关的法律，理解法律是实现和维护公平正义的基本途径；健全人格中热爱生活的品质，确立正确的人生观。

2.内容要求

生命安全与健康教育中维护公共秩序，做文明的社会成员；法治教育中初步认识法治的内涵，理解法治是治国理政的基本方式。

3.学业要求

能运用自己所了解的法律知识认识和评价社会现象，用法律维护自己作为未成年人的权益；能够正确认识和行使公民权利，履行公民

义务，运用实际案例说明与生活相关的法律规定（法治观念、责任意识）。

4.教学提示

教材注重法律知识的学习，强调法治思想、法治精神的渗透，着力从学生的生活经验入手，带领学生了解法治的进程，了解法律的特征和作用，初步感受法律与生活密不可分，理解法律对生活的保障作用，感受法律对青少年的关爱，引导学生自觉尊崇法律，学会依法办事，努力成为法治中国建设的参与者和推动者。

5.学业质量

通过本单元的学习，学生能够懂法，具备初步的法治意识；能够正确用法，利用生活中常见的法律知识解决生活中的一些问题，提高解决问题的能力和实践能力；能够守法，不触碰法律底线，做社会生活中的文明成员。

（二）教材分析

1.横向分析

本单元统领整个法律部分的学习，力图展现法律包含的公正、自由、和谐等因素。

2.纵向分析

本单元从学校生活领域过渡到社会生活领域，着力体现学生生命成长的连续性与教育内容的衔接，既是本册教材最后一个单元，也是整套教材法律部分的起始单元。

（三）学情分析

未成年人作为中国特色社会主义建设的主力军，他们的法治意识如何，关系着建设法治中国的目标能否实现。受生理发育、心理发展的限制，未成年人辨别是非的能力不强，法治观念淡薄，容易受到不良因素的影响，甚至可能走上违法犯罪的道路。因此，必须把法治教育纳入国民教育体系，从青少年抓起，强化规则意识，倡导契约精神，弘扬公序良俗，增强全民法治观念，推进法治社会建设。

### 三、单元主题

走进法治天地。

### 四、单元目标

（一）低阶目标

1.通过列举大量实例和表格的横纵向分析，明确法律与生活的联系。

2.通过分析社会热点案例，知道法律的特殊性和其作用。

3.通过思考问题了解对未成年人实施特殊保护的原因。

4.通过分析生活情境知道依法办事的要求。

（二）高阶目标

5.通过分析案例和新闻热点，初步形成规范自己的能力和推进法治建设进程的能力。

6.通过辨析观点树立法律面前人人平等的观念。

7.通过分析生活情境理解树立法治意识的重要性，养成守法用法尊法学法的好习惯。

### 五、单元评价

1.1 能够结合生活实际，列举大量实例。

1.2 能够通过横纵线表格，分析出表格背后法律与生活密切相关。

2.1 能够对热点新闻表述出自己的看法和见解。

2.2 能够在热点的背后挖掘出法律发挥作用的具体表现。

3.1 能够结合自己生活实际思考问题。

3.2 能够概括出对未成年人实施特殊保护的原因。

4.1 能够对生活情境进行细致的分析。

4.2 能够通过生活情境看到依法办事的必要性。

5.1 能够对案件和热点有自己的观点和见解。

5.2 能够利用学科知识解决生活中遇到的实际问题。

6.1 能够对观点进行评析。

6.2 能够树立法律面前人人平等的意识。

7.1 能够通过分析情境看到生活中解决问题的具体做法。

7.2 能够学会运用法律维护自身合法权益，正确用法。

**六、单元结构化活动**

**任务一**：生活需要法律。

活动1：寻：法律起源。

思考问题：

法律从无到有的过程，统治者为什么建立法律呢？

活动2：探：身边法律。

评价以下观点。

列举生活中法律保护我们的具体情境。

活动3：踏：法治脚步。

畅所欲言：法治强调的是自由、平等、公平、正义。你期待的法治国家是什么样的？（提示：可从政府、法院、社会成员等角度思考）

**任务二**：法律保障生活。

环节一：法——定行为之边界。

活动1：交代案件整个过程。

思考问题：

1.这个现象怎么整顿？

2.法律由谁来保障实施呢？

3.法院为什么要发"应诉通知"，而不是直接宣判？

环节二：法——护天下之安宁。

活动2：回顾案件过程。

环节三：法——促生活更美好。

活动3：分享法律发挥作用的事件。

活动4：正反观点进行讨论。

**任务三**：法律为我们护航。

活动1：寻找：侵害未成年人的不法现象。

思考问题：

1.法律为什么为我们护航？

2.在家庭、学校和社会中，可能存在着哪些侵害未成年人合法权益的现象？

3.生活中未成年人为什么容易受到伤害？

活动2：寻找：不同方面对未成年的关爱。

出示案例，思考问题。

活动3：寻找：未成年人自身需改正的问题。

学习了未成年人特殊保护后，是不是意味着未成年人就可以随心所欲了呢？我们在享受特殊保护时应注意什么呢？

任务四：我们与法律同行。

活动1：开端。

教师出示案例材料。

结合材料，思考问题：

1.为什么B会愈演愈烈，从索要几块钱到强行借走不还？

2.这对我们有何启示？

活动2：高潮。

教师案例后续。

学生结合材料，思考问题：

1.为什么A只是想要回自己的东西最后却被判刑呢？

2.你认为A可以通过什么方式拿回自己的东西？

3.青少年如何做到与法律同行？

活动3：结局反转。

请你续写故事的结局，对比各个结局，你觉得哪一个最让你满意，说说你的理由。

## 七、课时分配

4课时。

课时规划设计

## 第一课时：生活需要法律
（新授课）

### 一、课时目标

（一）低阶目标

1.了解生活需要法律，生活与法律息息相关，法律深深嵌入自己的生活，与自己相伴一生。

2.明确自己一生都享有法律规定的各项权利，同时必须履行法律规定的各项义务。

3.了解法律产生的过程，了解我国法治建设的发展历程，懂得法治的重要意义。

（二）高阶目标

4.激发热爱法律、学习法律的情感，初步树立尊重法律、敬畏法律、遵守法律的意识。

5.初步形成用历史的、发展的观点认识法治建设进程的能力，培养法治意识。

### 二、情境任务

任务一：寻：法律起源。

任务二：探：身边法律。

任务三：踏：法治脚步。

### 三、学生活动

活动1：结合情境思考问题。

活动2：评价观点，填写表格后分析表格。

活动3：观看视频《我国社会主义法治建设的航程》后畅所欲言回答问题。

### 四、课时作业

（一）基础作业

完成本课配套练习并绘制思维导图。

（二）拓展作业

法律的产生是人类文明进步的重要表现，体现着人类对公平正义的不懈追求。与同学分享我国历史上秉公执法、惩恶扬善的故事，并谈谈你的体会。

## 第二课时：法律保障生活
（新授课）

### 一、课时目标

（一）低阶目标

1.认识到法律是一种特殊的行为规范。

2.理解法律的特征和作用。

（二）高阶目标

3.初步形成自觉按照法律规范自己行为的能力，树立"公民在法律面前一律平等"的观念。

4.树立尊重法律、热爱法律、认同"法律让我们的生活更美好"的意识，增强学法用法能力。

### 二、情境任务

任务一：法——定行为之边界。

任务二：法——护天下之安宁。

任务三：法——促生活更美好。

### 三、学生活动

活动1：分析热点，思考问题。

活动2：回顾案件，小组分析。

活动3：分享法律发挥作用的事件。

活动4：讨论正反观点。

## 四、课时作业

（一）基础作业

完成本课配套练习并绘制思维导图。

（二）拓展作业

请搜集身边发生的侵权的具体事件，利用腾讯文档汇总至小组长处，以小组为单位研究解决方案，提出切实的可行性措施，来帮助其维权，并在问题得到解决后写下或录下你的感受。

# 第三课时：法律为我们护航
## （新授课）

### 一、课时目标

（一）低阶目标

1. 了解未成年人需要特殊保护的原因。

2. 了解六大保护的基本内容，自觉接受来自各方面的保护，学会依法行使自己的权利，尊重和维护他人的权利。

（二）高阶目标

3. 体会法律对未成年人特殊的关爱和保护，逐步提高对法律给予未成年人特殊保护的重要性的认识。

4. 树立法治意识。

### 二、情境任务

任务一：寻找：侵害未成年的不法现象。

任务二：寻找：不同方面对未成年的关爱。

任务三：寻找：未成年自身需改正的问题。

### 三、学生活动

活动1：结合情境，思考问题。

活动2：出示案例，思考问题。

案例：小强7岁时父母离异，被判归父亲抚养，但实际上他一直与年迈的爷爷相依为命，父亲从来不管他，母亲也很少来看望他。小强11岁时，爷爷去世了，他只能和父亲住在一起，父亲常常打骂他……进入初中后，他常常和一帮"哥们儿"聚在一起打牌、飙歌或去网吧打游戏，经常上课迟到甚至旷课，即便勉强坐进了教室，也是心不在焉。

活动3：结合观点，思考问题。

## 四、课时作业

（一）基础作业

完成本课配套练习并绘制思维导图。

（二）拓展作业

查阅未成年人保护法，了解家庭保护、学校保护、社会保护、网络保护、政府保护和司法保护的主要内容，选择其中一个方面调查当地对未成年人实施保护的状况，写一份调查报告。

## 第四课时：我们与法律同行
### （新授课）

### 一、课时目标

（一）低阶目标

1.了解依法办事的要求，让学生学会依法办事。

（二）高阶目标

2.增强尊法学法守法用法的自觉性。

3.理解树立法治意识的重要性，从而自觉树立法治意识，提升法治素养，努力成为法治中国建设的参与者和推动者。

### 二、情境任务

任务一：分析情境开端。

任务二：续写后续高潮。

任务三：结局反转对比。

三、学生活动

活动1：结合情境，思考问题。

活动2：分析故事后续，思考问题。

活动3：续写故事结局，并对比谈好坏。

四、课时作业

（一）基础作业

完成本课配套练习并绘制思维导图。

（二）拓展作业

推进法治中国建设是每个人的责任和义务，作为国家未来的建设者，我们要努力为法治中国建设贡献自己的力量。

在学习法律方面，我打算：＿＿＿＿＿＿＿＿＿＿＿＿＿＿＿

在遵守法律方面，我打算：＿＿＿＿＿＿＿＿＿＿＿＿＿＿＿

在依法维权方面，我打算：＿＿＿＿＿＿＿＿＿＿＿＿＿＿＿

课时教学设计及课堂教学实录

## 法律保障生活

（1课时）

一、学习目标

（一）低阶目标

1.通过生动鲜活的热点案例，知道法律的特征。初步形成自觉按照法律规范自己行为的能力，树立"公民在法律面前一律平等"的观念。

2.通过把法律与其他规范进行对比引导学生知道法律是一种特殊的行为规范。

（二）高阶目标

3.通过回顾案件的整个过程，小组进行剖析反思，感受法律的作用。

4.通过学生课前准备，分享大量生活中法律发挥作用的事件和正反双方观点的讨论，树立尊重法律、敬畏法律、遵守法律的意识。

二、达成评价

1.1 通过分析热点现象，能够透过现象挖掘本质，精准概括出法律的特征。

1.2 通过分析问题，能够感受到法律的威严，学会生活中去敬畏法律。

2.1 通过上一个环节的学习，能够完整地填写表格。

2.2 通过对比表格的横纵向，能够发现法律这种规范的特殊性。

3.1 通过回顾案件，能够挖掘案件中法律发挥作用的表现。

3.2 通过小组合作，能够分析讨论并总结出法律的规范、保护等作用。

4.1 通过课前自主查阅资料，能够完整地说出生活中法律发挥作用的具体事例。

4.2 通过对正反两个观点的激烈讨论，能够深刻明确法律保障生活的必要性，树立守法用法意识。

三、学习过程

（一）先行组织

分享"套娃式"收费社会热点现象，同时PPT展示图片。

（二）任务与活动

任务一：法——定行为之边界

活动1：交代案件整个过程，学生根据案件思考问题：这个现象怎么整顿

学生通过思考能够说出要依靠规范、道德、法律等来解决问题，将三个解决问题的方式进行对比，就会发现法律更权威，约束效果更加完善，每一部法律的产生都是由国家制定或认可的。

那么这个法律由谁来保障实施呢？

通过分析案例、观察材料以及结合教材学生会总结出法律由法庭、军队、警察、监狱来保障实施。

法院为什么要发"应诉通知"，而不是直接宣判？

学生解释应诉通知并进行分析后得出每个公民都平等地受到法律的保护，平等地享有权利和履行义务。公民在法律面前一律平等，任何人都没有超越法律的特权。

表格对比，总结法律区别于道德等行为规范的最主要的特征。

任务二：法——护天下之安宁

活动2：回顾案件过程

展示用户的诉求，学生对整个案件进行再次回顾。

【提出问题】

结合事件和所给法律条文概括出法律是如何发挥作用的。

【组织学习】

以小组的形式展开学习。

小组合作评价。

[小组成员分工合作标准]

①小组成员有明确分工。（1分）

②分工具体内容叙述清楚。（3分）

③分工内容全面合理，工作内容、方法叙述详尽合理。（5分）

【表达成果】

学生1：法律明确规定了这些事是可以做的，那些事就是不可

以做的，对于爱奇艺来说，违法了相关法律。

学生2：法律条文的明确规定给了消费者一个保护，这应该是保护作用。

学生3：消费者和企业的事情告诉我们，遇到事情应该找法来解决，这是指引人们保护我们的合法权益。

【交互反馈】

请其他同学依据评分标准对他们进行评价。

学生4：他们小组解释得真全面！应该5分。

师追问：我国当前还有哪些法律，这些法律在生活中是怎样约束人们的行为的？

生：民法典告诉我们，禁止高空抛物；"双减"之后，家庭教育促进法出台，"依法带娃"成为规定……

师生共同总结：法律规定了我们的权利和义务，让我们懂得在社会中可以做什么，应当做什么，不应当做什么，这就是法律的规范作用。

【整合提升】

学生根据上一个环节的汇报总结。

法律指引人们向善，规定了我们的权利义务，起到了规范作用；当我们拿起法律武器保护自己的合法权益的时候，法律发挥的则是保护作用。

任务三：法——促生活更美好

活动3：分享法律发挥作用的事件

学生进行事件分享，并明确表述清楚该事件中法律发挥的是哪种作用？

活动4：讨论正反观点

【提出问题】

从判决结果看，用户权益遭受损失与维权的成本（时间和金钱）相比，显得微不足道，所以对个人来说是不值得的。

这个社会就需要这样较真的人，虽然结果赔偿不多，但是对整个社会来说很值得。

【组织学习】

你赞同哪一种意见？请说明理由。

[评价标准]

①能够运用已有的知识储备简要叙述出理由。（1分）

②能够较为详尽地阐述出合理观点，立场清晰，叙述完整。（3分）

③能够运用学科专业知识，立场明确，逻辑清晰，有理论支持，能够表达流畅地说明观点。（5分）

【表达成果】

生1：我觉得应该站出来，维护自己的合法权益。当你站出来的那一刻，企业就会无形中约束自己的行为，社会就会有一个良好的风气。

生2：我觉得不应该站出来，个人经历毕竟有限，事情不大，付出的成本过高，多少有些得不偿失。

【交互反馈】

请其他同学依据评分标准对他们进行评价。

生：我觉得应该给他们3分，是否站出来应该结合自身情况综合考虑。

师追问：如果有时间也有精力想要真正地积极维权，大家有没有了解过具体要怎么做？

生：可以去法院告他！

生：那样岂不是要花很多钱！

生：如果不起诉，找到企业协商解决一下，大家坐下好好谈一谈，既避免了过高的成本，又可以解决问题，大家看看是不是也可以？

生：看来维权的方式不是只有诉讼呀，应该给他5分，如果能找到一种便捷又解决问题的方式，那维权对我们来说并不是一件难事呀！

生：看来站出来才是我们应该选择的呢！

【整合提升】

学生根据上一个环节的汇报总结。

法治中国的建设离不开每一个人的努力！每个人维权的一小步，其实都是推动法治社会建设的一大步，希望我们每一个人都能成为法治之光！

（三）迁移运用

有人认为：现代社会中的一切事情都可以通过法律来解决。对此观点，你的看法是什么？

（四）成果集成

通过对案例的分析学生进行汇报梳理形成以下导图：

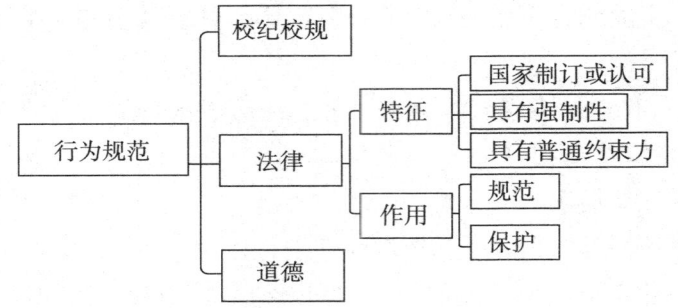

（五）作业设计

· 基础作业：完成本课配套练习并绘制思维导图。

· 拓展作业：请搜集身边发生的侵权的具体事件，利用腾讯文档汇总至小组长处，以小组为单位研究解决方案，提出切实的可行性措施，来帮助其维权，并在问题得到解决后写下或录下你的感受。

（六）课后反思

本单元内容是走进法治天地，包括四课时的内容。本课时是以热点案例套娃事件作为主线，设计了三个环节：法——定行为之边界、法——护天下之安宁、法——促生活更美好，环环相扣又层层递进，以学生为主体设计活动完成学习目标。

本节课的亮点是通过让孩子们分析身边的热点事件，真切地感受到法律在我们生活中的重要作用,树立法律面前人人平等的观念,形成初步的法治意识。接着孩子们通过对该案例的剖析和分享的大量法律发挥作用的案例,更深层次地感知法律对于生活的重要性,能够树立日常生活中尊重法律、敬畏法律、遵守法律的意识。通过反思该案例,我们能够明白,在生活中,当合法权益受到侵害时,应积极运用法律或合法手段维护自己的合法权益。通过这几个环节,让孩子们形成懂法、守法、用法、敬畏法的法治意识,在公共生活中能够提高自己的道德修养,做一个文明守法的公民。

本节课的不足是由于课堂时间有限,导致最后环节正反观点的讨论没有过多的时间给孩子们展示的机会,讨论的深度没有达到一定的层次,在前边环节的讲述过程中可以适当掌控一下时间,注意一下时间的分配。

# 八年级上册 第一单元 走进社会生活

长春经济技术开发区博远学校 刘舒欣

单元教学规划

### 一、单元内容

本单元由导语和两课组成。第一课"丰富的社会生活"设有两框,分别是"我与社会"和"在社会中成长",第二课"网络生活新空间"设有两框,分别是"网络改变世界"和"合理利用网络"。

本单元从经济全球化和社会信息化给社会生活带来的巨大变化出发,指出当代中学生享受着更多的发展福利,有着更多的发展可能,也面临着更多的成长挑战。正因为如此,中学生要主动融入社会生活，树立积极的生活态度，以实际行动承担起作为社会成员的责任。本单元概括了中学生成长的社会环境、面临的发展机遇，又对其提出希望和要求，具有导向作用，是本单元的核心思想。

二、单元分析

（一）课标分析

1.内容要求

生命安全与健康教育中遵守基本的社交礼仪，恪守诚信，理性维护社会公德，维护公共秩序，做文明的社会成员。法治教育中辨别媒体中的不良信息，了解网络环境中如何保护未成年人隐私等合法权益。

2.学业要求

珍爱生命，热爱生活，具备积极向上的人生态度，能在学习和生活中进行正确的判断和选择，自觉践行社会主义核心价值观；能运用自己所了解的法律知识认识和评价社会生活现象，用法律维护自己作为未成年人的权益；能以积极的态度对待自己面对的各种挑战，主动承担自己力所能及的责任，具备服务社会、奉献社会的意识和能力。

3.教学提示

以"我在社会中成长"为议题，探讨积极参与社会生活对于个人成长的意义，理解社会责任感的重要价值。以"如何筑牢自我保护的防火墙"为议题，讨论网络信息安全和个人隐私保护的方法与策略，可采取主题班会的形式，或者举办图片展，交流分享成功经验，或者制定安全上网指导手册。

4.学业质量

能够采取正确方法面对成长过程中的顺境和逆境，自我管理，具有亲社会行为，敬畏生命，热爱生活（道德修养、健全人格、责任意识）；能够结合社会发展和个人实际，制定个人生涯发展规划，具有实现中华民族伟大复兴的使命感和责任感（政治认同、责任意识）。

（二）教材分析

1.横向分析

本单元以"走进社会生活"为主题，有价值导向和行为指向的考虑，意在明确走进、认识、理解和参与社会生活是中学生成长为负责任公民的必经之路。本单元引导学生基于自己的生活经验和情感体验，将其对社会生活的认识由感性上升到理性，理解个人与社会的相互依存关系，引导青少年养成亲社会行为，以积极入世的态度参与社会事务、实现人生价值。初中学生也是网络社会的公民。为了更好地引领初中学生适应互联网时代的生活，本单元带领学生深入了解网络怎样从日常生活、经济、政治、文化和科技创新等方面改变了人类社会。网络在丰富日常生活和推动社会进步的同时，也给人们的生活带来一些问题，如不良信息诱惑、沉迷网络、网络安全等，进而引导学生合理利用网络，做守法、理性、负责的信息化时代的公民。

2.纵向分析

第一单元是对社会生活的理性阐释和总括性说明，具有统领全册教材的地位及作用。学生只有对社会生活有了全面认识和理性思考，后续关于社会规则、社会责任和国家利益的探讨才会成为可能，才有了展开的逻辑基础和认识依据。因此，本单元既是新学年道德与法治课程的学习起点，也是全册教材建构的逻辑起点。

（三）学情分析

1.已有经验

在身心发展上，八年级学生比七年级学生更加成熟、稳定，在知识储备上，比七年级学生更加丰富更加多元。逐渐长大的他们，拥有更多走出校门、走出家门，走进社会的机会。因此，他们的生活半径逐步向外延展，生活视角日益开阔，他们与社会的联结越来越密切。八年级学生是伴随着网络的发展而长大并逐渐成熟的一代，网络与他们的生活、学习密切相关。他们日常的学习、交友、娱乐，都可以在网络上完成。因此，现在的中学生，对网络有着天生的亲近感。但是，网络信息良莠不齐，网络世界充满诱惑，这对自控力、辨别力相对较弱的未成年人提出了现实挑战。

2.学习障碍

随着八年级学生日益扩展的生活范围，在参与社会生活的过程中，他们面临着社会经验匮乏、人际交往能力薄弱且缺乏必要方法等问题。他们很难觉察自身多种身份等困惑与难题，这是学生成长的必经过程。八年级学生好奇心强，对未知和疑问有强烈的求知欲和探索欲，他们有可能在"好奇心"的驱使下，到网络的"海洋"中畅游并寻求"答案"，这种情况下，掌握必要的信息辨析能力与一定的媒介素养是非常必要的。

### 三、单元主题

走进社会生活。

### 四、单元目标

（一）低阶目标

1.通过赏析图片，感受社会生活的绚丽多彩，通过角色扮演理解个人与社会的关系。

2.通过观看视频和分析人的社会化过程图片，理解个人离不开社会。

3.通过阅读图片和分析视频内容，知道亲社会行为的意义及如何养成亲社会行为。

4.通过续写系列故事，知道网络丰富日常生活，知道网络推动社会进步。

5.通过分析材料，知道网络的危害，理解网络是把双刃剑。

6.观看视频，分析材料，理解应理性参与网络生活。

（二）高阶目标

7.通过对亲社会行为的梳理，树立积极的生活态度，有了解、关心、融入、服务、奉献社会的意识和愿望。

8.通过了解网络的优点和弊端，树立合理利用网络的正确态度，不回避网络生活，享受健康的网络生活带来的便利和乐趣。

**五、单元评价**

1.1 能基于对社会生活的理解，说出社会生活的特点，知道个人离不开社会。

2.1 能通过对社会生活实例的分析，说出社会化的含义及意义。

3.1 能基于对养成亲社会行为的探究，掌握养成亲社会行为的方法。

4.1 能基于故事续写，了解网络能够促进信息传递交流，促进人际交往。

4.2 能基于故事续写，知道网络能够促进人际交往，使生活更加便利和丰富多彩。

5.1 能通过阅读、分析材料，说出网络的弊端。

6.1 能基于分析视频内容、图片内容，提高自身媒介素养，学会"信息节食"。

6.2 能结合材料内容，辨析网络信息，能够遵守网络生活的基本准则。

7.1 能结合生活中人与社会的关系，学会在社会交往和实践中锻炼自己，为个人价值的实现做准备。

8.1 能够理性参与网络生活，理解网络的价值与作用，善用网络带来的正向价值，树立正确的网络观，学会传播网络正能量。

**六、单元结构化活动**

任务一：走进社会。

分任务一：感受社会生活。

活动1：多媒体展示暑假参与社会生活的图片。→能够感受到社会生活绚丽多彩。

活动2：阅读教材第3页"探究与分享"，回答问题。→掌握对待社会生活的方法。

分任务二：我们都是社会的一员。

活动1：播放视频《山东野人》。→知道人与社会有着千丝万缕的关系。

活动2：角色扮演"你的社会关系网"。→明确几种主要的社会关系。

任务二：感悟社会。

分任务一：在社会课堂中成长。

活动1：播放视频《与世隔绝的生活》。→知道人的成长是不断社会化的过程。

活动2：探究人的社会化过程（展示图片）。→知道人的生存和发展离不开社会。

分任务二：养成亲社会行为。

活动1：探究社会生活（展示图片）。→能够懂得关心社会，奉献社会。

活动2：播放视频《重庆山火救援》。→学会主动了解社会，关注社会发展变化，积极投身于社会实践。

任务三：与网络相约。

分任务一：理性参与网络生活。

活动1：分析材料"小丽与网络的故事"。→能够提高媒介素养，学会"信息节食"。

活动2：观看视频《武宁县破获两起网络谣言案件》。→学会辨析网络信息，知道恪守道德、遵守法律是网络生活的基本准则。

分任务二：传播网络正能量。

活动1：多媒体展示材料"聚焦两会"。→能够利用互联网平台为社会发展建言献策。

活动2：多媒体播放视频《网络正能量精品展播宣传片》。→学会在网上传播正能量。

七、课时分配

"走进社会"一课时；"感悟社会"一课时；"与网络相约"一课时。

 课时规划设计

## 第一课时：走进社会

（1课时　新授课）

**一、课时目标**

（一）低阶目标

1.通过赏析图片，感受社会生活的绚丽多彩，通过角色扮演理解个人与社会的关系。

2.通过观看视频和分析人的社会化过程图片，理解个人离不开社会。

（二）高阶目标

3.理解个人与社会的相互依存关系，提高适应社会、参与社会的能力。

**二、情境任务**

任务一：感受社会生活。

任务二：我们都是社会的一员。

**三、学生活动**

活动1：观看视频，说出感受社会生活的方式。

活动2：角色扮演，找到自己的社会关系网。说出在"人际关系网"中相应的身份。

**四、课时作业**

在社会中，我们会与父母、同学、老师、公交车司机、银行职员等很多人产生各种各样的联系。为了更好地定位自己，试着绘制自己的社会关系网络图。思考这些人通过哪些方式与你产生联系？他们的存在对你产生了怎样的影响？

## 第二课时：感悟社会

（1课时 新授课）

**一、课时目标**

（一）低阶目标

1.通过观看视频和分析人的社会化过程图片，理解个人离不开社会。

2.通过阅读图片和分析视频内容，知道亲社会行为的意义及如何养成亲社会行为。

（二）高阶目标

3.通过对亲社会行为的梳理，树立积极的生活态度，有了解、关心、融入、服务、奉献社会的意识和愿望。

**二、情境任务**

任务一：在社会课堂中成长。

任务二：养成亲社会行为。

**三、学生活动**

活动1：观看视频，分析问题。

活动2：探究图片内容，小组合作讨论。

活动3：观看视频《重庆山火救援》，学生交流分享。

**四、课时作业**

（一）基础作业

完成课后习题。

（二）提升作业

从小到大，我们读过很多成功人物的故事。以你感兴趣的一个人为例，思考主人公对成长环境有怎样的认识和判断？主人公是怎样确立自己人生志向的？主人公是如何利用社会条件实现人生目标的？主人公为社会作出了哪些贡献？请将你的所思所想记录到笔记本上，下次上课与同学们分享。

## 第三课时：与网络相约
（1课时　新授课）

**一、课时目标**

（一）低阶目标

1.知道媒介素养，了解网络规则。

2.能够积极适应信息化社会，学会"信息节食"。

3.学会辨析网络信息，做一名负责任的网络参与者。

（二）高阶目标

4.能够理性参与网络生活，树立正确的网络观，学会传播网络正能量。

**二、情境任务**

任务一：理性参与网络生活。

任务二：传播网络正能量。

**三、学生活动**

活动1：分析小丽与网络的故事，小组合作解决问题。

活动2：观看网络谣言视频，分析问题解决问题。

活动3：分析材料"聚焦两会"，学生交流讨论。

活动4：观看视频《网络正能量精品展播宣传片》，学生回答如何利用网络。

**四、课时作业**

（一）基础作业

完成第一单元走进社会生活的思维导图。要求：层次清晰，内容翔实，字迹工整、美观。

（二）提升作业

思考新媒体给我们的生活带来的利与弊，下次上课与同学们分享。

（三）实践作业

以小组为单位，在网上学习一种新技能。例如：视频制作、远程学习等。下节课小组展示学习成果。

## 课时教学设计及课堂教学实录

## 与网络相约

（1课时）

### 一、学习目标

（一）低阶目标

1.知道媒介素养，了解网络规则。

2.能够积极适应信息化社会，学会"信息节食"。

3.学会辨析网络信息，做一名负责任的网络参与者。

（二）高阶目标

4.能够理性参与网络生活，树立正确的网络观，学会传播网络正能量。

### 二、达成评价

1.1 能通过分析图片内容，说出面对网络信息，不同的人表现出不同态度的原因。

2.1 能通过分析材料，说出其产生的原因，并提出解决对策。

3.1 能通过观看视频，掌握辨别网络信息的方法。

3.2 能通过分析材料，遵守网络生活的基本准则。

4.1 能通过分析材料，学会利用网络平台为社会发展建言献策。

4.2 能通过分析图片，学会在网上传播正能量，学会践行社会主义核心价值观，善用网络带来的正向价值，合理利用网络促进自我和社会的发展。

三、学习过程

（一）先行组织

同学们平时都上网吗？

学生：上网。

同学们在上网时都做些什么呢？

学生：学习、看电视、刷抖音、玩游戏、看微博……

请同学们观察图片中的内容，说一说你有什么感受？

学生：这些图片中的人没有时间观念，没有底线，没有规范自己的言行，没有合理地利用网络。

通过之前的学习，我们知道网络有利也有弊，这几幅图片，告诉我们要学会正确运用网络。今天我们就学习"与网络相约"。

（二）任务（问题）与活动

任务一：理性参与网络生活

活动1：多媒体展示材料"小丽与网络的故事"

【提出问题】

1.同学们，小丽的做法会带来哪些危害？

2.小丽一天忙碌的原因是什么呢？

3.面对小丽的这种情况我们应该怎么做？

【组织学习】

小组先交流讨论，每组派一名代表回答问题。

[小组合作评价标准]

①能够用准确的语言回答出上述问题，并能准确地回答出沉迷网络的危害，说出什么是媒介素养，知道什么是"信息节食"，以及在网络生活中能够做到提升自己的媒介素养，学会"信息节食"。（A级）

②根据自己的理解能够初步说出什么是媒介素养，什么是"信息

节食"。（B级）

③不能说出什么是媒介素养，什么是"信息节食"。（C级）

【表达成果】

学生1：我觉得小丽这样做会影响学习，影响身体健康，视力会下降，没有节制的上网会和家人产生矛盾。

学生2：我觉得小丽不会辨别信息，有用的网络信息和无用的网络信息她全都看。

学生3：我觉得网上信息是无限的，而我们的时间和精力却是有限的。

【交互反馈】

师：请其他同学依据评分标准对他们进行评价。

学生4：我觉得学生1和学生2他们小组的回答很对！应该给A级。

学生5：学生3他们小组基本答出了小丽忙碌的原因，但是他们没有说出来小丽没有媒介素养和关于"信息节食"的有关内容。应该给B级。

师追问：那面对小丽的这种情况我们应该怎么做？

学生6：我们应该提升自己的媒介素养，同时要注意浏览、寻找与学习和工作有关的信息，学会"信息节食"。

师讲解：媒介素养一般是指人们正确地、建设性地使用媒介资源的能力。包括人们面对各种信息时的选择、理解、质疑、评估等能力。

【整合提升】

学生总结回答。

我们在网络生活中应提高媒介素养，积极利用互联网获取新知，促进沟通，完善自我。我们还要学会"信息节食"，不沉溺于网络。

活动2：多媒体播放视频《武宁县破获两起网络谣言案件》

师：同学们，你们还知道有哪些网络谣言吗？

学生：网传吃大蒜能治疗新冠，网传熏醋能抑制病毒，暴雨过后自来水会变脏……

师：请你分享你辨别这些网络谣言的智慧和经验。

学生：我们应注意信息出处；关注官方信息；对信息进行多方验证；辨别信息内容；向他人求助。

师：视频中造谣者受到处罚，给我们什么警示？

学生：我们要学会辨析网络信息，让谣言止于智者，自觉抵制暴力、色情、恐怖等不良信息。

师：下面我们来看一段《中华人民共和国治安管理处罚法》中的具体内容，并思考这则材料告诉我们什么道理。

学生总结：社会生活中我们要遵守规则，网络生活中我们同样也要遵守道德规则和法律规则。

教师讲解：如果我们在网络生活中违反了法律，也要依法受到制裁。网络无限，自由有界。恪守道德、遵守法律是网络生活基本准则。由此事件可以总结出，我们要学会辨析网络信息，自觉抵御不良信息。我们要自觉遵守道德和法律，做一名负责任的网络参与者。

任务二：传播网络正能量

活动3：多媒体展示材料"聚焦两会"

【提出问题】

1.同学们，这则材料反映了什么现象？

2.这一现象对我们利用网络有什么启示呢？

【组织学习】

先独立思考，然后小组内交流。

[小组合作评价标准]

①能够用准确的语言回答出材料反映的现象，并能做到充分地利用网络平台为社会发展建言献策。（A级）

②能初步说出利用互联网平台做有意义的事。（B级）

③不能充分利用互联网平台做有意义的事。（C级）

【表达成果】

学生1：随着时代的发展，很多人都学会了用网络解决生活中的问题。我们可以利用网络平台表达我们的诉求。

学生2：我们可以利用互联网反映生活中出现的一些不文明现象。

【交互反馈】

学生互评：我认为利用互联网还能做很多有意义的事情，学生1和学生2的回答并不是很充分，应该给B级。

学生3：我们既可以利用网络平台表达我们的诉求，解决自己的事情，也可以通过网络平台就身边的一些公共事务向有关部门积极提出意见和建议，表达我们的诉求。

学生评价：他的回答很充分，可以得到A级。

【整合提升】

师生共同总结。

网络是汇聚民智、促进社会和谐与发展的重要渠道，利用互联网为社会发展建言献策，能够促进决策的科学化和民主化，因此我们要积极利用网络为社会发展建言献策。

活动4：多媒体播放视频《网络正能量精品展播宣传片》

师：同学们，视频内容传递出哪些正能量？

学生：我看到了爱国和友善等美德，还有公正、敬业等品质。

师：你能否说一说视频带给我们哪些启示？

学生思考后回答：我们可以利用互联网传递积极向上的正能量。

学生总结：我们要践行社会主义核心价值观，不断提高网络媒介素养，共同培育积极健康、向上向善的网络文化，让网络公共空间充满正能量，高扬主旋律。

教师总结：怎样传播网络正能量？

1.我们要充分利用网络平台为社会发展建言献策。我们可以通过网络平台就身边的一些公共事务向有关部门积极提出意见和建议，表达我们的诉求，为决策科学化、民主化贡献自己的力量，让网络成为汇聚民智、促进社会和谐与发展的重要渠道。

2.要在网上传播正能量。我们要践行社会主义核心价值观，不断提高网络媒介素养，共同培育积极健康、向上向善的网络文化，让网络公共空间充满正能量，高扬主旋律。

（三）迁移运用

就网龄、使用网络的目的和内容、每周使用网络时长等方面，设计一份调查问卷，开展调查，了解班级同学使用网络的情况，并就存在的问题提出改进建议。

（四）成果集成

学生对本节课内容进行汇报梳理形成以下导图：

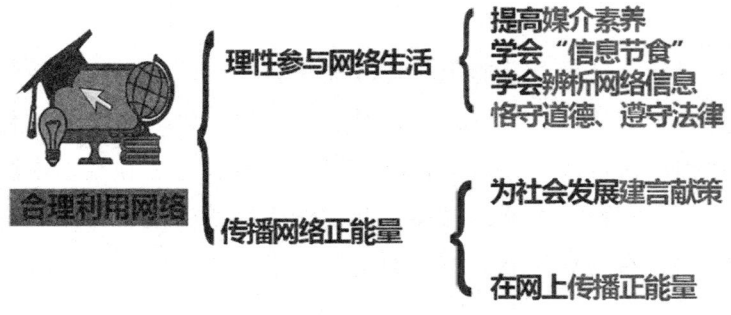

（五）作业设计

·基础作业：完成第一单元走进社会生活的思维导图。

·提升作业：思考新媒体给我们的生活带来的利与弊，下次上课与同学们分享。

·实践作业：以小组为单位，在网上学习一种新技能。例如：视频制作、远程学习等。下节课小组展示学习成果。

## （六）课后反思

本节课指导学生利用网络需要掌握"度"，是本节教学的目标。今天的生活，大家处于现实与虚拟世界中，我们既要遵守现实社会的网络规则，又要遵守网络这一虚拟世界的规则，让网络为我所用，而不要被网络所困。

本节课在教学目标的实现上具体明确，符合课标要求，较好地体现了学科核心素养目标要求中政治认同，践行和弘扬社会主义核心价值观，坚定共产主义远大理想和中国特色社会主义共同理想。道德修养：践行以文明礼貌、相互尊重、遵纪守法为主要内容的道德要求，做社会的好公民。法治观念：树立法治意识，养成守法用法的思维方式和行为习惯。健全人格：能有效学习，能够主动适应社会环境，热爱生活，积极进取。责任意识：能够依法依规参与公共事务。

本节课有以下几个特点：

一是新颖，从教学设计上看，体现了"生本"的课堂理念。以学生为主体，充分把课堂还给学生，充分调动了学生学习的主动性和积极性。

二是灵活，从教学实施上，比较流畅紧凑，环节清晰。教师定位准确，是一个设计者、组织者，还是一个导演。创设情境的过程中尽量让学生都有话可说，在活动1和活动2中，教学方法和教学手段的运用很到位，引用贴近生活的材料，激发学生的积极性，得出结论。活动3和活动4，有答疑解惑，有小组讨论，学生在思中学，在辩中学，在动中学。

从达成效果上看，达到了教学目标，教学任务基本完成，不同层次的学生都获得了成功的喜悦。但在本节课中，学生讨论的深度不是很到位，教师应注重调动学生思维动态的发展，同时，时间的把握上也有所欠缺。本节课让我思考的是在使用新课程标准的过程中，如何去突破教材使用中出现的困惑和难题，这是我们道德与法治教师所要共同面对的。

# 八年级下册 第一单元 坚持宪法至上

长春经济技术开发区育隆学校 邵华

单元教学规划

一、单元内容

部编人教版八年级下册第一单元"坚持宪法至上"。

本单元由导语和两课组成。第一课"维护宪法权威"设有两框，分别是"党的主张和人民意志的统一"和"治国安邦的总章程"，第二课"保障宪法实施"设有两框，分别是"坚持依宪治国"和"加强宪法监督"。

导语以准确凝练的语言，概括了本单元的主要内容，具有统领整个单元的作用。主要阐明我国宪法的指导思想、地位、作用和主要内容，引导学生认同我国宪法的最高法律地位、法律效力和法律权威，强调一切组织和个人都负有保证宪法实施的职责，都要以实际行动来保障宪法实施，维护宪法权威，坚持宪法至上，为中华民族伟大复兴而奋斗。

二、单元分析

（一）课标分析

1.内容要求

了解宪法基本知识，明确宪法的地位和作用，树立宪法法律至上观念。

2.学业要求

理解中国共产党在建设中国特色社会主义过程中的领导作用，坚定对中国共产党、中国特色社会主义的高度认同；能运用自己所了解的法律知识认识和评价社会生活现象，主动承担自己力所能及的责任。

3.教学提示

以"宪法是根本法"为议题，明确宪法在我国法律体系中的地位。可观看全国两会和宪法宣誓的视频；可查找其他法律中体现宪法地位的条文，理解宪法的重要性。

4.学业质量

了解习近平法治思想，具有宪法法律至上的观念，能够正确认识和行使公民权利、履行公民义务，运用实际案例说明与生活相关的法律规定（法治观念、责任意识）。

（二）教材分析

1.横向分析

本单元总体讲授了我国宪法的相关知识，包括宪法的重要地位与保障宪法实施的原因和方式。宪法作为我国根本法，确认了我国各族人民奋斗的成果，规定了国家根本制度、根本任务和基本原则，具有最高法律效力。将这一单元放在全书开篇，为之后几个单元围绕宪法规定所展开的具体知识奠定了基础。

2.纵向分析

本册教材是法律专册，七年级和九年级的教材中也涉及了一些法律知识，通过知识的整合帮助学生更好地了解习近平法治思想，树立法治精神。

（三）学情分析

1.已有经验

八年级的学生随着生活领域的扩展、生活经验的增长以及行为能力的增强，他们不仅要在家庭、学校、社会生活中面对和处理各种社会关系，还要在国家生活中以公民身份面对和处理与国家的关系。

2.已有认知

八年级的学生经过一年的学习，已经初步树立起法治意识。

3.心理特点

初二的学生正处于"心理性断乳期"，叛逆、易受外界影响、情绪情感偏激、易激动暴躁，是青少年犯罪易发期；但同时具有可塑性大、追求独立等特点，也是教育的关键期。

4.学习障碍

由于年纪较小，受生活经验所限，对于宪法的地位、作用等内容认识依旧匮乏。再加上我校学生对时事政治关注度不够，对国家大政方针不够理解，缺乏把时政与所学知识联系起来的能力，对相关政治理论理解起来比较困难。

基于以上分析，我将联系时政设计情境，以小组合作探究的方式生成观点，让学生明确宪法的地位和作月，树立宪法至上观念。

三、单元主题

坚持宪法至上。

四、单元目标

（一）低阶目标

1.通过搜集资料、阅读课本，知道宪法的基本原则，理解国家尊重和保障人权。

2.通过案例分析能够正确理解宪法在国家法律体系中的地位。

3.通过观看视频，理解实施宪法监督的必要性，能够正确地理解依宪治国。

（二）高阶目标

4.通过分析生活情境，学生能够增强学习宪法、捍卫宪法的意识，树立宪法权威，自觉践行宪法。

## 五、单元评价

1.1 学生通过搜集相关资料能够表达出自己对此的理解。

1.2 根据案例分析，能够理解国家尊重保障人权。

2.1 能够根据案例，明确宪法根本法的地位。

3.1 通过案例能够分析得出宪法规范权力运行的原因与方式。

3.2 通过观看宪法宣誓视频，能够说出宣誓的意义。

4.1 根据自己对所学内容的理解，能够总结出学习宪法的原因。

4.2 结合自身经历，能够列举出你在生活中践行宪法的具体做法。

## 六、单元结构化活动

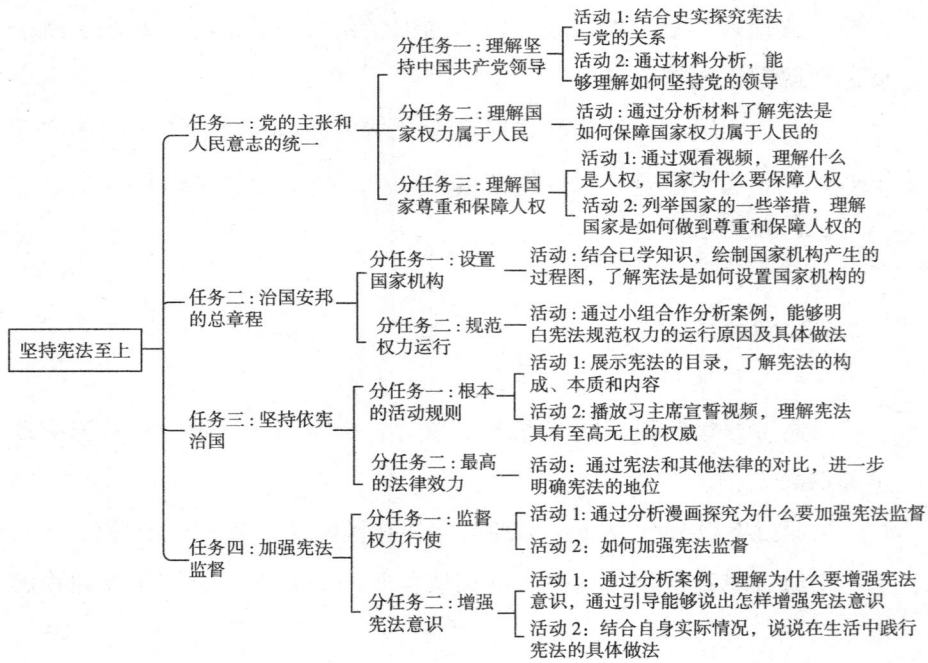

## 七、课时分配

4课时。

## 课时规划设计

### 坚持宪法至上

（4课时 新授课）

一、课时目标

（一）低阶目标

1.明确中国共产党的核心领导地位，知道坚持党的领导的重要性。

2.了解"一切权力属于人民"的宪法原则，懂得这一原则归根到底是保证人民当家作主。

3.认识国家机构，初步了解国家机构权力运行的法治原则。

4.知道宪法不仅组织国家机构、授予国家机构相应的职权，而且严格规范职权的行使；认同我国宪法的价值追求。

5.了解宪法的主要内容，明确宪法的地位与作用。

6.感受宪法在国家生活中的崇高地位，树立宪法至上的理念。

7.了解我国的宪法监督制度，懂得全面依法治国需要我们健全宪法实施和监督制度，不断加强宪法监督工作，维护宪法权威。

8.懂得宪法与我们的生活息息相关，了解与日常生活相关的法律，掌握增强宪法意识的途径和方法。

（二）高阶目标

9.能够主动关注国家发展、关心国家大事，依法积极参与国家政治生活，拥护中国共产党，担当起国家主人应尽的责任。

10.通过分析能够绘制出国家机构产生过程，提高对宪法重要性的认识，增强宪法意识。

11.通过剖析案例，能够总结出我们要以国家主人翁的态度去监督权力的运行，培养责任意识。

12.通过对比，总结出宪法的地位，提高对宪法重要性的认识，增强宪法意识。

13.通过剖析案例能够提升宪法意识，养成守法用法的思维方式和行为习惯。

**二、情境任务（问题）**

任务一：理解坚持中国共产党领导。

任务二：理解国家权力属于人民。

任务三：理解国家尊重和保障人权。

任务四：设置国家机构。

任务五：规范权力运行。

任务六：根本的活动准则。

任务七：最高的法律效力。

任务八：监督权力行使。

任务九：增强宪法意识。

**三、学生活动**

活动1.1：追忆历史，感念艰辛。

活动1.2：结合情境思考问题。

活动2：观看视频，合作探究。

活动3.1：看视频，分析材料，回答问题。

活动3.2：列举国家的一些举措，理解国家是如何做到尊重和保障人权的。

活动4：分析图片，绘制国家机构产生图。

活动5：观看视频，合作探究。

活动6.1：观看宪法的目录，了解宪法的构成，本质和内容。

活动6.2：观看习主席宣誓视频。

活动7：查找宪法和其他法律的不同之处。

活动8.1：分析漫画，探究为什么要加强宪法监督？

活动8.2：观看视频，探究如何加强宪法监督。

活动9.1：热点聚焦，回答问题。

活动9.2：结合自身实际情况，说说你在生活中践行宪法的具体做法。

### 四、课时作业

（一）基础作业

完成课后习题。

（二）拓展作业

1.上网查找国家是如何取得脱贫攻坚战胜利的？思考国家为什么要坚决打赢脱贫攻坚战？

2.课后作业与测试。

**课后作业与测试：**

权力清单制度
责任清单制度
政务公开制度
政府新闻发布制度和信息发布制度
公开审判制度

任务一：在以上制度中选取其一，查阅其基本内容。
任务二：搜集与该制度相关的一则时事。
任务三：结合本课内容，对该时事做出点评。

| | 评价标准 |
|---|---|
| A级 | 1. 对其基本内容了解详细、理解到位<br>2. 对应的时事适宜<br>3. 点评到位、全面、有见解 |
| B级 | 1. 对其基本内容了解<br>2. 对应的时事适宜<br>3. 点评到位、全面 |
| C级 | 1. 对其基本内容了解<br>2. 对应的时事适宜<br>3. 有点评 |

（三）实践作业

1.了解社区居委会在"宪法宣传周"举办的活动，在此基础上思考，为更好地宣传宪法，弘扬宪法精神，保障宪法实施，请写出3条"宪法进社区"的具体建议。

2.请你为咱们学校设计一个宪法宣传活动。

活动要求：（1）场景：学校；

（2）参与者：全校所有师生；

（3）选择合适的宣传方式，并说明设计理由。

# 课时教学设计及课堂教学实录

## 治国安邦的总章程

（1课时）

### 一、学习目标

（一）低阶目标

1.通过结合已学知识，认识国家机构，初步了解国家机构权力运行的法治原则。

2.通过结合案例理解宪法不仅组织国家机构、授予国家机构相应的职权，而且严格规范职权的行使；认同我国宪法的价值追求。

（二）高阶目标

3.通过对国家机构的理解，能够绘制出国家机构产生过程，提高对宪法重要性的认识，增强宪法意识。

4.通过分析社会现象，能够初步形成对复杂情形作出合理判断的能力，培养责任意识，以国家主人翁的态度参与学习宪法，遵守宪法。

### 二、达成评价

1.1 通过图片展示，知道其是什么国家机关并能总结出国家机构与国家机关的关系。

2.1 通过分析宪法法条，能够说出宪法是如何设置国家机构的。

2.2 通过分析案例，能够总结出为什么规范权力运行，怎样规范权力运行。

3.1 通过对实际案例的分析，能够绘制出国家机构产生过程，总结归纳出宪法的作用。

4.1 通过对一些案例的分析，能够辨别生活中哪些行为是违法行为，能够树立遵守法律的意识。

三、学习过程

（一）先行组织

观看小品《坑》的视频，说一说"躺平式干部"有哪些危害？如何整治"躺平式干部"？

学生1：不作为，不为百姓谋福利，把他们抓起来，揍他。

师：剖析此学生观点，能不能揍他呀，正确的做法是什么？

学生2：不能，可以举报他。

学生3：加强法治建设，加大对他们的处罚力度。

师总结：1."躺平式干部"的社会危害是显而易见的。他们的行为，贻误的是党和国家事业发展，损害的是民生福祉，而且伤了百姓的心。

2.惩治"躺平式干部"，需要纪检监察机关动真碰硬，严肃执纪问责，亮红牌、发警示，释放"是干部就不能这么混日子"的强烈信号。同时强化日常监督，创新监督手段，拓展监督渠道，对党员干部在工作中出现的拈轻怕重、偷奸耍滑、不思进取等各类"躺平"，早发现、早提醒、早纠正，让"躺平式干部"心中有责、心中有畏，摒弃私心杂念，努力造福人民，营造风清气正的干事创业氛围。

（二）任务与活动

任务一：设置国家机构

活动1：分析图片，绘制国家机构产生图

【提出问题】

1.为什么这些国家机关里都有"人民"二字？

2.国家机关是如何产生的？

3.宪法与国家机构的关系是怎样的？

【组织学习】

先独立思考，然后小组交流。

一组1号学生：宪法规定，在我国一切权力属于人民。

二组2号学生：我国人口那么多，也不能每个人都直接去行使权力呀。

六组4号学生：对呀，我们不能直接行使权力，那怎么说在我国一切权力属于人民呢？

师：同学们请阅读课本，依据评价标准，小组讨论这个问题，展示学习成果。

[学习成果评价]

①A级：根据自己的理解，能够准确绘制出国家机构产生过程，并能够阐述清楚国家机构是怎么产生的。

②B级：根据自己的理解能够初步绘制国家机构产生过程，表述过程不是很完整。

③C级：不能绘制或表述出国家机构产生过程。

【表达成果】

学生根据自己绘制的图（图略）进行讲解。

【交互反馈】

师：针对王福麟同学的分享，请其他同学依据评分标准对他进行评价。

学生1：我觉得他阐述得不够清楚，可以给B级。

学生2：他没有表述出人民与人民代表大会的关系，B级。

师：那么人民与人民代表大会是什么关系呢？

学生3：人民通过选举组成人民代表大会，人民代表大会代表人民行使国家权力，应该对人民负责，受人民监督。同时，人民代表大会产生行政机关、监察机关、审判机关和检察机关，这些机关对大人负责，受人大监督。通过这样的方式保障人民当家作主的地位。

学生4：宪法授予国家机构特定职权，明确了国家机构的组成、任期、工作方式，国家机构依据宪法行使权力。

师：分析下面案例，说一说我国国家机构实行什么原则，表现在哪些方面？

中共中央政策研究室主任江金权在会上透露，二十大报告起草中，党中央进行了两轮次党内征求意见，征求意见4 700多人，还从社会收集意见82万多条。报告起草前，中央有关部门开展了二十大相关工作网络征求意见，收到留言854.2万多条。

思考：党的二十大报告产生过程体现了什么？

【整合提升】

学生总结回答。

1.因为我国是人民民主专政的社会主义国家，人民是国家的主人，国家机关是为人民服务的，国家权力属于人民。

2.国家行政机关、监察机关、审判机关、检察机关都由人民代表大会产生，对它负责，受它监督。

3.宪法通过设置国家机构，使国家权力运行得稳定有序。

4.国家机构依据宪法行使权力，以实现和维护人民的根本利益。

5.宪法明确国家机构的组织活动原则为民主集中制。

任务二：规范权力运行

活动2：观看视频，合作探究

【提出问题】

1.这样一名小小公务员为何竟能侵吞巨额国家财产？如何才能亡羊补牢？

2.为什么要规范权力的运行？

3.如何规范权力的运行？

【组织学习】

先独立思考，然后根据评价标准小组交流，互评。

[小组合作评价标准]

①学生能够全员参与分析讨论。（1分）

②学生能够通过分析得出相关结论。（3分）

③学生能够理解并能阐述清楚原因。（5分）

【表达成果】

3组学生：因为他是房产交易所的，有权力，胆子大。

4组学生：因为他有一颗贪婪的心，应该判他死刑。

2组学生：他这样做是以权谋私的行为，损害国家利益……

1组学生：我觉得有了权力，但是不规范权力就会滋生腐败，所以应该规范权力的运行。

2组学生：我觉得要想抑制腐败，国家就要加大打击力度，让他们害怕，不敢腐败。

3组学生：我觉得应该加强监督，每个人都正确行使监督权，有人看着，他可能就不敢了。

4组学生：国家机关必须按法定程序行使权力。

【交互反馈】

1组学生：我给3组打4分，因为他们小组都参与讨论，并得出了结论。

5组学生：我给2组打7分，他们理解得很透彻，我们都听明白了。

……

【整合提升】

学生总结回答。

学生1：权力是把双刃剑，运用得好，可以造福于民；如果被滥用，则会滋生腐败，贻害无穷。必须加强对权力运行的制约和监督，让人民监督权力，让权力在阳光下运行，把权力关进制度的笼子。

学生2：国家权力必须在宪法和法律限定的范围内行使，不能超越权限行使权力，也不能滥用权力。任何超越权限、滥用职权的行为均应承担法律责任。

道德与法治大单元教学设计

学生3：人民通过宪法和法律将国家权力授予国家机关。对国家机关及工作人员来说，权力就是责任，责任就要担当，必须依法行使权力、履行职责，不得懈怠、推诿。

学生4：宪法和法律还规定了国家权力行使的程序，凡不按法定程序行使权力的行为，都是违法行为。

（三）迁移运用

拓展空间：#如何逮捕一名涉嫌违法的人大代表#

▲ 张某在甲市因涉嫌逃税罪被警方刑事立案。得知张某是乙县人大代表后，甲市警方依法释放了张某，同时向乙县人大常委会发去公函，提请批准对张某采取刑事拘留强制措施。乙县人大常委会审议后，许可甲市警方的刑事拘留申请。

《中华人民共和国全国人民代表大会和地方各级人民代表大会代表法》规定

县级以上的各级人民代表大会代表，非经本级人民代表大会主席团许可，在本级人民代表大会闭会期间，非经本级人民代表大会常务委员会许可，不受逮捕或者刑事审判。如果因为是现行犯被拘留，执行拘留的机关应当立即向该级人民代表大会主席团或者人民代表大会常务委员会报告。

对县级以上的各级人民代表大会代表，如果采取法律规定的其他限制人身自由的措施，应当经该级人民代表大会主席团或者人民代表大会常务委员会许可。

人民代表大会主席团或者常务委员会受理有关机关依照本条规定提请许可的申请，应当审查是否存在对代表在人民代表大会各种会议上的发言和表决进行法律追究，或者对代表提出建议、批评和意见等其他执行职务行为打击报复的情形，并据此作出决定。

乡、民族乡、镇的人民代表大会代表，如果被逮捕、受刑事审判，或者被采取法律规定的其他限制人身自由的措施，执行机关应当立即报告乡、民族乡、镇的人民代表大会。

师：阅读材料思考：警方可不可以逮捕涉嫌违法的人大代表？请说明理由。

学生1：警方可以抓他，这是警方的职责。

学生2：警方不可以抓人大代表。

……

师总结：虽然张某是人大代表，警察还是要抓他，因为这是警方的法定职责；但是本级人大没有同意之前，警察不能抓人大代表，这是法律规定的，所以国家权力的行使不能任性，法定职责必须为，法无授权不可为。

## （四）成果集成

学生对本节课内容进行汇报梳理形成以下思维导图。

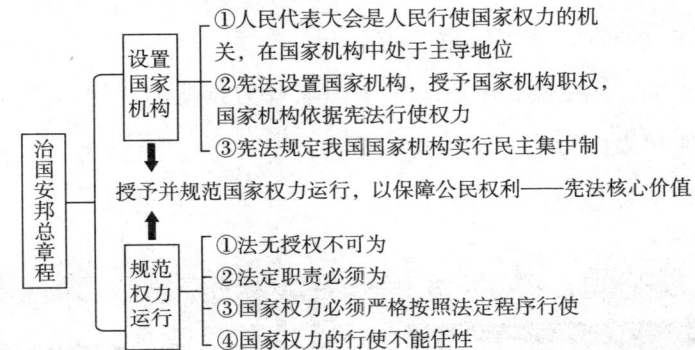

## （五）作业设计

·基础作业：完成课后习题。

1.【2021·江苏】我国宪法是党的主张和人民意志的统一，是治国安邦的总章程。我国宪法的核心价值追求是（    ）

A.完善以宪法为核心的社会主义法律体系

B.维护宪法的最高权威，保障宪法的实施

C.保障公民在民事活动中的权利义务相同

D.规范国家权力运行以保障公民权利的实现

2.【2021·山东】漫画的寓意是（    ）

A.裁判必须对球场上出现的越位行为进行判罚

B.公民要坚持法定职责必须为、法无授权不可为

C.要加强对权力运行的制约和监督

D.任何超越权限、滥用职权的行为都应承担刑事责任

3.【2022·四川】党的十八大以来的十年，党中央坚定不移"打虎""拍蝇""猎狐"，大力推进党风廉政建设和反腐败斗争。截至2021年10月，全国纪检监察机关共立案审查407.8万件、437.9万人，其中中管干部484人；共给予党纪政务处分399.8万人。材料表明（　　）

①党中央坚持以零容忍的态度惩治腐败
②我们既受法律的约束又受法律的保护
③党正风肃纪反腐倡廉取得了显著成绩
④国家机关依法尊重和保障公民的权利

A.①③　　B.①④　　C.②③　　D.②④

4.观察如图漫画《进笼》，回答下列问题。

进笼

（1）请你说一说"进笼"的原因。

（2）国家机关及其工作人员应怎样行使权力？

（3）我们可以通过哪些途径增强国家公职人员的宪法意识？

·拓展作业：

**课后作业与测试：**
权力清单制度
责任清单制度
政务公开制度
政府新闻发布制度和信息发布制度
公开审判制度

任务一：在以上制度中选取其一，查阅其基本内容。
任务二：搜集与该制度相关的一则时事。
任务三：结合本课内容，对该时事做出点评。

| | 评价标准 |
|---|---|
| A级 | 1.对其基本内容了解详细，理解到位<br>2.对应的时事适宜<br>3.点评到位、全面、有见解 |
| B级 | 1.对其基本内容了解<br>2.对应的时事适宜<br>3.点评到位、全面 |
| C级 | 1.对其基本内容了解<br>2.对应的时事适宜<br>3.有点评 |

## （六）课后反思

本框通过讲解宪法设置国家机构、赋予国家机构相应的职权，来说明宪法是治国安邦的总章程，并且通过阐述宪法如何规范国家权力的运行来保障公民权利的实现，让学生认识宪法的核心价值，初步理解宪法精神。

在课标中的要求包括：

课程目标：了解宪法的主要内容，明确宪法的地位与作用，认识国家机构。内容要求：认识主要国家机关，理解权力是由人民赋予的，行使权力必须受法律的约束。学业质量：了解习近平法治思想，具有宪法至上的观念，能够正确认识和行使公民权利、履行公民义务，运用实际案例说明与生活相关的法律规定。

本节课主要采用启发式教学的方式，以小组合作探究的学习教学手段，充分体现学生的主体地位，通过创设情境，设置层层递进的问题，引导学生思考并得出相对应的结论。学生学习积极性较高，实现了在思中学、在辩中学，达到了预设的教学目标，较好地体现了学科核心素养要求中的政治认同，明确了中国共产党的核心领导地位；法治观念：懂得了任何个人和组织都必须遵守宪法和法律，尊崇宪法和法律，进一步树立其法治观念。

遗憾的是，在本节课中，学生讨论的深度不是很到位，这就要求我以后要更好地调动学生的思维。另外，本节课在时间把控上有所缺欠。

# 九年级下册 第二单元 世界舞台上的中国

长春经济技术开发区育隆学校 闫琪

**单元教学规划**

## 一、单元内容

本单元由导语、第三课"与世界紧相连"、第四课"与世界共发展"组成。每课各设两框。阐述了中国与世界紧密相连、共同发展的关系，引导学生认识到中国的责任与担当，增强学生的国家认同感和使命感。同时也启发学生对我国未来发展以及我国发展与世界的关系进行思考。

## 二、单元分析

（一）课标分析

1.内容要求

了解中国特色社会主义制度的优越性，坚定四个自信，能够在生活和学习中自觉维护国家主权、尊严和利益；理解个人于社会、国家的关系，积极适应社会发展变化；弘扬中华优秀传统文化讲仁爱、重民本、守诚信、崇正义、尚和合、求大同的核心理念；了解中国特色社会主义新时代是我国发展新的历史方位，了解世界正处于百年未有之大变局，了解全人类共同价值的内涵，领悟构建人类命运共同体的意义。了解我国以国内大循环为主体、国内国际双循环相互促进的新发展格局，推动高质量发展。本单元所依据的《青少年法治教育大纲》的相应内容是："强化国家认同""认知国家尊重和保障人权的意义"。

2.学业要求

知道全人类共同价值的内涵，具有初步的国际视野，阐述构建人类命运共同体的意义（政治认同、责任意识）；能够结合社会发展和个人实际增强实现中华民族伟大复兴的使命感和责任感（政治认同、责任意识）。

3.教学提示

通过视频为学生提供合理的情境，引导学生发现中国发展与世界发展之间的关系，感悟中国的影响力和感染力，能够具体阐述出中国影响世界的具体事例，增强学生对国家的认同感和使命感。

（二）教材分析

1.横向分析

作为本册教材的第二单元，本单元在逻辑结构上起着承上启下的作用。在学生了解当今世界格局与发展趋势、初步树立全球意识的基础上，本单元旨在使学生了解中国与世界的关系，引导学生理解中国对世界的责任与担当，增强学生为世界和平与发展作贡献的意识与愿望。首先，引导学生了解中国的世界责任与担当，体会中国担当中所蕴含的中国智慧；了解中国的世界形象的变化，感受今日中国的世界影响；了解中国未来发展所面临的新风险、新挑战、新机遇，知道中国在世界舞台上化挑战为机遇，创新发展理念与机制，用自身的发展带动区域与世界共同发展。其次，引导学生认识风险与机遇之间的辩证关系，帮助他们正确认识我国发展过程中所遇到的各种困难与挑战，了解其中所蕴含的发展机遇；懂得如何对待与把握机遇，开创发展新局面；引导学生既要对未来满怀信心，又要有忧患意识。最后，引导学生正确认识中国发展与世界发展之间的关系。中国的发展离不开世界，世界的发展离不开中国，中国的发展将会为世界发展带来多层面的重要积极影响。

2.纵向分析

九上教材第一单元"富强与创新"，第三单元"文明与家园"，第四单元"和谐与梦想"，涉及中华优秀传统文化教育、国情教育等，为我们更好地学习本单元打下了坚实的基础，更好地促进了大中小思政一体化的学习。

（三）学情分析

九年级学生求知欲强，对中国同世界的关系有所认知，但生活的阅历相对不足，对我国的国情还缺乏全面的了解，不能理解我国既然面临诸多发展问题，为什么还要担当起国际社会发展的责任。学生有必要结合世界发展形势，结合当今世界主题和发展潮流，认识我国国情，树立开放意识、合作共赢意识、忧患意识，抓住机遇，迎接挑战，培养自己的创新意识和创新能力。

三、单元主题

世界舞台上的中国。

四、单元目标

（一）低阶目标

1.通过观看时政视频，自主搜集资料，初步了解中国的世界责任与担当，知道中国在世界上形象的变化。

2.通过观看视频，自主搜集资料，知道中国未来发展面临的新机遇与新挑战。

3.通过时政论述，能够多角度分析出中国对世界的影响。

4.通过学生小组合作体会中国担当中所蕴含的中国智慧。

（二）高阶目标

5.通过学生对时政链接案例的分析，认识风险与机遇之间的辩证关系，懂得如何把握机遇，应对挑战。

6.通过学生自主搜集资料和小组汇报的形式，让学生有忧患意识，体会中国发展与世界发展之间的关系，满怀信心。

五、单元评价

1.1 通过自主搜集资料，能用简短的文字概括出中国在世界舞台上的做法。

1.2 能够根据视频提示，分析中国在世界上的担当。

2.1 能够通过自主搜索的材料内容，感受中国发展正在面临的机遇和挑战。

2.2 能够通过视频，多角度描述出中国面临的机遇与挑战有哪些。

3.1 能够结合时政，多角度叙述中国的影响力。

3.2 能够通过生生交流，深入理解文化上的兼收并蓄，交流互鉴。

4.1 能够分析出中国怎样为世界发展贡献中国智慧及中国在国际社会上的影响。

4.2 能够主动关注社会，培养热爱祖国的情感。

5.1 在时政材料中能够利用所学知识分析出我国对待机遇与挑战的做法。

5.2 面对机遇和挑战，学生有为中国梦崛起的使命感，能够将个人梦和中国梦融合在一起。

6.1 通过小组活动，具有初步的国际视野。

6.2 能够正确看待国际事件，理解合作，懂得共赢。

## 六、单元结构化活动

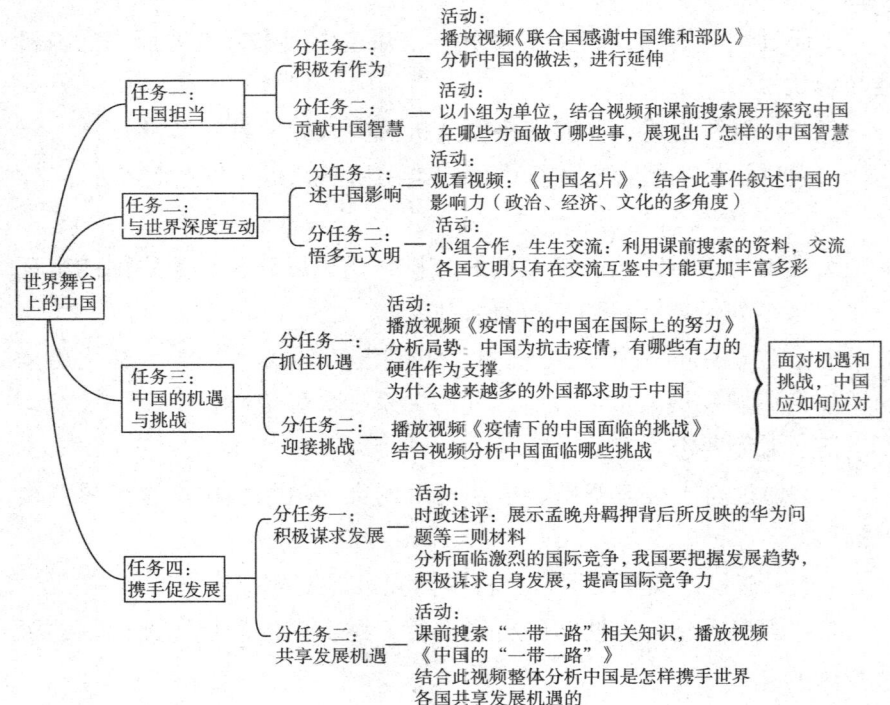

### 七、课时分配

本单元共四课时，全部都是新授课，第一课时是中国担当，第二课时是与世界深度互动，第三课时是中国的机遇与挑战，第四课时是携手促发展。

## 课时规划设计

### 第一课时：中国担当
（新授课）

**一、课时目标**

1.举例说出中国在经济、政治、文化等方面对世界发展的担当与贡献。

2.通过课前自主查阅资料、小组合作分析，能够正确认识中国与世界的关系，认同中国发展与世界发展紧密相连，提高辩证思维能力。

3.通过案例分析感受我国的大国担当，增强国家认同感。

**二、情境任务（问题）**

任务一：积极有作为。

任务二：贡献中国智慧。

**三、学生活动**

活动1：观看视频《联合国感谢中国维和部队》，分析中国的做法，进行延伸。

活动2：以小组为单位，结合视频和课前搜索展开探究中国在哪些方面做了哪些事，展现出了怎样的中国智慧？

**四、课时作业**

每年我国两会都会吸引众多外国媒体的关注。请各位同学以小组为单位自主查阅资料，调研2017—2022年近6年外国媒体、记者数量、用汉语提问的记者数量变化，做成表格，分析其变化的原因并与同学交流分享。

## 第二课时：与世界深度互动
（新授课）

**一、课时目标**

1.举例说出我国发展对世界文化、经济、世界格局等方面的重要影响。

2.通过课前自主查阅资料、小组合作，分析我国发展对世界经济文化等各方面的影响，提高自己认识问题、理解问题、分析问题的能力。

3.通过案例分析，感受中国的文化发展对世界的影响越来越大，认同中华文化，增强民族自信心。

**二、情境任务（问题）**

任务一：述中国影响。

任务二：悟多元文明。

**三、学生活动**

活动1：观看视频《中国名片》，结合此事件叙述中国的影响力（政治、经济、文化的多角度）。

活动2：小组合作，生生交流。利用课前搜索的资料，交流各国文明只有在交流互鉴中才能更加丰富多彩。

**四、课时作业**

（一）基础作业

将6本教材中关于文化的知识点用思维导图归纳出来。

（二）拓展作业

查阅相关资料，记录"一带一路"倡议提出以来国内国外有哪些变化并取得了哪些成就？

## 第三课时：中国的机遇与挑战
（新授课）

**一、课时目标**

1.了解并列举改革开放以来我国发展所取得的成就。

2.知道并阐述出我国经济社会发展面临的机遇与挑战，培养辩证思维。

3.通过案例分析，能够为国家发展所取得的成就自豪。

4.关心国家所面临的机遇与挑战，培养忧患意识。

**二、情境任务（问题）**

任务一：抓住机遇。

任务二：迎接挑战。

**三、学生活动**

活动1：观看视频《疫情下的中国在国际上的努力》。

分析局势：中国为抗击疫情，有哪些有力的硬件作为支撑呢？为什么越来越多的外国都求助于中国呢？

活动2：观看视频《疫情下的中国面临的挑战》，结合视频分析中国面临哪些挑战及如何应对？

**四、课时作业**

阅读柯达公司的兴衰史，分析柯达公司从行业巨头到退出传统业务，该公司的兴衰之路带给了我们哪些启示？

## 第四课时：携手促发展
（新授课）

**一、课时目标**

1.了解并阐述新形势下我国积极谋求发展的主要措施。

2.理解并阐述中国谋求自身发展与促进世界共同发展的辩证关系。

3.胸怀天下，培育开放的态度和全球意识，学会合作，懂得共赢，增强为中华民族伟大复兴而努力奋斗的使命感，培养开拓进取的意识。

**二、情境任务（问题）**

任务一：积极谋求发展。

任务二：共享发展机遇。

**三、学生活动**

活动1：时政述评：展示孟晚舟羁押背后所反映的华为问题等三

则材料。分析面临激烈的国际竞争，我国要把握发展趋势，积极谋求自身发展，提高国际竞争力。

活动2：课前学生自主搜索"一带一路"相关知识，播放视频《中国的"一带一路"》，结合此事件分析中国是怎样携手世界各国共享发展机遇的？

**四、课时作业**

《左传》中说："亲仁善邻，国之宝也。"《礼记》中说："万物并育而不相害，道并行而不相悖。"以上材料体现了古人怎样的思想观念，这些思想对当今世界发展的启示有哪些？请各位自主查阅资料，理解古文的含义，写一段100字左右的心得体会，感受古人的智慧。

## 课时教学设计及课堂教学实录

### 与世界深度互动

（1课时）

**一、学习目标**

（一）低阶目标

1.举例说出我国发展对世界文化、经济、世界格局等方面的重要影响。

2.通过课前自主查阅资料、小组合作，分析我国发展对世界经济文化等各方面的影响，提高自己认识问题、理解问题、分析问题的能力。

（二）高阶目标

3.通过案例分析，感受中国的文化发展对世界的影响越来越大，认同中华文化，增强民族自信心。

**二、达成评价**

1.1 通过课前查阅资料，能够说出各个领域的中国名片。

2.1 通过观看视频和已有的知识储备，总结出我国发展对世界文化、经济、世界格局等方面的重要影响。

3.1 利用本课中相关知识点对课前搜集的有关文明的内容进行完整的评述。

3.2 能够提炼出面对不同文明我们的态度。

**三、学习过程**

（一）先行组织

观看视频《多国政党政要祝贺中共二十大胜利召开》，思考多国领导人和国际组织负责人纷纷致电国家主席习近平，祝贺中共二十大胜利召开，对此你有什么看法？

（二）任务（问题）与活动

任务一：述中国影响

活动：观看视频《中国名片》

思考：

1.过去这十年，中国有哪些变化？

2.中国高速铁路走出国门，对中国与世界分别意味着什么？

学生总结：中国高铁走出国门，更好地把握发展机遇，积极参与经济全球化，有利于把中国的商品、产业、装备、文化、思想传播出去，为"一带一路"建设提供了新的舞台，助推中国经济发展。中国高铁走出国门，与世界分享先进技术和经验，为越来越多的国家提供更多更好的技术和装备，造福全世界的人民，促进世界经济的腾飞和发展。

3.走出国门的"中国名片"还有哪些？

学生：从中我们发现中国为世界经济增长注入新的活力，中国日益成为世界经济发展的引擎与稳定器。

4.传说中的C位，说明什么？

学生总结：中国是世界格局中的重要力量，正以新的发展理念、务实的行动推动着构建人类命运共同体的伟大进程。

5.这十年，中国特色大国外交道路越走越宽，从"一带一路"倡议到积极参与各大国际会议，这体现出中国怎样的影响力？

学生总结：中国关于构建全球治理体系的探索与实践，为人类思考与建设未来提供了新的途径，对世界的和平与发展产生深远的影响。

**任务二：悟多元文明**

【提出问题】

1.在我国历史发展过程中学习借鉴的不同文明成果有哪些？

2.我国哪些文明成果走出国门，走向世界？

3.在与世界其他文明持续不断的交流过程中，中华文明得到了怎样的发展？中华文明对世界其他文明又有什么影响？

4.对待这些不同文明成果，我们的态度是什么？

【组织学习】

小组合作，结合课前收集的相关资料，探究以上问题，计时5分钟，5分钟之后参照评价量表进行小组汇报。

[任务二评价]

①能够用精练的语言回答出上述问题并准确分析出对待不同文明成果的态度，有自己小组的想法。（A级）

②能够把收集的材料进行整合汇报，详细地回答提出的问题。（B级）

③能够简要说出中外文明成果及对待不同文明成果的态度。（C级）

【表达成果】

学生1：文明包含着人类在认识世界、改造世界的过程中积累的宝贵经验，是世界各国、各民族对人类作出的不可磨灭的贡献。中国的榫卯结构被日韩等借鉴。中国积极主动地与世界各国交往，从不同文明中寻求智慧、汲取营养，不仅有助于自身文明的发展，而且能够推动世界文明的进步，与其他文明携手解决人类共同面临的各种问题。我们要学习和借鉴人类文明的一切优秀成果，坚持以我为主，兼收并蓄。

【交互反馈】

师：请其他同学依据评分标准对他进行评价。

学生2：可以得B等级，其中第四点描述得不够全面，除了坚持以我为主、兼收并蓄，在对其他文明的学习中，我们更应该领略其中蕴含的人文精神。

师追问：能举例说明我们在学习其他文明时，如何领略其中蕴含的人文精神？

学生思考后回答：中国在学习欧美汽车文化时，还要提升自身文明出行、安全出行的意识。

师讲解：在文明交流互鉴的过程中，除了欣赏物件的精美，我们更需要关注人文精神的交流，加强精神层面的交流互鉴；各国应注重文明交流互鉴，共同应对全球性问题。

【整合提升】

学生总结回答。

学生3：文明包含着人类在认识世界、改造世界的过程中积累的宝贵经验，是世界各国、各民族对人类作出的不可磨灭的贡献。中国的榫卯结构被日韩等借鉴。中国积极主动地与世界各国交往，从不同文明中寻求智慧、汲取营养，不仅有助于自身文明的发展，而且能够推动世界文明的进步，与其他文明携手解决人类共同面临的各种问题。我们要学习和借鉴人类文明的一切优秀成果，坚持以我为主，兼收并蓄。对其他文明的学习，我们不能只满足于欣赏物件的精美，更应该领略其中蕴含的人文精神。

（三）迁移运用

学生自主阅读我国榫卯技艺和我国学习垃圾分类处理的事例，以小组为单位，在搜集资料的基础上，交流分享其他中外文明交流互鉴的事例。

（四）成果集成

学生对本节课内容进行汇报梳理形成以下导图：

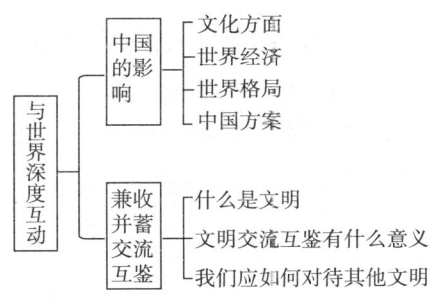

（五）作业设计

· 基础作业：将6本教材中关于文化的知识点用思维导图归纳出来。

· 拓展作业：查阅相关资料，记录"一带一路"倡议提出以来国内国外有哪些变化并取得了哪些成就？

（六）课后反思

本节课的内容是与世界深度互动，共一课时的内容。本节课让学生自主收集资料，充分分析这些图文资料，引导学生关注社会，关注国家的发展变化，在分析材料、解决问题中增强民族自尊心、自信心和自豪感。在本课时的教学中，以问题为导向，发挥学生的主体作用，引导学生逐层、逐步分析，提高学生观察、思考与分析的能力，提高阅读材料和解决问题的能力。

在本课时设计中，首先，用多国政党政要祝贺中共二十大胜利为先行组织，使学生快速进入课程；其次，观看以"中国名片"为主题的视频，以中国近十年发展为主要视角，感受中国在各个领域的高速发展，结合问题分析视频材料，更好地理解我国发展对世界文化、经济、世界格局等方面的重要影响，增强民族自豪感，突破本节课的重点。最后，在学习多元文明这里设计了递进式学生活动：先自主收集关于各国文明的资料，再结合观看的视频，小组合作讨论分析材料；与此同时，设计了嵌入评价来帮助学生高质量完成活动，引导学生思考。同时一直渗透中国的影响力和感染力不断提升等观点，增强学生对国家的认同感，树立文化自信，并且能够运用学科思维，探讨真实情境中的政治学问题，关注社会发展影响，树立责任意识。

从达成效果上看，教学任务基本完成，已经达到教学目标。但是课堂中也存在一些问题，学生收集的材料质量参差不齐；课堂学生讨论的深度不够，需要教师时时注意学生讨论的进程并进行点拨。

# 历史大单元教学设计

# 七年级下册 第一单元
# 隋唐时期：繁荣与开放的时代

长春经济技术开发区教师进修学校　朱艳秋　王晓曼

**单元教学规划**

### 一、单元内容

本单元为部编人教版七年级下册第一单元"隋唐时期：繁荣与开放的时代"，隋唐史是中国古代史中最重要的部分之一，隋唐时期是统一多民族国家形成与发展的重要阶段。

### 二、单元分析

（一）课标分析

1.内容要求

通过了解隋朝的兴亡、"贞观之治"与"开元盛世"，知道隋朝速亡和唐朝兴盛的原因；了解科举制度创建、大运河开通、文成公主入藏、鉴真东渡、玄奘西行等史事，从制度、经济、文学艺术、民族交往、中外文化交流等方面认识隋唐王朝在世界历史上的重要地位；通过了解"安史之乱"后藩镇割据和五代十国的局面，认识唐末五代的社会危机。

2.学业要求

（1）能够了解隋唐历史的基本线索和重要的事件、人物、现象，知道重大史事发生的时间和地点、原因和结果，初步养成历史时序意识和历史空间感。

（2）能够懂得史料是了解和认识隋唐历史的证据，初步理解古代史料的含义，尝试运用史料说明问题。

（3）能够对隋唐历史上的重要事件、人物、现象等形成合理想象，进行初步分析，认识其意义和影响。

（4）能够通过隋唐时期的经济、科技成就，了解生产力发展对政治、社会、文化变革的推动作用。

（5）能够通过隋唐历史上各民族的交流交往交融，树立正确的中华民族历史观；通过了解隋唐文明的辉煌成就，认识中华优秀传统文化的独特价值和突出优势，提高民族自尊心、自信心和自豪感，增强民族凝聚力。

3.教学提示

（1）通过情景再现、问题引领、故事讲述和多样化资源运用等方式，激发学生求知欲。

（2）注重对学生历史学习方法的指导，指导学生解读史料，学会对史事进行分析。

（3）引导学生初步学会分析重要史事间的因果关系，初步学会对史事进行评判。

（4）以感性的、易于理解的、多种多样的呈现方式开展教学。

4.学业质量

（1）学会制作历史发展时间轴。

（2）观察、识读疆域图，辨识、获取历史地理信息，将其与所学内容建立联系。

（3）阅读文献、图像材料，观察实物材料，分析、概括提取信息。

（4）运用可信、典型史料对历史问题进行论证，有理有据地说明对历史问题的看法。

（5）整理对社会生产起促进作用的技术发明和技术创新的材料，理解科学技术对促进生产力发展的作用。

（6）查阅整理杰出人物的相关材料，组织开展故事会。

（7）对综合性问题展开探究讨论，强化国家认同、民族认同、文化认同。

（二）教材分析

1.横向分析

隋唐历史在中国历史发展历程中占据非常重要的地位。本单元以"繁荣"与"开放"为主题，从制度、经济、文学艺术、民族交往、中外文化交流等方面展现隋唐时期经济繁荣、开放包容的景象。

2.纵向分析

隋朝建立后，统一南北，结束了长期分裂的局面。开通了贯通南北的大运河，创立了科举制，由于隋炀帝的残暴统治，导致农民起义，繁盛一时的隋朝灭亡。唐朝统治前期，政治开明，经济发展，在民族关系、对外交流、科学技术、文学艺术等多方面都有很大的建树。自安史之乱后，唐朝由盛转衰。唐末陷入五代十国的割据状态，政权分立，社会动荡。

（三）学情分析

1.已有认知

七年级学生刚刚接触历史，历史知识呈碎片化，无结构意识，缺少学习历史的方法。

2.思维特点

七年级学生感性思维起主导，因此，要在情境创设、故事讲述等方面引导学生分析、比较，提高理性思维能力。

3.学习障碍

历史事件跨度大，人物众多，如何引导学生构建知识体系，从盛世景象中提炼出本单元主题，掌握阅读、分析史料的方法是学习的重点。

### 三、单元主题

繁荣与开放。

### 四、单元目标

（一）低阶目标

1.了解隋朝兴亡、"贞观之治"与"开元盛世"，知道隋朝速亡和唐朝兴盛的原因。

2.了解科举制度创建、大运河开通、文成公主入藏、鉴真东渡、玄奘西游等史事，认识隋唐王朝在世界历史上的重要地位。

3.了解"安史之乱"后藩镇割据和五代十国的局面，认识唐末五代的社会危机。

（二）高阶目标

4.整理归纳、整体感知隋唐历史，体验其繁荣强盛与开放包容的精神风貌，传承中国古代优秀传统文化，增强民族自豪感。

### 五、单元评价

1.1 能梳理隋唐时期历史发展的基本线索，建立历史发展的时间序列。

1.2 能从隋朝速亡和唐朝兴盛的原因中，学会分析史事间的因果关系。

2.1 能从制度、经济、文学艺术、民族交往、中外文化交流等方面，具体感知隋唐王朝繁荣与开放的时代特点。

2.2 能依据隋炀帝、唐玄宗等人的是非功过，客观评价历史人物。

2.3 能从隋文帝、唐太宗、唐玄宗等帝王的治国理政中得到启示，认识统治者与国家发展的辩证关系。

3.1 能从战争给国家生产与人民生活造成的巨大危害中，增强珍视和平的思想意识。

4.1 能从隋唐繁荣与开放的时代特征中，感受盛唐昂扬进取、平和包容的精神。

4.2 认识隋唐王朝在世界历史中的重要地位，吸纳中华文明的精华，强化文化认同。

六、单元结构化活动

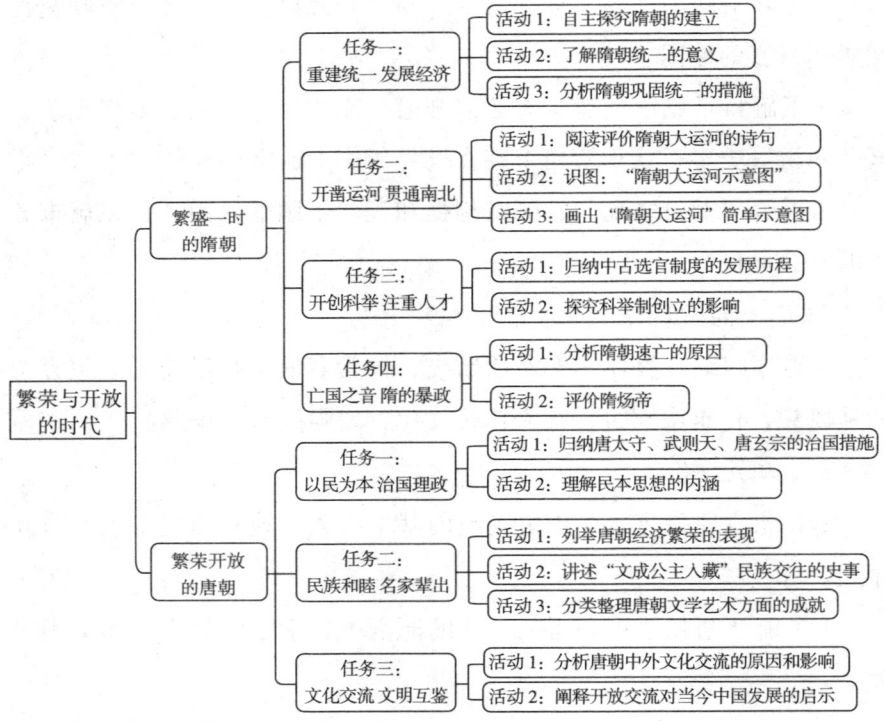

七、课时分配

本单元共6课时，第一课时以导学方式复习隋唐以前中国历史的发展脉络；第二课时以新授课形式讲述隋朝；第三、四、五课时讲授唐朝的繁盛与开放；第六课时讲述唐朝的衰落。

课时规划设计

## 第一课时：新知导学课

### 一、课时目标

（一）低阶目标

1.通过前期知识梳理，建立中国历史发展的时间序列。

2.分析隋唐时代特点，概括其时代特征。

（二）高阶目标

3.认识繁荣开放与国家发展的辩证关系。

### 二、情境任务（问题）

1.梳理隋唐之前的中国历史发展的知识脉络。

2.具体感知隋唐繁荣开放的时代特点。

3.分析繁荣开放现象出现的原因。

### 三、学生活动

活动1.1：按时序发展，回忆中国古代史的朝代。

活动1.2：按时代发展特征归类，并说明理由。

活动2.1：读取目录，提取关键信息。

活动2.2：整理归纳历史发展的阶段特征。

活动3.1：对比分析"治世"与"暴政"统治局面的不同。

活动3.2：得出结论，长治久安是国家发展的重要基石。

### 四、课时作业

1.整理绘制中国历史发展的知识脉络图，小组内交流。

2.小组合作完成一篇"治世"与"暴政"的辩论稿，在历史社团活动的辩论会中展示交流。

## 第二至五课时：新知讲述课

### 一、课时目标

（一）低阶目标

1.知晓隋朝历史，了解大运河开通、科举制创建等史事，正确认识历史人物及其贡献。

2.了解"贞观之治""开元盛世"等史事，学习唐朝统治者治国理政措施。

3.知道唐代民族和睦的重要史事及推行的民族政策，认识唐朝对统一多民族国家的巩固与发展所作出的贡献。

4.知道唐朝历史上促进中外文化交流的重要史事。

5.了解"安史之乱"后藩镇割据和五代十国的局面，认识唐末五代的社会危机。

（二）高阶目标

6.具体感知隋唐时期繁荣强盛与开放包容，感受中华文明传承五千年的文化，增强民族自信心，强化文化认同。

### 二、情境任务（问题）

1.梳理隋朝建立与统一的时序，分析隋朝兴亡的原因。

2.分析唐朝杰出帝王治国措施。

3.归纳唐朝民族政策的史事。

4.讲述唐朝与日本、天竺、新罗交往的史事。

5.读表感受唐末五代中国社会动荡不安的局面。

6.归纳概括隋唐时代特点。

### 三、学生活动

活动1.1：分析文字、图表等史料，说明隋统一的意义。

活动1.2：绘制"隋朝大运河示意图"，建立空间概念。

活动1.3：观看视频，梳理中国古代选官制度的演变。

活动1.4：解读图表，得出是隋炀帝的残暴统治导致隋的灭亡的结论。

活动2.1：讲述魏征进谏的历史故事，理解民本思想的内涵。

活动2.2：归纳概括唐太宗、武则天、唐玄宗的治国措施。

活动3.1：从农业、手工业、商业三个角度归纳唐朝经济繁荣的表现。

活动3.2：讲述"文成公主入藏"的民族交往的历史故事。

活动3.3：分类整理唐朝文学艺术方面的成就。

活动4.1：解读史料，分析唐朝中外文化交流的原因和影响。

活动4.2：阐释开放交流、吸收包容外来文化对当今中国发展的启示。

活动5.1：讲述"安史之乱"的历史事件，认识其给唐朝造成的危害。

活动5.2：观察"五代十国兴亡图表"，分析得出结论。

## 四、课时作业

1.撰写中国古代选官制度的演变的调查报告。

2.列表归纳唐太宗、武则天、唐玄宗的治国措施。

3.查找材料（文字、图片、视频），动手制作曲辕犁、筒车的模型。

4.以"我心目中的文成公主"为题，讲述历史故事。

5.任选两位唐朝诗人的作品，考查作品的创作背景及写作特点，录制3分钟微视频上传班级网站展示。

## 课时教学设计及课堂教学实录

### 繁盛一时的隋朝

（1课时）

**一、学习目标**

（一）低阶目标

1.了解隋朝兴亡的相关史事，分析隋朝速亡的原因，理解统治者与国家发展的辩证关系。

2.了解科举制创建、大运河开凿等史事，理解隋朝在中国历史上的重要贡献。

（二）高阶目标

3.阐述隋文帝与隋炀帝的统治措施，客观、公正、辩证地评价历史人物。

**二、达成评价**

1.能对比图表呈现的数据，透过现象看出隋统一与灭亡的原因。

2.能通过识读示意图，观看视频，提取信息，认识隋朝对中国历史发展的重要贡献。

3.能分析隋朝统治者的相关史事，正确认识历史人物及其历史贡献。

**三、学习过程**

（一）先行组织

出示"隋与陈统治表"，请同学们观察隋朝与陈朝的统治有何不同，解读隋朝统一全国的原因。得出隋灭陈是历史发展的必然，具备一定的主客观条件。

| 朝代 | 隋朝 | 陈 |
|---|---|---|
| 人口 | 3 000多万 | 200万 |
| 统治状况 | 政治清明 | 统治腐败 |
| 应对措施 | 隋为灭陈作了充分的准备 | 依靠长江天险，大意亡国 |

（二）任务（问题）与活动

任务一：重建统一　发展经济

活动1：自主探究隋朝的建立

阅读教材，请学生自行完成隋朝建立的时间、建立者、都城等知识梳理。

活动2：了解隋朝统一的意义

教师出示"隋统一形势图"（给学生视觉冲击），引导学生回忆：隋朝统一前，统一全国的朝代有秦朝、汉朝与西晋，从280年西晋短暂统一到589年隋统一全国，结束了三百多年长期分裂的局面，顺应了统一多民族国家的历史发展大趋势。

活动3：分析隋朝巩固统一的措施

【提出问题】

教师提出：隋朝统一后，采取了一系列巩固统一的措施，有何成效呢？

【组织学习】

学生观察图表，自行思考，得出结论并说明理由。

| 项目 | 隋初时 | 隋盛时 | 结论 |
|---|---|---|---|
| 人口 | 3 000多万人 | 4 600多万人 | 人口激增 |
| 垦田 | 1 900多万顷 | 5 500多万顷 | 垦田扩大 |
| 粮仓 | 长安太仓 | 洛阳含嘉仓；洛口仓 | 粮仓丰实 |

[评价标准]

①能看出隋初与隋盛时的变化。（C+1）

②能从变化中得出结论。（B+2）

③对得出的结论做出解释与说明。（A+3）

【表达成果】

生1：人口增加，垦田增多。

生2：储藏粮食的粮仓增加，说明此时粮食吃不完，可以储积了。

生3：改革措施有效，经济恢复发展，国家变得非常富裕。

【交互反馈】

生生评价。

生4：我认为生1、2可以达到B等，因为他们看到变化，也得出了结论，但没有做出解释，生3可以达到A等，因为这种变化是隋文帝发展经济的一系列改革带来的。我再补充一点，隋朝成了疆域辽阔、国力强盛的王朝。

【整合提升】

生5：我们观察图表时，一定要注意方法，先从纵横两大序列观察，再看具体的内容变化，从变化中得出结论，并思考变化产生的原因。

任务二：开凿运河 贯通南北

活动1：阅读评价隋朝大运河的诗句

师出示三则史料，引导学生思考：古人认为开凿大运河是好事还是坏事？你的思考是什么？

材料一　尽道隋亡为此河，至今千里赖通波。若无水殿龙舟事，共禹论功不较多。

——皮日休《汴河怀古》

材料二　千里长河一旦开，亡隋波浪九天来。锦帆未落干戈起，惆怅龙舟更不回。

——胡增《汴水》

材料三　汴水通淮利最多，生人为害亦相和。东南四十三州地，取尽膏脂是此河。

——李敬方《汴河直进船》

生6：材料一认为大运河的开凿利大于弊，材料二认为只有弊端，材料三认为有利有弊。

生7：我赞同材料三的观点，对事件的评价不能绝对，要从正反两方面入手。

教师总结：同学们说得非常好，无论是对事件，还是人物评价，都要客观、公正，有理有据。作为世界上最长的人工运河，大运河至今仍在中国的经济发展中发挥着重大作用，2014年被评为世界文化遗产。我们共同看看它的构造。

活动2：识图"隋朝大运河示意图"（图略）

学生阅读教材内容，教师用多媒体同时出示。布置任务：找出运河中心、起止点、四段及沟通的五大水系。

生8：上前指图说明，并说明读图的步骤：先看图例，红色像蚯蚓一样的是运河，找出四段，从南到北分别是：永济渠、通济渠、邗沟、江南河，中心是洛阳，北抵涿郡，南达余杭。沟通海河、黄河、淮河、长江、钱塘江。

生9：强调看图的步骤是题目——图例——重要地点、事件、路线——建立联系。

活动3：对照地图，画出隋朝大运河简单示意图

【提出问题】

教师提出：同学们动手，画出隋朝大运河简单示意图。具体要求：图中要标注运河的三点、四段、五河，方向正确，2分钟内完成。

【组织学习】

动手画图，同桌讨论，完成任务后自行上前展示。

[评价标准]

①示意图大体位置标注清晰准确。（C+1）

②能指图表述所画内容。（B+2）

③能清晰表述运河的整体构造。（A+3）

【表达成果】

生10、11展示并指图说明。

【交互反馈】

生生、师生评价。

生12：生10所画示意图中五个水系与河段不清晰，定为C等。生11图画得比较清晰，方向正确，也能指图详细说明整体构造，给A等。

【整合提升】

教师提出：画示意图时应注意什么？

生13总结：首先方向要正确，选取中心点洛阳、南北点，然后再确定河段，在河段上确定所沟通的五大水系，这样画出来后步骤清晰，也比较美观。

任务三：开创科举 注重人才

活动1：观看视频，回忆中国古代选官制度的历程

教师播放视频动画《中国古代选官制度》，思考隋朝以前选官制度是如何演变的？

生14：夏商周：世卿世禄制；战国、秦、汉初：军功爵制；汉武帝：察举制；魏晋南北朝：九品中正制。教师提出，隋朝不仅经济繁荣，国力强盛，在制度上还有所创新，从只注重门第，到凭才学做官，这种现象出现于隋文帝废除了前朝的选官制度，注重考查人才的学识，初步建立起通过考试选拔人才的制度；隋炀帝时创立进士科，科举制正式确立。

活动2：探究科举制创立的影响

教师出示两则史料，要求学生读取信息，概括科举制创立的影响。

材料一 科举制虽说也有不少弊病，但它使应考之人获得公平竞争的机会，这对于调动人的积极因素，广泛搜罗人才，有着无可辩驳的优点。以考试取士，权在国家，考取者无私恩，黜落者无怨恨，亦有利于社会的安定和政治的清明。

——何忠礼《荐举制度与考试制度优劣之比较》

材料二 在清代114名状元中家世可以查考明白的57名状元中，出身于官僚家庭的占51%，出身于平民家庭的占49%，平民子弟入仕人数几乎占了一半左右。

——宋元强《清代的科目选士与竞争机制》

生15：科举制扩大了官吏选拔的范围，使有才学的人能够由此参政。

任务四：亡国之音 隋的暴政

活动1：分析隋朝速亡的原因。

隋朝从建立到灭亡仅仅37年，是什么原因让强大的隋朝迅速灭亡的呢？教师出示图表，学生读取并分析归纳灭亡的原因。

| 时间 | 项目 | 人数 |
| --- | --- | --- |
| 605年 | 营建洛阳 | 每月征发民夫200万人（一年建成） |
| 605年 | 开通济渠 | 征发民夫100余万 |
| 605年 | 开邗沟 | 征发民夫10余万 |
| 608年 | 开永济渠 | 征发民夫100余万 |
| 610年 | 开江南河 | 征发民夫10余万 |
| 611年 | 准备征高句丽 | 征发民夫200余万 |
| 612—614年 | 三次征高句丽 | 共征发兵卒、役夫达300多万人 |
| 605—616年 | 三下江都、六巡北塞（造大型龙舟及几千艘船） | |

——据《通典》《隋书》整理

生16：征发大批劳动力；连年用兵；多次巡游，耗费大量人力和财力。

教师：正是由于隋炀帝的残暴统治，导致大规模农民起义。618年隋炀帝在江都被部下杀死，隋朝灭亡。

活动2：评价隋炀帝

教师：归纳隋炀帝的功与过，说出你的评价。

生17：隋炀帝的残暴统治导致隋朝灭亡，我认为他是暴君。

生18：隋炀帝创立进士科，正式创立科举制；开凿大运河，加强了南北地区政治、经济和文化的交流，我认为他是有作为的君主。

教师：同学们的评价都以史事为依据，史论结合。但评价历史人物，要防止全盘肯定或全盘否定。不能只看其优点、贡献就肯定一切，或者只看其缺点、错误而否定一切，而是要看其一生的全部活动和表现，对其功过是非做出恰如其分的、全面的评价。要从杰出人物的言行中汲取历史智慧和人生经验。隋文帝统治时期，大力发展经济，厉行节俭，国家强盛；隋炀帝时，虽有贡献，但统治残暴，导致隋朝灭亡。可见，一个国家统治者的所为与国家发展密切相关。我希望同学们能书写自己精彩的人生。

（三）迁移运用

分析比较隋朝与秦朝统治的异同，小组内交流，得出结论，概括表达观点。

（四）成果集成

《隋朝大运河》示意图集。

（五）作业设计

·基础作业：

1.公元6世纪80年代，结束了长期分裂局面，重新统一全国的皇帝是（　　）

A.隋文帝　　　B.隋炀帝　　　C.唐高宗　　　D.唐太宗

2."到隋文帝末年，西京和各地的仓库都装满了粮食，多的达到千万石，少的也不下数百万石。"上述材料表明隋文帝末年 （　　）

  A.隋朝疆域辽阔　　　　　　　B.人口数量增加

  C.经济快速发展　　　　　　　D.行政效率提高

3.隋炀帝时期开凿的大运河，其中最北的段是 （　　）

  A.通济渠　　　B.永济渠　　　C.邗沟　　　D.江南河

4.找出与科举制有关的句子（填写字母序号即可） （　　）

  A.朝为田舍郎，暮登天子堂

  B.慈恩塔下题名处，十七人中最少年

  C.十年窗下无人问，一举成名天下知

  D.罢黜百家，独尊儒术

  E.太宗皇帝真长策，赚得英雄尽白头

·拓展作业：

撰写中国古代选官制度变迁的考察报告。

（六）课后反思

1.本课的教学重点要放在展现隋朝经济繁荣、国力强盛的景象上，运用视频、数据增加学生的直观感受，帮助学生消化理解。

2.在评价历史事件、人物时，为避免出现片面、过激的言论，要指导学生概括评价时所应遵循的基本原则。

3.画"隋朝大运河示意图"时，耗时太多，可放在课前或课后布置。

# 八年级上册　第五单元　从国共合作到国共对立

长春经济技术开发区洋浦学校　吕超

 单元教学规划

**一、单元内容**

本单元为部编人教版历史八年级上册第五单元"从国共合作到国共对立",内容主要为中国共产党逐渐独立领导新民主主义革命,打开中国革命新局面。

**二、单元分析**

（一）课标分析

1.内容要求

通过了解第一次国共合作和北伐战争等国民革命的主要内容,知道南京国民政府的成立及性质；通过了解南昌起义、八七会议、秋收起义、毛泽东与朱德井冈山会师、古田会议等基本史事,认识中国共产党创建人民军队和农村革命根据地的意义；认识遵义会议在中国革命史上的地位；通过了解长征途中红军爬雪山过草地等艰难历程的史事,感悟长征精神。

2.学业要求

（1）能够了解从国共合作到国共对立时期历史的基本线索,以及这一时期重要的事件、人物、现象等。

（2）能够知道这些史事发生的时间和地点、原因和结果,初步养成历史时序意识和历史空间感。

（3）能够初步阅读、理解、分析、运用这一时期的相关史料。

（4）能够认识和感悟长征精神，继承革命传统，培养优良作风。

（5）能够知道民族民主革命的艰巨性，认识没有中国共产党就没有新中国，学习仁人志士为救国救民而英勇斗争的精神，坚定为中华民族伟大复兴而奋斗的信念。

3.教学提示

（1）通过运用近代的文字资料、影像资料等再现历史的情境，用好红色资源，重视与近代历史有关的乡土资源和口述史资源的利用，激发学生学习兴趣。

（2）通过史料（文字、地图、图表、视频等）的解读和分析，培养学生提取信息、分析概括的能力，同时把史料实证、家国情怀两个核心素养的落实贯彻其中。

（3）引导学生提高分析、概括、归纳等方面的能力，初步学会正确的历史判断。

4.学业质量

（1）掌握历史发展过程中的重要史事——能够运用记录历史年代的基本方式，将重要历史事件、人物、现象置于正确的时间和空间之中；能够尝试运用可信史料对重要历史事件进行简要说明，有理有据地表达自己的看法，表现出正确的价值判断和人文情怀。

（2）了解历史发展过程中的各种联系——不同史事的因果联系，不同领域的横向联系。

（3）认识历史发展的基本规律和大趋势——道路自信、理论自信等。

（二）教材分析

1.横向分析

中国近代史就是一部中国人民争取民族独立、人民解放的抗争史。本单元以国共两党之间从合作走向对立为主题,展现了中国共产党逐步探寻中国革命道路的历史。

2.纵向分析

面对国内军阀混战局面,中国共产党和国民党进行第一次国共合作,之后建立起黄埔军校、进行北伐战争并取得一定成果。但随着以蒋介石为首的国民党右派叛变革命后,中国共产党总结经验教训,继续对中国革命道路进行不屈不挠的探索。南昌起义的打响,中国共产党开始有了自己的军队;井冈山上的红旗,犹如"星星之火",燃成"燎原之势",揭开中国革命的新篇章;长征向世人证明中国革命的道路是曲折的,但英勇的中国工农红军是一支不可战胜的力量,必然会带领人民走向光明。

(三)学情分析

1.已有认知

八年级学生认知能力和思维水平有了很大的提高,已经有了一定的历史知识的储备,学习能力和情感价值观也有一定的提高,且本课的内容,通过新闻、影视等各种媒体,学生都有所了解,知识的积累可以为本课学习创造较好的条件。

2.思维特点

八年级学生思维相对活跃,善于思考,学习积极性高,探索欲强,在教学中可以设置问题,启发思考。

3.学习障碍

学生知识构建非常零散,缺乏系统性与结构化的建构;学生辩证思维开始萌芽与发展,但仍带有很大的片面性及表面性,需要在教学中正确引导。学生生长在社会和谐、国家富强的新时期,家庭物质生活富足,对理想、信念缺乏切身体验,引发学生对于长征精神的情感共鸣和理解红军的革命信念是一个心理认知的难点。

### 三、单元主题

中国共产党对革命道路的探寻。

### 四、单元目标

**（一）低阶目标**

1. 了解第一次国共合作和北伐战争胜利进军以及南京国民政府成立的主要史事。

2. 知道南昌起义、井冈山会师，认识中国共产党创建工农红军和农村革命根据地的意义。

3. 识读"中国工农红军长征路线图"，讲述中国工农红军长征的故事。

4. 了解遵义会议，认识其在中国革命史上的地位。

**（二）高阶目标**

5. 归纳整理中国共产党探索革命道路史，感悟中国共产党艰苦探索，弘扬民族精神。

### 五、单元评价

1.1 能绘制时间轴，知道国共合作到国共对立这段时期的重大事件，建立时序观。

2.1 能阅读史料，梳理中国共产党进行南昌起义，井冈山革命根据地的创建和朱德、毛泽东会师后红军创建的主要史事，学会对史料的分类归纳与整理。

2.2 能通过历史解释"工农武装割据"的概念，学会有理有据地表达自己对历史的看法。

3.1 能标注中国工农红军长征路线，讲述长征故事，体验长征精神。

4.1 能阅读教材及分析史料，归纳遵义会议的内容与重要意义，学会依靠可信史料了解和认识历史。

5.1 能在中国共产党探索革命道路史中体会其艰难和伟大，形成对国家和民族的认同，有国际视野，有理想，有担当。

六、单元结构化活动

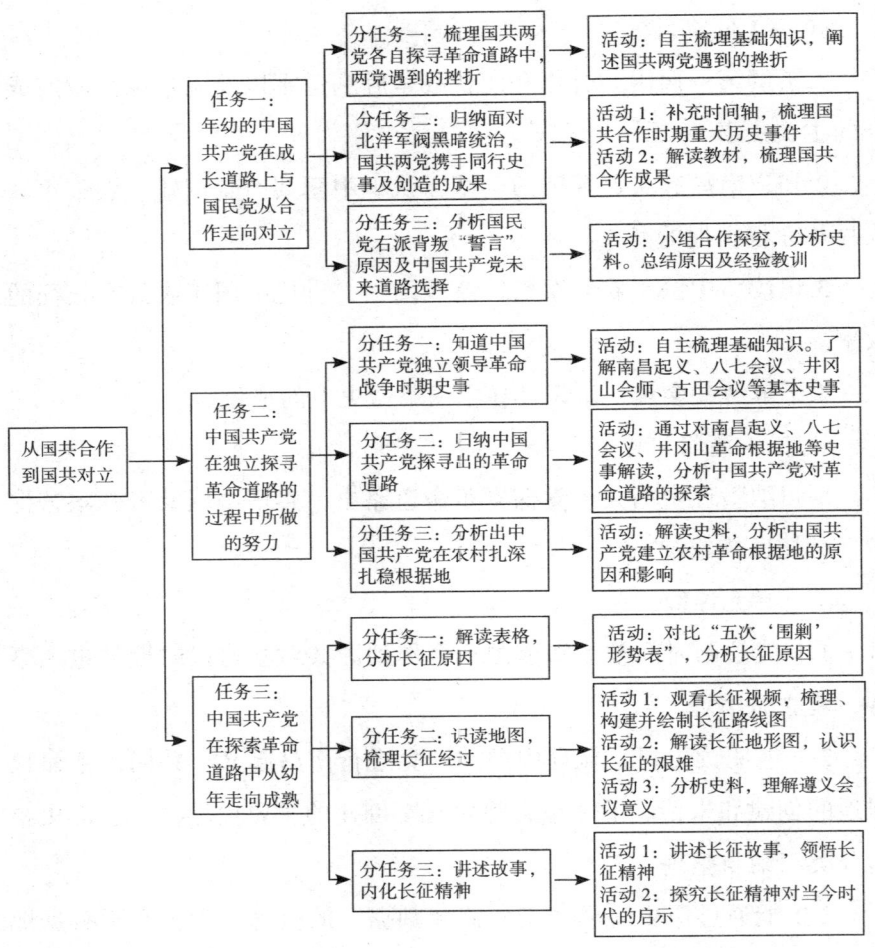

七、课时分配

本单元共3课时。第一课时：北伐战争；第二课时：毛泽东开辟井冈山道路；第三课时：中国工农红军长征。都以新授课的形式讲述。

 课时规划设计

## 第一课时：新知讲述课

**一、课时目标**

（一）低阶目标

1.通过新旧知识联系，了解国共合作的历史背景。

2.了解中共三大、国民党一大、南京国民政府建立等基本概况。

3.对比新旧三民主义和民主革命纲领，理解新三民主义的内涵及黄埔军校创建的意义。

4.了解北伐战争的过程和结果，分析北伐战争胜利以及国民革命失败的原因。

（二）高阶目标

5.体会中国革命的艰难历程，培养团结合作的精神和不畏艰难的坚强意志。

**二、情境任务（问题）**

1.梳理国共两党在探寻革命道路中遇到的挫折以及应对措施。

2.归纳国共两党携手同行的相关史事以及创造性成果。

3.分析国民党右派背叛革命及中国共产党选择未来道路的原因。

**三、学生活动**

活动1：结合课本自主梳理基础知识，归纳国共两党遇到的挫折。

活动2.1：绘制时间轴，梳理国共合作时期的重大事件，建立历史时序。

活动2.2：阅读教材，梳理国共合作的成果。

活动3：小组合作探究，分析史料，认识国民革命失败的原因以及共产党选择革命道路的原因。

### 四、课时作业

北伐战争时期，"宣传战"成为国民革命军与北洋军阀军事较量之外的第二战场，双方都重视宣传工作，请你站在国民革命军或北洋军阀的立场上，结合史事，展开合理想象，设计一个宣传作品，要求：（1）形式不限：可以是演讲、标语、歌谣、传单、漫画等；（2）所创的宣传品必须符合史事。

## 第二课时：新知讲述课

### 一、课时目标

（一）低阶目标

1.了解南昌起义、八七会议、秋收起义及井冈山会师等史事。

2.对比南昌起义和秋收起义的异同，分析中国共产党在探索革命道路历程中吸取的经验教训。

（二）高阶目标

3.认识井冈山革命道路的形成及工农武装割据的革命思想，感受毛泽东等共产党人为寻求新的革命道路不屈不挠、艰苦奋斗的家国情怀。

### 二、情境任务（问题）

1.归纳中国共产党独立领导革命战争时期的史事。

2.理解中国共产党探寻出的革命道路。

3.分析中国共产党在农村建立革命阵地的原因和影响。

### 三、学生活动

活动1：结合教材内容，自主梳理基础知识，了解南昌起义、八七会议、井冈山会师、古田会议等基本史事。

活动2：解读南昌起义、八七会议会址，井冈山革命根据地等相关史事，分析中国共产党对革命道路的探索。

活动3：结合地图、文字史料，分析中国共产党在农村扎深扎稳革命阵地的原因。

### 四、课时作业

（一）基础作业（必做）

绘制本课思维导图，并给家长讲述本课历史知识。

（二）提升作业（选做）

"历史美术绘"：绘制"南昌起义、秋收起义、井冈山会师的示意图"，并在地图上标注相关历史地理信息。

## 第三课时：新知讲述课

### 一、课时目标

（一）低阶目标

1.了解中国工农红军长征的背景。

2.了解红军长征路线及长征途中发生的重大事件。

3.掌握遵义会议内容，分析其在革命史上的重要地位。

4.感悟长征精神，分析长征胜利的历史意义。

（二）高阶目标

5.通过情境创设，体会先烈们不畏艰难、艰苦奋斗、勇于献身、追求崇高理想的革命英雄主义精神，加深对长征精神的认识和理解。

### 二、情境任务（问题）

1.解读表格，分析长征原因。

2.识读地图，梳理长征经过。

3.讲述故事，内化长征精神。

### 三、学生活动

活动1：对比"五次'围剿'形势表"，分析长征原因。

活动2.1：观看长征视频，梳理、构建并绘制长征路线图。

活动2.2：解读长征地形图，认识长征的艰难；分析史料，理解遵义会议的意义。

活动3.1：讲述长征故事，领悟长征精神。

活动3.2：探究长征精神对当今时代的启示。

四、课时作业

（一）基础作业（必做）

绘制本课思维导图，并为爸爸妈妈讲解本课历史知识。

（二）提升作业（选做，二选一）

1.搜集资料（长征故事、长征中的数字、有关长征的诗词等），编制一份历史小报。

2.在现实生活中寻找并践行"长征精神"的人与事，讲给你的同学听。

##  课时教学设计及课堂教学实录

### 中国工农红军长征

（1课时）

一、学习目标

（一）低阶目标

1.了解中国工农红军长征的背景。

2.了解红军长征路线及长征途中发生的重大事件。

3.掌握遵义会议内容，分析其在革命史上的重要地位。

4.感悟长征精神，分析长征胜利的历史意义。

（二）高阶目标

5.体会先烈们不畏艰难、艰苦奋斗、勇于献身、追求崇高理想的革命英雄主义精神，加深对长征精神的认识和理解。

二、达成评价

1.能通过解读表格，分析长征原因。

2.能通过观看视频，提取信息绘制长征路线图，了解长征中发生的重大事件。

3.能通过分析史料了解遵义会议的召开及其伟大意义。

4.能通过观看视频，讲述长征故事，感受长征精神。

5.能通过对长征人物的探究，加深对长征精神的认识，激发爱国主义情感。

三、学习过程

（一）先行组织

由红色旅游路线导入，通过对长征的描述和具体图片的呈现，直观感知长征的伟大，初步认识长征。

教师：同学们，你们喜欢旅游吗？出示图片（湘江战役纪念馆、四川红原县大草原碑、甘肃会宁县雕塑），你们去过这些地方吗？这些纪念碑有什么共性？它们都是万里长征中的一站。今天就让我们跟随红军们的脚步重走长征路。

（二）任务（问题）与活动

任务一：解读表格，分析长征原因

活动1：出示"长征"的概念，提出问题

中国红军长征，指中国工农红军主力从长江以南各革命根据地向陕甘革命根据地会合的战略转移。中国工农红军为什么要在1934年踏上这一艰苦的旅程呢？

中国红军长征，指中国工农红军主力从长江以南各革命根据地向陕甘革命根据地会合的战略转移。

活动2：对比地图，分析革命根据地的变化

活动3：出示五次反"围剿"情况表，分析表格信息

【提出问题】

结合"1927年农村革命根据地分布示意图"与"1929—1932年农村革命根据地分布示意图""中央革命根据地红军五次反'围剿'情况表"，对比分析这一时期（1934年）的革命形势。

【组织学习】

学生观察"1927年农村革命根据地分布示意图"（图略）"1929—1932年农村革命根据地分布示意图"（图略）及"中央革命根据地红军五次反'围剿'情况表"，自行思考，得出结论并说明理由。

**中央革命根据地红军五次反"围剿"情况表**

|  | 时间 | 国民党军队人数 | 共产党军队人数 | 指挥者 | 战略战术 | 结果 |
|---|---|---|---|---|---|---|
| 第一次 | 1930—1931 | 10万 | 4万余人 | 毛泽东 | 集中优势兵力，利用有利条件，寻找敌人弱点，运动中各个歼灭敌人 | 胜利 |
| 第二次 |  | 20万 | 3万余人 |  |  |  |
| 第三次 |  | 30万 | 3万人左右 |  |  |  |
| 第四次 | 1932 | 30—40万 | 7万 | 周恩来 李德 |  |  |
| 第五次 | 1933 | 50万 | 8万多人 | 博古 李德 | "御敌于国门之外"、分散兵力、冒险进攻、保守防御 | 失败 |

[评价标准]

①能清晰地表述图表中的基本信息。（C+1）

②依据图表中的基本信息进行分析、归纳、概括。（B+2）

③运用图表中的信息作出解释与说明，得出相应的结论。（A+3）

【表达成果】

生1：两幅地图表明农村革命根据地在不断壮大。

生2：由于革命力量的壮大，严重威胁了国民党的统治，国民党对中央革命根据地和中央红军进行"围剿"。

教师提出：通过读取图表中关于五次"围剿"的情况获取哪些信息？

生3：图表表示国民党在1930—1933年发动五次"围剿"，前四次共产党都胜利了，第五次失败了。

教师提出：同样是敌强我弱，为什么前四次胜利，第五次失败了呢？

生4：前四次胜利因为有毛泽东正确指挥，第五次失败由于博古、李德错误的指挥。红军接连失利，中央苏区面积越来越小，为了保存革命力量被迫转移，进行长征。

【交互反馈】

生5：我认为生1、2、3可以达到B等，因为他们看到变化，也得出了结论，但没有做出解释，生4可以达到A等，因为揭示出被迫长征的原因。

【整合提升】

教师总结：我们观察历史地图时，注意题目，图例，重要地点、事件、路线，建立联系。看图表时，一定要注意方法，先从纵横两大序列观察，再看具体的内容变化，从变化中得出结论，并思考变化产生的原因。

任务二：识读地图"中国工农红军长征路线示意图"（图略），梳理长征经过

活动1：解读长征地形图

教师提出：从长征的地形图中，你们能获取到哪些信息呢？

生6：从地形图中可以看出，深褐色居多，图例表明，深褐色代表陆高3 000米，所以看出长征路线多在海拔三、四千米以上，也就意味着基本没有平地，都是高原。

生7：我在地形图中还看到了红军不仅面临着恶劣自然环境的挑战，而且要躲避敌人的围追堵截，可想而知，长征之路的艰难。

活动2：观看长征视频，梳理构建长征路线图

教师：我们今天以重走长征路的形式记住这段历史，缅怀那些逝去的革命先烈们，接下来就让我带领同学们一起重走长征路，感悟长征精神。请同学们观看视频，展示课前所绘长征路线图。

生8：上台展示长征路线图（图略）。

生9：绘制得完整而美观，但是有一处错误，红军三大主力会师的地点不在吴起镇，而在甘肃会宁。

教师提问：在长征途中重要的节点中，你认为哪个节点最为重要？为什么？

生8：遵义会议。

生9：会议集中全力纠正博古等人"左"的错误，确立以毛泽东为代表的马克思主义的正确路线；取消了博古、李德的军事最高指挥权，选举毛泽东为中央政治局常委；以博古、李德在军事上的正规战到以毛泽东的运动战。

教师总结：遵义会议前，中国共产党经受了大革命的失败，经历"右"倾主义错误，在面对国民党的"围剿"中，由于"左"的错误思想，导致第五次"围剿"失利和长征的严重损失。遵义会议后有了正确的指导思想，改组了中央领导机构，从此中国革命走向胜利。这体现出共产党用智慧取得这场博弈的胜利。

任务三：讲述故事，内化长征精神

活动：师生共同讲述长征故事，体会、传承长征精神

【提出问题、组织学习】

根据自己搜集到的资料，将长征故事讲给同学听。

[评价标准]

①能脱稿讲述，史事准确，语句通顺，情节完整。（C+1）

②能概括地讲述故事内容，史论结合，翔实完整。（B+2）

③生动形象，情感充沛，语言精练。（A+3）

【表达成果】

生11讲述四渡赤水的故事：遵义会议后，中央红军面临的形势十分严峻，为了粉碎国民党的围歼计划，毛泽东从实际情况出发，命令红军从遵义撤出，一渡赤水，避敌主力，蒋介石以为红军要北上，就令大军火速追击，结果红军掉头向东；二渡赤水，取得娄山关大捷再占遵义，继而佯攻川南；三渡赤水，毛泽东调动敌军疲于奔命，处处扑空；最后，他再次造势欲北渡长江，却又虚晃一枪秘密地四渡赤

水。前后一个多月的时间里，三万多红军在赤水河畔迂回往返，机智穿插于国民党40万重兵之间，终于跳出蒋介石精心设计的包围圈。

教师讲述皎平渡的故事：1935年的5月2日子夜，整个村庄都已沉沉睡去，只有张朝寿家的灯还没灭，咚咚咚，突然传来了一阵急促的敲门声，"谁呀？""老乡不要怕，我们是红军，是穷人的队伍，我们要找船渡过皎平渡口，去解放全中国，以后我们还要回来给你们分土地哩。"听完红军的来意，常年遭受土司欺压的张朝寿心中一震，二话没说就带领着红军战士们奔向了渡口。在张朝寿的帮助和红军的感召下，汉、彝、傣、纳西等各族船工共37人合力帮助红军过江……

生12讲述丰碑的故事：那是在一个冰天雪地、寒风刺骨的冬天里。狂风呼啸着大地，大雪纷飞，而这一支装备很差的队伍，却依然在前进，寒风和大雪将红军的衣服全部打透，忽然，有人说死人了，大家通通都围了过去。这时，将军喊道："军需处长在哪里？"后来，将军才知道，这位冻僵的尸体，正是那位军需处长。将军为这位老军需处长敬了一个军礼。而这位老军需处长，就在那里立下了一座丰碑。这座丰碑晶莹剔透，在白茫茫的大雪里，依然最闪亮……

【交互反馈】

生生、师生评价。

生13：生11能概括地讲述长征故事内容，史论结合，翔实完整定为B等。老师和生12的长征故事讲述生动，情感充沛，语言精练，给A等。

生14：我认为长征精神就是：坚定理想、团结互助、排除万难。

生15：我认为长征精神就是艰苦奋斗、不怕牺牲、勇于战斗。

教师出示"英雄的长征"数据，并总结：这个奇迹是由这样的一个群体创造的。他们是靠着智慧、毅力、信念创造出了奇迹。他们是在用青春、奋斗、生命谱写一个民族的壮丽篇章。他们的音容笑貌理所应当被后人铭记。

【整合提升】

长征精神就是：一是坚定信念、奋斗不息的革命精神；二是灵活机智、顽强拼搏的精神；三是不畏艰险、艰苦奋斗的精神；四是勇往直前、无坚不摧的精神；五是严守纪律、爱国为民的精神。

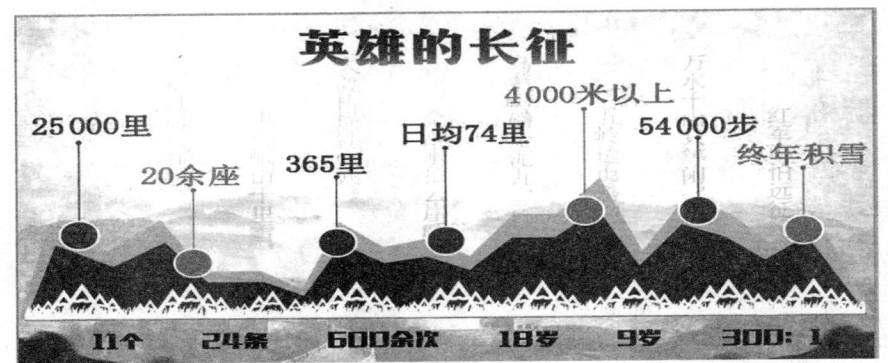

教师出示不同人物对长征的评价，提出：新时期我们还要不要长征精神，如何在生活、学习中践行长征精神？

材料一  长征是历史纪录上的第一次，长征是宣言书，长征是宣传队，长征是播种机。

——毛泽东《论反对日本帝国主义的策略》

材料二  长征是人类坚定无畏的丰碑，创造了气吞山河的人间奇迹。

——美国历史学家费正清《剑桥中华民国史》

生16：需要长征精神，我们要不忘革命先辈先进事迹，珍惜现在的幸福生活，传承和发扬好长征精神。

观看长征人物视频（自己查阅资料制作），再次深刻体会长征的革命英雄主义精神。

教师结语：回望87年前，长征路上，湘江岸边，无数红军战士为了保存革命火种鏖战拼杀，用献血染红了漫漫征途。这些大多二十来岁，甚至只有十五六岁的战士们，视死如归，顽强而乐观，就是因为他们怀着对革命必胜的信念，对美好社会的憧憬。这是一个党永生不灭的基因，是一个民族由衰而兴的密码。每一代人都有每一代人的长征路，让我们赓续共产党人的精神血脉，走好新的长征路！

（三）迁移运用

1.探讨历史故事讲述的方法。

2.感悟长征精神，形成对国家、民族、党深切的爱。

（四）成果集成

1.学生掌握长征史事，体悟长征精神。

2.制作长征人物视频集锦，直观感性认知长征精神。

（五）作业设计

·基础作业：

绘制本课思维导图，并为爸爸妈妈讲解本课历史知识。

·提升作业（选做、二选一）：

1.搜集资料（长征故事、长征中的数字、有关长征的诗词等），编制一份历史小报。

2.在现实生活中寻找并践行"长征精神"的人与事，讲给你的同学听。

（六）课后反思

1.教学设计应更严密、更科学。尤其要预留出学生活动、谈感悟的时间，让学生在故事中思考，在交流中思考，在思考中探索并获取新知识，充分发挥主体性。

2.提高自身教学素养，提高语言表达能力。

3.问题设置要更有效，删除没必要的提问。

4.材料的取舍要慎重，多和专家、同事交流，提高运用史料的能力。

# 八年级下册 第三单元
# 中国特色社会主义道路

长春经济技术开发区育隆学校 王泽群

## 单元教学规划

### 一、单元内容

本单元为部编人教版八年级下册第三单元，主要讲述了中共十一届三中全会召开以来，我国经济体制改革、对外开放的历程以及中国特色社会主义的发展情况。1978年12月，中共十一届三中全会召开，开启了改革开放和社会主义现代化建设新时期。我国的经济体制改革从农村起步，后来发展到城市，最终建立了社会主义市场经济体制；对外开放不断发展，逐渐形成了"经济特区——沿海开放城市——沿海经济开放区——内地"的全方位、多层次、宽领域的对外开放格局。

### 二、单元分析

（一）课标分析

1.内容要求

知道中共十一届三中全会，了解农村改革、城市改革、经济特区建设、沿海港口城市开放、上海浦东开发开放、加入世界贸易组织等史事，认识邓小平对改革开放所起的重要作用，认识改革开放对中国社会发展的重大意义和对世界的重要影响，了解社会主义市场经济体制的建立与完善。

2.学业要求

（1）能够了解中国现代史发展的基本线索和重要事件、人物、现象；理解中国走社会主义道路的历史必然性和探索这条道路的艰巨性和曲折性。

（2）能够搜集、分析重要的历史文献资料，学会社会调查的方法，加强对所学内容的理解与解释。

3.教学提示

要从历史课程本身的特点出发，将中国现代历史的发展历程置于整个中国历史长河中去理解，中国特色社会主义道路源于中国特色的历史发展道路。

4.学业质量

开展社会调查，通过实际考察和访谈，获取多方面信息，深入了解改革开放以来人民生活和社会的变化，形成调查报告，进行交流。进行有关中国现代史的数据检查和统计。

（二）教材分析

本单元的知识主要是中共十一届三中全会召开以来，我国经济体制改革、对外开放的历程，以及中国特色社会主义的发展情况。

（三）学情分析

1.八年级学生的认识水平有了一定的提高，但分析理解能力还很欠缺，要加强对概念的解读。

2.中国近现代史的学习内容需要较强的分析、概括、归纳能力，要结合影像资料，拉近学生与历史的距离。

3.学生的知识储备较为碎片化，要利用图表和时间轴等形式建构结构化知识。

### 三、单元主题

改革开放。

### 四、单元目标

（一）低阶目标

1.了解中共十一届三中全会，认识邓小平对改革开放所起的重要作用。

2.了解农村改革、城市改革、经济特区建设、沿海港口城市开放、上海浦东开发开放、加入世界贸易组织等史事。

3.了解社会主义市场经济体制的建立与完善，认识改革开放对中国社会发展的重大意义和对世界的重要影响。

（二）高阶目标

4.感知改革开放以来取得的成就，增强爱国主义情感，培育和践行社会主义核心价值观，坚定中国特色社会主义道路自信、理论自信、制度自信和文化自信。

### 五、单元评价

1.1 能以列表形式归纳十一届三中全会的内容，依据史料分析十一届三中全会的背景，认识十一届三中全会召开的意义。

1.2 能分析邓小平的人生履历，认识杰出人物在历史发展中的作用。

2.1 能通过对数据的解读，认识家庭联产承包责任制给农民带来的巨大变化。

2.2 能通过材料对比，概括中国共产党在对内改革时期在农村和城市的不同举措；分析在农村和城市不同方式的改革给当代中国带来的伟大变革。

2.3 能依照时间顺序叙述我国对外开放的步骤，理解对外开放城市的地理位置和分布特点，分析对外开放城市对中国开放的重要意义。

3.1 能概括中国十四大以来市场经济体制的变革，认识社会主义市场经济体制伟大的创举对中国历史发展的意义。

4.1 能指图概括我国对外开放的全过程，分析对外开放以及加入WTO带给中国发展带来的现实意义，增强道路自信、理论自信、制度自信和文化自信。

## 六、单元结构化活动

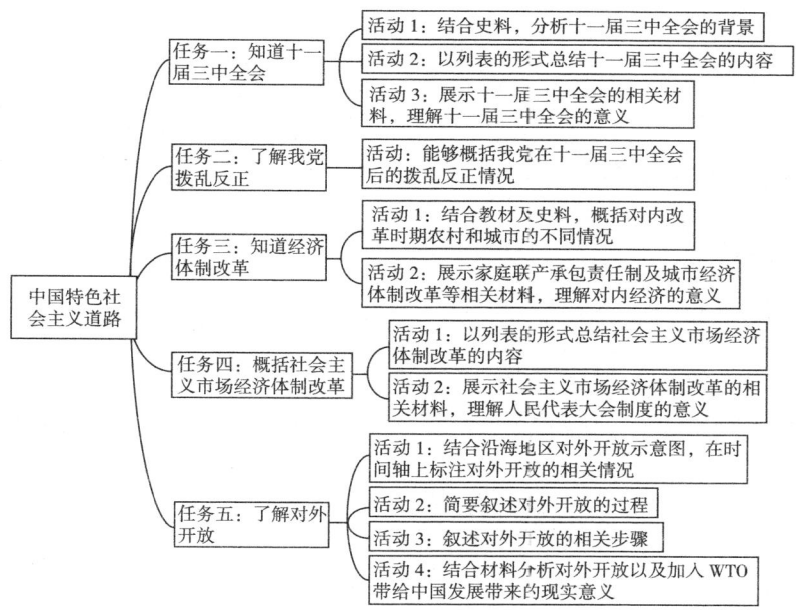

## 七、课时分配

新授课，3课时。

## 课时规划设计

### 第一课时：新授课

**一、课时目标**

（一）低阶目标

1.了解十一届三中全会的相关史事，分析思想解放的重要性。

2.理解拨乱反正加强了民主与法制建设，推动了社会主义现代化建设。

（二）高阶目标

3.评述十一届三中全会的影响，理解中国走社会主义道路的历史必然性。

**二、情境任务**

任务一：认识思想解放。

任务二：感悟思想解放。

**三、学生活动**

活动1.1：根据教材，自行完成，概括十一届三中全会的背景。

活动1.2：结合材料，小组讨论思想解放的必要性。

活动1.3：根据上述探究，小组合作，讲述十一届三中全会的过程。

活动2.1：结合汇总表及材料，认识十一届三中全会召开的伟大意义。

活动2.2：根据教材，自行完成，在时间轴上标出我党拨乱反正的时间节点。

活动2.3：解读多维史料，概述我党拨乱反正的过程。

**四、课时作业**

思想解放一直是我党工作的重点，以表格形式展现我党在不同

时期关于思想问题召开的会议。（须包括会议召开的时间、名称、主题、内容、意义等）

## 第二课时：新授课

一、课时目标

（一）低阶目标

1.了解家庭联产承包责任制的相关史事，分析其影响。

2.了解城市经济体制改革等相关史事，理解城市改革的重要意义。

（二）高阶目标

3.评述社会主义市场经济体制的具体内容，评价经济体制改革。

二、情境任务

任务一：对内改革——农村。

任务二：对内改革——城市。

三、学生活动

活动1.1：根据教材，小组合作，制作改革路线示意图，梳理农村、城市经济体制改革的过程。

活动1.2：结合教材及示意图，概述在农村地区进行的改革过程。

活动1.3：根据上述研究，分析我国在农村进行家庭联产承包责任制的伟大意义。

活动2.1：根据教材，小组合作，在改革路线示意图中提炼城市经济体制改革的过程。

活动2.2：结合示意图及材料，讲述社会主义市场经济体制的形成过程。

活动2.3：交流讨论，感悟改革开放带给我国的现实意义。

四、课时作业

改革不仅在当今，自古以来，我国经历过无数次的改革，才造就了伟大的中华民族。请以列表的形式总结我国改革的历程。

## 第三课时：新授课

一、课时目标

（一）低阶目标

1.了解经济特区开放的相关史事，分析经济特区分布在沿海的原因。

2.了解对外开放格局形成的过程及重要意义，理解对外开放在改革开放中的重要地位。

（二）高阶目标

3.认识对外开放对中国发展的重要意义，强化制度自信、道路自信。

二、情境任务

任务一：大胆尝试——经济特区的建立。

任务二：不断深入——对外开放领域的扩大。

任务三：接轨国际——加入世界贸易组织。

三、学生活动

活动1.1：根据教材，小组合作，在"对外开放示意图"上标注开放城市的名称和地理位置。

活动1.2：结合示意图及材料，描述经济特区城市所处的地理环境。

活动1.3：根据上述材料，结合经济特区的地理条件，分析经济特区开放的意义。

活动2.1：结合示意图及教材，讲述对外开放格局的形成过程。

活动2.2：结合示意图及材料，概括对外开放格局的特点。

活动3.1：根据教材，个人完成，在时间轴上标注加入WTO的过程。

活动3.2：结合教材及材料，分析对外开放在改革开放中的伟大意义。

活动3.3：结合材料，认识对外开放在改革开放中的历史意义。

四、课时作业

以"改革开放"为主题，小组合作绘制手抄报。

[评价标准]

①手抄报内时间、地点、影响、关联等关键要素较为完整。（C+1）

②能结合手抄报内的信息建立事件之间的联系。（B+2）

③能综合手抄报内的信息，做出相关评价。（A+3）

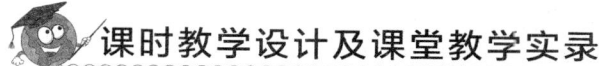
## 课时教学设计及课堂教学实录

## 重走开放之路

（1课时）

### 一、学习目标

（一）低阶目标

1.了解经济特区开放的相关史事，分析经济特区分布在沿海的原因。

2.了解对外开放格局的形成过程及重要意义，理解对外开放在改革开放中的重要地位。

（二）高阶目标

3.认识对外开放对中国发展的重要意义，强化制度自信、道路自信。

### 二、达成评价

1.能分析设定经济特区布局的原因，理解人文地理与经济特区位置的关系。

2.能依图总结对外开放的格局特点，认识对外开放在改革开放中的重要意义。

3.能解读史料，正确理解对外开放以及加入WTO给中国发展带来的现实意义。

三、学习过程

（一）先行组织

如果同学们想要旅行就需要做旅行攻略，规划路线。大家都想去哪些城市旅行呢？（学生：北京、上海、深圳、大连等等）那么大家为何想去这些城市呢？（有故宫、迪士尼乐园、海滩等旅游景点）可见，上述地区经济发展快速。我们今天也要以游客的身份进行一次旅行，让我们探究为何这些城市发展如此之快？

（二）任务（问题）与活动

任务一：探究对外开放时空顺序

活动：教师布置任务

阅读教材内容，以时间轴的形式绘制对外开放的大事年表。

学生完成后，两位同学上前展示并简要说明。

任务二：知道对外开放格局分布特点

活动1：看一看，想一想

分析对外开放的相关材料，想一想当代中国为什么要实行对外开放政策？

学生通过观察能够说出有三个：中国和世界各国的历史的经验和教训说明：闭关国衰，开放国兴。中国进行社会主义现代化建设的现实需要。顺应经济全球一体化发展趋势的客观要求。

思考：我国首先开放了哪些城市？

学生：在广东、福建两省兴办深圳、珠海、汕头、厦门4个经济特区。这些经济特区有一个共同的地理位置特点。结合材料，学生说出为什么首先在广东、福建兴办经济特区。

学生：临近港澳台，地处沿海，交通便利。著名侨乡，有利于吸引外资。

分析相关材料，思考经济特区到底"特"在哪里？学生通过观察能够说出特区实行特殊的经济政策和经济管理体制。同时在进出口、减免税等方面提供优惠条件。

活动2：分析对外开放城市的分布特点

【提出问题】

除了上面提到的城市之外，还有哪些城市成了对外开放的窗口，与经济特区相对比的话，他们的地理位置是怎样的？

【组织学习】

先独立思考，然后小组交流。

学生：包括上海等地区也成为对外开放的窗口。

教师：所以我国的对外开放格局是如何形成的呢？依照评价标准，小组交流，尝试阐述对外开放格局形成的过程和特点，它们所处的地理位置又有哪些特点？

[评价标准]

①C等+1分：正确圈画出一至两个对外开放区域。

②B等+2分：正确圈画出三个对外开放区域，简述其分布位置。

③A等+3分：正确圈画出四个对外开放区域。思路清晰且能准确流畅地叙述出对外开放格局形成的过程及特点，说明对外开放城市的地理环境的共同点。

【表达成果】

小组1：我国于1978年十一届三中全会作出实行改革开放的历史性决策。1980年，我国率先在深圳、珠海、汕头、厦门成立经济特区，形成对外开放点；1984年，我国开放大连、天津、青岛、上海等14个沿海城市，形成对外开放线。

小组2：我国建设了长江三角洲、珠江三角洲和闽南三角地区等经济开放区，形成对外开放面。自此，我国形成了从点到线到面的开放过程，形成全方位、多层次、宽领域的对外开放格局。

【交互反馈】

师：请其他同学依据评分标准对他进行评价。

小组3：可以得2分，其中只说出了三个对外开放区域，且没有正确地分析出对外开放格局形成的特点。

师追问：剩余的对外开放区域应该是什么，我国对外开放格局形成了怎样的特点？

学生思考后回答：在1992年，我国相继开放了内陆城市，形成从东部到中西部的开放特点。

师讲解：1992年，相继开放了重庆、武汉等沿江城市，满洲里等陆地边境城市和昆明、乌鲁木齐等内地省会和自治区首府。

【整合提升】

学生总结回答。

小组3：我国于1978年十一届三中全会做出实行改革开放的历史性决策，1980年，我国率先在深圳、珠海、汕头、厦门成立经济特区，形成对外开放点。1984年，我国开放大连、天津、青岛、上海等14个沿海城市形成对外开放线。之后，我国建设了长江三角洲、珠江三角洲和闽南三角地区等经济开放区，形成对外开放面。在1992年，我国相继开放了内陆城市。自此，我国形成了从点到线到面的开放过程，形成从东部到中西部，从沿海到内陆，全方位、多层次、宽领域的对外开放格局。

任务三：说明对外开放的意义

活动1：个人独立思考，填写中国加入WTO组织的历程表

活动2：分析对外开放以及加入WTO给中国发展带来的现实意义

【任务布置】

经过几十年的对外开放，我国终于与世界经济接轨，不仅"引进

来"，更"走出去"，对外开放持续进行的同时，我国加入了世界贸易组织。但我们面对的问题还有很多。

【组织学习】

先独立思考，然后小组内交流。

[评价标准]

①C等+1分：只能单纯复述教材内容，依据教材内容回答。

②B等+2分：内容较完整，只能单个方面分析意义，有一定的逻辑层级，能简单叙述加入WTO的经过。

③A等+3分：层次清晰，且能准确流畅地从正反两方面分析对外开放以及加入WTO给中国发展带来的现实意义。

【表达成果】

小组4：实行对外开放在经济上有利于利用和吸收国外资金、技术和管理经验，加速我国社会主义现代化建设的发展。在政治上：加强与世界各国的交往，为改革和现代化建设创造和平稳定的国际环境。在文化上：加强对外科技、教育、文化的交流。加入WTO为我国参与经济全球化开辟了新途径，为国民经济和社会发展开拓了新空间。

【交互反馈】

学生互评：我认为加入WTO也存在着某些弊端。

小组5补充：中国仍属于发展中国家，科技水平和经济水平相对较弱，在国际竞争中常处于不利地位。

学生评价：可以得到满分。

【整合提升】

师生共同总结：加入WTO对于我国发展来讲有利有弊，需要从多个角度分析。

### （三）迁移运用

结合材料，运用具体实事分析，对比归纳中国近代、现代对外开放的特点，填写表格，总结不同时期的对外开放我国地位的差异。

### （四）成果集成

学生梳理改革开放、十一届三中全会与经济体制改革、对外开放关系的示意图。

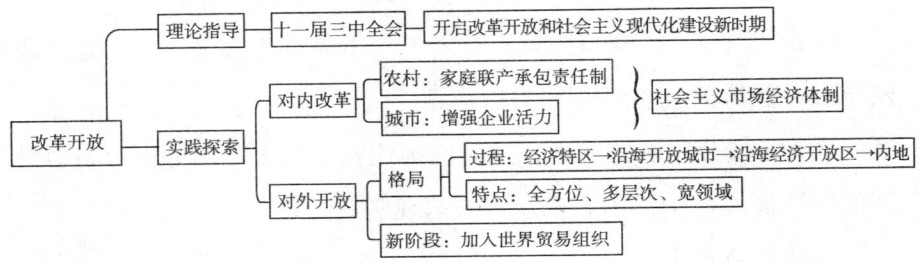

### （五）作业设计

绘制对外开放思维导图。

### （六）课后反思

本课时设计了"重走开放之路"的情景，以学生感兴趣的旅游为主，用旅游的所见所闻为先行组织，使学生快速进入情境，体会我国开放城市的发达。

在经济特区这里设计了结构化的学习任务和递进式学生活动：先确认对外开放城市，再观察地图，最后分析出共同特点；在对外开放城市格局及其分布特点和对外开放意义上设计了嵌入评价来帮助学生高质量完成活动，引导学生思考，并且能够运用科学思维，探讨对外开放的伟大意义。

本节课采用了两次展示与评价环节，在实际操作中出现时间分配不均问题，导致有些环节仓促。在情境设置中还显得有些稚嫩，情境的趣味性还没有完全体现，学生参与积极性还有待提高。在正确评价中国加入WTO的意义方面还需要增加材料加以引导。

# 九年级上册　重组单元
# 古代亚非欧文明的产生、发展与多元面貌

长春经济技术开发区育隆学校　王茜

 **单元教学规划**

### 一、单元内容

本单元为部编人教版九年级上册第一、二单元的整合复习单元。内容主要为古代亚非欧文明的产生、发展与多元面貌。

### 二、单元分析

（一）课标分析

1.内容要求

通过金字塔、《汉谟拉比法典》，以及种姓制度和佛教的创立，了解亚非古代文明及其传播；知道建立在奴隶制基础上的希腊城邦和罗马共和国，了解希腊、罗马的古典文化成就，以及亚历山大帝国、罗马帝国对文化传播和交流的作用。

2.学业要求

（1）能够知道世界古代史上重要的事件、人物、现象，知道史事发生、存在的时间和地点，原因和结果；知道古代世界文明的多元特点；能够在具体的时空条件下认识古代世界各个文明的发展状况和代表性成果。

（2）能够梳理教材的叙述，了解史事发生的背景和意义，对世界古代史的一些问题提出自己的看法。

（3）能够认识劳动人民的生产实践在古代、中古文明发展中的

作用。

（4）能够了解古代文明之间的交流互动；初步理解尊重各个文明之间的差异。

3.教学提示

（1）利用图片和文字材料创设情境，加强教学的直观性。

（2）联系地理课程，掌握识读历史地图的基本要素，联系不同区域的地理范围，分析古代文明产生与地理环境的关系。

（3）梳理古代文明的代表性成就，归纳其特点，了解中国古代文明在世界文明中的地位。

（4）分析各区域文明互动的过程及其结果，加深对古代多元文明的理解。

4.学业质量

（1）掌握历史发展过程中的重要史事——能够运用记录历史年代的方式，掌握识读历史地图的基本方法，将重要历史事件、人物、现象置于正确的时间和空间之中。

（2）了解历史发展过程中的各种联系——中国与世界的联系。

（3）认识历史发展的基本规律和大趋势——能够通过学习世界历史，了解世界文明的多元性、差异性及其发展的不平衡性。

（二）教材分析

1.横向分析

古代亚非文明被称为"大河文明"。亚非地区的尼罗河流域、两河流域、印度河流域和黄河流域、长江流域，沃野千里，灌溉便利，独特的农耕环境为人类的生存创造了良好的条件。人类很早便在这些地区生产劳动，生息繁衍，大河流域成为人类文明的发祥地。古埃及是世界上最先迈入奴隶社会的文明古国之一，它位于非洲大陆东北部的尼罗河流域。古埃及人民在文字、天文学、艺术、医学等方面取得了相当高的成就，为人类社会的进步作出了重要贡献。古巴比伦王国是古代两河流域文明发展的一个高峰。国王汉谟拉比用武力完成了两河流域中下游地区的统一，制定了《汉谟拉比法典》。《汉谟拉比法典》是迄今已知第一部较为完整的成文法典，是古巴比伦王国留给人类的宝贵文化遗产。古代印度文明最早在印度河流域兴起，它是人类最古老的文明之一。古印度人建立了种姓制度。古印度还是佛教的诞生地。同时，古印度在文学、哲学和自然科学等方面对人类文明的发展作出了重要贡献。中国的黄河流域和长江流域也是世界著名的古文明中心，产生了以青铜器和甲骨文等为代表的文明成果，对人类文明的发展作出了巨大的贡献。

古代欧洲文明被称为"海洋文明"。古代希腊是欧洲文明的发祥地。公元前8世纪开始，古希腊建立了城邦国家，其中最强大的是斯巴达和雅典。雅典通过一系列改革，建立了奴隶制民主政治。到伯里克利统治时期，雅典在政治、经济和文化上达到鼎盛。古罗马文明是欧洲文明的另一个重要源头。公元前509年，以罗马城为中心，罗马共和国建立起来。罗马通过一系列对外战争，统一了意大利半岛，到公元前2世纪，成为地中海地区的霸主。公元前27年，罗马进入帝国时代。罗马法律是古罗马文明对西方乃至世界文明发展的重要贡献。古希腊人在哲学、建筑、科学、文学等方面取得了很高的成就。古罗马在继承古希腊文化的基础上创造了自己独具一格的文化。希腊、罗马古典文化为人类留下了宝贵的精神财富。

2.纵向分析

文明出现以前，人类经历了漫长的史前时期。随着生产力的发展和阶级分化的加剧，国家产生了。大约在公元前四千纪后期，西亚的两河流域、北非的尼罗河流域、中国的黄河流域和长江流域、南亚的印度河流域、欧洲的爱琴海地区，诞生了多姿多彩的古代文明。公元前800年以后，希腊各地建立了城邦国家。罗马则在公元前1世纪后建立了一个地跨欧、亚、非三洲的大帝国。希腊、罗马古典文明对后来的西方文明有很大影响。

（三）学情分析

1.已有经验

学生对古代亚非欧文明的相关基础知识已基本掌握。

2.学习障碍

学生的知识储备较为碎片化，对构建单元知识体系有一定困难。

### 三、单元主题

区域文明的多元发展。

### 四、单元目标

（一）低阶目标

1.在具体的时空条件下认识人类文明的起源具有多源性（时空观念、历史解释）。

2.知道各大文化区域的文明成果构成了人类文明的多元性特点（史料实证、历史解释）。

3.梳理古代文明的发展历程，总结古代文明交往的方式及影响（时空观念、史料实证、历史解释）。

（二）高阶目标

4.总结古代文明的多元性、差异性及其发展的不平衡性，初步形成理解、尊重、吸收不同文明精华的开放心态。分析中国古代文明对世界文明进步作出的贡献，形成立足中国、面向世界的视野和胸怀，增强文化认同与责任意识（唯物史观、时空观念、史料实证、历史解释、家国情怀）。

### 五、单元评价

1.能够识读古代文明示意图，分析其产生的地理条件，理解文明产生与地理环境的多源性关系。

2.能够列表归纳古代文明的代表成果，讲述多姿多彩、各有特色的古代文明成就，概括古代文明成果的特点。

3.能够绘制古代文明发展时间轴，叙述古代文明的发展状况，归纳文明之间互动的史事，总结文明之间互动的方式及影响。

4.能够总结古代世界各个区域文明的主要特征，说明对待不同文明的态度，分析中国古代文明对世界文明进步作出的突出贡献，阐述传承发扬中华文明的措施。

### 六、单元结构化活动

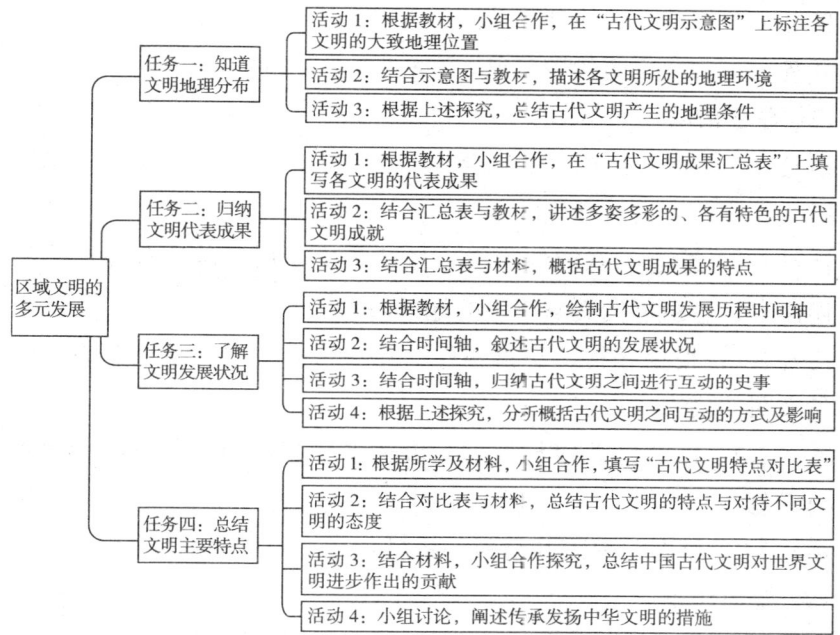

### 七、课时分配

共2课时复习课，任务一、二为1课时，任务三、四为1课时。

## 第一课时：复习课

### 一、课时目标

（一）低阶目标

1.在"古代文明示意图"上标注各文明的名称与大致地理位置，描述各文明所处的地理环境。

2.整理"古代文明代表成果汇总表"，讲述古代文明成就。

（二）高阶目标

3.总结古代文明产生的地理条件，概括古代文明成果的特点。

## 二、情境任务

任务一：知道文明地理分布。

任务二：归纳文明代表成果。

## 三、学生活动

活动1.1：根据教材，小组合作，在"古代文明示意图"上标注各文明的名称与大致地理位置。

活动1.2：结合示意图与教材，描述各文明所处的地理环境；根据上述探究，总结古代文明产生的地理条件。

活动2.1：根据教材，小组合作，在"古代文明成果汇总表"上填写各文明的代表成果。

活动2.2：结合汇总表与教材，讲述多姿多彩的、各有特色的古代文明成就。

活动2.3：结合汇总表与材料，概括古代文明成果的特点。

## 四、课时作业

跨学科作业：以"古代文明多姿多彩"为主题，小组合作绘制手抄报。

[评价标准]

①手抄报内容包含本节课复习的六个古代文明的地理分布与代表成果。（+12分）

②图文并茂，设计美观。（+8分）

## 第二课时：复习课

### 一、课时目标

（一）低阶目标

1.通过绘制古代文明发展时间轴，叙述古代文明的发展状况，归纳文明之间互动的史事，总结文明之间互动的方式及影响。

2.通过整理"古代文明特点对比表"，总结古代世界各个区域文明的主要特征，说明对待不同文明的态度。

（二）高阶目标

3.通过总结中国古代文明对世界文明进步作出的突出贡献，形成立足中国、面向世界的视野和胸怀，增强文化认同与责任意识。

二、情境任务（问题）

任务一：了解文明发展状况。

任务二：总结文明主要特点。

三、学生活动

活动1.1：根据教材，小组合作，绘制古代文明发展时间轴。

活动1.2：结合时间轴，叙述古代文明的发展状况。

活动1.3：结合时间轴，归纳古代文明之间互动的史事。

活动1.4：根据上述探究，总结古代文明之间互动的方式及影响。

活动2.1：根据所学及材料，小组合作，填写"古代文明特点对比表"。

活动2.2：结合对比表与材料，总结古代文明的特点与对待不同文明的态度。

活动3.1：结合材料，小组合作探究，总结中国古代文明对世界文明进步作出的贡献。

活动3.2：小组讨论，阐述传承发扬中华文明的措施。

四、课时作业

项目式作业：选取一个文明古国，完成该文明后续发展历程的调研报告。

| 调研报告 | |
| --- | --- |
| 题目 | |
| 调研者 | |
| 调研目的 | |
| 调研对象 | |
| 调研内容 | |
| 调研方式 | |
| 调研结论 | |
| 评价等级 | 自评：☆☆☆☆☆ 互评：☆☆☆☆☆ 师评：☆☆☆☆☆ |

## 课时教学设计及课堂教学实录

### 区域文明的多元发展

（1课时）

#### 一、学习目标

（一）低阶目标

1. 在"古代文明示意图"上标注各文明的名称与大致地理位置，描述各文明所处的地理环境。

2. 整理"古代文明代表成果汇总表"，讲述古代文明成就。

（二）高阶目标

3. 总结古代文明产生的地理条件，概括古代文明的成果特点。

#### 二、达成评价

1.1 能够根据教材，小组合理分工合作，在"古代文明示意图"上清晰完整地标注出各文明的名称与大致地理位置。

1.2 能够结合示意图与教材，全面准确地描述出各文明所处的地理环境。

2.1 能够根据教材，小组合理分工合作，在"古代文明代表成果汇总表"上全面准确地填写出各文明的代表成果。

2.2 能够结合汇总表与教材，具体形象地讲述多姿多彩的、各有特色的古代文明成就。

3.1 能够结合示意图与材料，全面准确地总结古代文明产生的地理条件。

3.2 能够结合汇总表与材料，全面准确地概括出古代文明成果的特点。

#### 三、学习过程

（一）先行组织

材料 现今史学界一般把"文明"一词用来指一个社会已由氏族制度解体而进入有了国家组织的阶级社会的阶段。这种社会中，除了政治组织上的国家以外，已有城市作为政治、经济、文化各方面活动的中心。它们一般都已经发明文字和能够利用文字作记载，并且都已知道冶炼金属。

——夏鼐《中国文明的起源》

根据材料概括，什么是文明？文明的标准有哪些？

生1："文明"是指一个社会已由氏族制度解体而进入有了国家组织的阶级社会的阶段。标准有政治组织上的国家，作为政治、经济、文化各方面活动中心的城市，发明文字和能够利用文字作记载，冶炼金属。

导入新课：人类古代有哪些文明？它们位于哪里？有什么成就？出示"古代文明示意图"。

（二）任务（问题）与活动

任务一：知道文明地理分布

【任务布置】

活动1：根据教材，小组合作，在"古代文明示意图"上圈画古代文明的大致地理范围并标注对应的名称

活动2：结合示意图与教材，描述各文明所处的地理环境

【组织学习】

学生进行小组讨论，合作完成活动1与活动2。

[评价标准]

①正确圈画出六个代表文明的大致地理范围。（每写对一个+1分）

②正确标注出六个代表文明的名称。（每写对一个+1分）

③正确说出六个代表文明的地理位置。（每写对一个+1分）

④正确说出六个代表文明的自然环境。（每写对一个+1分）

【表达成果】

1组学生代表上台展示：古代中国位于东亚，黄河与长江流域；古印度位于南亚次大陆，印度河与恒河流域；古巴比伦位于西亚，两河流域；古埃及位于非洲东北角，尼罗河流域；古希腊主体位于希腊

半岛，地中海沿岸；古罗马位于意大利半岛、地中海中部。

【交互反馈】

请其他小组的同学依据评分标准对1组进行评价。

2组学生代表评价：可以得18分，六个文明的地理范围、名称与位置正确，但没有说出各文明的自然环境。

2组学生代表补充回答：黄河、长江流域与两河流域地势平坦、土壤肥沃；印度河水量充沛；尼罗河贯穿埃及南北，定期泛滥，两岸留下肥沃淤泥；希腊半岛环海、多山、多岛屿；意大利半岛三面临海，海岸线很长，亚平宁山脉贯穿半岛，岛内山地众多，西部河流纵横，土地肥沃。

3组学生代表补充回答：我们组认为对自然环境的描述还需要加上气候特征。古代中国主要为温带、亚热带季风气候，夏季高温多雨，冬季温和少雨；古印度主要为热带季风气候，全年高温，夏季多雨，冬季少雨；古巴比伦主要为热带沙漠气候，全年干燥少雨；古埃及、古希腊、古罗马主要为地中海气候，夏季炎热干燥，冬季温和多雨。

补充：展示世界古代历史气候变迁分期介绍，强调在分析古代文明的气候特征时，需要注意历史上的世界气候经历过多次整体性的冷暖干湿的变迁。

【整合提升】

活动3：根据上述探究，总结古代文明产生的地理条件

师：古代文明的地理位置有何相同之处？

生2：全都位于北半球中低纬度，古代亚非文明都位于大河流域，被称为"大河文明"，古代欧洲文明都位于海洋沿岸，被称为"海洋文明"。

师：古代文明的自然环境有何相同之处？

生3：大多水源充足，气候温暖湿润，地势平坦，土壤肥沃。

师：综上，古代文明产生的地理条件有哪些？

生4：北半球中低纬度，气候温暖湿润；大河流域或海洋沿岸，水源充足，地势平坦，土壤肥沃，交通便利。

任务二：归纳文明代表成果

【任务布置】

活动1：根据教材，分组合作，在"古代文明代表成果汇总表"上填写各文明的代表成果

活动2：结合汇总表与教材，讲述多姿多彩的、各有特色的古代文明成就

【组织学习】

教师展示范例：中国的甲骨文是目前已发现的古代文字中年代最早、体系较为完整的文字，对中国文字的形成与发展有深远影响；商周时期的青铜器种类丰富、数量众多、制作工艺高超，反映了当时高度发达的文明；西周确立的"分封制"保证了周王朝对地方的控制，稳定了政局，扩大了统治范围。

学生小组讨论，合作完成活动1与活动2。1组负责古印度，2组负责古巴比伦，3组负责古埃及，4组负责古希腊，5组负责古罗马。

[评价标准]

①每个文明至少正确写出三个代表性成果。（每写对一个+1分）

②对成果的介绍内容充实、表述正确。（+2分）

③对成就的讲述表达流畅、生动形象。（+2分）

【表达成果】

| 文明名称 | 古代中国 | 古印度 | 古巴比伦 | 古埃及 | 古希腊 | 古罗马 |
|---|---|---|---|---|---|---|
| 文明成果 | 文字：甲骨文<br>工艺：青铜器<br>制度：分封制<br>文学：《诗经》<br>天文：夏历<br>建筑：长城 | 宗教：佛教<br>雕塑：佛像艺术<br>制度：种姓制度<br>文学：《罗摩衍那》《摩诃婆罗多》<br>数学：阿拉伯数字 | 文字：楔形文字<br>法律：《汉谟拉比法典》<br>数学：60进位制<br>天文：阴历<br>建筑：空中花园 | 文字：象形文字<br>医学：木乃伊<br>天文：太阳历<br>建筑：金字塔 | 制度：民主政治<br>雕塑：《掷铁饼者》<br>文学：《荷马史诗》<br>哲学：亚里士多德、苏格拉底<br>建筑：帕特农神庙 | 制度：元首制<br>法律：《十二铜表法》<br>天文：儒略历<br>建筑：大竞技场、凯旋门、万神庙 |

1组学生代表展示：古印度的文明成果有森严的种姓制度、乔达摩·悉达多创立的佛教以及"阿拉伯数字"。

2组学生代表展示：古巴比伦的文明成果是《汉谟拉比法典》，这是迄今已知世界上第一部较为完整的成文法典。

3组学生代表展示：古埃及的科学文化取得了很高的成就，太阳历是古埃及突出的天文学成就之一，象形文字是世界上最早的文字之一，金字塔是古埃及法老的陵墓，是古埃及文明的象征，反映了古埃及社会经济发展的较高水平，是古埃及人智慧的结晶。

4组学生代表展示：古希腊的神话影响广泛，特点是"神人同形同性"；《荷马史诗》是宝贵的文学遗产，也是了解早期希腊社会的主要文献；奥林匹亚神庙中的宙斯像是古代世界七大奇迹之一。

5组学生代表展示：古罗马的代表性建筑有大竞技场、引水道工程、凯旋门、万神庙；法学方面的成就是罗马人最伟大的成就之一，《十二铜表法》是罗马法制建设的第一步，是后世罗马法典乃至欧洲法学的渊源；罗马人的历法称"儒略历"，后来成为今天人们使用的公历的基础。

【交互反馈】

请其他小组的同学依据评分标准互相评价。

学生互评：1组找对了三个成果，但内容不够充实，讲述不够生动，只能得5分。2组只找对了一个成果，内容不充实，讲述不生动，只能得3分。3组、4组、5组都找对了三个成果，内容比较充实，讲述比较生动，可以得7分。

1组学生完善回答：古印度人建立了严格的社会等级制度——"种姓制度"，分为婆罗门、刹帝利、吠舍、首陀罗四个等级；乔达摩·悉达多创立的佛教一度成为印度最重要的宗教之一，并得到了广泛传播；世界上广泛应用的"阿拉伯数字"实际上起源于印度，后经阿拉伯人传播到世界各地。

2组学生完善回答：古代两河流域的苏美尔人很早就发明了文字，被称为"楔形文字"；古巴比伦的《汉谟拉比法典》是迄今已知世界上第一部较为完整的成文法典；新巴比伦建造的空中花园被誉为古代世界七大奇迹之一。

教师补充：各组同学的讲述与评价都比较准确，但忽略了一些重要成果，如古希腊雅典城邦的民主政治也是非常具有代表性的文明成就，它为后世民主政治的发展提供了典范。

【整合提升】

活动3：结合汇总表与材料，概括古代文明成果的特点

材料　文明虽然独立发展，但也表现出百花齐放、百家争鸣的特点。大体来说，印度人重视宗教，中国人重视伦理教化，希腊人追求理性，罗马人注重实用，埃及人讲求来世。当然，这些特点不是绝对的，有些是各文明所具有的，有些则相互渗透。

——摘编自晏绍祥《世界上古史》

生5：多样性、区域性、独特性、互鉴性、包容性等。

（三）迁移运用

探究不同地理环境下区域文明发展的特征。

（四）成果集成

学生梳理思维导图。

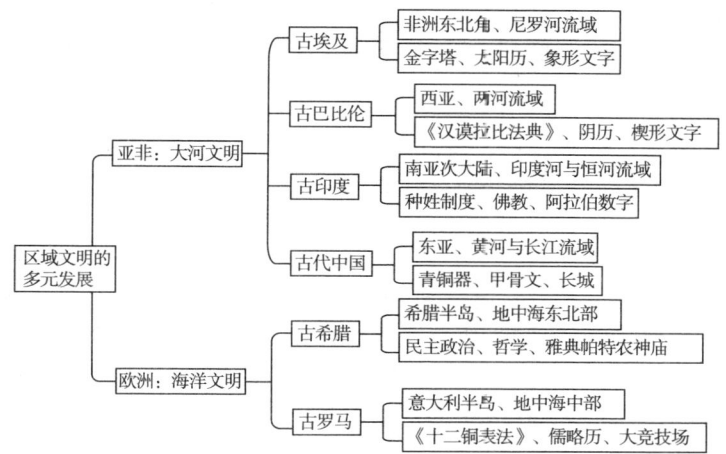

（五）作业设计

以"古代文明多姿多彩"为主题，小组合作绘制手抄报。

[评价标准]

①手抄报内容包含本节课复习的六个古代文明的地理分布与代表成果。

②图文并茂，设计美观。

（六）课后反思

1.教学亮点

（1）对教材内容进行了重新架构，将教材的前两个单元整合成了一个大单元，分为两课时进行讲授，有利于学生构建对于古代文明的整体认知，形成知识体系。

（2）本课时以古代文明的地理分布和文明成果为主线，设计了结构化学习任务和递进式学生活动，以学生为主体，引导学生层层深入地思考。

（3）利用评价量表让学生自主完成学习任务，并进行了小组展示与互评，体现了教学评一体化。

2.存在的问题与改进措施

（1）本节课的展示与评价环节较多，在实际落实中对时间的分配需要把握好。

（2）可以给任务创建一个大情境，增加课堂趣味性，充分调动学生的积极性。

# 地理大单元教学设计

# 中考复习  重组单元
# 区域地理——气候与传统民居

长春经济技术开发区教师进修学校  李燕

## 单元教学规划

### 一、单元内容

人教版初中地理"区域地理——气候与传统民居"单元整合复习专题。

### 二、单元分析

（一）课标分析

1.课标要求

初中地理课程标准对气候及其相关内容的基本要求如下：

（1）阅读某地区气温降水数据资料，据此绘制气温曲线图和降水量柱状图，说出气温与降水量随时间变化的特点。

（2）阅读世界气候类型分布图，描述世界主要气候类型的分布特征，结合实例说明纬度位置、海陆分布、地形等对气候的影响。

（3）运用地图和相关资料说明自然特征对当地人们生产生活的影响。

2.学业要求

学习本主题后，学生能够运用地图及其资料，说出气候的基本状况以及气候对人们生产生活的影响。

3.教学提示

本单元包括气候的特征及传统民居与气候之间的联系，教学中运用不同的地图视频资源等资料创设教学情境，从情境中引发问题，再转化为解决问题的任务，促使学生在完成任务的过程中领会和建构知识，了解世界各地的基本的气候分布特征。根据学生的学习情况，还可以结合事实材料，适当拓展讲述一些全球性的环境问题，如地球面临海平面上升以及全球气候变化和碳达峰与碳中和的关系的内容。气温、降水是两个最重要的表征一个地区气候特征的气象要素。两者的变化规律及其组合特征，可以综合反映一个地区整体的气候特征。在教学中要求学生运用资料绘制图表，不仅加深学生对于气候的理解，同时也培养学生地理学习必备的数据分析能力、读图能力及绘图能力。作为自然地理特征之一的气候对区域内典型民居的影响属于人地关系。义务教育阶段对学生人地协调观的培养要求应集中在人地关系上。

（二）教材分析

在人教版初中地理教材中，多处涉及区域的气候特征与特色民居之间的联系，比较典型的例如亚洲、青藏地区、东南亚、撒哈拉以南非洲等。区域间自然环境多种多样，社会经济环境不尽相同。在漫长的历史发展过程中，逐渐形成了各种不同的居民建筑形式，这种传统的民居建筑深深地打上了地理环境的烙印，生动地反映了人与自然的关系。

（三）学情分析

1.学生对于气候的内容有不同程度的理解，一般来说已经能够掌握主要气候类型的特征。

2.但学生目前还不能构建完整的知识体系，在准确描述气候与人类活动之间的关系方面尚有欠缺。

三、单元主题

气候与传统民居。

四、单元目标

（一）低阶目标

1.阅读世界气候类型分布图，描述世界主要气候类型的分布地区。

2.运用某地气温曲线及降水分布图，描述主要气候类型的特征。

（二）高阶目标

3.运用地图和相关资料，分析某区域气候与民居的关系，体现出自然环境与人类活动是相互影响的，形成人地协调观的核心价值观。

五、单元评价

1.1 能够通过阅读地图，说出世界主要气候类型。

1.2 能够通过阅读某地区气温降水数据资料，独立绘制气温曲线图和降水量柱状图。

1.3 能够通过阅读气温曲线图和降水量柱状图，说出某地气温、降水的特点。

2.1 掌握描述气温及降水的常用规范用语。

2.2 通过阅读地图及相关资料，能够说出某地气候特征。

3.1 能够说出某区域的传统民居。

3.2 能够简要分析传统民居与气候的关系。

六、单元结构化活动

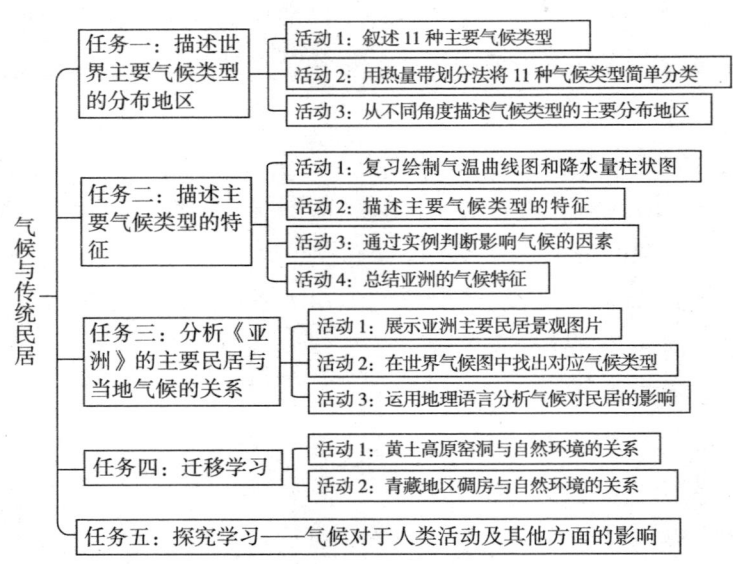

## 七、课时分配

2课时。

## 课时规划设计

### 气候与传统民居

（复习课　2课时）

#### 一、课时目标

（一）低阶目标

1.叙述主要气候类型的分布地区。

2.分析气候与传统民居的联系。

（二）高阶目标

3.根据气温、降水两者的变化规律及其组合特征，综合分析一个地区整体的气候特征。

4.通过气候这一自然要素的基本状况，观察描述某一区域人口、城乡、文化的特点，总结分析气候对人类活动的影响。

#### 二、情境任务

任务一：描述世界主要气候类型的分布地区。

任务二：描述主要气候类型的特征。

任务三：分析亚洲的主要民居与当地气候的关系。

任务四：迁移学习。

任务五：探究学习——气候对于人类活动及其他方面的影响。

#### 三、学生活动

活动1.1：叙述11种主要气候类型。

活动1.2：用热量带划分法将11种气候类型简单分类。

活动1.3：从不同角度描述气候类型的主要分布地区。

活动2.1：复习绘制气温曲线图和降水量柱状图。

活动2.2：描述主要气候类型的特征。

活动2.3：通过实例判断影响气候的因素。

活动2.4：总结亚洲的气候特征。

活动3.1：展示亚洲主要民居景观图片。

活动3.2：在世界气候图中找出对应气候类型。

活动3.3：运用地理语言分析气候对民居的影响。

活动4.1：黄土高原窑洞与自然环境的关系。

活动4.2：青藏地区碉房与自然环境的关系。

四、课时作业

（一）基础作业

1.列表归纳气候类型的分布地区及特征。

2.列表归纳教材涉及的某区域传统民居及对应气候类型并分析二者的联系。

（二）跨学科作业

查阅资料写出描写与气候相关的诗句及写作时间地点。

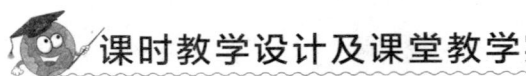

## 民居多样 气候有因——气候特征及差异

（1课时）

一、学习目标

（一）低阶目标

1.按照热量带划分的方法将主要气候类型正确分类。

2.准确描述主要气候类型的特征。

（二）高阶目标

3.总结某区域气候类型的分布特点并通过实例分析影响气候的因素，形成辩证地看待问题的思维方式。

## 二、达成评价

1.1 能够通过阅读世界气候类型图，将主要气候类型正确分类。

2.1 学会阅读某地气温曲线图，分析某地气温特征。

2.2 学会阅读某地年降水量分布图，分析某地年降水量特征。

2.3 能够依据嵌入评价，运用地理语言描述主要气候类型的特征。

3.1 学会阅读某地气候类型图。

3.2 学会总结某地气候类型的特点的方法。

3.3 通过实例学会分析影响气候的因素。

## 三、学习过程

（一）先行组织

1.学生收集世界各地地表植被景观图片。

2.通过查找资料做出图片说明。

（二）任务（问题）与活动

任务一：描述世界主要气候类型的分布地区

活动1：我们来展示

每个小组派代表分别展示课前收集的景观图片并进行简要解读。

学生：我们一组介绍的是亚寒带针叶林景观。亚寒带针叶林主要是指耐寒的落叶松、云杉等，生长于亚寒带针叶林气候带。落叶松喜欢阳光充足而较为干旱的环境。森林比较稀疏，而阳光直达林下，冬季落叶后林下更是充满阳光，因此落叶松林是典型的"明亮针叶林"。落叶松的根系较浅，可以在永久冻土上生长，对土壤的要求不高，是生活在最严酷环境中的森林。东西伯利亚地区有大面积的兴安落叶松林。东西伯利亚地区冬季极端寒冷，春秋两季非常短暂，严寒的冬季很快就变成温暖的夏季，所以落叶松以落叶的形式抵御东西伯利亚比北极还严寒的冬季。

学生：我们二组展示的是温带落叶阔叶林景观，这种植被又称夏绿阔叶林或夏绿林，是指具有明显季节变化的夏季盛叶、冬季落叶的阔叶林。温带落叶林主要分布在中纬度湿润地区，大范围分布区位于北半球北美洲和亚欧大陆的东西两侧。温带落叶林分布地区气候四季分明，夏季炎热多雨，冬季寒冷。热量条件属温带类型，年平均气温8~14℃，年降水量500~1000毫米，降水多集中在夏季。

学生：我们三组分享的是亚热带常绿阔叶林植被景观。亚热带常绿阔叶林主要分布在南北纬25°~35°之间的大陆东部。如我国的长江流域、日本的南部和美国的东南部、澳大利亚的东南部等地区。常绿阔叶林分布地区属于亚热带海洋性气候，在北半球特别是在东亚，则具有明显的亚热带季风气候。分布区域气候四季分明，年均温在15℃以上，一般不超过22℃。冬季温暖，夏季炎热潮湿，雨热同期，特别有利于植被的发育。

学生：我们四组介绍的是热带草原植被景观。热带草原的植被主要位于大陆中央平坦而开阔的地区。大致分布在南北纬10°至南北回归线之间，主要位于非洲中部、南美、巴西大部、澳大利亚大陆北部和东部地区。热带草原气候的特点是全年高温分明，分为干湿两季。热带草原地区年降雨量为500~1000毫米，多集中在湿季，干季的气温高于热带雨林地区。每日平均气温在24℃~30℃之间。南半球热带草原的干湿季节时间与北半球恰好相反。热带草原的干湿两季有截然不同的景色。每到湿季，草木葱绿，万象更新；每到干季，万物凋零，一片枯黄。

活动2：大家来分类

阅读世界气候类型图，想一想如何分类？学生通过思考能够回答并且大致按温度带分类。

热带地区：热带雨林气候、热带沙漠气候、热带草原气候、热带季风气候。

温带地区：温带大陆性气候、温带季风气候、亚热带季风气候、温带海洋性气候、地中海气候。

寒带地区：寒带气候。

高原山地地区：高原山地气候。

活动3：合作来描述

每个小组任选三种气候类型描述其分布地区。

最后教师引导总结以纬线、大洲、大洋方位等为参照物描述气候类型的分布。

学生：热带雨林气候——主要分布在赤道附近。

地中海气候——主要分布在地中海沿岸。

热带草原气候——主要分布在非洲大陆、巴西中部及南部等。

热带季风气候——主要分布在热带地区大陆东岸，如南亚的印度半岛，东南亚的中南半岛。

亚热带季风气候——主要分布在我国南方地区。

温带季风气候——主要分布在我国的北方地区。

高原山地气候——主要分布在高大的山地和高原地区。

[评价标准]（生生互评）

①将世界主要气候类型正确分类。（+1）

②阅读世界气候类型图，从单一角度叙述其分布位置。（+1）

③阅读世界气候类型图，从多个角度叙述其分布位置。（+2）

活动4：一起来总结

【提出问题】

请大家观察亚洲气候图，说一说在图中你能读出哪些信息。

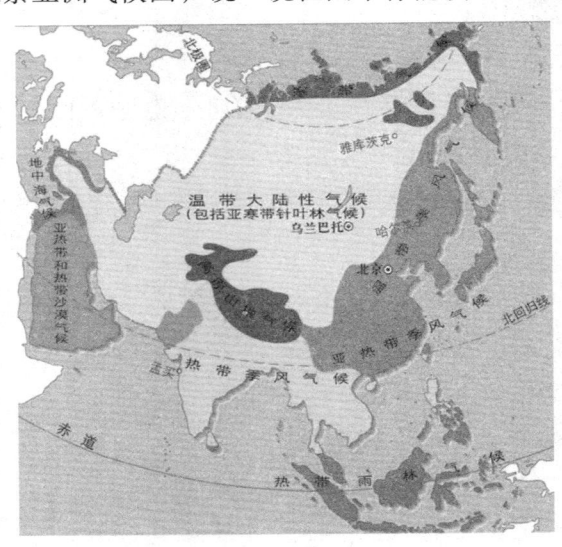

【组织学习】

独立思考。

[评价标准]（互评）

①亚洲气候类型叙述5—7种。（+1）完整无误叙述亚洲气候类型。（+2）

②说出亚洲分布最广的气候类型。（+1）

③归纳亚洲太平洋沿岸和印度洋沿岸共同气候特征。（+2）

【表达成果】

学生1：亚洲的气候类型有温带大陆性气候、温带季风气候、亚热带季风气候、热带季风气候、亚热带和热带沙漠气候、地中海气候。

学生2：亚洲的气候类型有寒带气候、温带大陆性气候、温带季风气候、亚热带季风气候、热带季风气候、高原山地气候、亚热带和热带沙漠气候、地中海气候、热带雨林气候。

学生3：在亚洲，温带大陆性气候分布最广。

学生4：在亚洲的东部以温带季风气候为主，亚洲南部以热带季风气候为主。

学生5：亚洲季风气候显著。

【交互反馈】

请其他同学依据评分标准对五位同学进行公平评价。

学生甲：我认为学生1应该得1分，因为气候类型回答得不全面。学生2和学生3回答正确，可以分别加2分和1分。

学生乙：我认为学生4可以加1分，虽然没有总结出亚洲显著的特征，但是他已经分别说出了东部和南部的气候类型。学生5完全正确，可以加2分。

【整合提升】

总结亚洲气候分布特点：气候类型复杂多样、温带大陆性气候分布最广、季风气候显著。

教师追问：在气温和降水两方面温带季风气候与亚热带季风气候的显著差异是什么？

学生总结回答：亚热带季风气候一月份平均气温高于0℃，而温带季风气候一月份平均气温低于0℃。降水方面亚热带季风气候年降水量多于温带季风气候。

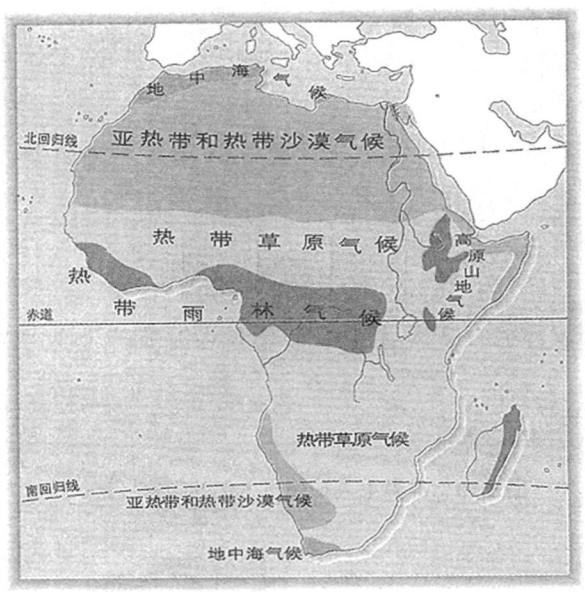

**任务二：描述主要气候类型的特征**

活动1：复习绘制气温曲线图和降水量柱状图

在学案中补充绘制气温曲线图及降水量柱状图并完成附带习题。

1.根据某地气温资料，绘出该地的气温年变化曲线图。

| 月份 | 1 | 2 | 3 | 4 | 5 | 6 | 7 | 8 | 9 | 10 | 11 | 12 |
|---|---|---|---|---|---|---|---|---|---|---|---|---|
| 气温（℃） | -20.1 | -15.8 | -6.0 | 5.8 | 13.9 | 19.7 | 23.3 | 21.6 | 14.3 | 5.6 | -6.7 | -16.8 |

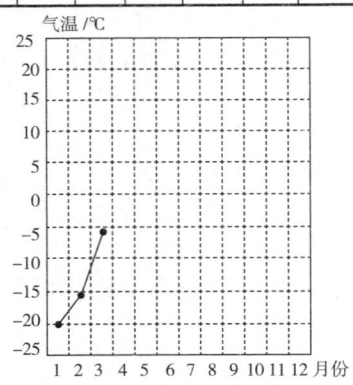

2.气温年变化曲线的阅读。

(1)读出最高、最低月平均气温的数值及月份。

(2)最高月均温与最低月均温的差值是多少。

(3)估算该地的年平均气温。

3.降水量柱状图的判读。

(1)该地哪几个月份降水量较多?该地哪几个月份降水量较少?

(2)该地的年降水量大约是多少毫米?

(3)该地降水的季节变化有什么特点?

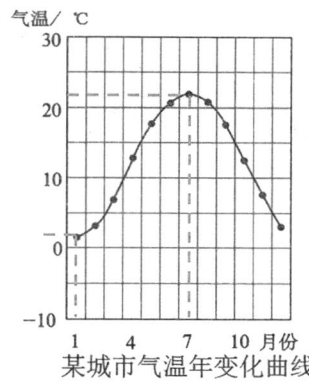
某城市气温年变化曲线

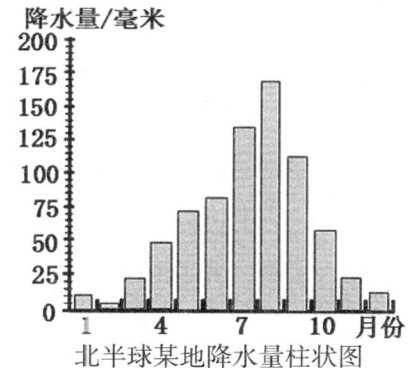
北半球某地降水量柱状图

活动2:描述主要气候类型的特征

1.学习描述气温的常用词语。

气温的描述:

20℃左右及以上——高温、炎热

0—20℃之间——温和

0℃以下——寒冷

2.学习描述降水的常用词语。

估算年降水总量,对该地年降水量进行定性描述为:全年多雨型、全年少雨型、夏季多雨型、冬季多雨型。

观察冬夏季降水量,对该地进行定量描述:

月降水量>100mm 多雨

50—100mm 湿润

<50mm 少雨或干燥

教师强调：以上描述区间为大致情况，由于气候有过渡性，不是绝对要求。

3.运用词语描述气候特征。

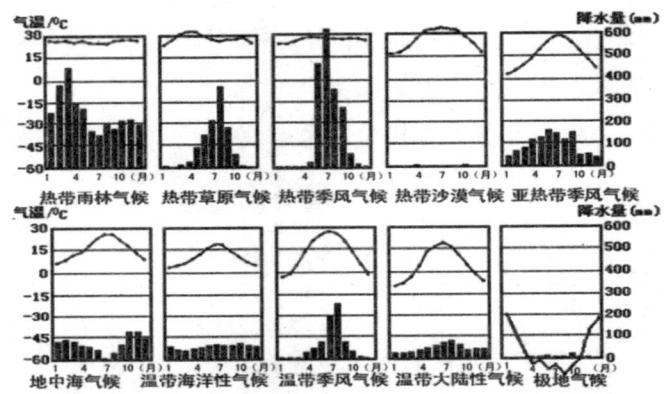

教师强调：描述气候特征时采取"时间+气温+降水"的模式。

学生1：热带雨林气候的特征是全年高温多雨，热带季风气候的特征是全年高温，降水分明显的旱雨两季。

学生2：温带季风气候的特征是夏季炎热多雨，冬季寒冷干燥。

（其余略）

[评价标准]（学生自评）

①语言规范，要素全面。（+2）

②要素全面，未运用地理语言。（+1）

活动3：通过实例判断影响气候的因素

读非洲裂谷带示意图及非洲气候图，完成以下题目。

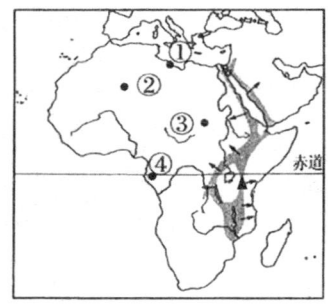 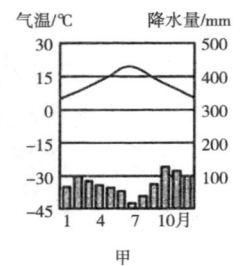 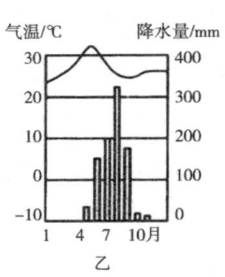

甲　　　　　　　乙

1.乞力马扎罗山被形象地称为"赤道雪峰",其主要的影响因素是                                    (    )
A.纬度位置    B.海陆位置    C.地形地势    D.人类活动
2.①—④地最有可能发生动物周期性大迁徙景观的是____,其对应的气候类型是_____。                            (    )
A.①—甲      B.②—乙      C.③—乙      D.④—甲

(三)迁移运用
1.分析非洲气候分布特点。
2.比较热带季风气候与热带草原气候的差异。
3.比较温带季风气候与温带大陆性气候的差异。

(四)成果集成
学生梳理气候类型的分布及特征。

| 气候类型 | | 主要分布地区 | 气候类型特征 |
| --- | --- | --- | --- |
| 热带地区 | 热带雨林气候 | | |
| | 热带草原气候 | | |
| | 热带季风气候 | | |
| | 热带沙漠气候 | | |
| 温带地区 | 温带季风气候 | | |
| | 温带海洋性气候 | | |
| | 亚热带季风气候 | | |
| | 地中海气候 | | |
| 寒带地区 | 寒带气候 | | |

(五)作业设计
1.列表归纳气候类型的分布地区及特征。
2.阅读日本气候图,分析东京和北京气候差异的原因。

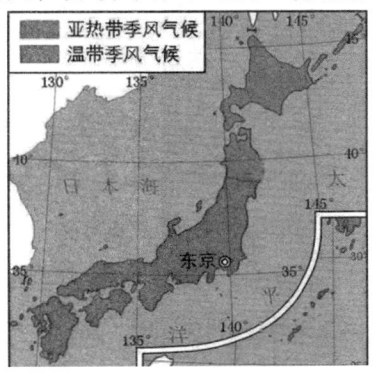

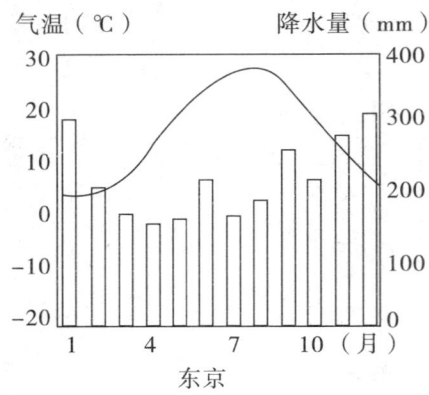

东京

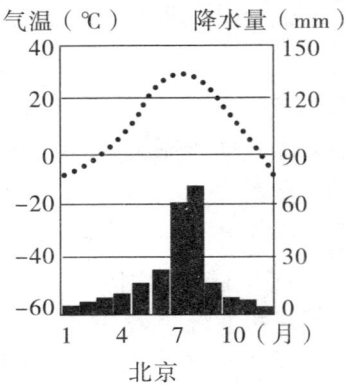

北京

（六）课后反思

　　本专题内容是气候与传统民居，共包括两课时的内容。本课时主要内容是通过阅读和绘制气温曲线图和降水量柱状图的学习，进而学习通过气候资料图简单分析某地的气候状况。阅读和绘制气温曲线图和降水量柱状图是地理学习的一项基本技能，在地理学习中要经常运用。因此，本课时突出了对学生地理实践力核心素养的培育。在实际操作中，有些学生能够自己摸索出经验，但技能水平稍弱的学生操作中遇到问题时，教师应及时给予帮助，使学生对这项技能的掌握会更为顺利。在2022版课标中明确要求学生阅读世界气候类型分布图，描述世界主要气候类型的分布特征。因此在教学中建议采用比较法、图解法，帮助学生掌握世界主要气候类型的分布及特征。比较法是地理学习中常用的方法，也是要求学生重点掌握的地理学习方法。在气候类型的学习中，学生可以通过对不同气候类型的特征和分布规律的比较，正确区分不同气候类型的特征及主要分布地区。本节课是初中地理教学的难点，学生在短时间内掌握相关知识具有较大的难度，利用图解法可以辅助记忆，达到事半功倍的效果。

# 七年级上册　第四章　居民与聚落

长春经济技术开发区育隆学校　王紫萱

单元教学规划

**一、单元内容**

人教版初中地理七年级上册第四章"居民与聚落"。

**二、单元分析**

（一）课标分析

1.课标要求

初中地理课程标准对学生学习第四章必须达到的基本要求有三条：

（1）运用地图和相关资料，描述并简要归纳世界人口数量变化和人口空间分布特点。

（2）通过阅读图像、观看视频或实地考察等，描述城镇与乡村的景观特征及其变化。

（3）运用反映人种、语言、宗教、习俗等内容的图文资料，描述世界文化的丰富多彩，树立尊重世界文化多样性的意识。

2.学业要求

协调人类活动与地理环境的关系，是地理课程学习所要形成的基本概念之一。文化的范畴很广，课程标准为达到本单元目标，选择了人种、语言、宗教、聚落等方面，并且把知识的重点放在分布和与环境的关系上。

3.教学提示

在理解和尊重不同国家的文化传统的同时，要增强民族自尊、自

强、自信的感情，既不妄自尊大，也不妄自菲薄。

4.学业质量

在学过本章节后，能够理解地理知识内部联系和基本规律，理论联系实际，兼顾知识、能力、情感。地图是地理学的第二语言，地图既是地理知识的载体，又能为考生提供丰富的地理知识信息。重视运用图像，突出了地理学科的特点。

（二）教材分析

本章以居民为线索，涵盖人口、人种、语言、宗教、聚落等内容。应以所学知识为铺垫展开教学，理解和尊重不同区域的文化传统，不仅仅是一个单元的目标，而且也是地理课程的目标之一。达到这一目标需要一定的关于世界文化的知识基础。只有了解了世界不同国家、不同地区、不同民族的文化及其差异，才能明白各种文化都是人类文明的组成部分，它们之间没有高低、优劣之分，都是平等的；才能明白各种文化都有自己的特点和存在价值，都有其他文化学习的地方。

（三）学情分析

学生通过一段时间的学习，对于地理学习方法有了一定的了解，已经具备了一定的读图分析能力。文化对于好动又好奇的初一学生来说非常具有吸引力，加上本单元的内容与学生的日常生活及所见所闻关系较大，所以在教学过程中应尽量以学生为主启发学生学习兴趣，但是在此之前学生几乎没有接触过人文地理，所以在授课时应注意教学方法的使用，用多媒体辅助教学，不断启发学生发现问题，提出问题，讨论和探究答案。

三、单元主题

居民与聚落。

四、单元目标

（一）低阶目标

1.运用地图和其他资料归纳世界人口增长和分布的特点。

2.举例说明人口数量过多或过少对环境及社会、经济的影响。

3.运用地图说出世界三大人种、世界主要语言及三大宗教的分布地区。

4.运用图片描述城市景观和乡村景观的差别。

5.懂得保护世界文化遗产的意义。

（二）高阶目标

6.能够根据所学知识，分析影响人口分布的自然原因。

7.能够根据所学知识，分析某地民居与自然环境的关系。

五、单元评价

1.1 能够通过阅读地图，说出不同时期的人口数量及变化趋势。

1.2 能够通过阅读地图，说出几个大洲中人口数量及人口增长率的特点。

1.3 能够通过阅读地图及相关资料，说出世界人口分布的特点及原因。

2.1 通过阅读相关资料，能够说出人口问题都有哪些。

2.2 通过阅读地图及相关资料，能够说出针对不同类型的人口问题有哪些解决措施。

3.1 能够通过阅读地图，说出世界三大人种的特点，并在地图上指出三大人种的主要分布地区。

3.2 能够通过阅读地图，说出汉语、英语、法语、俄语、西班牙语、阿拉伯语的主要分布地区。

3.3 能够通过阅读地图，说出世界三大宗教及其主要分布地区。

4.1 能够通过阅读地图，描述城市和乡村景观有哪些区别。

5.1 通过阅读地图和相关资料，了解与聚落有关的世界文化遗产有哪些。

5.2 懂得保护世界文化遗产的意义。

6.1 能够通过阅读地图，找到人口密度小于1的地区。

6.2 能够通过阅读地图，分析出不同地区人口稀少的自然原因。

6.3 能够根据所学知识，总结出影响人口分布的自然原因。

7.1 通过阅读相关资料，了解不同地区的民居有哪些。

7.2 能够根据所学知识，分析不同地区民居与当地自然环境之间的关系。

六、单元结构化活动

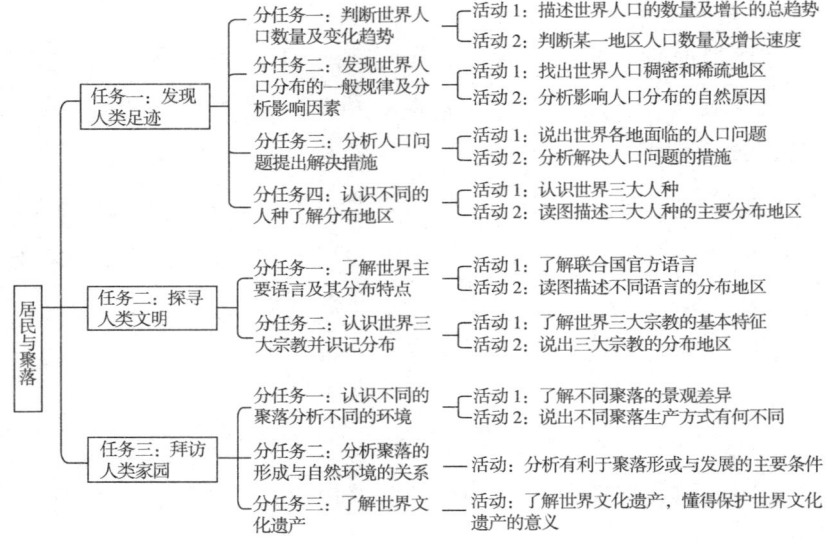

七、课时分配

第一节"人口与人种"2课时；第二节"世界的语言和宗教"1课时；第三节"人类的聚居地——聚落"1课时。

## 课时规划设计

### 第一课时：人口与人种
（2课时　新授课）

一、课时目标

（一）低阶目标

1.运用地图和其他资料归纳世界人口增长和分布的特点。

2.举例说明人口数量过多或过少对环境及社会、经济的影响。

3.运用地图说出世界三大人种分布地区。

（二）高阶目标

4.能够根据所学知识，分析影响人口分布的自然原因。

二、情境任务

任务一：判断世界人口数量及变化趋势。

任务二：发现世界人口分布的一般规律及分析影响因素。

任务三：分析人口问题提出解决措施。

任务四：认识不同的人种了解分布地区。

三、学生活动

活动1.1：描述世界人口的数量及增长的总趋势。

活动1.2：判断某一地区人口数量及增长速度。

活动2.1：找出世界人口稠密和稀疏地区。

活动2.2：分析影响人口分布的自然原因。

活动3.1：说出世界各地面临的人口问题。

活动3.2：分析解决人口问题的措施。

活动4.1：认识世界三大人种。

活动4.2：读图描述三大人种的主要分布地区。

四、课时作业

（一）基础作业

1.读下图，完成下面小题。

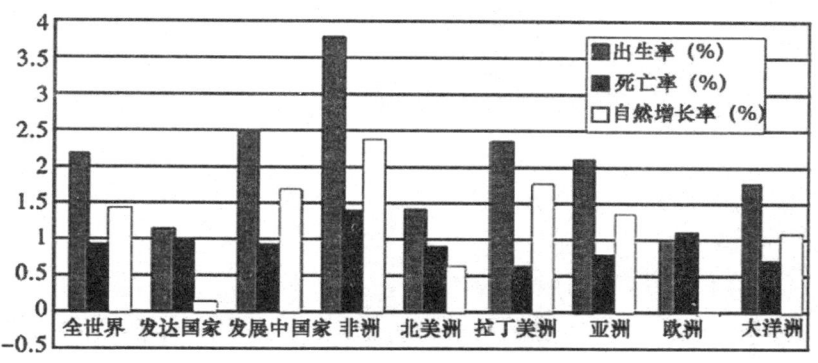

（1）除南极洲外，人口自然增长率最低的大洲是　　　　　（　）

A.亚洲　　　　　B.欧洲　　　　　C.非洲　　　　　D.大洋洲

（2）人口自然增长率最低的大洲可能产生的人口问题是（　）

A.人口老龄化　　　　　　　　B.就业困难

C.交通拥挤　　　　　　　　　D.教育资源紧缺

（3）下列有关人种的搭配，错误的一项是　　　　　　　　（　）

A.非洲中部—黑种人　　　　　B.亚洲东部—黄种人

C.大洋洲东南部—黑种人　　　D.欧洲—白种人

（4）世界上的人口稠密地区主要位于中、低纬度的沿海和平原地区，主要原因是这些地区　　　　　　　　　　　　　　　　　（　）

①气候温和，降水较多　②水资源丰富　③没有冬季　④没有地震　⑤地形较平坦，土壤肥沃

A.①②③⑤　　　　　　　　　B.①②④⑤

C.②③④⑤　　　　　　　　　D.①②⑤

2.图为不同类型国家的人口状况示意图，读图，指出经济水平落后，医疗水平较差的是　　　　　　　　　　　　　　　　　（　）

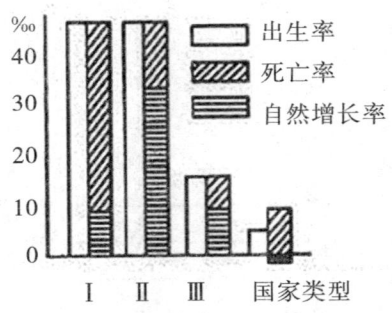

A.Ⅰ类型国家　　　　　　　　B.Ⅱ类型国家

C.Ⅲ类型国家　　　　　　　　D.Ⅳ类型国家

（二）提升作业

1.2021年1月，韩国统计厅报告显示，2020年该国出生率降至史

无前例的0.84%，位居全球最低。读"韩国近十年出生、死亡人数统计图"，完成下面小题。

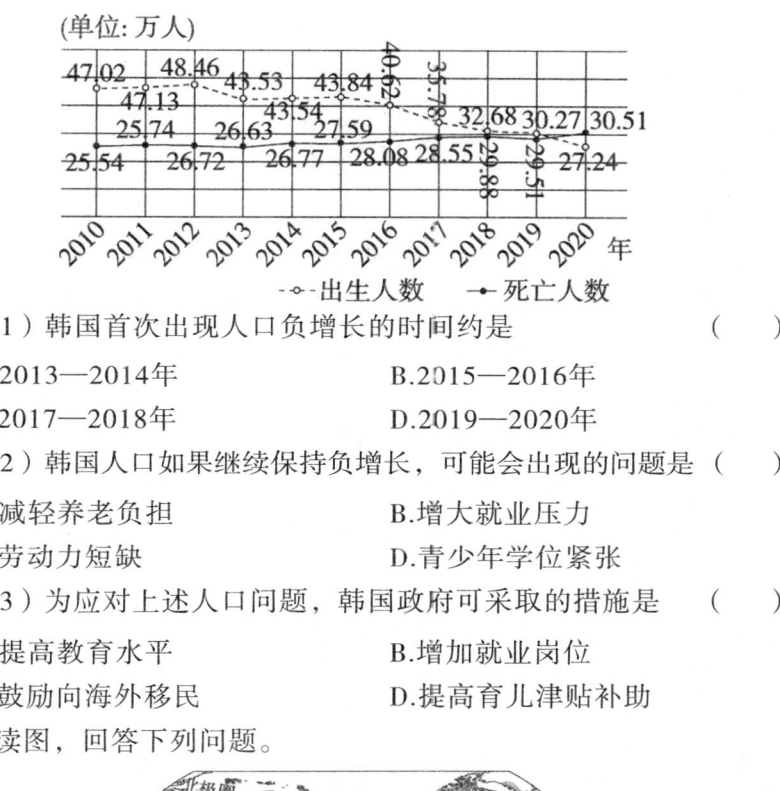

（1）韩国首次出现人口负增长的时间约是　　　　　　　　　（　）
A.2013—2014年　　　　　　　B.2015—2016年
C.2017—2018年　　　　　　　D.2019—2020年
（2）韩国人口如果继续保持负增长，可能会出现的问题是（　）
A.减轻养老负担　　　　　　　B.增大就业压力
C.劳动力短缺　　　　　　　　D.青少年学位紧张
（3）为应对上述人口问题，韩国政府可采取的措施是　　（　）
A.提高教育水平　　　　　　　B.增加就业岗位
C.鼓励向海外移民　　　　　　D.提高育儿津贴补助

2.读图，回答下列问题。

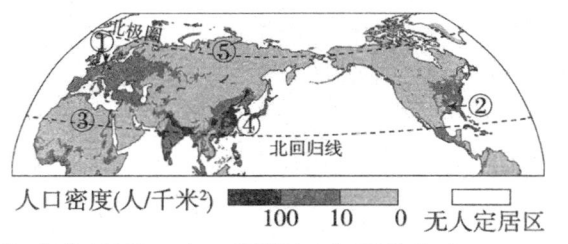

（1）从纬度位置看，人口稠密区主要分布在_____。
（2）①地区和②地区居民主要为_____人种。
（3）③地区人口稀少，其原因是_____。
（4）目前，世界人口已超过70亿。预计未来40年，亚洲、非洲、拉丁美洲的人口增长，将约占全球人口增长的97%。亚、非、拉国家人口增长过快，产生的问题有_____。

## 第二课时：世界的语言和宗教

（1课时　新授课）

### 一、课时目标

**（一）低阶目标**

1.通过阅读相关资料，了解世界主要语言和三大宗教。

2.能够通过阅读地图，说出世界主要语言和三大宗教的分布。

3.根据图片和相关资料，说出不同宗教的建筑特征。

**（二）高阶目标**

4.能够根据所学知识及相关资料，分析不同区域的地理环境与人种之间的关系。

### 二、情境任务

任务一：了解世界主要语言及其分布特点。

任务二：认识世界三大宗教并识记分布。

### 三、学生活动

活动1.1：了解联合国官方语言。

活动1.2：读图描述不同语言的分布地区。

活动2.1：了解世界三大宗教的基本特征。

活动2.2：说出三大宗教的分布地区。

### 四、课时作业

**（一）基础作业**

1.世界上使用人数最多和使用最广泛的语言分别是　　　　（　　）

A.西班牙语、英语　　　　　B.阿拉伯语、俄语

C.汉语、英语　　　　　　　D.汉语、德语

2.下列关于英语的说法，正确的是　　　　　　　　　　　（　　）

A.联合国规定的唯一工作语言

B.世界上使用人数最多的语言

C.世界上使用范围最广的语言

D.2020东京奥运会唯一指定外语

3.西亚和北非地区主要信仰的宗教是　　　　　　　　　（　　）

A.伊斯兰教　　　B.基督教　　　C.神道教　　　D.佛教

4.下列关于世界的人种、语言和宗教的叙述正确的是　　　（　　）

A.世界三大宗教都发源于西亚

B.非洲北部居民以白种人为主

C.汉语是世界上使用范围最广的语言

D.黄种人主要分布在亚洲和欧洲

5.读世界主要语言分布示意图（如图），回答下面问题。

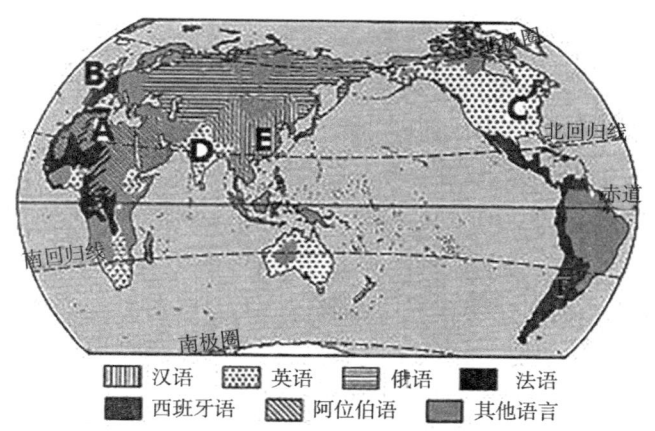

（1）图中A地居民主要使用_____语，使用这种语言的还有西亚的一些国家，这些地区的居民多信仰_____教，他们属于_____人种。

（2）图中B、C、D三地居民主要使用_____语，但B、C两地的居民多信仰_____教，而D地居民多信仰印度教。

（二）提升作业

1.下列关于世界人种、语言及宗教的说法正确的是　　　　（　　）

A.基督教是世界上信仰人数最多的宗教

B.非洲北部居民多使用阿拉伯语，信仰基督教

C.汉语是世界上使用范围最广的语言

D.美国人主要讲英语，以黑种人为主

2.比较法是一种重要的学习方法。请你比较世界人种分布图和世界主要语言分布图，完成下列各题。

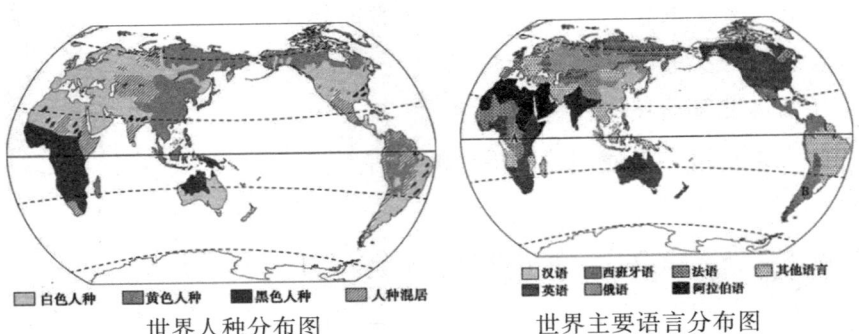

世界人种分布图　　　　世界主要语言分布图

（1）从世界人种分布图上可以看出，欧洲、北美洲、大洋洲以及非洲的北部和亚洲的西部分布着_____人种；但是，语言分布却差异很大，欧洲的英国，北美洲的美国、加拿大以及大洋洲的澳大利亚等国通用_____语，而非洲北部和亚洲西部的国家多使用_____语。

（2）A处是法语分布区，法语本应在法国通用，而在非洲也有分布的原因是_____。

（3）B处居民使用的语言是_____语，它本应该在欧洲的西班牙通用，目前拉丁美洲的许多国家使用该语言，这是为_____。

## 第三课时：人类的聚居地——聚落

（1课时　新授课）

一、课时目标

（一）低阶目标

1.运用地图和其他资料区分城市和乡村，并了解二者劳动生产方式的差异。

2.运用地图和所学知识，分析聚落形成与发展的有利条件。

3.运用地图和所学知识，分析民居与自然环境的关系。

4.懂得保护世界文化遗产的意义。

（二）高阶目标

5.能够根据所学知识，分析某地民居与自然环境的关系。

二、情境任务

任务一：认识不同的聚落分析不同的环境。

任务二：分析聚落的形成与自然环境的关系。

任务三：了解世界文化遗产。

三、学生活动

活动1.1：了解不同聚落的景观差异。

活动1.2：说出不同聚落生产方式有何不同。

活动2：分析有利于聚落形成与发展的主要条件。

活动3：了解世界文化遗产，懂得保护世界文化遗产的意义。

四、课时作业

（一）基础作业

1.我们一般把聚落分为两大类，它们分别是 （　　）

A.乡村和城市　　　　　　B.工业和农业

C.农田和村庄　　　　　　D.工厂和城市

2.下列世界文化遗产的名称与其所在地一致的是 （　　）

A.巴黎塞纳河岸—意大利　B.威尼斯城—意大利

C.平遥古城—山东省　　　D.丽江古城—湖南省

3.东南亚的高脚屋反映当地的环境属于 （　　）

A.湿热的环境　　　　　　B.干燥的环境

C.平原环境　　　　　　　D.城市环境

4.俄罗斯许多民居墙体厚实，室内有壁炉，窗小，而且屋顶大多高耸，这是为了适应当地 （　　）

A.炎热多雨　　　　　　　B.寒冷多雨雪

C.温暖干燥　　　　　　　D.温暖多雨雪

5."蓝蓝的天上白云飘，白云下面马儿跑，挥动鞭儿响四方，百鸟齐歌唱。"这首歌描述的乡村聚落类型是 （　　）

A.农田　　　　B.牧场　　　　C.渔村　　　　D.林场

6.下列哪些条件不利于聚落的形成与发展 （　　）

A.水源充足　　　　　　　B.交通便利

C.自然资源丰富　　　　　D.崎岖山地

7.城市聚落居民主要从事的工作是 （　　）

A.耕作业和畜牧业　　　　B.工业和服务业

C.渔业和林业　　　　　　D.副业和建筑业

（二）提升作业

1.十一假期，小明去浙江省旅游时拍了两张照片。据此完成（1）—（2）题。

绍兴水乡

杭州市

（1）关于绍兴水乡聚落特征的描述，正确的是 （　　）

①房屋大多沿河而建　　②街巷呈规则的棋盘状

③屋顶倾斜利于排水　　④门窗设计注重通风性

A.①②③　　　B.①②④　　　C.①③④　　　D.②③④

（2）绍兴是全国首批历史文化名镇，保护传统聚落的重要意义是 （　　）

A.加快当地旅游业发展　　B.使人类璀璨文化永久留存

C.衬托现代聚落的美感　　D.古建筑有很高的经济价值

2.2021年2月14日17时40分左右，有着"中国最后的原始部落"之称的云南省临沧市翁丁村老寨不幸遭遇火灾，明火虽已于当晚被全部扑灭，但百余户房子只剩几户未被烧毁。观察翁丁村老寨火灾前的照片，完成（1）—（3）题。

（1）一般来讲，有利于聚落形成的自然条件有（    ）

①水源充足  ②交通便利  ③气候温暖湿润
④工业发达  ⑤地形平坦  ⑥自然资源丰富

A.①②③④    B.①③④⑤    C.①②④⑥    D.①③⑤⑥

（2）与城市相比，翁丁村老寨（    ）

A.规模较大                B.居民主要从事农业生产活动

C.高楼林立，道路纵横      D.有众多工厂、商场

（3）翁丁村老寨传统民居所在地（    ）

A.森林茂密，房屋为全木结构

B.降水充沛，屋顶坡度小便于排水

C.空气湿度小，双层结构利于防潮

D.冬季寒冷，窗户较大便于室内采光

3.读北非民居图（图1）、新疆民居图（图2）以及世界局部图（图3），完成下列问题。

图1　　　　　　图2

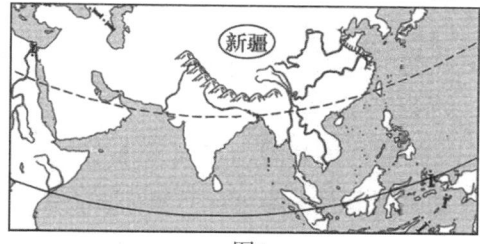

图3

（1）北非地区的气候类型是_____气候，新疆大部分地区的气候类型是_____气候。

（2）民居与当地的自然地理环境相适应，北非民居和新疆民居屋顶相同的特点是_____，相同的自然环境特点是_____，北非民居"厚墙"的主要作用是_____，影响北非和新疆乡村聚落分布的主要因素是_____，两地区人口分布_____(填"稠密"或"稀疏")。

 课时教学设计及课堂教学实录

## 人口与人种

（1课时）

### 一、学习目标

（一）低阶目标

1.运用地图和相关资料，了解世界人口数量与增长变化的特点。

2.能够运用地图，说出各大洲人口数量及增长率的特点。

3.能够运用世界人口分布图，归纳世界人口分布的特点。

（二）高阶目标

4.结合世界的地形和气候分布图，分析影响世界人口分布的原因。

### 二、达成评价

1.1 通过阅读相关资料，能够说出近现代影响人口数量的事件。

1.2 阅读"世界人口增长曲线"图，能够说出不同时期人口数量，总结出世界人口变化总趋势。

1.3 根据相关资料，了解目前世界人口总数。

2.1 通过阅读教材，能够理解世界人口增长速度用人口自然增长率表示。

2.2 能够运用资料及数据计算某地人口自然增长率。

2.3 阅读"世界各大洲或地区人口数和平均人口增长率"图，能够说出人口最多、最少和人口增长率最高、最低的大洲。

2.4 能够运用地图和相关资料，分析北美人口数量多的原因。

3.1 通过阅读地图，理解地区人口疏密程度用人口密度来表示。

3.2 阅读"世界人口分布"图，能够说出4个人口稠密区和4个人口稀疏区的分布地区。

4.1 通过阅读"世界人口分布"图，结合地形图和气候图，说出不同地区所处的自然环境，并分析该地区人口多或少的原因。

4.2 能够通过所学知识总结出自然环境对人类生活的影响。

三、学习过程

（一）先行组织

课前学生查阅相关资料。联合国宣布，世界人口在2022年11月15日这天达到80亿。

观察3个时期人口数量的变化，从中能够获得什么信息？

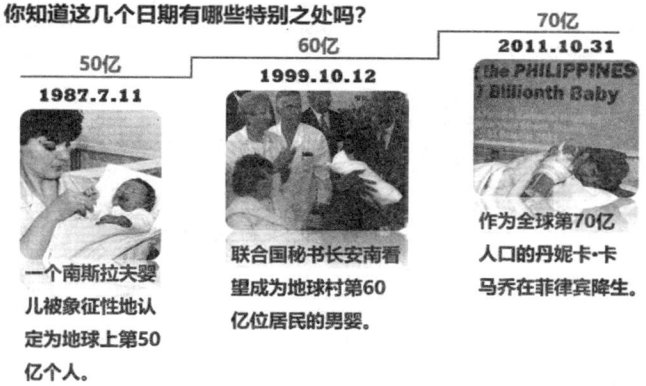

生：世界人口数量从50亿增加到了60亿、70亿，人口数量越来越多。

（二）任务（问题）与活动

任务一：判断世界人口数量及变化趋势

活动1：描述世界人口的数量及增长的总趋势

阅读教材及相关资料，说出近现代发生的事件对人口数量产生的影响。

生：工业革命和第二次世界大战使得人口增长速度加快。18世纪以前，人口增长十分缓慢。工业革命以后，世界人口增长速度才大大加快。第二次世界大战以后人口迅速增长。

思考世界人口增长的速度越来越快的原因。

生：随着经济、现代医疗卫生事业的发展，现在每年出生的婴儿数多于死亡的人数，使得世界人口总数不断增长。

阅读教材P72，计算世界人口从1830年的10亿到2011年的70亿，人口每增加10亿所需的时间。

| 人口数/亿 | 每增加10亿所需的时间/年 |
|---|---|
| 10—20 | 100 |
| 20—30 | 30 |
| 30—40 | 15 |
| 40—50 | 12 |
| 50—60 | 12 |
| 60—70 | 12 |

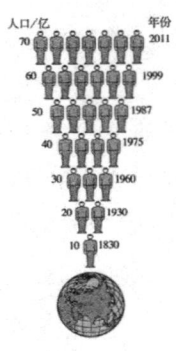

【整合提升】

生：人口每增加10亿人所用的时间越来越短，说明人口增加的速度越来越快。

活动2：判断某一地区人口数量及增长速度

【提出问题】

世界人口的增长速度通常用人口自然增长率来表示，那么人口的自然增长率由什么决定呢？

【组织学习】

判断人口自然增长率的特点。

[评价标准]

①了解人口增长速度的计算方法。

②能够根据资料计算出某地的人口增长速度。

③运用规范的语言描述出某地人口增长速度快或慢的原因。

生：出生率和死亡率。

学生讨论人口出生率、人口死亡率、人口自然增长率三者之间的关系，写出三者之间的关系式。

生：人口自然增长率=人口出生率−人口死亡率；人口出生率=年内出生人口数/总人口×100%；人口死亡率=年内人口死亡数/总人口×100%。

思考并判断人口自然增长率>0、<0、=0这3种情况分别表示什么。

生1：人口自然增长率>0，表示人口数量在增加。

生2：人口自然增长率<0，表示人口数量在减少。

生3：人口自然增长率=0，表示人口数量维持稳定。

| 自然增长率 | 人口数量 |
|---|---|
| >0 | 增长 |
| =0 | 维持稳定 |
| <0 | 下降 |

读教材"世界各大洲或地区人口数（2010年）和平均人口增长率（2005—2010）"，思考哪个大洲的人口自然增长率最高？哪个大洲的人口自然增长率最低？哪个大洲人口自然增长率为零？为什么？

【表达成果】

生1：从图中可看出各大洲的自然增长率亚洲为1.1%，非洲为23%，拉丁美洲为1.1%，北美为1.0%，大洋洲为1.3%。

生2：除南极洲外，人口最多的大洲是亚洲，人口最少的是大洋洲。人口增长最快的是非洲，人口增长最慢的是欧洲。

【交互反馈】

教师追问：北美人口自然增长率较低，为什么人口增长却比欧洲快得多？

生3：因为每年有大量人口移民至北美地区。

【整合提升】

世界人口分布不平衡，有的地区人口稠密，有的地区人口稀疏。是什么原因导致了不同区域人口数量的差异。

任务二：发现世界人口分布的一般规律及分析影响因素

活动1：找出世界人口稠密和稀疏地区

人口的疏密程度用人口密度来表示。人口密度是指每平方千米内居住的人口数。它反映一个地区的人口疏密程度，用"人/平方千米"表示。

阅读"世界人口分布"图，找到4个人口稠密区和4个人口稀疏区。

生1：4个人口稠密区分别为亚洲东部和南部、欧洲西部、北美洲东部。

生2：4个人口稀疏区分别为雨林地区、沙漠地区、高原山区、高纬度地区。

活动2：分析影响人口分布的自然原因

【提出问题】

为什么有些地区的人口数量会尤其少？是由哪些自然原因导致的？

生1：那些地方不好，没有人愿意去。

生2：环境已经被破坏掉了，大家都愿意去环境更好的地方。

【组织学习】

分析每个地区人口数量稀少的原因是什么。

小组合作探究，完成书中活动题分析影响人口分布的自然原因。

[评价标准]

①能够描述出人口稀疏区所处的地理位置。

②能够结合所学知识说出某地区人口稀疏的原因。

③能够总结出影响人口分布的自然原因。

【表达成果】

每个小组分别派出代表总结本组讨论的结果。

生1：地区A人口稀少是因为该地区纬度过高，北部地区被北极圈穿过，所以气候终年严寒。

生2：地区B被赤道穿过，这里的气候类型为热带雨林气候，特征为全年高温多雨，气候条件不适宜人类生活，过于湿热，所以人口稀少。

生3：地区C地处在我国青藏高原上，是世界上海拔最高的高原，由于海拔较高影响了这里的气温，气温过低不适宜人类生活。

生4：地区D在非洲北部的撒哈拉沙漠之上，这里被北回归线穿过，我们学过回归线的大陆西岸降水稀少，加上这里的气候类型为热带沙漠气候，气候极端干旱导致这里人口稀少。

| | | |
|---|---|---|
| 稀疏区 | 沙漠地区（如撒哈拉沙漠） | 极端干旱 |
| | 雨林地区（如亚马孙平原） | 过于湿热 |
| | 高纬度地区（如两极地区） | 终年严寒 |
| | 高原、山地（如青藏高原） | 地势高峻 |

【交互反馈】

地区A和地区C人口稀少的原因都是因为气候寒冷，但二者寒冷的区别却大不相同，这是什么原因呢？

生1：因为受到不同因素的影响。

生2补充：一个地区是因为纬度高所以冷，另一个地区是因为海拔高所以冷。

【整合提升】

影响气候的主要因素有哪些?

生:纬度因素、海陆因素、地形因素。

世界人口分布不均匀,主要是受自然条件、社会经济条件等因素的综合影响形成的。自然条件优越、历史悠久、经济发达的地区,人口就稠密。自然条件恶劣的地区,不适合人们的生产和生活,人口就稀少。

(三)迁移运用

一旦一个地区人口数量和增长速度不合理了,与环境不相协调时,必然不利于经济与社会的发展,就会形成人口问题,结合本节课的学习内容思考目前存在哪些问题。

(四)成果集成

以提问和学生回忆的方式总结本节课的内容,如下图所示。

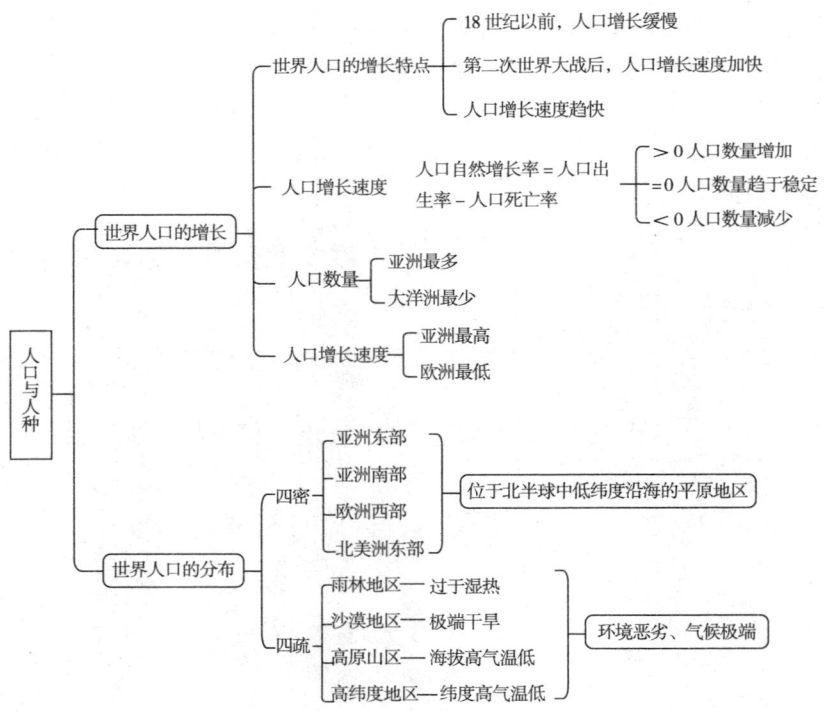

（五）作业设计

1.完成课后检测试题（问卷星）。

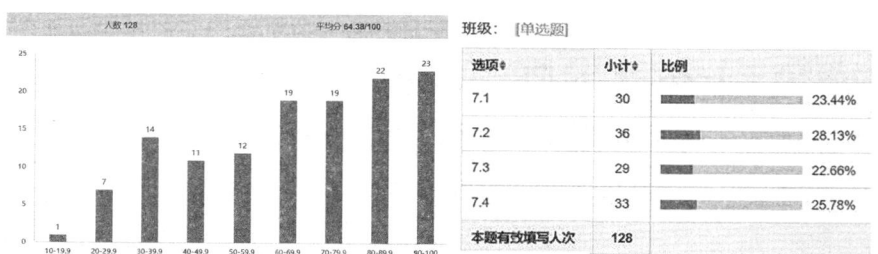

2.思考问题：人口多好，还是人口少好？并将自己的想法进行总结写在纸上。

（六）课后反思

本节课的主要内容是人口增长与分布的地区差异。学生对人口增长掌握得较好，基本上能分析或描述出来。但是由于此前学生很少分析图表问题，因此在以后的教学中应加强对学生读图能力、延伸分析问题能力的培养。

从学生的兴趣和认识水平出发，利用小组合作，通过自主学习、合作学习、展示交流，激发学生兴趣，调动学生积极性。让学生初步树立科学的人口观和人地观。在讲述人口增长的时候，我主要通过人口增加的图片、数据来让学生进行归纳，进而得出人口增加的结论。根据大家对世界人口大国原有了解，结合图表得出人口分布的特点。现在的初一学生已经对公众社会有了一定的了解，特别是网络的发展，更是加快了学生了解世界的速度。为了让学生深刻地感受到地理与生活之间的关系，所以我尽量每一个知识点都结合现实生活来讲。这样既可以引起学生足够的注意力，更能对学生产生非常深刻的影响。

# 七年级下册 第七章、第八章
# 分析地理特征及地理背景

长春经济技术开发区育隆学校 张昊

单元教学规划

一、单元内容

人教版七年级下册第七章第二节，第八章第一、二、三节。

二、单元分析

（一）课标要求

1.内容要求

（1）运用地图和相关资料，描述某地区的地理位置，简要归纳自然地理特征，说明该特征对当地人们生产生活的影响。

（2）以某地区的一种自然资源为例，说出该资源在当地的分布状况、对外输出地区以及对当地乃至世界的重要意义。

（3）结合实例，说明某地区发展旅游业的优势。

（4）根据南极、北极地区自然地理环境的特殊性，说明开展极地科学考察和保护极地环境的重要性。

2.学业要求

学习本主题后，学生能够运用地图及其他地理工具，从地理位置、地理事物和现象的空间分布、人与自然的关系，以及区域差异和区域联系等角度，描述并简要分析某大洲、地区和国家的主要地理特征；能够结合世界政治、经济、社会、文化事物和现象，运用认识区域的方法，简要分析这些事物和现象发生的区域地理背景，形成从地理视角看待、探究现实世界的意识和能力，初步具备全球视野和社会责任感。

3.教学提示

本主题包括认识大洲、地区、国家等不同空间尺度的区域，涵盖这些区域的地理位置、空间分布、区域差异、区域联系等内容，旨在帮助学生理解世界不同区域自然地理环境的差异性、社会文化的多样性，以及人与自然的关系，初步形成人与自然生命共同体、人类命运共同体等意识。

本主题要通过创设一定的情境、问题和任务开展教学活动。在情境创设上，要关注区域差异，侧重空间联系与相互作用。选择当前社会热点和世界各地富有特色的生产生活活动，作为情境创设的基本素材。创设的情境要契合学生的认知发展水平，与地理问题、任务有较强的关联性，有利于激发学生对地方、区域和全球问题的好奇心。

在问题与任务的设计上，可以从世界的某个事件在何处发生、为何发生为起点，提出问题，设计学习任务。然后引导学生运用地图、图像、数字资源以及地理信息技术等工具，完成空间位置辨识、地理现象观察、区域特征归纳、区域联系分析等任务。

4.学业质量

通过创设特定的情境，设计有驱动性的地理问题和具体任务，引导学生学会自主学习、合作探究，同时将评价嵌入学生学习的全过程。本主题涉及的内容非常广泛，要有重点地设计学习活动。

（二）教材分析

1.横向分析

本单元主要是世界区域地理的学习。区域地理是以某一区域为载体，认识了解此区域的地形、地貌、气候、河流等自然要素和经济、交通等人文地理要素。它是中学地理知识体系的重要组成部分，鲜明地体现了地理学科的特点，并且可以有机联系当今社会的热点和焦点问题。

2.纵向分析

本单元没有按照教材的顺序进行复习。而是将本册世界重要地区整合到一起，形成专题单元，本单元将各地区进行对比分析，帮助学生建立整体的、综合性的思维，通过对世界重要地区的各要素进行分析，使学生掌握学习区域地理的一般方法，为后面复习《世界区域地理——国家》专题提供学习方法，做好铺垫，还能够培养学生形成正确的人口观、资源观、环境观和可持续发展的人地关系理念。

（三）学情分析

1.知识储备

进入复习阶段，学生对每个地区的基础知识已有掌握。

2.已有经验

学生对于区域地理的内容有不同程度的理解，一般来说已经能够理解区域地理包含的主要模块。

3.学习能力

具备根据图文资料简单分析某区域一般地理特征的能力。

4.学习障碍

目前还不能构建完整的知识体系，不能够准确描述自然地理要素之间的关系，以及自然地理要素与人文地理的关系。

三、单元主题

世界区域地理——认识地区。

四、单元目标

（一）低阶目标

1.运用地图和相关资料，描述某地区的地理位置。

2.依据地图准确归纳某地区的地形构成、地势特点、气候特点、河流水文特征等自然环境的特点。

3.以某地区的一种自然资源为例，说出该资源在当地的分布状况、对外输出地区以及对当地乃至世界的重要意义。

4.结合实例，说明某地区发展旅游业的优势。

（二）高阶目标

5.简要分析自然地理各要素间的联系。

6.简要分析自然环境与人们生产生活的联系。

五、单元评价

1.1 能辨析主要地区的轮廓和位置。

1.2 运用规范的地理语言正确描述地区的地理位置。

2.1 在地形图上准确找出某地区的主要地形区。

2.2 应用图文资料简要分析地势特点、气候特点、河流水文特点。

3.1 结合图文资料分析中东地区突出资源，说出该资源在当地的分布状况。

3.2 结合图文资料分析中东石油资源对外输出地区以及对当地乃至世界的重要意义。

4.1 结合图文资料说出欧洲西部和东南亚旅游资源。

4.2 结合图文资料，说明欧洲西部和东南亚地区发展旅游业的优势。

5.1 应用图文资料简要分析地形对气候的影响。

5.2 应用图文资料简要分析气候对河流的影响。

5.3 小组讨论简要分析自然地理要素之间的联系，并派代表进行总结。

6.1 通过图文资料简要分析东南亚农业生产与自然环境的关系。

6.2 通过图文资料简要分析欧洲西部的自然环境影响生活和生产。

## 六、单元结构化活动

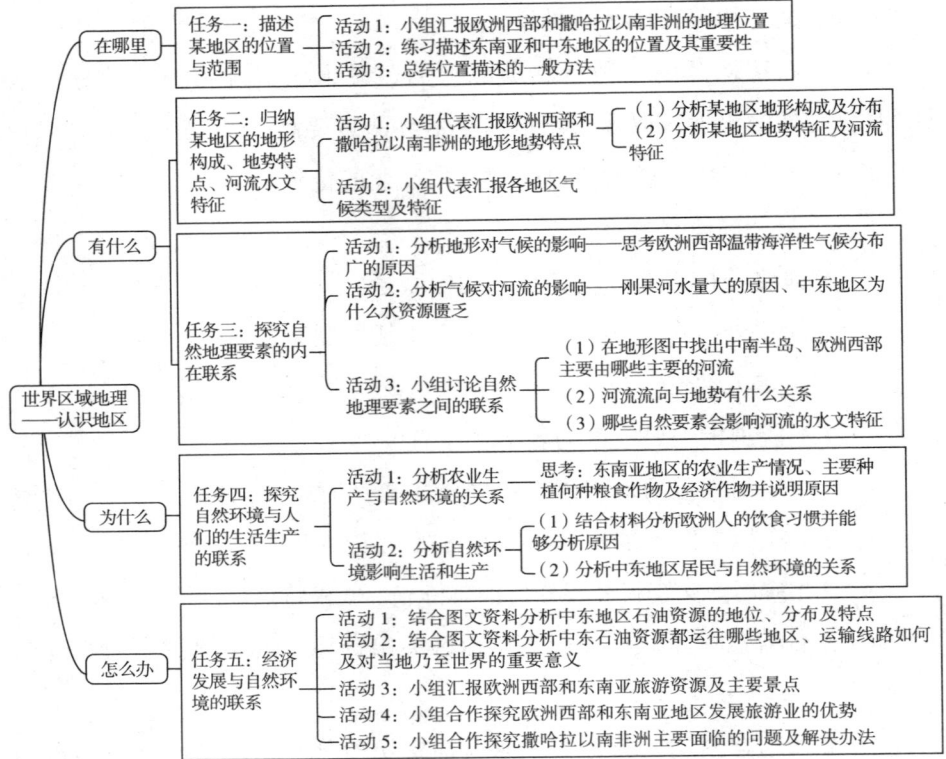

## 七、课时分配

"世界区域地理——认识地区——自然环境"1课时；"世界区域地理——认识地区——人文环境"1课时。

课时规划设计

### 第一课时：世界区域地理——认识地区——自然环境
（1课时　复习课）

一、课时目标

（一）低阶目标

1.运用地图和相关资料，描述某地区的地理位置。

2.依据地图准确归纳某地区的地形构成、地势特点、气候特点、河流水文特征等自然环境的特点。

（二）高阶目标

3.简要分析自然地理各要素间的联系。

## 二、情境任务（问题）

任务一：在哪里——描述某地区的位置与范围。

任务二：有什么——归纳某地区的地形构成、地势特点、河流水文特征。

任务三：有什么——探究自然地理要素的内在联系。

## 三、学生活动

活动1.1：小组汇报欧洲西部和撒哈拉以南非洲的地理位置。

活动1.2：练习描述东南亚和中东地区的位置及其重要性。

活动1.3：总结位置描述的一般方法。

活动2.1：小组代表汇报欧洲西部和撒哈拉以南非洲的地形地势及水文特点。

（1）分析某地区地形构成及分布。

（2）分析某地区地势特征及水文特征。

活动2.2：小组代表汇报各地区气候类型及特征。

活动3.1：分析地形对气候的影响。思考欧洲西部温带海洋性气候分布广的原因。

活动3.2：分析气候对河流的影响。思考刚果河水量大、中东地区水资源匮乏的原因。

活动3.3：小组讨论自然地理要素之间的联系。

（1）在地形图中找出中南半岛、欧洲西部有哪些主要的河流？

（2）河流流向与地势有什么关系？

（3）哪些自然要素会影响河流的水文特征？

## 四、课时作业

（一）前置作业

1.完成问卷星"学习区域地理学情分析"调查问卷。

2.填写知识点填空总结清单。

（二）基础作业

按照区域地理的学习方法，去探究"区域地理——认识国家"，进行比较学习！

| 国家名称 | 地理位置 | | | 自然地理要素 | | | | |
|---|---|---|---|---|---|---|---|---|
| | 半球位置 | 纬度位置（气候） | 海陆位置 | 地形 | 地势 | 河流 | 河流流向 | 主要水文特征 |
| 日本 | | | | | | | | |
| 印度 | | | | | | | | |
| 俄罗斯 | | | | | | | | |
| 美国 | | | | | | | | |
| 巴西 | | | | | | | | |

| 评价量表 | 评分标准 |
|---|---|
| 1.能够正确描述此区域的地理位置 | ★★ |
| 2.能够正确描述此区域的地形特点、河流特征、气候特点 | ★★★ |
| 3.简要分析自然地理要素之间的联系 | ★★★★★ |

（三）提升作业

以一个地区或国家为例（非课内），描述其自然环境，按照本课所学步骤形成表格。

## 第二课时：世界区域地理——认识地区——人文环境

（1课时　复习课）

### 一、课时目标

（一）低阶目标

1.以某地区的一种自然资源为例，说出该资源在当地的分布状况、对外输出地区以及对当地乃至世界的重要意义。

2.结合实例，说明某地区发展旅游业的优势。

（二）高阶目标

3.简要分析自然环境与人们生活生产的联系。

4.经济发展与自然环境的联系。

二、情境任务（问题）

任务一：为什么——探究自然环境与人们的生活生产的联系。

任务二：怎么办——经济发展与自然环境的联系。

三、学生活动

活动1.1：分析农业生产与自然环境的关系。

活动1.2：分析自然环境影响生活和生产。

（1）结合材料分析欧洲人的饮食习惯并能够分析原因。

（2）分析中东地区居民与自然环境的关系。

活动2.1：结合图文资料分析中东地区石油资源的地位、分布及特点。

活动2.2：结合图文资料分析中东石油资源都运往哪些地区、运输线路如何及对当地乃至世界的重要意义？

活动2.3：小组汇报欧洲西部和东南亚旅游资源及主要景点。

活动2.4：小组合作探究欧洲西部和东南亚地区发展旅游业的优势。

活动2.5：小组合作探究撒哈拉以南非洲主要面临的问题及解决办法。

四、课时作业

（一）前置作业

1.完成问卷星"学习区域地理学情分析"调查问卷。

2.填写知识点填空总结清单。

## （二）基础作业

按照区域地理的学习方法，去探究"区域地理——认识国家"，进行比较学习！

| 国家名称 | 经济的发展 | | | | |
|---|---|---|---|---|---|
| | 资源 | 农业 | 工业 | 城市 | 居民与文化 |
| 日本 | | | | | |
| 印度 | | | | | |
| 俄罗斯 | | | | | |
| 美国 | | | | | |
| 巴西 | | | | | |

| 评价量表 | 评分标准 |
|---|---|
| 1.能够正确描述各国的人文特点 | ★★ |
| 2.以某国为例分析说明自然环境与人们的生活生产的联系 | ★★★ |
| 3.以某国为例分析说明经济发展与自然环境的联系 | ★★★★★ |

## （三）提升作业

以一个地区或国家为例（非课内），描述人文环境，按照本课所学步骤形成表格。

# 课时教学设计及课堂教学实录

## 区域地理——认识地区——自然环境

（1课时）

### 一、学习目标

（一）低阶目标

1.运用地图和相关资料，描述某地区的地理位置。

2.依据地图准确归纳某地区的地形构成、地势特点、气候特点、河流水文特征等自然环境的特点。

（二）高阶目标

3.简要分析自然地理各要素间的联系。

二、达成评价

1.1 能辨析主要地区的轮廓和位置。

1.2 运用规范的地理语言正确描述地区的地理位置。

2.1 在地形图上准确找出某地区的主要地形区。

2.2 应用图文资料简要分析地势特点、气候特点、河流水文特点。

3.1 应用图文资料简要分析地形对气候的影响。

3.2 应用图文资料简要分析气候对河流的影响。

3.3 小组讨论简要分析自然地理要素之间的联系，并派代表进行总结。

三、学习过程

（一）先行组织

填一填：在世界大洲大洋空白图上填出七年级下册所学的所有的世界地区和国家。

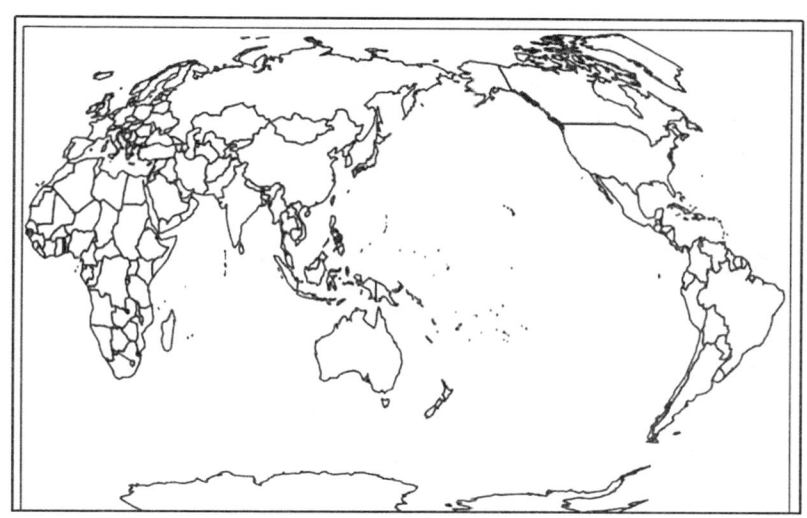

(二)任务(问题)与活动

任务一：描述某地区的位置与范围

活动1：小组派代表根据图文资料汇报欧洲西部和撒哈拉以南非洲的地理位置

[评价量表]

①能从一个角度描述地理位置。（★★）

②能从多个角度描述地理位置。（★★★）

活动2：练习描述东南亚和中东地区的位置及其重要性

学生回顾东南亚和中东地区的位置重要性，说出美称"十字路口"和"三洲五海之地"。

学生读图说出东南亚的海陆位置、中东地区的海陆位置及重要的海上通道。

活动3：总结位置描述的一般方法

学生总结：描述位置的一般方法，从半球位置、纬度位置（哪些重要纬线穿过，所处温度带）、海陆位置三个方面进行描述。

任务二：归纳某地区的地形构成、地势特点、河流水文特征

活动1：小组代表根据图文资料汇报欧洲西部和撒哈拉以南非洲的地形地势特点

1.分析某地区地形构成及分布。

学生到黑板前圈出并说出欧洲西部及撒哈拉以南非洲的主要地形区。

2.分析某地区地势特征及河流特征。

学生根据两地主要的地形区总结地势特点。

学生找出两地主要河流，分析河流分布特点。

活动2：小组代表汇报各地区气候类型及特征

学生读世界气候分布图、气温降水量柱状图说出各地区气候类型及特征。

任务三：探究自然地理要素的内在联系

活动1：分析地形对气候的影响

阅读教材并结合地形图和气候图思考欧洲西部温带海洋性气候分布广的原因。

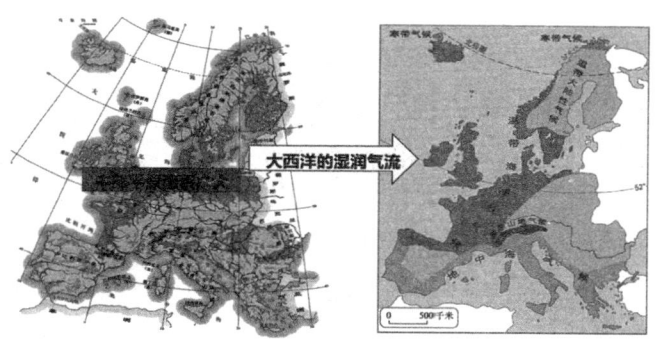

学生读图总结，以平原为主的地形和山脉的走向有利于海洋湿润气流深入内陆，形成范围广大的温带海洋性气候。

活动2：分析气候对河流的影响

读地形图及气候图思考刚果河水量大、中东地区水资源匮乏的原因。

| 小组评价量表 | 评分标准 |
|---|---|
| 1.能说出河流流向与地势的关系 | ★★ |
| 2.说出影响河流水文特征的要素（不少于两种） | ★★★ |
| 3.叙述气候、地形如何影响河流水文特征 | ★★★★★ |

**东南亚中南半岛：**
**地形地势特点：**
"山河相间，纵列分布"；地势：北高南低
**河流流向与地势有什么关系？**
中南半岛上的河流多自北向南流
**人口和城市分布情况：**
人口和城市分布在河流沿岸及河口三角洲

**欧洲西部：**
**地形地势特点：**
地形以平原为主。中部地形以平原为主。北部和南部主要以山地为主。地势：南北高中部低
**河流水文特征：**（水量、流速、流域面积、交通、水能等）
（根据地形和气候特点，可以推断河流水量较大且平稳，水运便利，且水能资源缺乏）

学生读图总结：刚果河位于热带雨林气候区，所以水量丰富。中东地区位于热带沙漠气候区，所以河流稀少水资源不足。

活动3：小组讨论自然地理要素之间的联系

【提出问题】

1.在地形图中找出中南半岛、欧洲西部有哪些主要的河流？

2.河流流向与地势有什么关系？

3.哪些自然要素会影响河流的水文特征？

[小组评价量表]

①能说出河流流向与地势的关系。（★★）

②说出影响河流水文特征的要素（不少于两种）。（★★★）

③叙述气候、地形如何影响河流水文特征。（★★★★★）

【组织学习】

先独立思考，然后小组交流。

【表达成果】

小组代表1：到黑板前圈出中南半岛湄公河、湄南河、伊洛瓦底江、萨尔温江等。因为中南半岛地势北高南低，这些大江大河都由北向南流，所以地形地势会影响河流的流向。中南半岛的大城市都分布在河流沿岸及河口三角洲。

小组代表2：到黑板前圈出欧洲西部多瑙河、莱茵河，欧洲西部河流众多，温带海洋性气候，所以水量大；地形以平原为主，所以流速平稳，利于航运，但由于地形以平原为主，河流落差小，水能资源不足。因此地形会影响河流的流向、流速、水能资源等，气候会影响河流的水量、流域面积等。

【交互反馈】

师：请其他同学依据评分标准对他进行评价。

学生3：代表1可以得3分，其中第三点描述得不够全面，只说出地形影响河流的流向，没有说出气候影响河流的水量。代表2可以得5分，能说出地形与河流的关系，能说出多个影响河流水文特征的因素，还能全面地叙述地形和气候分别影响河流哪些方面。

师追问：气候除了影响河流的水量还有什么影响？

学生思考后回答：会影响河流的结冰期、河流的长度、流域面积等。

师讲解：气候分为气温和降水两大要素，气温会影响河流的结冰期，降水条件会影响河流的水量、流域面积、此地区河流的数量长度等。

【整合提升】

学生总结回答。

气候会影响河流的水量，一个地区降水丰沛，河流水量就大。比如，热带季风气候区、热带雨林气候区的河流水量较大。气温高的地区河流无结冰期，如东南亚地区。地形会影响河流的流向，如中南半岛，地势北高南低，河流自北向南流。我国地势西高东低大江大河向东流。地形会影响河流的流速，如欧洲西部地形以平原为主，河流平稳利于航运，交通便利。各个自然地理要素之间是互相联系的。地形影响地势，地形影响气候。地形影响河流流向、流速、航运能力、水能资源等，气候影响河流水量、汛期、结冰期、流域面积等。

（三）迁移运用

运用区域地理的学习方法，去探究陌生地区的位置以及自然特征。通过训练落实重点，随时查漏补缺。当堂呈现学习效果，当堂反馈评价。

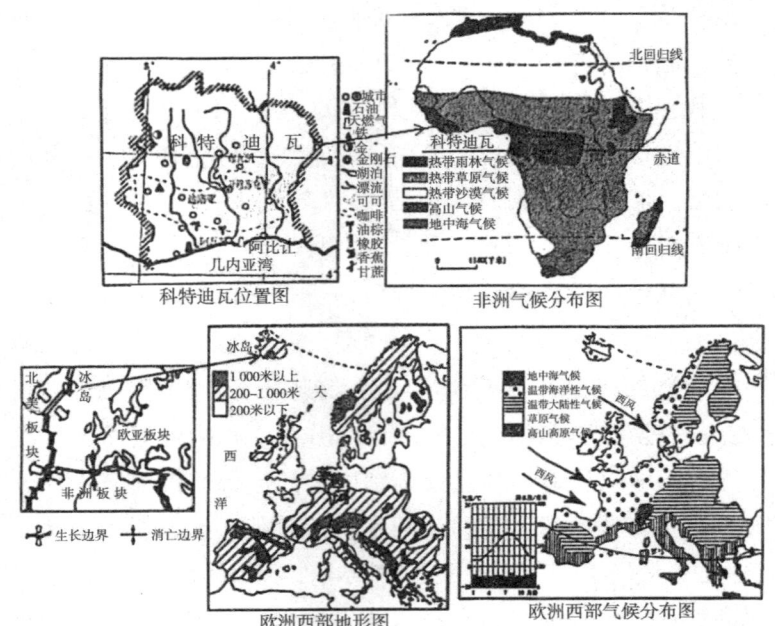

科特迪瓦位置图　　非洲气候分布图

欧洲西部地形图　　欧洲西部气候分布图

1. 比较一：自然环境

（1）结合地图，描述科特迪瓦的海陆位置：非洲的西部，南临几内亚湾。

由图可知该国的地势特点是：北高南低。

（2）莱茵河是世界上最繁忙的水道之一，是欧洲的大动脉。请你分析莱茵河航运价值大的自然原因和社会经济原因。

自然原因：地形以平原为主，气候以温带海洋性气候为主，河流水量大，流域面积广，流速平缓，利于航运。

社会经济原因：人口稠密、经济发达、货运量大。

2. 比较二：经济发展

发达的畜牧业使欧洲西部许多国家成为世界上重要的乳制品出口国。结合所学知识分析欧洲西部畜牧业发达的自然原因。

地处中纬度大陆西岸，温带海洋性气候全年温和湿润，牧草多汁。加上以平原为主的地形，使得草场面积广布，有利于畜牧业生产。

3.比较三：城市文化

科特迪瓦人口和城市主要分布在河流沿岸及河口三角洲。

（四）成果集成

学生和老师共同回顾本节课内容，共同绘制思维导图。

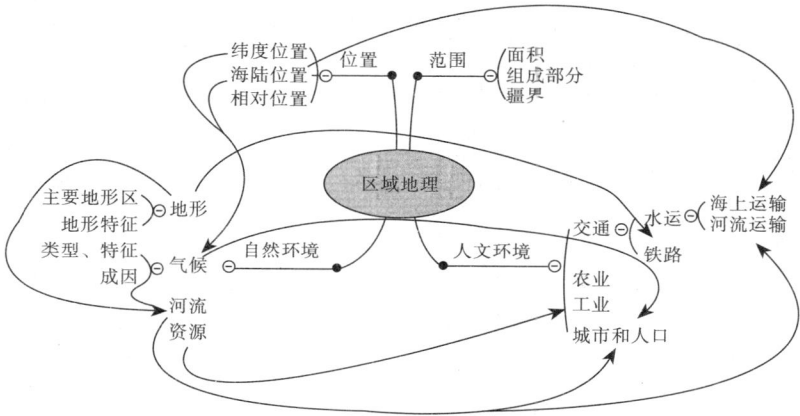

（五）作业设计

·前置作业：

1.完成问卷星"学习区域地理学情分析"调查问卷。

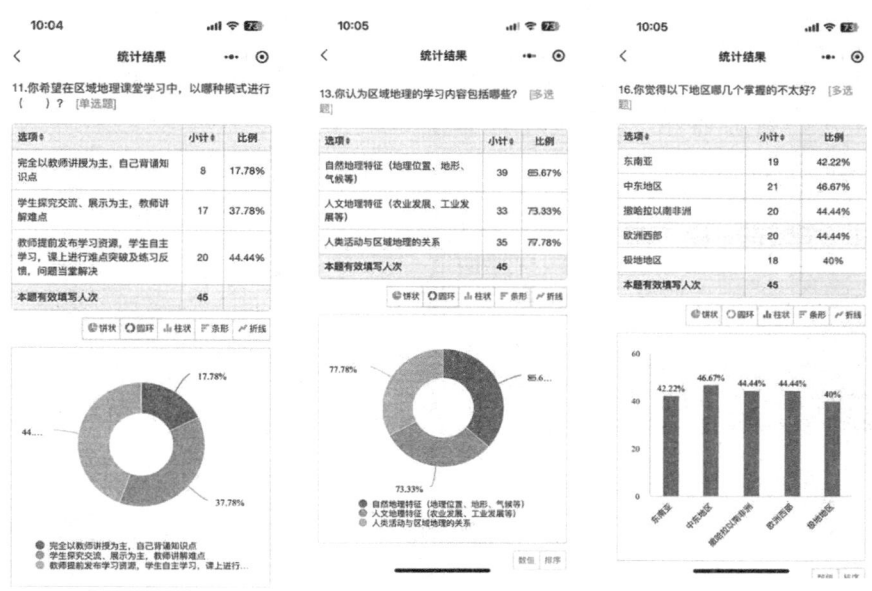

2.填写知识点填空总结清单。

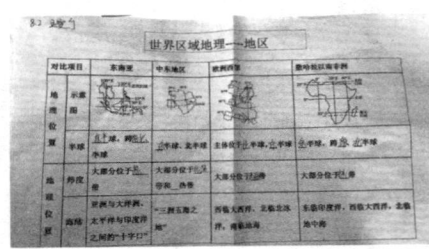
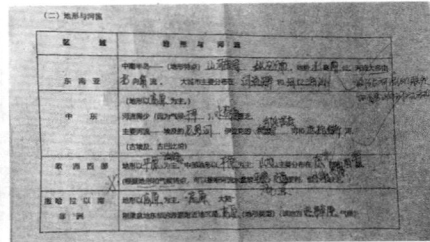

• 基础作业：

按照区域地理的学习方法，去探究"区域地理——认识国家"，进行比较学习！

| 国家名称 | 地理位置 | | | 自然地理要素 | | | | |
|---|---|---|---|---|---|---|---|---|
| | 半球位置 | 纬度位置（气候） | 海陆位置 | 地形 | 地势 | 河流 | 河流流向 | 主要水文特征 |
| 日本 | | | | | | | | |
| 印度 | | | | | | | | |
| 俄罗斯 | | | | | | | | |
| 美国 | | | | | | | | |
| 巴西 | | | | | | | | |

| 评价量表 | 评分标准 |
|---|---|
| 1.能够正确描述此区域的地理位置 | ★★ |
| 2.能够正确描述此区域的地形特点、河流特征、气候特点 | ★★★ |
| 3.简要分析自然地理要素之间的联系 | ★★★★★ |

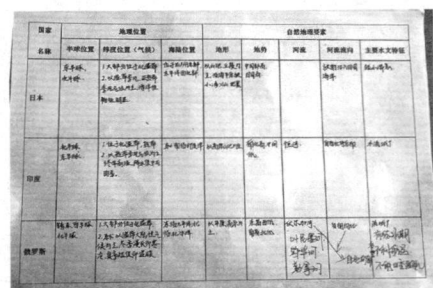

• 提升作业：

以一个地区或国家为例（非课内），描述其自然环境，按照本课所学步骤形成表格。

| 国家名称 | 地理位置 | | | 自然地理要素 | | | | |
|---|---|---|---|---|---|---|---|---|
| | 半球位置 | 纬度位置（气候） | 海陆位置 | 地形 | 地势 | 河流 | 河流流向 | 主要水文特征 |
| 法国 | 东半球 北半球 欧洲西部 | 中纬度 大陆西岸 温带海洋性气候——西部 温带大陆性气候——中部 地中海气候——南部 | 位于欧洲西部 西临大西洋 南临地中海 与比利时、卢森堡、德国、意大利、西班牙、安道尔、摩纳哥接壤 西北隔英吉利海峡与英国相望 | 西欧平原 以小部分为山地 平原占全国面积三分之二 | 东南高西北低 | 卢瓦尔河 罗讷河 塞纳河 罗讷河发源于阿尔卑斯山脉向南流入地中海"母亲河" | 自北向西北流 | 河流密布 水量丰沛 航运便利 流域面积广 支流多 |

（六）课后反思

本节课把7年级下册的世界区域地理进行单元整合，地区和国家进行分类，对比分析，以教授学习区域地理的方法为主。课标对区域地理地区的学习的要求是运用地图和相关资料，描述某地区的地理位置，简要归纳自然地理特征，说明该特征对当地人们生产生活的影响。学习本节课后学生构建完整的知识体系，准确描述自然地理要素之间的关系以及自然地理要素与人文地理的关系，并且明确学习地区的方法，对区域地理——国家的复习，形成概念，按照地区的复习方法，自主复习，提高复习效率。课前通过问卷星进行世界区域地理学习方法的学情调查问卷和知识清单，能够全面地了解学生的学情。根据学情精准确定教学的适切目标，为教学重难点的突破、教学策略的选择和教学活动的设计提供科学依据。根据学生掌握知识的实际情况，有的放矢，做到因"情"施教，重点突出，归纳整理出每个学生的"易错点"，实施真正的有效复习。

本课采用教学评一体化设计。学生活动配备了不同的评价标准，学生可以根据评价标准进行自评和小组内互评，互相给分，根据获得星星的多少来给小组加分。任务驱动式教学，以学生为主体，根据不同的任务设置不同的学生活动，让学生积极参与，主动思考，努力探究，合作交流，培养学生归纳总结问题的能力。在创设问题情境时，贴近生活，从生活经验出发，所设情境能诱发学生的认知冲突，造成学生心理上的悬念，从而唤起学生的求知欲望，激发学习兴趣，把学生带入一种与问题有关的情境中去，进行有效的学习。通过本课的学习，学生基本掌握了世界区域地理学习的一般方法，为国家专题的复习，提供参考，学生可以根据本课的学习方法进行自主复习。

# 深度学习理念下大单元教学

## 初中 英语

总 主 编：苏文玲
本册主编：马长清　张平阳
　　　　　庄　静　孙　雪

世界图书出版公司

图书在版编目（CIP）数据

深度学习理念下大单元教学 / 苏文玲著 . -- 北京：世界图书出版公司，2022.12
　ISBN 978-7-5232-0016-2

Ⅰ.①深… Ⅱ.①苏… Ⅲ.①教学研究 Ⅳ.①G420

中国国家版本馆 CIP 数据核字 (2023) 第 011539 号

| 书　　　名 | 深度学习理念下大单元教学　初中英语 |
|---|---|
| （汉语拼音） | SHENDU XUEXI LINIANXIA DADANYUAN JIAOXUE CHUZHONG YINGYU |
| 著　　　者 | 苏文玲 |
| 总　策　划 | 吴　迪 |
| 责 任 编 辑 | 王林萍 |
| 装 帧 设 计 | 包　莹 |
| 出 版 发 行 | 世界图书出版公司长春有限公司 |
| 地　　　址 | 吉林省长春市春城大街 789 号 |
| 邮　　　编 | 130062 |
| 电　　　话 | 0431-86805551（发行）　0431-86805562（编辑） |
| 网　　　址 | http：//www.wpcdb.com.cn |
| 邮　　　箱 | DBSJ@163.com |
| 经　　　销 | 各地新华书店 |
| 印　　　刷 | 河北品睿印刷有限公司 |
| 开　　　本 | 787 mm×1 092 mm　1/16 |
| 印　　　张 | 13.75 |
| 字　　　数 | 205 千字 |
| 印　　　数 | 1—3 000 |
| 版　　　次 | 2022 年 12 月第 1 版　2022 年 12 月第 1 次印刷 |
| 国 际 书 号 | ISBN 978-7-5232-0016-2 |
| 定　　　价 | 45.00 元 |

版权所有　翻印必究

（如有印装错误，请与出版社联系）

# 编委会

顾　　　问：崔成林

总 主 编：苏文玲

本册主编：马长清　张平阳　庄　静　孙　雪

编　　委：（按照姓氏笔画排序）

　　　　　　王思瑶　汤　卓　李春秀　李慧敏

　　　　　　张心馨　张明珠　张惠雅　周　雪

　　　　　　赵会丽　扈婕琳　鞠　兵

# 序

　　知易行难。作为指导专家，深知大单元设计和教学实践的艰难，要想把"死教材"变成"活课程"，不仅需要理念培育、策略建构，还需要一线教师有较高的专业素养和持之以恒的热情。长春经济技术开发区教师进修学校，基于深度学习理念下教学评一体化实践研究，从教研员带头做起，以教师进修学校附属学校（育隆学校）、项目学校及学科基地校为实践基地，上挂下联，促进教学理念转化，扎根学校课堂实践，解决了理论联系实践的难题，并结出了丰硕的果实，提炼出一个个优质的教学案例，汇集出版了《深度学习理念下大单元教学》专著和中考九个学科的"教学案例"，给基础教育学校提供了急需的可借鉴、可临摹的大单元设计范例，可喜可贺！

## 一、为什么要进行"大单元整体设计"

　　素养立意，深度学习，以大单元整体教学为载体，目的是培养知行合一的优秀学习者，这是实施大单元教学的根本价值。然而，一线教师不喜欢这种"大道理"，作为一位常自诩"在理论与实践割裂处穿行"的学者，将从教学质量提升的实践角度谈谈自己的感悟。

　　"讲练结合"是一线教师公认的有效教学策略。传统的以"课"为单位的教学，"课"与"课"各自为政，缺乏有机统一、分工合作，形不成"整体"力量，让老师陷入了"讲练两难"的境地。如果按照现在流行的说法，"把课堂还给学生"，教师"少讲"，学生"多练"，人们发现，在这样的课堂，学生学习知识不系统、理解不深刻。由于"讲""练"无法两全，于是，课内损失课外补，"满堂讲""满堂问"依然是当前课堂的主题曲，这说明"单打独斗"式的"课时主义"，不仅导致了知识与知识之间、问题与问题之间、课与课之间……缺乏关联和迁移，导致有效的教学策略难以落地，而且直接影响教学质量的提升。

既然"单打独斗"的"课时主义"有诸多弊端，那么是否可以尝试一下"整体作战"呢？即以一个单元（自然单元或重组单元）为最小的教学单位来组织教学。这种"整体作战"，在一个课程单元教学中，分工合理，各展所长：有的课时可以系统讲，有的课时可以集中练，有的课时重在作业讲评，有的课时着眼方法提升……相互配合、有机统一、统筹安排，则可以解决当前课堂"讲练结合"捉襟见肘的问题。以单元为一个教学单位组织教学，可以产生"1+1"大于"2"的教学效果，解决教学碎片化、孤立化的困境；可以让教师的教学决策更加灵活，做到张弛有度、收放自如。

课堂教学是一门艺术，同样需要"战略战术"。视角孤立的"课时教学"，零散、浅表、呆板、高耗，过分强调"教学速度和知识效率"，达不到知识、思维和素养生长应该具有的"课标"高度，不符合当今素养导向的中高考综合测试要求。单元整体视角的"单元教学"具有"大主题"统领、"系统化"分析、"整体性"编排、"结构化"关联的内涵特征，利于学科素养的落实和质量提升。

## 二、如何进行"大单元整体设计"

什么是"单元"？《现代汉语词典》：整体中自成段落、系统，自为一组的单位。我们日常所说的教材单元是由若干个相同知识组成的集合，通过课时教学的组织方式来完成。真正的课程单元，应该以一个"单元"为"一个最小的教学单位"，以课时为单元的组成部分。这如同一只手，手指是手的组成部分，各有各的作用，有机统一才能发挥一只手的完整功能。

那么何谓"大单元"呢？大单元的"大"字，并不是数量、形状的比较词，大单元是指"课程单元""学习单元"。这个"大"字如果需要诠释，我以为用"素养"，即"知行统一"解读更准确，"素养为大"。大单元是指基于学科核心素养和课程标准要求，根据学生认知规律和基本学情，以一个主题（专题、话题、问题）为核心，根据单元目标，组织、连接学习内容，形成贯通学习情境、学习任务、学习活动和学习评价的整体联系的最小的教学单位。

"大单元整体设计"的特点是"系统分析、整体设计"。系统分析，是指整个单元规划和课时设计必须建立在对课程标准、核心内容、基本学情深度分析的基础上的"再建构"，是通过大问题、大任务、大观念或大项目的组织方式来完成的，而非一味沿袭教材、教参和学辅资料的规定与说明；整体设计，是指课时教学之前，要在系统分析的基础上组建单元、确定主题、明确目标（含学业质量标准）、结构化任务、递进性活动以及课型、课时、作业等内容。

（一）未设计、先分析——分析课标、分析教材、分析学情，这是单元设计的基础工程

没有对课标、教材、学情的深度解析和精准把握，单元规划和课时设计就成了无源之水、无本之木，教学质量也就无从谈起了。单元设计教案一般会设置课标分析、教材分析、学情分析这些栏目，让老师们把分析显性化、可见化。依我看来，这种分析可以写在纸上，"显而易见"，也可以隐藏在对"课标、教材、学情"分析后的"产品"中。单元目标制定得是否准确，单元学业质量标准制定得是否精准，足以验证设计者是否深度解析并准确把握住了课程标准；单元结构化的学习任务是否完整，分类分层逻辑是否科学，足以验证设计者是否深度阅读并剖析了教材和相关学习资源，是否深谙学科内容之间的逻辑关系；单元递进性活动设置得是否得当，学习过程组织得是否有序，也足以证明设计者对学情把握得准确与否，是否符合自己所教学生的最近发展区。以输出成果证明过程效能，也是一种验证课标、教材、学情分析品质的方法。

（二）整体性、结构化——"整体设计、统筹安排""课程结构、思维进阶"，这是大单元设计的基本特征与内在逻辑

由零散走向关联，由浅表走向深度，由知识化走向课程化（面向真实问题解决），要求设计者站到课程的高度，遵循育人的需要，整体建构，旨在取得最大、最佳教学效能。以主题为统领，以目标为指向，以标准为依据，综合利用各种教学形式和教学策略，完成具有内

在联系的学习任务，达到迁移运用水平。

1.纲举目张——主题是单元设计的聚合器

以核心素养为纲来设计大单元，关键在于提炼一个合适的大主题。通过提炼合适的主题来统领整个单元。单元主题可以这样设计：（1）以大概念或核心概念为主题；（2）以项目化学习主体任务为主题；（3）以课程内容对应解决的主问题、主任务为主题；（4）以教材整合后指向的核心目标为主题；（5）以现实问题整合的跨学科生成为主题；（6）直接采用教科书单元主题；等等。主题的确定应遵循以下基本原则：指向素养提升，落实课程标准，遵循教学规律，体现学科本质和学科育人价值。

2.进阶式目标——具有递进层次的完整目标

优质单元设计的重要品质之一就是澄清本质不同的目标：短期学习目标（知识和技能）和长期学习目标（理解意义和迁移）。单元目标应体现从知识到素养的"思维进阶"，分清低阶学习目标（双基）和高阶学习目标（运用双基）。这种进阶式学习目标可以将学习目标组织成非常有用的结构，它是一个连续统一体，能清楚地说明与具体标准相关的不同层次的知识与技能。

3.单元评价——学业质量标准的单元化

无规矩不成方圆，无标准难求质量。新修订的课程标准，一个较大的变化是增加了"学业质量标准"。根据"逆向设计"理念，单元设计应该在学习目标（学习结果）确定之后，设计单元"学业质量标准"，彰显目标达成评估证据，然后设计单元结构化活动（任务）。单元达成评价可通过设计评价性任务或问题，以完成的情况和质量来测评；可通过各类学习活动成果、课堂汇报、展示或演讲来评估；也可在过程中设置观察评价点，根据学生学习行为、过程来评价等。

4.结构化活动——区分课程单元与教材单元的标志

单元结构化活动是为了达成单元目标，解决学习问题或完成学习任务而进行的一系列习得行为和过程方法，相对独立，又彼此联系，构成一个体系化的课程学习活动结构，由单元结构化学习任务和递进

化学习活动设计构成。以单元主题为基础,将本单元知识进行课程开发,转化为学习任务(或问题),按照"主题(大概念)——主问题/任务(核心概念)——分问题/任务(重要概念)——子问题/任务(基础概念)"逻辑,将子任务活动化,组成一个课程学习的意义整体,是区分课程单元与教材单元的主要标志。

单元结构化任务需要站在单元知识结构化的角度,确定构成系统的各项子任务。这些子任务具有层次性,从低级到高级地解决学习问题或完成子任务的学习方式或策略行为,即递进性活动。单元活动设计要求站在单元知识结构性的高度,以学习问题(或任务)解决为主线赋予相应的认知策略,通盘设计,构建一系列相对独立又内具关联的活动群,整体协同达成单元目标,成为单元规划课时、课型的基本依据和划分标准。

在完成上述研究分析和单元设计之后,我们需要上述内容和结构化活动,联系学生的学情,进行目标的分解、课时的划分,并根据学科特点设计适合的课型,形成具有进阶性且整体闭合的单元教学过程,同时进行设计作业及统筹安排。单元作业设计要整体设计,应具有递进性和关联性。单元作业要求站在单元层面统筹考虑整个单元系列性作业,将单元内零散的、单一的作业采取删减、增补、重组等方式合理整合,而不是对单元内一课一课作业的叠加。要求依据学生的认知特点和某个单元的教学内容,设计合理的、有一定思维梯度的作业,注重学习的阶段性和层次性,避免传统作业的随意性与盲目性。

大单元设计是一项复杂的工作,对设计者的专业能力要求特别高。第一,设计者应该是一个教学研究者,需要对课标、学情、教材深度解析,并转化为单元主题、目标、评价等课程产品;第二,设计者应该是一个课程开发者,需要把教材内容抽丝剥茧,变成结构化的学习问题、学习任务,并赋予情境,引导学生通过学习活动解决问题;第三,设计者应该是一个顶层设计者,需要整体构思、科学统筹课型、课时,从单元规划到课时教学,形成一个完整的系统化设计。在大单元设计方面,无论理论研究专家还是一线实践者,我们仍在路

上……但只要我们坚持如一，不断摸索，就能够克服一个个难关，"他山之石，可以攻玉"，我们不妨以此为参考，继续深化研究，以期结出丰硕的果实。

崔成林

崔成林：山东省特级教师，正高级教师。山东省十大创新人物，泰安市功勋教师。长期致力于课堂实践研究，在教学设计、教学评价、现代课堂建构方面有独到见解和实践经验，已在国家和省市教育期刊发表论文上百篇。近几年，着力深度学习理论转化，推进深度教学改革，取得了丰硕的成果，获得了山东省教学成果一等奖、国家教学成果二等奖，本人也荣获"第四届全国教育改革创新先锋奖"。

# 目 录
## contents

七年级上册 Unit 7 How much are these socks? / 1

七年级上册 Unit 9 My favorite subject is science. / 19

七年级下册 Unit 7  It's raining! / 41

七年级下册 Unit 10  I'd like some noodles. / 59

八年级上册 Unit 8 How do you make a banana milk shake? / 79

八年级下册 Unit 4 Why don't you talk to your parents？/ 122

九年级全一册 Unit 1 How can we become good learners？/ 141

九年级全一册 Unit 6 When was it invented? / 158

九年级全一册 Unit 14 I remember meeting all of you in Grade 7. / 180

# 七年级上册 Unit 7 How much are these socks?

长春经济技术开发区育隆学校　鞠兵

## 单元教学规划

一、单元内容

本单元选自人教版七年级上册Unit 7 How much are these socks?本单元的话题是"购物（shopping）"。主要是能够运用How much引导的特殊疑问句就衣物的价格进行问答；能谈论衣物的颜色和大小；了解一些在购物中使用的礼貌用语，能够为他人提供帮助或对别人的帮助礼貌地做出应答。

二、单元分析

（一）课标分析

本单元主题属于"人与社会"范畴，涉及"良好的人际关系与人际交往"范畴。在《英语课程标准（2022版）》中指出应依托语境开展教学，引导学生在真实、有意义的语言应用中整合性地学习语言知识，发展语言技能。

1.课程内容要求

"语言知识和语言技能"部分提出要理解和领悟词汇的基本含义，在特定语境和语篇中的意义、词性。在语境中运用所学语法知识进行描述。能识别和判断语篇中句子之间的逻辑关系。能提取、梳理、分析和整合书面语篇的主要或关键信息。在口头表达中，使用较为准确的词语和表达法，语音语调基本正确。

深度学习理念下大单元教学
初中 英语

2.学业要求

能听懂发音清晰、语速较慢的简短口头表达,从而获取关键信息。能围绕相关主题,运用所学语言,与他人进行日常交流,语音、语调、用词基本正确,表达比较连贯。能提取、整理、概括稍长语篇的关键信息、主要内容。能主动参与课堂实践活动,注意倾听,积极用英语进行交流。能在学习活动中积极与他人合作,共同完成学习任务。能在学习中积极思考,主动探究。

3.教学提示要求

做好初中和小学的教学衔接,帮助学生顺利适应初中阶段的英语学习。衔接要关注学生在知识、能力、习惯、方法等各方面的阶段。其次要指导学生自主构建和内化新知,发展独立思考和合作解决问题的能力。引导学生在探究主题意义的活动中,利用多种工具和手段,如思维导图工具,内化新知。

4.学业质量标准要求

能听懂相关主题的语篇,能根据图片和标题预测语篇内容。运用快读、慢读、细读等阅读策略,梳理书面语篇主要信息,理解大意。能根据具体情景,运用得体语言形式,进行书面表达。积极参与课堂活动,与同伴一起对相关话题进行讨论和角色扮演,进行成果展示。

(二)教材分析

Unit 7 How much are these socks?选自人教版七年级上册。本单元主题属于"人与社会"范畴,涉及"良好的人际关系与人际交往"范畴。

1.横向分析

本单元主要围绕"购物"这一话题开展,设计5个语篇,包括两组对话,两篇配图短文,一篇语法要点归纳。

语篇一主题图呈现了服装店促销,顾客与店员对话的场景,将学生带入本单元的购物语境。2a-2c重点是听说教学,复习8个颜色形容词,学习4个描述义务大小、长短的形容词。2a-2b的听力材料加入了对衣物颜色和形状的描述，并进一步拓展了询问价格的简单句式，使购物对话更丰富。

语篇二本单元语法部分，本部分归纳、梳理了本单元的重要句式结构，即How much 引导的询问衣物价格的特殊疑问句及回答，并通过一系列层层递进的活动，引导学生发现、总结、运用本单元目标语言，逐渐内化为自己的知识。

语篇三在语篇一和语篇二所学知识基础上，仍旧围绕谈论衣物价格开展活动，拓展话题内容。整个语篇听力语言、情景更加丰富，且复现了上个单元I like... 句型，活动要求学生听辨基数词和衣物类名词，并确定对话中人物所购买的衣物。

语篇四是一个完整的阅读学习板块。语篇的内容是一则服装店的促销广告，丰富了本单元木匾语言的使用语境。

语篇五以写作活动为主，先呈现一则简短的广告，让学生通过填空熟悉写作范例，关注广告中基本句式的选择。之后是一个开发的写作活动，教材中给出了广告的开头和结尾，让学生补全写作主题，增添写作细节，让文章更有可读性。

2.纵向分析

本单元话题是"购物"，我们会接触到衣物类名词和数词。用How much...? 句型询问商品的价格。七年级下册Unit 10 I'd like some noodles.这一单元的主题是"点餐"，当人们在餐馆就餐时，依然会用到数词和How much...?句型进行点餐。在不同的语境下，体会How much...?句型的用法。

（三）学情分析

1.已有经验与已有认知

本单元话题贴近学生生活。学生已学过衣物名词、颜色的形容词以及1—9基数词，本单元将在此基础上学习使用购物用语。能谈论衣物价格，对别人感谢做出回答。

2.思维特点及心理因素

六年的学生有一定语言基础，思维敏捷，富有创造力。心理表现欲强烈，进取心强，希望得到鼓励和表扬。但学习专注力时间较短，需要老师适时引导。

学习障碍：我校处于城乡接合部，受学习条件和环境限制，学生日常生活中很少接触英语，只有在课堂中能感受到英语语言环境。因此学生口语听说能力较弱，表达不自信。学习时，学生对于"日期"话题的口语表达和书面表达都存在困难。

因此，通过设计贴近学生生活的几个活动，突出重点，帮助学生搭建口语输出和写作输出支架，降低任务难度，缓解学生学习焦虑的心理；学生通过驰声预习、小组合作、嵌入式评价等方式不断提升自己的口语表达效果及口语交际能力；通过互评、自评等方式反思和评价自己文章的表达效果，反复修改、完善文章，提升写作质量，突破难点。帮助学生构建知识体系，培养学生语言综合运用能力。

三、单元主题

购物（shopping）。

四、单元目标

（一）低阶目标

1.通过语篇学习和情境体验，能够运用目标语言How much is this/that...? It's/They're ...询问价格、谈论衣物的颜色和大小、为他人提供帮助并做出礼貌回答，提升生活口语交际能力。并且能对听力内容进行预测，提高听力理解能力以及策略运用能力。

2.通过情景体验，能够熟练使用How much 引导的特殊疑问句询问价格，正确使用指示代词the/this/that/these/those+n。

3.能够运用所学知识就生活中平常衣物的价格进行讨论和汇报。

4.通过预测，能够对文章主要内容进行推断，通过运用阅读策略能分析和提取关键信息，完成阅读任务。

（二）高阶目标

5.根据文章内容，绘制思维导图，并能依据导图进行文章的复述。

6.归纳总结广告句式结构及特点，在新的情境中创编店铺广告。

五、单元评价

1.1 能根据主题图，正确读出"询问衣物价格"的核心句型和重点词汇。

1.2 能在听力训练中提炼出"询问衣物价格、对衣物颜色和形状进行描述、主动提供帮助的句型"并会在具体情境中应用。

1.3 能够进行角色扮演，并创造性地表达自我。

2.1 能通过观察、对比、分析、归纳梳理出本单元重点句式和语言点。

2.2 能借助3a–3c活动任务链的练习，熟练、灵活运用语法句式结构。

3.1 能通过听录音，准确读出10—31数字。

3.2 能结合具体情景，选出凯特购买的物品。

3.3 积极参与课堂活动，与同伴一起对相关话题进行讨论和角色扮演，进行成果展示。

4.1 能联系生活实际，将物品与价格配对。

4.2 能会运用略读、寻读等阅读策略，分析和提取关键信息，完成阅读任务。

5.1 梳理广告中基本句式，绘制思维导图。

5.2 根据思维导图，复述课文。

6.1 能结合具体语境，看图并补全广告信息。

6.2 能仿照范例，为你自己的服装店写一则广告。通过自评、互评等方式，写出结构清晰、内容完整、表达充分、语言流畅、可读性强的文章。

## 六、单元结构化活动

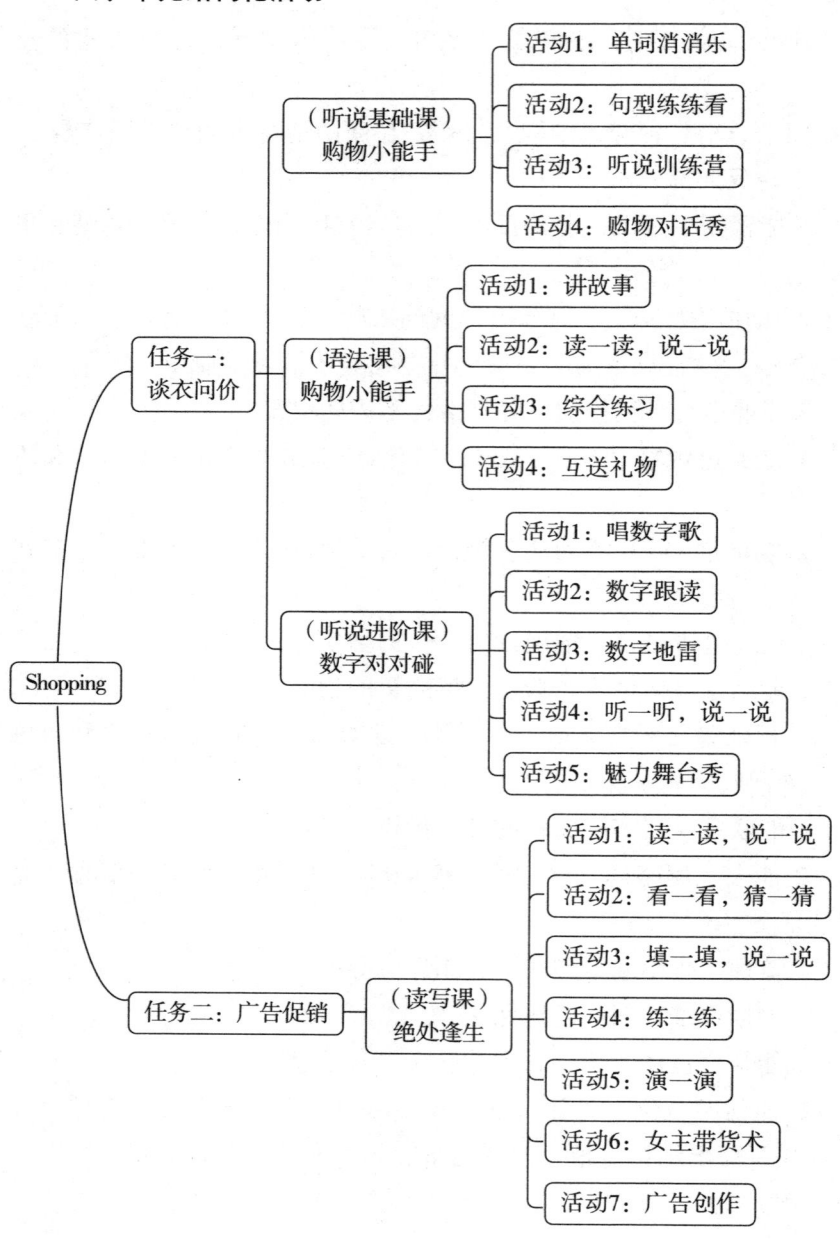

七年级上册 Unit 7 How much are these socks?

## 七、课时分配

| 1课时 | Section A 1a-2d（听说课） |
|---|---|
| 1课时 | Section A 3a-3c（语法课） |
| 1课时 | SectionB 1a-1e（听说进阶课） |
| 1课时 | SectionB 2a-3b（读写课） |

课时规划设计

## Section A 1a-2d（听说课）
### （课时1）

**一、课时目标**

（一）低阶目标

1.通过情境体验，能够运用目标语言 "How much is the white bag? It's seventeen dollars./How much are these socks? They are two dollars./What color do you want? Blue./I like big purple hats./ I like those long blue and yellow socks./Can I help you? Yes,please./Thank you. You are welcome." 就衣物价格进行问答，讨论物品颜色和大小，为他人提供帮助，表达感谢，提升口语交际能力。（学习理解）

2.通过观察图片，能够对听力内容进行预测，提高听力理解能力以及策略运用能力。（应用实践）

（二）高阶目标

3.通过角色扮演、改编对话和互相评价，内化目标语言。（迁移创新）

**二、情境任务（问题）**

任务一：钻石消费者。

任务二：星级导购员。

任务三：出国购物记。

### 三、学生活动

活动1.1：单词消消乐。创设情景，两个同学讨论要为马上到来的学校艺术节准备服装。借助语言脚手架学习服饰词汇。

活动1.2：句型练练看。学习询问服饰价格句型。

活动2：听说训练营。听前——根据图片已知信息预测；听中——圈出听到的服饰名词；听后——根据图片服饰价格和信息做对话。

活动3：购物对话秀。出国旅行是一次快乐的体验。小组合作，编写出国购物对话，引导学生发挥想象，运用所学词汇和句型。

### 四、课时作业

A类：抄写P37-38页单词，选择1a中三个单词进行造句练习。

B类：练习册对应部分习题；录制朗读或背诵2e对话材料视频。

C类：运用本课所学词汇和句型，录制一条去商店购物的小视频。

## Section A 3a-3c（语法课）
（1课时）

### 一、课时目标

（一）低阶目标

1.通过情境体验，能够区分How much 引导的特殊疑问句询问价格和指示代词指代物品。（学习理解）

2.通过3a-3b活动练习，巩固对本单元特殊疑问单数聚合复数句询问价格结构的认知。（应用实践）

（二）高阶目标

3.通过购物情景体验，小组内综合运用How much引导特殊疑问句进行交流，给予评价。（迁移创新）

### 二、情境任务

任务一：Maggie选圣诞礼物。

任务二：Maggie买圣诞礼物。

任务三：Maggie送圣诞礼物。

### 三、学生活动

活动1.1：讲故事。麦琪和妈妈想给彼此选择圣诞礼物。询问店员意见。

活动1.2：读一读，说一说。朗读Grammar Focus表格，提炼购物用语。

活动2：综合练习。完成书中3a和3b，巩固how much问答句式。

活动3：互送礼物。麦琪和妈妈互送圣诞礼物，情感升华。

### 四、课时作业

A类：唱1—100数字歌。

B类：用how much写5组询问你同学衣服价格的对话。

C类：Draw a story of the Gift of Maggie.

## Section B 1a-1e（听说进阶课）
（1课时）

### 一、课时目标

（一）低阶目标

1.通过游戏和看图说话，能够听懂并说出10-31的英文。

2.通过朗读数字的英文表达，能够熟悉听力内容中的数字，提高听力策略运用能力。

（二）高阶目标

通过小组合作，能够运用所学知识就生活中平常衣物的价格进行讨论和汇报，给予正确评价。

### 二、情境任务

任务一：我会唱。

任务二：我会选。

任务三：我会演。

### 三、学生活动

活动1.1：唱数字歌。

活动1.2：数字跟读。

活动1.3：数字地雷。

活动2：听一听，说一说。听前——看主题图猜测；听中——圈出听到的数字；圈出提到的物品，打钩最后购买的服饰；补全对话；听后——对话练习。

活动3：魅力舞台秀。两个同学去购物，不同的购物场景下做对话。

### 四、课时作业

A类：读10—31数字并背写下来。

B类：搜寻一些生活中有用的数字信息。

C类：问一些有关物品价格的问题？（至少5个）

## Section B 2a-3b（读写课）

（1课时）

### 一、课时目标

（一）低阶目标

1.通过情境体验，能够提升对于广告类文体的理解。

2.通过预测，能够对文章主要内容进行推断，通过运用阅读策略能分析和提取关键信息，完成阅读任务。

（二）高阶目标

3.根据文章内容，绘制思维导图，并能依据导图进行文章的复述。

4.归纳总结广告句式结构及特点，在新的情境中创编店铺广告。

### 二、情境任务（问题）

任务一：盘活店铺。

任务二：疯狂甩卖。

任务三：推销广告。

### 三、学生活动

活动1：读一读，说一说。读标题，仔细观察图片，掌握主旨大意。

活动2.1：看一看，猜一猜。利用略读策略，看图片，回答问题。看文本选文章体裁。猜衣物价格。

活动2.2：填一填，说一说。利用寻读策略，填标签，完成表格并回答问题。

活动2.3：练一练。根据导图复述全文。

活动2.4：演一演。完成角色扮演。

活动3.1：女主带货术。双十一可以怎样给Mr.Cool带货？试着说一说。

活动3.2：广告创作。为你的服装店写一则广告。

四、课时作业

1.修改你的习作。

2.上网寻找更多关于服装店广告售卖用语。

3.为Mr. Cool's Clothes Store 制作售卖海报。

## 课时教学设计及课堂教学实录

## Section B 2a-3b（读写课）

（1课时）

### 一、学习目标

（一）低阶目标

1.通过情境体验，能够提升对于广告类文体的理解。

2.通过预测，能够对文章主要内容进行推断，通过运用阅读策略能分析和提取关键信息，完成阅读任务。

（二）高阶目标

3.根据文章内容，绘制思维导图，并能依导图进行文章的复述。

4.归纳总结广告句式结构及特点，在新的情境中创编店铺广告。

### 二、达成评价

1.1 能通过所给图片及标题，掌握文章主旨大意。

1.2 能通过广告三部曲，正确匹配信息，理解文章体裁。

2.1 能运用略读的阅读策略，抓关键词，猜测衣服价格。

2.2 能利用寻读阅读策略，填标签，完成表格并回答问题。

3.1 能根据文章内容绘制思维导图。

3.2 能根据思维导图，复述全文。

4.1 通过课文阅读，提炼主播双十一带货术。

4.2 能结合具体语境，看图并补全广告信息。

4.3 能仿照范例，为你自己的服装店写一则广告。通过自评、互评等方式，写出结构清晰、内容完整、表达充分、语言流畅、可读性强的文章。

三、学习过程

（一）先行组织

双十一即将来临，两位网红女主播正在直播带货。我们猜一猜哪位主播的紫色裙子卖得好？为什么？（学生：第一位。因为购买人数最多）Mr.Cool也发愁了。因为受疫情影响，他的服装店卖的不是很好。让我们帮一帮Mr.Cool吧！

（二）任务（问题）与活动

任务一：盘活店铺

活动1：读一读，说一说。

读文章标题，观察图片，思考：

1.Who owns this clothes store?

2. What can we buy at Mr. Cool's Clothes Store?

生1：A man

生2：We can buy sweaters, trousers, shoes, shorts, skirts, jackets, socks and hats.

## 七年级上册 Unit 7 How much are these socks?

🛒 Let's think.　　策略指导：读标题，仔细观察图片，掌握主旨大意

1. Who owns this clothes store?
   A. A woman　(B.) A man　[kləʊðz] [stɔː(r)]
2. What can we buy at Mr. Cool's Clothes Store?　[baɪ]
   We can buy sweaters, trousers, shoes, shorts, skirts, jackets, socks and hats.

**任务二：疯狂甩卖**

活动1：看一看，猜一猜。

快速浏览文章，依据文本内容，猜测属于哪一题材文章？为什么？

生：属于广告。因为文章标题写的是Mr.Cool's Clothes Store.广告开头写大甩卖，欢迎来买。中间部分是售卖内容，最后是再次欢迎。

🛒 Let's think.
Read and match.　　策略指导：关注阅读文本体裁

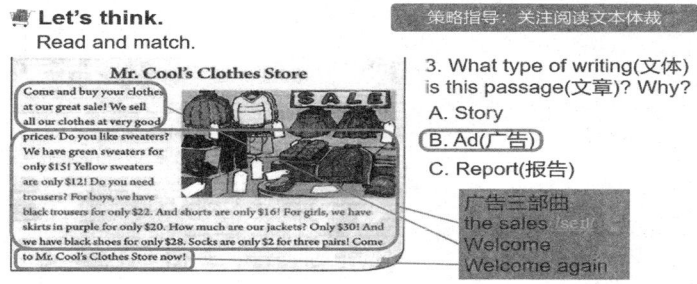

3. What type of writing(文体) is this passage(文章)? Why?
   A. Story
   (B.) Ad(广告)
   C. Report(报告)

广告三部曲
the sales [seɪl]
Welcome
Welcome again

T：The green sweater is on sale. How much is it ? Can you guess?

S：$15.

4. The green sweater is on sale. How much is it ?
   A. $10
   (B.) $15
   C. $20

活动2：填一填，说一说。

阅读这篇广告，寻找关键信息，为衣物填写价格并完成表格。根据表格内容，介绍下Mr.Cool的服装店里的商品。

生1：We have sweaters（in green）for only 15 dollars.Yellow sweaters are only \$12!For boys, we have black trousers for only \$22. Shorts are only \$16 .

生2：For girls,we have skirts in purple for only \$20.We have jackets for only \$30.And we have black shoes for only \$28. Socks are only \$2 for three pairs.

| | colors | price | for who |
| --- | --- | --- | --- |
| sweaters | green<br>yellow | \$15<br>\$12 | /  |
| trousers | black | \$22 | for boys |
| shorts | / | \$16 | for boys |
| skirts | purple | \$20 | for girls |
| jackets | / | \$30 | / |
| shoes | black | \$28 | / |
| socks | / | \$2 | / |

策略指导：寻读法，标记关键信息

活动3：练一练。

【提出问题】我们知道了Mr.Cool服装店里商品的价钱，怎样绘制这篇广告的思维导图呢？并根据你的思维导图复述课文？

设计意图：绘制思维导图是本堂课重点部分，它是口头输入和笔头输出的一个桥梁。通过利用"寻读"阅读策略，使学生迅速完成表格。帮助学生建立结构化知识并使其知识内化。

【组织学习】先独立思考，然后小组交流。

设计意图：遇见问题要养成先独立思考的习惯。再根据学生能力和小组人数，分成"捆绑式"的英语学习小组。这样学生有自己的想法后再小组交流，会使讨论结果效果最优化，同时培养学生批判性思维。

生1：我们可以按照表格的类别绘制思维导图，再根据导图中的关键信息去复述课文。

生2：可以参考课文中的结构—广告三部曲去绘制思维导图，再用关键词和自己的话复述课文。

师：请依照评价标准小组内绘制思维导图并复述课文。

评价标准：

3.1 整体布局合理，主题突出。（+1）

3.2 文字书写工整简洁。（+1）

3.3 层级科学，逻辑合理。（+1）

3.4 关键词提取精准、合理。（+1）

3.5 能根据导图准确、流利地复述课文。（+1）

设计意图：本着教学评一体化设计原则，在教学重点部分给予嵌入性评价，一方面指导学生活动，另一方面反馈学生学习效果。

【表达成果】

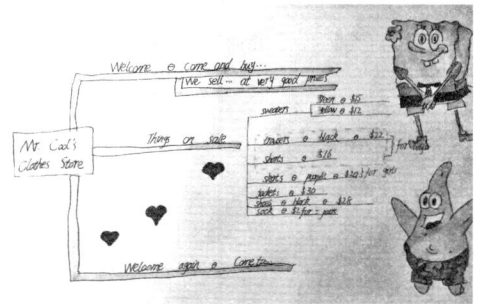

生1：Come and buy your clothes at our great sale! We sell all our clothes at very good prices.We have sweaters（in green） for only 15 dollars.Yellow sweaters are only $12!For boys, we have black trousers for only $22. Shorts are only $16 .For girls,we have skirts in purple for only $20.We have jackets for only $30.And we have black shoes for only $28. Socks are only $2 for three pairs.Come to Mr.Cool's Clothes Store now!

设计意图：学生根据所学内容，小组内绘制思维导图，再尝试课文复述，为后面写作奠定基础。同时也使学习效果达到最优。

【交互反馈】

师：请同学们按照评价标准对以上同学进行评价。

生2：满分5分，我认为她得到4分。因为她的思维导图布局合理、书写也工整，层级科学，关键词提取合理，但是在复述过程中出现卡顿，不流利，所以我给她4分。

生3：我给自己5分。因为思维导图是我们小组一起努力的，所以很棒。复述课文对我有点难，但是我已经做到最好了，所以给我自己5分。

师追问：我们有什么方法能让自己非常流利地复述一篇课文呢？

生4：我们可以通过流利读文，在理解课文内容的基础上复述课文。

师总结：同学们的分享和评价让老师看到大家都能沉浸式学习英语，能利用评价要点在小组内绘制思维导图，小组合作能力强，这点值得表扬。希望在组长带领下，提高课前预习效果，使复述内容再流畅些。

【整合提升】学生总结回答。

生5：绘制思维导图可以按照广告三部曲：welcome, things on sale和welcome again 3个方面去做，这样更有层次感。同时可以在课前多读课文，并翻译出来，理解课文内容，这样通过一些关键词就能很好地复述课文了。

设计意图：学生是课堂的主人，学习的主体。课堂上应多给予学生一些回答问题的机会并在需要时提供适时指导，使表达更有层次，培养学生逻辑思维能力。

活动4：演一演。

假设你在Mr.Cool's Clothes Store工作，补全对话，并与小组同伴练习。

## 七年级上册 Unit 7 How much are these socks?

**Let's role-play.**

2c Imagine you work at Mr. Cool's Clothes Store. Complete the conversation and practice it in a group.

You: Hello, <u>can</u> I help you?
Girl: Yes, please. I need a <u>skirt</u>.
You: How about these purple <u>skirts</u>?
Girl: Oh, I like this one. How <u>much</u> is it?
You: It's only <u>20</u> dollars.
Girl: Oh, good. I'll <u>take</u> it.
You: And what do you need?
Boy: Well, I need a pair of black <u>shoes</u> for school.
You: What about this pair? They are <u>only</u> twenty-eight <u>dollars</u>.
Boy: Great. And do you have shorts, too?
You: Yes, our shorts are only <u>16</u> dollars.
Boy: OK. I'll take the <u>shorts</u> and the <u>shoes</u>.

（三）迁移运用

任务三：推销广告

活动1：女主播带货术。

Double 11 is coming, can you help Mr. Cool think of other ways?

生1：抖音直播卖货。

生2：快手卖货。

活动2：广告创作。

如果你是抖音带货主播，怎么推销自己商品呢？

请先观看图片，补全广告信息。并按照"审、列、连、美、誉"五步法为你的服装店写一则广告。

评价标准：

3.1 能将文章分3段。（+1）

3.2 能包含介绍的基本信息。（+2）

3.3 能正确拼写单词，个别语法错误．标点符号正确。（+3）

3.4 能使用恰当的句型和丰富的词语。书写美观。（+4）

师：请同学们对作品进行评价。

生1：我认为应该是4颗星。因为她的文章结构三段式，包含介绍的商品，两处语法错误，使用句式也比较丰富。

生2：我认为自己的作文是3颗星。因为我的作文有勾抹，不美观，书写还需要加强练习。

（四）成果集成

1.通过本节课所学内容，能制作思维导图。

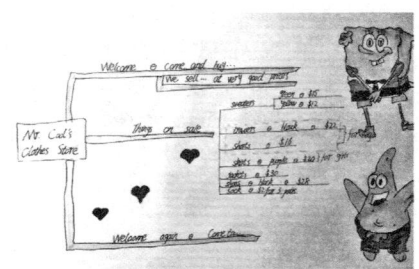

2.能运用本课所学，为自己的服装店写一则广告。

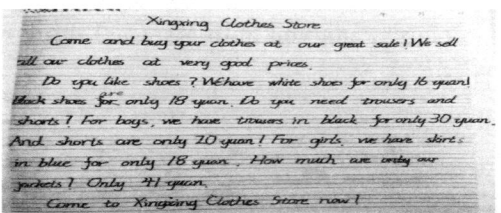

3.思政点渗透："静以修身，俭以养德"是我们中华民族的传统美德。在当今社会，我们作为新时代的好少年，更应理性消费，拒绝铺张浪费。

（五）作业设计

1.修改你的习作。

2.上网寻找更多关于服装店广告售卖用语。

3.为Mr. Cool's Clothes Store 制作售卖海报。

（六）课后反思

本节课是一节以读促写课。我遵循以主题为引领，以语篇为依托，为学生创设真实情境，夯实语言基础，进而运用所学知识、技能和策略，解决真实问题，达到在教学中培养学生核心素养的目的。通过学习理解、应用实践和迁移创新等活动，激发学生学习兴趣，积极参与课堂实践活动。为提高小组合作学习效率，诊断学生在学习过程中的问题，我在本课难点写作部分进行嵌入性评价，并进行自评和学生互评，做到及时反馈，有效指导学生活动。

在对待基础薄弱的学生，我采取分层目标，几句话的作文、一段式作文、两段式作文等。让每个层次的学生都能有所收获、有种获得感。多鼓励和表扬学生是学好英语一种行之有效的好办法。

# 七年级上册 Unit 9 My favorite subject is science.

长春经济技术开发区育隆学校　李慧敏

单元教学规划

一、单元内容

本单元是七年级上册Unit 9 My favorite subject is science.话题是School Subjects，要求能够就喜欢的事物进行简单的问答以及陈述喜欢某事物的原因。让学生能够了解中西方中学学制和学科设置的知识，学会合理安排自己的活动，同时学会珍惜时间。

## 二、单元分析

（一）课标分析

1.内容要求

本单元隶属于"人与自我"的主题范畴，子主题为生活与学习主题群下的多彩、安全有意义的学校生活。语篇包括日常对话和应用文中的私人信件。

（1）了解英语词汇包括单词、短语、习惯用语和固定搭配等形式；理解和领悟词汇的基本含义，以及在特定语境和语篇中的意义、词性和功能。

（2）初步意识到语言使用中的语法知识是"形式—意义—使用"的统一体，明确学习语法的目的是在语境中运用语法知识理解和表达意义。

（3）理解常见应用文语篇和其他常见语篇类型的主要写作目的，结构特征，基本语言特点和信息组织方式，并用以传递信息。

（4）了解不同国家青少年的学习和生活方式。

（5）识别口语语篇的主题、大意和要点。理解书面语篇的整体意义和主要内容；根据标题和图片预测书面语篇的大概内容。

（6）完整、连贯地朗读短文，简单复述短文大意；在教师指导下进行简单的角色扮演；围绕相关主题，用简短的表达方式进行口头交流，完成交际任务在口头表达中使用较为准确的词语和表达法，语音、语调基本正确；用简单的书面语篇介绍个人情况和个人经历，在书面表达中正确使用常用标点符号，用词基本准确，表达基本通顺。

2.学业要求

（1）语言能力：能识别不同语调与节奏等语音特征表达的意义；能听懂发音清晰，语速较慢的简短口头表达，获取关键信息；能读懂语言简单、主题相关的简短语篇，提取并归纳关键信息，理解隐含意义。能在听、读、看的过程中围绕语篇内容记录重点信息，整体理解和简要概括主要内容；能分析和梳理常见书面语篇的基本结构特征；在书面表达中，能选用不同句式结构和时态，描述和介绍身边的人、事物或事件，表达情感、态度、观点和意图等。

（2）文化意识：能通过简短语篇获取归纳中外文化信息，认识不同文化，尊重文化的多样性和差异性，并在理解和比较的基础上做出自己的判断。

（3）思维品质：能提取、整理、概括稍长语篇的关键信息、主要内容、思想和观点，判断各种信息的异同和关联；能从不同角度读懂语篇，推断语篇的深层含义，做出正确的价值判断。

（4）学习能力：对英语学习有持续的兴趣和较为明确的学习需求与目标；有积极主动的学习态度和较强的自信心；能在学习活动中积极与他人合作，共同完成学习任务。

3.教学提示

要做好初中和小学的教学衔接，帮助学生顺利适应初中阶段的英语学习。衔接要关注学生在知识、能力、习惯、方法等各方面的进阶；依托语境开展教学，引导学生在真实、有意义的语言应用中整合性地学习语言知识；引导学生自主建构和内化新知；开展英语综合实践活动，提升学生运用所学语言和跨学科知识创造性解决问题的能力。

4.学业质量

（1）能听懂相关主题的语篇，借助关键词句、图片等复述语篇内容。

（2）能利用语篇所给提示预测内容的发展，判断说话者的身份和关系，推断说话者的情感、态度和观点。

（3）能借助基本的构词法知识推测语篇中生词的含义，辅助理解语篇内容。

（4）能运用一定的阅读策略，借助表格、思维导图等工具梳理书面语篇的主要信息，理解大意。

（5）在朗读相关主题的简短语篇时，连读、停顿自然，语音语调基本正确。

（6）能根据口头交际的具体语境，初步运用得体的语言形式，表达自己的情感、态度和观点。

（7）进行书面表达时，能正确使用所学语言，格式较为规范。积极参与课堂活动，与同伴一起就相关主题进行讨论，合作完成学习任务。

（二）教材分析

1.横向分析

本单元的主题图呈现的是两名学生在学校走廊里对话的场景，图中还呈现了各个学科上课的场面，这部分要求学生掌握各学科的英语名称P.E., art,music,math,Chinese,geography,history等，并学会使用重点句型"What's your favorite subject? My favorite subject is ..."。Section B在Section A的基础上提供了新的语境，拓展了本单元的语言知识和话题内容。听说练习呈现了更多描述性形容词，话题也由学科拓展到其他校园活动。除了记录了课程安排，还增加了 lunch, soccer game, birthday party等活动，并复现、强化了之前学过的有关时间、星期的词汇，本部分教学重点是让学生学会谈论喜好，说明理由。

2.纵向分析

本单元话题为"School Subjects"，它是整个七年级上册教材的最后一单元，是对七年级上册Unit 4 Where is my schoolbag?单元内容，七年级上册Unit 4 Don't eat in class.单元内容的一个延伸。同时也为初中阶段的学习打下了一个基础，让学生关注学习的延展性。

（三）学情分析

1.已有认知

学校生活是孩子们比较感兴趣的话题，通过小学阶段的学习，多数同学已经初步具备用英语交流的意识和能力。

2.已有经验

学生已经掌握了一些简单的科目如何用英语表达出来。同时在Unit 5的学习当中，他们可以运用到已经学习过的一些形容词来描述对学科的看法如interesting，boring,fun,difficult,relaxing and easy等形容词。

3.思维特点

学生们的思维灵活、敏捷，随着年龄的增长，逐渐由具体形象思维向抽象逻辑思维过渡。

4.心理因素

对于英语学习，学生们有畏难心理，不敢说，不想说，在口头表达方面存在不流利、读音不准，对于新知接受能力需要一定过程。儿童的特性，使得他们活泼好动，对新事物有着强烈的好奇心，探索知识的欲望很强烈，而且有很强的表现欲。

5.学习障碍

随着学习难度的增加，学生对英语学习兴趣有所改变，个别同学有所下降，上课注意力不集中，出现两极分化……对于学优生，鼓励他们还要刻苦学习，努力进步，掌握科学的学习策略；对于学困生，老师要多加关注，争取每节课都有所提高。面向全体学生，以学生的发展为宗旨，因材施教，分层教学始终把激发学生的学习兴趣放在首位，引导学生端正学习态度。掌握良好的学习方法，培养学生良好的学习习惯。

三、单元主题

Unit 9  My favorite subject is science.（School subjects）

四．单元目标

（一）低阶目标

1.通过情境体验，能够运用目标语言" —What's your favorite subject? —My favorite subject is science."就喜欢的事物进行简单的问答，提升口语交际能力。

2.能听懂有关所喜欢的科目相关话题的听力材料，并获得相关信息、提高听力策略运用能力。

3.在语境中，围绕所喜欢的科目这一话题进行问答交流，正确表达自己的情感。

4.通过预测和抓关键词，能够对文章主要内容进行推断并理解文章细节，进行文章的复述。

（二）高阶目标

5.通过分析具体文章和例句，总结句式和结构。

6.制定自己理想中的学校课程表，表达出自己对学科的看法。

五、单元评价

1.1 能根据主题图，正确读出"谈论学科"的核心句型和重点词汇。

2.1 能借助听力预测、上下文语境、深入练习所学句式，用句子表达对不同学科的看法。

2.2 能积极参与课堂，能借助听力预测、听力技巧，准确完成听力任务。

3.1 能借助3a-3c活动任务链的练习，熟练、灵活运用语法句式结构。

3.2 能够进行角色扮演，并创造性地表达自我。

4.1 能通过角色扮演、创编对话，正确输出、表达自己的喜好以及原因。

4.2 能运用阅读策略、完成阅读任务、借助思维导图等，深入学习理解篇章。

4.3 能积极参与课堂活动，与同伴一起就话题进行讨论。

5.1 能够通过分析、对比和归纳，总结本课所学的内容。

6.1 能够运用总结的句式谈论My favorite subject并进行书面表达自小组分享互评。

6.2 能够在课堂上分享自己的写作。

七年级上册 Unit 9 My favorite subject is science.

## 六、单元结构化活动

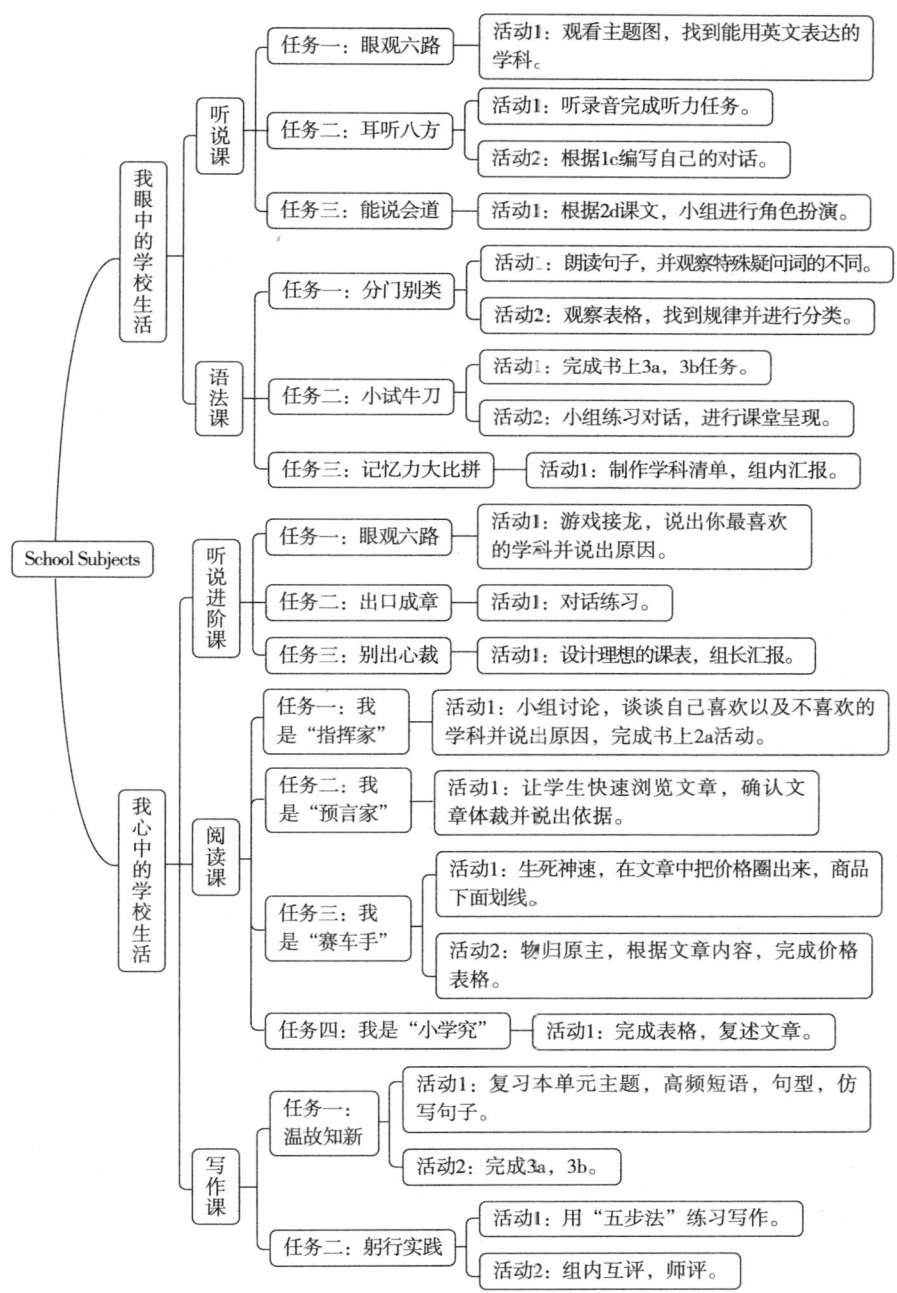

## 七、课时分配

| 1课时 | Section A 1a-2d（听说课） |
|---|---|
| 1课时 | Section A 3a-3c（语法课） |
| 1课时 | Section B 1a-1d（听说进阶课） |
| 1课时 | Section B 2a-2c（阅读课） |
| 1课时 | Section B 3a-3c（写作课） |

## 课时规划设计

### Section A 1a-2d（听说课）
（1课时）

#### 一、课时目标

（一）低阶目标

1.通过情境体验，能够运用目标语言"A：What's your favorite subject? B：My favorite subject is science."来谈论自己喜欢的学科提升口语交际能力。（学习理解）

2.通过观察图片，能够对听力内容进行预测，提高听力理解能力以及策略运用能力。（应用实践）

（二）高阶目标

3.通过角色扮演、改编对话和互相评价，内化目标语言。（迁移创新）

#### 二、情境任务

任务一：眼观六路。

任务二：耳听八方。

任务三：能说会道。

#### 三、学生活动

活动1.1：单词消消乐。创引导学生观看1a主题图呈现"进入学校、谈论学科"的语境，并请学生找出能用英文所表达的学科。

活动1.2：句型连连看。通过主题图和课前下发的视频，引导学生说出喜爱学科的句型并能正确问答。

活动2：听说训练营。听前——根据图片已知信息预测；听中——根据听力内容选出你所听到的内容；听后——根据听力内容进行对话练习。

活动3：魅力舞台秀。以小组形式，角色扮演，仿照1c、2c、2d对话情景遍对话。

四、课时作业

A类：用1a中三个单词进行造句练习。

B类：录制朗读或背诵2d对话材料视频。

C类：运用本课所学词汇和句型，录制一条讨论自己喜欢的课程的小视频。

## Section A 3a-3c（语法课）

（1课时）

一、课时目标

（一）低阶目标

1.通过情境体验，能够理解特殊疑问词的用法。（学习理解）

2.通过练习特殊疑问词的填空，认知本单元特殊疑问句。（应用实践）

（二）高阶目标

3.通过情景体验，小组内综合运用所学内容合作制作学科清单，能够运用恰当的形容词描述学科。给予评价。（迁移创新）

二、情境任务

任务一：分门别类。（学习理解）

任务二：小试牛刀。（应用实践）

任务三：记忆力大比拼。（迁移创新）

### 三、学生活动

活动1.1：读一读。

让学生朗读Grammar Focus表格，并观察特殊疑问词的不同。

活动1.2：说一说引导学生对表格中句子按功能进行分类。

活动2：综合练习。完成书中3a和3b，巩固特殊疑问词what，who，why用法。

活动3：制作学科清单，组内汇报。

### 四、课时作业

A类：仿写Grammar Focus 表格中句子。

B类：用特殊疑问词what,who,why写5组询问你最喜欢的学科的对话。

C类：运用本课所学句型，录制一条介绍学科的小视频。

## Section B 1a-1d（听说进阶课）
（1课时）

### 一、课时目标

（一）低阶目标

1.通过情境体验，能够运用特殊疑问句谈论课程安排、最喜欢的学科、课程的具体时间以及喜欢这门学科的原因。（学习理解）

2.通过观察图片，能够对听力内容进行预测，提高听力理解能力以及策略运用能力。（学习理解，应用实践）

（二）高阶目标

3.通过小组合作，能够进行角色扮演，并创造性地表达自我，增加学生们对学习的兴趣，以及学会合理安排学习的时间，使其更有学习的积极性。（迁移创新）

### 二、情境任务

任务一：妙趣横生。

任务二：出口成章。

任务三：别出心裁。

三、学生活动

活动1.1：游戏接龙，说出你最喜欢的学科以及原因。

活动1.2：用1a中形容词造句。

活动1.3：欣赏歌曲"the days of a week"，学习星期的单词，游戏操练单词。

活动2：听一听，说一说。听前—复习学习理解中学习过科目以及星期的词汇；听中—在1a中勾出听到的形容词。听后—对话练习。

活动3：魅力舞台秀。小组合作，根据一些有趣的科目，设计理想的课表。组长汇报。

四、课时作业

A类：用1a中词汇造句。

B类：运用本课所学词汇和句型，编写对话（至少3组），再录制成视频上传到微信群。

C类：如果你是一个学校的校长，你怎么制作学生的课程表？用至少5句话写出来。

## Section B 2a-2c（阅读课）

（1课时）

一、课时目标

（一）低阶目标

1.通过观察中英两国课表，了解中英课程的异同。掌握本课目标语言，能够了解中西取名文化的差异。（学习理解）

2.通过预测和抓关键词等方式，了解文章内容，掌握阅读技能。（学习理解，应用实践）

3.能够运用阅读技能，对文章主要内容进行推断并理解文章细节，进行文章的复述。（应用实践）

（二）高阶目标

4.结合所学内容，联系生活实际，进行构思，再到前边进行展示。（迁移创新）

二、情境任务

任务一：我是"指挥家"。

任务二：我是"预言家"。

任务三：我是"赛车手"。

任务四：我是"小学究"。

三、学生活动

活动1：小组讨论，谈谈自己喜欢以及不喜欢的学科并说出原因，完成书上2a活动。

活动2.1：让学生快速浏览文章，确认文章体裁并说出依据。学生小组讨论并回答问题。

活动2.2：阅读全文，在Yu Mei喜欢的学科底下画线，不喜欢的学科用圆圈标出来。

活动3：学生快速阅读文章主体部分，并回答老师的问题。

Q：How many classes does she have on Friday? What are they?

活动4：Read the passage carefully and finish the chart. And tell us Yu Mei's Friday.

四、课时作业

A类：把自己理想的课程安排制作成课程表。

B类：Make a mind map of your opinion on English.

C类：采访你不同学校的朋友，并把他的课程安排写下来。

## Section A 3a-3c（写作课）

（1课时）

一、课时目标

（一）低阶目标

1.通过复习本单元重点词句，能掌握写作基本语料。（学习理解）

2.通过填写星期五课表，能够以读促写并以"审、列、连、美、誉"五步法起草进行写作。（应用实践）

（二）高阶目标

3.通过自评和互评，修改自己习作。（迁移创新）

二、情境任务

任务一：温故知新。

任务二：躬行身践。

三、学生活动

活动1.1：复习本单元主题、高频短语、经典句型、仿写句子。

活动1.2：完成3a,3b。

活动2：完成3a-3b，归纳总结电子邮件特点，结合自己星期五课程表，用"审、列、连、美、誉"五步法给你的朋友写一封电子邮件。

活动2.2：完成3a,3b，通过自评和互评，改进初稿。

四、课时作业

A类：修改你的习作。

B类：上网寻找更多关于西方国家学生的日程表并记录下来。

C类：设计你理想的学校生活。

# 课时教学设计及课堂教学实录

## Section B 2a-2c（阅读课）
（1课时）

一、学习目标

（一）低阶目标

1.通过观察中英两国课表，了解中英课程的异同。掌握本课目标语言，能够了解中西取名文化的差异。（学习理解）

2.通过预测和抓关键词等方式，了解文章内容，掌握阅读技能。（学习理解，应用实践）

3.能够运用阅读技能，对文章主要内容进行推断并理解文章细节，进行文章的复述。（应用实践）

（二）高阶目标

4.结合所学内容，联系生活实际，口笔头表达自己学校生活。（迁移创新）

二、达成评价

1.1 能了解中英课程的异同。

1.2 能准确写出2a方框中的形容词并能理解形容词的不同含义。

2.1 能通过文章首尾句对文章内容进行预测。

2.2 能抓住关键词——学科，并区分喜好，将文章内容进行梳理。

2.3 能准确地在喜欢和不喜欢的学科下面做标记。

3.1 能利用关键词阅读策略，在规定时间内准确将学科与时间配对。

3.2 能根据细节信息，准确填写表格。

3.3 能根据填写的表格，运用目标语言，复述文章。

4.1 能准确介绍自己喜欢的学科

4.2 能运用所学，介绍自己朋友喜欢的学科，并进行演讲。

三、学习过程

（一）先行组织

1.学校生活丰富多彩，同学们尝试画出自己的课程表吧！

### 前置性作业评价量化表

| 完成情况 | 自评 A/B/C |
| --- | --- |
| 1.课程表色彩艳丽，制作精美，内容包含应有信息，书写美观。 | |
| 2.课程表内容单一，制作粗糙，内容没有包含应有信息，书写潦草。 | |

七年级上册 Unit 9 My favorite subject is science.

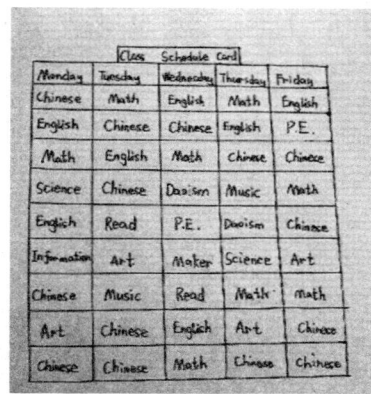 

2.PPT展示美国中学生Mike的课程表，和自己的课程表做对比，并找到不同。

学生1：I have to many classes, but Mike doesn't.

学生2：Mike's school life is relaxing. My school life is busy.

（二）任务与活动

任务一：我是"指挥家"

活动1：

1.小组讨论，谈谈自己喜欢以及不喜欢的学科并说出原因，完成书上2a活动。

学生分小组练习，表演对话。教师观察学生能否按照板书提供的语言支架与同伴积极投入并完成角色扮演，根据学生表现及生生互评的情况，借助眼神、手势等方式进行鼓励，调动学生的积极性。

**Pre-reading.**

**2a** What do you think of these subjects? Write a description for each one.

| boring | difficult | exciting | fun |
| interesting | relaxing | useful (有用的) | easy |

music _relaxing_    art _____    English _____
history _____    science _____    Chinese _____
P.E. _____    math _____    geography _____

33

学生1：What's your favorite subject?

学生2：My favorite subject is science.

学生1：Why do you like science?

学生2：Because it is interesting.

学生书上展示：

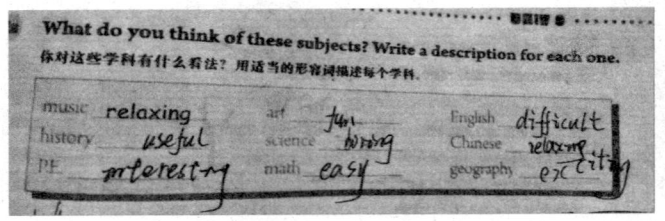

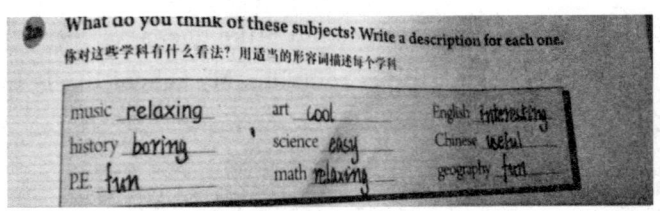

任务二：我是"预言家"

活动1：让学生快速浏览文章，确认文章体裁并说出依据。学生小组讨论并回答问题。

Q1：The letter is about_____.

A.the subjects Yu Mei likes.

B.the subjects Yu Mei doesn't like.

C.Yu Mei's schedule（日程表）of Friday.

学生1：C.文章当中的第一句"I am very busy on Friday."是主题句.点明题意。

活动2：

Q2：阅读全文，在Yu Mei喜欢的学科底下画线，不喜欢的学科用圆圈标出来。

学生完成情况：

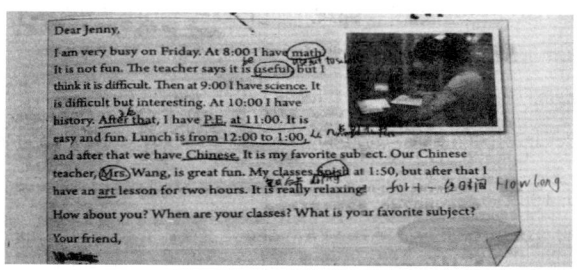

任务三：我是"赛车手"

活动1：本阶段学习活动引导学生在归纳和整理核心语言的基础上，通过小组活动、汇报演出的方式使每个学生都能参与到课堂活动当中来，使每个学生都能深入角色，运用语言理解意义，促进语言的内化，实现从学习理解过渡到应用实践，为后面的真实表达做准备。

学生快速阅读文章主体部分，并回答老师的问题。

Q：How many classes does she have on Friday? What are they?

学生：Six.

Q：What are they?

学生：Math, history, science, P.E., Chinese and art.

任务四：我是"小学究"

活动1：

【提出问题】

T：Read the passage carefully and finish the chart. And tell us Yu Mei's Friday.

| Time | Subjects/Activities | Descriptions |
|---|---|---|
| 8:00 -8:50 A.M. | math | The teacher says it's _____. I think it's _____. |
| 9:00-9:50 A.M. | | |
| 10:00-10:50 A.M. | | |
| 11:00-11:50 A.M. | | |
| 12:00 -1:00 P.M. | | |
| 1:00 -1:50 P.M. | | It's my _____. The teacher is great _____. |
| 2:00 - 4:00 P.M. | | |
| | A very _____ day! | |

【组织学习】

T：Read the passage carefully, finish the chart and retell the passage in your group.

按照班级原始小组划分，小组讨论，教师计时，下到班级巡视查看同学们的完成情况，并且给予指导，查看组内是否每个学生都有分工，参与到了课堂活动当中来。

【表达成果】

学生1：

| Time | Subject/Activies | Descriptions |
| --- | --- | --- |
| 8:00~8:50 A.M. | math | The teacher says it's useful. I think it's difficult |
| 9:00~9:50 A.M. | science | It's difficult but interesting |
| 10:00~10:50 A.M. | history | |
| 11:00~11:50 A.M. | P.E. | |
| 12:00~1:00 P.M. | Lunch | |
| 1:00~1:50 P.M. | Chinese | chinese teacher is great fun |
| 2:00~4:00 P.M. | art | It's very relaxing |
| A very busy day! | | |

学生2：

| Time | Subjects/Activities | Descriptions |
| --- | --- | --- |
| 8:00~8:50 A.M. | math | The teacher says it's useful. I think it's difficult |
| 9:00~9:50 A.M. | science | difficult but interesting |
| 10:00~10:50 A.M. | history | |
| 11:00~11:50 A.M. | music | It's easy and fun |
| 12:00~1:00 P.M. | Lunch | |
| 1:00~1:50 P.M. | Chinese | It's my favourite subject. The teacher is great fun. |
| 2:00~4:00 P.M. | art lesson | relaxing |
| A very busy day! | | |

学生1：At 8:00, she has math class. The teacher says it is useful, but she thinks it's difficult. From 9:00 to 9:50, she has science, it is difficult but interesting. After that, she has history. And at 11:00, she has P.E. From 12:00 to 1:00, she has lunch. At 1:00, she has Chinese. She likes Chinese, because the teacher is great fun. After that, she has an art lesson for two hours, it's really relaxing.

学生2：At 8:00, Yu Mei has math. The teacher says it is useful, but she think it's difficult. At 9:00, she have science, it is difficult but interesting. At 12:00 , she has lunch. At 1:00, she has Chinese. She like Chinese, because the teacher is great fun.At 2:00 she has an art lesson, it's really relaxing.

T: Pay attention to your retell,and can you find some questions?

学生1自评：我们组书写不太美观，没有达到要求，有涂改。

学生2自评：我们在叙述的时候，没有注意动词的单三形式，汇报句型比较单一。

学生3互评：第一小组汇报的时候，声音较小，就是按照表格读，没有关注到下面的同学。

学生4互评：第二小组汇报的句型比较少，没有用到文章中的结构。

教师评价：第一小组活动时，分工不明确，个别同学没有加入到讨论当中来，但是汇报点齐全，句型丰富。第二小组没有仔细阅读文章，表格有错误，但是小组合作很好，值得表扬。

【交互反馈】

Q：Can you give them some advice?

学生1：第二组小组汇报有错误，11点的时候汇报和文章事实不一样。

学生2：他们进行汇报转述的时候没有注意人称和数的变化，有错误出现。

老师：我们要尊重文章事实来填写表格，小组合作时要做好分工，这样才能事半功倍，同时书写要美观工整，避免拘抹。

| 评价维度 | 评价等级及标准 | | | |
| --- | --- | --- | --- | --- |
| | great | better | good | try harder |
| 1.语言的准确性 | 语音语调准确无误。 | 语音语调较为准确，有1—2处错误。 | 语音语调较为准确，有3—4处错误。 | 语音语调较为准确，有4处以上错误。 |
| 2.句型的丰富性 | 句型结构丰富多样。 | 句型较多，符合所学内容 | 句型有变化，但不够丰富。 | 句型变化少且不够丰富。 |
| 3.学会倾听 | 认真倾听并评价全面。 | 认真倾听，并给出1-2处正确评价。 | 没认真倾听，评价不准确。 | 没有评价 |

【整合提升】

老师：Now, let's learn how to retell the passage better. We should use more sentence pattern such as "at...we have...; we have...at...; We have...for...hours;From...to...,we have...根据黑板上的评价量表，总结一下他们出现的问题，并在下一次汇报时加以改正。

学生1：语言不够准确，文章当中的主人公是第一人称叙述的，在进行总结归类时，应该注意人称和数的变化。同时应该把科目和时间对应上，不要马虎。

学生2：在进行文章复述时，句型不够丰富，只用到了"At...,we have..."的句式。

学生3复述：Yu Mei has a busy day.At 8:00, she has math class. The teacher says it is useful, but she thinks it's difficult. From 9:00 to 9:50, she has science, it is difficult but interesting. After that, she has history.And at 11:00, she has P.E. From 12:00 to 1:00, she has lunch. At 1:00, she has Chinese. She likes Chinese, because the teacher is great fun.After that, she has an art lesson for two hours, it's really relaxing.

（三）迁移运用：我是"设计师"

T：Design your ideal school day（group work）。

本阶段活动旨在帮助学生在迁移创新的语境中，灵活运用所学语言，创造自己理想的课程，激发学生对学习的热爱之情，实现从课堂走到现实。

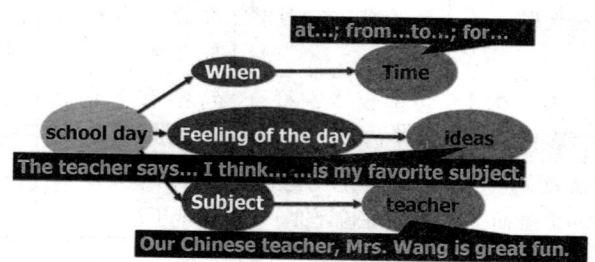

## 七年级上册 Unit 9 My favorite subject is science.

学生1：

Hi! We will tell you about our ideal school day.

At 9:00, we go to school. We have music class at 9:10. After that, we have science at 10:10.Then we have an art lesson for 2 hours. At 11:30,we have lunch.We have P.E. at 1:00.It's my favorite subject,it is interesting. After that,we have music.I like it,because it is relaxing. We finish our classes at 4.

Do you like our school day?

（四）成果集成

学生根据文章梳理Yu Mei的一天，并画出导图。

学生成果展示：

（五）作业设计

| | | |
|---|---|---|
| 必做 | 基础性作业 | 把自己理想的课程安排制作成课程表。 |
| | 发展性作业 | Make a mind map of your opinion on English. |
| 选做 | 弹性作业 | 采访你不同学校的朋友，并把他的课程安排写下来。 |

## 作业评价量化表

| 评价等级（A/B/C） | | | | 自评 | 他评 | 师评 |
|---|---|---|---|---|---|---|
| Content<br>（内容充实） | 涵盖了全部要点 | 涵盖绝大部分要点 | 大部分要点缺失 | | | |
| Fluency<br>（表达连贯） | 表达连贯 | 表达较为连贯 | 表达不连贯 | | | |
| Language<br>（语言正确） | 语言完全正确 | 大部分语言正确 | 大部分语言不正确 | | | |

（六）课后反思

本节课是基于英语学科核心素养理念指导下的初中英语单元整体教学设计。考虑到课标对中学英语学习目标要求，学情分析的基础上，针对一个单元，整体组织教学内容。

本单元主要围绕学校科目这一话题开展，本课时是一个完整的阅读学习板块。语篇的内容是一封信，丰富了本单元目标语言的使用语境。本节课在课标当中的课程目标指出应依托语境开展教学，引导学生在真实、有意义的语言应用中整合性地学习语言知识，发展语言技能。内容要求是可以识别口语语篇的主题，大意和要点，理解书面语篇的整体意义和主要内容。学业要求是积极参与课堂活动，与同伴一起就相关主题进行讨论，合作完成学习任务。基于以上课标要求设计了本节课的教学目标，为了达成目标，设计了"我的人生奇旅"的情境贯穿始终。设置的亮点在于通过各种阅读活动，让学生学会合理安排自己的活动，同时学会珍惜时间。本节课的不足之处是小组活动时，只有形式，没有很好利用起来，小组之间的竞赛没有起到作用，课堂组织方面还是比较欠缺。在今后的上课过程当中，要做足充分的准备，抓好细节，发挥小组积分、竞赛的作用。今后的路还很长，我应该多听课、多请教、勤思考，多总结，不断提高自身的专业素质，积极探索有效的教学手段，提高课堂效率。

# 七年级下册 Unit 7 It's raining!

长春经济技术开发区育隆学校　汤卓

单元教学规划

一、单元内容

本单元选自人教版七年级下册Unit 7 It's raining!为自然单元下的整合重组，涉及现在进行时、how引导的询问天气的特殊疑问句、描述天气状况的形容词、明信片的文体特点、不同天气下人们进行的活动以及了解世界的气候差异等英语学科知识。

二、单元分析

（一）课标分析

1.内容要求

（1）根据读音规则和音标拼读单词。

（2）在特定语境中，根据不同主题，运用词汇给事物命名，描述事物、行为、过程和特征，说明概念表达与主题相关的主要信息和观点。

（3）提取、梳理在语境中运用所学语法知识进行描述、叙述和说明等。

（4）理解常见应用文语篇和其他常见语篇类型的主要写作目的、结构特征、基本语言特点和信息组织方式，并用以传递信息。

（5）独立或者小组合作完成角色扮演等活动。

（6）完整、连贯地朗读短文，简单复述短文大意。

（7）在教师指导下起草和修改作文。

（8）在书面表达中正确使用标点符号，要用词准确，表达通顺，格式较为规范。

（9）在学习中善于抓要点、记笔记。

（10）了解和运用各种阅读技巧和策略，如预测、略读、猜测词义、推断、理解篇章（或语篇）结构等，提升阅读的兴趣与能力。

（11）了解和运用基本的写作技巧和策略，如审题、选材、列提纲、修改习作和积累词句等，提升写作能力。

（12）在沟通与交流中，注意并尊重中外文化习俗的差异。

2.学业要求

语言能力要求能在听读看的过程中，围绕语篇内容记录重点信息，能分析和梳理常见书面语篇的基本结构特征；能围绕相关主题运用所学语言与他人进行日常交流，初步具备用所学英语进行跨文化沟通与交流的能力；文化意识要求了解不同国家人们接待人、接物的基本礼仪，礼貌和交际方式能初步了解英语的语用特征，选择恰当的交际策略；思维品质要求能根据语篇内容或所给条件进行改编或创编；学习能力要求能主动参与课内外各种英语实践活动，注意倾听，积极使用英语进行交流，遇到问题主动请教，勇于克服困难。

3.教学提示

三级（7—9年级）：第二条，指导学生学习不同文体特有的语篇结构和语言特征，建立文体图式和语言图式；第三条，引导学生多角度分析、审视、赏析和评价语篇，比较文化异同，产生思维碰撞，利用结构化新知完成真实任务，解决实际问题。

4.学业质量

（1）能听懂相关主题的语篇，借助关键词句、图片等复述语篇内容。

（2）能运用一定的阅读策略，借助表格、思维导图等工具梳理书面语篇的主要信息，理解大意。

（3）朗读相关主题的简短语篇时，连读、停顿自然，语音、语调基本正确。

（4）能根据口头交际的具体情境，初步运用得体的语言形式，表达自己的情感、态度和观点。

（5）能运用一定的阅读策略，借助表格、思维导图等工具梳理书面语篇的主要信息，理解大意。

（6）能参照范例，仿写简短的文段（如回复信函等），语言准确，表意得体。

（7）积极参与课堂活动，与同伴一起就相关主题进行讨论，合作完成学习任务。

综述，基于以上对课标的分析，将本单元的主题情境设计为"热爱自然，积极分享"，设计低阶目标和高阶目标，以学生为主体设计学生活动完成学习目标，践行英语学习活动观，从而落实英语学科核心素养，实现英语学科育人目标，发展语言能力，培育文化意识，提升思维品质，提高学习能力。

（二）教材分析

本单元话题是The weather。属于"人与自然"主题范畴，涉及"自然与生态"主题群：关心自然，热爱自然，分享生活。

本部分的中心话题是谈论天气，首先Section A引出"谈论天气"的话题、询问天气的重要句式How's the weather?以及描述天气状况的形容词（sunny,cool, rainy,windy,cloudy...），在创设的"打电话"的真实情境中，人们就各自所在城市的天气进行问答。要求学生能够利用现在进行时谈论天气和人们正在从事的活动，并掌握在"闲聊"中如何就天气话题进行交谈的技巧。

横向分析：Section A重点是how 引导的询问天气的特殊疑问句，其中还涉及描述天气的形容词以及与天气相关的人们相应的即时活动。本部分难点是现在进行时中助动词be和-ing的正确使用。学生需要通过大量的口头练习才能达到对目标语言的准确熟练运用。Section B是Section A的拓展和延伸。话题上，拓展了谈论天气的表达法;在技能方面，进一步深化听说技能，加强读写训练。Section B部分的重点是描述天气的词汇、现在进行时的用法以及明信片的文体特点等。本部分的学习难点在进行时的另一用法，即表示一段时间内正在进行的动作或状态。在情感态度和跨文化交际方面，让学生通过学习天气词汇和谈论人们的活动及如何谈论旅途中的即时活动，让学生了解世界各地的地理、文化等差异，热爱祖国的大好河山，同时拓宽国际视野，感受不同地区国家的风土人情。倡导学生拥有丰富多彩的假期生活，并通过谈论天气来促进交际，形成良好的社会人际交往关系。

纵向分析：本单元的语法知识点仍然是一般现在时和现在进行时，学生在七下Unit 6 I'm watching TV.中接触过这两个知识点。另外本单元的关于天气的表达方式以及部分描述词大部分学生在小学已经有所了解。从内容上看，人教版八年级上册Unit1 Where did you go on vacation?这一单元中会提到假期去过的地方，里面也会涉及天气话题，这是七下Unit 7的内容在其他话题中的应用。

（三）学情分析

已有经验与已有认知：学生之前已学过一般现在时和现在进行时结构、有关天气以及天气描述词的相关词汇、短语，这是学习本单元的优势；同时"天气"的话题贴近学生生活，学生有话可说，在一定程度上提高了学习效率。

思维特点及心理因素：七年级的学生活泼好动，教学设计要有趣味性，大部分学习主动性高，学习习惯也很好，对英语的听、说、读、写、看等语言技能掌握较好；但有少部分学生自觉性较差，对学习英语有畏难情绪，课堂要照顾好各层次的学生，设计符合此层次学生的教学活动。在教学活动中设置各种丰富的课堂活动，比如，教授生词时的大小声游戏、手电筒照物品的游戏，教授句型时的chant环节等，让学生在游戏、音乐中不知不觉掌握了知识，寓教于乐。

学习障碍：我们的学生来自城乡接合部，学生两极分化严重，很多学生学习动机较弱、兴趣爱好不强，基础落实不到位，口语表达能力较弱。在学习时，学生对阅读语篇出现的多重阅读策略的领会和掌握上，以及对"分享日常生活"的口语表达及书面表达都存在困难。

因此，通过设计贴近学生生活的活动，创设真实情境，突出重点，帮助学生搭建口语输出和写作输出支架，降低学生的学习压力；学生通过驰声预习、小组合作、嵌入式评价等方式不断提升自己的口语表达效果及口语交际能力；通过互评、自评等方式反思和评价自己文章的表达效果，反复修改、完善文章，提升写作质量，突破难点。

### 三、单元主题

热爱自然，积极分享。

### 四、单元目标

**（一）低阶目标**

1.能掌握有关描述天气的相关词汇、句式，并运用目标语言询问某地的气候特征。

2.能准确描述在不同天气状况下人们进行的活动。

3.能通过完成多个任务链活动掌握语篇信息，发展相应的阅读技能，提升阅读策略。

**（二）高阶目标**

4.能够提升在实际生活中运用语言的能力，通过对天气描述，热爱大自然，形成环保意识，并丰富生活，热爱生活。

5.能综合所学知识，口头和笔头结合描述假期生活；能通过互评、自评等方式反思和评价文章的表达效果，修改、完善文章，提升写作质量。

### 五、单元评价

1.1 能利用拼读规则正确拼读本课词汇；能利用导学案自主先学，突破词汇，感知目标句型。

1.2 能朗读教材中的句子，发音准确，语调自然流畅。

1.3 能借助听力技巧完成听力任务，用how引导的问句表达问候以及询问天气。

2.1 了解现在进行时和一般现在时的不同语用情境，能够在具体语境中准确运用，描述人的活动同时自信表达，语法无误，声音洪亮，口语流畅。

2.2 能积极参与课堂活动，与同伴一起就天气及日常生活进行讨论、合作完成学习任务，并能够互相分享与积累。

3.1 能运用阅读策略完成阅读任务、借助图片、关键词等，深入学习理解篇章，并巩固强化一定的阅读技巧和策略。

3.2 能分析和梳理语篇的基本结构，了解并读懂有关天气和假期的文章。

4.1 读懂介绍天气和假期生活的明信片。

4.2 能运用得体的语言形式，表达个人看法，表意清晰，话语基本准确。

4.3 能通过创编描述天气及日常生活的对话，感受并接受地域差异，表意清晰，内容全面，话语基本准确、无语法错误。

5.1 能选用正确的词语、句式，通过口语或书面语篇描述不同天气状况下人们正在做的事情，表意清晰，话语基本通顺，逻辑比较清楚。

5.2 能在教师指导下起草和修改作文。

5.3 能在书面表达中正确使用标点符号，用词准确，表达通顺，格式较规范。

5.4 能通过"作文五步法——审、列、连、美、誊"，自评、互评等方式，写出内容完整，表达充分，结构清晰，语言流畅，可读性强的文章。

### 六、单元结构化活动

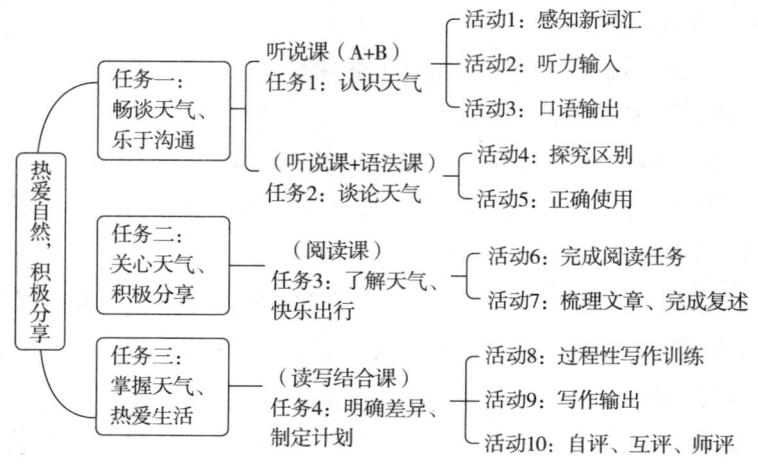

### 七、课时分配

本单元教材编排共5课时，基于主题情境，设计单元主题为"热爱自然，积极分享"整合重组为大单元教学设计4课时。

| 畅谈天气、乐于沟通 | 1课时 | Section A 1a-2c+Section B 1a-1e（听说课） |
|---|---|---|
| | 1课时 | Section A 2d+Grammar Focus（听说课+语法课） |
| 关心天气、积极分享 | 1课时 | Section B 2a-2c（阅读课） |
| 掌握天气、热爱生活 | 1课时 | Section B 3a-Self Check（读写结合课） |

课时规划设计

## Section A 1a-2c+Section B 1a-1e（听说课）
## Section A 2d+Grammar Focus（听说课+语法课）
（新授课，2课时）

### 一、课时目标

（一）低阶目标

能通过听说练习、语法探究等，描述不同地区的天气并谈论相关话题。

（二）高阶目标

能谈论不同地区、不同季节的天气情况，感受地域差异，并能基于嵌入式评价进行反馈、评价与改进，实现高质量、深度学习。

### 二、情境任务（问题）

任务1：认识天气。

任务2：谈论天气。

### 三、学生活动

活动1.1：感知新词汇。

活动1.2：听力输入。

活动2.1：口语输出，谈论天气。

活动2.2：探究一般现在时和现在进行时的区别。

活动2.3：根据语用区别正确使用一般现在时和现在进行时。

四、课时作业

（一）第一课时作业

基础作业：

1.完成有关现在进行时以及一般现在时的语法填空。

2.熟读并角色扮演对话。

口语作业：驰声口语练习。

实践选做作业：

1.展示本人或他人的在室外的照片，用4W1H方法描述照片中的天气，以及人进行的活动。

2.在班级为长春市未来三天的天气状况做播报。

预习作业：

任务1：导学案预习。

任务2：在2b课文中标注重点的单元短语，并翻译。

（二）第二课时作业

基础作业：熟读并默写Grammar Focus的句子。

提升作业：用思维导图整理本课的语法知识。

口语作业：驰声口语练习。

实践选做作业：与朋友通话，就目前的天气和日常生活创编对话。（创编有难度的可熟读听力材料）

预习作业：

任务1：完成导学案预习任务。

## Section B 2a-2c（阅读课）
（新授课，1课时）

一、课时目标

（一）低阶目标

能完成多个任务链活动掌握语篇信息，发展相应的阅读技能，提升阅读策略；理解感受地域差异。

（二）高阶目标

能根据思维复述文章；分析、评价语篇及他人作品，并能进行独立与深度思考，加深对中华文化的理解和认同，坚定文化自信。

二、情境任务（问题）

了解天气、快乐出行。

三、学生活动

活动1：完成阅读任务。

活动2：梳理、复述文章，总结明信片特点。

四、课时作业

基础作业：补充阅读。

口语作业：朗读课文+驰声口语练习。

实践选做作业：小组合作完成，介绍你最喜欢的城市的天气特点。

## Section B 3a-Self Check（读写结合课）
（新授课，1课时）

一、课时目标

（一）低阶目标

能够用现在进行时描述正在发生的事情和运用形容词描述天气和自身感受。

（二）高阶目标

能综合所学知识，写出某地的天气状况以及人们正在做的事情；能通过互评、自评等方式反思和评价文章的表达效果，修改、完善文章，提升写作质量。

二、情境任务

明确差异、制定计划。

三、学生活动

活动1：复习所学的描述天气的单词、短语、句式。

活动2：阅读有关介绍天气和假期的文章，并总结文体特点。

活动3：独立完成单元话题作文，描述天气状况及人类活动。

活动4：自评和互评，改进初稿的结构、内容和语言，班内共赏优文。

**四、课时作业**

基础作业：润色作文，再写一稿并朗读。

选做作业：

1."我为家乡美景代言"手抄报（图文结合）。

2.介绍家乡的特色景点，给出去这个景点的最佳时间及出行建议。

 **课时教学设计及课堂教学实录**

## Section B 2a-2c（阅读课）
（1课时）

**一、学习目标**

（一）低阶目标

1.学生能正确识记和运用以下词汇及常用表达：

–visit, summer, sit, juice, soon, vacation, hard, Canada, Europe, mountain, country, on（a）vacation.

– How's it going?/How's your summer vacation going?

2.学生能够运用预测、略读、寻读、精读等阅读策略理解语篇，并能初步建立语篇框架以及理解明信片文体的特点。

（二）高阶目标

3.能运用现在进行时正确描述真实情境下，不同天气状况中人们进行的不同的活动，感受地域差异，热爱生活，分享日常。

二、达成评价

1.1 能利用拼读规则拼读生词。

1.2 能发音准确，语调自然流畅地朗读本课时的单词、短语、句子。

1.3 能利用导学案自主先学，课上小组互学、帮学，突破词汇，感知目标句型。

2.1 能够根据上下文猜测生词的意思。

2.2 能够读懂短文，抓住大意。

2.3 能够提高对语篇的分析能力，掌握获取具体信息、对信息进行加工的策略。

3.1 能在文章中画出重点短语和句式并朗读和翻译。

3.2 能灵活地运用目标词汇、句式、语法项目复述文章内容，描述不同天气状况下的人物活动，并分享自己的日常生活。

3.3 能运用评价标准进行自我反馈、同伴反馈。

三、学习过程

（一）先行组织

完成《春夜喜雨》英文版的填空,复习有关天气的形容词，了解中国传统节气，融入中国传统文化：

Q：Fill in the blanks, using the words you have learned.

Good _____ （rainy）knows its time right;

It will fall when comes _____.

With _____ （windy） it steals in night;

Mute, it moistens each thing.

O'er wild lanes dark _____ （云）spreads;

In boat a lantern looms.

Dawn sees saturated reds;

The town's _____ with blooms.导入新课学习。

学生1：第一、二空填rain 和 spring.

学生2：第三、四空填wind 和 cloud.

学生3：最后一个空应该是heavy。

（二）任务（问题）与活动

任务一：Pre-reading

活动1：Free talk：（谈论2b图片，进行读前预测）

Q：How's the weather? /What are they doing? /Which season is it?

学生1：It's rainy. The girl is doing her homework. I think it's in autumn.

学生2：It's hot. She is drinking the ice juice. I think it is in summer.

学生3：It's sunny. They are climbing the mountain. I think it is in spring.

任务二：While-reading

活动2：Be able to summarize the genre of the article through skimming strategy.

Q：Do you know what kind of article it is? Choose the correct one.

A. news reports

B. stories

C. postcards（明信片）

学生：It's a postcard.

活动3：Find article details and catch the keywords by scanning.

Q：（1）Where is Su Lin?

（2）How's the weather?

（3）How's the vacation?

（4）What's she doing in Canada?

学生1：She is in Canada.

学生2：It's warm and sunny.

学生3：She feels relaxed.

学生4：She is visiting her aunt and going to summer school.

活动4：阅读文本1，并完成分类练习。

——Things Su Lin is doing these days；

——Things Su Lin is doing right now；

学生1：Things she is doing theses days：visiting her aunt、going to summer school、studying English and being with friends.

学生2：about things Su Lin is doing right now,she is sitting by the pool and drinking the orange juice.

活动5：Be able to find the main message of the second letter based on the scanning reading strategy.

Q：Read the second letter and finish the chart.

| Name | Where | How （weather） | With whom | What （doing） |
|---|---|---|---|---|
|  |  |  |  |  |

学生：His name is Dave,and he is in Europe with his family now. It is cool and cloudy here.He is walking now.

任务三：Post-reading

【提出问题】活动6：Retell the two letters .

Think about how to retell the two letters by yourself.

【组织学习】小组合作,学生根据自己的思路尝试复述文章内容。

Q: work in your groups and try to retell. And others should evaluate them by using the criteria list.

评价标准:

| 评价项目 | 等级 |
| --- | --- |
| 语言基本流畅,没有过多的重复 | A:达到4—5项标准 |
| 语句及意义基本完整 | B:达到2—3项标准 |
| 基本信息得到有效传递,口语符合英文表达习惯 | C:达到2项标准 |
| 用词基本准确且达意 | D:2项标准以下 |

【表达成果】学生1对语篇1的内容的复述。

学生1：Su Lin visiting her aunt now. She is in Canada. Her aunt is working in Canada and Su Lin is going to summer school to study English. And she is also visiting some friends here. Now, she is sitting by the pool and drinking orange juice. The weather is warm and sunny. She feel relaxed and happy.

【交互反馈】同学依据评分标准对他进行评价。

学生2：我认为他可以得B，因为有一处现在进行时没有加be动词，应该是she is visiting her aunt. 其次，我认为她的语言表达不够流畅，逻辑不够清晰，并且用词不够丰富。

学生3对语篇2进行复述。

学生3：David is having a great time in Europe! He is on vacation in the mountains with his family. He is going to call Jane but his phone isn't work, So he is writing to her. He is asking if it is very hot in Europe now. The weather there is cool and cloudy, Just right for walking. He'll see Jane next month.

师：What level can he get and why?

学生4：我认为他可以得A,因为他表达的内容十分完整,语音语调正确,信息得到了有效传递,并且词汇及句式丰富,表达也比较符合英文表达习惯。

【整合提升】教师用英语提出问题：如何有效的复述本篇文章,可以从哪些方面进行复述,是否可以整理成思维导图的模式？请两位同学到白板上面用思维导图软件进行创作。

学生1：

学生2：

（三）迁移运用

活动7：假设你在你喜欢的城市度假,选择一个你喜欢的地方,谈论天气活动,并写一封明信片给你的朋友。

Q：write a letter to your friend and tell him/her the weather and what you and your family are doing. Others evaluate through the criteria.

活动7评价标准：

| 评价项目 | 分值 | 得分 |
| --- | --- | --- |
| 能自信展示成果，语言生动规范表达流畅 | 2 | |
| 信息完整，话语基本准确、无语法错误 | 2 | |
| 时态正确、动词准确 | 2 | |
| 分工明确，合作共赢 | 2 | |
| 总得分 | | |

任务单

Dear＿＿＿＿＿＿＿，

_____

_____

_____

_____

_____

_____

_____

_____

评价量表：

| 评价项目 | 分值 | 得分 |
| --- | --- | --- |
| 能自信展示成果，语言生动规范表达流畅 | 2 | |
| 自信表达，信息完整，话语基本准确、无语法错误 | 2 | |
| 时态正确、动词准确 | 2 | |
| 分工明确，合作共赢 | 2 | |
| 总得分 | | |

小组汇报，并将学生的任务单标准投到大屏上，其他学生利用听与看方式来感受同伴介绍的城市。学生结合评价标准对各小组进行评价、质疑、纠正、补充，使各组的介绍更优化。

Group 1汇报：

任务单书写：

Dear Tom,

I think Xiamen is a very beautiful city, the city's scenery is very good, and the wide roads can also be said to be spotless, the weather is so good ,the air is fresh , there is not too much serious pollution, unlike other cities, there will often be hazy weather, which is very bad for people's health and quality of life. Now, I am sitting by the beach and eating ice-cream. I like the blue sky and white cloud. I feel relaxed.

Bob

Group3学生代表：我认为可以得7分。这个短文语言丰富，生动规范，基本没有语法错误。内容介绍得较为全面，符合题目要求。同学能够自信地表达出来，但是没有体现出明显的分工合作，所以这里减一分。

Group 2汇报：

Dear Alice,

My favorite city is Yantai. Now , I am here with my family. Yantai has four distinct seasons and showing its colorful beauty in the flow of the years.The spring in Yantai is a sea of flowers. There are thousands of red flowers, and Yantai's spring is so warm ! We are seeing the flowers these days. One of the most beautiful part of Yanta is the sea. Many people are on a vacation here. Sometimes the sea in Yantai is rough, sometimes it is calm. We are living the house in front of the sea. And I sitting in the house and eating the ice-cream to write to you.

Helen

Group4学生代表：我认为可以得六分。主要是这篇短文的重点应当在介绍城市的天气以及人类活动，这篇短文侧重点在介绍城市上面，内容不全面，所以要减分。

## （四）成果集成

1.学生梳理文章并在绘图软件上面画出如下思维导图：

## （五）作业设计

基础作业：

1.巩固作业：基础较好的同学全部完成，基础较弱的完成英语练习册所画题。

2.预习作业：依据学案预习下一课。

口语作业：驰声口语练习。

实践选做作业：

1.和同学谈论你近期的生活。

2.给你的好朋友写一张明信片谈论你印象深刻的一次假期旅行。

## （六）课后反思

本节课力求践行新课标中倡导的英语学习活动观，进行的以学生为主体的教学评一体化的设计与实施。在先行组织部分，本意利用古诗《春夜喜雨》来实现新旧知识的连接，与语文学科实现跨学科的融合，但在实际操作中出现两个问题，一是英文译文中生词较多，学生理解有障碍，二是里面与课文相关的词汇有限，没有达到预期的复习效果；本课的阅读文本与这一单元的写作任务紧密相连，在课上渗透了一些明信片的格式的知识，但是还不够充分；两篇文本都是按照略读、寻读的策略进行的，如果在第一篇的文本分析时精细讲述，那么就可以让学生利用阅读策略自己去理解第二篇文本，这样可以让学生在实践中提高阅读策略并养成良好的阅读习惯。在读后的复述活动，本意是培养学生的创造性思维能力，让学生按照自己的方式对文章进行复述，但是在过程中发现，学生复述的思路并不是很清晰，逻辑稍微有些混乱，下次可以先出示导图，在导图的引导下进行复述，慢慢培养学生的逻辑思维能力，为了日后可以独立清晰地完成文章的复述奠定基础。

# 七年级下册 Unit 10 I'd like some noodles.

长春经济技术开发区育隆学校　周雪

 **单元教学规划**

### 一、单元内容

本单元选自人教版七年级下册Unit 10 I'd like some noodles.要求学生能就食物进行询问并点餐，涉及would like,不定代词some, any，可数名词和不可数名词，what引导的特殊疑问句，不同国家的生日饮食习俗等英语学科知识。

### 二、单元分析

（一）课标分析

1.内容要求

本单元属于"人与自我"范畴，"生活与学习"主题群下的"个人喜好与情感表达"。涉及二级语篇类型中的说明文。

（1）在语言知识方面

①根据读音规则和音标拼读单词。

②了解英语词汇包括单词、短语、习惯用语和固定搭配等形式。

③通过识别词根、词缀理解生词，辩识单词中的前缀、后缀及其意义。

④初步意识到语言使用中的语法知识是"形式—意义—使用"的统一体，明确学习语法的目的是在语境中运用语法知识理解和表达意义。

⑤在口语和书面语篇中理解、体会所学语法的形式和表意功能。

⑥理解说明文语篇的主要写作目的、结构特征、基本语言特点和信息组织方式，并用以说明事物和阐释事理。

在文化知识方面，学生要知晓不同国家或文化背景下的学校生活、家庭生活、饮食习惯等的异同。

（2）在语言技能方面

①借助图片、影像等视觉信息理解收听和观看的内容。

②根据标题或图片预测书面语篇的大概内容、故事的情节发展或结局。

③提取、梳理、分析和整合书面语篇的主要或关键信息。

④完整、连贯地朗读短文，简单复述短文大意。

⑤在教师指导下进行简单的角色扮演。

⑥在口头表达中使用较为准确的词语和表达法，语音、语调基本正确。

⑦书面表达中正确使用常用标点符号，用词基本准确，表达基本通顺。

（3）在学习策略方面

①根据需要主动进行预习和复习。

②善于抓住课内外用英语沟通与交流的机会开展学习和交流。

③在学习中善于抓要点、记笔记。

④了解和运用各种阅读技巧和策略，如预测、略读、猜测词义、推断、理解篇章（或语篇）结构和指示代词的指代意义等，提升阅读的兴趣与能力。

⑤了解和运用基本的写作技巧和策略，如审题、选材、列提纲、修改习作和积累词句等，提升写作能力。

⑥对英语学习保持主动性和积极性，激发动机，端正态度，降低焦虑，保持自信。

2.学业要求

（1）在语言能力方面

①能听懂，发音清晰，语速较慢的简短口语表达获取关键信息。

②积累日常生活中常用的习惯用语和交流信息的基本表达方式。

③积累常用的词语搭配。

④能读懂语言简单主题相关的简短语篇，提取并归纳关键信息，理解隐含意义。

⑤能在听读看的过程中，围绕语篇内容记录重点信息，整体理解和简要概括主要内容。

⑥能根据读音规则和音标拼读单词。

⑦能分析和梳理常见书面语篇的基本结构特征。

⑧能围绕相关主题运用所学语言与他人进行日常交流，语音语调用词基本正确，表达比较连贯。

（2）在文化意识方面

①能用所学语言描述文化现象与文化差异，表达自己的价值取向，认同中华文化。

②能认识到错误并进行适当的纠正。

③具有国家认同感和文化自信，有正确的价值观和积极向上的情感态度。

（3）在思维品质方面

①能辨识语篇中的衔接手段，判断句子之间，段落之间的逻辑关系。

②能提取、整理、概括稍长语篇的关键信息，主要内容、思想和观点，判断各种信息的异同和关联。

③能依据不同信息进行独立思考，评价语篇的内容和作者的观点，说明理由。

（4）在学习能力方面

①有积极主动的学习态度和较强的自信心。

②能主动参与课内外各种英语实践活动，注意倾听，积极使用英语进行交流，遇到问题主动请教，勇于克服困难。

③能制定明确的英语学习目标和计划，合理安排学习任务，主动预习和复习。

④能借助不同的数字资源或平台学习英语。
⑤能在英语学习活动中积极与他人合作共同完成学习任务。

3.教学提示

三级（7—9年级）：第一条，做好初中和小学的教学衔接；第二条，依托语境开展教学，引导学生在真实、有意义的语言应用中整合性地学习语言知识。

4.学业质量

（1）能听懂相关主题的语篇，借助关键词句、图片等复述语篇内容。

（2）能运用一定的阅读策略，借助表格、思维导图等工具梳理书面语篇的主要信息，理解大意。

（3）朗读相关主题的简短语篇时，连读、停顿自然，语音、语调基本正确。

（4）能根据口头交际的具体情境，初步运用得体的语言形式，表达自己的情感、态度和观点。

（5）进行书面表达时，能正确使用所学语言，格式较为规范。

（6）能用所学英语，通过口语或书面语篇简单介绍中外主要文化现象（如风景名胜、历史故事、文化传统等），语义基本连贯。

（7）积极参与课堂活动，与同伴一起就相关主题进行讨论，合作完成学习任务。

（二）教材分析

本单元话题是食物Food。属于"人与自我"主题范畴，涉及"做人与做事"主题群下的"个人喜好与情感表达"。

Section A 部分主要学习各种食物名称和点餐的基本表达，同时借助情境的创设，学生学习并能听懂简单的供餐与订餐的对话。Section B 部分在Section A 的基础上，进一步深化关于点餐的主题内容和语言表达，要求学生在Section A部分的基础上，能够做相关调查并汇报，能读懂与世界各地birthday food相关的文章，能写简单的宣传广告。

1.横向分析

Section A 部分的教学重点是与食物相关的各种词汇，还有点餐时常用的功能句型和不定代词some和any 在不同句式中的用法。教学难点是让学生区分食物名称的可数与不可数，学会关于食物名称的不同表达法以及食物分量的表达法，如beef and carrot noodles, beef noodles with carrots, two bowls of beef noodles, 等等。Section B 部分的教学重点是巩固学生对单元功能和语法结构的理解，通过阅读短文了解不同国家的饮食文化。教学难点是阅读语篇教学，教师不仅要让学生抓住文章的大意和细节信息，讲解文章中一些常见又实用的词汇和短语，同时，在教学中还需要渗透中西方文化比较和跨文化理解的内容。

2.纵向分析

学生在七上Unit 7 Do you like bananas?中接触过部分可数名词和不可数名词，七上Unit 9 My favorite subject is science. 七下Unit 5 Why do you like pandas? Unit 6 I'm watching TV. Unit 7 It's raining! 和Unit 9 What does he look like?学习过what引导的特殊疑问句。另外，八下Unit 8 How do you make a banana milk shake? 九年级Unit 2 I think that mooncakes are delicious.以及Unit 10 You're supposed to shake hands.将会继续学习有关体验中西文化差异，弘扬中国传统文化，坚定文化自信等相关知识，几个课程单元分级分类，逐渐培育学生的文化意识，实现育人目标。

（三）学情分析

已有经验与已有认知：大部分同学有一定的英语学习基础，在七年级上册已经学习了部分水果类名词和食物类名词，还学习了what引导的特殊疑问句，为本单元学习奠定了一定的基础。本单元学习如何点餐，将所学语言运用到真实情境中，学生有话可说，对用英语表达喜欢的食物也保持着较高的兴趣，在一定程度上提高了学习效率。

思维特点及心理因素：与小学生相比，初一学生开始进入少年期，能够自觉地根据教学的要求知道有关的事物，抽象思维开始占优势。但是，童年和少年两个阶段之间是逐渐过渡的。初一学生刚刚跨入少年期，理性思维的发展有限，看问题处在直观和感性阶段，缺少思考，表达缺乏思想性，有参与感但也具有一定的依赖心理。进入初一，学科增多、复杂性增强，课时延长、考试增多，教法和学法与小学相比大为不同等使他们产生强烈的紧张感和烦闷感。

学习障碍：我们的学生来自城乡接合部，学生两极分化严重，很多学生学习动机较弱、兴趣爱好不强，基础落实不到位，口语表达能力较弱。在学习时，学生没有强化可数名词和不可数名词的概念，对于如何询问他人的需求不会选择合理的句型，对于国外的生日饮食习惯不甚了解，对阅读语篇出现的多重阅读策略的领会和掌握存在困难，之前没有接触过广告这类文体，比较有难度。

因此，通过创设真实情境，设计贴近学生生活的趣味性活动，帮助学生搭建学习支架，降低学生学习压力，突破重点；通过驰声预习、小组合作、嵌入式评价等方式，不断提升学生的口语表达效果及口语交际能力；通过自评、互评、师评等方式反思和评价文章，反复修改、润色，提升写作质量，突破难点。

三、单元主题

学习礼貌点餐，弘扬饮食文化。

四、单元目标

（一）低阶目标

1.能掌握并正确使用与食物相关的各种词汇，还有点餐时常用的功能句型would like用法和不定代词some和any在不同句式中的用法以及可数名词、不可数名词的用法。

2.能通过完成多个任务链活动掌握语篇信息，发展相应的阅读技能，提升阅读策略。

（二）高阶目标

3.能体会课本知识与生活的密切联系，通过小组活动，培养知识迁移能力与创新思维；分析、评价语篇及他人作品，并能进行独立与深度思考，在了解中国和世界的生日食物和饮食文化的基础上，增进对中国美食的了解，感受中国饮食文化的魅力，争做中华文化的宣传者。

4.能综合所学知识，通过口头和笔头输出，用英语传播中国文化；能通过自评、互评、师评等方式反思和评价文章的表达效果，修改、完善文章，提升写作质量，做中华文化的宣传者。

五、单元评价

1.1 能通过自主学习任务单、主题图等学会食物的英文名称，能通过听说任务和角色扮演感知、理解、运用would like和what引导的特殊疑问句就食物进行询问并点餐。

1.2 能通过观察、对比、归纳，梳理出本单元的重要句式结构和语言点（归类可数名词和不可数名词）并借助3a-3c活动任务链的练习，熟练、灵活运用语法句式结构。

1.3 能根据所听或所读内容整理表格信息，正确完成电话订餐的听力任务。

2.1 能运用概括段落大意的策略、完成阅读任务、借助思维导图等，深入学习理解篇章。

3.1 能积极参与课堂活动，与同伴一起就主题进行讨论、合作完成学习任务；并通过课内阅读和课外延伸，了解中国和世界的生日食物和饮食文化，运用得体的语言形式，表达个人看法，表意清晰，话语基本准确。

4.1 能通过"作文五步法——审、列、连、美、誉"，自评、互评、师评等方式，写出内容完整，表达充分，结构清晰，语言流畅，可读性强的文章。

## 六、单元结构化活动

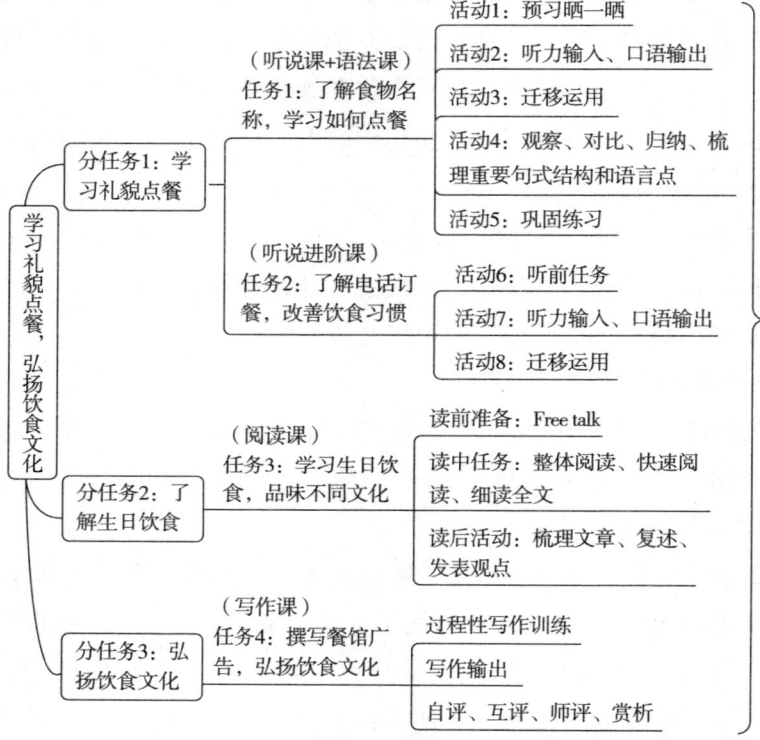

## 七、课时分配

| | | |
|---|---|---|
| 学习礼貌点餐 | 1课时 | Section A 1a-2d（听说课） |
| | 1课时 | Section A Grammar Focus-3c（语法课） |
| | 1课时 | Section B 1a-1d（听说进阶课） |
| 了解生日饮食 | 1课时 | Section B 2a-2c（阅读课） |
| 弘扬饮食文化 | 1课时 | Section B 3a-Self Check（写作课） |

### 课时规划设计

## Section A 1a-2d（听说课）
## Section A Grammar Focus-3c（语法课）
## Section B 1a-1d（听说进阶课）

（新授课，3课时）

**一、课时目标**

（一）低阶目标

1.能通过听说练习、语法探究等，掌握并正确使用与食物相关的各种词汇，还有点餐时常用的功能句型would like用法和不定代词some和any在不同句式中的用法以及可数名词、不可数名词的用法。

（二）高阶目标

2.能通过运用与食物相关的各种词汇，还有点餐时常用的功能句型，创新、正确描述订餐过程，并能基于嵌入式评价进行反馈、评价与改进，实现高质量、深度学习。

**二、情境任务（问题）**

任务1：了解食物名称，学习如何点餐。

任务2：了解电话订餐，改善饮食习惯。

**三、学生活动**

活动1.1：预习晒一晒。

活动1.2：听力输入、口语输出。

活动1.3：迁移运用。

活动1.4：观察、对比、归纳、梳理重要句式结构和语言点。

活动1.5：巩固练习。

活动2.1：听前任务。

活动2.2：听力输入、口语输出。

活动2.3：迁移运用。

四、课时作业

（一）第一课时作业

基础作业：将图片与食物名词匹配，并将它们归为可数名词和不可数名词。

提升作业（选做）：根据自身情况，改编2d对话，并和同伴表演对话。

口语作业：驰声口语练习。

实践选做作业：

1.听英文歌曲Food song，体会点餐用语，尝试学习更多表示食物的词汇。

2.本周末班级同学们准备一起派对，需要每个人带一些食物。请你打开家里的冰箱，看看有什么食物，拍张照片，把它们记录下来吧！家里已有的食物用蓝色笔记录，你很喜爱但家里没有的食物用红色笔记录，不要忘记写明数量哦！下节课带来与全班同学一起分享清单，看否能否在别的同学那里交换到你想要的食物。

预习作业：

预习导学案中的任务1：翻译、熟读短语，并在书中标注。

（二）第二课时作业

基础作业：

1.熟读Grammar Focus中的句型和食物词汇。

2.将一段点餐对话按照正确的顺序排序。

提升作业（选做）：

1.回顾今天所学的语法，完成基于2d对话的语篇填空。

2.根据Self Check练习3提供的线索，编写一段对话和同伴表演出来。

口语作业：驰声口语练习。

实践选做作业：教师创设"同学聚餐"的新情景，小组运用核心句型合作完成食物清单表格，并由小组长汇报，视频发至英语群。

预习作业：

任务1：熟读翻译短语，并在文中标注。

任务2：完成1a，将1a的食物与单词相匹配。

（三）第三课时作业

基础作业：题篇（分A/B层）。

提升作业（选做）：请你调查一下，你身边的人是否喜爱表格里的食物呢，调查完成后请做出调查报告，找出最受欢迎的食物是什么。调查中记得使用本节课所学的句型进行问答哦。

口语作业：驰声口语练习。

实践作业：为佳佳中餐厅拍摄一个短视频或制作一张海报，介绍一道中国菜和它的文化背景，并将它发到朋友圈。

预习作业：

预习导学案中的任务1：翻译、熟读短语，并在书中标注。

## Section B 2a-2c（阅读课）

（新授课，1课时）

一、课时目标

（一）低阶目标

1.能完成多个任务链活动，掌握语篇信息，发展相应的阅读技能，提升阅读策略。

2.了解中西方过生日的不同，理解感受中西方文化差异。

（二）高阶目标

3.能体会课本知识与生活的密切联系，通过小组活动，培养知识迁移能力与创新思维。

4.分析、评价语篇及他人作品，并能进行独立与深度思考，在了解中国和世界的生日食物和饮食文化的基础上，增进对中国美食的了解，感受中国饮食文化的魅力，争做中华文化的宣传者。

二、情境任务（问题）

学习生日饮食，品味不同文化。

### 三、学生活动

活动1：读前准备：Free talk。

活动2：读中任务：整体阅读、快速阅读、细读全文。

活动3：读后活动：梳理文章、复述、发表观点。

### 四、课时作业

基础作业：限时阅读题。

口语作业：驰声口语练习+复述2b课文。（复述有难度的可熟读2b）

实践选做作业：请根据课文内容并搜集相关资料，制作一段Birthdays，Around the World短片，介绍世界各地在生日那天怎样庆祝，都吃了什么或做了什么，并上传到视频号上，评选出获赞数前三名的小组，计入小组周评比。

## Section B 3a-Self Check（写作课）
（新授课，1课时）

### 一、课时目标

（一）低阶目标

1.能通过3a中的饭店宣传广告，挑选并应用推荐美食、招揽顾客的句式。

（二）高阶目标

2.能综合所学知识，通过口头和笔头输出，用英语传播中国文化。

3.能通过自评、互评、师评等方式反思和评价文章的表达效果，修改、完善文章，提升写作质量，做中华文化的宣传者。

### 二、情境任务

撰写餐馆广告，弘扬饮食文化。

### 三、学生活动

活动1：过程性写作训练。

活动2：写作输出。

活动3：自评、互评、师评、赏析。

四、课时作业

基础作业：润色作文，再写一稿并朗读。

提升作业（选做）：整理一张本单元个性化语法思维导图。

口语作业：驰声口语练习。

实践选做作业：挑选1个你认为最能体现中华文化的传统美食，进行资料搜集、分析，并实地探究，做推介广告。

## 课时教学设计及课堂教学实录

### Section B 1a-1d（听说进阶课）
（1课时）

一、学习目标

（一）低阶目标

1.学习食物的名称，表达对食物的喜好，学习简单的电话点餐句型。（语言能力）

2.学会在真实情景中运用所学点餐的单词与句型，通过做调查，汇报表达，运用不同形式做广告，培养学生的小组合作、交流分享和创新能力。（学习能力）

（二）高阶目标

3.通过小组活动——为中餐厅做宣传广告，培养学生的迁移能力和创新思维，并能基于嵌入式评价进行反馈、评价与改进，实现高质量、深度学习。（思维品质、应用实践、迁移创新）

4.在开中餐厅的真实情境中，探索中国美食受欢迎的原因，思考如何推广中国文化，增进学生对中国文化的理解和认同，提升学生的文化自信、民族自豪感及使命感。（文化意识）

二、达成评价

1.1 学生能利用导学案自主先学，课上小组互学、帮学，突破词汇，感知目标句型。

1.2 学生通过听说练习，能巩固、掌握、运用本课时的单词、短语、句子，发音准确，语调自然流畅。

meat, dumplings, porridge, green tea, orange juice, soup, onions, fish, pancakes

–What food do you like/dislike?

–I like …and…, but I don't like … or …

2.1 学生能运用本课词汇句型合理设计菜单，准确给菜单分类并做调查。

2.2 学生能通过听力练习，听懂并运用目标语言进行简单的订餐和供餐间的对话，能写出简单的广告。

2.3 学生能通过小组合作，分享学习成果，提升表达交流的能力，培养创新思维，能运用评价标准进行自我反馈、同伴反馈。

3.1 学生能通过调查与小组活动，进行真实情境下的听说练习，做到"在用中学""在学中用""在趣中学"，能运用评价标准进行自我反馈、同伴反馈。

4.1 学生能通过了解中国饮食文化，探讨中国食物受欢迎的原因，领悟到传播中国文化的意义，自信表达自己的民族自豪感。

三、学习过程

（一）先行组织

1.Greet and sing a song together：What do you want to eat?

2.了解学习目标，小组合作探究导学案课前自主预习部分并交流展示课前预习成果。

3.Introduce a TV show called Chinese Restaurant：There are many Chinese restaurants around the world. They tried to promote （推广）Chinese food. Watch a video and talk about：How much do you know about Chinese food?

Ss：鲁菜、川菜、粤菜、闽菜、苏菜、浙菜、湘菜、徽菜, hot pot, gongbao chicken, Beijing duck, mapo tofu, beef noodles, stinky tofu, ...

（二）任务（问题）与活动——了解电话订餐，改善饮食习惯

活动1：Pre-listening

Jiajia's restaurant is opening in New York 5 days later. All of the students are invited to help Jiajia to prepare for the opening. Here are three boxes. Let's open them one by one.

1.Let's design a menu. Show some pictures of food and learn about the new words.（学习58页1a中的食物名称）

2.Let's classify the words into two kinds：dishes and drinks.（a PK game）

S1：dishes：meat, dumplings, porridge, onions, fish, pancakes.

S2：drinks：green tea, orange juice, soup.

3.Let's make a survey：Ask and answer with partners what food they like or dislike to eat.

S3：What food do you like or dislike?

S4：I like... and..., but I don't like...or... How about you?

S3：I like.... and..., but I don't like... or...

活动2：While-listening

Let's take some orders now. First, let's know about an order form. How do you take some orders?

S5：We can find name, telephone number, address, orders and total price on it.（Here comes a phone call）

T：This is another order form. What's the information on it?

Ss：Address, telephone number, orders（dishes, dumplings, soup, drinks）.

T：Let's listen and complete the order form.（学生完成58页1c，教师巡视）

T：Listen again and check the answers.（学生完成58页1d，教师巡视）

用希沃投屏学生作品，师生共同核对答案，错误之处，讨论用何听力技巧，重听此处。

T：What's the special meaning of birthday noodles?

Ss：A happy and long life.

T：What information should we say when we order some food?

Ss：Name, telephone number, address, orders…

T：What should we do to keep healthy?

S6：We should eat more vegetables, eat less meat and fried food.

S7：We should drink milk instead of coffee or drinks.

…

活动3：Post-listening

【提出问题】Let's advertise for Jiajia's restaurant. Work in groups and advertise for Jiajia's Restaurant.（以小组为单位，为佳佳中餐厅写一则广告做宣传吧！以抽签的形式确定宣传类型，全员参与展示，可以使用道具。）

Type 1：Write an advertisement.（写一则新颖的广告招揽顾客吧！）

> Jiajia's Restaurant
> Come and enjoy your delicious Chinese meal!
> Do you like…? We have… and… We also have…
> Come to our restaurant now!

Type 2：Sing a song together!（高歌一曲吸引顾客吧！可自行编曲，可以chant，也可以rap）

What do you want to eat?

_____，_____，

Come in and have a seat,

At Jiajia's Restaurant!

What do you want to drink?

_____，_____，

All our food is very _____,

Welcome you here!

Type 3：Role-play the conversation.（用热情的表演吸引顾客吧！）

（A,B,C饰演佳佳中餐馆员工；D饰演外国人，路过佳佳中餐馆。）

A：Excuse me, do you like Chinese food?（礼貌客气地询问）

D：Yes, it's delicious/...

B：We have _____ and _____.

C：We also have _____ and _____.

A,B,C：Come in Jiajia's Restaurant and enjoy our delicious Chinese meal!

D：OK!

【组织学习】每组一名代表抽签确定宣传类型，以组长为核心进行小组思考、设计、合作和呈现，如类型一，有的同学负责填空，有的同学负责检查有无语法错误，有的同学负责书写，有的同学负责画画；如类型二，有的同学负责填词，有的同学负责检查有无分类错误，同学们一起商议曲调、如何演唱，动作编排和整体排练；如类型三，有的同学负责填空，有的同学负责检查有无语法错误，有的同学负责选角、动作的编排以及表演者的面部表情、语音语调和情感状态等。注意参考每种广告类型的评价标准。

活动3-Type 1评价标准：

| 评价项目 | 分值 | 得分 |
| --- | --- | --- |
| 条理清晰，语法无误 | 2 | |
| 拼写正确，书写规范 | 2 | |
| 构图美观，合作共赢 | 2 | |
| 总得分 | | |

活动3-Type 2 评价标准：

| 评价项目 | 分值 | 得分 |
| --- | --- | --- |
| 分类无误，自信表达 | 2 | |
| 声音洪亮，口语流畅 | 2 | |
| 分工明确，合作共赢 | 2 | |
| 总得分 | | |

活动3-Type 3 评价标准：

| 评价项目 | 分值 | 得分 |
| --- | --- | --- |
| 自信表达，语法无误 | 2 | |
| 脱稿表演，口语流畅 | 2 | |
| 分工明确，合作共赢 | 2 | |
| 总得分 | | |

【表达成果】

各组展示成果，如：

CHINESE FOOD

Jiajia's Restaurant

Come and enjoy your delicious Chinese food!
Do you like guobao rou and gongbao chicken?
We have guobao rou for ¥35, and gongbao chicken for ¥40.
We also have fish, meat, and dumplings. Do you want some drinks? We have cola, green tea, black tea, orange juice and so on.
Come to our restaurant now!

【交互反馈】

小组汇报，其他学生利用听与看多模态的方式听取其他小组的广告宣传，并结合评价标准对各小组进行评价，质疑、纠正、补充，使各组的广告宣传更优化。

S8：可以得5分，因为书写随意，不够规范。

S9：可以得4分，因为声音较小，有些地方听不清，且口语表达中black tea不应该有复数，这里出现了错误。

S10：可以得6分，完全满足评价标准中的要求，且表演生动有趣，吸引眼球。

【整合提升】

教师用英语提出问题：如何做广告宣传？要注意哪些方面？

学生回答：可以写广告、唱歌、表演，注意先招揽顾客，然后说明店里的特色，最后欢迎大家前来品尝。还有注意书写正确、名词单复数、图文并茂、语音语调、肢体动作……

（三）迁移运用

两人一组，创编一段打给佳佳餐馆的订餐电话。点餐人要求饮食健康，搭配合理。接线员要求记录信息准确、翔实。

（四）成果集成

学生梳理出如下思维导图：

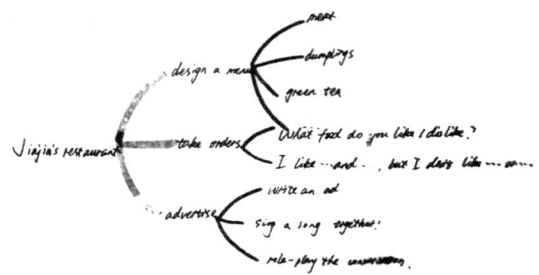

（五）作业设计

基础作业：题篇（分A/B层）。

提升作业（选做）：请你调查一下，你身边的人是否喜爱表格里的食物呢，调查完成后请做出调查报告，找出最受欢迎的食物。调查中记得使用本节课所学的句型进行答。

口语作业：驰声口语练习。

实践作业：为佳佳中餐厅拍摄一个短视频或制作一张海报，介绍一道中国菜和它的文化背景，并将它发到朋友圈。

预习作业：

预习导学案中的任务1：翻译、熟读短语，并在书中标注。

（六）课后反思

本节课以为佳佳中餐馆做开业前的准备的情境贯穿始终。活动迁移部分，学生们以小组为单位，集思广益，讨论得比较热烈，活动准备得比较充分，极大地调动了学生的学习兴趣，呈现的成果也丰富多彩，效果较好，真正体现了寓教于乐；但在整节课的教学过程中，教师比较欠缺语音上的指导，活动一做调查，那应给学生充分的时间说，有的问题可以更有体系地提问，比如在整合提升环节，对于广告宣传的思考，可以发出一连串的提问，或许会更好。

# 八年级上册 Unit 8 How do you make a banana milk shake?

长春经济技术开发区育隆学校　赵会丽

单元教学规划

一、单元内容

本单元选自人教版八年级上册Unit 8 How do you make a banana milk shake?本单元为自然单元下的整合重组，涉及祈使句、可数名词与不可数名词、食物制作的相关描述、介绍传统食物、弘扬中国美食文化等英语学科知识。

二、单元分析

（一）课标分析

1.内容要求

（1）根据读音规则和音标拼读单词。

（2）理解和领悟词汇的基本含义及在特定语境和语篇中的意义、词性和功能。

（3）提取、梳理、分析和整合书面语篇的主要或关键信息。

（4）正确、流利地朗读短文，有逻辑地讲述短文主要内容。

（5）独立或者小组合作完成角色扮演等活动。

（6）在口头表达中结合主题使用正确的词汇、句式和语法，表意准确、得体。

（7）在教师指导下起草和修改作文。

（8）在书面表达中正确使用标点符号，用词准确，表达通顺，格式较为规范。

（9）在学习中善于抓要点、记笔记。

（10）了解和运用各种阅读技巧和策略，如预测、略读、猜测词义、推断、理解篇章（或语篇）结构和指示代词的指代意义等，提升阅读的兴趣与能力。

（11）了解和运用基本的写作技巧和策略，如审题、选材、列提纲、修改习作和积累词句等，提升写作能力。

（12）在学习和使用英语时，意识到错误并进行自我纠正。

（13）文化知识包括中外典型饮食及其文化寓意。

2.学业要求

语言能力要求包括能读懂语言简单、主题相关的简短语篇，提取并归纳关键信息，理解隐含意义；能在听、读、看的过程中，围绕语篇内容记录重点信息，整体理解和简要概括主要内容；能根据读音规则和音标拼读单词；能围绕相关主题运用所学语言与他人进行日常交流，语音语调用词基本正确，表达比较连贯；文化意识要求包括能通过简短语篇获取归纳中外文化信息，认识不同文化，尊重文化的多样性和差异性，并在理解和比较的基础上做出自己的判断；能用所学语言描述文化现象与文化差异，表达自己的价值取向，认同中华文化；能理解与感悟中外优秀文化的内涵，具有国家认同感和文化自信，有正确的价值观和积极向上的情感态度；思维品质要求包括能提取、整理、概括稍长语篇的关键信息，主要内容、思想和观点，判断各种信息的异同和关联；学习能力要求包括能在英语学习活动中积极与他人合作共同完成学习任务；能在学习过程中积极思考，主动探究，发现并尝试使用多种策略解决语言学习中的问题，积极进行拓展性运用。

3.教学提示

三级（7—9年级）：第二条，依托语境开展教学，引导学生在真实、有意义的语言应用中整合性地学习语言知识；第三条，指导学生自主建构和内化新知，发展独立思考和合作解决问题的能力。

4.学业质量

（1）能听懂相关主题的语篇，借助关键词句、图片等复述语篇内容。

（2）能运用一定的阅读策略，借助表格、思维导图等工具梳理书面语篇的主要信息，理解大意。

（3）朗读相关主题的简短语篇时，连读、停顿自然，语音、语调基本正确。

（4）能用所学英语，通过口语或书面语篇简单介绍中外主要文化现象（如风景名胜、历史故事、文化传统等），语义基本连贯。

（5）进行书面表达时，能正确使用所学语言，格式较为规范。

（6）能参照范例，仿写简短的文段，语言准确，表意得体。

（7）积极参与课堂活动，与同伴一起就相关主题进行讨论，合作完成学习任务。

综述，基于以上对课标的分析，将本单元的主题情境设计为"我是美食推荐家"，设计低阶目标和高阶目标，以学生为主体设计学生活动完成学习目标，践行英语学习活动观，从而落实英语学科核心素养，实现英语学科育人目标，发展语言能力，培育文化意识，提升思维品质，提高学习能力。

（二）教材分析

本单元话题是食物制作（Cooking），属于"人与自我"主题范畴，涉及"做人与做事"主题群：勤于动手，乐于实践，敢于创新。

Section A主要围绕"食物制作"这一话题展开，呈现了食物制作的动词及短语（turn on, pour ... into, put ... in, cook for）、食物名词（milk shake, ice-cream, yogurt, watermelon, honey, cabbage, carrots, potatoes）、调味品名词（salt, sugar）容器或器材的名词（blender, pot）及表示制作顺序的副词（first, then, next, finally）等。本部分的核心句型是描述食物制作顺序的祈使句以及用 How many / How much ...? 提问的句型。要求学生能够听懂关于食物制作的对话，能够按照指示语做事情，并获取关于食物的原材料和量的相关信息，还要求学生能模仿输入的语言，围绕食物的原材料、需要的量以及制作过程，生成并输出自己的语言。Section B在Section A的基础上，从谈论三明治到谈论北美洲感恩节以及感恩节大餐的传统食物——火鸡的制作。Section B呈现了与三明治制作以及感恩节相关的词汇，让学生通过听说读写活动，进一步巩固食物制作过程的表达，并了解与感恩节有关的知识和风俗习惯，同时引导学生用英语正确表达中国的传统节日和食品名称。

1.横向分析

Section A重点是学习祈使句以及用How many/How much …? 句型，其中还涉及动词和动词短语的使用、量词的表达等。本部分难点是表示制作程序的动词和动词短语的表述，如turn on, peel, pour等；另一个难点是量词的准确表达，如a cup of, three pieces of, two spoons of 等。学生需要通过大量的口头练习才能达到对目标语言的准确熟练运用。Section B部分的重点是巩固食物制作的相关描述。本部分的学习难点是了解阅读材料中关于北美感恩节传统文化的相关内容。在情感态度和跨文化交际方面，让学生通过学习了解外国特定节日的传统食物，引发学生联想中国节日以及家乡的风味小吃，在语言能力上要求学生能尝试用英语介绍相关内容，旨在激发学生对家乡的热爱之情，同时体验中西方饮食文化的差异。

为把握Section A与Section B之间的关系，让知识实现同化，便于构建同类内容知识网络，形成完整认知结构，实现长时记忆，同时把握核心素养目标，将本单元的主题情境设计为"我是美食推介员"，为达成此育人目标，将教材整合重组开展活动式学习，听说课+语法课1课时，A+B听说课为1课时，阅读课1课时，写作课1课时，分别对应为达成单元目标而设计的分任务：学做美食，品美食文化，争做家乡美食代言人。通过谈论和描述各种食物的制作，激发学生的英语学习兴趣，帮助其了解中西方饮食文化差异，认识并理解不同文化，拓展学生视野，同时学习用英语正确表达中国的传统节日和食物名称，品味中国美食文化，增强文化自信，弘扬爱国爱家乡之情，并贯穿劳动教育和全面发展的理念，教育学生要努力掌握烹饪技能，拥有幸福生活的能力。

2.纵向分析

本单元在人教版初中五册教材中起着承上启下的作用，学生在七上Unit 6 Do you like bananas?中接触过部分可数名词和不可数名词，七下Unit 4 Don't eat in class.学习过祈使句。另外本单元有部分是以前学过的与食物制作相关的名词、动词及动词短语，如banana, wash, drink, cut up等。九年级Unit 2 I think that mooncakes are delicious.以及Unit 10 You're supposed to shake hands.将会继续学习有关体验中西文化差异，弘扬中国传统文化，坚定文化自信等相关知识，几个课程单元分级分类，逐渐培育学生的文化意识，实现育人目标。

（三）学情分析

已有经验与已有认知：学生之前已学过有关食物制作的相关词汇、动词短语、顺序副词和祈使句，这是学习本单元的优势；同时"食物制作"的话题贴近学生生活，学生有话可说，对用英语表达其他食物的制作也保持着较高的兴趣，在一定程度上提高了学习效率。

思维特点及心理因素：八年级是中学阶段思维发展的关键期，从八年级开始，学生抽象逻辑思维开始由经验型水平向理论型水平转化。学生步入青春期，心理发育迅猛，成绩呈现两极分化；八年级是"思想道德"的分水岭、学习成绩的分水岭、能力培养的分水岭。

学习障碍：我们的学生来自城乡接合部，学生两极分化严重，很多学生学习动机较弱、兴趣爱好不强，基础落实不到位，口语表达能力较弱。在学习时，学生对阅读语篇出现的多重阅读策略的领会和掌握，以及对"宣传家乡美食"的口语表达及书面表达都存在困难。

因此，通过设计贴近学生生活的活动，创设真实情境，突出重点，帮助学生搭建口语输出和写作输出支架，降低学生的学习压力；学生通过驰声预习、小组合作、嵌入式评价等方式不断提升自己的口语表达效果及口语交际能力；通过互评、自评等方式反思和评价自己文章的表达效果，反复修改、完善文章，提升写作质量，突破难点。

## 三、单元主题

我是美食推介员。

## 四、单元目标

### （一）低阶目标

1. 能掌握并正确使用祈使句；能正确区分可数名词与不可数名词；能熟练运用How many/ How much进行提问。

2. 能正确描述制作步骤并依照指示语完成步骤。

3. 能通过完成多个任务链活动掌握语篇信息，发展相应的阅读技能，提升阅读策略。

### （二）高阶目标

4. 能创新描述中西方特色美食的制作流程；分析、评价语篇及他人作品，并能进行独立与深度思考，加深对中华文化的理解和认同，坚定文化自信。

5. 能综合所学知识，口头和笔头结合创作美食制作流程；能通过互评、自评等方式反思和评价文章的表达效果，修改、完善文章，提升写作质量；品美食文化，为家乡美食代言。

## 五、单元评价

1.1 能利用拼读规则正确拼读本课词汇；能利用导学案自主先学，突破词汇，感知目标句型。

1.2 能朗读教材中的句子，发音准确，语调自然流畅。

1.3 能借助听力技巧完成听力任务，用How many/ How much输出语法准确的句子。

1.4 能通过描述制作流程，准确输出符合祈使句结构的语句。

2.1 能灵活运用图片、表示序列的副词、本课重点词组等描述美食制作步骤，自信表达，语法无误，声音洪亮，口语流畅，流程完整，序列副词、动词准确。

2.2 能积极参与课堂活动，与同伴一起就学做美食进行讨论、合作完成学习任务，并能够互相分享与积累。

3.1 能运用图片排序、完成阅读任务，借助图片、关键词等深入学习理解篇章，并巩固强化一定的阅读技巧和策略。

3.2 能分析和梳理语篇的基本结构，读懂并了解美国的感恩节。

4.1 能正确描述中西方特色食物的制作流程，感受饮食与文化差异。

4.2 能运用得体的语言形式，表达个人看法，表意清晰，话语基本准确。

4.3 能通过创编描述中国或家乡特色美食的制作流程，体现美食文化，表意清晰，内容全面，话语基本准确、无语法错误。

5.1 能选用正确的词语、句式，通过口语或书面语篇输出描述制作步骤，表意清晰，话语基本通顺，逻辑比较清楚。

5.2 能在教师指导下起草和修改作文。

5.3 能在书面表达中正确使用标点符号，用词准确，表达通顺，格式较规范。

5.4 能通过"作文五步法——审、列、连、美、誊"，自评、互评等方式，写出内容完整、表达充分、结构清晰、语言流畅、可读性强的文章。

### 六、单元结构化活动

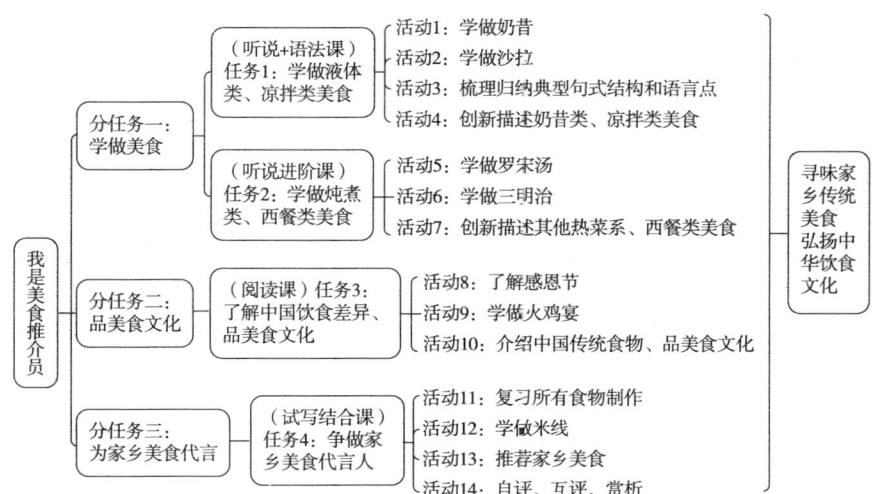

### 七、课时分配

本单元教材编排共5课时，基于主题情境，设计单元主题为"我是美食推介员"，整合重组为大单元教学设计4课时。

| 学做美食 | 1课时 | Section A 1a–2c+Grammar Focus,3a（听说课+语法课） |
| --- | --- | --- |
|  | 1课时 | Section A 2d+Section B 1a–1e（听说进阶课） |
| 品美食文化 | 1课时 | Section B 2a–2e（阅读课） |
| 为家乡美食代言 | 1课时 | Section B 3a–Self Check（读写结合课） |

## 课时规划设计

### Section A 1a-2c+Grammar Focus,3a（听说课+语法课）
### Section A 2d+Section B 1a-1e（听说进阶课）
（新授课，2课时）

#### 一、课时目标

（一）低阶目标

能通过听说练习、语法探究等，学会正确描述制作液体类、凉拌类、西餐类美食。

（二）高阶目标

能通过运用描述过程和指令的词汇，创新、正确描述美食制作过程，并能基于嵌入式评价进行反馈、评价与改进，实现高质量、深度学习。

#### 二、情境任务（问题）

任务1：学做液体类、凉拌类美食。

任务2：学做炖煮类、西餐类美食。

#### 三、学生活动

活动1.1：完成听力任务，提取表示序列的副词，以及制作的动词，学做奶昔。

活动1.2：学做沙拉。

活动1.3：创新描述奶昔类、凉拌类美食。

活动2.1：学做罗宋汤，学做三明治。

活动2.2：创新描述其他热菜系、西餐类美食。

四、课时作业

（一）第一课时作业

基础作业：

1.试着用how many和how much填空。

2.情景交际。

3.根据上下文和所给的首字母，补全空格内的词，使短文通顺（选做）。

口语作业：驰声口语练习。

实践选做作业：

1.为家人制作奶昔或沙拉，并将成品发朋友圈，附上一段英语介绍。

2.描述制作液体类、凉拌类食物制作步骤，录制视频，发送语音群。（创编有难度的可熟读的听力材料）

预习作业：

任务1：熟读、翻译短语，并在文中标注。

任务2：观察课本60页1a中的图片，认读图中的单词。

任务3：你喜欢在三明治里放些什么材料呢？想一想，在1a中列举出来。

（二）第二课时作业

基础作业：写出制作罗宋汤、三明治的步骤并熟读。

提升作业（选做）：

A4纸配图描述以下食物或者自选制作其他食物的步骤：

make noodles

make soup

make dumplings

make fish

make sandwiches

……

口语作业：驰声口语练习。

实践选做作业：描述制作液体类、凉拌类、炖煮类、西餐类食物制作步骤，录制视频，发送语音群。（创编有难度的可熟读的听力材料）

预习作业：

任务1：熟读翻译短语，并在文中标注。

任务2：了解感恩节，查找中国传统美食及做法。

## Section B 2a-2e（阅读课）
### （新授课，1课时）

一、课时目标

（一）低阶目标

能完成多个任务链活动，掌握语篇信息，发展相应的阅读技能，提升阅读策略；了解感恩节，学做火鸡宴，理解、感受中西方饮食差异。

（二）高阶目标

能创新描述中西方特色美食的制作流程；分析、评价语篇及他人作品，并能进行独立与深度思考，加深对中华文化的理解和认同，坚定文化自信。

二、情境任务（问题）

了解中西方饮食差异，品美食文化。

三、学生活动。

活动1：学习文本，了解感恩节及饮食文化。

活动2：学做火鸡宴。

活动3：介绍中国传统美食，品中国美食文化。

四、课时作业

基础作业：限时阅读题。

口语作业：驰声口语练习+复述火鸡制作流程。（复述有难度的可熟读2b）

实践选做作业：小组合作完成，视频介绍中国传统美食及美食文化，并上传到视频号上，评选出获赞数前三名的小组，计入小组周评比。

## Section B 3a-Self Check（读写结合课）
（新授课，1课时）

### 一、课时目标
（一）低阶目标

能通过学做米线，挑取并应用推荐美食的句式。

（二）高阶目标

能综合所学知识，口头和笔头结合创作美食制作流程；能通过互评、自评等方式反思和评价文章的表达效果，修改、完善文章，提升写作质量；品美食文化，为家乡美食代言。

### 二、情境任务
争做家乡美食代言人。

### 三、学生活动
活动1：复习所有本单元学过的食物制作流程。

活动2：学做米线并挑取推荐美食的句式。

活动3：独立完成单元话题作文，推荐家乡美食。

活动4：自评和互评，改进初稿的结构、内容和语言，班内共赏优文，争做家乡美食代言人。

### 四、课时作业
基础作业：润色作文，再写一稿并朗读。

选做作业：

1.“我为家乡美食代言”手抄报（图文结合）。

2.推荐特色"寻味家乡传统美食，弘扬中华饮食文化"，录制视频，年级内评选出最佳家乡美食代言人。

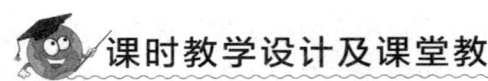

## 课时教学设计及课堂教学实录

### Section A 1a-2c+Grammar Focus, 3a（听说课+语法课）
（1课时）

一、学习目标

（一）低阶目标

1.能熟练掌握本课重点词汇：shake, milk shake, blender, turn on, peel, pour, yogurt, honey, watermelon, spoon及句型First, peel …Next, put … Then, pour … into … Finally, turn on … mix up…等。（学习理解）

2.能掌握并正确使用祈使句；能正确归纳典型句式结构及语言点；能正确区分并使用可数名词与不可数名词；能熟练运用How many/ How much进行提问；能正确使用表示序列的副词进行口语输出。（应用实践）

（二）高阶目标

3.能创新描述奶昔类、凉拌类美食制作步骤。（迁移创新）

二、达成评价

1.1 能利用拼读规则正确拼读本课词汇。

1.2 能朗读1b及听力材料中的句子，发音准确，语调自然流畅。

1.3 能利用导学案自主先学，突破词汇，感知目标句型。

2.1 能准确完成听力任务，理解、感知祈使句。

2.2 能根据图片，表示序列的副词、动词等正确描述食物制作步骤。

2.3 能正确使用How many/ How much，仿2c编造对话。

3.1 能通过个人描述、创编对话，准确运用序列的副词、动词等描述食物制作步骤。

3.2 能描述食物制作步骤，语言流畅、表意清晰、话语基本准确。

### 三、学习过程

（一）先行组织

1. 学生观看水果歌曲的视频，然后用英语说出水果名称及其复数形式。

2. 学生读出学习目标，小组合作探究导学案课前自主预习部分Task1，Task2，交流展示课前预习成果，为新课做好铺垫。

课前自主预习内容：

任务1：认读并翻译下列词组，将图片中的短语补全。

1. make a banana milk shake_____

2. peel the bananas_____

3. cut up the bananas_____

4. turn on the blender_____

5. pour the milk into the blender_____

6. put the banana and ice-cream in the blender_____

任务2：将1a图片中的短语补全。

师：通过自主学习，大家都能正确朗读、准确翻译表示制作美食的词汇，今天我们就深入学习如何用英语描述美食制作步骤以及如何做美食。First, let's learn how to make the banana milk shake.

（二）任务（问题）与活动

任务一：学做美食——学做奶昔

活动1：Listen to the tape and finish 1b.

学生听听力并完成任务，师生核对答案，然后跟读。

师：How can we describe the process of making a banana milk shake?

学生：找出描述食物制作步骤使用的序列副词，还有动词，教师基于学生生成板书。

活动2：Practice.

学生先自行练习，然后one by one分享展示。

任务二：学做美食——学做沙拉

活动3：预测2a，2b。

学生说出如何正确区分可数名词与不可数名词、How many/ How much的提问以及听力技巧。

活动4：完成2a，2b听力任务。

学生用完整的句子核对答案，然后跟读。

活动5：探究语法、归纳总结。

【提出问题】教师提问：如何描述做奶昔类、凉拌类美食？学生个别随机回答，教师进而链接到语法学习中。

【组织学习】学生先自读Grammar Focus中的句子，独立思考，再小组合作，共同探究本课典型句式结构。

活动5嵌入评价：

5.1 准确朗读，能发现典型句式和语法点。（+2）

5.2 准确朗读，能梳理概括典型句式和语法点。（+4）

5.3 准确朗读，声音洪亮，能梳理概括典型句式和语法点，并能自信表达，内容全面，表述清晰。（+6）

【表达成果】学生1：本单元典型句式是描述食物制作顺序的祈使句以及用 How many / How much ...?提问的句型。

制作美食的过程用First,...Next,...Then,...After that,...Then,...Finally,...

How many +可数名词复数，How much+不可数名词...

【交互反馈】教师邀请其他同学依据评分标准对该同学进行评价。

学生2：可以得5分，他声音洪亮，基本梳理概括出了典型句式和语法点并能自信表达，表述清晰。但我还想补充一点，我们还学习了制作食物的原材料和需要的量，如不可数名词需要用two spoons of honey, one cup of yogurt...

学生3：可以得5分，我同意××同学（学生2）的评价，但我也想补充一点，还需要抓准动词，如peel, put...in..., pour...into..., turn on…

【整合提升】学生一个接一个总结回答：

学生1：用祈使句描述过程和指令。

学生2：名词包括可数名词和不可数名词，How many +可数名词复数，How much+不可数名词；需正确使用不可数名词的用量，如：a cup of, three pieces of, two spoons of…

学生3：描述制作美食用First,…Next,…Then,…After that,…Then,…Finally…

学生4：抓准动词，如peel, put…in…, pour…into…, turn on…mix up…

（三）迁移运用

任务三：创新描述奶昔类、凉拌类美食

活动6：同伴或者小组合作创编对话。

学生运用1a–2b所学，创编对话，先独立思考，再小组合作，完成描述制作液体类、凉拌类食物制作步骤。（此环节通过口语操练、班内展示巩固本节课目标语言并进行迁移运用。）

活动6评价标准：

6.1 自信表达，语言基本准确。（+2）

6.2 自信表达，基本完成制作流程，语言基本准确。（+4）

6.3 自信表达，口语流畅，内容全面，语言准确、无语法错误；声音洪亮，语音语调正确。（+6）

1小组描述apple milk shake；

2小组描述strawberry milk shake；

3小组描述vegetable salad；

4小组描述watermelon and banana salad…

教师邀请其他同学依据评分标准对各小组依次进行评价。学生依据自评、互评，优化制作流程。

（四）成果集成

1.口语描述制作食物流程。

2.学生梳理画出如下思维导图：

```
              First, peel...
              Next, cut up...
...milk shake  Then, put...in...
              After that, pour...into...
              Then, turn on...
              Finally, drink...

              First, peel
              Next, cut up...
...salad      Then, put...in...
              After that, put...in
              Then, mix up
              Finally, eat...
```

（五）作业设计

基础作业：

Ⅰ.试着用how many 和how much填空。

_____ tomatoes can you see in the picture?

_____ are the sandwiches?

_____ yogurt do you need for the milk shake?

_____ cups of tea do you need?

Ⅱ.补全对话,方框中有两个多余选项。

A：Mom, I want to make a strawberry milk shake. 1._____

B：Of course. First, get some strawberries.

A：2._____

B：You need five strawberries. Wash them and cut them up.

A：What's next?

B：3._____

A：OK. Then, can I turn on the blender?

B: Oh, no. You need to pour the milk into the blender, too.

A: 4._____

B: About a cup. Finally, turn on the blender.

A: I see. Is it OK?

B: Yes. 5._____

A: Great. Thank you, Mom.

A. How much milk do I need?

B. I want to buy some fresh strawberries.

C. How many strawberries do I need?

D. Now you can drink it.

E. Can you tell me how to make it?

F. How can I make a banana milk shake?

G. Put the strawberries and some ice-cream in the blender.

Ⅲ．根据上下文和所给的首字母，补全空格内的词，使短文通顺（选做）。

How to make a fruit salad

The next time you go to have a picnic, try bringing a fruit salad to share! How do you make a fruit salad? OK, I have some tips 1.f_____ you.

First, go to the market and find some 2.f_____ in season. Make sure it's fresh. And you should use fruit of different colors to make it look as 3.g_____ as it tastes. For 4.e_____, if you mix red apples, green pears, purple grapes and orange oranges 5.t_____, your fruit salad will look colorful. Next, 6.t_____ on the water tap and wash the fruit well. Then cut the fruit into small 7.p_____. 8.F_____, put some 9.y_____ into your salad and taste it. It's so easy. You hardly need any instructions to make this delicious food! But remember: prepare the fruit salad just 10.b_____

You're going to eat it.Some of the fruit will quickly turn brown when you leave it in the air for some time.

口语作业：驰声口语练习。

实践选做作业：

1.为家人制作奶昔或沙拉，并将成品发朋友圈。

2. 描述制作液体类、凉拌类食物制作步骤，录制视频，发送语音群。（创编有难度的可熟读的听力材料）

预习作业：熟读、翻译下列短语，并在文中标注出来。

Russian soup ＿＿＿＿＿＿＿＿＿＿

cook for another 10 minutes ＿＿＿＿＿＿＿＿＿

one more thing ＿＿＿＿＿＿＿＿＿

Don't forget to add some salt. ＿＿＿＿＿＿＿＿＿

put the corn into the popcorn machine ＿＿＿＿＿＿＿＿

how to plant a tree ＿＿＿＿＿＿＿＿＿

dig a hole ＿＿＿＿＿＿＿＿＿

（六）课后反思

本课围绕"学做美食"，设计学做液体类、沙拉类美食，探究语言结构（学习理解、应用实践）——创编两类美食的制作（迁移创新）的活动，践行英语学习活动观，达成本节课的学习目标，从而落实英语学科核心素养。发展学生的语言能力：能够在学习文本中、听说练习时感知、体验、积累和运用学做美食的语言。提升学生的思维品质：能够在学习理解、应用实践的语言学习中发展归纳、反思、创新做菜的思维，在思维发展中推进语言学习，创新生成新的做菜成果。提高学生的学习能力：利用同伴、小组合作、依据嵌入式评价标准，学生能主动参与做菜的语言实践活动，在学习中注意倾听、乐于交流、大胆尝试；学会自主探究，合作互助；学会反思和评价学习进展。

不足与改进：我在执教本单元时还在疫情防控阶段，师生均不方便带食材到学校。如果学生能够边实物操作边用英语描述制作步骤，效果应该会更好。

## Section A 2d+Section B 1a-1e（听说进阶课）

（1课时）

### 一、学习目标

（一）低阶目标

1.能掌握并熟练使用本课新词汇及短语，理解学会罗宋汤、三明治的制作步骤。（学习理解）

2.能正确描述罗宋汤、三明治的制作流程。（应用实践）

（二）高阶目标

3.能灵活运用描述过程和指令的词汇，创新描述炖煮类、西餐类食物制作过程，并能基于嵌入式评价进行反馈、评价与改进，实现高质量、深度学习。（应用实践、迁移创新）

### 二、达成评价

1.1 能朗读、运用本课时的单词、短语、句子，发音准确，语调自然流畅。

1.2 能利用导学案自主先学，突破词汇，感知目标句型。

1.3 能找出制作罗宋汤、三明治的步骤、序列副词和动词，正确朗读与熟练运用。

2.1 能借助图片正确描述出罗宋汤、三明治的制作流程。

2.2 能运用正确的序列副词和动词进行描述。

3.1 能积极参与课堂活动，与同伴一起就学做炖煮类、西餐类美食进行讨论、合作完成学习任务，并能够互相分享与积累。

3.2 能正确描述其他炖煮类、西餐类美食制作流程，自信表达，语法无误，声音洪亮，口语流畅，流程完整，序列副词、动词准确。

3.3 能运用评价标准进行自我反馈、同伴反馈。

### 三、学习过程

（一）先行组织

Last lesson, we learned how to make milk shake and fruit salad, now tell us how to describe the process.（描述两类食物的制作过程）

（学生：First,...Next,...Then,...After that,...Then,...Finally...）

How do you make a milk shake?（学生描述奶昔制作过程：香蕉奶昔，苹果奶昔，草莓奶昔……）

How do you make salad?（学生描述沙拉制作过程：水果沙拉，蔬菜沙拉……）

We have learned how to make 液体类，like milk shake，还有凉拌类，like fruit salad。

How can we cook something or make soup? 炖煮类？

（学生：First,...Next,...Then,...After that,...Then,...Finally...还用表示制作流程的序列副词；需要加热、需要加盐、需要锅……）导入新课学习。

（二）任务（问题）与活动

任务一：学做美食——学做罗宋汤

活动1：Follow the tape.

学生大声跟读2d课文，正音并了解罗宋汤制作方法流程。

活动2：Learn how to make Russian soup.

【提出问题】How do you make Russian soup?

先独立思考，文中圈画，然后个体呈现。

学生1：用First,...Next,...Then,...After that,...Then,...Finally...

学生2：找动词。

【组织学习】大屏呈现图片，学生根据图片尝试复述罗宋汤的制作步骤。先个体复述，再同伴复述。

活动2评价标准：

2.1 自信表达，语言基本准确。（+1）

2.2 自信表达，基本完成制作流程，语言基本准确。（+2）

2.3 自信表达，口语流畅，流程内容全面，语言准确、无语法错误；声音洪亮，语音语调正确。（+3）

【表达成果】学生1到黑板前指图片复述罗宋汤的制作步骤。

【交互反馈】师：请其他同学依据评分标准对他进行评价。

学生2：可以得2分，因为有一处动词用错，描述步骤不够准确。

师：I'd like to invite another student to come to the front to describe how to make Russian soup.

学生3到黑板前指图片复述罗宋汤的制作步骤。

师：How many points can he get and why?

学生4：I think he can get 3 points, 因为他声音洪亮、语言流畅，流程全面且准确，没有语法错误，我觉得他的表现可以得满分，也值得我们学习。

师：Now let's describe it one by one.（依照评价标准）学生接龙描述制作流程。

【整合提升】教师用英语提出问题：如何描述做炖煮类、热菜系美食？

学生总结回答：用表示制作流程的序列副词First,... Next,... Then,... After that,... Then,... Finally...和准确的动词buy, cut up, put... into...,add..., cook...for..., add..., cook for another..., add...。

（三）迁移运用

任务二：学做美食——创新描述其他炖煮类、热菜系美食

活动3：小组合作，创新制作。

学生结合前面总结，描述其他有关炖煮类、热菜类美食。先独立思考，再小组合作，每小组至少选择1道美食，列出表示制作流程的序列副词以及制作过程所需的动词，创新描述，小组也可以自行创作其他炖煮类、热菜系美食。

make noodles

make soup

make dumplings

make fish

...

活动3评价标准：

| 评价项目 | 分值 | 得分 |
| --- | --- | --- |
| 自信表达，语法无误 | 2 | |
| 声音洪亮，口语流畅 | 2 | |
| 流程完整，序列副词、动词准确 | 2 | |
| 分工明确，合作共赢 | 2 | |
| 总得分 | | |

小组汇报，并将各组成果投到大屏幕上，其他学生利用听与看多模态的方式听取理解其他美食的制作流程。学生结合评价标准对各小组进行评价，质疑、纠正、补充，使各组美食的制作更优化。

Group 1汇报：make fish

小组成果：

> First, buy…and wash…
> Next, put…into…
> Then, cook…for 15 min.
> After that, add…and cook for another 5 min.
> Finally, enjoy…

小组分工汇报how to make fish，内容如下：

First, buy a fish and wash it.

Next, put the fish into a pot.

Then, cook it for 15 minutes.

After that, add some salt and cook for another 5 minutes.

Finally, enjoy the fish.

Group 2汇报：make noodles

小组成果：

> First, boil ...
> Next, put ... into ...
> Then, cook ... for 5 min
> After that, add ... and ... into ...
> Then, add ... and cook for another 2 min
> Finally, enjoy ...

小组分工汇报how to make noodles，内容如下：

First, boil some water.

Next, put the noodles into the hot water.

Then, cook them for 5 minutes.

After that, add some vegetables and an egg into the noodles.

Then, add a spoon of salt into the noodles, and cook for another 2 minutes.

Finally, put the vegetable and egg noodles in a bowl, now you can enjoy the delicious noodles.

Group 3汇报：make tomato and egg soup

小组成果：

> First: buy ...
> Next: cut up ... into ...
> Then: pour ... into ..., when ... add ...
> After that, cook ... for ... and add ..., stir ...
> Then: pour ... into ...
> Finally, enjoy ...

小组分工汇报how to make tomato and egg soup，内容如下：

First, buy two tomatoes and one egg.

Next, cut up the tomatoes into small pieces.

Then, pour the water into a pot, when the water boils, add tomatoes and the egg.

After that, cook them for 2 minutes and add some salt, stir the soup.

Then, pour the tomato and egg soup into a bowl.

Finally, enjoy the soup, it's very delicious.

Group 4汇报：make dumplings

小组成果：

> First, cut up…
> Next, mix up…
> Then, put… into…
> After that, put… into…
> Then, cook for…
> Finally put… on… and enjoy.

小组分工汇报how to make dumplings，内容如下：

First, cut up the meat and vegetables to make stuffing.

Next, mix up the flour and the water.

Then, put the stuffing into the flour cover.

After that, put them into the pot to boil them.

Then, cook for 7 minutes.

Finally, put the dumplings on a plate and enjoy the dumplings.

Group 5汇报：make beef with tomatoes

小组成果：

> First, buy… and…
> Next, cut…
> Then, put… into…
> After that, cook… for 30 min
> Then, add… and cook for another 10 min
> Finally, enjoy… delicious

小组分工汇报how to make beef with tomatoes，内容如下：

First, buy some beef and two tomatoes.

Next, cut up the beef and tomatoes.

Then, put the beef into a pot.

After that, cook the beef for 30 minutes.

Then, add the tomatoes and salt into the pot, cook them for another 10 minutes.

Finally, enjoy the delicious food, it's very yummy.

任务三：学做美食——学做三明治

活动4：学生小组合作，自学三明治做法。

学生按照前面整合提升出来的方法自行探究做三明治的流程，并创新制作不同种类的三明治，按照活动3的评价标准进行自评与互评，最后班内展示。

（四）成果集成

1.口语描述制作食物流程。

2.学生梳理画出如下思维导图：

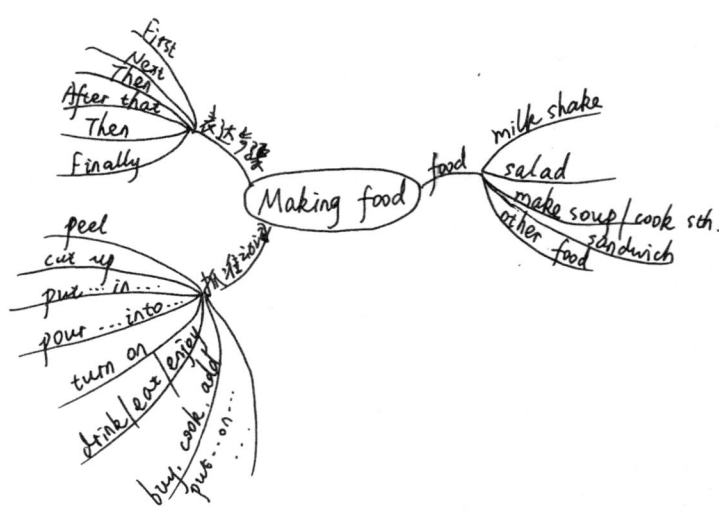

（五）作业设计

基础作业：

写出制作罗宋汤和三明治的步骤并熟读。

First,_____

Next,_____

Then,_____

After that,_____

Then,_____

Finally,_____

提升作业：

A4纸配图描述以下食物或者自选制作其他食物的步骤。

make noodles

make soup

make dumplings

make fish

make sandwiches

……

口语作业：驰声口语练习。

实践选做作业：

1.描述制作液体类、凉拌类、炖煮类、西餐类食物制作步骤，录制视频，发送语音群。（创编有难度的、可熟读的听力材料）

2.How to do the following things?

make popcorn

plant a tree

wash clothes

take out a book from the library

预习作业：

任务1：熟读翻译下列短语，并在文中标注。

Thanksgiving in North America

eat traditional food

give thanks for the food

in the autumn

celebrate it with a big family meal

prepare other things

mashed potatoes

apple pie

mix together

fill the turkey with this bread mix

put the turkey in a hot oven

cover it with gravy

cut the turkey into thin pieces

eat the meat with vegetables

serve it to your friends

at a very high temperature

任务2：了解感恩节，查找中国传统美食及做法。

（六）课后反思

本课以基于单元主题语境下的分任务"学做美食"为主线，以学生为主体设计学生活动，完成学习目标，通过"提出问题/布置任务—组织学习—表达成果—交互反馈—整合提升"来突破教学重难点。为了达成本课的两个低阶目标和一个高阶目标，设计达成评价以及嵌入式评价，实现教学评一体化。围绕"学做美食"，设计学习文本（学习理解）——基于图片描述罗宋汤、三明治的制作（应用实践）——创新描述其他炖煮类、西餐类食物（迁移创新）的活动，践行英语学习活动观，达成本节课的学习目标，从而落实英语学科核心素养，实现英语学科育人目标。

不足与改进：教师可将煎炸类等菜系也拓展给学生，或布置为课后拓展作业，帮助学生学会更好地表达各种菜系的制作步骤。

## Section B 2a-2e（阅读课）

（1课时）

### 一、学习目标

（一）低阶目标

1.能掌握并灵活运用本课新词汇及短语。（学习理解）

2.能通过完成多个任务链活动掌握语篇信息，发展相应的阅读技能，提升阅读策略；了解感恩节，学做火鸡宴。（学习理解、应用实践）

（二）高阶目标

3.能创新描述中西方特色美食的制作流程；分析、评价语篇及他人作品，并能进行独立与深度思考，加深对中华文化的理解和认同，坚定文化自信。（迁移创新）

### 二、达成评价

1.1 能利用拼读规则拼读生词；能运用如拼读、联想、搭配、分类，以及构词法等记忆词语。

1.2 能朗读本课时的单词、短语、句子；发音准确，语调自然流畅。

1.3 能利用导学案自主先学，突破词汇。

1.4 能在学习课文时抓要点、记笔记。

2.1 能分析和梳理语篇的基本结构；读懂并了解美国的感恩节。

2.2 能合理运用各种阅读技巧和策略，如预测、略读、猜测词义、推断、理解篇章（或语篇）结构等。

2.3 能基本准确地完成图片匹配及排序、回答问题等任务链活动。

2.4 能根据图片、动词，灵活运用本课重点词组描述火鸡制作步骤，表意清晰，内容全面，话语基本准确、无语法错误。

3.1 能正确描述中西方特色食物的制作流程，感受饮食与文化差异。

3.2 能运用得体的语言形式，表达个人看法，表意清晰，话语基本准确。

3.3 能通过创编描述中国或家乡特色美食的制作流程，体现美食文化，表意清晰，内容全面，话语基本准确、无语法错误。

三、学习过程

（一）先行组织

1.小组合作探究课前自主预习部分，交流展示课前预习成果，为新课做好铺垫。熟读翻译下列短语：

Thanksgiving in North America

eat traditional food

give thanks for the food

in the autumn

celebrate it with a big family meal

prepare other things

mashed potatoes

apple pie

mix together

fill the turkey with this bread mix

put the turkey in a hot oven

cover it with gravy

cut the turkey into thin pieces

eat the meat with vegetables

serve it to your friends

at a very high temperature

2.学生分享有关感恩节的背景与饮食。

（二）任务（问题）与活动

任务一：了解感恩节

活动1：分析篇章结构。

学生独立思考并完成。个体分享并说明理由，找出关键词。学生分享答案：

Thanksgiving in the United States

P1 The history of Thanksgiving

P2 How to make a turkey dinner

并在教材中进行笔记标注。

活动2：读文章，图片排序。

学生独立思考、完成，师生共同核对答案。

活动3：仔细阅读课文，完成2c。

【布置任务】完成3c并在文中找出依据。

【组织学习】学生先独立完成，再小组核对，并找到依据。

活动3评价标准：

3.1 能找到问题的答案。（+1）

3.2 能找到问题的答案，且能在文中找到依据。（+2）

3.3 能找到问题的答案，且能在文中找到依据，并能将所画依据翻译成汉语。（+3）

【表达成果】

小组代表汇报：

学生代表1：In North America. 本题特殊疑问词为"Where"，问的是庆祝地点。从标题和第一段的第二行可知：在美国，人们庆祝感恩节。

学生代表2：It is always on the fourth Thursday in November. 本题特殊疑问词为"When"，问的是庆祝时间。

学生代表3：Because it is a time to give thanks for food in the autumn and other things people enjoy in life. 本题特殊疑问词为"Why"，问的是庆祝的原因。

学生代表4：People usually celebrate it with a big family meal. 本题特殊疑问词为"How"，问的是庆祝的方式。

学生代表5：Turkey. 本题特殊疑问词"What"，问的是感恩节的主菜，所以是火鸡Turkey。

【交互反馈】

学生结合评价标准对各小组代表进行评价。教师追问：第一题回答North America可不可以？学生6：不可以，介词in一定要带上，它是在哪里的意思，North America只是美国，而In North America是回答"Where"的提问，在美国。教师继续追问：如何能准确高质量完成这样的阅读题呢？学生7：可以画关键词、画特殊疑问词。师：Let's summarize.

【整合提升】

学生总结回答：我们能通过"读题画、读文画、准确答"正确回答问题，并能从中学到北美洲感恩节的习俗，感恩节是北美地区庆祝丰收、增进团结的节日，是北美特有的传统习俗节日，在美国和加拿大均很盛行。火鸡是感恩节的主菜。教师补充：火鸡的吃法也有一定的讲究。端上桌后，一般由男主人用刀切成薄片分给大家，然后由各人自己浇上卤汁，撒上盐。火鸡的味道十分鲜美。感恩节的食物除火鸡外，还有红莓苔子果酱、甜山芋、玉蜀黍、南瓜饼、沙拉、自己烘烤的面包及各种蔬菜和水果等，这些食物都是感恩节的传统食品。

活动4：深度思考与表达。

教师提出深度思考的问题：What's the meaning of celebrating Thanksgiving?

What can we learn from the article?

学生1：We should always be thankful/grateful in life.

学生2：We should be thankful to parents, teachers, friends…

学生3：We should give thanks to everyone we love.

学生4：We should give thanks to everyone who loves us.

活动5：学做火鸡宴。

学生根据图片复述火鸡制作流程。

（三）迁移运用

任务二：介绍中国传统特色食物，品美食文化

活动6：小组合作，introduce traditional festival。

What do you think is the most special day in China? Answer the following questions.

1. When is this special day?
2. What are the reasons for this special day?
   Do people give thanks for anything on this day?
   Do people remember anything or anyone on this day?
3. How do most people celebrate this day?
4. Is there any traditional food?
   What are the main dishes?
5. Can you make these dishes?

## 八年级上册 Unit 8 How do you make a banana milk shake?

小组合作完成并展示成果。

学生：

Dragon Boat Festival is a special day in China. It's on the May 5th of lunar month. Dragon Boat Festival is a time to remember the great poet Qu Yuan. People usually celebrate it with dragon boat races. On that day, people usually eat zongzi. Now, I will tell you how to make our traditional food—zongzi.

First, put some reed leaves on the table.

Next, put some sticky rice in the reed leaves.

Then, tie them up.

And then/After that, put them into a pot and cook them for a few hours.

When they are ready, place them on a plate.

Finally, you can enjoy them.

…

各小组依次介绍中国传统特色美食，教师适时进行文化意识的培养渗透，引导学生归纳生成如下：

To learn English well

To be a qualified Chinese

To tell Chinese story well

To transmit Chinese voice

加深学生对中华文化的理解与认同，坚定文化自信。

（四）成果集成

1.口语描述制作食物流程，介绍美食及文化。

2.学生梳理画出如下思维导图。

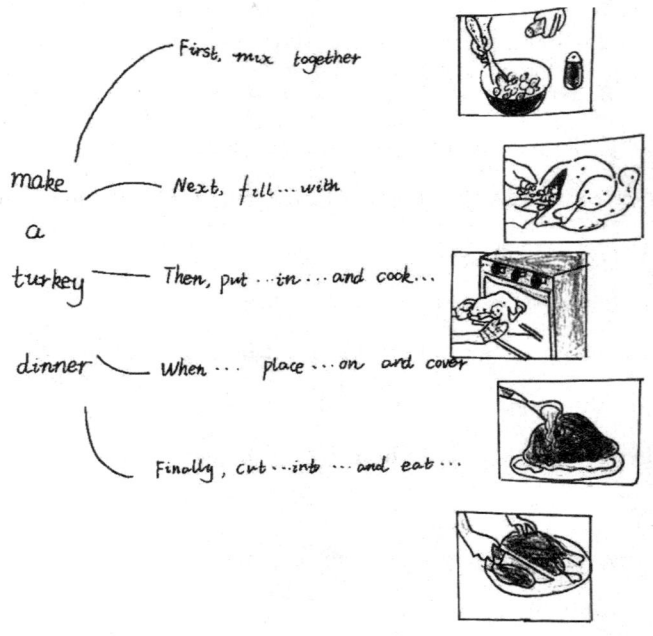

整节课学生学习自评表

| 评价环节 | 评价细则 | 等级 | | | 得分 |
| --- | --- | --- | --- | --- | --- |
| 课前自学 | 高质量完成课前预习任务 | 3 | 2 | 1 | |
| 交流环节 | 1.了解感恩节的背景知识<br>2.积极与同伴分享信息并倾听他人发言 | 3 | 2 | 1 | |

| | | | | |
|---|---|---|---|---|
| 阅读环节 | 1.能根据结构化图示简介感恩节的信息<br>2.能根据图片介绍制作火鸡的过程<br>3.能表述感恩节背后的文化蕴意 | 3 | 2 | 1 |
| 合作环节 | 1.能很好地完成小组分工任务<br>2.主动参与小组合作学习，和谐相处 | 3 | 2 | 1 |
| 深度思考 | 能有见解地完成深度思考题，具有创造性、批判性和深刻性 | 3 | 2 | 1 |
| 总分 | | | | |

（五）作业设计

基础作业：阅读理解。

  We Chinese eat mooncakes during the Mid-Autumn Festival. But do you know mooncakes have become a competition among pastry（糕点） makers? Many mooncake makers are coming up with new ideas with new ingredients（配料） and fancy designs（设计） to make people buy mooncakes.

  Many mooncake advertisements start to appear in September in supermarkets, stores and online social media. They have new flavors（口味）, special ingredients and nice packaging.

  Xinya Cantonese Restaurant is popular in Shanghai for its seasonal bread and cookies. This year, it is promoting mooncakes with new ingredients. It tries to make more people know and buy mooncakes.

  Designs are another major field of competition as people usually use mooncake as gifts. Xinghualou, a traditional Shanghai pastry maker, joins the Palace Museum to provide mooncakes with limited-edition patterns（限量版图案）.

"Because of the outbreak of COVID-19, people didn't have a proper Spring Festival this year, and we want to send the ideas of love through our mooncakes during the Mid-Autumn Festival," said the director of General Mills China. General Mills is the parent company of Haagen-Dazs.

(　　) 1.From the first paragraph we can know that _____.

A.mooncakes have more flavors

B.more people want to buy mooncakes

C.pastry makers will have more money

D.there will be more pastry makers

(　　) 2.You can first find mooncake advertisements in _____.

A.August　　　B.September　　　C.October　　　D.November

(　　) 3.The underlined word "promoting" means "_____" in Chinese.

A.批发　　　B.生产　　　C.销售　　　D.推销

(　　) 4.Which of the following is NOT right about mooncakes?

A.Mooncakes are popular with Chinese people.

B.We Chinese usually use mooncakes as gifts.

C.Mooncakes are usually very expensive.

D.Designs are important for mooncakes.

(　　) 5.What is the passage mainly about?

A.Mooncake makers are making new types of mooncakes.

B.Mooncakes are important food on the Mid-Autumn Festival.

C.Mooncake makers are making traditional mooncakes.

D.People always like to eat mooncakes with beautiful designs.

口语作业：驰声口语练习+复述火鸡制作流程（复述有难度的可熟读2b）。

实践选做作业：小组合作完成，视频介绍其他中国传统美食及美食文化，并上传到视频号上，评选出获赞数前三名的小组，计入小组周评选内。

（六）课后反思

本课是探究主题意义引领下的单元整体教学设计的一部分，以学生为主体设计了解感恩节——学做火鸡宴——介绍中国传统特色食物，品美食文化的活动，践行英语学习活动观。从语篇出发，基于主题意义引导学生"了解中西方饮食差异，品美食文化"，并在此过程中鼓励学生进行深入理解和表达，我期待能带领学生分析，不断深度研读语篇，挖掘其内涵，最后又将语篇内涵和学生实际生活紧密联系，帮助学生树立正确、积极的价值观。

不足与改进：学生课前预习与查找资料，以及教师的有关中国传统美食、文化背景等资源补给很重要，只有这样才能真正实现学科育人，培育文化意识，加深学生对中华文化的理解与认同，坚定文化自信。

## Section B 3a-Self Check（读写结合课）

（1课时）

一、学习目标

（一）低阶目标

1.能正确完成3a，阅读、感知推荐家乡美食的写作手法。（学习理解）

2.能基于3a范文总结介绍自己喜爱食物、家乡美食制作步骤的思路和方法，列写作提纲。（应用实践）

（二）高阶目标

3.能综合所学知识，口头和笔头结合创作美食制作流程；能通过互评、自评等方式反思和评价文章的表达效果，修改、完善文章，提升写作质量；推荐特色，为家乡美食代言。（迁移创新）

二、达成评价

1.1 能正确完成3a并能通过3a学习推荐家乡美食的写作手法。

1.2 能对文章进行划分，找出where, what, ingredients, process, recommendation。

2.1 能在学习时抓要点、记笔记。

2.2 能基本准确画出写作框架提纲。

3.1 能通过"作文五步法——审、列、连、美、誉"；自评、互评等方式，写出内容完整，表达充分，结构清晰，语言流畅，可读性强的文章。

3.2 能结合评价标准，改进初稿的结构、内容和语言。

3.3 能根据自评互评表对文章进行二稿修改，高质量实现推荐特色。

三、学习过程

（一）先行组织

学生轮流描述本单元学过所有食物的制作流程，复习并导入米线的制作。

（二）任务（问题）与活动

任务一：学做米线

活动1：Finish 3a，学做米线。

学生先独立思考完成3a，然后小组合作，翻译短文，总结介绍喜爱食物、家乡美食制作步骤的思路和方法。学生：介绍where, what, ingredients, process, recommendation.

活动2：结合3b，列写作提纲。

【布置任务】小组合作总结介绍喜爱的食物或家乡特色的思路和方法。

【组织学习】先独立思考，再小组合作，列出写作提纲。

活动2评价标准：

2.1 列出写作提纲，结构基本合理。（+2）

2.2 列出写作提纲，结构合理，内容全面，推荐特色。（+4）

【表达成果】各小组汇报，同时利用展台或希沃助手，将提纲呈现在大屏幕上。

The special food in my hometown { What/where/importance; ingredients, process; recommendation }

the special food in my hometown { 首: importance; 中: ingredients and steps; 尾: Summary. 呼吁, 宣传 }

【交互反馈】师：How many points can they get? 学生1：I think they can get 3 points. 因为仅是简单提纲，如果能列出可用句式，对我来说更有效有用。教师追问：Who can give us some useful sentences? 学生2：For example, In_____, many people eat_____for breakfast, and even for lunch and dinner. 或In_____, one of the most traditional and popular food is… Let me tell you how to make it! 学生3：Now, please come and enjoy… 这样的句子可以用作结尾……学生不断补充，优化提纲。

【整合提升】教师提出问题：如何推荐特色，成为优秀的家乡美食代言人？

学生总结出以下写作提纲：

第一段：the importance of …

In_____, many people eat_____for breakfast, and even for lunch and dinner.

In_____, one of the most traditional and popular food is… Let me tell you how to make it!

Food is the first necessity of people…

…

第二段：the ingredients and steps of...

To make..., we need to have/prepare...

First,...Next,...Then,...After that,...Then,...Finally...

（原料和步骤是一个段落，步骤描述简洁清晰）

第三段：Summary

Now, it's time to enjoy/eat/have/taste...

Now, please come and enjoy...

What a/an...experience to learn to cook. I decide to cook more by myself.

...

（三）迁移运用

任务二：推荐家乡美食

活动3：完成写作。

学生通过"作文五步法——审、列、连、美、誊"，基于提纲和写作要点，借鉴范文中有效的语言表达，独立完成初稿写作，推荐特色食物。（内化与运用、想象与创造）。

活动4：自评、互评、赏析。

学生根据写作自评表对初稿进行自我评价，并根据评价结果修改初稿，完成二稿。通过自评和互评，改进初稿的结构、内容和语言。选择优文赏析。（批判与评价、想象与创造）

自我评价表

| | |
|---|---|
| ☆Is there a clear topic sentence or an ending?（结构） | YES/NO |
| ☆Does your writing cover all the points?（内容） | YES/NO |
| ☆Are there any good phrases or sentences?（表达） | YES/NO |
| ☆Are there any spelling（拼写）or grammatical（语法）mistakes（错误）?（表达） | YES/NO |
| ☆Is your handwriting（书写）good?（书写） | |
| You give yourself _____ ☆ | |

## 同伴评价表

| In my classmate's passage, I can find the following features： | |
|---|---|
| ☆ well-organized（条理清晰） | YES/NO |
| ☆ linking words | YES/NO |
| ☆ good sentences, phrase and words | YES/NO |
| ☆☆☆☆ aspects（要点全面） structure（结构清晰） grammar（语言准确） extension（适当拓展） writing（书写工整） | |
| Total：_____ ☆ | |

（四）成果集成

学生梳理画出如下思维导图：

推荐美食
- the importance of ...
  - In ..., many people eat ... for breakfast, and even for lunch and dinner.
  - In ..., one of the most traditional and popular food is .... Let me tell you how to make it!
  - Food is the first necessity of people ...
  - ...
- the ingredients and steps of ...
  - To make ..., we need to have / prepare ...
  - First, ... Next, ... Then, ... After that, ... Then, ... Finally, ...
- Summary
  - Now, it's time to enjoy / eat / have / taste ...
  - Now, please come and enjoy ...
  - What a/an ... experience to learn to cook. I decide to cook more by myself.
  - ...

The Special Food in China
- Beginning
  - Dragon Boat Festival ...
  - ... a time to remember ...
  - On that day, ... eat zongzi ...
- Body
  - put reed leaves on ...
  - put sticky rice in ...
  - tie ... up
  - put ... into ... and cook ...
  - when ... place ... on ...
  - Finally, enjoy ...
- Ending
  - Zongzi ... traditional ...
  - get ready to make ... /
  - please come and enjoy ...

学生作文：

**ENJOY WRITING**
Name 李__ Class 八二

The Naengmyeon

In Jilin, one of the most traditional and popular food is naengmyeon. Let me tell you how to make it!

To make it, we need to prepare some noodles, eggs and tomatoes. First, boil the eggs and cut the tomatoes into small pieces. Next, cook the noodles and cool them down with ice water. Then, pour the water into a bowl. Finally, put the eggs, noodles and tomatoes in the bowl.

Now, we can enjoy it! What a delicious food it is! I decide to cook it more by myself. What about you?

**ENJOY WRITING**
Name 王依宁 Class 8.1

Steamed Stuffed Bun

In Jiangsu, many people eat steamed stuffed bun for breakfast, and even for lunch and dinner. Let me tell you how to make it!

To make it, we need to have flour, water, meat, vegetables. First, put the flour into a clean bowl and add water. Next, cut the meat and vegetables. Then, mix together and add some salt. After that, wrap them together. Finally, put them in a hot pot.

Now, we can enjoy it! What a wonderful experience to learn to cook! I decide to cook more by myself.

**ENJOY WRITING**
Name 陈飒 Class 八二

Make Dumplings

Dumpling is a traditional Chinese food. On the Lunar New Year's Day, most families make a lot of delicious dumplings. To make them, follow this easy process.

First, cut up the meat and vegetables to make stuffing. Next, mix up the some flour and the water. Then, put the stuffing into the flour cover. After that, put them into the pot to boil them. Then, cook for 7 minutes. Finally, put the dumplings on a plate and enjoy the dumplings.

Now, it's time to enjoy the dumplings! I hope you can try it yourself at home.

**ENJOY WRITING**
Name 程铭禹 Class 八二

The Zongzi

Dragon Boat Festival is a special day in China. On that day, people always eat zongzi. Now, I will tell you how to make it!

Before make it, we need to prepare some reed leaves and rice. First, put some reed leaves on the table and put some sticky rice in the reed leaves. Next, tie them up. Then, put them into a pot and cook them for a few hours. When they are ready, place them on a plate. Finally, you can enjoy zongzi.

Zongzi is a traditional chinese food, we should pass it on! The Dragon Boat Festival is coming, get ready to make zongzi.

（五）作业设计

基础作业：润色作文，再写一稿并朗读。

选做作业：

1."我为家乡美食代言"手抄报（图文结合）。

2.推荐特色"寻味家乡传统美食，弘扬中华饮食文化"，录制视频，年级内评选出最佳家乡美食代言人。

（六）课后反思

本节课以基于单元主题语境下的分任务"为家乡美食代言"为主线，以学生为主体设计学生活动，完成学习目标，设计基于3a范文总结介绍喜爱的食物、家乡美食制作步骤的思路和方法，列写作提纲，学习写作手法及如何推荐家乡美食，综合所学知识及自评互评表，输出食物制作流程，推荐特色。通过谈论和描述各种食物的制作，激发学生的英语学习兴趣，帮助其了解中西方饮食文化差异，认识并理解不同文化，拓展学生视野，同时学习用英语正确表达中国的传统节日和食物名称，品味中国美食文化，增强文化自信，弘扬爱国爱家乡之情，并贯穿劳动教育和全面发展的理念，教育学生要努力掌握烹饪技能，拥有幸福生活的能力。

不足与改进：教师应再多提供好句、开头结尾的美句，使学生作文的开头、结尾更有质量。可备好句锦囊，含适用于不同学生、种类丰富的好句，尤其开头、结尾，使得不同层次水平的学生都能写出有质量的文章，增加作文的可读性和深度。

# 八年级下册 Unit 4 Why don't you talk to your parents?

长春经济技术开发区育隆学校　张心馨

## 单元教学规划

一、单元内容

本单元是人教版八年级下册Unit 4 Why don't you talk to your parents? Section A部分主要学习询问别人的问题，谈论自己的问题，并能用表示建议和劝告的句型，给他人提供适当的建议。Section B部分进一步拓宽了本单元的话题内容，不仅探讨了如何通过各种活动来减轻压力，还比较了东西方家长对子女教育的态度和做法。该部分的学习将有利于学生学会换位思考，帮助他们逐步建立正确、积极的生活态度和价值观。

二、单元分析

（一）课标分析

1.内容要求

（1）根据读音规则和音标拼读单词。

（2）理解和领悟词汇的基本含义及在特定语境和语篇中的意义、词性和功能。

（3）提取、梳理、分析和整合书面语篇的主要或关键信息。

（4）正确、流利地朗读短文，有逻辑地讲述短文主要内容。

（5）独立或者小组合作完成角色扮演等活动。

（6）在口头表达中结合主题使用正确的词汇、句式和语法，表意准确、得体。

（7）在教师指导下起草和修改作文。

（8）在书面表达中正确使用标点符号，用词准确，表达通顺，格式较为规范。

（9）在学习中善于抓要点、记笔记。

（10）了解和运用各种阅读技巧和策略，如预测、略读、猜测词义、推断、理解篇章（或语篇）结构和指示代词的指代意义等，提升阅读的兴趣与能力。

（11）了解和运用基本的写作技巧和策略，如审题、选材、列提纲、修改习作和积累词句等，提升写作能力。

（12）在学习和使用英语时，意识到错误并进行自我纠正。

（13）文化知识包括中西方对课外班的态度及看法。

2.学业要求

语言能力要求能积累日常生活中常用的习惯用语和交流信息的基本表达方式；能辨识和分析常见句式的结构特征；能围绕相关主题运用所学语言与他人进行日常交流,语音语调用词基本正确，表达比较连贯。

文化意识要求包括能够通过简短语篇获取归纳中外文化信息；认识不同文化，尊重文化的多样性和差异性，并在理解和比较的基础上做出自己的判断；能自尊自爱，正确认识自我，关爱他人，尊重他人。思维品质要求包括能多角度辩证地看待事物和分析问题；能提取、整理、概括稍长语篇的关键信息，三要内容、思想和观点，判断各种信息的异同和关联；能从不同角度解读语篇，推断语篇的深层含义，做出正确的价值判断；能依据不同信息进行独立思考，评价语篇的内容和作者的观点，说明理由。学习能力要求学生要有积极主动的学习态度和较强的自信心；能制订明确的英语学习目标和计划，合理安排学习任务，主动预习和复习；能在学习过程中积极思考，主动探究，发现并尝试使用多种策略解决语言学习中的问题，积极进行拓展性运用；能够在语言学习中发展思维，在思维发展中推进语言学习。

3.教学提示

三级（7—9年级）：第二条，依托语境开展教学，引导学生在真实、有意义的语言应用中整合性地学习语言知识；第三条，指导学生自主建构和内化新知，发展独立思考和合作解决问题的能力。

4.学业质量

（1）能听懂相关主题的语篇，借助关键词句、图片等复述语篇内容。

（2）能运用一定的阅读策略，借助表格、思维导图等工具梳理书面语篇的主要信息，理解大意。

（3）朗读相关主题的简短语篇时，连读、停顿自然，语音、语调基本正确。

（4）能用所学英语，通过口语或书面语篇简单介绍中外主要文化现象（如风景名胜、历史故事、文化传统等），语义基本连贯。

（5）进行书面表达时，能正确使用所学语言，格式较为规范。

（6）能参照范例，仿写简短的文段，语言准确，表意得体。

（7）积极参与课堂活动，与同伴一起就相关主题进行讨论，合作完成学习任务。

综述，基于以上对课标的分析，并且本单元以"人际交往（Interpersonal communication）"为话题，属于新课程标准中"人与自我"范畴内"生活与学习"主题群中的"人际交往、身心健康、抗挫能力"子主题内容。将本单元的主题情境设计为"成为知心天使"，设计低阶目标和高阶目标，以学生为主体设计学生活动完成学习目标，践行英语学习活动观，从而落实英语学科核心素养，实现英语学科育人目标，发展语言能力，培育文化意识，提升思维品质，提高学习能力。

（二）教材分析

1.横向分析

本单元的中心话题与学生实际生活紧密相关，主要探讨当代中小学生所面临的种种压力和困境,并针对这些问题给予合理的建议。Section A部分的教学重点是关于征求和给予对方建议的表达用语,教学难点是与烦恼、抱怨和建议相关的大量短语搭配(如:hang out with sb., get into a fight with sb., have a fight with sb., look through, be angry with sb., a big deal, work out等)以及阅读教学部分。Section B部分进一步拓宽了本单元的话题内容,不仅探讨了如何通过各种活动来减轻压力,还对比了中西方家长对子女教育的态度和做法。该部分的学习将有利于学生学会换位思考,帮助他们逐步建立正确、积极的生活态度和价值观。该部分的教学重点是巩固关于建议的表达,培养学生根据上下文猜词的能力、在理解篇章的基础上进行归纳表达以及自主发布观点和建议的能力。教学难点在于让学生在写作过程中自然合理地运用本单元所学的语言项目。

2.纵向分析

本单元在人教版初中五册教材中起着承上启下的作用,学生在八下Unit 1 What's the matter?中接触过询问问题和给出建议的句型,并且在八下Unit 3 Could you please clean your room?学习到了在日常生活中家长的命令会成为烦恼,在本单元中正好梳理了学生的情绪,让学生正面看待学习生活中的问题,提升抗挫能力,实现育人目标。

(三)学情分析

1.已有经验

八年级学生已经在学习八下第一单元时掌握了一定的询问、陈述自己或他人身体健康方面的困难和麻烦的词汇与句型,具备了初步的听说读看写技能,对语言学习的热情也逐步增加。

2.已有认知

基于前面单元的学习,学生已经初步学会如何针对身体问题询问和给出建议,而本单元聚焦学生生活中的常见烦恼,比如学习压力大、与父母关系紧张等,与学生的学习生活息息相关,在本单元的情境中出现了不同的人物角色,比如同学、朋友、家长和专家。这些人各自从自己的立场为当事人提供了自己的看法或建议,学生通过对不同情境下教材内容的学习，联系自己的生活体验，反思自己的烦恼，他们对如何用英语来表述与现实生活息息相关的话题并寻求合理的解决办法很感兴趣。应在教学中利用好此次教育契机，并进行适当的鼓励。

3.学习障碍

虽然学生具有一定的生活经验，但是受年龄、心理、生活经验的限制，在谈论如何给出恰当的建议时，还是会遇到一定的困难，在教学过程中要利用图片、肢体语言、创设真实语用环境来给予同学们直观的感受。

### 三、单元主题

成长中的困难（Problems in growing up）。

### 四、单元目标

（一）低阶目标

1.能感知并运用情态动词should、could等，能正确使用why not、why don't句型，以听说读看写等方式询问他人的烦恼和提供建议。

2.能掌握并灵活运用本单元句式、语法，谈论烦恼问题、提出建议。

（二）高阶目标

3.能围绕"成长中的困难"形成及表达自己的观点和理由，谈论自己和他人在学习、生活中遇到的困难和解决方法，认识到沟通与交流是解决问题的有效方式。

### 五、单元评价

1.1 能借助听力预测及技巧正确完成听力任务，能使用情态动词should、could等，能正确使用why not、why don't句型结构表述建议。

1.2 能通过角色扮演、创编交际对话，谈论问题和烦恼，并给出相应的建议。

2.1 能正确运用"have +（a）+病症"结构、情态动词should，能正确使用反身代词，以听、说、读、看、写等方式询问有关身体健康的有关情况和提供建议。

2.2 能通过观察、对比、归纳，梳理出本单元的重要句式结构和语言点。

3.1 能通过阅读有关"成长中遇到问题"主题的阅读材料，完成阅读任务，并从中提取正面的建议。

3.2 能围绕"成长中遇到的问题"，利用本单元主题核心句型以口头形式、书面形式联系生活实际，表述自己及他人的问题，表达自己的正面观点，表意清晰，话语准确。

**六、单元结构化活动**

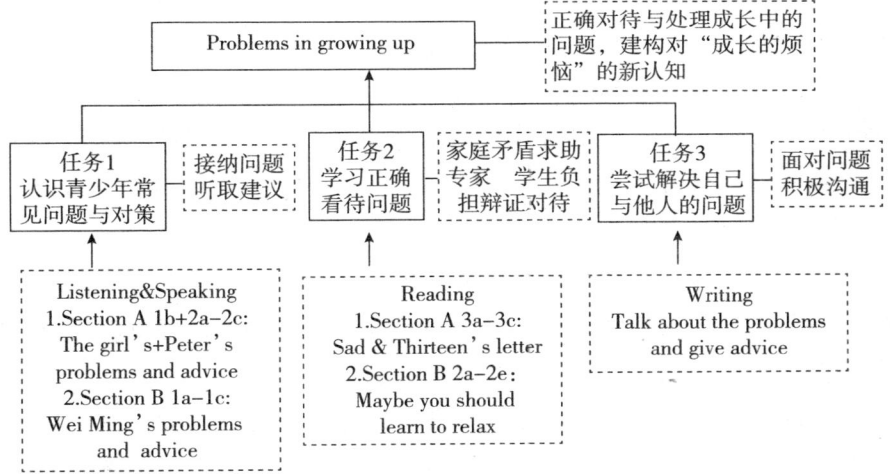

**七、课时分配**

| 认识青少年<br>常见问题与对策 | 1课时 | Section A 1a-2c（听说课） |
|---|---|---|
| | 1课时 | Section B 1a-1c（听说课） |
| 学习正确看待问题 | 1课时 | Section A 3a-3c（阅读课） |
| | 1课时 | Section B 2a-2e（阅读课） |
| 尝试解决自己<br>与他人的问题 | 1课时 | Section B 3a-Self Check（写作课） |

## 课时规划设计

## Section A 1a-2c（听说课）
## Section B 1a-1c（听说课）
（2课时）

**一、课时目标**

（一）低阶目标

1.能熟练掌握本课重点单词、短语。（学习理解）

2.进一步熟练掌握情态动词should和Why not，could在本单元中的用法，通过所学，针对青少年面临的问题，给予合理的建议。（学习理解、应用实践）

（二）高阶目标

3.以听说等方式理解他人面临的压力、困境等问题，并能简单分析各种问题产生的原因，恰当表达自己关于这些问题的建议，进行角色扮演、创编对话。（应用实践、迁移创新）

4.通过所学，认识到各种压力和问题是常见的，直面问题，积极寻找合理解决问题的方法，自我减压、善于帮助别人解决问题，通过对所提各种建议深入思考和回应，提高思维的批判性和创新性。（文化意识及思维品质）

**二、情境任务：如何成为"知心天使"**

任务一："知心天使"识问题（Know about the problems）

任务二："知心天使"出主意（Give the advice）

任务三：谈论问题及给出建议，成为合格的"知心天使"（Talk about the problems and give the advice）

**三、学生活动**

活动1.1：通过先行作业了解不同种类的问题。

活动2.1：完成听力任务、归类给建议的句型。

活动2.2：完成听力任务、总结产生问题的原因。

活动3.1：仿照书上例子，练习对话，谈论问题及建议。

活动3.2：角色扮演，谈论问题及给出建议。

## 四、课时作业

| 层次（Level） | 作业设计（Homework Design） |
| --- | --- |
| Level C | 1.复习本课所学词汇、短语及句式<br>2.驰声口语课时练习 |
| Level B | 1.本课时生词造句（造句本）<br>2.绘制本课时思维导图：<br>要求：尽可能多地整理我们遇到的问题及对应的建议<br>3.驰声口语课时练习 |
| Level A | 1.录制视频：小组成员表演<br>内容：谈论烦恼问题及应对建议<br>杰作上传到社交媒体进行展示（朋友圈、抖音、快手、美篇等）老师期待为你点赞！<br>2."真情流露"：针对问卷星投票选出的最严重的问题写一篇小短文，阐明问题，说明理由，给出合理建议。择优进行课上展示！ |

# Section A 3a-3c（阅读课）
# Section B 2a-2e（阅读课）

（2课时）

## 一、课时目标

（一）低阶目标

1.能够描述Sad & Thirteen的家庭问题，分析家庭成员的关系与矛盾产生的原因。

2.能获取专家对待问题的态度与建议的信息，分析、评价专家的建议，并提出自己的建议与理由。

（二）高阶目标

3.能认识到成长中与家人存在摩擦是正常、普遍的，意识到积极主动沟通与交流在解决问题与交流、在解决矛盾、化解冲突方面的重要性。

4.能分析、比较中美青少年参与课外活动班的共性问题与不同观点，分析其形成的原因，阐述自己的看法。

## 二、情境任务：我是烦恼"KO 专家"

任务一：认识来信人问题（Know about the problems）。

任务二：给出建议（Give the advice）。

任务三：谈论问题，阐述"专家"想法（Talk about the problems and own opinion）。

## 三、学生活动

活动1.1：通过阅读明确"悲伤的十三岁"的问题、课外班给青少年的压力问题。

活动2.1：完成阅读任务，找出专家给出的建议和正面态度。

活动2.2：完成阅读任务，找到家长对于课外班的不同态度。

活动3.1：讨论"悲伤的十三岁"的家庭问题，表达自己的观点及建议。

活动3.2：讨论课外班这一现实现象，表述自身观点。

## 四、课时作业

| 层次（Level） | 作业设计（Homework Design） |
| --- | --- |
| Level C | 1.复习本课所学词汇、短语及句式<br>2.驰声口语课时练习 |
| Level B | 1.本课生词造句（造句本）<br>2.绘制本课时思维导图，并尝试用导图、关键词复述本课文<br>3.驰声口语课时练习 |

| Level A | 1.录制视频：小组成员表演<br>内容：A组"吐槽烦恼"（录制自己在学习生活中遇到的问题）<br>B组"KO烦恼"（说出你对于面临问题的看法）<br>杰作上传到社交媒体进行展示（朋友圈、抖音、快手、美篇等）老师期待为你点赞！<br>2.书写时光："解决小烦恼"：写一篇小短文，阐明自己遇到的问题，说明理由，给出合理建议。择优进行课上展示！ |
|---|---|

## Section B 3a-Self Check（写作课）

（1课时）

### 一、课时目标

（一）低阶目标

能通过梳理本单元青少年成长中的各种问题及建议，归纳写作支架语言，形成自己对于成长问题的看法。

（二）高阶目标

能综合所学知识，口头和笔头结合谈论烦恼和给出建议；能通过互评、自评等方式反思和评价文章的表达效果，修改、完善文章，提升写作质量；明确、完整表达自己对学业负担、亲子矛盾等问题的观点及建议。

### 二、情境任务："知心天使"之旅

任务一：一起谈论问题（Talk about the problems）。

任务二：奇思妙想给建议（Give the advice）。

任务三：解决问题，阐述自己的想法（Talk about the problems and own opinion）。

### 三、学生活动

活动1.1：通过头脑风暴，想出我们生活、学习中的问题。

活动2.1：通过小组讨论，总结出阐述建议的句型建议。

活动3.1：总结作文五步法——审列连美誊。

活动3.2：写出我们面临的问题以及自己的想法及建议。

## 四、课时作业

| 层次（Level） | 作业设计（Homework Design） |
| --- | --- |
| Level C | 1.复习本课所学，仿照范文改编一篇属于自己的作文<br>2.驰声口语课时练习 |
| Level B | 1.学校征集"成长中的烦恼"主题手抄报，绘制一张手抄报，并配图配文字<br>2.驰声口语课时练习 |
| Level A | 1.绘制本单元思维导图，总结整个单元的内容<br>2.A组为学校"心灵驿站"投稿，诉说烦恼<br>　B组为投入稿件回信，为其分析原因，给出建议，择优进行课上展示！ |

# 课时教学设计及课堂教学实录

## Section A 1a-2c（听说课）
（1课时）

### 一、学习目标

（一）低阶目标

1.能熟练掌握本课重点单词、短语。（学习理解）

2.进一步熟练掌握情态动词should和Why not，could在本单元中的用法，通过所学，针对青少年面临的问题，给予合理的建议。（学习理解、应用实践）

（二）高阶目标

3.以听说等方式理解他人面临的压力、困境等问题，并能简单分析各种问题产生的原因，恰当表达自己关于这些问题的建议，进行角色扮演、创编对话。（应用实践、迁移创新）

4.通过所学，认识到各种压力和问题是常见的，直面问题，积极寻找合理解决问题的方法，自我减压、善于帮助别人解决问题，通过对所提各种建议深入思考和回应，提高思维的批判性和创新性。（文化意识及思维品质）

二、达成评价

1.1 能利用拼读规则拼读生词；能发音准确，语调自然流畅地朗读本课时的单词、短语、句子。

1.2 能利用导学案自主先学，课上小组互学、帮学，突破词汇，感知目标句型。

2.1 能借助听力预测及技巧正确完成听力任务。

2.2 能听懂should、why not、could等提出的建议。

3.1 能围绕谈论"压力、困境"及给出建议，运用所学语言与他人进行交流，语音语调用词基本正确，表达比较连贯。

3.2 能用所学语言与他人进行口头交流，有效询问，恰当表达，完成交际任务。

3.3 能通过角色扮演、创编对话，主动与人描述烦恼或针对压力、烦恼问题给出合理建议，表意清晰，话语基本准确。

4.1 能够运用本课所学，在身边人遇到问题和烦恼时，积极帮助分析原因，并给出恰当准确的建议来缓解对方的压力。

4.2 能够在本课学习之后，在日后自己遇到问题时，不恐慌，不抱怨，能直面困难，辩证看待问题。

三、学习过程

（一）先行组织

回顾人教版八下Unit 1 What's the matter?内容，根据出示的表示身体不适图片，学生针对身体不适给出相应的建议。

目的：复习之前所学的询问身体不适和给出建议的句型，铺垫新课所学（针对问题提建议）。

（二）任务（问题）与活动

任务一："知心天使"识问题（Know about the problems）

活动1：Game：quick response.

已完成先行作业的预习导学案,故而用游戏的方式来检测是否掌握本课核心词汇和短语。

没有得到足够的睡眠 don't get enough sleep
不得不学习到很晚 have to study until really late
有太多家庭作业 have too much homework
与我最好的朋友吵架了 get into a fight with my best friend
上很多课后辅导班 take more lessons after school
不允许我与朋友出去玩 on t allow me to hang out with my friends
没有空闲时间做我喜欢的事 don't have any free time to do things I like

Task 1: Quick response
Fight for your groups !

任务二:"知心天使"出主意(Give the advice)

活动2:

(1)完成1a听力任务,总结出询问问题和给出建议的句型。

(2)完成2a、2b听力任务,继续总结问题产生的原因。

任务三:谈论问题(Talk about the problems),学作"知心天使"

活动3:role-play the conversation.

操练基本提建议句型及给出建议的句型:

【提出问题】

(1)在任务一和任务二中我们已经了解到日常学习、生活中遇见的烦恼问题，并学习到了相应问题的建议，我们现在尝试谈论我们在学习、生活中的问题，与同伴交流。

（2）黑板上的板书和同学们的笔记上都已经记录了许多问题，例如作业过多、压力过大、睡眠不足、不允许和同伴外出、课后班过多、与好朋友吵架等等问题，下面请小组内就一至两个问题谈论，并尝试表演出来。

设计意图：任务三是本节课教学环节中最重要的一环，希望通过此环节能帮助学生在语境中理解对话内容及核心语言，做好内化和语言输出的准备。

【组织学习】

教师出示评价标准和对话支架，同学们以小组形式开展活动，小组沟通交流，操练对话。在此过程中，教师要观察学生能否借助板书、笔记、支架语言来练习对话，适当给予指导和点拨。以小组加分制激励学生，调动积极性。

评价标准：

1.问题阐述清晰、给出相应建议。（+4）

2.自信表达、问题阐述清楚，配有原因、给出的建议准确。（+6）

3.自信表达、声音洪亮、问题说明清晰、产生原因分析到位、建议精准，有合理创新的发挥。（+10）

设计意图：设置此问题，让学生充分发言，表达自己对问题的看法和建议，并能主动思考问题，了解学生对本课内容的消化及理解。

【表达成果】

学生小组G1：针对作业过多的烦恼，经过讨论，我组给出以下建议：

（1）早点在学校完成，不浪费时间；

（2）高质量完成作业，可以让老师以"减免作业"作为奖励；

（3）不是作业过多，是我们写得太慢，可以设定闹钟，帮助我们完成作业。

T：这一组的想法十分绝妙，你们给自己的小组多少分？其他小组给他们多少评分呢？

师生活动：学生探究，分析讨论，根据小组的回答情况，给予评分，实现生生互评。教师适当加以引导，师生互评。

G1：我们给自己打6分。因为我们考虑问题很全面。

G2：不同意6分，没有达到自信表达，并且声音不够洪亮。

G3：我们觉得打4分，虽然这组同学给出的建议十分有用，但是该组同学在表述建议的时候只用了should、maybe you should来表述建议，我们认为表述建议的句型太过单一重复。

T：同意以上小组给出的4分，我们既然学习了那么多表述建议的句型，为什么不把它应用到实际操练中来呢，只有充分运用，才能达到知识的内化。

设计意图：这一环节中学生思考自己给出的问题解决方式的句型，拓宽彼此思维，不仅让表演小组抒发了自己的想法，也让听众一方表述观点，实现了生生互评，教师在适当时机给予点拨，起到引领作用。

| 嵌入评价：G1 | | 自评 | 他评 | 师评 | 总评 |
|---|---|---|---|---|---|
| | 问题阐述清晰、给出建议 +4 | 3 | 1 | 2 | |
| | 表达流利、问题阐述清楚有原因、给出的建议准确 +6 | 3 | 3 | 2 | |
| | 自信表达、声音洪亮、问题说明清晰、原因分析到位、建议精准、有合理创新的发挥 +10 | | | | |

K'м2 You should
Maybe you should.

学生小组G2：我们编排了课本剧，主要谈论不能外出闲逛、与朋友吵架等烦恼。我们给出的建议是：我们应该外出游玩，因为可以开心地玩耍或者分享彼此的小秘密。其次，如果和同学吵架，应该买一些小零食给他，让他开心，或者直接去他家找他玩，或者打电话给他道歉，或者带他去看篮球赛。

教师强调：注意这一组呈现的方式，以课本剧的方式演出更贴近我们的生活，可以考虑给予更高的分数。

师生活动：通过小组合作探究，怎样给出合适的分数，并且我们在下一次进行展示时，都要向这组同学学习！

【交互反馈】

T：根据刚才的自评和互评，请问我们在这一环节应该注意哪些问题？

S1：分数低的那一组是因为谈论问题单一，而分数高的这组理由是声音洪亮，表演有内容，观众能看懂，实现了真正的交际。

S2：除了利用书上的本节课的短语，他们组其实可以用我们之前学习过的短语，实现创新。比如三单元中就有很多，去商店、邀请朋友去派对，一起外出可以约到图书馆去看书。

T（教师追问）：是的，想要创新不一定要变难，我们可以用上曾经学习到的知识，这样用旧知帮助新知呈现会更好！其他人有没有不同看法？在众多建议中，你想给予高一些的分数是哪一组？

S3：第二组最好！因为他们使用了课本中的短语来表述问题，并在给出建议的时候用到了should、could、why not，you'd better，我们抓到了这些表示建议的关键词。

T（教师补充）：表扬认真聆听的同学们，在展示时，我们已经学到了这么多的表建议的句型，那么在给出建议时要用我们笔记中丰富且易懂的句型来表述，这样能让困惑的一方迅速掌握我们给出的建议，而且用不同方式给出建议，让听众不易疲劳，易接受。这一组的同学笔记记得好，深入自己的角色中，运用语言理解意义，实现了从学习理解过渡到了实操层面。

【整合提升】

学生总结回答、再次确认笔记上本节所学的表活动的短语及表建议的句型：

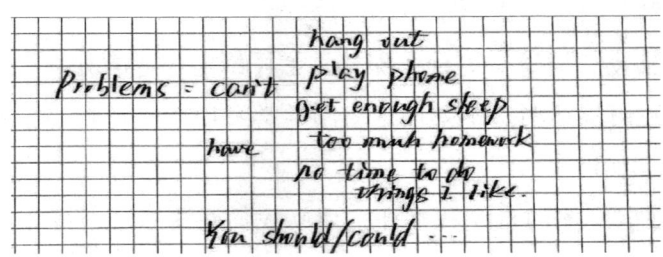

任务四：成为"知心天使"（To be an advice angel）

活动4：

（1）小组模拟真实对话，互相说出每个人面临的问题。

（2）小组其他成员要针对每个人提出的问题互相给出自己的建议。

（三）迁移运用

Free Talk：

通过课前下发问卷星调查，调研本班同学目前所面临的最严重的问题是作业过多，通过小组讨论，运用本课所学，积极思考，简单分析问题的成因、阐述自己的观点。

涉猎相关知识：国家"双减"政策，减掉不必要的作业，做更真实有用的作业。

设计意图：本环节通过课前的信息技术支持，提前下发了问卷星调查，让同学们投票选出当前最大的烦恼，旨在帮助学生聚焦到真实投票选出的问题，激发兴趣、交流彼此的想法，并将观点落实在笔头上，从课本走向现实生活。并借"双减"给予学生正向引导和思政教育，正确看待学业压力。

| 评价量表（Evaluations） | | |
| --- | --- | --- |
| 评价项目 | 分值 | 得分 |
| 自信表达，无语法错误 | 2 | |
| 声音洪亮，表达流畅 | 2 | |
| 理由合理，建议精准 | 2 | |

**Write down your own opinion:**

*In my opinion, the most important task of our us is finishing homework. We can do it as quietly as we can in our school. Don't play too much at school. Besides, homework is another way to go over the knowledge, so we must do our homework.*

（四）成果集成

（五）作业设计

| 层次（Level） | 作业设计（Homework Design） |
| --- | --- |
| Level C | 1.复习本课所学词汇、短语及句式<br>2.驰声口语课时练习 |
| Level B | 1.本课生词造句（造句本）<br>2.绘制本课时思维导图：<br>要求：尽可能多地整理我们遇到的问题及对应的建议<br>3.驰声口语课时练习 |

| Level A | 1. 录制视频：小组成员表演<br>内容：烦恼问题及应对建议<br>杰作上传到社交媒体进行展示（朋友圈、抖音、快手、美篇等）老师期待为你点赞哦！<br>2. "真情流露"：针对问卷星投票选出的最严重的问题写一篇小短文，说明理由，给出合理建议。择优进行课上展示！ |
|---|---|

（六）课后反思

本课内容是针对学习、生活中的问题提出建议，以"知心天使"为主要的语言情境，以学生为主体，践行英语学习活动观设计学生活动完成本课时目标，各个环节任务的设置，也是围绕如何成为一个"知心天使"，成为一束光，温暖照亮生命中的每个人。通过"认识问题""学习给出建议"，再到"谈论我们的问题给出相应建议"，使得同学们能够在轻松愉快且贴近实际生活的氛围中学习生活中的英语，并能学以致用，谈论真实的成长中遇到的困惑，并给出真实角度的建议。

在任务三（谈论问题及给出建议的环节中）设计了结构化的学习任务和嵌入评价来帮助学生高质量地完成任务，引导学生思考问题，并且能够让学生看到优秀的示范，在日后的口语活动中模仿。在任务四的环节中，让每一个同学开口说英语，并且每个人都有一次成为"知心天使"的机会，这样不仅能让每个人"吐槽"自己的烦恼，也能互相给出建议，真正是将学到的英语知识应用到了现实生活中，解决生活中遇到的问题。在迁移运用环节中，以"问卷星"为信息技术支持，让同学自己投票选出目前面临的最大问题，并在课上加以讨论，真正做到学生参与，学生做主，践行了英语学习活动观。并在讨论后引出"双减"政策，正向引导同学们正视我们目前面临的学业压力和解决问题的建议。同时渗透思政教育，面对困难时，我们不能退缩逃避，要直面困难，积极主动地去解决，培养学生的抗挫能力和独立思考问题的能力，在大单元整合教学下，老师还是要继续放手，让学生更多地参与其中，体悟自主学习英语的魅力和真谛。

# 九年级全一册 Unit 1 How can we become good learners?

长春经济技术开发区育隆学校　张明珠

单元教学规划

一、单元内容

本单元为人教版九年全一册 Unit 1 How can we become good learners？本单元以 Learning methods 为中心话题，主要讲述语言学习和语言学习的策略方法，先从调查学生在学习过程中实际使用的方法开始，通过谈论学生的学习方法，从中培养学生的语言运用能力，并提高学生交流与共享的技能。

二、单元分析

（一）课标分析

1.内容要求

本单元属于新课标中"人与自我"范畴下"生活与学习"主题群中"积极的学习体验，恰当地学习方法与策略，勤学善思"以及"自我认识，自我管理，自我提升"子主题内容。

（1）了解英语词汇包括单词、短语、习惯用语和固定搭配等形式；理解和领悟词汇的基本含义，以及在特定语境和语篇中的意义、词性和功能。

（2）明确学习语法的目的是在语境中运用语法知识理解和表达意义；在语境中运用所学语法知识进行描述、叙述和说明等。

（3）从书面语篇中判断和归纳作者的观点及语篇的主旨要义；根据上下文判断书面语篇中生词的含义；在听、读、看的过程中，针对语篇的内容有选择地记录信息和要点；阅读文章时，整体理解和简要概括所读内容。

（4）根据写作要求，收集、准备素材，独立起草、修改和完成语篇。在口头和书面表达中使用常见的连接词表示顺序和逻辑关系，连接信息，做到意义连贯。

2.学业要求

（1）语言能力

能读懂语言简单、主题相关的简单语篇，提取并归纳关键信息；能归纳学过的语法规则；能分析和梳理常见书面语篇的基本结构特征；能围绕相关主题，运用所学语言，于他人进行日常交流；能选用不同句式结构和时态，描述和介绍设变的人和事件，表达情感、态度、观点和意图等。

（2）文化意识

能初步了解英语的语用特征，选择恰当的交际策略；能自尊自爱，正确认识自我，关爱他人；有自强自信的良好品质，做到内化于心、外化于行。

（3）思维品质

能发现语篇中事件的发展和变化，把握语篇的整体意义；能辨别语篇中的衔接手段，判断句子之间、段落之间的逻辑关系；能提取、概括、整理稍长语篇的关键信息、主要内容、思想和观点；能根据语篇内容和所给条件进行改编或创编。

（4）学习能力

对英语学习有持续的兴趣和较为明确的学习需求与目标；有积极主动的学习态度和较强的自信心；能主动参与课内外英语实践活动，积极使用英语进行交流；能制订明确的英语学习目标和计划，合理安排学习任务，主动预习和复习；能找到适合自己的英语学习方法；能在学习活动中积极与他人合作，共同完成学习任务。

九年级全一册 Unit 1 How can we become good learners?

3.教学提示

明确初中各年级学生语言水平发展的侧重点和达成度，并以此为依据做好教学规划，结合学情指导学习。引导学生坚持课内外的语言实践和积累，逐步形成适合自己的学习方法；依托语境开展教学，引导学生在真实、有意义的语言应用中整合地学习语言知识；让学生关注词汇的搭配和固定的表达方式，积累词块，扩大词汇量。同时注重在语境中呈现新的语法知识，就语篇知识而言，要引导学生充分利用语篇知识有效地获取和传递信息。在语用方面，也要帮助学生树立语境意识，在语言交际中，关注事件、地点和场合以及交际对象。指导学生自主构建和内化知识，发展独立思考和解决问题的能力。

4.学业质量

能听懂相关主题的语篇，借助关键词句、图片等复述语篇内容；能利用语篇所给的提示预测内容的发展，推断说话者的身份和关系以及情感、态度和观点；能运用一定的阅读策略，借助思维导图等工具梳理书面语篇的主要信息，理解大意；进行书面表达时，能正确使用所学语言，格式较为规范；积极参与课堂活动，与同伴一起就相关主题进行讨论，合作完成学习任务。

（二）教材分析

1.横向分析

本单元主要围绕how to learn English这个话题展开语言学习活动，在一系列的语言学习活动中学会运用do sth. by doing sth.的用法，重点是学会用by短语表达和询问学习方法，难点是能够正确表达自己学习英语的方式及困难。本单元分为Section A 和Section B两部分。Section A 为目标句型提供分步事例和指导性练习；Section B 使学生能够对已经学过的目标句型运用自如。还附有Self Check部分，此部分是让学生用来测试自己现阶段的英语水平，即对本单元的语言目标的掌握程度有较为明确的认识。

2.纵向分析

本单元是九年级的第一课，主题是"learning methods"，在八

143

年级的知识与九年级的知识中起着承上启下的作用，是对七下Unit 3 How do you get to school?中知识点的延伸，也是对九年级Unit 14 I remember meeting all of you in Grade 7. 内容的铺垫。通过本单元的学习，学生在今后的学习中应有较为明确的学习动机和积极主动的学习态度，能就日常生活中的各种话题与他人交换信息并陈述自己的意见。

（三）学情分析

1.已有认知

学生已经学过特殊疑问词How的用法，了解how是用来提问方式方法；对by的用法，之前在学习Unit 3 How do you get to school?交通工具一单元中也有所接触。

2.已有经验

学生已经掌握一般现在时的结构，在以往的学习中已经熟知各种学习策略，能够根据自己的学习状态，表达自己学习上的困惑，并能针对同伴的困惑给出简单建议。

3.思维特点

学生的思维已经具有可逆性，逻辑思维也已初步发展成熟，在话题的讨论上具有灵活性，能够在教师的引导下对相关主题的事件表达自己的看法与观点。

4.心理因素

学生的身心发展正在走向成熟，但仍具有惰性，缺乏自律性，需要教师耐心引导，根据学情选择合适的教学方法。

5.学习障碍

学生虽然学习过相关知识点，但知识不具备体系性，相对较为分散，在本单元可能遇到的障碍如下：一是不会在具体情境中使用do sth. by doing sth.；二是不会区分各种建议表达方法的具体使用；三是不会根据前期的语言积累，完成写作上的迁移运用。

三、单元主题

How can we become good learners？（Learning methods）

四、单元目标

（一）低阶目标

1.理解感知How 和by的句型，编造如何学习的对话。

2.运用泛读、精读的阅读技巧理解文章。

3.通过交流日常学习中的困难，共同探讨解决策略，了解更多学习方法。

4.通过对范例的分析，结合自身情况，介绍如何成为一名优秀的学习者。

5.通过结合自身与他人的学习经验，用议论文体裁，有逻辑、有条理、有情感地表达自己的学习经历、经验和建议等。

（二）高阶目标

6.通过对学习方法的学习，能够用科学正确的方法做事，明白"一分耕耘，一分收获"。

五、单元评价

1.1 学生能够根据1b，2a，2b听力练习进行How 和by的句型感知。

1.2 学生能够通过1c对话结合1a短语准确运用by+v.-ing句式交流学习的方式方法。

1.3 学生通过之前的练习活动能够对2d对话进行角色扮演及实际输出。

2.1 能运用跳读和寻读的方法感知文章。

2.2 能运用细读文章的方法，完成任务，深入地分析文章。

2.3 能小组合作，画出思维导图，复述文章。

3.1 能够根据语法部分的句子，归纳出how和by的用法。

3.2 能够运用重点词组及by+v.-ing句式进行造句。

3.3 能够用英语向别人请教和介绍英语学习方法。

4.1 能够找到英语学习困惑的关键词，描述自己的困惑。

4.2 能够辩证地解决别人英语学习的困惑。

5.1 能够根据任务了解文章脉络。

5.2 能够根据思维导图用自己的语言进行文章复述。

5.3 能够根据已有的学习方法列出文章框架并连词成句，连句成段，连段成文句，对他人的文章进行多维度多角度的评价。

6.1 能够根据学习方法的学习，在今后做事过程中有方法，有效率。

6.2 能够明白努力的意义，脚踏实地地做好每一件事。

### 六、单元结构化活动

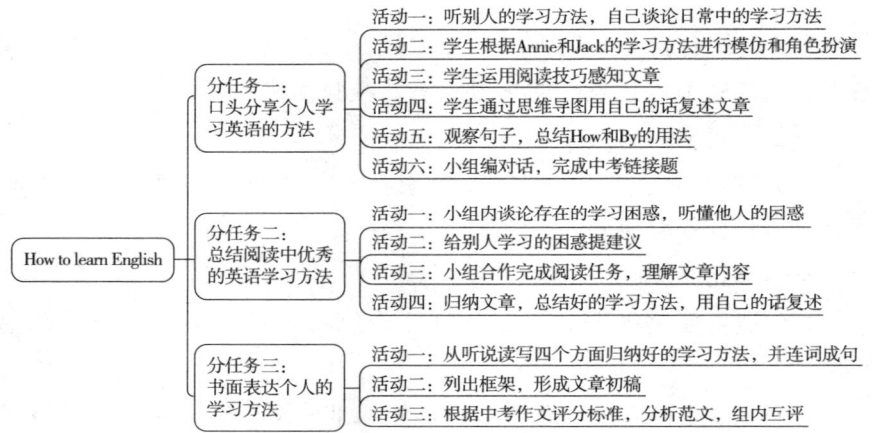

### 七、课时分配

| 浅谈多种方法 | 1课时 | Section A 1a-2d（听说课） |
|---|---|---|
| 坎坷心路历程 | 1课时 | Section A 3a-3b（泛读课） |
| 总结关键句型 | 1课时 | Section A Grammar Focus-4c（语法课） |
| 匹配困惑与方法 | 1课时 | Section B 1a-1e（听说课） |
| 培养学习习惯 | 1课时 | Section B 2a-2e（精读课） |
| 树立学习意识 | 1课时 | Section B 3a-Self Check（写作课） |

九年级全一册 Unit 1 How can we become good learners?

## 课时规划设计

### Section A 1a-2d（听说课）
（1课时）

一、课时目标

（一）低阶目标

1.掌握本课学到的如何学习英语的词组。

2.初步运用How句式以及By doing进行句子问答。

（二）高阶目标

3.能够归纳正确的英语学习方法并应用到日后的英语学习中。

二、情境任务

任务一：英语学习我能行。

任务二：英语学习你能行。

三、学生活动

活动1.1 与同伴分享个人英语学习方法。

活动2.1 听音了解他人英语学习方法。

活动2.2 角色扮演2d对话并创编。

四、课时作业

基础作业：用how和by的句型编造三个对话，完成学案预习作业。

实践作业：每个人单独根据2d对话创编一段新对话并录制视频。

### Section A 3a-3b（泛读课）
（1课时）

一、课时目标

（一）低阶目标

1.掌握篇章中的生词和短语。

2.理解篇章，学习一些英语学习的方法，为后面的书面表达积累素材。

（二）高阶目标

3.能够结合自身实际，向他人传授自己有效的学习方法。

二、情境任务

任务一：我是学习小帮手。

三、学生活动

活动一：核对学案，考测重点词组。

活动二：利用阅读技巧完成文章问题。

活动三：合作完成文章思维导图并简单复述文章内容。

四、课时作业

基础作业：摘抄文章中的佳句至少五句并背诵。

实践类作业：根据个人理解画出文章思维导图。

## Section A Grammar Focus-4c（语法课）

（1课时）

一、课时目标

（一）低阶目标

1.总结学习by的用法。

2.能够用How 和by对话谈论如何学习各科。

（二）高阶目标

3.能够联系实际，运用这一语言结构与同伴自如地谈论自己的学习方法。

二、情境任务

任务一：我是归纳小能手。

三、学生活动

活动一：观察Grammar部分句子组内总结how与by的用法。

活动二：完成习题，巩固how与by的用法。

四、课时作业

基础作业：完成堂测习题并且预习下一课。

实践作业：制作调查问卷采访组内同伴学习英语的方法。

## Section B 1a-1e（听说课）
（1课时）

**一、课时目标**

（一）低阶目标

1.掌握更多关于英语学习的短语和表达。

2.能就英语学习中的困难与方法进行听说练习。

（二）高阶目标

3.通过学习，将良好的学习习惯应用到各课的学习中。

**二、情境任务**

任务一：说说我的困惑。

任务二：给出你的建议。

**三、学生活动**

活动1.1：组内交流个人在英语学习中的困惑。

活动2.1：听音了解他人学习英语面临的挑战及对策。

活动2.2：以pair work 的形式练习对话，给出建议。

**四、课时作业**

基础作业：将1c,1d两个表格内容写一段对话。

口语作业：录一段小视频表达自己在学习某一学科的困惑。

## Section B 2a-2e（精读课）
（1课时）

**一、课时目标**

（一）低阶目标

1.掌握文中的重点词组。

2.根据阅读技巧，完成相应阅读任务，理解文章大意。

（二）高阶目标

3.能够学会学习，总结好的学习方法，积极地做事。

## 二、情境任务

任务一：我的过去。

任务二：我有未来。

## 三、学生活动

活动1.1：核对学案，考测文章中重点词组。

活动1.2：利用阅读技巧，组内完成阅读任务，理解文章。

活动2.1：归纳文章内容，总结学习方法并尝试复述文章内容。

## 四、课时作业

基础作业：将课上完成的思维进行简单复述。

实践作业：假设你是本班的学习宣传大使，请你结合本课所学内容，以海报的形式向他人宣传怎样学好英语。

# Section B 3a-Self Check（写作课）
（1课时）

## 一、课时目标

（一）低阶目标

1. 根据提示，结合所学，写出学习英语最好的方法、原因及举例。

2. 利用3a表格和3b提示，写一封信，给出学习英语最好的方法的建议。

（二）高阶目标

3. 依据范文及作文评价标准对他人文章进行点评并完善自己的文章。

## 二、情境任务

任务一：我是学习小医生——查找病情。

任务二：我是学习小医生——专家会诊，对症下药。

## 三、学生活动

活动1.1：组内探讨，从听说读写四方面归纳英语学习方法。

活动1.2：列出文章框架并在规定时间内完成文章初稿。

活动2.1：依据评分标准，分析范文并组内互评。

### 四、课时作业

基础作业：完善本课作文；从范文中摘抄好词好句。

创意作业：录制一个3分钟左右的短视频，用英语向大家分享你的学习小妙招。

实践选做作业（A层完成）：假设你的同学李华在数学学科的学习上遇到了一些问题，向你写信寻求一些学习方法，请你根据自己的学习经验给他提出一些建议。

## 课时教学设计及课堂教学实录

## Section B 3a-Self Check（写作课）
(1课时)

### 一、学习目标

（一）低阶目标

1.通过小组讨论，从听说读写方面列出英语学习方法的短语。

2.运用How 和by的句型造有关学习方法的句子。

3.明确写作要求，根据3a，3b列出作文框架。

（二）高阶目标

4.对比范文，美化自己的作文。

5.点评他人文章，反思自己文章的不足。

### 二、达成评价

1.1 能够互帮互助，列出英语学习方法的短语。

1.2 能够把英语学习的短语按照听说读写进行归类。

2.1 能够根据短语和句型自主造句。

2.2 能够与别人沟通交流学习方法。

3.1 能够独立审题，提取题干信息。

3.2 能够根据提示，自主列出文章框架。

4.1 能够独立写出自己的文章。

4.2 能够分析范文的闪光点，自主美化自己的文章。

5.1 能够根据中考作文评分标准，点评他人文章。

5.2 能够根据其他同学的分析和点评反思自己的不足。

三、学习过程

（一）先行组织

引导学生复习大阅读中的学习方法，由此导入问题How to learn English?

（二）任务（问题）与活动

任务一：我是学习小医生—查找病情（明确要求，形成如何学习英语的文章）

活动1：组内探讨，从听说读写四方面归纳英语学习方法。

学生先认真思考日常英语学习中有哪些比较好的学习方法，再小组内交流讨论，并从听说读写四方面技能进行总结。

学生1：by reading English stories

学生2：by watching English movies

学生3：by listening to English songs

学生4：by talking with friends in English

问题：We have so many good ways to study English. Who can summarize from the aspects of listening, speaking, reading and writing? You can discuss in group.

学生5：听方面：by listening to English songs

　　　　　　　by listening to tapes

　　　说方面：by talking with friends in English

　　　　　　　by working with friends

　　　读方面：by talking with friends in English

　　　　　　　by reading the textbook

　　　写方面：by making word cards

　　　　　　　by writing letters to your friends

活动2：连词成句。

学生根据活动一的短语，用主句型进行造句。与其他同学积极用完整的句子沟通学习英语的方法。

学生1：I study English by talking with friends in English.

学生2：I study English by listening to tapes.

学生3：I study English by reading the textbook.

学生4：I study English by making word cards.

活动3：列出文章框架，连句成段，形成初稿。

学生读题并自主提取题干信息，确定文章的人称、时态和体裁。根据所给提示，自主列出文章框架，根据3a和3b所给提示以及自己的造句，填充框架，形成初稿。

学生1：这篇作文应该以第一人称去写，时态是一般现在时并且应该是一封书信。

问题：请思考，应该是谁给谁写的书信呢？

学生2：应该是我给我的朋友写的信，开头是Dear加朋友的名字，落款是我的名字。

任务二：我是学习小医生—专家会诊，对症下药（评价他人文章，完善自己的文章）

活动4：分析范文，组内互评文章。

【提出问题】中考作文的评价标准是什么？

【组织学习】1.学生先自主思考总结，再组内交流形成基本的评价标准。

2.组内根据标准评选出一篇范文。

评价标准：

（1）小组合作评价，团队友好合作，安静有序。（+1）

（2）团队友好合作，安静有序，并指出作文的不足之处。（+2）

（3）团队友好合作，安静有序，可以帮助他人修改作文并指出作文的不足之处。（+3）

【表达成果】

1.每组派一名代表说出本组讨论的评价标准。

2.对本组范文依据评价标准进行评价,再完善自己的文章。

学生代表1:我们组总结出来的评价标准主要有三条,一是字迹工整,字迹工整能给阅卷老师留下好的印象;二是分为三段,这样总体看起来有条理;三是要写出要求中的全部要点,才不能丢分。

学生代表2:除了上一组同学陈述的标准,我们组进行补充的点是,如果想要得高分,还应该运用一些好词好句,让文章丰满一些。

学生代表3:我们组主要想说一些注意事项,在写作文的过程中还要注意检查单词拼写错误及语法错误。

【交互反馈】师:展示中考作文评价标准

学生:与自己组内形成的标准进行对比

学生1:要想写出一等文,还应该逻辑合理,这一点我们忽略了。

学生2:我补充一点,全部要点都要齐全。

师:展示一篇范文

学生:运用中考作文评价标准对这篇范文进行点评,分析范文的段落和佳句,以此进行借鉴,清晰自己的思路

Dear Zhang Xing,

I'm glad to give you some advice about how to learn English well. First, you can listen to English songs or other English programs on the radio at least three times a week. This will help you correct your pronunciation and improve your listening.

Second, it is a good idea to read more English classics. If you do this, you will not only increase your knowledge but also learn a very beautiful language.

Third, you could go to the English corner. It will provide you with many chances to communicate with others in English. This way is good for your spoken English.

I hope my advice is helpful to your English learning! I believe you can make it as long as you never give up.

Best wishes!

Yours,

Tom

学生1：通过和老师给出的范文对比，我们组的范文内容有些单一，仅仅从听说读写进行了总结，其他方面没有写。

学生2：老师的范文分为课前、课中和课后的学习方法，我们应该借鉴。

学生3：我们组的范文中有第一、第二和第三这样的逻辑词，我觉得这样比老师的范文结构更加清晰。

作文评价标准：

作文等级评价：

A级：清晰列出重点短语和文章框架，表达清晰且有自己的创新点，能够正确使用高级词汇和句型，书写美观工整。

B级：列出重点短语和文章框架，能够基本地表达出自己的观点，无大量语法错误，书写工整。

C级：在他人帮助下能够基本完成文章框架，能用简单句，简单陈述自己的观点，书写清晰。

【整合提升】学生明确中考作文评价标准后，表达个人作文的不足，能再次完善文章。

## 大作文评分档次

| 档次 | 内容、语言、组织结构部分标准描述 |
| --- | --- |
| 第一档：<br>（13—15分） | 内容充实，主题突出，详略得当，具有很好的语言表达能力，语法结构正确或有些小错误，主要因为使用了较复杂结构或词汇所致，自然地使用了语句间的连接成分，全文流畅结构紧凑。句子结构多样，词汇丰富。 |

| | |
|---|---|
| 第二档：<br>（10—12分） | 内容较充实，能表达出作文要求；具有较强的语言表达能力，语法结构和词汇应用基本正确，错误主要因为尝试较复杂结构或词汇所致；能使用语句间的连接成分，全文流畅结构紧凑。句子结构多样，词汇较丰富。 |
| 第三档：<br>（7—9分） | 内容基本充实，尚能表达出作文要求；有一些语法结构和词汇方面的错误，但不影响理解；能使用简单的语句间的连接成分，全文内容连贯。句子结构有一定变化，词汇使用得当。 |
| 第四档：<br>（4—6分） | 漏掉或未能写清楚主要内容，有些内容与主题无关；语法结构和词汇错误较多，影响了对内容的理解；尚能使用语句间连接成分，语言连贯性较差。句子结构单调，词汇较贫乏。 |
| 第五档：<br>（0—3分） | 明显漏掉主要内容，严重离题；语法结构和词汇错误很多，影响了对内容的理解；缺乏语句间连接成分，语言不连贯，词不达意。 |

学生1：我们应该在平时更注重书写，在段落上应该分为三段，这样比较清晰，另外写作文要再三的检查是否有语法错误。

反馈点评：同学们还应该注意语言是否流畅，注意引用一些经典的句子，这样会使我们的作文内容更加的丰满。

（三）迁移运用

假如你有个表弟叫Tom，他是个小学生，刚刚接触英语学科，但是他并不感兴趣，你的姑姑很苦恼，对此你有什么好的建议呢？请给你的姑姑写封信，给她提供一些方法。

（四）成果集成

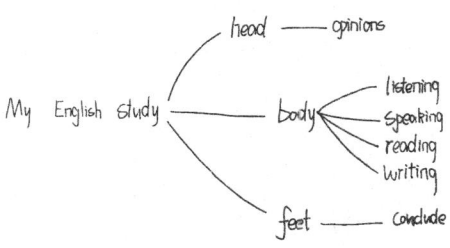

Dear John,
　　To be a good learner, we should have good habits and ways of learning. There are three good ways to learn English.
　　The first way is being interested in what you are doing. If you are interested in something, your brain will be more active. If you like music, I think you should listen to English songs. If you do this, you will be able to improve your pronunciation. The second way is to read English books because well-written books can teach you many new words and how they are used. The third way is that you can improve your English by watching English movies. This will help you to improve your listening and speaking skills.
　　I hope these three ways will work well for you! If you take all the advice, you will certainly develop into a better student in English.

　　　　　　　　　　　　Your friend,
　　　　　　　　　　　　Li Hua

### （五）作业设计

基础作业：完善本课作文；从范文中摘抄好词好句。

创意作业：录制一个3分钟左右的短视频，用英语向大家分享你的学习小妙招。

实践选做作业（A层完成）：假设你的同学李华在数学学科的学习上遇到了一些问题，向你写信寻求一些学习方法，请你根据自己的学习经验给他提出一些建议。

### （六）课后反思

本课的内容是假设你的好朋友在英语学习上有一些困惑，向你求助如何学习英语，希望你给出一些建议，分享好的学习方法，给她回一封信。基于此，设置了两个主任务、四个小活动，让学生在课上形成文章并完善。本课的亮点是根据学生目前的写作水平确定了明确的目标，并为学生写作目标的达成搭建了梯子，学生由交流到写作较为流畅。不足是学生在活动一中交流活动时间不够充足，说的较少，影响了后续的文章的丰满程度。因此，在今后的上课过程中应给学生充分的时间，做好组内分工，让学生多听多说，训练学生的思辨能力以及口语交际能力，以此让作文内容更加丰富。

# 九年级全一册 Unit 6 When was it invented?

长春经济技术开发区育隆学校　张惠雅

## 单元教学规划

### 一、单元内容

人教版九年级全一册 Unit 6 When was it invented?本单元以发明

为主要内容，学生通过了解各个物品的发明时间、作者等内容，掌握被动语态的基本形式，练习被动语态的用法。通过本单元学习，学生能用被动语态谈论历史发明和自己的想象发明。

二、单元分析

（一）课标分析

1.内容要求

本单元属于"人与社会"主题范畴下"科学与技术"主题群中"人类文明与创新"子主题内容。语篇包括日常对话、介绍类短文。初步意识到语言使用中的语法知识是"形式、意义、使用"的统一体，明确学习语法的目的是在语境中运用语法知识理解和表达意义。本单元是不同文化背景下人们的劳动实践和劳动精神，文化知识的学习不限于了解和记忆具体的知识点，更重要的是发现、判断其背后的态度和价值观。表达性技能上，为所给图表或自己创作的图片写出简单的说明。认知策略方面，从形式、意义和使用三个角度关注和学习语法，善于发现语言规律，并能运用语言规律举一反三。

2.学业要求

（1）语言能力

习得与建构方面，能归纳学过的语法规则。

（2）文化意识

比较与判断方面，能通过简单语篇认识不同文化，在理解和比较的基础上做出自己的判断。

（3）思维品质

归纳与推断方面，能从不同角度读懂语篇，推断语篇的深层含义，做出正确的价值判断。

（4）学习能力

选择与调整方面，能整理、归纳所学内容，把握重点和难点。

3.教学提示

一是要依托语境开展教学，引导学生在真实、有意义的语言应用中整合性地学习语言知识。二是要指导学生自主建构和内化新知。三是要指导学生坚持开展课外阅读。

4.学业质量标准

能积极参与课堂活动，与同伴一起就主题进行讨论、合作完成学习任务，从而提升学生综合语言运用的能力，培养学生的核心素养，实现语言学习和课程育人的有机融合。

（二）教材分析

1.横向分析

第六单元When was it invented?连同第五单元和第七单元都是练习被动语态，与第五单元What are the shirts made of?即一般现在时的被动语态相比，本单元主要侧重一般过去时下的被动语态，难度等级有所提高但又能让学生较好理解。第七单元Teenagers should be allowed to choose their own clothes.侧重练习情态动词的被动语态，是本单元语法功能的进一步延续。

内容上，主要分为Section A和Section B两大部分。Section A围绕单元话题发明,介绍了我们日常生活中一些常见物品的发明历史，如电视、电话、拉链儿、茶叶等，包括它们被发明的时间、被什么人发明及其作用或发展等内容，从语言结构上需要学习被动态的过去时。Section A部分的教学重点是被动语态运用意识的培养，学生往往很难真正把握什么时候用被动态，什么时候不用被动态，此外，不规则动词过去分词的变化也往往是学生的学习难点，这些需要我们教师指导学生多加练习，以达到熟能生巧。Section B部分将Section A部分中谈论"发明"的话题拓展到谈论个人的未来生活的话题。本部分的学习重点是通过与一般现在时、一般过去时的对比，加深对一般将来时表意功能和句子结构的理解，最终能够在语篇中理解一般将来时的使用，并尝试使用该时态谈论自己对未来生活的预测。

2.纵向分析

本单元是九年级教材的第六单元。内容分别与八年级上册第六单元I'm going to study computer science和八年级上册第七单元Will people have robots？单元都有关联，是对这两个单元的话题延伸。同时也可引导学生对教材写作之外结合中考复习话题"科普科技"进行大单元整合。

（三）学情分析

已有经验与已有认知：本单元围绕着话题运用含被动语态的句型来谈论身边的发明以及电话、电灯的发明，在第五单元学过be+过去分词的被动语态，学生还不太熟练应用。

1.思维特点及心理因素

九年级学生步入青春期，心理发育迅猛，两极分化严重。

2.学习障碍

我们的学生来自城乡接合部，九年级两极分化严重，英语基础薄弱，口语表达能力较弱。在学习时，学生对话题"发明"等被动语态的口语表达及书面表达都存在困难。

因此，通过设计贴近学生生活的几个活动，突出重点，帮助学生搭建口语输出和写作输出支架，降低学生的学习压力；学生通过驰声预习、小组合作、嵌入式评价等方式不断提升自己的口语表达效果及口语交际能力；通过互评、自评等方式反思和评价自己文章的表达效果，反复修改、完善文章，提升写作质量，突破难点。

三、单元主题

伟大的发明。

四、单元目标

（一）低阶目标

1.通过学习目标语言，掌握谈论生活中物品的发明时间、发明用途。

2.通过自主思考和小组讨论，掌握一般过去时被动语态基本结构。

3.通过用思维导图的方式进行阅读,提高阅读的有效性,掌握茶叶及篮球的发明史。

4.结合对单元目标语言的练习以及对作文题目的理解,完成发明的书面表达。

(二)高阶目标

5.通过对比中美发明及发明史,更好地理解人类发明文化中的瑰宝,树立环保意识,做到物尽其用。

6.通过掌握一些近现代发明的时间及用途,产生热爱发明的感情,树立创新的意识,建立创造的思维。

## 五、单元评价

1.1 能通过听力任务感知、掌握一些近现代的发明史。

1.2 能通过角色扮演,描述各种有用的发明物的发明时间和用途。

2.1 能借助学案预习和小组合作,探究被动语态的过去时的基本结构。

2.2 能通过练习目标语言,正确应用was/were+动词过去分词输出语法准确的句式。

3.1 能运用精读略读等策略完成阅读任务。

3.2 能借助思维导图等方式,深入学习理解篇章。

4.1 能在对题目分析后,运用目标语言,介绍自己的发明物品。

5.1 能通过对比中美不同的发明,评价不同的文化背景。

5.2 能通过分析人类发明瑰宝背后的故事,感受每件物品都来之不易,从而一物多用,树立环保意识。

6.1 能通过学习近现代史不同发明物的时间及用途,谈论和想象自己的发明,产生热爱发明的感情。

6.2 能通过理解的发明的不同用途,从多角度思考问题,树立创新意识和创造的思维。

## 六、单元结构化活动

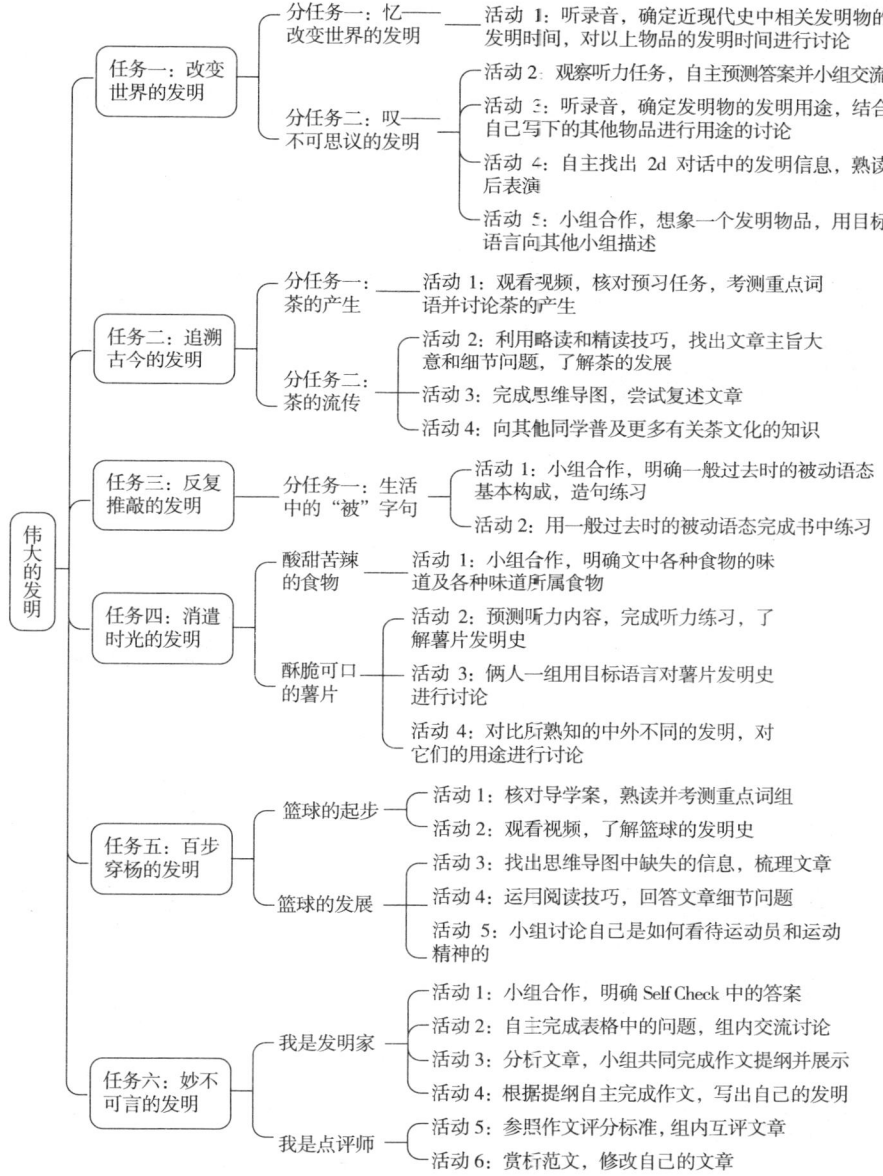

## 七、课时分配

| 改变世界的发明 | 1课时 | Section A 1a-2d（听说课） |
|---|---|---|
| 追溯古今的发明 | 1课时 | Section A 3a-3c（阅读课） |
| 反复推敲的发明 | 1课时 | Section A Grammar Focus-4c（语法课） |
| 消遣时光的发明 | 1课时 | Section B 1a-1e（听说课） |
| 百步穿杨的发明 | 1课时 | Section B 2a-2e（阅读课） |
| 妙不可言的发明 | 1课时 | Section B 3a-Self Check（写作课） |

## 课时规划设计

### Section A 1a-2d（听说课）
（1课时）

#### 一、学习目标

（一）低阶目标

1.通过自主预习和听力活动，确认近代史中一些物品的发明史并应用目标语言进行谈论。

（二）高阶目标

2.通过自主分析预习作业中句子的异同，在小组的帮助下，总结一般过去时被动语态的结构。

3.总结近现代各种发明物的发明时间及用途，激发想象力以及对发明的热情，培养创造力。

#### 二、情境任务

任务一：忆——改变世界的发明。

任务二：叹——不可思议的发明。

#### 三、学生活动

活动1.1：听录音，确定近现代史中相关发明物的发明时间，用目标语言对以上物品和自己写下的物品发明时间进行讨论。

活动2.1：学生观察听力任务，自主预测并小组交流讨论。

活动2.2：听录音，确定文章中发明物的发明用途，用目标语言对以上物品和自己写下的物品发明用途进行讨论。

活动2.3：学生自主找出2d对话中涉及的发明信息，并读熟表演。

活动2.4：小组合作，想象一个发明物品，并用目标语言向其他小组描述。

四、课时作业

基础作业（ABC层）：今日涉及的每个目标语言至少编2个对话；完成第二课的学案。

创意作业（AB层）：每个人都想一个对社会有用的发明物，可以是自己的发明，也可以是你发现的身边物品。写清它的发明时间、用途，不少于5句话。

实践选做作业（A层）：为基础类作业中涉及的发明做一个广告，可以是视频，也可以是海报。

## Section A 3a-3c（阅读课）
（1课时）

一、课时目标

（一）低阶目标

1.通过预习任务要求，背诵茶叶发展史文章的重点短语和句型。

2.通过利用阅读技巧和思维导图的方式，回答阅读问题，梳理文章脉络，深入理解文章。

（二）高阶目标

3.通过对茶叶的发展史的思考，对比分析不同国家的品茶文化，树立文化意识。

二、情境任务

任务一：茶的产生与发展。

三、学生活动

活动1：观看视频并核对预习任务，考测重点词组，讨论茶的产生。

活动2：利用略读和精读技巧，找出文章每段主旨大意和细节问题，了解茶的发展。

活动3：完成思维导图，尝试复述文章。

活动4：向同学普及更多有关茶文化的知识。

四、课时作业

基础作业（C层）：用单元目标语言写出有关茶的发展史的3组对话；完成第二课的学案。

创意作业（AB层）：根据课上绘制的思维导图，对茶的发展史以视频的形式进行简单复述。

实践选做作业（A层）：有的国家喝茶时要兑入牛奶，对此你是怎么看的呢？自行查阅不同国家的品茶文化后写出你的观点，不少于80词。

## Section A Grammar Focus-4c（语法课）

（1课时）

一、课时目标

（一）低阶目标

1.通过预习任务的完成，再次理解和记忆过去一般时被动语态的构成。

2.通过对书中习题的练习，巩固一般过去时被动语态的应用。

（二）高阶目标

3.通过比较一般现在时被动语态和一般过去时被动语态的异同，总结被动语态在不同情境下的使用规则。

二、情境任务

任务一：生活中的"被"字句。

### 三、学生活动

活动1：小组合作，明确一般过去时被动语态的构成，进行造句练习。

活动2：用一般过去时的被动语态完成书中相关练习。

### 四、课时作业

基础作业（ABC层）：完成相关练习小题，并仿写Grammar Focus中四组对话；完成第二课的学案。

创意作业（AB层）：将四组对话中的回答改编成一个小作文。

实践选做作业（A层）：录制视频，用主动语态和被动语态分别复述一个有关发明的小故事。

## Section B 1a-1e（听说课）
（1课时）

### 一、课时目标

（一）低阶目标

1.通过讨论预习任务，描述不同食物的味道。

2.通过听力任务的练习，理解薯片的发明史。

（二）高阶目标

3.通过分析和评价中美国家的发明，总结人类发明文化中的瑰宝的价值，并生成文化自信。

### 二、情境任务

任务一：酸甜苦辣的食物。

任务二：酥脆可口的薯片。

### 三、学生活动

活动1.1：小组合作，明确文中各种食物的味道以及各种味道的所属食物。

活动2.1：预测听力任务，完成听力练习，了解薯片的发明史。

活动2.2：两人一组运用目标语言对薯片的发明史进行谈论。

活动2.3：对比所熟知的中外国家不同的发明，对每种发明的用途进行谈论。

**四、课时作业**

基础作业（ABC层）：绘制薯片发明史的思维导图；完成第二课的学案。

创意作业（AB层）：仿照1d文章，改编成一个中国的小发明。

实践选做作业（A层）：录制视频，向别人宣传这个发明。

## Section B 2a-2e（阅读课）
### （1课时）

**一、课时目标**

（一）低阶目标

1.通过自主预习的背诵，记住文章的重点短语和句型。

2.通过应用思维导图的阅读方式，梳理文章脉络，理解篮球比赛发展史。

（二）高阶目标

3.通过分析篮球发展史以及篮球明星的所作所为，总结运动的精神及意义。

**二、情境任务**

任务一：篮球的起步。

任务二：篮球的发展。

**三、学生活动**

活动1：核对学案预习任务，熟读并考测重点词组。

活动2：观看视频，了解篮球运动的发明史。

活动3：找出思维导图中缺少的信息，进行梳理。

活动4：运用略读和精读技巧，回答细节问题。

活动5：小组讨论自己是怎样看待运动员和运动精神的。

**四、课时作业**

基础作业（ABC层）：摘抄文章中的好词好句；完成第二课的学案。

创意作业（AB层）：根据思维导图，复述篮球发展史。

实践选做作业（A层）：写出你对运动精神的独特理解以及你今后的做法。

## Section B 3a-Self Check（写作课）

（1课时）

### 一、课时目标

（一）低阶目标

1.通过预习任务和小组合作，识记单元目标词汇、句型和被动语态的用法。

（二）高阶目标

2.通过对文章题目的解读，在小组帮助下，绘制思维导图并生成文章初稿。

3.通过参照作文评价标准，仔细检查和评估，比较范文，修改自己的文章。

4.通过作文任务的练习，激发想象力，设计自己独特的"发明"，树立"创造"思维。

### 二、情境任务

任务一：我是发明家。

任务二：我是点评师。

### 三、学生活动

活动1.1：小组合作，确定Self Check中的答案。

活动1.2：自主完成表格中的问题，组内交流。

活动1.3：分析题目，小组共同完成提纲并展示。

活动1.4：根据提纲自主完成文章，写出自己的发明。

活动2.1：参照作文评分表，组内互评文章。

活动2.2：赏析范文，修改自己的文章。

### 四、课时作业

基础作业（ABC层）：完善今日文章并摘抄范文中的好句。

创意作业（B层）：用今日提纲再写一个其他的发明。

实践选做作业（A层）你的朋友John总是上课无法集中注意力，现在向你写信求助，你有没有什么好的发明能来帮助他。在你的回信中写清发明特征、用途、使用方法等信息，不少于80词。

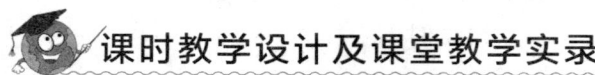
## 课时教学设计及课堂教学实录

### Section A 1a-2d（听说课）
（1课时）

#### 一、学习目标

（一）低阶目标

1.通过预习任务和小组合作，识记本课重点词汇、句型。

2.通过前置作业，理解并谈论书中相关发明物的时间、发明用途等信息。

3.通过预习任务和小组合作，初步感知一般过去时的被动语态，并进行练习。

4.通过前置作业和听力任务，熟练应用被动语态句型进行角色扮演、创编对话，使用短语be used for谈论物品的发明作用。

（二）高阶目标

5.通过掌握一些近现代发明的时间及用途，创造自己的"发明物"，培养想象力以及热爱发明的情感，养成善于观察事物及多角度思考问题的习惯，树立创造意识。

#### 二、达成评价

1.1 能利用导学案自主先学，掌握本课重点词汇、句型。

1.2 能在小组合作下互学、帮学，熟读并背诵词汇和目标句型。

2.1 能利用前置作业查阅资料，初步确定目标物品以及自己认为有用物品的发明时间。

2.2 能在先行组织中，根据预习结果和目标语言讨论各个物品的发明史。

2.3 能准确完成听力任务，最终确定各个物品的发明史并再次进行交流。

3.1 能借助听力预测、上下文语境，在导学案的帮助下探究一般过去时的被动语态的结构用法。

3.2 能正确应用一般过去时的被动语态输出语法准确的句式。

4.1 能通过角色扮演，创编对话，准确运用短语be used for谈论物品的发明用途及发明时间。

4.2 能灵活地运用被动语态，表达自己对发明的看法，展开合理想象，表意清晰，话语基本准确。

5.1 能对生活中的小难题有自己的"发明"想法，从多角度思考问题，树立创新意识。

5.2 能面对难题，用积极的态度去解决，发挥想象力，认识世界，改造世界。

三、学习过程

（一）先行组织

学生们核对短语预习结果并互相考测词汇；总结被动语态结构。

1.我是"百科书"。

Task1：借助书41页中1b所给时间，思考并明确下列物品发明时间

Time：_____

Task2：你还知道哪些有用的发明吗？他们的发明时间是什么时候呢？

_____

2.我是"线索者":参照教材,翻译下列单词、短语或句子,同时在书上画出来。

(1) special heels _____

(2) hot ice-cream scoop _____

(3) runs on electricity _____

(4) zipper _____

(5) website _____

(6) pioneers _____

(7) list _____

(8) mention _____

(9) was invented by _____

(10) with pleasure _____

(11) have a point _____

(12) "电话是什么时候被发明的?"

"我想它是在1876年被发明的。"

—When _____ the telephone _____ ? —I think it _____ _____ in 1876.

(13) 拉链是由Whitcomb Judson 在1893年发明的。

The zipper _____ _____ _____ Whitcomb Judson _____ 1893.

3.我是"分析家":分析下列句子,总结句式,写出结构。

My camera was stolen form my hotel room by somebody.

The tea was not brought to Korea during the 5th centuries.

When was the zipper invented? It was invented in 1893.

Who was it invented by? It was invented by Whitcomb Judson.

Where were these photos taken?

(1)总结过去式被动语态结构:

_____

_____

（2）仿照上面的句子，用你总结出来的句式至少再造两个句子。

_____

_____

学生核对预习任务：

S1：（1）special heels高跟鞋；（2）hot ice-cream scoop热冰淇淋勺子；（3）runs on electricity用电跑；（4）zipper拉锁；（5）website网站；（6）pioneers先驱；（7）list清单；（8）mention提到；（9）was invented by被……发明；（10）with pleasure高兴地；（11）have a point有道理

S2：I think the third phrase means "依靠电力运行"

学生考测预习短语：

S1：special heels

S2：高跟鞋

……

学生讨论过去式被动语态结构：

S1：I think the form is "was+done"

S2：It is "was/were done"．

学生用被动语态造的句子：

S1：The apple was eaten by Tom.

S2：The book was read by us.

S3：The T-shirt was bought by me.

……

（二）任务与活动

任务一：忆——改变世界的发明

活动1：听一听，聊一聊。

【提出问题】When was the telephone,television,computer and car invented?

S1：I think the television was invented in 1927.

【组织学习】小组先仿照1c的答语句式交流自己预习的结果，再借助听力，确定书中物品的发明时间。

S1：I think the telephone was invented in 1885.The car was invented in 1876.

S2：Really? But I think the telephone's invention is earlier than the car's.

S3：I think so.I think the telephone was invented in 1876.The car was invented in 1885.

S4：I think the computer was invented in 1971.

Q：So which is earlier, the telephone or the car? Now let's listen and check your answers.

（播放听力任务）

S1：I think the telephone was invented in 1876.

S2：I think the car was invented in 1885.

S3：I think the television was invented in 1927.

S4：I think the computer was invented in 1971.

Q：Can you ask and answer these and other inventions' time like the conversation in 1c?

学生仿照1c对话形式，两人一组根据所听内容和预习作业中任务二的内容进行问答练习。

| 声音洪亮，语音面貌较好 | +1 |
| --- | --- |
| 准确应用句式，无明显语法错误 | +1 |
| 有补充说明的发明物品时间 | +1/条 |

【表达成果】

S1：When was the telephone invented?

S2：I think it was invented in 1876.

S1：When was the car invented?

S2：I think it was invented in 1885.

S1: When was the television invented?

S2: I think it was invented in 1927.

S1: When was the computer invented?

S2: I think it was invented in 1971.

S1: When was the plane invented?

S2: I think it was invented in 1903.

S1: When were the fridge invented?

S2: I think it was invented in 1854.

【交互反馈】

S1: I think they can get 2 points.They can speak louder ,slower and clearer. The sentence should be corrected, he should say "When was the fridge invented?"

Q: Have you found other things' invention time?

S1: When was the washing machine invented?

S2: I think it was invented in 1858.

Q: According to these invention information, what do you find or what do you want to say?

S1: Most of them were invented in the 19th century or the 20th century.

Q: Please consider the reasons from different aspects?

S1: The people are rich in that time.

S2: The factories need to improve production efficiency.

S3: They were many great inventors,such as Edison.

Q: What should we learn from these scientists?

S1: We should learn their untiring spirit.

【整合提升】学生总结回答

S1: So far, we have learned a lot about the invention time. For example,the telephone was invented in 1876.The car was invented in 1885.Most of them was invented in the 19th century or the 20th century because the society in that time had a material foundation and wanted to be better. Besides, there were many great inventors who have an untiring spirit,we should learn these spirit.

反馈点评：First, you should pay attention to use "was" to the singular nouns and use "were" to the plural nouns. Then, you have thought about the problem from multiple perspectives. You need to stick on this habit. Finally, please remember the spirit of these scientists. Doing the things consistently from the small things in our daily life.

任务二：叹——不可思议的发明

活动2：观一观，想一想。

学生自主观察42页 2a、2b两个听力任务，尝试完成填空，并在小组中进行交流。

S1：I think the first blanks answer is "change the style of the shoes".The second one is "everything".The third blank we can write the word "heat".

S2：But I think the second blank may be "the dark", "shoes with lights" is for see something in the dark.

S3：I think the third blank is "warm",so that people can eat the ice-cream better.

活动3：验一验，谈一谈。

学生通过听2a、2b两个听力任务验证答案，用2c目标语言对上述物品和自己在学案中写的其他有用发明物的用途进行讨论，随后用重点短语be used for进行造句。

学生讨论听到的发明用途：

S1：What are the shoes with special heels used for？

S2：They're used for changing the style of the shoes.

S1：What are the shoes with lights used for？

S2：They're used for seeing in the dark.

S1：What are the hot ice-cream scoop used for？

S2：They're used for serving really cold ice-cream.

S1：What are the planes used for？

S2：They're used for transportation.

S1：What are the fridges used for?

S2：They're used for storing the food.

...

学生用be used for造句：

The pen is used for writing letters.

The scissors are used for cutting paper.

...

活动4：找一找，叹一叹：找到2d课文中涉及的发明以及相关信息，随后小组进行对话表演。

| | |
|---|---|
| 表演真实、自然；声音洪亮，语音语调正确；有创新且合理的想象 | +5 |
| 表演真实、自然；声音洪亮；对话合理 | +4 |
| 照着课文读，毫无表演痕迹 | +3 |

S1：It was invented by Whitcomb Judson in 1893. You can see zippers on dresses,trousers,shoes,bags...almost everywhere.

同组学生2和学生3表演2d对话。

S2：They can get 3 point.They can speak loudly and they need to be the person in the conversation.

S3：Besides, they need the correct tone of voice, such as the word "zipper" need a rising tone.

（三）迁移运用

你从一位神秘人的手里得到了一个物件，它是用来做什么的，可能是谁发明的，发明时间可能在什么时候呢？小组为单位进行合作，把这个物品画出来，一位代表说清楚该物品的相关信息。

| | |
|---|---|
| 观点齐全，表达明确、有逻辑 | +3 |
| 观点有创意 | +2 |
| 演讲十分生动形象，让人印象深刻 | +2 |

S1: It is a robot. It can sing and do the housework. It was invented by a strange scientist in 2000.xues

（图为学生所绘）

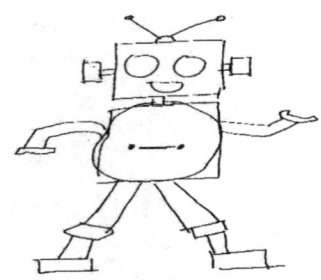

S1: I think they can get 3 points. They can say "The robot comes from the future".

S2: And the robot's main task is to protect the earth.

（四）成果集成

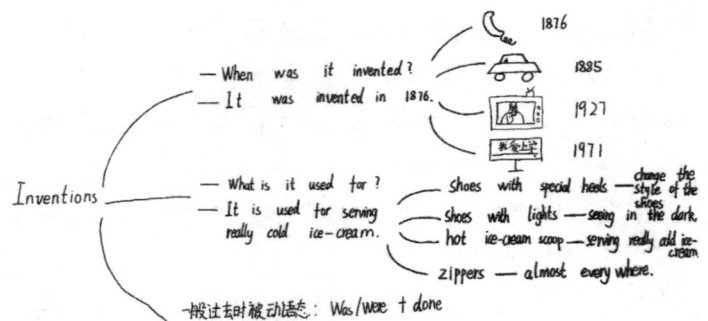

（五）作业设计

基础作业（ABC层）：今日涉及的每个目标语言至少编2个对话。

创意作业（AB层）：每个人都想一个对社会有用的发明物，可以是自己发明，也可以是你发现的身边物品。写清它的发明时间、用途，不少于5句话。

| 观点齐全、合理且表达清晰 | +3 |
| 有新意 | +2 |
| 书写规范工整且无过多语法错误 | +2 |

实践选作类作业（A层）：为基础类作业中涉及的发明做一个广告，可以是视频，也可以是海报。

（六）课后反思

本章内容是发明，是以谈论发明时间和发明用途为主线，以学生为主体设计学生活动完成目标，基于前面内容分析中所列的课标中的要求设计了本节课的教学目标，为四个低阶目标和一个高阶目标。为了达成目标，设计了"忆——改变世界的发明""叹——不可思议的发明"两个大任务，通过预习和不同的听力任务，不仅明确了一般过去时被动语态基本结构，而且确定了近现代许多发明物的发明时间和发明用途等信息。再通过用目标语言对听力内容的谈论，巩固了被动语态的使用。

在2d环节中的表演环节设置了嵌入式评价，意在鼓励学生在练习对话时要自信，且对牢记课文有一个动力支持。在迁移运用的"物品猜想"环节中也设计了一个嵌入式评价，意在让小组在准备过程中有一个达成标准。最后作业设计环节中，根据学生英语水平的不同设计了基础类作业、创意类作业和实践选作类作业，基础类作业需要全部同学完成，巩固所学目标语言。创意类作业由水平为A和B层的同学完成，通过嵌入式评价来激发学生完成的认真程度。实践选做类作业主要由能力较高的同学完成，意在锻炼学生的创意思维和动手能力或口语表达能力。

通过学习本课，学生对不同国家的发明以及背后的文化有一定的理解，对中华文化有了更多的积累和认识。在参与本课的情景时，学生为了完成任务而做出努力，从而锻炼了语言能力、表达能力和主动调试学习策略的学习能力。此外，学生在分析、比较不同的文化差异、评价他人活动、创造自己的发明时思维品质都得到了提升。

# 九年级全一册 Unit 14 I remember meeting all of you in Grade 7.

长春经济技术开发区育隆学校　扈婕琳

单元教学规划

一、单元内容

人教版九年级全一册 Unit 14 I remember meeting all of you in Grade 7.以School Life为中心话题，用不同时态谈论、分享过去的学校生活经历，描述初中生活的点滴，并学会感恩。同时培养对高中生活、未来生活的憧憬，树立远大的人生目标。

二、单元分析

（一）课标分析

1.内容要求

本单元内容属于新课标中"人与自我"范畴下"生活与学习"主题群中"多彩、安全、有意义的学校生活"和"自我认识，自我管理，自我提升"子主题内容。

语篇包括日常对话、独白；诗歌和演讲。

（1）根据重音、意群、语调和节奏等语音方面的变化，感知和理解说话人表达的意义、意图和态度。

（2）了解英语词汇包括单词、短语、习惯用语和固定搭配等形式；理解和领悟词汇的基本含义，以及在特定语境和语篇中的意义、词性和功能；在特定语境中，根据不同主题，运用词汇给事物命名，描述事物、行为、过程和特征，说明概念，表达与主题相关的主要信息和观点。

九年级全一册 Unit 14 I remember meeting all of you in Grade 7.

（3）了解句子的结构特征，如句子的种类、成分、语序以及主谓一致；在口语和书面语篇中理解、体会所学语法的形式和表意功能；在语境中运用所学语法知识进行描述、叙述和说明等。

（4）理解记叙文语篇的主要写作目的、结构特征、基本语言特点和信息组织方式，并用以描述自己和他人的经历；在语篇中尝试运用衔接和连贯手段，以提升理解的准确性和表达的逻辑性。

语用：在交际情境中，正确理解他人的情感、态度和观点，运用恰当的语言形式表达自己的情感、态度和观点。

（5）本单元是不同国家青少年的学习和生活方式，文化知识的学习不限于了解和记忆具体的知识点，更重要的是发现、判断其背后的态度和价值观。

（6）理解和推断日常生活中说话者的意图，借助于景克服生词障碍，理解口语语篇的信息和意义。

（7）以书面语篇的形式描述和介绍身边的人和事物，表达情感、态度和观点；在口头和书面表达中使用常见的连接词表示顺序和逻辑关系，连接信息，做到意义连贯；在口头和书面表达中进行恰当的自我修正，用语得当，沟通与交流得体、有效。

2.学业要求

（1）语言能力

能读懂语言简单、主题相关的简短语篇，提取并归纳关键信息，理解隐含意义。能归纳学过的语法规则；能辨识和分析常见句式的结构特征；能分析和梳理常见书面语篇的基本结构特征；能用简单的连接词建立语义联系。在书面表达中，能选用不同句式结构和时态，描述和介绍身边的人、事物或事件，表达情感、态度、观点和意图等。

（2）文化意识

能欣赏、鉴别美好事物，形成健康的审美情趣；具有国家认同感和文化自信，有正确的价值观和积极向上的情感态度；有自信自强的良好品格，做到内化于心、外化于行。

（3）思维品质

能提取、整理、概括稍长语篇的关键信息、主要内容、思想和观点,判断各种信息的异同和关联;能根据语篇推断人物的心理、行为动机等,推断信息之间简单的逻辑关系;能从不同角度读懂语篇,推断语篇的深层含义,做出正确的价值判断。

(4)学习能力

对于学习有持续的兴趣和较为明确的学习需求与目标;有积极主动的学习态度和较强的自信心;能在学习活动中积极与他人合作,共同完成学习任务;能在学习过程中积极思考,主动探究,发现并尝试使用多种策略解决语言学习中的问题,积极进行拓展性运用。

2.教学提示

引导学生树立目标意识并做好远期、中期和近期的学习规划,激发学生的责任感和自主性,提升学生的自律意识和情绪管理能力。依托语境开展教学,引导学生在真实、有意义的语言应用中整合性地学习语言知识。根据学生的实际需求,选择和设计既有层次又强调整合不同类型的练习和活动,巩固所学语法知识,引导学生在语境中学会应用语法知识准确地理解他人和表达自己。引导学生充分利用语篇知识有效获取和传递信息,表达观点和态度。指导学生自主建构和内化新知,发展独立思考和合作解决问题的能力。重视内化环节的作用,利用个人自述、同伴互述和小组分享等活动形式巩固学生的结构化新知。设计和指出不同思维层次的问题,引导学生独立思考,促进他们的思维从低阶走向高阶稳步发展,逐渐形成对问题的认知和态度。鼓励学生将阅读经验与现实生活相联系,引发情感共鸣和阅读期待。确立并引导学生围绕复杂的、来自真实情境的主题,自主、合作参与实践和探究,用英语来完成设计、计划、问题解决、决策、作品创作和成果交流等一系列项目任务。学生运用所学语言进行有意义的思考、建构、交流和表达,呈现和展示最终的学习成果,实现学以致用,学用一体。

3.学业质量

能听懂相关主题的语篇,借助关键词句、图片等复述语篇内容。能利用语篇所给提示预测内容的发展,判断说话者的身份和关系,推断说话者的情感、态度和观点。能运用一定的阅读策略,借助表格、思维导图等工具梳理书面语篇的主要信息,理解大意。在阅读稍长的语篇材料时，能理解主要内容，推断隐含信息、表达个人看法，提出合理疑问，分析和解决问题。能根据口头交际的具体语境，初步运用得体的语言形式，表达自己的情感、态度和观点。能选用正确的词语、句式和时态，通过口语或书面语篇描述、介绍人或事物，表达个人看法，表意清晰，话语基本通顺。进行书面表达时，能正确使用所学语言，格式较为规范。积极参与课堂活动，与同伴一起就相关主题进行讨论，合作完成学习任务。

（二）教材分析

1.横向分析

本课是九年级最后一节课，话题是"School Life"，Section A主要是对初中生活的回忆，其主要运用不同时态和句式分享过去的回忆和经历，积累好词好句，教材中的人物与个人、生活和世界的相结合，Section B是对Section A的情感升华，明确育人方向，通过学生间的对话、校长的毕业演讲教会学生学会感恩，以及对未来的展望，表达自己的观点和态度，树立远大的人生目标。

2.纵向分析

本单元话题为"School Life"，它是整个初中教材的最后一节课，本话题内容涉及新课标中七年级上册Unit 8 When is your birthday? B部分内容和Unit 9 My favorite subject is science.单元内容,七年级下册Unit 9 What does he look like?单元内容,八年级上册Unit 3 I'm more outgoing than my sister. Section B部分单元内容。主题是对七年级下册Unit 12 What did you do last weekend?单元内容,八年级上册Unit 1 Where did you go on vacation? Unit 2 How often do you exercise? 和Unit 6 I'm going to study computer science.单元内容，八年级下册Unit 2 I'll help to clean up the city parks.和Unit 9 Have you ever been to a museum?单元内容的一个延伸。同时也可引导学生对教材写作之外结合中考复习话题"计划与安排"进行大单元整合，同时复习巩固关于计划安排的语言知识，促进其综合语言运用能力的提高。

（三）学情分析

1.已有认知

学生在七、八年级掌握一定的词汇基础，在九年级全一册中的第一单元、第四单元和第十二单元学习到了能够应用在本课的句型句式以及时态，具备一定的语料和认知，具备语言运用、探讨和根据语境进行创新的能力。

2.已有经验

学生掌握基本过去式结构，可以结合自身情况进行造句和简短的表达，能够有自己的看法；通过分析语篇可以进行简单的表达，掌握了will和be going to来表达自己对未来的展望和期待。

3.思维特点

学生们的思维正在从"碎片化"记忆走向"统整性"，从"表层化"思维走向"层次化"，可以深度思考问题，在教师引导下将教材与个人、生活和世界相结合。

4.心理因素

学生们的身心开始走向成熟，但对事物的认识分析具有片面性和表面性，学生的生活独立性和学习能力有很大的提高，可塑性强，需在教师的悉心引导下开展活动，明确学习目标。

5.学习障碍

语料储备还比较分散，没有形成相对完整的认知体系。此外，部分学生分析问题和解决实际问题的能力较弱，需要教师设计有趣且有效的教学活动，激发其学习积极性，同时渗透学法指导，形成对整体知识的认知，搭建支架，设置课堂中的主线任务以及分任务和活动，帮助学生在已有的认知基础上激发学习兴趣，组织学生学习，帮助其提高学习效率。

三、单元主题

I remember meeting all of you in Grade 7.（School Life）

四、单元目标

（一）低阶目标

1.通过回忆初中生活的点滴，学会用remember doing something句式，结合过去时和现在完成时，谈论令人难忘的回忆。

2.通过快速阅读，了解英文诗歌中的韵脚规律、修辞格等诗歌基本知识。

3.通过观察例句,简单运用不同时态描述自己初中三年难忘的人或事。

4.听懂他人对未来的展望,并能简单运用hope to do描述自己对未来的展望。

5.能够理解文章大意,表达自己对未来的感想和期待。

(二)高阶目标

6.通过分析具体文章和例句,总结时态和句式。

7.创作自己的文章,准确应用不同时态结合自己的初中生活和经历,表达出自己对学校、教师的感恩。

8.将校长的寄语结合自己的实际生活,准确运用将来时构建自己的未来生活,树立远大的人生目标。

**五、单元评价**

1.1 能借助听力预测、上下文语境、深入练习所学句式,用短语表达校园生活的经历。

1.2 能通过谈论在校的经历生活,运用remember doing something句式、结合过去时和现在完成时、结合短语、2d来表达自己喜爱的老师及相关回忆,谈论令人难忘的回忆。

2.1 能够独立阅读,理解诗歌的内容,找出诗歌中的押韵规律和修辞。

3.1 能借助3a-3c活动任务链的练习,熟练、灵活运用语法句式结构。

3.2 能通过观察结合所学,描述初中难忘的人或事。

4.1 能积极参与课堂,能借助听力预测、听力技巧,准确完成听力任务。

4.2 能通过角色扮演、创编对话,正确输出、在具体故事情境中用完成时和将来时谈论未来想做的事。

5.1 能运用概括段落大意的策略、完成阅读任务、借助思维导图等,深入学习,理解篇章。

5.2 能积极参与课堂活动,与同伴一起就单元话题进行讨论,谈论自己的毕业展望并描述令自己难忘的人或事情。

6.1 能够通过分析、对比和归纳，用Circle map总结本课所学的句式和时态。

7.1 能够运用总结的句式谈论My school life；书面表达自己三年的学习、生活、难忘的人或事，并与小组分享互评。

7.2 能够以书面表达的方式，表达自己对学校、朋友、教师的感激，对他人的肯定、赞扬以及祝福。

8.1 能够关注文章体裁和写作目的，体验毕业演讲语言魅力和其表达的真挚情感，并思考表达自己的未来。

8.2 能够点评他人的写作或者演讲，自己的感想可以激发他人的感受。

## 六、单元结构化活动

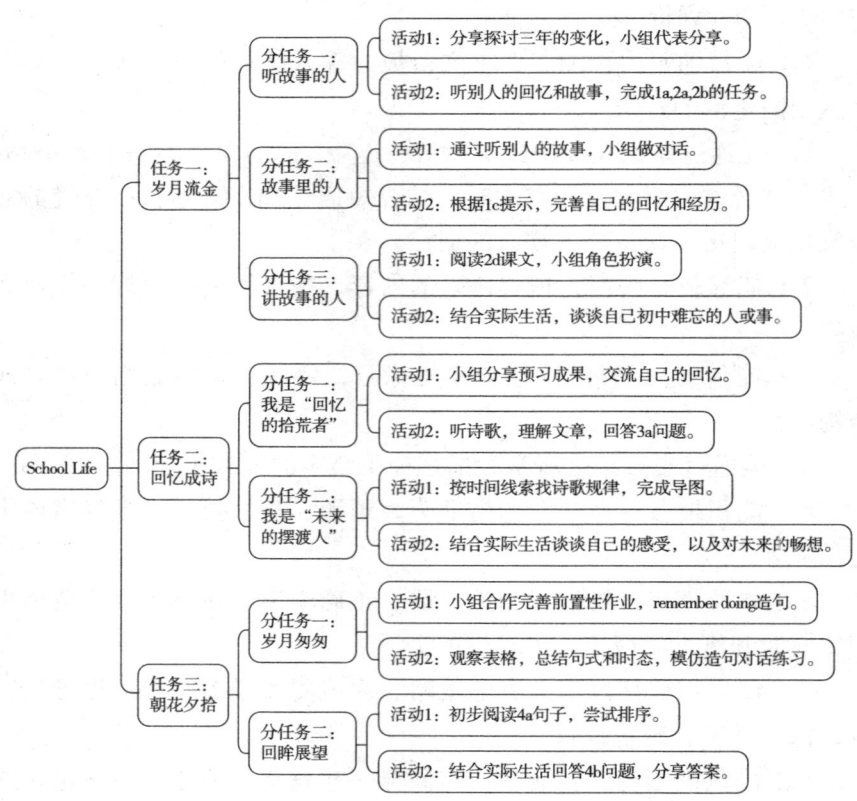

九年级全一册 Unit 14 I remember meeting all of you in Grade 7.

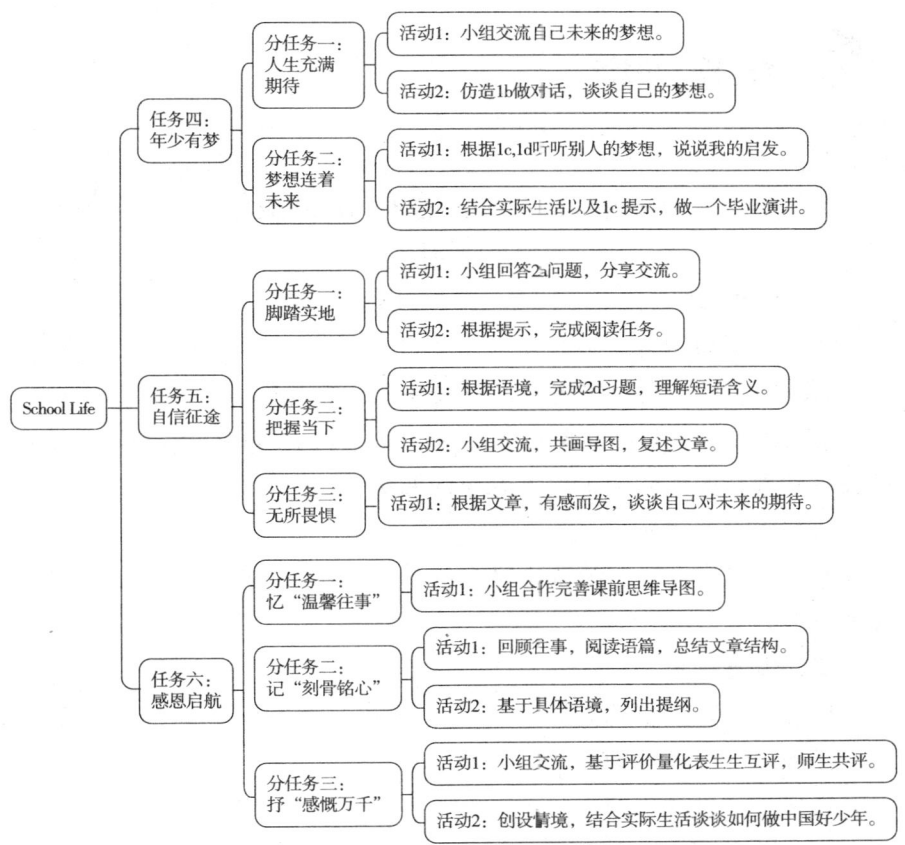

**七、课时分配**

本课共计6课时，分为Section A和Section B两大部分，每个部分3课时。第一部分主线为"我的初中回忆"，第二部分主线为"我的美好未来"。

| | | | |
|---|---|---|---|
| 我的初中回忆 | 岁月流金 | 1课时 | Section A 1a-2d（听说课） |
| | 回忆成诗 | 1课时 | Section A 3a-3c（阅读课） |
| | 朝花夕拾 | 1课时 | Section A Grammar Focus-4c（语法课） |
| 我的美好未来 | 年少有梦 | 1课时 | Section B 1a-1e（听说课） |
| | 自信征途 | 1课时 | Section B 2a-2e（阅读课） |
| | 感恩启航 | 1课时 | Section B 3a-Self Check（写作课） |

## 课时规划设计

### Section A 1a-2d（听说课）
（1课时）

一、课时目标

（一）低阶目标

1.通过回忆，简单描述自己过去和现在的变化。

2.理解听力语篇，简单运用remember doing something句式、结合过去时和现在完成时谈论令人难忘的回忆。

（二）高阶目标

3.结合实际生活总结谈论难忘的学校经历，加深学生间的友谊、师生情谊。

二、情境任务

任务一：听故事的人。

任务二：故事里的人。

任务三：讲故事的人。

三、学生活动

活动1.1：小组合作，完成课前的前置性作业，并分享自己初中三年的变化，结合1a问题和短语，小组代表分享。

活动1.2：听听他人的初中回忆的故事，完成1b,2a,2b的听音。

活动2.1：通过听别人的故事，小组做对话。

活动2.2：根据1c提示，完善自己的回忆和经历。

活动3.1：阅读2d课文，小组进行角色扮演。

活动3.2：根据2d课文，结合实际生活，谈谈自己初中难忘的人或事。

四、课时作业

基础作业：读写本课单词，预习下一课，并完成翻译短语或完成句子，如：我记得做了一个学校调查。I remember _____ _____ _____ _____.

思维进阶作业：熟读2d对话，完成朗读小视频，结合1a,2a短语句子绘制回忆的思维导图。

创新作业：总结本课所学内容，结合生活经历，自主完成创编对话，完成听力任务单。

## Section A 3a-3c（阅读课）
### （1课时）

**一、课时目标**

（一）低阶目标

1.通过诗歌阅读与赏析，理解其主要内容。

2.快速阅读，了解英文诗歌的韵脚规律、修辞格等诗歌基本知识。

（二）高阶目标

3.阅读3c，结合自己的生活实际，总结写出自己所经历的感受。

**二、情境任务**

任务一：我是"回忆的拾荒者"。

任务二：我是"未来的摆渡人"。

**三、学生活动**

活动1.1：小组分享自己的预习成果，表达自己难忘的人或事。

活动1.2：听诗歌，理解3a的三个问题。

活动2.1：按时间线索，找出诗歌的规律，小组交流诗歌内容，完成导图。

活动2.2：结合实际生活谈谈自己的经历感受，并谈谈自己对未来的畅想。

**四、课时作业**

巩固性作业：选择正确选项，完成课文思维导图，再次根据导图复述课文，记得使用I remember doing sth.的句型。

思维进阶作业：同话题文章阅读，根据文章回答问题，归纳文章结构，学会赏析诗歌。

创新作业：我是"小记者"，采访组员的回忆和对未来的展望，以英文视频呈现，小组分工明确，共同完成。

## Section A Grammar Focus-4c（语法课）
### （1课时）

**一、课时目标**

（一）低阶目标

1.通过观察，查找语法表格的时态和句型。

2.通过例句的观察，列出本节课具体的时态和句型。

（二）高阶目标

3.通过分析别人的回忆，总结能够描述自己初中三年难忘的人或事的不同时态。

**二、情境任务**

任务一：岁月匆匆。

任务二：回眸展望。

**三、学生活动**

活动1.1：小组合作，完善课前预习作业，用remember doing句式回顾自己的三年生活。

活动1.2：观察语法表格中的句子，总结句式和时态。

活动1.3：模仿GF中的对话，进行对话练习。

活动2.1：初步阅读4a句子，并尝试排序。

活动2.2：朗读4b问题，组内互答互问,并在班级前分享自己的优秀答案。

**四、课时作业**

基础作业：巩固一般现在时、一般过去时和一般将来时的概念和基本句型，并学会用宾语从句造句，画出自己的思维导图。

综合评价性作业：学生结合所学知识，完成用所给词正确形式填空等作业。

拓展性作业：阅读短文，按照句子结构的语法性和上下文连贯的要求，在空格处填入一个恰当的单词。

## Section B 1a-1e（听说课）
### （1课时）

**一、课时目标**

（一）低阶目标

1.通过读图汲取信息，进行听前预测，听中抓取关键词并速记。

2.通过听他人的计划，根据1b进行简短的造句。

（二）高阶目标

3.运用hope to do准确地描述自己对未来的展望。

**二、情境任务**

任务一：人生充满期待。

任务二：梦想连着未来。

**三、学生活动**

活动1.1：写写自己未来会做什么，小组交流自己的梦想。

活动1.2：小组成员仿造1b做一个对话，谈谈自己的理想。

活动2.1：听听别人的梦想，完成1c,1d,反思你会有哪些启发。

活动2.2：根据1e的提示，结合实际生活，做一个毕业演讲。

**四、课时作业**

基础作业：所有学生完成听课文1c录音并模仿跟读3到4遍，同时完成课字词检测和短语练习。

思维进阶作业：记录自己的回忆和感受，并写出一个演讲稿。

创新作业：学生小组做"焦点访谈"节目，说说即将要毕业的感受，为下一节课做铺垫。

## Section B 2a-2e（阅读课）

（1课时）

### 一、课时目标

（一）低阶目标

1.掌握文章中的生词及重点短语和句式。

2.能运用快读、寻读的阅读策略，了解文章大意，感知文章具体内容，完成相应阅读任务。

（二）高阶目标

3.能根据文章内容画出思维导图，并复述文章大意。

4.根据校长的讲话，设计自己的未来高中生活。

### 二、情境任务

任务一：脚踏实地。

任务二：把握当下。

任务三：无所畏惧。

### 三、学生活动

活动1.1：小组回答2a中的问题，并在组内进行讨论。

活动1.2：进行第一遍阅读，快速浏览文章，找出2b答案。明白是谁在讲（教师或校长）、给谁演讲（即将毕业的学生），明确文章体裁和写作目的。

活动2.1：根据语境，完成书上2d练习题，进一步理解2d短语的含义和使用。

活动2.2：体会演讲的体裁结构，积累好词好句，小组画出思维导图，复述文章。

活动3.1：通过阅读文章，你有哪些感想，谈谈自己对未来高中生活的展望。

### 四、课时作业

基础作业：制作思维导图。总结本课时关于自己未来的单词、短语和句型。

思维进阶作业：扩展性阅读，根据文章做好词好句积累。

创新作业：以我的未来我做主话题，小组为单位，做一下自己即将升入高中的计划演讲。

## Section B 3a-Self Check（写作课）
（1课时）

### 一、课时目标

（一）低阶目标

1.通过课前的预习导图，列出需要掌握的核心词块、句型及时态。

2.通过阅读语篇，简单说出自己的初中生活，使用目标语言进行口头表达难忘的人或事。

（二）高阶目标

3.通过阅读语篇，整合时态、句型、短语，列出提纲，构建自己的文章，并评价他人文章。

4.能够结合自身经历、特长及愿望，为自己树立远大理想，表达自己毕业后的愿望以及如何"引领中国未来"。

### 二、情境任务

任务一：忆"温馨往事"。

任务二：记"刻骨铭心"。

任务三：抒"感慨万千"。

### 三、学生活动

活动1.1：小组合作根据问题，完善自己的思维导图。

活动1.2：回顾往事，阅读语篇，总结文章结构。

活动2.1：根据导图，具体语境，列出文章的提纲。

活动2.2：创设情境，构建文章，完成写作。

活动2.3：小组交流，反馈成果，生生互评，师生共评。

活动3.1：创设情境，观看视频，结合实际生活谈谈如何做中国好少年。

### 四、课时作业

基础作业：完善"The person/event I remember"作文。

思维进阶作业：结合自己的生活，谈谈自己未来的梦想——"未来因你而精彩"。

创新作业：完善基于"未来计划"的思维导图，谈谈自己对未来生活的感悟和期望，如何将自己的计划用实际行动来实现（视频、书信、演讲稿等）。

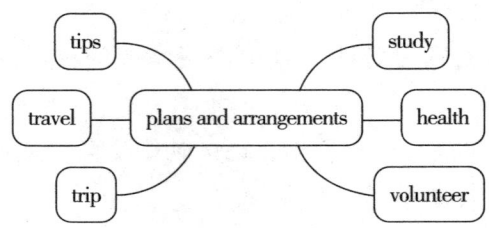

## 课时教学设计及课堂教学实录

### Section B 3a-Self Check（写作课）
（1课时）

#### 一、学习目标

（一）低阶目标

1.通过课前的预习导图，列出需要掌握的核心词块、句型及时态。

2.通过阅读语篇，简单说出自己的初中生活，使用目标语言进行口头表达难忘的人或事。

（二）高阶目标

3.通过阅读语篇，整合时态、句型、短语，列出提纲，构建自己的文章，并评价他人文章。

4.能够结合自身经历、特长及愿望，为自己树立远大理想，表达自己毕业后的愿望以及如何"引领中国未来"。

## 二、达成评价

1.1 能通过预习巩固已学的知识并形成自己的思维导图。

1.2 能通过导图造句并掌握本话题的时态和句型，使用circle map进行总结。

2.1 能通过语篇，回顾自己的初中生活，简单描述初中难忘的人或事。

3.1 能通过小组分享，总结出本课要用到的句型、连接词以及好词好句。

3.2 能通过观察、对比、归纳，梳理文章结构和语言点,从一到两个方面写出刻骨铭心的人或事。

3.3 能积极参与小组活动，分享自己的"回忆"，并有合作精神、批判思维能力和对作品的鉴赏能力。

4.1 能结合自己的生活经历，分享自己对未来的计划，学会表达自己的看法，并激发别人的感受。

## 三、学习过程

（一）先行组织

我们即将要毕业了，我们的初中生活一定很精彩，有刻骨铭心的人或事，有谁帮助了你？什么事让你很难忘呢？让我们开启我们的回忆旅程，完成下面的思维导图（学生思维导图前置性作业自测）

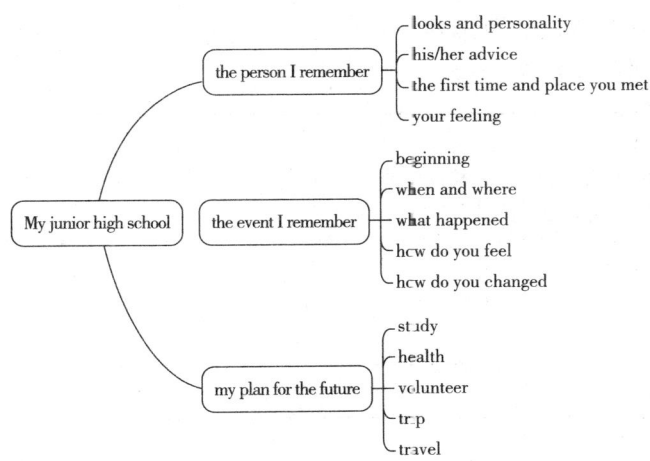

## 前置性作业评价量化表

| 完成情况 | 自评 A/B/C | 学生互评 A/B/C | 家长评价 A/B/C | 教师评价 A/B/C |
|---|---|---|---|---|
| 1.我能认真、顺利地完成此次预习作业。<br>完成时长： | | | | |
| 2.我本次作业的完成质量能够达到"作业评价标准" | | | | |

【提出问题】

观看一段视频（班级同学的初中三年生活），小组谈谈自己初中三年的变化，有哪些让你铭记的人或事呢？（Who is the person you will remember?）

学生1：My maths teacher, my English teacher, my friends, the English speech competition...

（二）任务与活动

任务一：忆"温馨往事"

活动1：

【组织学习】

1.再次根据问题，小组合作使用预习的circle map发散思维并完善总结，分享最佳的思维导图；

小组活动评价量化表

| 加分（每项1分）<br>1.预习单完成质量高； 2.专注倾听； 3.积极回答； 4.敢于纠正他人错误；<br>5.帮助同学解惑并学到知识。 |
|---|
| 扣分（每项1分）<br>1.未完成学习单；2.不认真倾听，做小动作；3.不参与讨论；4.破坏组内纪律。 |
| 小组得分： |

小组5代表分享思维导图：

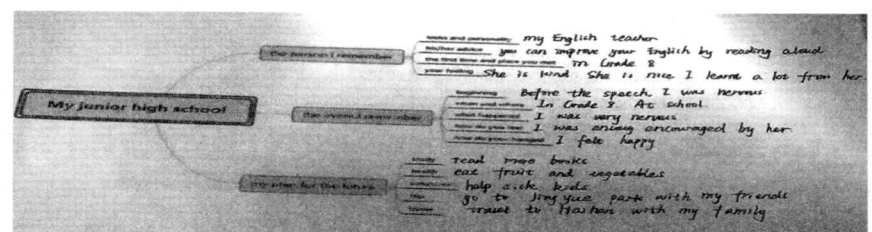

学生1讲解分享：

The person I remember: The person I will never forget is my English teacher.I met her in Grade 8.She is kind and nice.She gave me lots of advice about how to learn English.She told me to improve my English by reading and listening.She has a nice name in my heart.I will never forget her.

师评：And I'm grateful to have met you.I won't forget you either.

学生2讲解分享：

The event I remember: I remember I was in Grade 8.I took part in an English Speech.Before the speech ,I was very nervous.But my English held my hand,and told me "I believe you can".And I was inspired by what she said.I felt relaxed and happy.I won't forget this experience.

学生3讲解分享：

My plan for the future: My junior high school life is coming to an end.I am looking forward to my high school life.I plan to read more books.I will eat vegetables and fruit to keep healthy.I am going to volunteer to help sick kids.I am going to climb mountains with my friends.And I will travel to Dalian with my family.

学生4组长总结：我们组成员分别从三个方面介绍了自己的初中生活，预习充分，讨论中小组成员能够积极回答参与，讨论中别人说得不对的，可以给纠正，帮助他人，认真倾听，我们组是5分，没有扣分。

任务二：记"刻骨铭心"

活动1：

【组织学习】

1.短文填空（有关他人的初中生活的回忆），并以此语篇作为范例，利用问题链引导学生分析记叙文的文体结构，为练笔环节做好铺垫，积累语料；

短文填空：

How time _____（fly）! I _____（study）in my school for three years. And I _____（graduate）from this school soon. I have so many memories in three years' life.

I still remember, when I _____（begin）to learn English, I found it too difficult _____（learn）English. No matter how hard I tried, I still couldn't do well _____it and almost _____（give）up. As soon as my English teacher found my problem, she had a talk with me about how _____（learn）English well. Since then, she _____（keep）helping me. Little by little, I've become interested in English and I'm good at it now. I improved so much _____ I won an English speech contest that year!

I think I am so lucky _____（become）one of her students. I've learned a lot _____ her. I will try to help others when they are in trouble. I think it is a happy thing _____（help）others.

学生小组合作翻译并核对答案,解决疑惑：

小组1提出疑惑：she _____（keep）如何填写？

小组3：解答，根据since then是现在完成时标志，所有用has kept。

Q：From the passage, what sentence patterns can you summarize from the article?

学生1：used to be/do，描述过去，一般过去时描述中学生活难忘的人或事，一般现在时描述现在的自己。

学生2：还有用将来时展望未来。

师补充：Yes, our point is what, when, where, who, how, why. Now, think of a person or an event from junior high school that you will never forget. Make some notes about how this person or event changed your life in some way. Now find your expert group and summarize.

专家组活动讨论：（说明：按班级学情共5个小组，每个小组6名同学；按专家组分6个小组，每个小组5人；如图所示：纵排为6个专家组，每组1名组长）

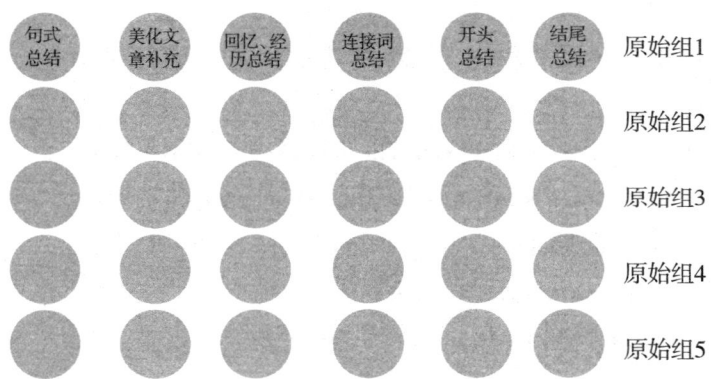

活动2：

【表达成果】

2.小组分享连接词，高级句型以及好词好句头脑风暴；

| 活动一brainstorming：小组活动 自评量表 ||||
|---|---|---|---|
| 序号 | 等级 | 评价标准 | 我的等级 |
| 1 | A等 优秀 | 1.小组分工明确； 2.新旧知识迁移运用，能将所学知识联系自己的实际生活全面总结。 | |

| 2 | B等 良好 | 1.小组分工明确； 2.构思清晰，学以致用，能够基本总结任务清单。 | |
| 3 | C等 合格 | 1.小组分工明确； 2.构思清晰，可以结合所学知识，总结1—2点。 | |

请6个专家组对照今天的分组，进行总结：

（1）连接词总结组：学生2到黑板上；板书学生1解说：

Conjunction：first,second,third,what's more,in addition, for instance...以上可以列举自己的观点。

请组长打分：我们组是A等，我们组总结的可以用在今天的作文。

师点评：I agree with you.Then you can think about it aliitle bit more and make some additions for the other group.

（2）句式总结组：学生3到黑板板书；学生4解说：

Advanced sentence pattern：

It is +adj.for sb. to do sth.,

I realized that...

I remember...I learned from...

I believed that...

I was grateful to have met...

I was so lucky to...

I will...when...

I kept...And I made big progress on...

以上句子可以写人，也可以写事，写作中要注意时态。

请组长打分：B等，感觉我们的句式不太完整，可能呈现得不多。

师点评：We might have many sentence patterns,but we can't list

them. In writing, we should apply what you learn. But I think your group has done a good job.

（3）开头总结组：学生5到黑板板书，学生6解说：

Beginning: How time flies! I can't believe it's been three years since I went to junior high. I have many unforgettable memories.

开头可以引出下文，初中生活难忘的人或事。

请组长打分：A等，我们组总结了课文和已学知识，学以致用，讨论得很好。

师点评：I think you summed it up pretty well at the beginning.

（4）结尾总结组：学生7到黑板板书，学生8解说：

Ending: I will never forget..... I hope ... in the future. And I will ....

结尾是对初中的总结和升华，对未来的美好愿望。

请组长总结打分：我认为我们的小组是B等，没有和实际更好地结合，但我们讨论的结尾也是作文的升华。加入一些高级短语会出色。

师点评：I think you're on the right back. I suggest you can add some advanced sentence patterns.

（5）回忆/经历总结组：学生11到黑板板书，学生12解说：

Our class won the sports meeting.

My friends hold a birthday party for me.

I didn't finish my homework and my teachers were strict.

I lost my money.

We had a school trip in spring.

I got the first in the final examination.

I fell down in front of my classmates on the playground.

组长打分：我们总结的和我们的生活相关，也相信都是我们彼此的回忆和经历，为我们小组的智慧打A等。

师点评：I think the things you've summed up are very interesting. It can also sum up some things in your study.

（6）美化文章总结组：学生9到黑板板书，学生10解说：

Good sentences：

I'll put in more efforts to make them come true.

My life has been colorful and wonderful because of him.

What's more, I became much more active.

My life has changed since then.

It's up to you to give life a meaning.

I kept practicing and never gave up.

组长打分：我们组总结了一些可以用在作文中的黄金句，我们组都能积极思考参与讨论，我给小组A等。

师点评：I think your sentences sum up very well.And other students can learn from it.

【交互反馈】

Q：Is there any supplement?

学生13：I want to add good sentences：

Learning is a life long journey.Learn wisely and learn well.

Thank you very much for everything you've done for me.

She encouraged me and gave me some advice on…

师点评：You are so clever.You used the sentences we learned.

学生14：I think they summed it up pretty well.I think they covered all the points in today's composition.They're all involved.

Q：What else should we pay attention to in our writing process?

学生15：We should pay more attention to our writing.

师点评：Yes,and in accordance with our grading criteria.

【整合提升】

Q：Summary writing maps.

学生16：Describe the three years of junior high school life.Write down our memories in summary sentences and words.Write down the people or things we remember and write down our feelings.

学生17：I have completed an outline, and we can work from that outline to write our composition today.

开头：① How time flies... ② As time goes by...
③ I can't believe it's been three years since I went to junior high school.
④ I have many sweet / unforgettable memories.

The ___ I will never forget

中间：First... Second... Third... what's more
In addition... For instance

结尾：① I will never forget... I hope... in the future.
② And I'll... ③ My life has changed since then.

句型 好句：It is more important for... I remember... I realized that...
Learning is a lifelong journey. Learn wisely and learn well.
It's up to you to give a life meaning.

任务三：抒"感慨万千"

活动1：

1.创设情境，培养学生的审题意识和良好的审题习惯，包括对体裁、人称、时态、话题等方面的分析。

初中的三年生活就要结束了，在校的时光一定给你留下了非常深刻的印象，有哪些让你难忘的人或事呢？请你来分享一下过去的回忆和经历，并展望一下自己的未来。

注意：

（1）词数80左右。

（2）可适当增加细节，使行文连贯。

（3）尽可能多地运用本单元的词块和长句子。

Q：What are the steps of writing?

学生：Analyze the question, make an outline, make sentences with words, beautify the article, transcribe carefully.

Q：What do we learn from this?

学生：The genre, tense and person of composition.

活动2：

2.整体构建文章结构，学生当堂写作，为其提供实践机会，通过范文赏析，积累好词好句。

作文评价量化表

| | Peer Checklist | Total |
|---|---|---|
| Content（内容） | Cover the basic information of a person? | |
| | Cover the basic information of an event? | |
| | Cover your own feelings? | |
| Structure（结构） | Have 3 paragraphs? | |
| | Use connecting words? | |
| | Use narrative structure? | |
| Language（语言） | Use more than 5 expressions we learned in this class? | |
| | Use past tense? | |
| Others（其他） | Stir up people's feelings? | |

活动3：

3.提供自评与互评标准，学生互评作文，在自我修改和同伴修改的基础上，集思广益，取其精华，学会运用更多的方法把文章写好，同时推荐出最佳作文。

学生活动小组成员生生互评，推荐出最佳优秀的作文，依据评价量化表到前面进行讲解，由专家组亮分。

学生代表总结：

小组3学生1解说优秀作文：The best composition in our group is student A.The beginning and the ending are useful for advanced sentence patterns.The passage complete application of tenses.It describes a specific person expressing feelings for him.（作文见成果集

成：The event I will never forget.）

小组3点评：A is the best one.And she writes well.

小组2点评：The composition has emotional sublimation, but it doesn't write out expectations for the future.

小组5点评：I think the third group of students wrote very well,and the events were described clearly,which highlighted the most unforgettable three years.It's about the impact and meaning they have on themselves.

师点评：This composition describes the events of junior high school life.And she can write the points around that what,when,where,how,why.You can write about it based on what is means to you in the future.And add another golden sentence at the end. In total your writing is very good.

小组4学生1解说优秀作文：Student B of our group wrote about the most unforgettable person.The composition includes all the advanced sentence patterns ,as well as expressing oneself about the future and his own feelings.（作文见成果集成：The teacher I will never forget）

小组1点评：I am the summary group.Each group can explain how to write people and things.The advanced sentence patterns we have used today you can use them in your own compositions.

小组3点评：Our composition is more important to be true to our own real life.I think your composition is very good.

师点评：I think your composition is very close to your study and life.The other groups commented very well.I am also very touched that you are writing about me in this article.I hope all of you can learn from these two articles as well.Please clap your hands.Cheer for ourselves.

（三）迁移运用：寄"你我未来"

聆听一段演讲，结合自己的生活，谈谈自己毕业后的高中/未来计划，谈谈我如何成为好青年"引领中国未来"。

独立思考三分钟,演讲:

学生1: "Senior High School's plan"

学生2: "Future ideal career"

师点评: Through your speeches, I know that your are young people with dreams. I hope we keep our feet on the ground and learn to appreciate. You are the future of our country, the young is strong the country is strong.

(四)成果集成

学生根据导图和提纲写下文章:

*The teacher I will never forget*

How time flies! I can't believe it is been three years since I went to junior high. I have many unforgettable memories.

The teacher I will never forget is Sharry, my English teacher. She is of medium build and has long hair. She is very patient and is never angry with us. I still remember one morning while I was copying my classmate's English homework, Sharry came into the classroom. I was so afraid that I didn't know what to do at that time. To my surprise, she wasn't angry with me. Instead, she told me copying homework wasn't good for me and then she said she could help me if I needed help. I was so moved that I decided not to copy anyone's homework anymore.

I will never forget Mr. Wang. I hope she will be happy and healthy in the future. And I will study hard to be her proud.

*The event I will never forget*

My junior high school life has left many soft and sweet memories in my heart. My unforgettable event in junior high school is the school sports meeting.

Standing on the starting line, I felt like there was a heavy weight on my shoulders. When the shot rang out, I ran as fast as I could. Suddenly, a boy knocked into me and I fell down. I sensed a strong pain and my mind couldn't stop thinking about losing the game. "Come on! You can do it." My best friend Peter shouted to me. I could also hear the voices of my classmates in the crowd cheering me up. I rose from the ground and sped up the final line. Winning the third prize, I embraced Peter and my classmates in excitement.

This experience impressed me because not only did I challenge myself bravely, I learned the importance of never giving up.

（五）作业设计

基础作业：完善"The person/event I remember"作文。

思维进阶作业："梦想因你而精彩"主题，写写自己未来的梦想。

创新作业：完善基于"未来计划"的思维导图，谈谈自己对未来生活的感悟和期望，如何将自己的计划用实际行动来实现（视频、书信、演讲稿等）。

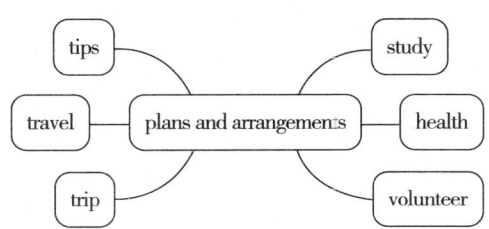

作业评价量化表

|  | A（极好） | B（好） | C（一般） | D（不太好） |
|---|---|---|---|---|
| 基础性作业时间： | 1.语言丰富，时态正确； 2.涵盖全部要点； 3.计划设计合理 | | | |
| 思维进阶性作业时间： | 1.形式、内容丰富； 2.结合自己的作文和经历 | | | |
| 创新作业时间： | 1.有深度思考； 2.对未来有明确的目标；3.小组团结合作 | | | |
| 我的得分： | | | | |

（六）课后反思

本节课采用课时大单元教学设计，课堂中将"阅读圈"模式应用在写作课中，

本节课授课亮点是在大情境中即将毕业的初中生，回顾自己的初中三年生活开始，精准利用课前前置性作业引导学生对本节课的内容

进行穿线整合，从写人到写事，最后到展望自己的人生和未来。将阅读圈小组合作恰到好处地融合到本节课中，以评促教，以评促学，评价伴全程，提高了学生课堂小组活动效率以及学习兴趣。本节课使学生对英语、对未来有很强的自信心和成就感。

本节课的不足之处是前面的小组活动时间过长，后面的迁移创新思考的时间稍短，思维敏捷的同学时间够用，对于后进生缺少思考和交流的时间。所以在今后的上课过程中，关注学生的学习效果，给予学生充分思考和活动准备的时间，注重素质和思维方面的培养。

# 深度学习理念下大单元教学

## 初中 数学

总 主 编：苏文玲
本册主编：王雪芬 陶 波
　　　　　郑柏利 苏 杭

世界图书出版公司

图书在版编目（CIP）数据

深度学习理念下大单元教学 / 苏文玲著. -- 北京：世界图书出版公司，2022.12
　ISBN 978-7-5232-0016-2

Ⅰ.①深… Ⅱ.①苏… Ⅲ.①教学研究 Ⅳ.①G420

中国国家版本馆 CIP 数据核字 (2023) 第 011539 号

| | |
|---|---|
| 书　　　名 | 深度学习理念下大单元教学　初中数学 |
| （汉语拼音） | SHENDU XUEXI LINIANXIA DADANYUAN JIAOXUE CHUZHONG SHUXUE |
| 著　　　者 | 苏文玲 |
| 总　策　划 | 吴　迪 |
| 责 任 编 辑 | 王林萍 |
| 装 帧 设 计 | 包　莹 |
| 出 版 发 行 | 世界图书出版公司长春有限公司 |
| 地　　　址 | 吉林省长春市春城大街 789 号 |
| 邮　　　编 | 130062 |
| 电　　　话 | 0431-86805551（发行）　0431-86805562（编辑） |
| 网　　　址 | http://www.wpcdb.com.cn |
| 邮　　　箱 | DBSJ@163.com |
| 经　　　销 | 各地新华书店 |
| 印　　　刷 | 河北品睿印刷有限公司 |
| 开　　　本 | 787 mm×1 092 mm　1/16 |
| 印　　　张 | 14.25 |
| 字　　　数 | 213 千字 |
| 印　　　数 | 1—3 000 |
| 版　　　次 | 2022 年 12 月第 1 版　2022 年 12 月第 1 次印刷 |
| 国 际 书 号 | ISBN 978-7-5232-0016-2 |
| 定　　　价 | 45.00 元 |

版权所有　翻印必究

（如有印装错误，请与出版社联系）

# 编委会

顾　　问：崔成林

总 主 编：苏文玲

本册主编：王雪芬　陶　波　郑柏利　苏　杭

编　　委：（按照姓氏笔画排序）

　　　　　王　琦　　王志宇　　王思瑶　　邓珊珊

　　　　　史晓迪　　曲胜仁　　李　鹤　　周玲玲

　　　　　孟令旺　　胡子琦　　殷　朋　　唐绍臣

　　　　　曹毓杰　　潘丹丹

# 序

知易行难。作为指导专家，深知大单元设计和教学实践的艰难，要想把"死教材"变成"活课程"，不仅需要理念培育、策略建构，还需要一线教师有较高的专业素养和持之以恒的热情。长春经济技术开发区教师进修学校，基于深度学习理念下教学评一体化实践研究，从教研员带头做起，以教师进修学校附属学校（育隆学校）、项目学校及学科基地校为实践基地，上挂下联，促进教学理念转化，扎根学校课堂实践，解决了理论联系实践的难题，并结出了丰硕的果实，提炼出一个个优质的教学案例，汇集出版了《深度学习理念下大单元教学》专著和中考九个学科的"教学案例"，给基础教育学校提供了急需的可借鉴、可临摹的大单元设计范例，可喜可贺！

## 一、为什么要进行"大单元整体设计"

素养立意，深度学习，以大单元整体教学为载体，目的是培养知行合一的优秀学习者，这是实施大单元教学的根本价值。然而，一线教师不喜欢这种"大道理"，作为一位常自诩"在理论与实践割裂处穿行"的学者，将从教学质量提升的实践角度谈谈自己的感悟。

"讲练结合"是一线教师公认的有效教学策略。传统的以"课"为单位的教学，"课"与"课"各自为政，缺乏有机统一、分工合作，形不成"整体"力量，让老师陷入了"讲练两难"的境地。如果按照现在流行的说法，"把课堂还给学生"，教师"少讲"，学生"多练"，人们发现，在这样的课堂，学生学习知识不系统、理解不深刻。由于"讲""练"无法两全，于是，课内损失课外补，"满堂讲""满堂问"依然是当前课堂的主题曲，这说明"单打独斗"式的"课时主义"，不仅导致了知识与知识之间、问题与问题之间、课与课之间……缺乏关联和迁移，导致有效的教学策略难以落地，而且直接影响教学质量的提升。

既然"单打独斗"的"课时主义"有诸多弊端，那么是否可以尝试一下"整体作战"呢？即以一个单元（自然单元或重组单元）为最小的教学单位来组织教学。这种"整体作战"，在一个课程单元教学中，分工合理，各展所长：有的课时可以系统讲，有的课时可以集中练，有的课时重在作业讲评，有的课时着眼方法提升……相互配合、有机统一、统筹安排，则可以解决当前课堂"讲练结合"捉襟见肘的问题。以单元为一个教学单位组织教学，可以产生"1+1"大于"2"的教学效果，解决教学碎片化、孤立化的困境；可以让教师的教学决策更加灵活，做到张弛有度、收放自如。

课堂教学是一门艺术，同样需要"战略战术"。视角孤立的"课时教学"，零散、浅表、呆板、高耗，过分强调"教学速度和知识效率"，达不到知识、思维和素养生长应该具有的"课标"高度，不符合当今素养导向的中高考综合测试要求。单元整体视角的"单元教学"具有"大主题"统领、"系统化"分析、"整体性"编排、"结构化"关联的内涵特征，利于学科素养的落实和质量提升。

## 二、如何进行"大单元整体设计"

什么是"单元"？《现代汉语词典》：整体中自成段落、系统，自为一组的单位。我们日常所说的教材单元是由若干个相同知识组成的集合，通过课时教学的组织方式来完成。真正的课程单元，应该以一个"单元"为"一个最小的教学单位"，以课时为单元的组成部分。这如同一只手，手指是手的组成部分，各有各的作用，有机统一才能发挥一只手的完整功能。

那么何谓"大单元"呢？大单元的"大"字，并不是数量、形状的比较词，大单元是指"课程单元""学习单元"。这个"大"字如果需要诠释，我以为用"素养"，即"知行统一"解读更准确，"素养为大"。大单元是指基于学科核心素养和课程标准要求，根据学生认知规律和基本学情，以一个主题（专题、话题、问题）为核心，根据单元目标，组织、连接学习内容，形成贯通学习情境、学习任务、学习活动和学习评价的整体联系的最小的教学单位。

"大单元整体设计"的特点是"系统分析、整体设计"。系统分析，是指整个单元规划和课时设计必须建立在对课程标准、核心内容、基本学情深度分析的基础上的"再建构"，是通过大问题、大任务、大观念或大项目的组织方式来完成的，而非一味沿袭教材、教参和学辅资料的规定与说明；整体设计，是指课时教学之前，要在系统分析的基础上组建单元、确定主题、明确目标（含学业质量标准）、结构化任务、递进性活动以及课型、课时、作业等内容。

（一）未设计、先分析——分析课标、分析教材、分析学情，这是单元设计的基础工程

没有对课标、教材、学情的深度解析和精准把握，单元规划和课时设计就成了无源之水、无本之木，教学质量也就无从谈起了。单元设计教案一般会设置课标分析、教材分析、学情分析这些栏目，让老师们把分析显性化、可见化。依我看来，这种分析可以写在纸上，"显而易见"，也可以隐藏在对"课标、教材、学情"分析后的"产品"中。单元目标制定得是否准确，单元学业质量标准制定得是否精准，足以验证设计者是否深度解析并准确把握住了课程标准；单元结构化的学习任务是否完整，分类分层逻辑是否科学，足以验证设计者是否深度阅读并剖析了教材和相关学习资源，是否深谙学科内容之间的逻辑关系；单元递进性活动设置得是否得当，学习过程组织得是否有序，也足以证明设计者对学情把握得准确与否，是否符合自己所教学生的最近发展区。以输出成果证明过程效能，也是一种验证课标、教材、学情分析品质的方法。

（二）整体性、结构化——"整体设计、统筹安排""课程结构、思维进阶"，这是大单元设计的基本特征与内在逻辑

由零散走向关联，由浅表走向深度，由知识化走向课程化（面向真实问题解决），要求设计者站到课程的高度，遵循育人的需要，整体建构，旨在取得最大、最佳教学效能。以主题为统领，以目标为指向，以标准为依据，综合利用各种教学形式和教学策略，完成具有内

在联系的学习任务，达到迁移运用水平。

1.纲举目张——主题是单元设计的聚合器

以核心素养为纲来设计大单元，关键在于提炼一个合适的大主题。通过提炼合适的主题来统领整个单元。单元主题可以这样设计：（1）以大概念或核心概念为主题；（2）以项目化学习主体任务为主题；（3）以课程内容对应解决的主问题、主任务为主题；（4）以教材整合后指向的核心目标为主题；（5）以现实问题整合的跨学科生成为主题；（6）直接采用教科书单元主题；等等。主题的确定应遵循以下基本原则：指向素养提升，落实课程标准，遵循教学规律，体现学科本质和学科育人价值。

2.进阶式目标——具有递进层次的完整目标

优质单元设计的重要品质之一就是澄清本质不同的目标：短期学习目标（知识和技能）和长期学习目标（理解意义和迁移）。单元目标应体现从知识到素养的"思维进阶"，分清低阶学习目标（双基）和高阶学习目标（运用双基）。这种进阶式学习目标可以将学习目标组织成非常有用的结构，它是一个连续统一体，能清楚地说明与具体标准相关的不同层次的知识与技能。

3.单元评价——学业质量标准的单元化

无规矩不成方圆，无标准难求质量。新修订的课程标准，一个较大的变化是增加了"学业质量标准"。根据"逆向设计"理念，单元设计应该在学习目标（学习结果）确定之后，设计单元"学业质量标准"，彰显目标达成评估证据，然后设计单元结构化活动（任务）。单元达成评价可通过设计评价性任务或问题，以完成的情况和质量来测评；可通过各类学习活动成果、课堂汇报、展示或演讲来评估；也可在过程中设置观察评价点，根据学生学习行为、过程来评价等。

4.结构化活动——区分课程单元与教材单元的标志

单元结构化活动是为了达成单元目标，解决学习问题或完成学习任务而进行的一系列习得行为和过程方法，相对独立，又彼此联系，构成一个体系化的课程学习活动结构，由单元结构化学习任务和递进

化学习活动设计构成。以单元主题为基础，将本单元知识进行课程开发，转化为学习任务（或问题），按照"主题（大概念）——主问题/任务（核心概念）——分问题/任务（重要概念）——子问题/任务（基础概念）"逻辑，将子任务活动化，组成一个课程学习的意义整体，是区分课程单元与教材单元的主要标志。

单元结构化任务需要站在单元知识结构化的角度，确定构成系统的各项子任务。这些子任务具有层次性，从低级到高级地解决学习问题或完成子任务的学习方式或策略行为，即递进性活动。单元活动设计要求站在单元知识结构性的高度，以学习问题（或任务）解决为主线赋予相应的认知策略，通盘设计，构建一系列相对独立又内具关联的活动群，整体协同达成单元目标，成为单元规划课时、课型的基本依据和划分标准。

在完成上述研究分析和单元设计之后，我们需要上述内容和结构化活动，联系学生的学情，进行目标的分解、课时的划分，并根据学科特点设计适合的课型，形成具有进阶性且整体闭合的单元教学过程，同时进行设计作业及统筹安排。单元作业设计要整体设计，应具有递进性和关联性。单元作业要求站在单元层面统筹考虑整个单元系列性作业，将单元内零散的、单一的作业采取删减、增补、重组等方式合理整合，而不是对单元内一课一课作业的叠加。要求依据学生的认知特点和某个单元的教学内容，设计合理的、有一定思维梯度的作业，注重学习的阶段性和层次性，避免传统作业的随意性与盲目性。

大单元设计是一项复杂的工作，对设计者的专业能力要求特别高。第一，设计者应该是一个教学研究者，需要对课标、学情、教材深度解析，并转化为单元主题、目标、评价等课程产品；第二，设计者应该是一个课程开发者，需要把教材内容抽丝剥茧，变成结构化的学习问题、学习任务，并赋予情境，引导学生通过学习活动解决问题；第三，设计者应该是一个顶层设计者，需要整体构思、科学统筹课型、课时，从单元规划到课时教学，形成一个完整的系统化设计。在大单元设计方面，无论理论研究专家还是一线实践者，我们仍在路上……但只要我们坚持如一,不断摸索,就能够克服一个个难关,"他山之石,可以攻玉",我们不妨以此为参考,继续深化研究,以期结出丰硕的果实。

崔成林

崔成林:山东省特级教师,正高级教师。山东省十大创新人物,泰安市功勋教师。长期致力于课堂实践研究,在教学设计、教学评价、现代课堂建构方面有独到见解和实践经验,已在国家和省市教育期刊发表论文上百篇。近几年,着力深度学习理论转化,推进深度教学改革,取得了丰硕的成果,获得了山东省教学成果一等奖、国家教学成果二等奖,本人也荣获"第四届全国教育改革创新先锋奖"。

# 目录
contents

七年级上册第2章"有理数" / 1

七年级上册第3章"整式的加减" / 19

七年级上册第5章"相交线与平行线" / 36

七年级下册第6章"一元一次方程" / 55

七年级下册第7章"一次方程组" / 70

七年级下册第8章"一元一次不等式" / 86

八年级上册第11章"数的开方" / 102

八年级上册第14章"勾股定理" / 115

八年级下册第17章"函数及其图象" / 132

八年级下册第18章"平行四边形" / 151

九年级上册第25章"随机事件的概率" / 168

九年级专题复习"平面直角坐标系上的不定点" / 183

九年级下册第26章"二次函数" / 198

# 七年级上册第 2 章"有理数"

长春经济技术开发区育隆学校  潘丹丹

**单元教学规划**

**一、单元内容**

华东师范大学出版社,七年级上册,第 2 章,有理数。

**二、单元分析**

(一)课标分析

1.内容要求

(1)理解负数的意义,理解有理数的意义,能用数轴上的点表示有理数,能比较有理数的大小。

(2)借助数轴理解相反数和绝对值的意义,掌握求有理数的相反数和绝对值的方法。

(3)理解乘方的意义。

(4)掌握有理数的加、减、乘、除、乘方及简单的混合运算(以三步以内为主),理解有理数的运算律,能运用运算律简化运算。

(5)能运用有理数的运算解决简单问题。

(6)初步认识近似数,在解决实际问题当中,能用计算器进行近似计算,会按问题的要求进行简单的近似计算,会对结果取近似值。

2.学业要求

理解负数的意义,会用正数和负数表示具体情境中具有相反意义的量;理解有理数的意义,能用数轴上的点表示有理数,能借助数轴体会相反数和绝对值的意义,初步体会数形结合的思想方法;能比较有理数的大小,能求有理数的相反数和绝对值。会运用乘方的意义准确进行有理数的乘方运算,能熟练地对有理数进行加、减、乘、除、乘方及简单的混合运算(以三步以内为主),理解有理数的运算律,能合理运用运算律简化运算,能运用有理数的运算解决简单问题。

3. **教学提示**

数与式的教学,教师应把握数与式的整体性,通过负数、有理数的认识,帮助学生进一步感悟数是对数量的抽象,知道绝对值是对数量大小和线段长度的表达,进而体会实数与数轴上的点一一对应的数形结合的意义。会进行运算,理解运算方法与运算律的关系,提升运算能力。

4. **学业质量**

能从生活情境,数学情境中抽象概括出数与式的概念和规则,掌握相关的运算求解方法,合理解释运算结果,形成一定的运算能力、推理能力和抽象能力。

## (二)教材分析

单元之外:这部分内容是中学数学的重要基础,它不仅为下一部分的内容"整式的加减"的学习做好一个铺垫,而且它的思想和方法有助于整个初中数学"数与代数"内容中关于"数与式"的学习,也是学生学习"数与代数""图形与几何""统计与概率"等内容的工具性知识,是整个初中数学学习的重要基础。

单元之内:本章通过一些熟悉的、具体的事物,让学生在观察、思考、探索中体会有理数的意义,探索数量关系,掌握有理数的运算。注重使学生理解运算的意义,掌握必要的基本的运算技能。

数轴是理解有理数概念与运算的重要工具,教材充分体现了借助数轴理解相反数和绝对值的意义,会求有理数的相反数和绝对值,使学生体会到符号是刻画现实世界数量关系的重要语言。本章内容还安排了大量运用有理数及其运算解决实际问题的实例,使学生进一步体会所学知识与现实世界的联系。

## (三)学情分析

学生在小学阶段已经了解了负数的意义,知道了用直线上的点表示数,已经熟悉了非负整数和分数的加、减、乘、除运算,理解了加法和乘法的运算律,并能解决简单的问题。升入初中以后,学生对于负数参与运算会很不适应,对负数的认知程度直接影响以后学习有理数的加减法。

知识上从具体到抽象,从形象思维过渡到逻辑思维。学生抽象概括能力和逻辑思维能力薄弱。

三、单元主题

有理数。

四、单元目标

(一)低阶目标

1. 能知道有理数的意义,能用数轴上的点表示有理数,并比较大小。

2. 能借助数轴理解相反数和绝对值的意义,掌握求有理数的相反数与绝对值的方法,知道$|a|$的含义(这里$a$表示有理数)。

3. 能掌握乘方的意义,掌握有理数的加、减、乘、除、乘方及简单的混合运算。

4. 能阐述有理数的运算律,能运用运算律简化运算。

5. 会用计算器进行有理数的简单运算。

6. 能认识科学记数法,会用科学记数法表示绝对值较大的数。

7. 能阐述近似数的意义,会按问题的要求对结果取近似值。

8. 能运用有理数的运算解决简单的问题。

(二)高阶目标

9. 通过观察、试验、类比、推断等活动,体验数、符号和图形能有效描述现实世界的数量关系,发展数感和符号感。

五、单元评价

(一)低阶目标达成评价

1.1 能结合生活实际知道有理数的意义,能说出有理数的分类。

1.2 知道数轴的三要素,能画出数轴,能利用数轴比较有理数的大小。

2.1 能借助数轴理解相反数和绝对值的意义,会求有理数的相反数和

绝对值。知道$|a|$的含义(这里$a$表示有理数)。

3.1 能利用数轴,解释有理数加法的含义。运用法则进行运算。

3.2 通过温差和高度之差等生活中的具体情境,能体会有理数减法运算的过程。运用法则进行运算。

3.3 能够熟练和准确地进行有理数加减法混合运算,并能正确应用加法运算律简化运算。

3.4 能利用数轴演示的情境问题,知道有理数乘法法则的合理性。

3.5 能根据有理数乘法法则进行运算。并能应用乘法运算律简化运算。

3.6 能通过观察、对比、分析、归纳得到有理数除法法则。

3.7 能够解释有理数乘方表达式中,幂,底数,指数的含义。

3.8 能通过观察、对比、分析、归纳总结有理数乘方的运算法则。

4.1 能知道有理数混合运算的顺序,并进行正确的运算。能运用运算律简化运算。

5.1 会用计算器进行有理数的简单运算。

6.1 能通过观察、对比、分析,阐述科学记数法的表示方法,并正确地表示实际问题中的数。

7.1 能说出准确数和近似数的区别。根据要求正确求一个数的近似数。

8.1 能正确分析题意,并运用有理数的运算解决简单的问题。

(二)高阶目标达成评价

9.1 能结合具体情境,通过观察、试验、类比、推断等活动,体会分类和数形结合的数学思想,能体会转化思想。

9.2 在小组合作中增强学生合作意识、主动探索的精神,提高学生的观察能力、语言表述和数学推理能力,发展学生数学运算能力和数感、符号感。

### 六、单元结构化活动

如图1。

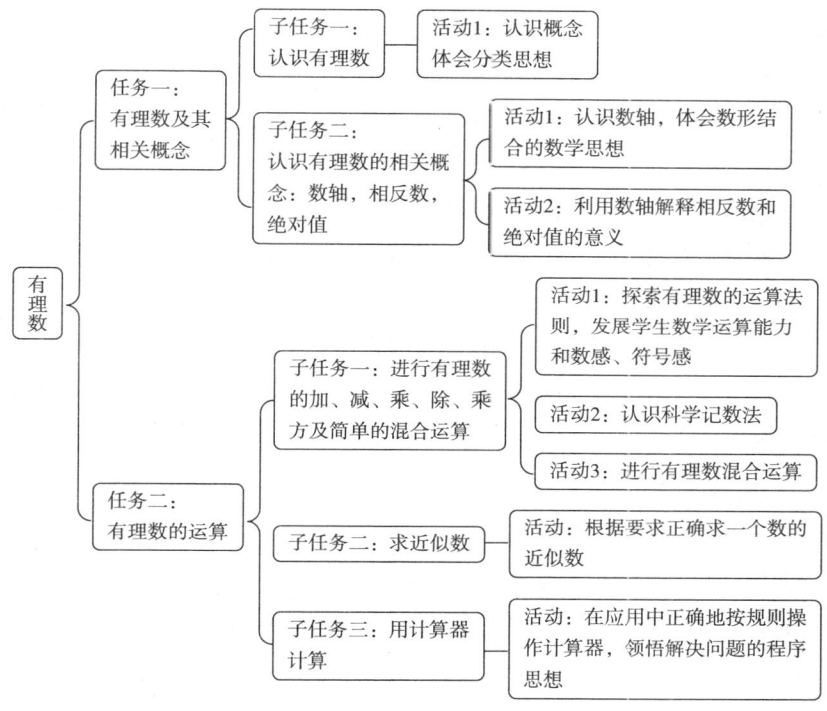

图1　单元结构化活动

### 七、课时分配

共21课时。

# 有理数及其相关概念

(共7课时，新授课)

### 一、课时目标

(一)低阶目标

1.能用正负数表示具有相反意义的量。

2.能表述有理数的概念,对有理数进行分类。

3.能正确地画出数轴,会用数轴上的点表示有理数,并读出所表示的有理数。

4.能利用数轴比较有理数的大小。

5.能利用数轴解释相反数的概念及几何意义。会求一个已知数的相反数。

6.能借助数轴解释绝对值的概念及几何意义。能求一个数的绝对值。能解释绝对值的非负性,利用绝对值进行两个负数的大小比较。

(二)高阶目标

7.在学习过程中能体会数学符号的作用,培养学生的数感和符号感。

8.培养并提高学生运用所学知识解决问题的能力,学会用数形结合方法解决问题。

二、情境任务(问题)

任务一:认识正数和负数。

任务二:进行有理数的分类。

任务三:画数轴,用数轴表示数。利用数轴比较有理数的大小。

任务四:求一个已知数的相反数。利用相反数的意义进行化简。

任务五:求一个数的绝对值,利用绝对值进行两个负数的大小比较。

三、学生活动

活动1:概括正数、负数的含义。

活动2.1:识别正整数、正分数、负整数、负分数。

活动2.2:有理数的分类。

活动3.1:画数轴。

活动3.2:用数轴上的点表示有理数,利用法则比较有理数的大小。

活动4:利用数轴探索相反数的概念和几何意义。

活动5.1:利用数轴探索绝对值法则。

活动5.2:利用绝对值比较两个负数的大小。

# 有理数的加减法

（共5课时，新授课）

**一、课时目标**

（一）低阶目标

1. 能知道有理数加法法则，运用法则进行运算。

2. 验证加法运算律仍然适用于有理数。

3. 能知道有理数减法法则，熟练地进行运算。

4. 能解释加减混合运算统一为加法的意义，运用加法运算律简化运算。

（二）高阶目标

5. 能在学习过程中感受数形结合和分类讨论的思想。

6. 通过自主探索，能体会观察、实验、归纳、推理等数学活动在数学学习中的作用。

**二、情境任务（问题）**

任务一：探索有理数加法法则，并进行运算。

任务二：验证加法运算律适用于有理数。

任务三：合作探究有理数的减法法则，用法则运算。

任务四：加减法统一成加法。

任务五：运用加法运算律运算。

**三、学生活动**

活动1.1：小组讨论有理数加法运算的类型，汇报展示。

活动1.2：利用数轴，小组讨论有理数加法的运算结果。

活动1.3：总结有理数加法运算思路。

活动2：小组讨论探索加法运算律适用于有理数。

活动3.1：探索有理数的减法法则。

活动3.2：小组讨论、交流，得出有理数的减法法则。

活动4：把加减混合运算写成省略加号的和的形式。

活动5：运用加法运算律简化加减混合运算。

# 有理数的乘除法

（共 7 课时，新授课）

## 一、课时目标

**（一）低阶目标**

1. 能知道有理数乘法法则并运用法则进行运算。

2. 能运用乘法运算律简化运算。

3. 能利用有理数除法法则进行运算。

4. 能知道有理数乘方的意义，了解幂、底数、指数等概念，进行乘方的运算。

5. 能借助乘方的形式简写大数，会用科学记数法表示大数。

6. 能说出有理数混合运算的运算顺序。能运用法则运算。

**（二）高阶目标**

7. 在解决问题的过程中，发展学生数感、符号感。提高学生数学运算能力。

## 二、情境任务（问题）

任务一：探索有理数乘法法则，运用法则运算。

任务二：验证乘法运算律仍然适用于有理数。

任务三：探索多个有理数相乘的法则。

任务四：探索有理数的除法法则，用法则进行运算。

任务五：探索有理数乘方的符号法则，进行乘方的运算。

任务六：探究科学记数法。

任务七：说出运算顺序，使用运算律简化有理数的混合运算。

## 三、学生活动

活动 1.1：通过蜗牛爬行，借助数轴解决问题。

活动 1.2：总结有理数的乘法法则。

活动 2.1：自主验证有理数的乘法运算律，并说说发现。

活动 2.2：验证乘法分配律仍然适用于有理数。

活动 3：观察、验证，确定多个有理数相乘的积的正负号与各因数的正负号之间的关系。

活动4.1:自学探究。

自学内容:华东师范大学出版社,七年级上册数学教材 $P_{53}$—$P_{54}$ 的内容。

时间:5分钟。

要求:(1)会写出一个有理数的倒数。

(2)完成 $P_{53}$ "做一做"。

(3)能进行两个数相除的除法运算。

活动4.2:小组讨论、交流、归纳有理数除法法则。

活动5.1:小组讨论探索乘方的意义。

活动5.2:根据乘方的意义进行计算并总结乘方的符号法则。

活动6:把260 000表示成一个整数数位只有一位的数与10的乘方相乘的形式。

活动7.1:说一说混合运算的顺序。

活动7.2:用运算律简化有理数的混合运算。

# 近似数

(1课时,新授课)

一、课时目标

(一)低阶目标

1.能够通过实例,归纳总结出准确数和近似数的概念。

2.能够按要求取近似数。

(二)高阶目标

3.使学生知道近似数在生活中的应用,培养学生勇于探索的精神。

二、情境任务(问题)

任务一:准确数和近似数的概念。

任务二:按要求取近似数。

三、学生活动

活动1.1:归纳出准确数和近似数的概念。

活动 1.2：辨别精确分位和精确位数。

活动 2：按要求取近似数。

# 用计算器进行计算

（1 课时，新授课）

## 一、课时目标

（一）低阶目标

1. 能认识计算器的面板结构和使用方法。

2. 能用计算器进行有理数的混合运算。

（二）高阶目标

3. 体会计算器在学习和生活中的作用，初步感受解决问题的程序思想。

## 二、情境任务（问题）

任务一：认识计算器并知道计算器的用法。

任务二：运用计算器解决简单的计算问题。

## 三、学生活动

活动 1：小组合作交流，解决问题，认识计算器面板以及每个按键的功能。

活动 2：应用计算器计算结果，总结计算时的注意事项。

## 四、课时作业

所有的课时作业都可以设置基础题、能力题。

（一）基础题

最基本的练习题，紧扣知识点，和例题相仿，为了巩固知识点。掌握并加深理解所学的知识。

（二）能力题

运用已学过的知识，融会贯通，举一反三，把知识点进行融合。锻炼学生解题能力，培养学生思维能力。

课时教学设计及课堂教学实录

# 有理数的加法法则

(1课时)

## 一、学习目标

(一)低阶目标

1.能通过具体情境利用数轴,解释有理数加法的含义,得到有理数加法法则。

2.能够运用有理数的加法法则进行运算。

3.能在学习过程中感受数形结合和分类讨论的思想。

4.能体会独立思考和合作探究在学习中的重要性。

(二)高阶目标

5.增强合作意识、主动探索的精神,提高语言表述和解决数学问题的能力,发展数学运算能力。

## 二、达成评价

1.1 能通过读取表格引发思考,小组讨论得出有理数加法的类型。

1.2 能够利用数轴正确计算出同号的两个有理数相加的结果。

1.3 能够利用数轴,通过讨论和探索得到异号两数相加的结果。

1.4 能够解释有理数加法的含义。

1.5 通过探索和观察能够用自己的话总结运算思路。

2.1 能够运用有理数的加法法则进行运算。

3.1 能够对有理数的加法运算进行分类,体会分类思想。

3.2 在探索过程中体会数形结合的数学思想。

4.1 在小组讨论活动中,体会独立思考和合作探究在学习中的重要性。

5.1 能够在交流合作当中提高语言表述和解决数学问题的能力,发展运算能力,并增强小组合作意识。

三、学习过程

(一)先行组织

1.一个不等于 0 的有理数可以看作由哪两个部分组成?

学生:正负号和绝对值。

2.比较下列各组数绝对值哪个大?

(1) $-21$ 与 $15$; (2) $-\dfrac{1}{2}$ 与 $\dfrac{1}{3}$; (3) $2.7$ 与 $-3.6$。

(二)任务(问题)与活动

任务一:法则引入

活动 1:读取表格,获取信息

一建筑工地仓库记录星期一和星期二水泥的进货和出货数量如下表,其中进货为正,出货为负(单位:吨)。

|  | 进出货情况 | 库存变化 |
| --- | --- | --- |
| 星期一 | +5 | −2 |
| 星期二 | +3 | −6 |

思考:1.读取表格,你得到哪些信息?

2.你会填这个表格吗?有理数加法运算可能有几种类型呢?

学生:星期一进货 5 吨,出货 2 吨。

星期二进货 3 吨,出货 6 吨。

星期一和星期二一共进 8 吨货。

星期一和星期二一共出 8 吨货。

活动 2:小组讨论有理数加法运算可能有几种类型,汇报展示

教师引导,负数也会参与运算,组织学生一起讨论有理数加法有几种分类。

小组代表举手发言,其他小组补充。

学生通过讨论、交流能够说出有有理数加法运算可能的几种类型,如图 2。

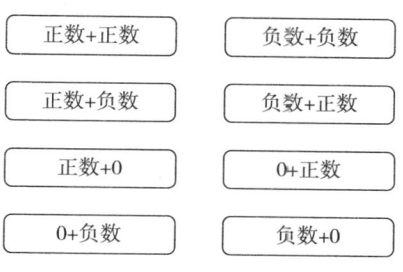

图 2

教师和学生一起总结:

小学学习过的类型:

"正＋正""正＋0""0＋正"。

小学没有学习过的类型:

"正＋负""负＋正""0＋负""负＋0""负＋负"。

得到有理数加法的类型:"正＋正""正＋负""负＋负""0＋负"。

**任务二:探索有理数加法法则**

**活动 3:小组讨论其他类型的有理数加法的结果**

1.小明在东西方向的跑道上运动,先走 5 米,再走 3 米,确定小明现在位于原来位置的哪个方向,与原来位置相距多少米?

规定向东为正,向西为负。

(1)若两次都是向东走,可以列式为(＋5)＋(＋3)＝＋8。在数轴上可以表示为图3。

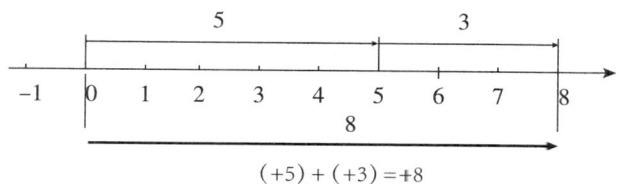

图 3

学生观看动画演示,得出结果。可以解释为:小明先向东运动 5 m,再向东运动 3 m,小明现在位于原来位置的东边 8 m 处。

【提出问题】

你能否借助老师给出的利用数轴探讨"正+正"结果的演示,得出其他类型的有理数加法的结果呢?

【组织学习】

先独立思考,然后小组交流。

学生小组交流、讨论,依照评价标准,利用数轴得出"正+负""负+负""0+负"的结果。

〔评价标准〕

1. 能够利用数轴得出两个有理数相加的运算结果。(+2)

2. 能够正确用物体运动来解释两个有理数相加的过程。(+2)

3. 能够通过观察加数的正负号与绝对值,用自己的语言简洁概括出两数相加的加法运算思路。(+3)

【表达成果】

小组代表汇报讨论结果。

2. 小明向西走5米,再向西走3米呢?

生:可以解释为小明先向西运动5 m,再向西运动3 m,一共向西运动8 m。列式为:(-5)+(-3)=-8。

3. 小明向东走5米,再向西走3米呢?

生:可以解释为小明先向东运动5 m,再向西运动3 m。小明在东边2 m处。列式为:(+5)+(-3)=2。

【交互反馈】

师:请其他同学依据评分标准1和2对他进行评价。

生:两个小组代表都能得2分,因为描述得不全面,应该说明小明现在位于原来位置哪个方向,与原来位置相距多少米?

根据学生的补充,完成其他类型的探索。

4. 小明向东走3米,再向西走5米呢?

生:可以解释为小明先向东运动3 m,再向西运动5 m。小明位于原来位置的东2 m处。列式为:(+3)+(-5)=-2。

5.小明向东走 5 米,再向西走 5 米呢?

生:可以解释为小明先向东运动 5 m,再向西运动 5 m。小明位于起始位置。列式为:$(+5)+(-5)=0$。

6.小明向西走 5 米,再向东走 0 米呢?

生:可以解释为小明先向西运动 5 m,再向东运动 0 m。小明现在的位置在西 5 m 处。列式为:$(-5)+0=-5$。

【整合提升】

学生总结回答。

学生小组交流、讨论,依照评价标准 3 总结规律。

生:有理数的加法可以分为同号和异号两数相加,还有一个加数为零的情形。

指正:请其他同学依据评分标准 3 对他进行评价。

生:不能得到满分,只说出了相加的类型没有说出规律。应该是同号两数相加,结果与加数的正负号一样,异号两数相加,取绝对值较大的加数的正负号。

归纳:学生归纳,教师进行适当的补充,得到有理数加法法则。

任务三:法则巩固

计算:

(1)$(+2)+(-11)$;  (2)$(-12)+(+12)$;

(3)$\left(-\dfrac{1}{2}\right)+\left(-\dfrac{2}{3}\right)$;  (4)$(-3.4)+4.3$。

教师黑板讲解第(1)小题,提示学生进行有理数加法运算时,要观察两个加数的类型,先确定和的正负号。

活动 4:根据法则进行计算

【提出问题】

你能根据有理数的加法法则进行计算吗?

【组织学习】

先独立思考,然后在练习本上写出解题过程。教师巡视指导。

【表达成果】

生 1：$(-12)+(+12)$ 的结果是 0，因为 $-12$ 和 $+12$ 互为相反数，互为相反数的两个数相加得零。也可以解释为小明先向西运动 12 m，再向东运动 12 m。位于起始位置。

生 2：$\left(-\dfrac{1}{2}\right)+\left(-\dfrac{2}{3}\right)$ 的和是 $\dfrac{7}{6}$。

【交互反馈】

生 3：他做得不对，忘记负号了，结果应该是 $-\dfrac{7}{6}$。

补充：生 4：这两个加数都是负数，和也是负数。

根据反馈完成第（4）小题。

生 5：$(-3.4)+4.3$ 等于 0.9。这两个加数是异号，4.3 的绝对值大，所以和为正，再用 $4.3-3.4$，结果就是 0.9。

【整合提升】

学生总结回答。

生 1：做题时，要先观察加数，判断是"同号"还是"异号"。

生 2：先确定和的正负号，如果是同号，和的正负号与加数的一样，如果是异号，看加数的绝对值，和的正负号和绝对值大的加数的正负号一样。

生 3：两数相加，可以利用数轴，解释物体运动后的位置和距离。

活动 5：学生板演，练习计算步骤，巩固法则

(1) $(+3)+(+8)$；      (2) $4+(-6.7)$；

(3) $\dfrac{1}{4}+\left(-\dfrac{1}{2}\right)$；      (4) $\left(-3\dfrac{1}{2}\right)+(-3.5)$。

学生板演，其余学生做完小组内判对错，并向老师汇报情况。

活动 6：以游戏激发学生的兴趣

游戏：老师说出一个数作为和，学生说出两个加数，比比谁说得快。

（三）迁移运用

1. 海平面的高度为 0 m。一艘潜艇从海平面先下潜 40 m，再上升 15 m。求现在这艘潜艇相对于海平面的位置。（上升为正，下潜为负）

2. 已知有理数 $a,b,c$ 在数轴上的位置如图 4 所示，请根据有理数的加

法法则判断下列各式的正负性。

① $a$；　② $b$；　③ $-c$；　④ $a+b$；　⑤ $a+c$；
⑥ $b+c$；　⑦ $a+(-b)$。

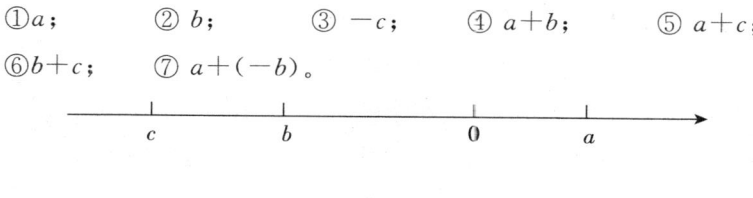

图 4

(四)成果集成

如图 5。

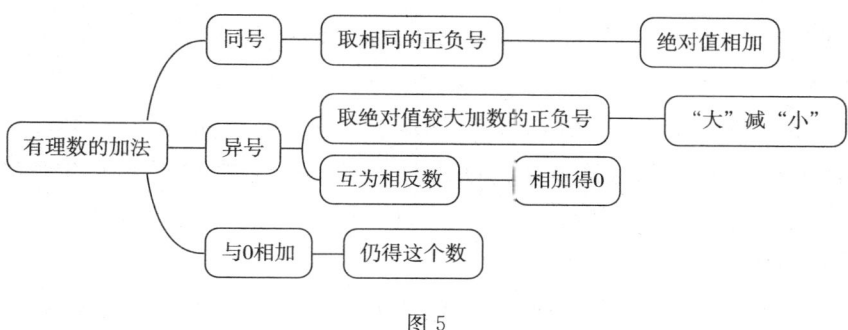

图 5

(五)作业设计

• 基础题

1.计算：

(1) $10+(-4)$；　　　　　　(2) $(+9)+7$；

(3) $(-15)+(-32)$；　　　　(4) $(-9)+0$；

(5) $100+(-100)$；　　　　 (6) $(-0.5)+4.4$；

(7) $(-1.5)+(1.25)$；　　　 (8) $\left(-\dfrac{1}{2}\right)+\left(-\dfrac{1}{6}\right)$。

2.计算：

(1) $(-0.9)+(+1.5)$；　　　(2) $(-4.2)+4.25$；

(3) $1.5+(-8.5)$；　　　　　(4) $(-4.1)+(-1.9)$。

• 能力题

3.(1)小明在一条东西走向的跑道上先走了 50 米,又走了 30 米,他现在位于原来位置的哪个方向,与原来位置相距多少米?

(2)自编一道与有理数加法有关的应用题并进行解答。

(六)课后反思

本节课是有理数运算的第一个课时,有理数的加法法则。

课标中对本节课的内容要求是掌握有理数的加法运,理解有理数加法的运算律,能运用运算律简化运算。能运用运算解决简单问题。

本课时"先行组织"部分就为有理数的加法法则提供了伏笔。在探索有理数的加法法则中,学生观看动画演示,知道如何利用数轴来解释有理数的加法,体会数形结合思想。然后小组讨论交流得出其他有理数加法类型的结果。这部分的学习,同学们热情很高,能够利用数轴从"位置"和"距离"分析、回答问题。在总结法则的过程中,学生用自己的语言表述,一些数学语言还没有形成。引入法则以后,有的同学不善于利用法则进行计算,对所求的结果表述不清,特别是异号两数相加的和的符号的确定,确定以后,绝对值要做加法还是减法,在这里的学习出现了思维障碍点,还要通过练习进行巩固。

本节课任务量大,在时间安排上要适当,"迁移运用"部分留给学生的时间少一些,第2题没有在课堂上完成,已经作为本节课的课后作业。

# 七年级上册第3章"整式的加减"

长春经济技术开发区育隆学校　周玲玲

**单元教学规划**

一、单元内容

华东师范大学出版社,七年级上册,第3章,整式的加减。

二、单元分析

(一)课标分析

1. 内容要求

借助现实情境了解代数式,进一步理解用字母表示数的意义;能分析具体问题中的简单数量关系,并用代数式进行表示;会把具体数代入代数式进行计算,求出代数式的值;理解整式的概念,掌握合并同类项和去括号的法则;能进行简单的整式加减运算。

2. 学业要求

能结合问题情境,正确用字母表示数;能运用代数式表示具体问题中简单的数量关系,体验用数学符号表达数量关系的过程,会选择适当的方法求代数式的值;能理解单项式、多项式、同类项的概念;理解整式的概念,掌握合并同类项和去括号的法则,能进行简单的整式的加法和减法运算。

3. 教学提示

在教学过程中,要关注数学知识与实际的结合,让学生在实际情境中理解数量关系和变化规律,经历从实际问题中建立数学模型、求解模型、验证反思的过程,形成模型观念;要关注基于代数的逻辑推理,如代数运算规律的论证,能在比较复杂的情境中,提升学生发现问题、提出问题、分析问题和解决问题的能力,以及逻辑表达与交流能力。

4.学业质量

能够从生活情境、数学情境中抽象出代数式的概念和规则,掌握相关的运算求解方法,合理解释运算结果,形成一定的运算能力、推理能力和抽象能力。综合运用数学与其他学科知识与方法解决问题,积累数学活动经验,发展核心素养。感悟数学的价值,能够从问题解决的过程中获得数学活动经验,产生对数学的好奇心和求知欲,增强学习数学的兴趣,建立学习数学的自信心。

(二)教材分析

单元之外(纵向分析):学生在学习本章之前,在"有理数"这一章节中的运算律就已经涉及用字母表示数,并且在进行有理数运算律的探索过程中,也运用了圆圈、方框、菱形等形状代表了数,学生们在小学阶段也学习比如面积计算公式以及路程、速度与时间的关系等等,也为本章的学习做出了一些铺垫。

整式的加减实际上是对整式实行两种重要的恒等变形:一种是合并同类项;另一种是去括号和添括号。整式的恒等变形是数学中符号运算的基础,是解方程的工具,在后面将要学习的代数知识几乎都与本章有关。本章也是培养和发展学生符号意识的重要素材。

单元之内(横向分析):用字母表示数,从数的研究过渡到代数式的研究,是数学发展的一次飞跃。学习时要注意联系实际,体会从具体到抽象、从特殊到一般的思想方法。

整式包括单项式和多项式。多项式可以看作几个单项式的和,其中的每一个单项式是多项式的项。多项式的项(单项式)的系数包括正负号,在进行整式运算时不容忽视。整式的加减运算是本章学习的又一个重点。去括号与添括号法则和合并同类项法则是整式加减的基础。

（三）学情分析

七年级的孩子在小学阶段学生已经接触过一些符号化的知识结构，并且学生之前已经学习了有理数的加减运算，也为这部分知识的学习做了铺垫，但是学生在这个阶段的符号意识还是比较薄弱的，并且整式的加减是数到字母的掌握，这对大部分的学生来说，在理解方面存在着一定的难度，并且本章的学习还离不开各种符号以及符号之间的运算，在学生符号意识不明确的情况下，在具体问题情境中，对如何分析问题、寻找相关数量、确定数量之间的关系、用数学符号表达，会有一定的学习困难。

三、单元主题

整式奇旅。

四、单元目标

（一）低阶目标

1.学生能理解用字母表示数的意义和作用。

2.学生能理解代数式的概念，列出代数式。

3.学生能表述单项式、多项式和同类项的概念。

4.学生能描述代数式的值的概念，会求代数式的值。

5.学生能把一个多项式按某个字母的次数升幂或降幂排列。

6.学生能根据合并同类项法则合并同类项。

7.学生能表述去括号、添括号的法则，会用去括号与添括号法则合并同类项。

8.学生能进行简单的整式加减运算。

（二）高阶目标

9.学生能初步建立符号意识，体会从具体到抽象的过程。

10.学生能会求代数式的值，初步体会函数思想。

11.学生能归纳总结去括号与添括号法则，培养观察、分析、归纳、解决问题的能力，进一步感受数学的分类思想。

12.学生能通过对整式的加减的认识与计算,提升运算能力。

五、单元评价

1.1 能够结合实际问题情境,用字母表示数。

1.2 能够结合练习,正确书写字母表示数的式子。

2.1 能够根据问题情境,描述出代数式的概念。

2.2 能够找到题目中的数量关系,正确列出代数式。

3.1 能够根据所列出的代数式,描述单项式、多项式和同类项的概念。

3.2 能够通过观察多项式的字母次数,确定多项式的次数、项数、项的系数。

4.1 能够根据问题情境,正确列出代数式模型。

4.2 能够结合问题,将数值代入到代数式中,正确求出代数式的值。

5.1 能够通过观察多项式的字母次数,正确将多项式按照某个字母的次数升幂或降幂排列。

6.1 能够根据同类项的概念,总结归纳合并同类项法则。

6.2 能够根据合并同类项法则,正确化简多项式。

7.1 能够通过问题情境,找到正确的数量关系。

7.2 能够通过观察算式,总结归纳去括号与添括号法则。

8.1 能够根据合并同类项法则、去括号与添括号法则,对整式进行加减运算。

9.1 能够在分析问题的过程中,用字母表示数,发展数感。

9.2 能够经历列代数式的过程,建立符号意识,初步体会到由具体到抽象的过程。

10.1 能够通过求代数式的值来解决实际问题,初步体会函数思想。

11.1 能够从归纳总结去括号与添括号法则的过程中,培养观察、分析、归纳、解决问题的能力,进一步感受数学的分类思想。

12.1 能够通过整式的加减运算,提升运算能力。

## 六、单元结构化活动

如图 1。

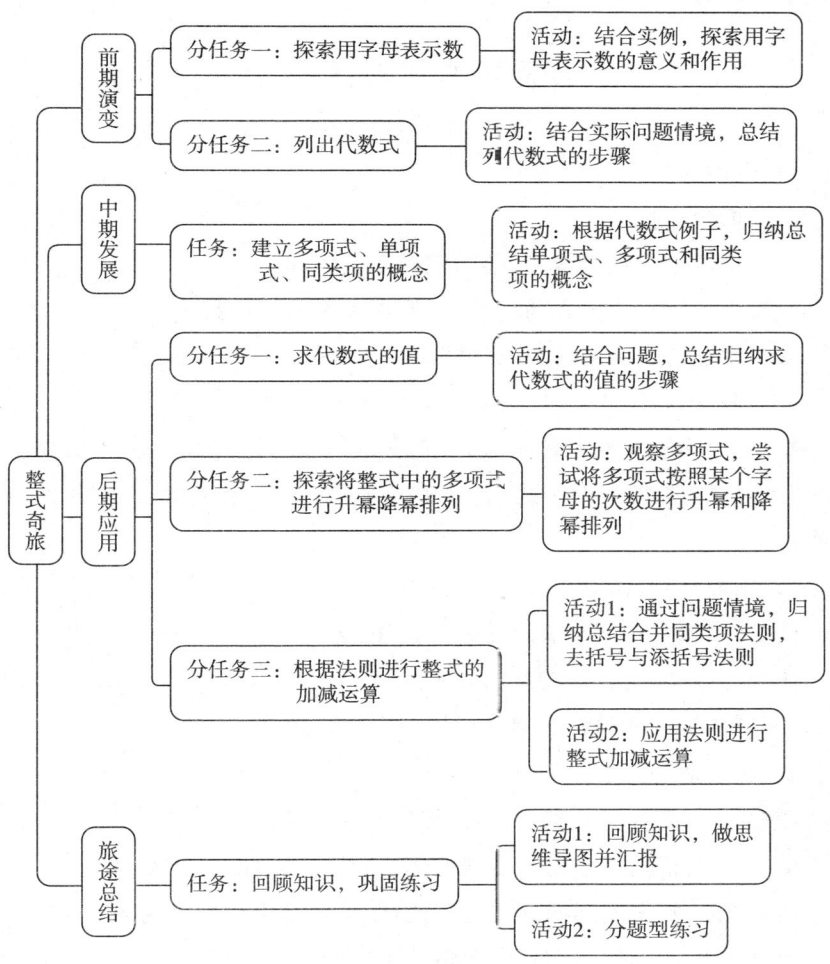

图 1　单元结构化活动

## 七、课时分配

共 14 课时。

课时规划设计

# 整式的前期演变

（共3课时，新授课）

## 一、课时目标

（一）低阶目标

1. 学生能结合现实情境，会用字母表示数。

2. 学生能阐述代数式的概念，并能够正确书写代数式。

3. 学生能结合问题情境，正确列出代数式。

（二）高阶目标

4. 学生能通过分析具体问题中的数量关系，会用字母表示数，发展数感。

5. 学生能通过列代数式，初步建立符号意识，体会由具体到抽象的过程。

## 二、情境任务（问题）

任务一：探索用字母表示数的意义和作用。

任务二：建立代数式的概念。

任务三：探索如何结合问题情境列出代数式。

## 三、学生活动

活动1.1：结合三组实例，尝试用字母表示数。

活动1.2：根据用字母表示数的例子，总结书写时的注意事项。

活动2.1：根据实际问题列出算式，归纳总结出代数式的概念。

活动2.2：用代数式表示问题情境中的量，巩固练习。

活动3：分析数学语句，列代数式解决问题，总结列代数式的技巧和注意事项。

## 四、课时作业

分层作业：A层作业为基础部分，比如列代数式或者书写规范问题等题型；B层作业为提升部分，比如结合复杂问题情境或复杂数学语句列出代数式等题型。

## 整式的中期发展

（共3课时，新授课）

**一、课时目标**

（一）低阶目标

1. 学生能表述出单项式的概念,确定单项式的次数和系数。

2. 学生能表述出多项式的概念,确定多项式的次数和项的系数。

3. 学生能表述出同类项的概念,能说出同类项的特点。

（二）高阶目标

4. 学生能从梳理归纳当中,提高推理能力。

**二、情境任务（问题）**

任务一:建立单项式的概念,确定单项式的系数和次数。

任务二:建立多项式的概念,确定多项式的项的系数和次数。

任务三:建立同类项的概念,归纳总结出同类项的特点。

**三、学生活动**

活动1.1:列出问题情境中的代数式,找到共同点,归纳总结单项式概念。

活动1.2:分析单项式的结构,确定单项式的次数和系数。

活动2.1:列出问题情境中的代数式,找到共同点,归纳总结多项式概念。

活动2.2:分析多项式的结构,确定多项式的次数和项的系数。

活动3.1:观察几个单项式,找到共同点,归纳总结同类项的概念。

活动3.2:根据同类项的概念,判断同类项。

**四、课时作业**

分层作业:A层作业为基础部分,比如判断单项式,多项式,同类项,确定多项式的次数等题型;B层作业为提升部分,比如将单项式的次数设置为带有参数的式子,根据问题条件,确定参数的值等题型。

## 整式的后期应用

（共 6 课时，新授课）

一、课时目标

（一）低阶目标

1. 学生能利用代数式的值解决问题。

2. 学生能正确地将一个多项式按某一字母的次数进行升幂或降幂排列。

3. 学生能利用合并同类项法则进行合并同类项。

4. 学生能利用去括号和添括号法则化简代数式。

5. 学生能进行简单的整式加减运算。

（二）高阶目标

6. 学生能通过求代数式的值来解决实际问题，初步体会函数思想。

7. 学生能在总结归纳法则的过程中，培养观察、分析、归纳、解决问题的能力，进一步感受数学的分类思想。

8. 能够通过整式加减运算，提升运算能力。

二、情境任务（问题）

任务一：探索求代数式的值的步骤。

任务二：探索如何将多项式进行升幂或降幂排列。

任务三：探索合并同类项法则。

任务四：探索去括号与添括号的法则。

任务五：利用法则进行整式的加减运算。

三、学生活动

活动1：结合实例，总结归纳求代数式的值的步骤及注意事项。

活动2：尝试将多项式按照某个字母的次数进行升幂和降幂排列。

活动3.1：总结同类项的特点，归纳总结合并同类项法则。

活动3.2：利用同类项法则合并同类项。

活动4.1：结合实例，总结去括号和添括号法则。

活动4.2：利用去括号法则和添括号法则合并同类项。

活动5.1：根据问题情境，思考如何进行整式的加减。

活动 5.2:巩固练习,利用法则进行整式加减运算。

**四、课时作业**

分层作业:A 层作业为基础部分,比如代入求值运算,合并同类项运算等题型;B 层作业为提升部分,比如结合复杂问题情境,推理运算求值等题型。

# 整式的后期总结

（共 2 课时,复习课）

**一、课时目标**

（一）低阶目标

1. 学生能根据问题情境,列出代数式。

2. 学生能表述出单项式、多项式和同类项的概念。

3. 学生能辨析出单项式、多项式和同类项。

4. 学生能利用法则进行整式的化简和加减运算。

（三）高阶目标

5. 学生能在复习、学习的过程中,提高发现问题,提出问题,分析问题,解决问题的能力。

**二、情境任务（问题）**

任务一:根据已经学习过的知识做思维导图。

任务二:结合练习,巩固提升。

**三、学生活动**

活动 1.1:回顾已经学习过的知识,进行分块梳理归纳。

活动 1.2:汇总知识,做出思维导图。

活动 1.3:学生代表讲解思维导图。

活动 2.1:通过练习填空题、选择题,明确思路,总结。

活动 2.2:通过做解答题,规范答题步骤,总结。

**四、课时作业**

分层作业:A 层作业为单元基础部分,比如化简多项式,求值计算等;B 层作业则为综合性练习,引入情境或复杂数学语句,化简计算再求值等。

实践作业：尽可能多地收集一些人（亲属、朋友等）的身份证号码。仔细观察各个身份证号码的相同之处与不同之处，看看身份证号码是如何反映每一个人的各种信息的。

### 课时教学设计及课堂教学实录

## 用字母表示数

（1课时）

**一、学习目标**

（一）低阶目标

1.学生能说出用字母表示数的意义和作用。

2.学生能明确用字母表示数的特点。

3.学生能结合实际情境，正确书写用字母表示数的式子。

（二）高阶目标

4.学生在经历用字母表示数的数学活动过程中，初步建立符号意识，体会由具体到抽象的过程。

**二、达成评价**

1.1 能够通过小组探索交流，分析出弹起高度与下落高度之间的数量关系。

1.2 能够通过小组交流讨论，用字母表示弹跳高度。

1.3 能够通过小组探索交流，用自己的语言说出用字母表示数的意义和作用。

2.1 能够经过独立思考，用字母表示运算律。

2.2 能够用字母表示以前所学习过的图形的面积计算公式。

2.3 能够通过归纳总结，说出用字母表示数的特点及作用。

3.1 能够通过观察用字母表示数的式子，说出书写时的注意事项。

3.2 能够结合梳理归纳，结合实例，正确规范书写。

4.1 能够在小组交流合作的数学探索活动当中，通过用字母表示数，建立起符号意识，体会具体到抽象的过程。

### 三、学习过程

（一）先行组织

1 只青蛙 1 张嘴，2 只眼睛 4 条腿，扑通 1 声跳下水。

2 只青蛙 2 张嘴，4 只眼睛 8 条腿，扑通 2 声跳下水。

3 只青蛙 3 张嘴，6 只眼睛 12 条腿，扑通 3 声跳下水

……

你觉得这首儿歌能唱完吗？$n$ 只青蛙应怎么唱呢？

你能想办法把这首儿歌中的数量关系概括出来吗？

$n$ 只青蛙_____张嘴，_____只眼睛_____条腿，扑通_____声跳下水。

（二）任务（问题）与活动

任务一：小组合作交流讨论，探索用字母表示数的意义和作用

活动 1：结合皮球下落高度和弹起高度的问题情境，小组合作交流

为了测试一种皮球的弹跳高度与下落高度之间的关系，通过试验，得到下面一组数据表 1（单位：厘米）。

表 1　皮球下落高度与弹跳高度关系表

| 下落高度/厘米 | 40 | 50 | 80 | 100 | 150 |
| --- | --- | --- | --- | --- | --- |
| 弹跳高度/厘米 | 20 | 25 | 40 | 50 | 75 |

思考：你能从表中发现弹跳高度与下落高度之间有什么数量关系吗？

思考：如果我们用字母 $b$ 表示下落高度，那么相对应的弹跳高度为_____（厘米）。

阅读教材，思考教材当中所提及的问题，通过小组交流，学生总结出下落高度是弹跳高度的二倍，学生能够描述用字母表示数的式子为 $b$ 除以 2（书写情况不够规范）。

活动 2：独立思考，尝试用字母表示运算律

学生通过阅读教材，思考如何用字母表示有理数的运算律，用字母表示运算律。

（1）如果 $a$、$b$ 表示任意的两个有理数，那么加法交换律可以表示为_____；

(2)乘法交换律可以表示为_____；

(3)你能用字母表示有理数的其他几个运算律吗？

(4)举例代入，计算结果，并说明理由。

学生1：用字母表示的加法交换律是 $a+b=b+a$。

学生2：用字母表示的乘法交换律是 $ab=ba$。（能够说出在此可以省略乘号或者用点进行表示）

教师继续追问其他用字母表示的运算律？

学生3：乘法分配律和结合律的字母表达式是 $a(b+c)=ab+ac$。（有字母颠倒的现象，教师进行纠正）

活动3：结合所展示的图形，小组交流讨论，用字母表示面积计算公式

【提出问题】

在我们之前的学习当中，有没有其他用字母表示数的实例？

学生根据教师提出的问题说出圆的周长计算公式以及圆的半径是用字母 $r$ 进行表示的。

教师继续追问：那同学们你们能不能结合之前所学，用字母表示出学过的图形的面积计算公式？

【组织学习】

组织学生分成小组，交流讨论并完成表2。

表2 图形面积计算公式汇总

| 图形名称 | 示意图 | 面积公式 |
| --- | --- | --- |
| 长方形 | | $S=ab$ |
| 正方形 | | |
| 三角形 | | |

| 图形名称 | 示意图 | 面积公式 |
|---|---|---|
| 平行四边形 | | |
| 梯形 | | |
| 圆 | | |

思考：通过以上这些活动，你体会到了什么？

结合活动1，活动2，活动3，你认为用字母表示数的步骤是什么？

因为对于图形的计算有些遗忘，在此引导学生通过嵌入评价来完成表格中的面积计算公式。

〖评价标准〗

1．能够正确用文字说出如何计算图形的面积。（＋1）

2．能够用合适的字母表示出图形的面积计算公式。（＋2）

3．能够正确书写用字母表示数的算式。（＋3）

4．能够用自己的语言说出字母所代表的实际含义。（＋4）

【表达成果】

1组代表：长方形的面积计算公式为$S=a\times b$，正方形的面积计算公式为$S=a\times a$，三角形的面积计算公式为$S=a\times h\div 2$。

2组代表：平行四边形的面积计算公式为$S=ah$，梯形的面积计算公式为$S=\frac{1}{2}(a+b)h$。圆的面积计算公式为$S=\pi r^2$。

3组代表：用字母表示面积计算公式，首先回忆如何计算面积，其次结合图形的字母表示，代入公式得出结果。

【交互反馈】

4组代表：我们组不支持第1组的用字母表示数的例子，因为没有这种写法，在长方形的计算中，乘号是可以省略的，正方形的面积计算公式可以表示为$S=a^2$，第三个三角形的计算公式应该是$\frac{1}{2}ah$。

**教师追问**：你们同意小组 4 的说法吗？

其他组表示同意。

5 组代表：我们概括了用字母表示数的步骤，就是先找到数量关系，再结合实际问题情境，代入进行表示。

**教师继续追问**：那你认为用字母表示数的作用是什么？

学生 4：用字母表示数中字母可以表示任何数，便于代入计算。

【整合提升】

学生代表总结：用字母表示数具有一般性，简洁性的特点，可以简洁地表示出问题情境中的数量关系，它可以表示任何数，但是在特定情况下只能表示特定的数，比如正方形的边长只能是正数，我感受到了用字母表示数的简洁性。

任务二：探索应该如何正确书写用字母表示数的算式

活动 1：根据几个用字母表示数的算式，总结书写时的注意事项

【提出问题】

应该怎样正确书写用字母表示数的式子呢？

【组织学习】

教师组织学生小组交流讨论，观察几个用字母表示数的例子如图 2，思考应该怎样正确书写。组织学生依据嵌入评价进行探索。

**任务二：探索应该如何正确书写用字母表示数的算式**
**活动1**：根据几个用字母表示数的算式，总结书写时的注意事项

$\frac{1}{2}ah$ , $ab$ , $\frac{1500}{t}$ , $\frac{10}{3}m$ , $(5x+3y)$ 元 , $a$ , $-a$

能够观察用字母表示数的式子，说出字母、数字的位置特点.+1

能够用自己的语言说出书写时的注意事项.+2

能够结合自己的生活经验，说出一个与字母相符的生活情境.+3

图 2  授课任务二活动 1 示意图

【表达成果】

1组代表:第一个式子和第四个式子都是数字在前面,字母在后面。并且字母与数字之间没有乘号。

2组代表:观察第二个式子,可以发现书写时要按照字母的顺序进行书写。

3组代表:观察第五个式子,可以发现用字母表示数时后面如果有单位要把算式加上括号。

【交流反馈】

教师组织其他小组同学对以上三个组的结果进行评价。

4组代表:我们组认为概括得不够全面,最后两个算式的"1""-1"进行了省略,并且数字部分如果是带分数时要用假分数的形式进行表示。

教师追问:那么对于第三个式子,大家有哪些看法呢?

学生并不能正确作答,学生代表根据教师的提示说出书写时除法要变成分数的表达形式。

【整合提升】

教师组织同学进行梳理归纳用字母表示数时书写的注意事项。

学生代表总结:

1.数字和字母相乘,可省略乘号或者用"·",并把数字写在字母前面。

2.字母与字母相乘,通常省略乘号或者用"·",一般按照26个字母的顺序从左到右书写。

3.除法运算写成分数形式。

4.带分数化成假分数。

5.如果单位前面的式子有加减运算符号,则要加"括号"。

6.当"1""-1"与任何字母相乘时,"1"省略不写。

活动2:做游戏,巩固复习(如图3)

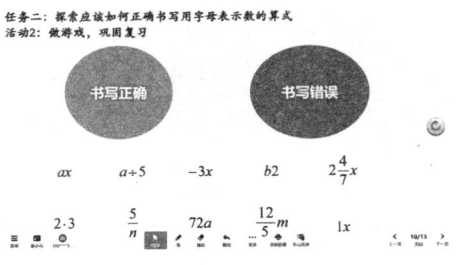

图3 希沃白板游戏图

学生能够正确将书写正确的式子放在相对应的圆圈里。

(三)迁移运用

如图4是一所住宅的建筑平面图(图中长度单位:m),用式子表示这所住宅的建筑面积。

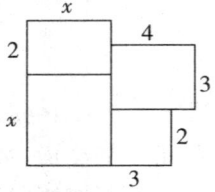

图4 住宅建筑平面图

教师组织学生进行计算这个住宅的面积。

学生经过思考观察,能够想到将四个部分进行相加求和,个别同学没有加单位,或者加单位而没有括号,根据教师提示即可完成作答。

(四)成果集成

如图5。

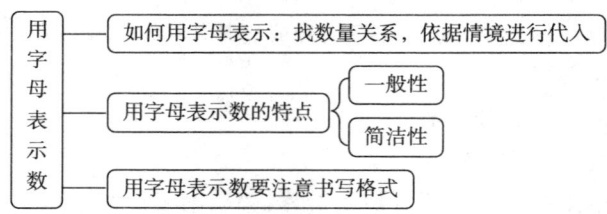

图5

(五)作业设计

分层作业:A层作业为基础部分,比如用字母表示数的实例,使其概括所有的书写格式类型题,共计10题。B层作业为提升部分,比如用字母表复杂的问题情境和带有运算、推理题型,共计2题,以此来提高学生的运算能力和推理能力。

思考作业:你能结合日常生活,说出几个用字母表示数的实例吗?如果有的话,你能用自己的语言解释它们吗?

(六)课后反思

在实授中,学生对于任务一当中的活动 1 的完成没有什么障碍,但是后两个活动需要教师提示才可以完成,对于简单的用字母表示数的运算律和面积计算公式都能表达,但是在书写方面存在不够规范的现象,这也能为后面的任务二做铺垫。

部分学生对于用字母表示运算律和用字母表示面积计算公式有所遗忘,从而也导致任务一当中的活动 2 和活动 3 的完成稍慢,这说明在上课之前的预习工作没有彻底落实,在以后的日常教学当中应着重强调课前预习的重要性,为上好每一堂课做准备。

从学生的完成情况上来看,学生能够完成本节课的所有学习内容,但是在任务二的活动 1 可以发现,在任务一中用字母表示数的式子的书写例子不够全面,学生不能根据自己的总结说出除法要换成分数的表达形式,所以在这一部分的实际例子有所欠缺,因此我选择在作业设计当中进行完善,使用字母表示数的式子的书写类型更加全面。

从提出问题部分来看,问题具有可执行性,学生能够根据自己的思考明白老师的意图,小组合作就可以将问题解决,但是学生的符号意识还是不够明确,对于用字母表示数的特点概括得不够全面,所以在课堂实施过程中,可以尝试让学生自己举例说出用字母表示数的例子,再结合实际问题情境,尝试进一步概括用字母表示数的简洁性和实用性,从而发展学生的符号意识,体会从具体到抽象的过程。

# 七年级上册第5章"相交线与平行线"

长春经济技术开发区育隆学校　王雪芬

## 单元教学规划

### 一、单元内容

华东师范大学出版社,七年级上册,第5章,相交线与平行线。

### 二、单元分析

（一）课标分析

1. 内容要求

理解对顶角、垂线、垂线段、平行线的概念；识别同位角、内错角、同旁内角；理解点到直线距离的意义；了解平行于同一条直线的两条直线平行；掌握基本事实：同一平面内,过一点有且只有一条直线与已知直线垂直；过直线外一点有且只有一条直线与这条直线平行；两条直线被第三条直线所截,如果同位角相等,那么这两条直线平行；两条平行直线被第三条直线所截,同位角相等；探索并掌握对顶角相等的性质；探索并证明平行线的判定定理、平行线的性质定理Ⅱ；能用三角板或量角器过一点画已知直线的垂线,作一条线段的垂直平分线,过已知直线外一点画这条直线的平行线；能度量点到直线的距离。

2. 学业要求

了解线、角的相关概念。理解两条直线平行或垂直的关系,形成和发展抽象能力；在直观理解和掌握图形与几何基本事实的基础上,经历得到和验证数学结论的过程,感悟具有传递性的数学逻辑,形成几何直观和推理能力；经历尺规作图的过程,增强动手能力,能想象出通过尺规作图的操作所形成的图形,理解尺规作图的基本原理与方法,发展空间观念和空间想象力。

3. 教学提示

初中阶段,主要侧重学生对图形概念的理解,以及对基于概念的图形性质、关系、变化规律的理解,要培养学生初步的抽象能力、更加理性的几何直观和空间想象力;学生还将第一次经历几何证明的过程,需要理解几何基本事实的意义,感悟数学论证的逻辑,体会数学的严谨性,形成初步的推理能力和重事实、讲道理的科学精神。图形的性质的教学,需要引导学生理解欧几里得平面几何的基本思想,感悟几何体系的基本框架:通过定义确定论证的对象,通过基本事实确定论证的起点,通过证明确定论证的逻辑,通过命题确定论证的结果。

4. 学业质量

能运用几何图形的基本性质进行推理证明,初步掌握几何证明方法,进一步增强几何直观、空间观念和推理能力。能够知道解决问题方法的多样性,具备一定的应用意识和模型意识,初步会用数学语言表达与交流。感悟数学的价值,能够从问题解决的过程中获得数学活动经验,产生对数学的好奇心和求知欲,增强学习数学的兴趣,建立学习数学的自信心。能够在解决问题的过程中,学会独立思考、合作探究,形成批判质疑、克服困难、勇于担当的科学精神,具备一定的创新意识。

综上,确定初中阶段"图形的性质"主题的教学目标时,关注学生空间观念、几何直观、推理能力等的形成。要引导学生在发现问题、提出问题的同时,会用数学的眼光观察现实世界;在分析问题的同时,会用数学的思维思考现实世界;在用数学方法解决问题的过程中,会用数学的语言表达现实世界;在对图形性质的研究过程中,核心素养的感悟由感性上升为理性,要求在建立空间观念、几何直观的基础上,逐步形成推理能力。

(二) 教材分析

单元之内:本单元的主要内容是相交线和平行线,采用合情推理与演绎推理有机结合的方式展开。"相交线"一节在点、直线、相交线、垂线与距离等概念的基础上,让学生通过实例直观感知,操作确认,学习相交线中的一些有关知识。"平行线"一节在对平行线初步认识的基础上,让学生通过丰富的实例直观感知,操作确认,学会判定平行线的一些方法,并认识平行线的主要性质。

单元之外:本单元是在前面学习点、直线、角的基础上,继续认识线之间的相互关系及相交、相截线中角的关系。在八年级下册里,学生还将继续学习平行问题,但却是从论证的角度。

(三)学情分析

七年级的学生敢想、敢说、敢做,愿意动手操作,亲自实践,但学生之间的个体差异逐渐明显。学生在上一单元已经学习了有关点、直线、线段、角的简单内容,积累了初步的观察、操作等活动经验,而本章是初中阶段"图形与几何"领域中演绎推理学习的开始,学生将在图形的初步认识的基础上,初步进入合情推理和演绎推理的学习。在"图形的初步认识"一章中,学生已经接触了简单说理,本章将进一步加强说理能力的训练。

### 三、单元主题

线与线的相遇——相交线与平行线。

### 四、单元目标

(一)低阶目标

1.通过自主探索,理解对顶角的概念,掌握对顶角相等的性质。

2.通过观察、比较实物图,理解垂线、垂线段等概念,尝试从不同角度寻求垂线的画法,能用三角板或量角器过一点画已知直线的垂线。经过探索,理解垂线的性质。

3.探索点到直线距离的意义,能正确度量点到直线的距离。

4.能根据图形特点判断识别同位角、内错角、同旁内角,不断增强识图能力。

5.通过实际生活中的实物,感受平行线的概念;在具体操作活动中理解平行公理,能作出已知直线的平行线。

6.通过实验探究,探索并证明平行线的判定定理。

7.通过探索平行线性质的过程,掌握平行线的性质。

8.能运用相交线和平行线相关知识解决一些实际问题。

（二）高阶目标

9.丰富和发展数学活动经历和体验,感受数学图形世界的丰富多彩,对数学产生浓厚兴趣。

10.经历观察、操作、猜想、说理、交流等数学活动,进一步发展空间观念,培养推理能力和有条理的表达能力。

11.感受数学与生活的密切联系,认识到数学的实用价值,增强用数学的意识。

**五、单元评价**

1.1 能结合具体图形的位置关系,理解对顶角的概念,知道对顶角的两边互为反向延长线。

1.2 能通过简单说理表述出对顶角相等。

2.1 能结合实物图理解并说出垂线的概念。

2.2 能正确使用三角板或量角器过一点画已知直线的垂线,并在探索的过程中理解垂线的性质。

3.1 能准确表述垂线段的长度并能正确度量点到直线的距离。

4.1 能根据图形正确判断识别哪些是同位角、内错角、同旁内角。

5.1 能结合对生活中实物的感知,说出什么是平行线。

5.2 能用三角板和直尺过已知直线外一点正确画出这条直线的平行线,在具体操作活动中理解并说出什么是平行公理。

6.1 能通过操作探究总结出平行线的判定方法,能运用平行线判定方法来判定两条直线是否平行。

7.1 能通过观察、操作、推理、交流等活动,探索并掌握平行线的三条性质,能说出平行线性质的推理过程。

8.1 能运用相交线和平行线的相关知识,去解决一些问题。

9.1 能在经历和体验数学活动的过程中,发现数学图形世界的丰富多彩,对数学产生浓厚兴趣。

10.1 在经历观察、操作、猜想、说理、交流等过程中,进一步发展空间观念并增强推理能力和表达能力。

11.1 能结合具体情境和生活经验中的数学信息,发现数学与生活的密切联系，认识到数学的实用价值，不断增强数学的应用意识。

### 六、单元结构化活动

如图1。

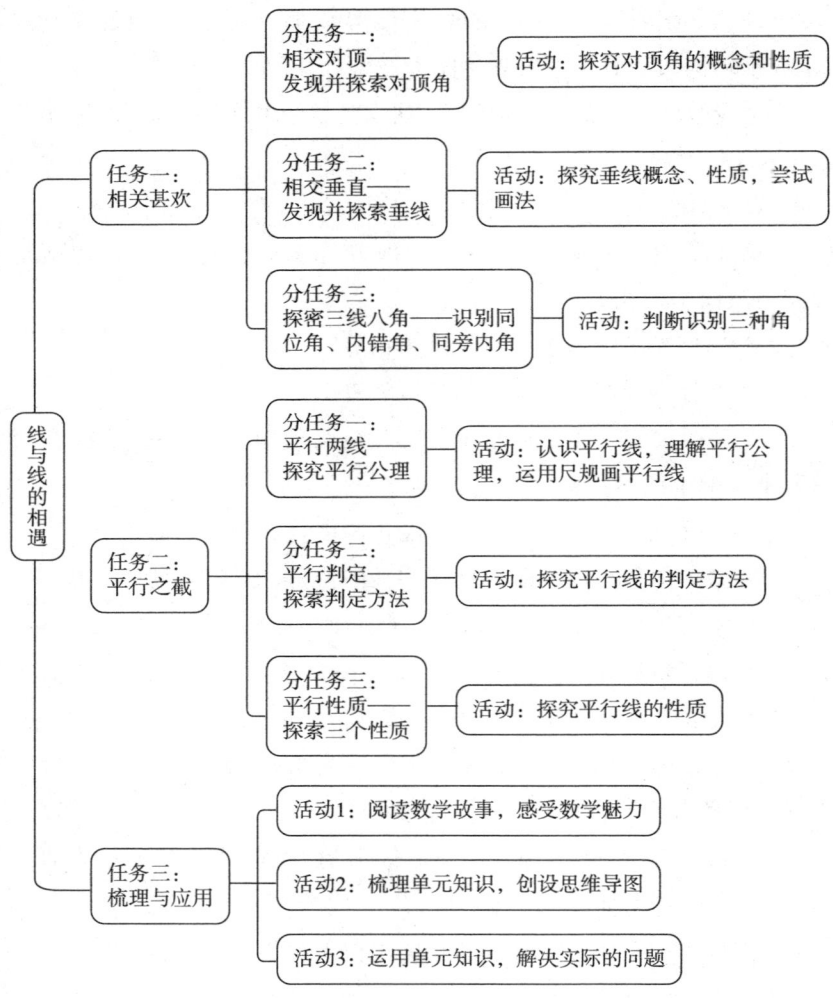

图1 单元结构化活动

### 七、课时分配

共8课时。

## 课时规划设计

# 相交甚欢

（共3课时，新授课）

**一、课时目标**

（一）低阶目标

1.在现实情境中识别对顶角,理解对顶角的性质。

2.认识生活中的垂直现象,归纳出垂直的定义及符号表示。掌握垂线的画法,探究垂线的性质以及点到直线的距离。

3.能根据图形特点判断识别同位角、内错角、同旁内角。

（二）高阶目标

4.经历观察、操作、猜想、交流等数学活动,进一步发展空间观念。

**二、情境任务（问题）**

任务一：相交对顶——发现并探索对顶角。

任务二：相交垂直——发现并探索垂线。

任务三：探密三线八角——识别同位角、内错角、同旁内角。

**三、学生活动**

活动1.1：完成自学表格,交流角的位置关系和数量关系。

活动1.2：探究对顶角的概念和性质。

活动2.1：结合实物展现,理解垂线相关概念。

活动2.2：结合画图操作,总结画法,探究垂线性质。

活动2.3：观察对比,理解垂线段的长度。

活动3.1：阅读后思考,分析三线关系。

活动3.2：观察分析图形,探究同位角判别方法。

活动3.3：观察讨论,归纳内错角、同旁内角判别方法。

**四、课时作业**

（一）基础作业

1.下列说法中,正确的是　　　　　　　　　　　　　　　　　　　（　　）

A.相等的角为对顶角　　　　B.对顶角不可能是直角

C.对顶角相等　　　　　　　D.两直线相交,有一对对顶角相等

2. 下列选项中,线段 AD 的长表示点 A 到直线 BC 距离的是  (    )

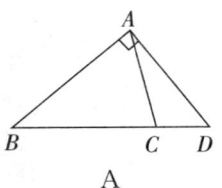
A

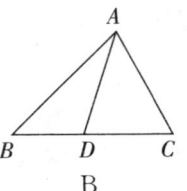
B

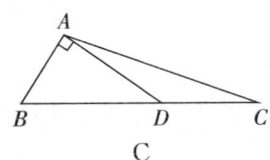
C

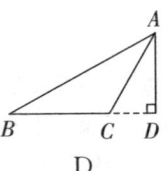
D

3. 数学课上老师用双手形象地表示了"三线八角"图形,如图 2 所示 (两大拇指代表被截直线,食指代表截线),从左至右依次表示  (    )

  A. 同旁内角、同位角、内错角  B. 同位角、内错角、对顶角

  C. 对顶角、同位角、同旁内角  D. 同位角、内错角、同旁内角

图 2

(二)提升作业

4. 如图 3,在几个数字角中,与∠1 是内错角的有_____。

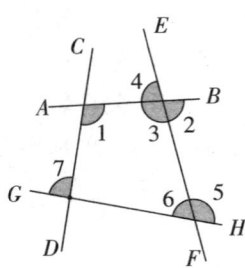

图 3

(三)实践作业

5.在直线 $AB$ 上任取一点 $O$,过点 $O$ 作射线 $OC,OD$,使 $OC \perp OD$,当 $\angle AOC = 30°$ 时,求 $\angle BOD$ 的度数。

## 平行之截

(共3课时,新授课)

一、课时目标

(一)低阶目标

1.通过生活中的实物,感受平行线的概念;在具体操作活动中理解平行公理,能作出已知直线的平行线。

2.通过实验操作,探索并证明平行线的判定定理。

3.通过实际测量,理解平行线的性质,经历探索平行线性质定理的证明,会运用平行线的判定与性质解决问题。

(二)高阶目标

4.经历观察、猜想、说理、交流等过程,加强推理能力和有条理的表达能力。

二、情境任务(问题)

任务一:平行两线——探究平行公理。

任务二:平行判定——探索判定方法。

任务三:平行性质——探索三个性质。

任务四:平行之截——探究判定与性质区别。

三、学生活动

活动1.1:观察实物,分析线与线的位置关系,体会平行线。

活动1.2:探究画图,认识平行线,理解平行公理。

活动2.1:尺规作图,探究论证同位角相等,两直线平行。

活动2.2:交流归纳内错角相等、同旁内角互补,两直线平行。

活动3.1:观察分析,探讨两直线平行,同位角相等。

活动3.2:分析讨论平行线的其他性质。

活动4:分析讨论平行线性质与判定的区别,综合运用。

四、课时作业

(一)基础作业

1.判断两条直线平行的方法有：

(1)利用平行线的定义：_____；

(2)如果两条直线都与第三条直线平行,那么这两条直线_____；

(3)如果两条直线都与第三条直线垂直,那么这两条直线_____；

(4)同位角相等,两直线_____；

(5)内错角相等,两直线_____；

(6)同旁内角互补,两直线_____。

2.如图4,已知直线 $m\parallel n$,将一块含 30°角的直角三角板 ABC($\angle ABC=30°$,$\angle BAC=60°$)按如图方式放置,点 A,B 分别落在直线 m,n 上。若 $\angle 1=70°$,则 $\angle 2$ 的度数为　　　　　　　　　　　　(　　)

A.30°　　　B.40°　　　C.60°　　　D.70°

3.如图5,直线 $a\parallel b$,且直线 a,b 被直线 c,d 所截,则下列条件不能判定直线 $c\parallel d$ 的是　　　　　　　　　　(　　)

A.$\angle 3=\angle 4$　　　B.$\angle 1+\angle 5=180°$

C.$\angle 1=\angle 2$　　　D.$\angle 1=\angle 4$

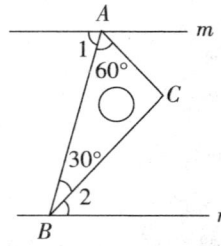

图4

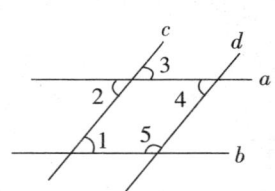

图5

(二)提升作业

4.如图6,已知直线 $m\parallel n$,将含 30°的直角三角板按照如图位置放置,$\angle 1=25°$,则 $\angle 2$ 等于(　　)

A.35°　　　B.45°

C.55°　　　D.65°

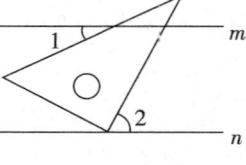

图6

（三）实践作业

5. 如图 7，在墙面上安装某一管道需经两次拐弯，拐弯后的管道与拐弯前的管道平行。若第一个弯道处 $\angle B=140°$，则第二个弯道处 $\angle C$ 也为 $140°$，请用数学知识解释这一现象：_____。

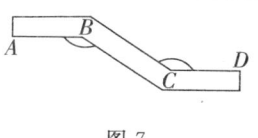

图 7

## 梳理与应用

（共 2 课时，复习课）

### 一、课时目标

（一）低阶目标

1. 独立阅读数学资料，交流探讨蕴含的道理。

2. 梳理总结本单元的知识点及其之间的关系，灵活运用相交线和平行线知识解决一些实际问题。

（二）高阶目标

3. 初步形成从特殊到一般的思维方式，了解数学知识是来源于实践，应用于实践的，了解数形结合思想，数学建模思想，感受数学之美。

4. 具有初级的从数学角度发现并提出问题的能力，能尝试用不同的方法分析问题、解决问题，感受不同的方法之间的联系与差异。简单推理与相交线和平行线有关的实际问题。

### 二、情境任务

任务：梳理知识，拓展应用。

### 三、学生活动

活动 1.1：阅读并交流《九树成行》的故事，感受蕴含的道理，体味数学之美。

活动 1.2：通览教材，总体回顾，同伴合作创设本章知识导图。

活动 1.3：解决完成实际问题，完善知识体系。

四、课时作业

(一)基础作业

1. 如图 8,下列说法正确的是 （   ）

A. 因为 ∠2＝∠4,所以 AD∥BC

B. 因为 ∠BAD＋∠D＝180°,所以 AD∥BC

C. 因为 ∠1＝∠3,所以 AD∥BC

D. 因为 ∠BAD＋∠B＝180°,所以 AB∥CD

2. 如图 9,已知 ∠1＝∠2,∠B＝40°,则 ∠3＝_____。

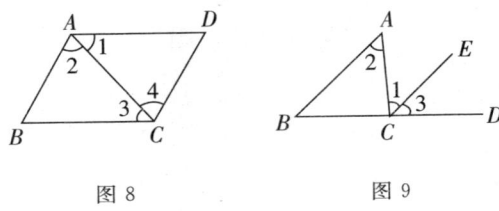

图 8    图 9

(二)提升作业

3. 如图 10,把一把直尺和一块三角板按如图方式放置,若 ∠1＝40°,则 ∠2 的度数为_____。

4. 如图 11,三条直线 AB、CD、EF 相交于点 O,若 ∠BOE＝4∠BOD,∠AOF＝100°,求 ∠AOC 的度数。

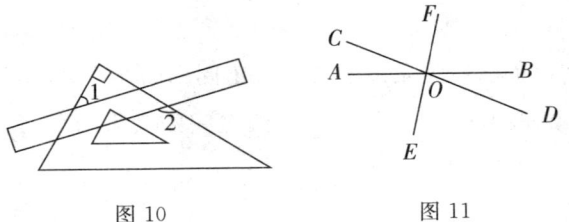

图 10    图 11

(三)实践作业

5. 如图 12,平原上有 A,B,C,D 四个村庄,为解决当地缺水问题,政府准备投资修建一个蓄水池。

(1)不考虑其他因素,请画图确定蓄水池 H 点的位置,使它到四个村庄距离之和最小;

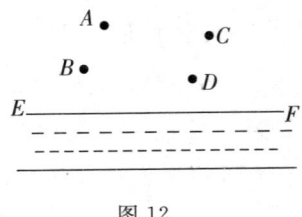

图 12

(2)计划把河水引入蓄水池 $H$ 中,怎样开渠最短,请说明理由。

课时教学设计及课堂教学实录

## 平行判定——探索判定方法

(1课时)

**一、学习目标**

(一)低阶目标

1.通过活动操作,探究论证同位角相等,两直线平行,内错角相等或同旁内角互补,两直线平行。

2.能应用判定方法判断两条直线是否平行。

(二)高阶目标

3.经历观察、猜想、说理、交流等过程,培养学生简单的推理能力和有条理的表达能力。

4.感受数学来源于生活,激发学习数学的兴趣。

**二、达成评价**

1.1 能通过动手操作,观察思考,探索论证同位角相等,两直线平行。

1.2 能比较清晰地论证内错角相等或同旁内角互补,两直线平行。能归纳总结出平行线的三种判定方法。

2.1 能运用平行线判定方法来判定两条直线是否平行。

3.1 能在探索论证的过程中,思路逐步清晰,语言逐步严谨。

4.1 能在探究的过程中,感受到数学来源于生活。

**三、学习过程**

(一)先行组织

1.从前面的学习我们知道,两条直线被第三条直线所截,构成八个角,如图13。

(1)∠1 与∠3 是对顶角,图中具有这种位置关系的角还有_____。

(2)∠1 与∠2 是邻补角,图中具有这种位置关系的角还有_____。

(3)∠1 与∠5 是同位角,图中具有这种位置关系的角还有_____。

47

(4)∠3 与∠5 是内错角,图中具有这种位置关系的角还有_____。

(5)∠3 与∠6 是内旁内角,图中具有这种位置关系的角还有_____。

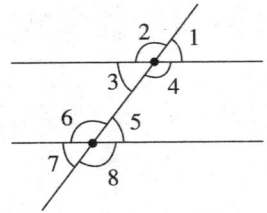

图 13

2.生活中平行线(图片展示)无处不在,寻找身边的平行线。如:教室中的平行线,楼梯栏杆,跑道……如图14,笔直的火车轨道,怎么样判断两条直线平行呢?

图 14

学生交流汇报,可根据平行线概念或平行线公理推论。

请想一想,除以上两种方法以外,是否还有其他方法呢?

3.板书课题:平行判定——探索判定方法。

(二)任务(问题)与活动

任务一:探究同位角相等,两直线平行

活动1:画图操作,观察讨论

用三角尺和直尺画平行线,如图15。

思考:在画图过程中,三角尺起着什么样的作用?

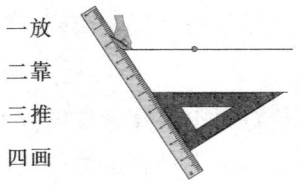

图 15

活动 2：提出猜想，思考论证

要判断两直线平行，你有办法了吗？

【提出问题】

(1)这样的画法可以看作是怎样的图形变换？

(2)画图过程中，什么角始终保持相等？

(3)直线 AB，CD 位置关系如何？

(4)请将其最初和最终的特殊位置抽象成几何图形。

(5)由上面的操作过程，你能发现判定两直线平行的方法吗？

【组织学习】

独立思考完成。

〔评价标准〕

表1 嵌入式评价标准

| 序号 | 活动内容 | 分值 |
| --- | --- | --- |
| 1 | 找到并标出相等的角 | +1 |
| 2 | 发现两条直线的位置关系 | +1 |
| 3 | 能画出抽象出来的几何图形 | +3 |
| 4 | 归纳出判定两直线平行的方法 | +3 |

【表达成果】

学生交流汇报，画图过程中，三角尺沿着直尺的方向由原来的位置移动到另一个位置，三角尺紧靠直尺的一边和直线 AB 所成的角在移动前的位置与移动后的位置构成了一对同位角，其大小始终没变，因此，只要保持同位角相等，就可以保证画出的直线与已知直线的方向一致，平行于已知直线，如图16。

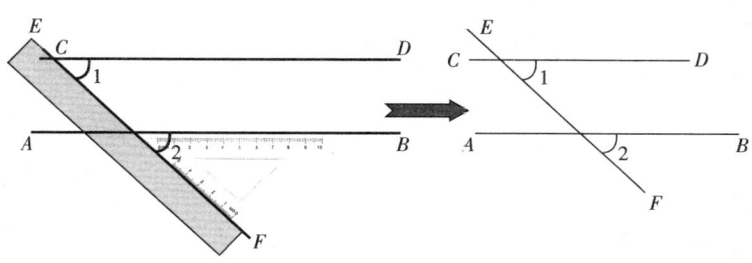

图 16

典型学生结论：两条直线被第三条直线所截，如果同位角相等，那么这两条直线平行。

符号语言：∵∠1＝∠2(已知)，∴AB∥CD．

【交互反馈】

学生依据评分标准互评，教师点评。

【整合提升】

师生小结：同位角相等，两直线平行。今后遇到问题，可以直接应用这个判断方法。

任务二：探究内错角相等或同旁内角互补，两直线平行

活动3：自主探究，交流论证

两条直线被第三条直线所截，同时得到同位角、内错角和同旁内角，由同位角相等可以判定两直线平行。能否利用内错角和同旁内角来判定两直线平行呢？

【提出问题】

1．如图17，由∠1＝∠3，可推出AB∥CD吗？如何推出？

2．如图18，如果∠1＋∠4＝180°，能判定AB∥CD吗？

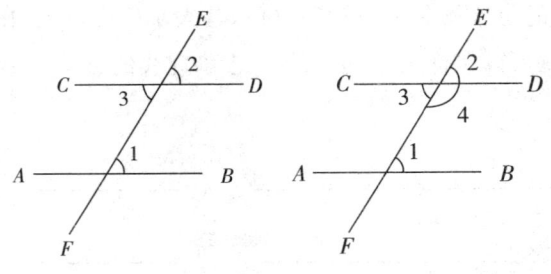

图17　　　　　图18

【组织学习】

独立论证。

〔评价标准〕

表2 嵌入式评价标准

| 序号 | 问题内容 | 分值 |
|---|---|---|
| 1 | 能判断出内错角和同旁内角与两直线平行的关系 | +1 |
| 2 | 应用同位角相等,两直线平行的结论 | +1 |
| 3 | 能清楚地阐述论证过程 | +2 |
| 4 | 能用符号语言写出已知和求证 | +3 |
| 5 | 归纳出判定两直线平行的方法 | +3 |

【表达成果】

学生合作交流,汇报总结。

1.两条直线被第三条直线所截,如果内错角相等,那么这两条直线平行。

∵ $\angle 1=\angle 3$（已知），

　$\angle 2=\angle 3$（对顶角相等），

∴ $\angle 1=\angle 2$（等量代换），

∴ $AB\parallel CD$（同位角相等,两直线平行）。

2.两条直线被第三条直线所截,如果同旁内角互补,那么这两条直线平行。

∵ $\angle 1+\angle 4=180°$（已知），

　$\angle 4+\angle 2=180°$（邻补角定义），

∴ $\angle 1=\angle 2$（同角的补角相等），

∴ $AB\parallel CD$（同位角相等,两直线平行）。

【交互反馈】

依据评分标准自评,其他同学点评。

【整合提升】

师生整理上述结论:内错角相等,两直线平行;同旁内角互补,两直线平行。

符号语言：

∵ $\angle 1=\angle 3$(已知)，

∴ $AB\parallel CD$。

∵ $\angle 1+\angle 4=180°$(已知)，

∴ AB∥CD。

学生操作归纳三种平行线判定方法,如图19,举例交流三种判定方法的实际应用。

图 19

**(三)迁移运用**

1. 如图20,在同一平面内,直线 $CD$,$EF$ 均与直线 $AB$ 垂直,$D$,$F$ 为垂足。试判断 $CD$ 与 $EF$ 是否平行?

解:∵ $CD \perp AB$,$EF \perp AB$(已知),

∴ $\angle 1 = \angle 2 = 90°$(垂线的定义),

∴ $CD \parallel EF$(同位角相等,两直线平行)。

典型学生结论:在同一平面内,垂直于同一条直线的两条直线平行。

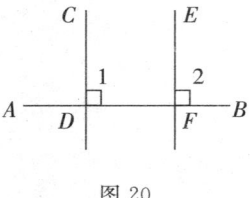

图 20

**(四)成果集成**

如图21。

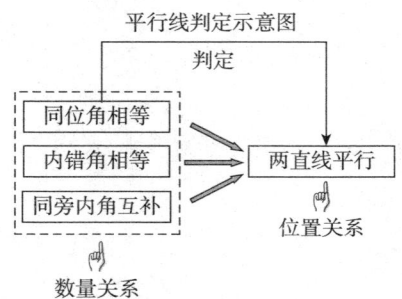

图 21

(五)作业设计

• 基础作业

1. 根据图 22 中标注的角,练习填空:

∵ ∠_____=∠_____(已知),

∴ AB∥CD(同位角相等,两直线平行)。

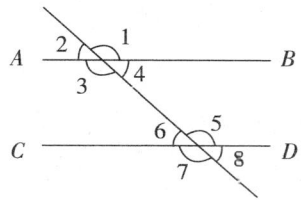

图 22

2. 当图 23 中各角满足下列条件时,你能指出哪两条直线平行?

(1)若∠1=∠4,则_____。

(2)若∠2=∠4,则_____。

(3)若∠1+∠3=180°,则_____。

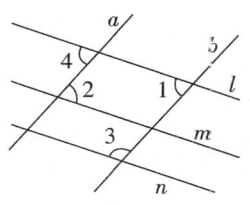

图 23

• 提高性作业

3. 如图 24,BC,DE 分别平分∠ABD 和∠BDF,且∠1=∠2,请找出平行线,并说明理由。

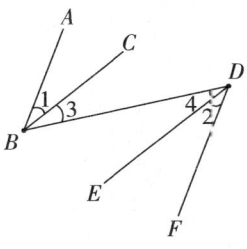

图 24

（六）课后反思

本节课的思路是通过先行组织，创设问题情境，通过三个活动驱动两个任务。在探究活动中引导学生得出平行线的判定定理一，在定理一的基础上衍生出定理二三。在这一过程中利用题型变换等方式提高学生的逻辑思维能力。这节课的难点是利用同位角判定两直线平行的方法和平行线的画法。在画平行线时，三角尺移动要紧靠直尺，三角尺的大小不变，也就是同位角相等。利用内错角和同旁内角来判定两直线平行，采用自主探究，合作交流的方式，引导学生去发现这些角之间的关系，要求学生自己完成。新授中，学生刚刚接触用演绎推理方法证明几何定理或图形的性质，对几何证明的意义还不太理解。有些同学甚至认为从直观图形即可辨认出的性质，没必要再进行证明；也有一些学生在推导方法二时，总认为此时已知同位角相等，而不是经过简单的推理证明得到。学生推导方法三时，大有好转，能用方法一或方法二得出方法三。

# 七年级下册第6章"一元一次方程"

长春经济技术开发区育隆学校　曲胜仁

 **单元教学规划**

一、单元内容

华东师范大学出版社,七年级下册,第6章,一元一次方程。

二、单元分析

(一)课标分析

1.内容要求

(1)能根据现实情境理解方程的意义,能针对具体问题列出方程。

(2)理解方程解的意义,经历估计方程解的过程。

(3)掌握等式的基本性质。

(4)能解一元一次方程。

(5)能根据具体问题的实际意义,检验方程解的合理性。

2.学业要求

(1)能根据具体问题中的数量关系列出方程,理解方程的意义。

(2)认识方程解的意义,经历估计方程解的过程。

(3)掌握等式的基本性质,能运用等式的基本性质进行等式的变形。

(4)能根据等式的基本性质解一元一次方程。

(5)能根据具体问题的实际意义,检验方程解是否合理。

(6)建立模型观念。

3.教学提示

初中阶段数与代数领域包括"数与式""方程与不等式"和"函数"三个

主题,是学生理解数学符号,以及感悟用数学符号表达事物的性质、关系和规律的关键内容,是学生初步形成抽象能力和推理能力、感悟用数学的语言表达现实世界的重要载体。

方程的教学:应该让学生经历对现实问题中量的分析,借助用字母表达的未知数,建立两个量之间关系的过程,知道方程是现实问题中含有未知数的等量关系的数学表达。

在教学过程中,要关注数学知识与实际的结合,让学生在实际背景中理解数量关系和变化规律,经历从实际问题中建立数学模型、求解模型、验证反思的过程,形成模型观念;要关注基于代数的逻辑推理;能在比较复杂的情境中,提升学生发现问题和提出问题、分析问题和解决问题的能力,以及有逻辑地表达和交流的能力。

4. 学业质量

能从生活情境、数学情境中抽象概括出方程的概念和规则,掌握相关的运算求解方法,合理解释运算结果,形成一定的运算能力、推理能力和抽象能力;综合运用数学和其他学科知识与方法解决问题,积累数学活动经验,发展核心素养。

能从具体的生活与科技情境中,抽象出方程等数学表达形式,用数学的眼光发现问题并提出(或转化为)数学问题,用数学的思维探索、分析和解决具体情境中的现实生活问题,给出数学描述和解释,运用数学的语言与思想方法,综合运用多个领域的知识,提出设计思路,制定解决方案。能够在解决问题的过程中选择合适的方法进行评估,并对结果的实际意义做出解释。能够知道解决问题方法的多样性,具备一定的应用意识和模型意识,初步会用数学语言表达与交流。

感悟数学的价值,能够从问题解决的过程中获得数学活动经验,产生对数学的好奇心和求知欲,增强学习数学的兴趣,建立学习数学的自信心。能够在解决问题的过程中,学会独立思考、合作探究、形成批判质疑、克服困难、勇于担当的科学精神,具备一定的创新意识。

(二)教材分析

方程是中学数学教学的一项内容,也是解决问题的重要工具,广泛应用于函数、几何,乃至物理、化学等学科。而一元一次方程又是初中阶段将要学习的一次方程组、一元一次不等式(组)、分式方程、一元二次方程的基础,本章的核心是一元一次方程的解法和利用一元一次方程分析和解决实际问题。通过一元一次方程解法的探究与学习,体验化归的数学思想,提高学生的数学运算能力。在利用一元一次方程分析和解决实际问题的过程中,体验数学建模的思想,逐步提高学生分析问题和解决问题的能力。

(三)学情分析

已有经验:学生在小学学习的简易方程、在七年级上册第一章学习的有理数的运算以及第二章学习的整式加减,都为本章的学习做好了一些铺垫,本章的主要学习内容有:一元一次方程及其相关概念、一元一次方程的解法和利用一元一次方程分析与解决实际问题等。

学习障碍点:学生掌握知识的程度参差不齐,解方程时书写不规范,所以要因材施教,无论是课上教学环节设置,还是课下作业的布置,难易度都需要阶梯式递增。

三、单元主题

一元一次方程。

四、单元目标

(一)低阶目标

1.经历分析具体实际问题和找出其中的数量相等关系并尝试列出方程的过程,初步体会方程是刻画现实世界数量关系的有效数学模型。

2.通过活动的探索,了解"方程、一元一次方程、方程的解、解方程"等基本概念。理解等式的基本性质,掌握方程的变形规则。

3.通过运用方程的变形规则解一元一次方程,在此活动中经历和体会解一元一次方程中"转化"的思想方法。了解一元一次方程解法的一般步骤,并能灵活应用。

4.根据具体问题中的数量关系列出一元一次方程并求解,根据问题的实际意义检验所得结果是否合理。

(二)高阶目标

5.通过对典型实际问题的探索,亲自经历"问题分析—建立数学模型—解释,应用与拓展"的过程,体会数学模型思想,实现提升分析问题和解决实际问题的能力。

6.在解决问题的过程中,学会独立思考、合作探究,形成批判质疑、克服困难、勇于担当的科学精神,具备一定的创新意识。

### 五、单元评价

1.1 能分析出简单问题情境中的等量关系。

1.2 能根据情境列出相应的一元一次方程。

1.3 能体会到方程可以更有效地刻画现实世界的数量关系。

2.1 能判断某个数是不是方程的解。

2.2 能根据等式的性质会进行简单的变形和判断,并能说出依据。

2.3 能根据定义辨别一个方程是不是一元一次方程。

3.1 运用方程变形规则能解简单的一元一次方程。

3.2 能熟练解较复杂的一元一次方程,并能总结出解一元一次方程的一般步骤。

4.1 分析实际问题情境,能根据题意找出等量关系,设出未知数,列出正确的一元一次方程。

4.2 能将求出的解带回到原问题情境中,用逆推的方法看结果是否与条件相符。

5.1 能概括出用一元一次方程解决实际问题的一般步骤。

5.2 能总结出常见的实际问题类型的解决方法,会构建适当数学模型解决实际问题。

6.1 各小组间经历对实际问题的分析和讨论,能有意识地进行合作,完成任务。能形成基础的分析问题和解决问题的能力,以及有逻辑地表达和交流的能力。

6.2 通过观察身边生活中的事物,各学习小组能设计出一道一元一次方程的实际问题,能够在解决问题的过程中,学会独立思考、合作探究、形成批判质疑、克服困难、勇于担当的科学精神,具备一定的创新意识。

### 六、单元结构化活动

如图 1。

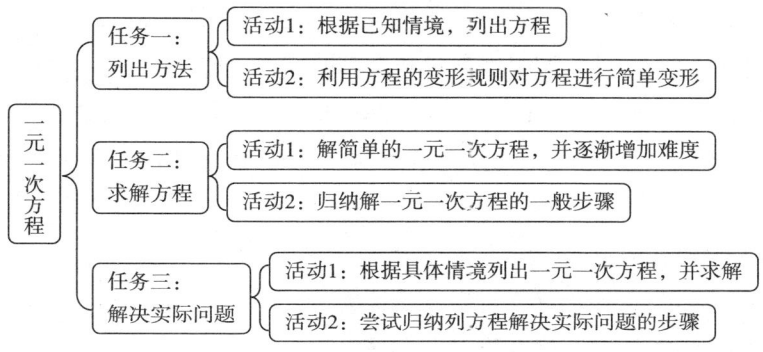

图 1　单元结构化活动

### 七、课时分配

共 12 课时。

## 从实际问题到方程

（1 课时，新授课）

### 一、课时目标

（一）低阶目标

1.经历从具体问题中的数量相等关系列出方程的过程，体会方程是刻画现实世界数量关系的有效的数学模型。

2.了解"方程、一元一次方程、方程的解、解方程"等基本概念，理解等式的基本性质，掌握方程的简单变形。

3.会解一元一次方程，在此活动中经历和体会解一元一次方程中"转化"的思想方法，了解一元一次方程解法的一般步骤，并能灵活应用。

4.根据具体问题中的数量关系列出一元一次方程并求解，并根据问题的实际意义检验所得结果是否合理。

## (二)高阶目标

5.通过实践与探索,经历"问题情景—建立数学模型—解释,应用与拓展"的过程,体会数学模型思想,提升发现问题和提出问题、分析问题和解决问题的能力,以及有逻辑地表达和交流的能力。

6.在学习和探索一元一次方程的解法和应用中,学会独立思考、合作探究、形成批判质疑、克服困难、勇于担当的科学精神,具备一定的创新意识。

## 二、情境任务(问题)

任务一:比较算术解法与列方程解法。

任务二:通过尝试检验法求出方程的解。

任务三:列方程解决实际问题。

## 三、学生活动

活动1.1:如何解决这个实际问题?有哪些方法?

活动1.2:交流讨论:算术解法与列方程解法哪种方法比较简单?

活动2.1:如果设经过 $x$ 年同学的年龄是老师的 $\frac{1}{3}$,那么 $x$ 年后同学的年龄为_____岁,老师的年龄是_____岁,

活动2.2:小组合作交流:如果未知数可能取到的数值较多,或者不一定是整数,那么该从何试起? 如果尝试、检验无法入手,那么又该怎么办?

活动3.1:交流讨论:如何用方程描述实际问题中的等量关系?

活动3.2:抢答,小组加分:列方程解决实际问题的步骤是什么?

## 四、课时作业

(一)基础作业

1. $x=2$ 是下列哪个方程的解            (    )

A. $3x=3+x$  　　　　　　　B. $x(x-7)=-10$

C. $(x-3)(x-1)=0$ 　　　　D. $2x=10-4x$

(二)提升作业

2.若单项式 $3ac^{x+2}$ 与 $-7ac^{2x-1}$ 是同类项,则可以得到关于 $x$ 的方程为_____。

(三)创新型作业

3.以小组为单位编写一道应用题,使它的题意适合一元一次方程 $60x=40x+100$,要求题意清楚、联系生活、符合实际、有一定的创意。

# 解一元一次方程

(共 7 课时,新授课)

一、课时目标

(一)低阶目标

1.了解一元一次方程的概念。

2.理解方程解的意义,会估计方程的解。

3.针对具体问题列出方程。

4.掌握等式的基本性质和方程的变形规则。

5.会解一元一次方程。

6.根据具体问题的实际意义,检验方程解的合理性。

(二)高阶目标

7.提高观察、分析、概括的能力以及准确而迅速的运算能力;

8.通过小组合作学习,提高学习效率,优化学习方法;

9.各学习小组能设计出一道一元一次方程题,提高学习能力,激发学习兴趣,增强团队合作意识。

二、情境任务(问题)

任务一:探究等式的性质。

任务二:探究一元一次方程的定义。

任务三:一元一次方程的解法。

三、学生活动

活动1:交流讨论:借用天平进行演示,注意观察图示中天平左右托盘内物体质量关系的变化,你能发现什么规律?

活动2:观察两个方程有什么共同点?归纳一元一次方程的定义。

活动3.1:在解方程时,进行了怎样的变形?有什么共同点?

活动3.2:合作交流:有几种不同的解题方法?

活动 3.3：小组交流讨论：解一元一次方程的步骤是什么？解一元一次方程的注意事项是什么？

**四、课时作业**

（一）基础作业

1. 解下列方程：

(1) $8x = 2x - 7$；

(2) $5x + 2 = 7x + 8$；

(3) $6x = -2(3x - 5) + 10$；

(4) $\dfrac{2x+1}{3} - \dfrac{5x-\blacksquare}{6} = 1$。

（二）提升作业

2. 已知关于 $x$ 的方程 $\dfrac{2x-a}{3} - \dfrac{2x-a}{6} = x - 1$ 与方程 $3(x-2) = 4x - 5$ 的解相同，求 $a^2 + 2a$ 的值。

（三）拓展作业

3. 小明在做家庭作业时，发现练习册上的一道解方程的题目中有一个数字被墨水污染了：$\dfrac{x+1}{2} - \dfrac{5x-\blacksquare}{3} = \dfrac{1}{2}$，其中"■"是被污染的内容，翻开书后面的答案，发现这道题的解是 $x = 2$，那么"■"处的数字为_____。

（四）新定义型作业

4. 已知 $a, b, c, d$ 为有理数，现规定一种新的运算：$\begin{vmatrix} a & b \\ c & d \end{vmatrix} = ad - bc$，求当 $\begin{vmatrix} 2 & 4 \\ 1-x & 5 \end{vmatrix} = 18$ 时 $x$ 的值。

# 实践与探索

（共 4 课时，新授课）

**一、课时目标**

（一）低阶目标

1. 根据现实情境找出等量关系。

2. 根据等量关系列出方程。

3. 会检验方程解是否合理。

(二)高阶目标

4.通过自主探索与合作交流理解和掌握基本的数学知识、技能、数学思想方法,获得广泛的数学活动经验,提高解决问题的能力。

5.通过独立思考,积极探索,体会数形结合思想在解题中的作用。

6.通过分析题中的数量关系,经历运用方程解决实际问题的过程,进一步体会方程是刻画现实世界的有效数学模型。

二、情境任务(问题)

任务一:如何找出题目中等量关系,找"等量关系"的几种方法?

任务二:如何列一元一次方程解应用题?

三、学生活动

活动1:解题时应如何寻找等量关系呢?尝试用不同的方法来解决。

活动2.1:小组交流讨论:还能提出什么问题?试试看,并解答这些问题。

活动2.2:学习小组共同设计出一道用一元一次方程来解决实际生活的问题。

四、课时作业

(一)基础作业

1.篮球比赛规定:每场比赛都要分出胜负,胜一场得3分,负一场得1分,某篮球队共进行了6场比赛,得了12分,该队获胜的场数是_____。

(二)提升作业

2.甲、乙两人在相距18千米的A,B两地相向而行,乙的速度是甲的速度的2倍,两人同时出发1.5小时后相遇,求甲的速度。

(三)核心素养作业

3.情景:

图2

试根据图2中的信息,解答下列问题:

(1)购买6根跳绳需_____元,购买12根跳绳需_____元。

(2)小红比小明多买2根跳绳,付款时小红反而比小明少付5元,你认为有这种可能吗?若有,请求出小红购买跳绳的根数;若没有,请说明理由。

## 课时教学设计及课堂教学实录

### 等式的性质与方程的简单变形

(第2课时)

**一、学习目标**

(一)低阶目标

1. 通过天平平衡活动的探索,了解"方程、一元一次方程、方程的解、解方程"等基本概念,理解等式的基本性质,掌握方程的简单变形规则。

2. 通过运用方程的变形规则解一元一次方程,在此活动中经历和体会解一元一次方程中"转化"的思想方法,了解一元一次方程解法的一般步骤,并且灵活应用。

(二)高阶目标

3. 在学习和探索一元一次方程的解法和应用过程中,提高学习能力,增强合作意识。

**二、达成评价**

1.1 能判断某个数是不是方程的解。

1.2 根据等式的性质进行简单的变形,并能说出依据。

1.3 根据定义能判断一个方程是否是一元一次方程。

2.1 能运用方程变形规则解简单的一元一次方程。

2.2 会解简单的一元一次方程,能总结解一元一次方程的一般步骤。

3.1 通过观察身边生活中的事物,各学习小组能设计出一个用一元一次方程来解决的生活实际问题。

### 三、学习过程

**(一)先行组织**

请同学们回忆等式的基本性质并利用等式的基本性质解答下列问题。

1. 若 $a=b+2$,则下列式子一定成立的是 (　　)

   A. $a-b+2=0$　　　　　　B. $3-a=b-1$

   C. $2a=2b+2$　　　　　　D. $\dfrac{a}{2}-\dfrac{b}{2}=1$

2. 下列四组变形中,正确的是 (　　)

   A. 由 $2x+7=0$,得 $2x=-7$　　B. 由 $2x-3=0$,得 $2x-3+3=0$

   C. 由 $\dfrac{x}{6}=2$,得 $x=\dfrac{1}{3}$　　D. 由 $5x=4$,得 $x=20$

**(二)任务(问题)与活动**

任务一:方程的变形规则

活动1:填空,使所得结果仍是等式,并说明是根据那一条等式性质所得到的。

(1)如果 $x-2=5$,那么 $x=5+$ _____;

(2)如果 $3x=10-2x$,那么 $3x+$ _____ $=-2x$;

(3)如果 $2x=7$,那么 $x=$ _____;

(4)如果 $\dfrac{x-1}{2}=3$,那么 $x-1=$ _____。

你能由等式的基本性质得到方程的变形规则吗?

学生:方程两边都加上(或都减去)同一个数或同一个整式,方程的解不变;方程两边都乘以(或都除以)同一个不等于 0 的数,方程的解不变。

任务二:解简单的一元一次方程

活动2:对于简单的方程,我们通过观察就能选择用哪一条方程的变形规则来求解,下列方程你能马上做出选择吗?

解下列方程:

(1) $x-5=7$;　　　　　　(2) $4x=3x-4$.

对于这两个方程你分别选择用哪一条方程的变形规则来求解?

学生:(1)题利用方程的变形规则1,方程两边都加上5,得 $x-5+5=$

$7+5$,进而得出方程的解为 $x=12$。(2)题利用方程的变形规则1,方程两边都减去 $3x$,得 $4x-3x=3x-4-3x$,进而得出方程的解为 $x=-4$。

活动3:在解这两个方程时,进行了怎样的变形?有什么共同点?

归纳总结:根据以上分析和解答过程可知,在(1)(2)题中为使方程的右边不含 $x$,方程的左边不含常数项,都依据了方程的变形规则1进行了变形,(1)题相当于把等号左边的 $-5$ 移到了等号的右边变为 $5$,(2)题相当于把等号右边的 $3x$ 移到了等号的左边变为 $-3x$。像这样的变形:将方程的某些项改变符号后,从方程的一边移到另一边,叫做移项。

活动4:解下列方程:

(1) $-5x=2$；　　　　　　(2) $\frac{3}{2}x=\frac{1}{3}$。

对于这两个方程你分别选择用哪一条方程的变形规则来求解?

学生:(1)题利用方程的变形规则2,方程两边都除以 $-5$,得 $-5x\div(-5)=2\div(-5)$,进而得出方程的解为 $x=-\frac{2}{5}$。

(2)题利用方程的变形规则2,方程两边都除以 $\frac{3}{2}$（或都乘以 $\frac{2}{3}$）,得 $\frac{3}{2}x\div\frac{3}{2}=\frac{1}{3}\div\frac{3}{2}$（或 $\frac{3}{2}x\times\frac{2}{3}=\frac{1}{3}\times\frac{2}{3}$）,进而得出方程的解为 $x=\frac{2}{9}$。

归纳总结:根据以上分析和解答可知,在(1)(2)题中为使方程的右边不含 $x$,方程的左边不含常数项,都依据了方程的变形规则2进行了变形,(1)题相当于把等号两边都除以 $-5$,(2)题相当于把等号两边都除以 $\frac{3}{2}$（或都乘以 $\frac{2}{3}$）,得到方程的解。像这样的变形:将方程的两边都除以未知数的系数,通常称作"将未知数的系数化为1"。

活动3和活动4都是将方程进行适当的变形,得到 "$x=a$" 的形式,这个过程就是解方程。

活动5:解方程:$3x+7=32-2x$。

【提出问题】

解简单的一元一次方程的步骤是什么?

【组织学习】

两位学生板演(生1和生2),其余学生自做,完成后组内讨论。

〔评价标准〕

1. 正确移项。(+1)

2. 能准确将系数化为1。(+2)

3. 解答正确,步骤规范。(+3)

4. 能用多种方法解这个一元一次方程。(+5)

5. 能够判断其他同学做的答案对与错,步骤是否规范,并给出修改建议。(+3)

【表达成果】

生3:解方程一般步骤是:首先把未知数移到一侧,常数项移到另一侧,然后合并同类项,最后系数化为1。

追问:每一步变形的依据是什么?

生3:变形的依据是根据方程的变形规则。

【交互反馈】

师:请同学们依据评分标准对生1和生2进行评价。

生4:生1不加分,因为求解过程移项出现问题,生2解题清楚,步骤规范,完全正确加3分。

追问:移项需要注意什么?

生5:移项要变号。

说明:解一元一次方程方法不唯一,需要灵活运用,解方程时移项要注意变号。

【整合提升】

学生总结回答。

解一元一次方程的一般步骤和注意事项:

一般步骤:1. 移项

2. 合并同类项

3. 系数化为1

注意事项:移项要变号

(三)迁移运用

1.解方程:$3x+7=32-2x$。

2.关于$x$的方程$2x-k+5=0$的根为$-1$,求代数式$k^2-3k-4$的值。

3.若$m,n$满足$|n+2|+|5m-3|=0$,则关于$x$的方程$10mx+4=3x+n$的解是$x=$ _____。

(四)成果集成

学生归纳总结:

1.移项:将方程中的某些项改变符号后,从方程的一边移到另一边,像这样的变形叫做移项。(记得移项要变号!)

2.合并同类项:把同类项的系数相加,所得的结果作为系数,字母和字母的指数保持不变。

3.系数化为1:将方程的两边都除以未知数的系数,这样的变形称作"将未知数的系数化为1"。

(五)作业设计

• 基础作业

1.下列方程的变形是否正确?若不正确,请改正。

(1)方程$3x-2=2x-1$,移项,得$3x-2x=-1-2$。

(2)方程$\frac{2}{3}x=\frac{3}{2}$,系数化为1,得$x=1$。

• 提升作业

2.已知方程$\frac{1}{2}x=-2$的解比关于$x$的方程$5x-2a=0$的解大2,求$a$的值。

• 拓展作业

3.已知$a,b,c,d$为有理数,现规定一种新的运算:$\begin{vmatrix} a & b \\ c & d \end{vmatrix}=ad-bc$.

求当$\begin{vmatrix} 2 & 4 \\ 1-x & 5 \end{vmatrix}=18$时$x$的值。

• 创新型作业

4.我们规定:若关于$x$的方程$ax=b$的解为$x=b-a$,则称该方程为"差解方程",例如:$2x=4$ 的解为 $x=2$,且 $2=4-2$,则 $2x=4$ 是"差解方程"。

(1)判断 $3x=4.5$ 是不是"差解方程";

(2)若关于 $x$ 的方程 $2x=4m+6$ 是"差解方程",求 $m$ 的值。

(六)课后反思

这节课是华师版七年级下册"等式的性质与方程的简单变形"的第二课时,学生在小学已经学过了等式、等式的基本性质、方程、方程的解等知识,对方程已有初步认识。但这个过程没有给"一元一次方程"这样准确的理性的概念。本节课是基于学生在小学已经学习的基础上来进行的,继续对有关方程的一些初步知识进行拓展和延伸。利用等式的两个基本性质归纳方程的变形规则,由方程变形规则归纳出移项法则,感悟归纳过程中的转化思想。

上完本节课,我的反思有以下几点:

1.在上课的过程中由于太注重启发引导而忽视了学生的活动和交流,没有放手让学生自己去探究、去发现,导致他们没有机会进行自主探索。在以后的教学中要注重对学生这方面能力的培养,让学生逐渐掌握分析问题的方法,从而达到解决问题的目的。

2.在本节课的教学中,我以师生共同探究为主线进行了教学,课堂上大部分学生积极参与,表现出学习的欲望和热情,但还有一部分同学学习的积极性不高,可能是课堂对他们缺乏吸引力,这是值得我深思的。通过本节课,我对怎样激发学生的学习兴趣,让学生的思维动起来有了更深刻的体会。

在今后的教学中,我要努力给学生充分的思考交流时间,鼓励学生提出有价值的问题,抓住他们思维的闪光点。有这样一句话给我触动很大:"中国的学生在课堂上研究老师的问题,带着标准答案走出课堂;美国的学生在课堂上能够提出自己的问题,他们带着新的问题走出课堂。"希望我和我的学生,在课程改革的过程中,也能化被动为主动,不断地提出问题,研究问题,解决问题,一路思索,一路向前。

# 七年级下册第7章"一次方程组"

长春经济技术开发区育隆学校　殷朋

## 一、单元内容

华东师范大学出版社,七年级下册,第7章,一次方程组。

## 二、单元分析

(一)课标分析

1.内容要求

(1)能根据现实情境理解方程组的意义,理解一次方程组及其解的基本概念,进一步体会方程和方程组是刻画现实世界数量关系的有效模型。

(2)掌握消元法,能解二元一次方程组。

(3)能解简单的三元一次方程组。

2.学业要求

能根据具体问题中的数量关系列出方程组,理解方程的意义。能根据二元一次方程组的特征,选择代入消元法或加减消元法解二元一次方程组;能解简单的三元一次方程组。能根据具体问题的实际意义,检验方程的解是否合理。建立模型观念。

3.教学提示

方程组的教学应当让学生经历对现实问题中量的分析,借助用字母表达的未知数,建立未知量之间关系的过程,知道方程是现实问题中含有未知数的等量关系的数学表达;引导学生关注用字母表示一元二次方程的系数,体会算术与代数的差异。

4.学业质量

能根据二元一次方程组的特征,选择代入消元法或加减消元法解二元一次方程组;能解简单的三元一次方程组;能根据具体问题中的数量关系列出二元一次方程组,建立模型观念。

(二)教材分析

一次方程组是继一元一次方程之后学习的有关方程的第二个内容。从数学模型思想上看,两者是一致的。凡能用二元一次方程组解决的实际问题,原则上都能用一元一次方程解决;但使用了两个未知数,更能显现出在解决实际问题中思维和列式上的优势。从解法上看,两者密切相关:一次方程组通过消元,转化为一元一次方程来求解。所以,学习完一元一次方程之后,进行本章的学习。同时学生常常会遇到有多个未知数的实际问题,以后运用待定系数法求函数关系式时,也会出现多个待定系数,通常需要用一次方程组来求解。要让学生在经历将一次方程组转化为一元一次方程求解的过程中,进一步体验数学中的消元和化归思想。

同时二元一次方程组、三元一次方程组是在一元一次方程的基础上来进一步研究未知量之间关系的重要数学模型。在第 6 章学生已经学习了一元一次方程的解法,掌握了一元一次方程的有关知识,并能够用一元一次方程解决实际问题,这些对于学生学习一次方程组有很大的帮助。在第 6 章的学习中,学生已经能较容易找到实际问题中的等量关系,因此在学习用方程组解实际问题时会变得简单,对于等量关系式的确定也会相对准确。

(三)学情分析

已有经验:在本章的学习之前学生已有一元一次方程计算求解的基础,这会使学生在本章进行二元一次方程组的计算时更轻松一些,同时在解决实际问题上也可以先从一元一次方程的角度出发,再去列出对应的二元一次方程组,思维上形成对比,有利于进一步理解数学中的转化、消元思想和解决实际问题的方程思想。

可能存在的障碍点:学生们掌握知识的程度参差不齐,学生会在求解一元一次方程时出现例如移项时忘记变号、去分母时漏乘、系数化为 1 时乘除计算错误等问题。所以要根据具体的实际情况进行教学,无论是课上教学例题设置,还是课下作业的布置,难易度都需要阶梯式递增,同时还要注意分层作业的选择,不给基础较薄弱的学生增加学习上的难度。

### 三、单元主题

一次方程组。

### 四、单元目标

(一)低阶目标

1.理解一次方程组及其解的基本概念。体会方程和方程组是刻画现实世界数量关系的有效模型。

2.通过探索求解,掌握代入消元法和加减消元法解二元一次方程组。

3.通过类比,能解简单的三元一次方程组。

(二)高阶目标

4.探索一次方程组的解法,经历从二元一次方程组到一元一次方程转化的过程,了解"消元"和"化归"的数学思想方法。

5.通过列出一次方程组解决有多个未知数的实际问题,理解方程模型思想,建立模型观念。

### 五、单元评价

1.1 能从具体问题中分析出数量关系和等量关系。

1.2 能根据简单的问题情境,列出相应的一次方程组。

1.3 能总结出解决实际问题时,方程与算数方法的区别和优势。

2.1 掌握代入消元法解二元一次方程组。

2.2 掌握加减消元法解二元一次方程组。

3.1 能区分出二元一次方程组与三元一次方程组的本质区别。

3.2 能解简单的三元一次方程组。

4.1 能总结出一元一次方程与二元一次方程组之间的联系与区别。

4.2 能总结求解二元一次方程组的一般步骤,解方程组时能选取简便办法进行求解。

4.3 能创设条件表达出是如何把新问题转化为理解过的旧问题,感受数学思考的合理性。

5.1 能读懂题意,找到相等关系。能根据题意设出未知数,列出正确的二元一次方程组。

5.2 能概括出用二元一次方程组解决实际问题的一般步骤。

5.3 能根据具体实际问题,总结出"分析问题—建立数学模型方程组—解答"的数学模型。能举例说明用学习到的知识如何解决身边生活中的问题。

**六、单元结构化活动**

如图1。

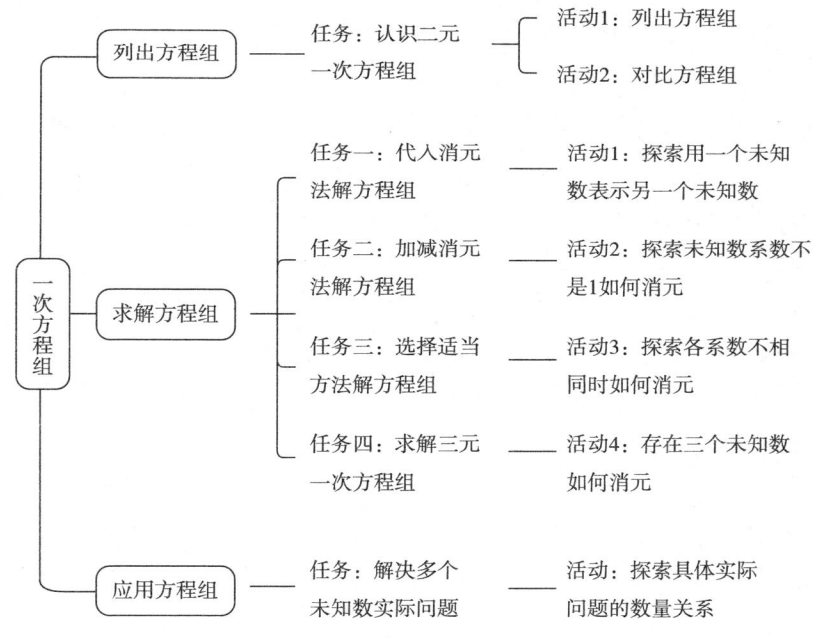

图1 单元结构化活动

**七、课时分配**

共7课时。

## 课时规划设计

# 辨析二元一次方程组

(1课时,新授课)

**一、课时目标**

(一)低阶目标

1.了解二元一次方程、二元一次方程组及其解等有关概念。

2.会判断一组数是不是某个二元一次方程组的解。

(二)高阶目标

3.对比算数方法,感悟出二元一次方程组在处理实际问题时的优越性。

**二、情境任务(问题)**

问题:什么是二元一次方程组。

**三、学生活动**

活动1:根据实际问题,列出方程组。

活动2:对比方程组,寻找特征,进行总结。

**四、课时作业**

(一)基础题

下面是二元一次方程的有_____。

$2x+3y=7$;

$3x^2-y=1$;

$2a-3=6$;

$2xy+x=3$;

$2x+\dfrac{1}{y}=3$。

(二)提升题

1.若 $2x^{3m+1}+3y^{2n-1}=0$ 是二元一次方程,则 $m=$ _____,$n=$ _____。

2. 若 $(k-1)x^{|k|}+2y=0$ 是二元一次方程,则 $k=$ _____。

(三)拓展题

某校现有校舍 20 000 m²,计划拆除部分旧校舍,改建新校舍,使校舍总面积增加 30%。若新建校舍的面积为被拆除的旧校舍面积的 4 倍,则应该拆除多少旧校舍,建造多少新校舍?

(1)能否用一个未知数列出一元一次方程?你能如何表示?

(2)可以怎样设未知数?你能列出怎样的二元一次方程组?

## 求解二元一次方程组

(共 3 课时,新授课)

**一、课时目标**

(一)低阶目标

1. 掌握代入消元法和加减消元法解二元一次方程组。

2. 能根据方程组的特点选择合适的方法解方程组。

(二)高阶目标

3. 运用消元法解不同特点的方程组,理解过程体现出的"化未知为已知"的化归思想,能用自己的语言进行解释。

**二、情境任务(问题)**

问题一:如何运用代入消元法解一般方程组。

问题二:如何运用加减消元法解一般方程组。

问题三:如何选取适当的方法解不同的方程组。

**三、学生活动**

活动 1:探索如何用一个未知数表示另一个未知数,运用代入消元法解一次方程组。

活动 2:探索未知数系数不是 1 或 -1 时如何消元,运用加减消元法解一次方程组。

活动 3:探索方程组的系数都不是整数倍时,如何消元,选取适当的方法解一次方程组。

### 四、课时作业

（一）基础题

解二元一次方程组：

(1) $\begin{cases} 2x-y=8, \\ x+y=1; \end{cases}$ (2) $\begin{cases} x-2y=5, \\ x+2y=1. \end{cases}$

（二）提升题

已知 $x,y$ 满足 $\begin{cases} 3x+2y=17, \\ 2x+3y=18, \end{cases}$ 求 $x+y$ 的值。你有几种方法解决这个问题？你认为最简便的方法是什么？请说出你的理由。

（三）拓展题

如果关于 $x,y$ 的方程组 $\begin{cases} x+2y=3a-1, \\ x-y=5 \end{cases}$ 的解满足 $x+y=3$，求 $a$ 的值。你有几种方法解决这个问题？你认为最简便的方法是什么？请说出你的理由。

# 求解三元一次方程组

（1课时，新授课）

一、课时目标

（一）低阶目标

1. 了解三元一次方程组的概念。

2. 能解简单的三元一次方程组。

（二）高阶目标

3. 经历解三元一次方程组，总结出消元法是化未知为已知的思想方法。了解"消元"和"化归"的数学思想方法。

二、情境任务（问题）

问题：如何求解三元一次方程组。

三、学生活动

活动：探索足球比赛得分实际问题，当方程组存在三个未知数时，如何进行求解。

## 四、课时作业

（一）基础题

解方程组：$\begin{cases} x+y-z=2, \\ 4x-2y+3z+8=0, \\ x+3y-2z-6=0. \end{cases}$

（二）提升题

小明手头有 12 张面额分别是 1 元、2 元、5 元的纸币，共计 22 元，其中 1 元纸币的数量是 2 元纸币数量的 4 倍。求 1 元、2 元、5 元的每种纸币各多少张？这个问题你有几种设未知数的方法？你能用什么方法解决？请分别说明理由。

# 方程组的实践与探索

（共 2 课时，新授课）

## 一、课时目标

（一）低阶目标

1. 会根据实际问题中的数量关系列出一次方程组并求解。

2. 通过思考讨论探索事物之间的各类问题关系，理解什么是方程模型。

（二）高阶目标

3. 通过把实际问题转化成方程，体会方程和方程组是刻画现实世界数量关系的有效模型。

## 二、情境任务（问题）

问题：如何解决有多个未知数的实际问题。

## 三、学生活动

活动：如图 2，通过探索配套问题、几何图形问题、方案设计问题等实际问题来发现并总结列二元一次方程组解应用题的一般思路：

问题 $\xrightarrow[\text{抽象}]{\text{分析}}$ 方程（组）$\xrightarrow[\text{检验}]{\text{求解}}$ 解答

图 2

四、课时作业

(一)自我评价作业

1.某市为更有效地利用水资源,制定了用水收费标准:如果一户三口之家每月用水量不超过 $a$ m³,按每立方米水 1.30 元收费;如果超过 $a$ m³,超过部分按每立方米水 2.90 元收费,其余仍按每立方米水 1.30 元收费。小红一家三人,1月份共用水 12 m³,支付水费 22 元,问该市制定的用水标准 $a$ 为多少? 小红一家超过部分的用水是多少立方米?

〔评价标准〕

1.能找到等量关系。(+1)

2.能正确列出方程或方程组。(+2)

3.能正确列出方程或方程组并且求解正确,检验作答完整。(+3)

4.能完整作答并且能录制讲题视频互动。(+4)

2.长风乐园的门票价格如下表所示。某校七年级(1)(2)两个班共104人去游长风乐园,其中(1)班人数较少,不到 50 人,(2)班人数较多,有 50 多人。经估算,如果两个班都以班为单位分别购票,那么一共应付 1 240 元;如果两个班联合起来,作为一个团体购票,那么可以节省不少钱。问两个班各有多少名学生?

| 购票人数/人 | 1—50 | 51—100 | 100 以上 |
|---|---|---|---|
| 每人门票价/元 | 13 | 11 | 9 |

〔评价标准〕

1.能找到等量关系。(+1)

2.能正确列出方程或方程组。(+2)

3.能正确列出方程或方程组并且求解正确,检验作答完整。(+3)

4.能完整作答并且能录制讲题视频互动。(+4)

为自己这两道题分别进行打分,并写出得分理由。

## 课时教学设计及课堂教学实录

# 加减消元法解二元一次方程组 2

（1 课时）

**一、学习目标**

（一）低阶目标

1. 熟练掌握加减消元法。

2. 能根据方程组的特点选择合适的方法解方程组。

（二）高阶目标

3. 经历探索用加减法解二元次方程组，理解从特殊到一般的思考过程。

4. 经历练习，理解"化未知为已知"的化归思想方法。

**二、达成评价**

1.1 运用加减法能解未知数系数相等或互为相反数的方程组。

1.2 会求解未知数系数绝对值都不是 1 且不相等的方程组。

1.3 加减消元时能分辨符号问题。

2.1 能总结出什么样的方程组更适合运用加减法以及代入法求解。

2.2 根据方程组的特点对各方程进行适当变形。

3.1 对比不同系数特点的方程，总结适合代入法与加减法的方程组拥有的一般特点。

3.2 解方程组时能选取最合适的办法进行求解。

4.1 能创设条件表达出是如何把新问题转化为理解过的旧问题，感受数学思考的合理性。

4.2 能对消元法进行语言描述，总结说出核心思想，能解释是如何把未知的转化成已知的知识。

## 三、学习过程

### （一）先行组织

解方程组 $\begin{cases} 3x-4y=-6, \\ 3x+4y=18, \end{cases}$ 你能想出几种方法？小组之间进行书写交流。

屏幕上呈现代入法与加减法的乱序解题步骤。教师选择两个小组，两个小组派出代表到屏幕上进行不同解题方法的排列解题步骤顺序。如图3、图4。

图3

图4

(二)任务(问题)与活动

任务:如何运用加减消元法解一般方程组

活动1:解下列方程组:

(1) $\begin{cases} 2x-4y=6, \\ 4x+3y=10; \end{cases}$ (2) $\begin{cases} 3x+2y=13, \\ 5x-4y=7。 \end{cases}$

小组讨论:

(1)方程组(1)的解法有哪些,尝试对方程组(1)运用加减消元法求解,并总结出小组成员都认同的一种简便解法。

(2)探索求解方程组(2)的方法,探索能否直接进行相加减来消元。

(3)思考如何根据方程的变形规则 2 来实现运用加减法求解方程组(2),并总结两个方程组运用加减消元求解的条件是什么。

〔评价标准〕

一级:能运用一种方法求解两个方程组。

二级:能运用两种方法求解两个方程组。

三级:能运用两种方法求解两个方程组,能说出运用加减消元法解题的思路。

四级:快速准确求解方程组,并能明确表达加减消元法与代入消元法对于你来说哪种方法更简便。

选取两名同学进行解题思路的分享,并为自己打分。再选取两名同学对上面两名同学进行评价问他们能得多少分,并谈谈自己的看法。

学生说:可以根据整体思想直接变形进行整体代入消元,亦可以对第一个方程进行变形,变成用含一个未知数的式子表示另一个未知数的形式再代入。

第一个方程组中未知数 $x$ 的系数也可以根据活动中的提示,寻找同一未知数的系数绝对值的最小公倍数进行变形,再进行加减消元。

另一名同学对其说的话进行评价打分。

屏幕呈现出问题与评价,教师板书第一道方程组的解题过程书写,学生自己对照进书写步骤。同时利用希沃的拍照上传功能同时上传多人的步骤书写过程,分享解题思路,其他同学对其进行评价与找错,说出合理之处与不合理之处。

活动 2:解方程组 $\begin{cases} 3x-4y=10, \\ 5x+6y=42. \end{cases}$

【提出问题】这个方程组的系数 $x,y$ 都不是整数倍,要怎样把其中一个未知数的两个系数变成绝对值相等的呢?如何来准确书写求解过程呢?

〔书写评价标准〕

1.能对两个方程进行命名,准确寻找出相同未知数系数的公倍数。(+1)

2.根据系数的公倍数对两个方程进行准确变形。(+1)

3.通过相加或相减能顺利消元。(+1)

4.能顺利化简得到两个未知数的值。(+1)

5.总结出方程组的解。(+1)

解决完上面问题之后,继续进行活动:

解方程组 $\begin{cases} 2x-7y=8, \\ 3x-8y-10=0。 \end{cases}$

【组织学习】

小组讨论:

(1)求解这个方程组的解法有哪些,并总结出小组成员都认同的一种简便解法。

(2)用简洁的语言描述前后两个方程组运用加减消元法的解题思路。

(3)对比前面的方程组,归纳面对怎样的方程组要如何灵活运用两种解法。

〔评价标准〕

1.能运用一种方法求解两个方程组。(+1)

2.能运用两种方法求解两个方程组。(+2)

3.快速准确求解方程组,并能说出加减消元法相对于代入消元法的简便之处。(+3)

4.快速准确求解方程组,并能根据以上四个方程组的特征简洁精练地总结出不同的方程组如何进行简便求解。(+4 分)

屏幕呈现出问题与评价,同时利用希沃的拍照上传功能同时上传四人的步骤书写过程,分享解题思路,其他同学对其进行评价与找错,说出合理之处与不合理之处,大家共同评价出书写步骤最完整简洁的同学(让全体学生都参与到课堂活动中来,增加课堂的积极性)。

【表达成果】

教师进行提问:这个方程组的 $x,y$ 的系数绝对值不相同,也不是整数倍,那怎么来解答?你认为的简便方法是哪种?

一名学生回答:可以利用掌握的带入消元法进行求解。用含有 $y$ 的代数式表示出未知数 $x$,然后再往第二个方程里代入。

另一名学生说:可以解决,但是却不好计算。因为会出现分数,计算时容易出错,计算量还大。

另一名学生回答:可以通过变形,将两个方程中的未知数 $x$ 的两个系数变成相同的,再进行加减消元。也可以把两个方程中的未知数 $y$ 的两个系数变成相同的,通过寻找 7,8 的最小公倍数 56,来将它们变成一样的数,然后再相减。

另一名学生回答:我赞同你的前面的说法,但是我不建议对后面未知数 $y$ 的系数进行变形。因为这两个数的绝对值比较大,寻找完最小公倍数之后,变形之后结果会变得很大,也不是很好计算。所以我建议消去 $x$。

【交互反馈】

教师选取两名同学进行解题思路的分享,并为自己打分。再选取两名同学对上面两名同学分享的解题思路,进行评价,是否同意他们的观点,并说明理由。同时问他们:请给他们打分,并谈谈自己的看法,说出打这个分的原因。

【整合提升】

教师提问:学习了本节课后,现在你在解二元一次方程组上与之前的想法有什么不同?

学生总结:针对不同的方程组要运用简便解法进行准确求解。可以通过观察同一个未知数的系数有什么特征来选取不同的方法解方程组。

其他同学进行补充:无论加减消元法还是代入消元法,其实质都是消元,即通过消除一个未知数,化"二元"为"一元"。我更理解什么叫做消元。理解了这个之后哪怕让我去求解一个三元一次方程组,我也知道了大致的求解方法,而不是毫无头绪。

(三)迁移运用

1. 已知 $x, y$ 满足 $\begin{cases} 3x+2y=17, \\ 2x+3y=18, \end{cases}$ 请回答:

(1)求 $x, y$ 的值。

(2)求 $x+y$ 的值。并尝试在不求解出未知数的值的情况下你有没有简便方法解决这个问题?

2. 已知 $x, y$ 满足 $\begin{cases} 7x+4y=61, \\ 4x+7y=49, \end{cases}$ 求 $x+y$ 与 $x-y$ 的值。说出你的简便方法。

通过这样的问题来进一步帮助学生掌握加减消元法的核心思想,加强学生对方程问题中整体思想的运用,培养思维发散能力。

(四)成果集成

用画思维示意图的形式展示出如何利用加减消元法求解同一未知数的系数绝对值不相等的二元一次方程组,以及在举例说明求解怎样的方程组时用什么样的解法。

(五)作业设计

1. 解下列方程组:

(1) $\begin{cases} x-3y=-20, \\ 3x+7y=100; \end{cases}$ (2) $\begin{cases} 2x-3y=-20, \\ 5x-7y=5。 \end{cases}$

2. 若 $\begin{cases} x=2, \\ y=1 \end{cases}$ 是方程组 $\begin{cases} ax+by=7, \\ ay+bx=4 \end{cases}$ 的解,求 $a+b$ 的值。

3. 已知方程组 $\begin{cases} 2a-3b=13, \\ 3a+5b=30.9 \end{cases}$ 的解是 $\begin{cases} a=8.3, \\ b=1.2, \end{cases}$ 求方程组 $\begin{cases} 2(x+2)-3(y-1)=13, \\ 3(x+2)+5(y-1)=30.9 \end{cases}$ 的解。

4.已知关于 $x,y$ 的方程组 $\begin{cases} x+2y=k-1, \\ 2x+y=5k+4 \end{cases}$ 的解满足 $x+y=5$,求 $k$ 的值。你有几种方法解决？写出你认为的最简方法,并说明理由。

从 2－4 题中任意选取一道题录制分析题意,讲解思路,具体求解过程的视频。并用语言总结今天你学习到的知识。

(六)课后反思

在先行组织中,学生对解法思路进行分享时教师提前预设得不到位,没有想到学生的全部解题思路。在成果集成的环节,除了让学生以画思维示意图的形式呈现显性成果外,也可以让学生通过回答：今天学习的知识能帮助你解决那些问题？你可以在什么地方运用上这些知识？这样的问题来进行反馈和成果集成。还可以通过在后面学习的"实践与探索"的课时中,学生对列出的方程组求解的是否迅速、结果是否准确,来进行隐形成果展示。

# 七年级下册第8章"一元一次不等式"

长春经济技术开发区育隆学校　王琦

**单元教学规划**

**一、单元内容**

华东师范大学出版社,七年级下册,第8章,一元一次不等式。

**二、单元分析**

(一)课标分析

1.内容要求

(1)结合具体问题,了解不等式的意义,探索不等式的基本性质。

(2)能解数字系数的一元一次不等式,并能在数轴上表示出解集;会用数轴确定两个一元一次不等式组成的不等式组的解集。

(3)能根据具体问题中的数量关系,列出一元一次不等式,解决简单的问题。

2.学业要求

结合具体问题,了解不等式的意义,探索不等式的基本性质;能用不等式的基本性质对不等式进行变形;能解数字系数的一元一次不等式,并能在数轴上表示出解集;会用数轴确定两个一元一次不等式组成的不等式组的解集;能根据具体问题中的数量关系,列出一元一次不等式,解决简单的实际问题,建立模型观念。

3.教学提示

方程与不等式的教学,应当让学生经历对现实问题中量的分析,借助用字母表达的未知数,建立两个量之间关系的过程,知道方程或不等式是现实问题中含有未知数的等量关系或不等关系的数学表达。

4.学业质量

能从生活情境、数学情境中抽象概括出方程与不等式概念和规则,掌握相关的运算求解方法,合理解释运算结果,形成一定的运算能力、推理能力和抽象能力;综合运用数学和其他学科知识与方法解决问题,积累数学活动经验,发展核心素养。能从具体的生活与科技情境中,抽象出不等式的数学表达形式,用数学的眼光发现问题并提出(或转化为)数学问题,用数学的思维探索、分析和解决具体情境中的现实生活问题。

(二)教材分析

一元一次不等式和一元一次方程有着密切联系。将两者类比,借鉴研究一元一次方程的思路,我们可以顺利地展开本章的学习和探索。

教材通过具体的例子,让学生体会到不等式的解与方程的解的意义虽然类似,但是一元一次方程的解只有一个,而不等式的解一般来说并不唯一,从而引入不等式的解集的概念,并且在数轴上直观地表示不等式的解集。这不仅有利于理解不等式的解集,也为后面解一元一次不等式组做好铺垫。

解一元一次不等式与解一元一次方程的过程非常类似,基本变形也有相似之处。解一元一次不等式的关键是掌握和运用不等式的性质,教材专门编排了一小节讲不等式的变形。类比等式的性质,采用天平和特殊算式的归纳,引导学生探索不等式的性质,特别是注意与等式性质的不同之处,重点是不等式的性质3(乘以负数的情形)。在此基础上,类比解方程的过程,学会解一元一次不等式。

在本章,还要学习利用一元一次不等式解决实际问题。需要分析问题中的数量关系,发现数量关系中的不等关系,并列出一元一次不等式,从而转化为数学问题进行求解;并能从所找到的不等式的解集中,确定符合题意的解,并根据实际意义检验它是否合理。通过实际问题,建立一元一次不等式既是本章的重点,也是难点。

(三)学情分析

在七年级上册第2章中学习了有理数的大小比较,它反映了数与数之间的不等(大于或小于)关系。本册前两章(第6、7章)中又学习了一元一次方程和一次方程组。方程和方程组都是刻画现实世界中数量相等关系的数学模型。在此基础上,我们继续研究刻画现实世界中数量不等关系的数学模型——不等式。一元一次不等式是最简单的不等式,也是研究其他不等式的基础。它是解决问题的有用工具,也是学习其他数学知识(如函数等)的基础。

从学生心理特点上讲,初中生乐于探索,富于幻想。但是老师平淡的解释与书本现成的结论不能满足他们积极探求的心理。所以真正能够吸引学生的学习方式还是在于探求,在于主动获取。

中学生已经具备获取新概念的知识基础和能力基础,但是学生对一元一次不等式的认识是陌生的、不成系统的;学生具备归纳、总结的基础,但是部分学生缺少运用类比法的能力;学生会解决一些单个的问题,但是部分学生不善于联系实际来解决问题。

### 三、单元主题

一元一次不等式。

### 四、单元目标

(一)低阶目标

1. 了解不等式的意义,会根据问题中的数量关系列出不等式。

2. 了解不等式的解与解集的概念,能在数轴上表示不等式的解集。

3. 掌握不等式的性质,并会用不等式的性质将不等式进行变形。

4. 了解一元一次不等式的概念,能解数字系数的一元一次不等式。

5. 了解一元一次不等式组的概念,会用数轴确定两个一元一次不等式组成的不等式组的解集。

6. 会列一元一次不等式解决简单的实际问题。

7. 能总结出用不等式解决实际问题的一般步骤。

(二)高阶目标

8. 分析在学习一元一次不等式的解法中,运用了数学中的类比思想和化归思想。

9. 分析在学习一元一次不等式组的解法中,体现了数学中的转化思想。

10.能够在掌握一元一次不等式解法的基础上体会建立一元一次不等式的数学模型解决简单实际问题。即从实际问题抽象到数学问题,找出数量关系,明确数量中的不等关系,并列出一元一次不等式,从而转化为数学问题进行求解。

五、单元评价

1.1 能通过具体问题分析出数量关系中的不等关系。

1.2 了解不等式及其解的意义。

1.3 能根据问题中数量的不等关系列出不等式。

2.1 能通过实际问题理解不等式的解和不等式的解集的意义。

2.2 能通过尝试检验法来检验所给未知数的值是否是不等式的解。

2.3 能在数轴上表示不等式的解集。

3.1 能通过教材中的天平试验探索不等式的性质。

3.2 能用不等式的性质对不等式进行变形。

4.1 能通过阅读教材理解一元一次不等式的概念。

4.2 能解数字系数的一元一次不等式。

5.1 能通过实际问题理解一元一次不等式组的概念。

5.2 会用数轴确定由两个一元一次不等式组成的不等式组的解集。

6.1 能分析出实际问题中数量关系中的不等关系,并设出未知数。

6.2 能通过阅读教材问题,分析实际问题中存在的不等关系,并设出未知数。

6.3 能通过分析教材问题,给出不同的解题思路,从而比较出列不等式解决实际问题更容易理解,更加符合学生的认知发展。

6.4 能通过实际问题列出不等式,求出解集,并且选出符合题意的值,作答。

7.1 能类比用方程解决实际问题的一般步骤,总结列一元一次不等式解决简单的实际问题的方法。

8.1 能基于一元一次方程的解法,来研究一元一次不等式的解法,使不等式逐步化简,将不等式化为 $x>a$ 或 $x<a$ 的形式,体会这一过程中运用了类比思想和化归的思想。

9.1 能通过阅读教材,发现解一元一次不等式组的关键就是解出不等式组的每一个不等式,从而体现了转化思想。

10.1 能从实际问题出发,抽象出隐含在实际问题中的数量关系,找出数量关系中的不等关系,列一元一次不等式,能用不等关系建立数学模型来解决实际问题。

10.2 能通过不同类型的实际问题,让学生经历不等式这种数学模型的建模过程,并利用不等式求出相关数据,使学生认识到不等式的重要性和应用价值,增强学生对建模的应用意识和应用能力。

**六、单元结构化活动**

如图1。

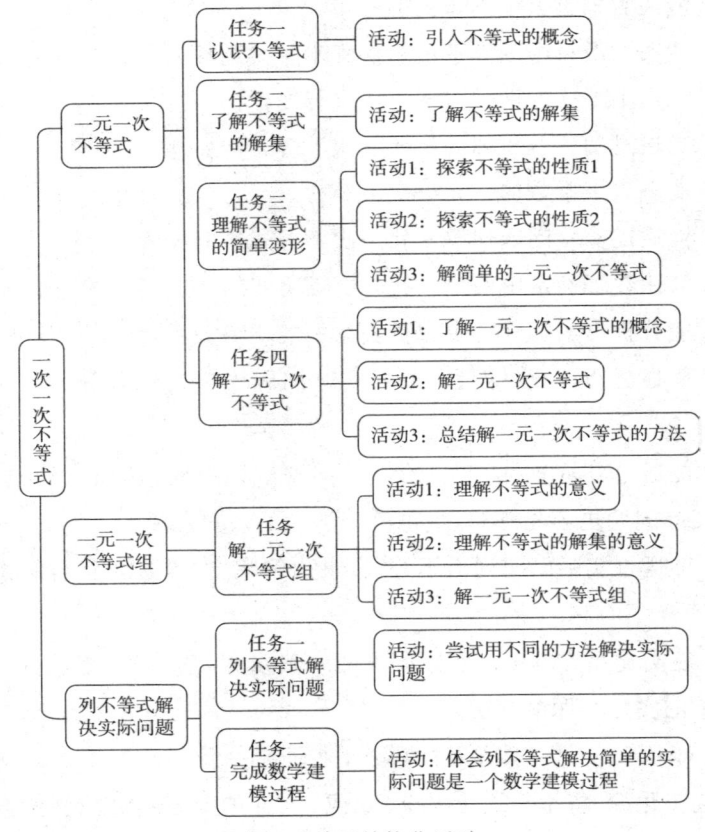

图1　单元结构化活动

## 七、课时分配

共 7 课时。

课时规划设计

# 一元一次不等式

(共 4 课时,新授课)

### 一、课时目标

(一)低阶目标

1. 了解不等式的意义,会根据问题中的数量关系列出不等式。

2. 了解不等式的解与解集的概念,能在数轴上表示不等式的解集。

3. 掌握不等式的性质,并会用不等式的性质将不等式进行变形。

4. 了解一元一次不等式的概念,能解数字系数的一元一次不等式。

(二)高阶目标

5. 分析在学习一元一次不等式的解法中,运用了数学中的类比思想和化归思想。

### 二、情境任务(问题)

任务一:认识不等式。

任务二:了解不等式的解集。

任务三:理解不等式的简单变形。

任务四:解一元一次不等式。

### 三、学生活动

活动1:通过对实际问题中数量关系的分析,引入不等式的概念。

活动2:通过预习了解不等式的解集,在数轴上表示不等式的解集。

活动3.1:回顾等式的性质,通过天平活动探索不等式的性质1。

活动3.2:通过教材56页试一试来探索不等式的性质2和不等式的性质3,并且学生做概括总结。

活动3.3:利用不等式的性质解简单的一元一次不等式,类比方程变形中的"移项"和"把未知数系数化为1"来解简单的不等式。

活动4.1:通过回顾前几节课的学习内容,了解一元一次不等式的概念。

活动4.2:类比解方程的过程来学习如何解一元一次不等式,辨别相同之处和不同之处,并且能将解集在数轴上表示出来。

活动4.3:学生总结解一元一次不等式的方法。

**四、课时作业:**

(一)基础作业

知识点1:不等式的概念

1.在数学表达式:①$a^2 \geqslant 0$,②$5p - 6q < 0$,③$x - 6 = 1$,④$7x + 8y$,⑤$-1 < 0$,⑥$x \neq 3$中,不等式有_____(填序号)。

知识点2:不等式的解

2.下列各数中,是不等式$x > 2$的解的是　　　　　　　　(　　)

A. $-2$　　　　　B. 0　　　　　C. 1　　　　　D. 3

知识点3:不等式的性质

3.若$a + 3 > 9$,则$a > 9 - 3$,不等式变形的根据是_____。

知识点4:用不等式的性质解不等式

4.在不等式$2x + 1 > 0$两边同时_____,得不等式$2x > -1$,在不等式$2x > -1$两边同时_____,则原不等式的解集为_____。

(二)提升作业

5.解下列不等式,并将解集在数轴上表示出来:

(1)$2x - 1 < 4x + 13$;　　　　　(2)$2(5x + 3) \leqslant x - 3(1 - 2x)$。

(三)满分作业

6.求不等式$x - 2 \leqslant 1$的所有正整数解的和。

# 一元一次不等式组

(共2课时,新授课)

**一、课时目标**

(一)低阶目标

1.了解一元一次不等式组的概念,会求不等式组的解集。

2.会用数轴确定两个一元一次不等式组成的不等式组的解集。

(二)高阶目标

3.分析在学习一元一次不等式组的解法中,体现了数学中的转化思想。

二、情境任务(问题)

任务:解一元一次不等式组,会用数轴确定两个一元一次不等式组成的不等式组的解集。

三、学生活动

活动1:从实际问题出发列出两个不等式,合在一起就是一元一次不等式组,学生结合例题理解即可。

活动2:通过在同一数轴上表示出不等式组中几个不等式的解集的公共部分,理解什么是不等式组的解集。

活动3:利用数轴将每个不等式的解集表示出来,并且找到公共部分求不等式组的解集,这里要注意书写过程及无解的情况如何表示。

四、课时作业:

(一)基础作业

知识点1:一元一次不等式组的解集

1.解下列不等式组,并把他们的解集在数轴上表示出来。

(1) $\begin{cases} x-1>6(x+3), \\ 5(x-2)-1 \leqslant 4(1+x); \end{cases}$  (2) $\begin{cases} \dfrac{x-2}{3}<0, \\ 4-\dfrac{1}{3}x \leqslant -\dfrac{1}{4}x。 \end{cases}$

(二)提升作业

2.求不等式组 $2 \leqslant 3x-7 < 8$ 的所有整数解。

3.试求不等式组 $\begin{cases} x+2>0, \\ x-6 \leqslant 0 \end{cases}$ 的所有整数解。

(三)满分作业

4.已知关于 $k$ 的方程 $3k-5k=-9$ 的解是非负数,求 $k$ 的取值范围。

5.已知 $|5x-3|=3-5x$,求 $x$ 的取值范围。

# 列不等式解决实际问题

(1课时,新授课)

## 一、课时目标

(一)低阶目标

1. 会列一元一次不等式解决简单的实际问题。

2. 能总结出用不等式解决实际问题的一般步骤。

(二)高阶目标

3. 能够在掌握一元一次不等式解法的基础上体会建立一元一次不等式的数学模型解决简单实际问题。即从实际问题抽象到数学问题,找出数量关系,明确数量中的不等关系,并列出一元一次不等式,从而转化为数学问题进行求解。

## 二、情境任务(问题)

任务一:分析问题,列出不等式正确作答。

任务二:完成数学建模过程。

## 三、学生活动

活动1:通过教材60页给出的实际问题,让学生尝试用不同的方法来解决,并且与同学互相交流。

活动2:让学生体会列不等式解决简单的实际问题是一个数学建模过程,通过生活中的实际问题,抽象出隐含在实际问题中的数量关系,找出数量关系中的不等关系,列一元一次不等式。

## 四、课时作业

(一)基础作业

知识点1:根据题意列不等式

1. 小丽同学准备用自己节省的零花钱购买一台学习机,她已存有750元,并计划从本月起每月节省30元,直到她至少存有1 080元,设 $x$ 个月后小丽至少有1 080元,则可列不等式为 ( )

    A. $30x+750>1 080$     B. $30x-750\geqslant 1 080$

    C. $30x-750\leqslant 1 080$     D. $30x+750\geqslant 1 080$

知识点2:用不等式解决实际问题

2.小明准备用15元钱买笔和笔记本,已知每支笔2元,每本笔记本2.2元,他买了3本笔记本后,最多还能购买_____支笔。

(二)提升作业

3.某校计划购买一批篮球和足球,已知购买2个篮球和1个足球共需320元,购买3个篮球和2个足球共需540元。

(1)求每个篮球和每个足球的售价;

(2)如果学校计划购买这两种球共50个,总费用不超过5 500元,那么最多可购买多少个足球?

(三)满分作业

4.画一画,将一元一次不等式的知识体系用思维导图画出来。

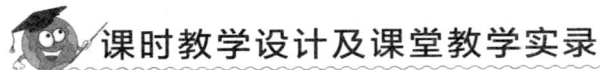

## 列不等式解决实际问题

(1课时)

一、学习目标

(一)低阶目标

1.会列一元一次不等式解决简单的实际问题。

2.能总结出用不等式解决实际问题的一般步骤。

(二)高阶目标

3.能够在掌握一元一次不等式解法的基础上体会建立一元一次不等式的数学模型解决简单实际问题。即从实际问题抽象到数学问题,找出数量关系,明确数量中的不等关系,并列出一元一次不等式,从而转化为数学问题进行求解。

二、达成评价

1.1能通过阅读教材问题,分析实际问题中存在的不等关系,并设出未知数。

1.2能通过分析教材问题,给出不同的解题思路,从而比较出列不等式解决实际问题更容易理解,更加符合学生的认知发展。

1.3 能通过实际问题列出不等式,求出解集,并且选出符合题意的值,作答。

2.1 能类比方程解决实际问题的一般步骤,总结列一元一次不等式解决简单的实际问题的方法。

3.1 能从实际问题出发,抽象出隐含在实际问题中的数量关系,找出数量关系中的不等关系,列一元一次不等式,能用不等关系建立数学模型来解决实际问题。

3.2 能通过不同类型的实际问题,让学生经历不等式这种数学模型的建模过程,并利用不等式求出相关数据,使学生认识到不等式的重要性和应用价值,增强学生对建模的应用意识和应用能力。

三、学习过程

(一)先行组织

回顾列方程解决实际问题的一般步骤,用于类比新课的学习。学生完成任务单中的实际问题(教材60页练习3)。

(二)任务(问题与)活动

任务一:列不等式解决实际问题

活动1:阅读教材60页问题1:在"科学与艺术"知识竞赛的预选赛中共有20道题,对于每一道题,答对得10分,答错或不答扣5分,总得分不少于80分者能通过预选赛。育才中学有25名学生通过了预选赛,通过者至少应答对多少道题? 有哪些可能情形?

【提出问题】

1.试解决教材中的这个问题。你是用什么方法解决的? 有没有其他方法? 与你的同伴讨论和交流一下。

2.如果你是利用不等式的知识解决这个问题的,那么在得到不等式的解集后,如何给出原问题的答案? 应该如何表述?

【组织学习】

学生独立思考,片刻后小组交流。

〔评价标准〕

1.分析问题,找到数量关系中的不等关系。(+1)

2.能列出不等式并且求出解集,正确作答。(+2)

3.能用多种方法解决这个问题。(+3)

4.能用多种方法解决这个问题并且能讲解清楚。(+4)

【表达成果】

生1:根据题意,总分不少于80分能通过预选赛,这里的"不少于"是关键词,意为"大于或等于"。那么就需要我们用含未知数的式子来表示出总得分,因此需要设未知数,列出不等式并求出解集,作答。

师:根据同学的分析,我们尝试着解决这个问题,看哪位同学还有不同的方法,大家可以比较一下哪种方法更好,更具有普遍性。

生2:我想通过列不等式来解决这个实际问题,首先设答对了$x$道题,根据题意,可得$10x-5(20-x)\geqslant 80$,解得$x\geqslant 12$,答:至少答对12道题才能进预选赛。

师追问:注意本题的问法,如果你是利用不等式的知识解决这个问题的,那么在解得不等式的解集后,如何给出原来问题的答案?如何表述?

生2:通过者至少答对12道题。

师:通过刚才的合作探究,还有其他的办法能解决本题吗?

生3:设答错或不答$x$道题,可得$15x\leqslant 200-80$,解得$x\leqslant 8$,即至少应答对12道题。

生4:从全错得$-100$分考虑问题,每答对1道题可加上15分,设答对了$x$道题,可得$-100+15x\geqslant 80$,解得$x\geqslant 12$.

师(补充):当然我们也可以进行估算,但是比较麻烦,这也是一种办法。假设答对了10道题,那么得分为$10\times 10-5\times 10=50$,不足80分再进行调整。

【交互反馈】

引导学生进一步交互反馈。

师:请同学们依据评分标准对小组代表进行评价。

生5:每个小组在求解过程中都没有问题,但是在本题的表述中都不够清晰,当我们用不等式来解决这个问题时,正确表述应为通过者至少答对 12 道题,这些学生可能答对的题目数为:12,13,14,15,16,17,18,19,20。我们忽略了可能答对的题目的数量。

(教师和同学表示赞同,给予热烈的掌声。)

师追问:在众多方法中,哪个最容易理解,最适合解决这类问题?

生:列不等式解决实际问题最好理解,最容易!

师(补充):我们在掌握一元一次不等式解法的基础上体会建立一元一次不等式的数学模型解决简单实际问题。即从实际问题抽象到数学问题,找出数量关系,明确数量中的不等关系,并列出一元一次不等式,从而转化为数学问题进行求解。

【整合提升】

生:解决这个问题的方法很多,我们还是认为列不等式解决这个问题最容易理解,从实际问题出发,抽象出隐含在实际问题的数量关系,找出数量关系中的不等关系,列一元一次不等式求出解集并作答。

任务二:完成数学建模过程

活动 2:总结出用不等式解决实际问题的一般步骤。

学生以小组为单位讨论,结合阅读教材,修正语言,得出结论:

(1)审题,找出不等关系;

(2)设未知数;

(3)列出不等式;

(4)求出不等式的解集;

(5)找出符合题意的值;

(6)作答。

师:(总结提升)那么我们遇到这类问题都可以按照这个思路来解决。

(这一问题是本节课的关键,让学生经历不等式这种数学模型的建模过程,并利用不等式求出相关数据,这可以使学生认识到不等式的重要性和应用价值,增强学生对建模的应用意识和应用能力。)

(三)迁移运用

师:我们一起来分析一道生活中常见的问题。

问题:如表1是某服装店销售一批进价分别为200元,170元的A,B两款T恤衫近两天的销售情况。

表1　某服装店A,B两款T恤衫近两天的销售情况

| 销售时段 | 销售数量 | | 销售收入 |
| --- | --- | --- | --- |
| | A | B | |
| 第1天 | 3件 | 5件 | 1 800元 |
| 第2天 | 6件 | 8件 | 3 180元 |

(进价、售价均保持不变,利润=销售收入-进货成本)

(1)求A,B两款T恤衫的销售单价。

(2)若该服装店老板准备用不多于5 400元的金额再购进这两款T恤衫共30件,则A款T恤衫最多能购进多少件?

(3)在(2)的条件下,销售完这30件T恤衫能否实现利润不少于1 290元的目标?若能,写出相应的采购方案;为了使进货成本最少,应选择哪种方案?

先独立思考,然后小组内交流。同学们可以参考评价标准来完成任务。

〔评价标准〕

1.能分析题意找出等量关系和不等关系。(+1)

2.能找到等量关系列出方程正确求解。(+1)

3.能找到不等关系列出不等式正确求解。(+1)

4.能正确解题并完整作答。(+1)

5.能正确解题完整作答,可讲解出来。(+1)

在得出不等式模型的结论之后,引导学生能够将数学中的解转化为实际问题的解,并根据解集,结合实际情况得出合理结论。

师生活动:给学生充足的时间思考此题,让学生进行合作交流,分析思考,然后请两位同学在黑板上解题,老师和同学再进行交互反馈。通过类似问题使学生刚刚获取的经验得到巩固和深化,进一步熟悉解决问题的方法和过程,从而提高分析和解决问题的能力。

(四)成果集成

引导学生总结本节课的过程和方法,使学生原来模糊的意识,零散的经验得以梳理,从而初步掌握探究不等式解实际问题的一般思路:

审题→设元→列出不等式→求出不等式的解集→找出符合题意的值→作答。

(五)作业设计

• 基础作业

知识点1:根据题意列不等式

1. 小丽同学准备用自己节省的零花钱购买一台学习机,她已存有750元,并计划从本月起每月节省30元,直到她至少存有1 080元,设 $x$ 个月后小丽至少有1 080元,则可列不等式为 （    ）

A. $30x+750>1\,080$ 　　　　B. $30x-750\geqslant 1\,080$

C. $30x-750\leqslant 1\,080$ 　　　　D. $30x+750\geqslant 1\,080$

知识点2:用不等式解决实际问题

2. 小明准备用15元钱买笔和笔记本,已知每支笔2元,每本笔记本2.2元,他买了3本笔记本后,最多还能购买_____支笔。

• 提升作业

3. 某校计划购买一批篮球和足球,已知购买2个篮球和1个足球共需320元,购买3个篮球和2个足球共需540元。

(1)求每个篮球和每个足球的售价；

(2)如果学校计划购买这两种球共50个,总费用不超过5 500元,那么最多可购买多少个足球？

结合评价标准,学生自评。

〔评价标准〕

1. 能分析出题意找出等量关系和不等关系。（+1）

2. 能找到等量关系列出方程正确求解。（+2）

3. 能找到不等关系列出不等式正确求解。（+3）

4. 能完整作答并且能录制讲题视频互动。（+4）

- 满分作业

4.画一画,将一元一次不等式的知识体系用思维导图画出来。

(六)课后反思

在本节课的学习过程中,部分学生知道数学建模是数学与现实联系的基本途径;初步感知数学建模的基本过程,从现实生活或具体情境中抽象出数学问题,用数学符号建立不等式表示数学问题中的数量关系和变化规律,求出结果并讨论结果的意义。模型观念有助于开展跨学科主题学习,感悟数学应用的普遍性。

从课堂内容来看,一节课设置两个大任务和一个迁移运用时间略显拥挤。学生既要独立思考,又要小组合作讨论,所以在迁移运用中没有更好地体现学生的解题讲题过程。因此在作业设置中布置了一道类似的题目加以巩固,能力出众的学生可以录制讲题视频与同学们分享。

从问题设计来看,一题多解,发散学生的解题思路,不会局限于一种方法,学生通过独立思考,小组讨论,总结出列不等式解决此类问题更好理解,由于课堂上时间有限,因此不能让学生一一展示自己的解题成果。

# 八年级上册第 11 章"数的开方"

长春经济技术开发区育隆学校　王志宇

## 一、单元内容

华东师范大学出版社,八年级上册,第 11 章,数的开方。

## 二、单元分析

（一）课标分析

1. 内容要求

了解无理数和实数,知道实数是由有理数和无理数组成,了解实数与数轴上的点一一对应。能用数轴上的点表示实数。

2. 学业要求

了解无理数和实数,知道实数由有理数和无理数组成,感悟数的扩充;初步认识实数与数轴上的点具有一一对应关系,能用数轴上的点表示一些具体的实数,能比较实数的大小;能借助数轴理解相反数和绝对值的意义,会求实数的相反数、绝对值;知道平方根、算术平方根、立方根的概念,会用根号表示平方根、算术平方根、立方根;知道乘方与开方互为逆运算,会用乘方运算求百以内完全平方数的平方根和千以内完全立方数的立方根（及对应的负整数）,会用计算器计算平方根和立方根;能用有理数估计一个无理数的大致范围。

3. 教学提示

数与式的教学,教师应把握数与式的整体性,通过负数、有理数和实数的认识,帮助学生进一步感悟数是对数量的抽象,知道绝对值是对数量大小和线段长度的表达,进而体会实数与数轴上的点一一对应的数形结合的意义,会进行实数的运算。

4.学业质量

能从生活情境、数学情境中抽象概括出数与式的概念和规则,掌握相关的运算求解方法,合理解释运算结果,形成一定的运算能力、推理能力和抽象能力。

(二)教材分析

在七年级上学期第2章已经学习了有理数及其加、减、乘、除和乘方运算,本章首先在有理数乘方的基础上,学习了一种新的运算——数的开方,主要学习了开平方和开立方。进而引起无理数的概念,将有理数扩充到实数。

(三)学情分析

已有经验:学生在七年级学过有理数,已经了解了有理数的一些概念和运算,这些概念和运算可以推广到实数范围内,随着数的范围逐渐扩大,在扩大的数的范围内可以解决更多问题。学生容易联想到已经学习的知识,产生认知冲突。

学习障碍点:先前的学习中,学生对有理数几何意义理解尚欠缺。

三、单元主题

新运算与数的扩充。

四、单元目标

(一)低阶目标

1.了解平方根、算术平方根、立方根的概念,会用根号表示数的平方根、立方根。

2.了解平方与开平方、立方与开立方之间的关系,会利用平(立)方运算求百以内整数的平(立)方根,会用计算器求平方根和立方根。

3.了解无理数和实数的概念,知道实数与数轴上的点一一对应。

4.能用有理数估计一个无理数的大致范围,会比较两个实数的大小,会进行简单的实数运算。

（二）高阶目标

5.结合实数的学习进一步体会数域扩充的一致性和发展性。

6.通过用数轴上的点表示实数感受数形结合的重要思想。

## 五、单元评价

1.1 能说出平方根、算术平方根、立方根的概念。

1.2 能正确表示出一个数的平方根、立方根。

2.1 根据平方的知识，给出一个正数 $a$，能找出满足 $x^2=a$ 的正数 $x$，并能理解 0 的算术平方根是 0。

2.2 类比开平方与平方互为逆运算的关系，得出开立方与立方同样具有互为逆运算的关系，利用这种关系对于任何给定的数 $a$，都可以求出它的立方根 $\sqrt[3]{a}$。

3.1 能通过阅读教材找出并说出无理数、实数的概念。

3.2 能说清楚无理数、实数以及有理数之间的关系。

3.3 能按照概念对实数进行分类。

3.4 能根据无理数和实数的概念识别数的类型。

4.1 能把有理数写成"根号"的形式，进而对无理数估值。

4.2 能运用"被开方数越大，算术平方根越大等"对无理数进行估值。

4.3 能比较无理数的大小。

4.4 能进行无理数运算。

5.1 能运用运算律和运算法则对实数进行运算。

6.1 能在数轴上利用图形表示出无理数的点。

## 六、单元结构化活动

如图 1。

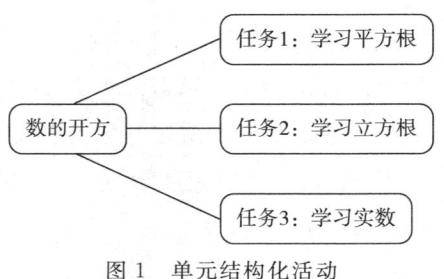

图 1  单元结构化活动

### 七、课时分配

共 5 课时。

### 课时规划设计

## 平方根与立方根

（共 3 课时，新授课）

**一、课时目标**

（一）低阶目标

了解平方根、算术平方根、立方根的概念，会用根号表示数的平方根、立方根。

（二）高阶目标

了解平方与开平方、立方与开立方之间的关系，会利用平（立）方运算求百以内整数的平（立）方根，会用计算器求平方根和立方根。

**二、情境任务（问题）**

任务一：学习平方根。

任务二：学习立方根。

**三、学生活动**

活动 1.1：通过实际问题引入平方根的概念。

活动 1.2：通过具体实例总结平方根的性质。

活动 1.3：概括算术平方根的定义以及表示方法。

活动 1.4：探究用计算器求算术平方根。

活动 2.1：通过实际问题引入立方根的概念。

活动 2.2：通过具体实例总结立方根的性质。

活动 2.3：探究用计算器求立方根。

四、课时作业

(一)基础作业(A 层)

1.完成下列表格:

| 被开方数 | 0 | 1 | 4 | 9 | 16 | 25 | 36 | 49 | 64 | 91 | 100 |
|---|---|---|---|---|---|---|---|---|---|---|---|
| 算术平方根 | | | | | | | | | | | |
| 平方根 | | | | | | | | | | | |

2.说出下列各数的平方根:

(1)6 400;　　　(2)0.25;　　　(3)$\dfrac{49}{81}$。

3.用计算器计算:

(1)$\sqrt{676}$;　　(2)$\sqrt{27.8784}$;　　(3)$\sqrt{4.225}$(精确到 0.01)。

4.完成下列表格:

| 被开方数 | −64 | −27 | −8 | −1 | 0 | 1 | 8 | 27 | 64 |
|---|---|---|---|---|---|---|---|---|---|
| 立方根 | | | | | | | | | |

5.求下列各数的立方根:

(1)512;　　　(2)−0.027;　　　(3)$-\dfrac{64}{125}$.

6.用计算器计算:

(1)$\sqrt[3]{6859}$;　　(2)$\sqrt[3]{17.576}$;　　(3)$\sqrt[3]{5.691}$(精确到 0.01)。

(二)提升作业(B 层)

7.下列说法正确吗?为什么?

(1)0.09 的平方根是 0.3;　　　(2)$\sqrt{16}=\pm 4$;

(3)0 没有立方根 ;　　　(4)1 的立方根是 ±1.

8.求下列各数的平方根:

(1)$\dfrac{16}{81}$;　　　(2)0.36;　　　(3)324.

9.求下列各数的立方根:

(1)0.125;　　　(2)$-\dfrac{27}{64}$;　　　(3)729.

10.用计算器计算(精确到0.01)。

(1) $\sqrt{16.89}$；　　(2) $\sqrt[3]{6\,892}$。

(三)满分作业(C层)

11.如图2,在做浮力实验时,小华用一根细线将一正方体铁块拴住,完全浸入盛满水的圆柱形烧杯中,并用一量筒量得被铁块排开的水的体积为40.5 cm³,小华又将铁块从烧杯中提起,量得烧杯中的水位下降了0.62 cm。请问烧杯内部的底面半径和铁块的棱长各是多少?(用计算器计算,结果精确到0.1 cm)

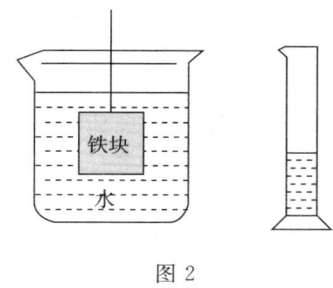

图2

## 实数

(共2课时,新授课)

一、课时目标

(一)低阶目标

1.了解无理数和实数的概念,知道实数与数轴上的点一一对应。

2.能用有理数估计一个无理数的大致范围,会比较两个实数的大小,会进行简单的实数运算。

(二)高阶目标

3.结合实数的学习进一步体会数域扩充的一致性和发展性。

4.通过用数轴上的点表示实数感受数形结合的重要思想。

二、情境任务(问题)

任务:通过用计算器计算、动手剪纸操作、动笔计算等过程学习实数的相关概念以及运算。

### 三、学生活动

活动1:通过用计算器计算$\sqrt{2}$概括出无理数和实数的概念。

活动2:通过剪纸操作在数轴上表示$\sqrt{2}$。

活动3:将有理数的运算推广至实数。

### 四、课时作业

(一)基础作业(A层)

1. 判断下列说法是否正确:

(1) 两个整数相除,如果不管添多少位小数,永远都除不尽,那么结果一定是一个无理数;

(2) 任意一个无理数的绝对值都是正数。

2. 计算:$2\sqrt{6}+3\sqrt{7}$(结果到0.01)。

3. 比较下列各组数中两个实数的大小:

(1) $2\sqrt{3}$和$3\sqrt{2}$;      (2) $-\dfrac{\sqrt{7}}{2}$和$-\dfrac{\pi}{3}$。

(二)提升作业(B层)

4. 完成下列表格:

| 实数 | $\pi$ | $\sqrt{2}$ | $\sqrt{2}-1$ | $\sqrt{2}-\sqrt{3}$ |
|---|---|---|---|---|
| 相反数 | | | | |
| 绝对值 | | | | |

5. 比较下列各对数的大小:

(1) $\sqrt{2}$,$\sqrt[3]{3}$;    (2) $-\sqrt[3]{4}$与$-\sqrt[3]{3}$。

6. 计算$|2\sqrt{5}-5\sqrt{2}|+|4\sqrt{2}-3\sqrt{3}|$(精确到0.01)。

7. 对于无理数$\sqrt{7}$,试解答下列问题:

(1) $\sqrt{7}$在数轴上位于哪两个相邻的整数之间?

(2) 借助计算器找出实数$a$与$b$,使$a<\sqrt{7}<b$,且$b-a=0.001$。

(三)满分作业(C层)

8. (1) 用计算器计算:

$\sqrt{3^2+4^2}=$ _____ ;

$\sqrt{33^2+44^2}=$ _____ ;

$\sqrt{333^2+444^2}=$ _____ ;

$\sqrt{3\,333^2+4\,444^2}=$ _____ .

(2)观察题(1)中各式的计算结果,你能发现什么规律?

(3)试运用发现的规律猜想下式的值,并通过计算器的计算验证你的猜想。 $\sqrt{33\,333^2+44\,444^2}=$ _____ 。

## 课时教学设计及课堂教学实录

## 实数

（1课时）

一、学习目标

（一）低阶目标

1.了解无理数和实数的概念。

2.知道实数与数轴上的点一一对应。

（二）高阶目标

3.通过用数轴上的点表示实数感受数形结合的重要思想。

二、达成评价

1.1 能通过阅读教材找出并说出无理数、实数的概念。

1.2 能说清楚无理数、实数以及有理数之间的关系。

1.3 能按照概念对实数进行分类。

1.4 能根据无理数和实数的概念识别数的类型。

2.1 能利用折纸折出"$\sqrt{2}$"。

2.2 能在数轴上表示$\sqrt{2}$。

2.3 能想办法在数轴上表示出任意实数。

2.4 能解释"实数与数轴上的点一一对应"的含义。

3.1 能在数轴上利用图形表示出无理数的点。

3.2 能用语言概括在找点过程中运用的方法。

三、学习过程

（一）先行组织

（1）用计算器求 $\sqrt{2}$；

（2）利用平方运算验算(1)中所得的结果。

用计算器求 $\sqrt{2}$，显示结果为 1.414 213 562，再用计算器计算 1.414 213 562的平方，结果是 1.999 999 999，并不是 2，这说明计算器求得的只是 $\sqrt{2}$ 的近似值。

用计算机计算 $\sqrt{2}$，你可能会大吃一惊：

$\sqrt{2}$ ＝1.41421356237309504880168872420969807856967187537694807 317667973799073247846210703885038753432764172350138462309122970 2492483605585073721264412149709993583132265927505592755799950 501152782060571470109559971605970274534596862014728118640889198 60955232923048430871432 145083976260362799525 140798968725339654 6331808829640620615258352395054747502877599617298355752203375 3 185701 1354374603408498847 16038689997067900481503054402779031 6454247823068492936821580784631115966687130130156185689872372 352885092648612494977154218334204285686060146824720771435854874 155657069677653202264854470158588016207584749226572260020855844 665214583988939443709265918003113882464681570826301005948587040 03186480342194897278290641040726368813137398552561 173220402450 91227700226941 127573627280495738108967504018369868368450725799 364729060762996941380475654823728997180326802474420629269489052 180044598421505911202494413417285314781058036033710773182314101 11116839165817268894195871658215212…

$\sqrt{2}$ 不是一个有理数，实际上，它是一个无限不循环小数。类似地，$\sqrt[3]{5}$、圆周率 π 等也都不是有理数，它们都是无限不循环小数。

(二)任务(问题)与活动

任务一:概括无理数与实数的概念

活动1:

【提出问题】

(1)$\sqrt{2}$、$\sqrt[3]{5}$、圆周率π都不是有理数,它们都是无限不循环小数,它们叫什么数?

(2)现在我们都学习了哪些数?尝试对它们分类。

【组织学习】

阅读教材,独立思考。

〔评价标准〕

1.能说出"新数"的名字。(+1)

2.能条理清晰地说出学过的数。(+2)

3.能准确分类,画出实数的分类图。(+2)

【表达成果】

学生1:无限不循环小数是无理数。

师生活动:根据学生的回答情况,教师板书。

设计意图:让学生通过阅读教材提取无理数和实数的概念。

学生2:实数包括有理数和无理数。

教师强调:尝试画出实数分类结构图。

学生尝试总结实数的分类。

【交互反馈】

学生1:实数按照定义可分为有理数和无理数;有理数可分为整数和分数……

学生2:实数可以分为正实数、0和负实数;正实数可分为正有理数和正无理数……

【总结提升】

学生总结:按照不同分类标准出现的结果是不同的,但是不管如何分类,我们都把数的范围由原来的有理数扩大到现在的实数范围。

**任务二:用数轴上的点表示实数**

活动 2:

你能在数轴上找到表示$\sqrt{2}$的点吗？如图 3,将两个边长为 1 的正方形分别沿对角线剪开,得到四个等腰直角三角形即可拼成个大正方形,容易知道,这个大正方形的面积是 2,所以大正方形的边长为$\sqrt{2}$.

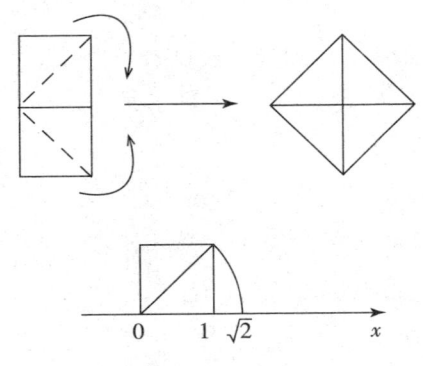

图 3　在数轴上表示$\sqrt{2}$

引导学生尝试在数轴上表示$\sqrt{2}$.

学生动笔尝试。

教师:请同学讲述清楚找到$\sqrt{2}$表示的点的原理。

【交互反馈】

学生 1:边长为 1 的正方形对角线长度是$\sqrt{2}$,我拿着纸把小正方形的顶点和数轴原点重合,旋转纸即可得到。

学生 2:学生 1 的原理是正确的,但是他的做法比较笨拙,我有更好的办法:用圆规以原点为圆心,以小正方形对角线为半径画圆弧,圆弧和数轴的交点就是表示$\sqrt{2}$的点。

【设计意图】

通过用数轴上的点表示实数感受数形结合的重要思想。

教师提出问题:能说有理数和数轴上的点一一对应吗？为什么？

【整合提升】

学生总结:数轴上的每一点必定表示一个实数;反过来,每一个实数都可以用数轴上的点来表示。换句话说,实数与数轴上的点一一对应。这是数集从有理数集扩充到实数集的一大进步。

(三)迁移运用

1. 在数轴上表示 $\pi$,$\sqrt{5}$。

2. 如果把棱长分别为 2.15 cm、3.24 cm 的两个正方体铁块熔化,制成一个大的正方体铁块,求这个大正方形体铁块的棱长(用一个式子表示,并用计算器进行计算,结果精确到 0.1 cm)。

(四)成果集成

引导学生梳理数系扩充的过程,形成实数的分类。

学生:通过回顾实数及无理数概念,进而完善实数结构图,如图 4。

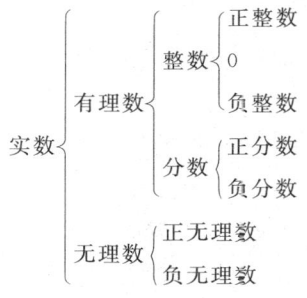

图 4　实数的分类结构图

(五)作业设计

• 基础作业(A 层)

知识点 1:实数相关概念

1. 无理数是 （　）

A. 带根号的数　　　　　　B. 有限小数

C. 循环小数　　　　　　　D. 无限不循环小数

2. 和数轴上的点一一对应的是 （　）

A. 整数　　B. 实数　　C. 有理数　　D. 无理数

知识点 2:实数的分类

3. 下列四个实数中无理数是 （　）

A. 0　　B. $\sqrt{2}$　　C. $\sqrt{4}$　　D. $\dfrac{22}{7}$

4. 下列数是无理数的是 （    ）

A. $-\dfrac{22}{7}$    B. $\pi$    C. 0    D. $\sqrt{4}$

5. 下列各数中是无理数的是 （    ）

A. 2    B. $\sqrt{5}$    C. $\sqrt[3]{27}$    D. $\dfrac{2}{5}$

6. 在 $-7$，$\dfrac{3}{7}$，$\sqrt{16}$，$\sqrt[3]{9}$ 这四个实数中，无理数是 （    ）

A. $-7$    B. $\dfrac{3}{7}$    C. $\sqrt{16}$    D. $\sqrt[3]{9}$

- 提升作业（B层）

7. 判断下列说法是否正确：

（1）两个整数相除，如果不管添多少位小数，永远都除不尽，那么结果一定是一个无理数；

（2）任意一个无理数的绝对值都是正数。

(六) 课后反思

1. 在实际授课中，学生对于无理数、实数的概念掌握较好，能够准确辨别无理数、实数。

2. 一些学生在对实数分类时存在困难，主要问题在于旧的概念遗忘，导致知识体系不完整。

3. 学生通过教材捕捉知识的能力较强，很容易通过教材提示进行相关的探究。

# 八年级上册第14章"勾股定理"

长春经济技术开发区育隆学校　邓珊珊

**单元教学规划**

### 一、单元内容

华东师范大学出版社,八年级上册,第14章,勾股定理。

### 二、单元分析

(一)课标分析

1. 内容要求

探索勾股定理及其逆定理,并能运用它们解决一些简单的实际问题。

2. 学业要求

在直观理解和掌握图形与几何基本事实的基础上,经历得到和验证数学结论的过程,感悟具有传递性的数学逻辑,形成几何直观和推理能力。

3. 教学提示

需要引导学生理解欧几里得平面几何的基本思想,感悟几何体系的基本框架。经历几何命题发现和证明的过程,感悟归纳推理过程和演绎推理过程的传递性,增强推理能力。

4. 学业质量

能运用几何图形的基本性质进行推理证明,初步掌握几何证明方法,进一步增强几何直观、空间观念和推理能力。

《义务教育数学课程标准(2022年版)》在几何直观这一核心素养上的主要表现为:分析图形的性质,建立形与数的联系,构建数学问题的直观模型,探究解决问题的思路,培养学生几何直观能力。"勾股定理"是几何学中一条古老的定理，其形式优美、简单，揭示了直角三角形的三边关系，反映了自然界的和谐关系，是把"数"与"形"联系起来的重要定理，勾股定理不仅在数学和其他学科中有着广泛的应用，而且它的起源和证明还蕴含了丰富的数学思想方法和文化价值。

本单元主要探索勾股定理及其逆定理，并能运用它们解决一些简单的实际问题，强调通过实验探究、直观发现、推理论证来研究图形。在教学过程中要引导学生关注事物的共性、分辨事物的差异，会用数学的眼光观察现实世界；要通过生活中的或者数学中的现实情境，引导学生感悟基本事实的意义，经历几何命题发现与证明的过程，感悟归纳推理过程和演绎推理过程的传递性，增强推理能力，会用数学的思维思考现实世界；引导学生经历针对图形性质、关系、变化确立几何命题的过程，体会数学命题中条件和结论的表达，感悟数学表达的准确性和严谨性，会借助图形分析问题，形成解决问题的思路，发展模型观念，会用数学的语言表达现实世界。

(二)教材分析

勾股定理来源于实际生活，因此，14.1节从正方形瓷砖铺地面的实例入手，探索发现直角三角形三边之间的关系，然后在此基础上通过赵爽的面积证法给出勾股定理的证明。勾股定理的逆定理也是通过古埃及人在测量土地时所用的确定直角的办法引入，然后再给出勾股定理的逆定理的证明方法。

勾股定理在实际生活中和解决数学问题中都有着广泛的应用，因此教材在14.2节的前半部分介绍勾股定理在实际问题中的应用，后半部分介绍了勾股定理在解决数学问题中的应用。14.1节中也有勾股定理的简单应用问题，这是为了了解和熟悉勾股定理。14.2节中的应用问题，则是进一步掌握勾股定理的应用，并逐步体会勾股定理的数学和文化价值。

在初中阶段，勾股定理及其逆定理的证明与运用是图形与几何部分的重要内容之一，也是后面将要学习的锐角三角函数、解直角三角形等的基础，在后续高中数学几何领域学习上也有着十分重要的作用。

(三)学情分析

八年级学生已经学习了三角形、全等三角形、等腰三角形等，初步掌握了几何直观能力,会进行整式的运算同时对算术平方根有所掌握,这对求三角形的边长有一定的帮助,在小学阶段也学习了一些几何图形面积的计算方法(割补法)。学生已具备一定的观察、归纳、探索和推理的能力,另外学生普遍学习积极性较高,能充分参与课堂,但学生对于用割补方法和面积方法证明几何命题还存在着障碍,对于如何将图形与数有机结合起来还很陌生。

### 三、单元主题

勾股定理。

### 四、单元目标

(一)低阶目标

1. 通过实例了解勾股定理的历史和应用,体会勾股定理的文化价值。

2. 探索勾股定理,会用勾股定理解决简单实际问题。

3. 探索勾股定理的逆定理,会用勾股定理的逆定理解决简单实际问题。

4. 经历探索勾股定理的过程,发展合情推理能力,体会数形结合思想。

(二)高阶目标

5. 探索在不同的情境从数学的角度发现和提出问题,综合运用数学等知识从不同角度寻求分析问题和解决问题的方法,能运用几何直观、逻辑推理等方法解决问题,形成模型观念和数据观念。

6. 通过基于 HPM 视角下的勾股定理的教学,引导学生寻求数学进步的轨迹,触摸数学知识的来龙去脉,浸润数学思想,感受数学本真,逐步形成正确的数学观。

### 五、单元评价

1.1 能经历用面积法探索勾股定理的过程,体验观察—归纳—猜想—验证的数学方法。

1.2 能利用勾股定理及直角三角形的三边关系解决简单实际问题。

2.1 能通过教材中的"试一试"探索勾股定理的逆定理。

2.2 掌握判断一个三角形是直角三角形的条件,并能运用它解决简单实际问题。

3.1 通过了解勾股定理的发展史,体会勾股定理的文化价值。

4.1 能利用拼图法验证勾股定理。

5.1 能通过探究、整理、归纳不同情境中的数学问题得出相关结论。

6.1 通过基于 HPM 视角下的勾股定理的学习,了解人类文明发展中数学的作用。

6.2 在探究勾股定理的过程中获得成就感,提高推理的能力,激发学习的兴趣,体验数学的美感。

**六、单元结构化活动**

如图 1。

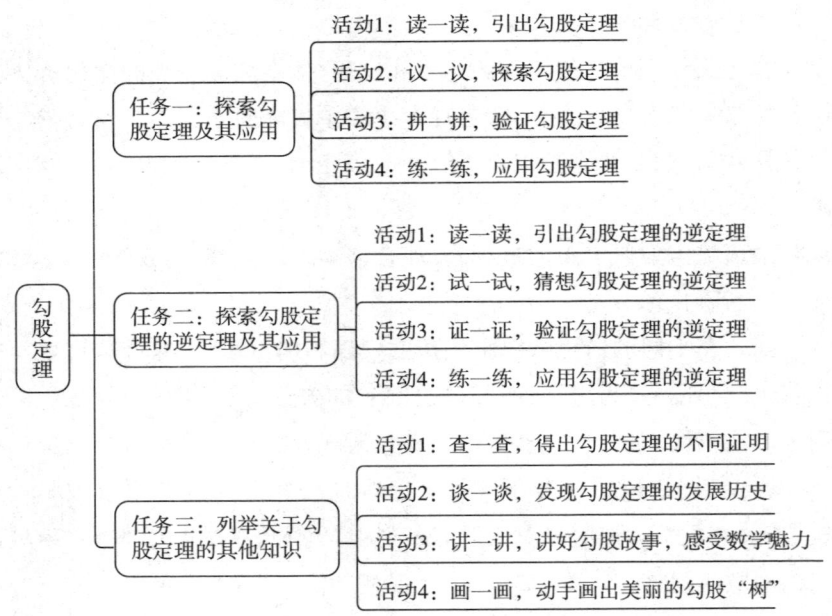

图 1　单元结构化活动

**七、课时分配**

共 3 课时。

## 探索勾股定理及其应用

(1课时,新授课)

**一、课时目标**

(一)低阶目标

1. 了解勾股定理的起源,感受数学的发展。

2. 经历勾股定理的探索过程。

3. 熟练掌握勾股定理的内容。

4. 能利用勾股定理解决实际问题。

(二)高阶目标

5. 在探究活动中,体验解决问题的多样性,培养合作交流意识和探索精神。

6. 通过基于 HPM 视角下的勾股定理的教学,引导学生寻求数学进步的轨迹,触摸数学知识的来龙去脉,浸润数学思想,感受数学本真,逐步形成正确的数学观。

**二、情境任务(问题)**

任务一:阅读教材,引出勾股定理。

任务二:利用网格,探索勾股定理。

任务三:通过拼图,验证勾股定理。

任务四:迁移运用,应用勾股定理。

**三、学生活动**

活动1:自主阅读教材本章导图,引出勾股定理。

活动2:利用正方形瓷砖铺地面,探索勾股定理。

活动3:拼一拼直角三角形纸片,验证勾股定理。

活动4:利用所学解决具体问题,应用勾股定理。

## 四、课时作业

(一)基础作业

1. 如图 2,Rt△ABC 的斜边 AC 比直角边 AB 长 2 cm,另一直角边 BC 长为 6 cm,求 AC.

2. 如图 3 中的四边形都是正方形,三角形都是直角三角形,已知正方形 B、C 的面积分别为 3 和 5,求 A 的面积。

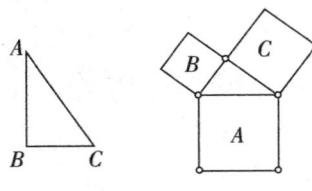

图 2　　　　图 3

3. 一个直角三角形的两边长分别为 3 和 4,则这个三角形的周长为 _____。

(二)提升作业

4. 在 Rt△ABC 中,$AB=c, BC=a, AC=b, \angle B=90°$。

(1)已知 $a=8, b=10$,求 $C$。

(2)已知 $a=5, c=12$,求 $b$ 及斜边上的高。

(3)若已知 $a=5, b-c=1$,求 $b, c$ 的值。

(三)拓展作业

5. 如图 4,已知在 Rt△ABC 中,$\angle ACB=90°$,$AB=4$,分别以 AC、BC 为直径作半圆,面积分别记为 $S_1$、$S_2$,求 $S_1+S_2$ 的值。

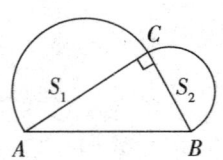

图 4

# 探索勾股定理的逆定理及其应用

(1 课时,新授课)

## 一、课时目标

(一)低阶目标

1. 理解勾股定理逆定理的具体内容。

2.能根据所给三角形的三边条件判断三角形是否是直角三角形。

3.通过对勾股定理逆定理的探索,经历知识的发生、发展与形成的过程。

4.利用勾股定理逆定理解决实际数学问题,并能在问题解决中体会数形结合的思想方法。

(二)高阶目标

5.通过三角形三边的数量关系来判定三角形的形状,体验数与形的内在联系,感受定理与逆定理之间的和谐及辩证统一的关系。

二、情境任务(问题)

任务一:阅读教材,引出勾股定理的逆定理。

任务二:合情猜想,猜想勾股定理的逆定理。

任务三:尝试验证,验证勾股定理的逆定理。

任务四:迁移运用,应用勾股定理的逆定理。

三、学生活动

活动1:自主阅读教材"古埃及人结绳制造直角",带着问题进入本节课的学习。

活动2:画出"试一试"中给出三边长度的三角形,猜想你所画的三角形的形状。

活动3:小组合作交流,构造出与之全等的三角形,进而验证勾股定理的逆定理。

活动4:自主完成任务四迁移运用部分的相关习题,用勾股定理逆定理解决问题。

四、课时作业

(一)基础作业

1.判断由线段 $a$、$b$、$c$ 组成的三角形是不是直角三角形。

(1) $a=15$,$b=8$,$c=17$;

(2) $a=13$,$b=14$,$c=15$;

(3) $a=3k$,$b=4k$,$c=5k(k>0)$。

## （二）提升作业

2. △ABC 的三边 $a$、$b$、$c$ 满足 $|a+b-50|+\sqrt{a-b-32}+(c-40)^2=0$，则△ABC 为（　　）

  A. 等边三角形　　　　　B. 直角三角形

  C. 等腰三角形　　　　　D. 无法确定

## （三）拓展作业

3. 如图 5 所示，在△ABC 中，$AB:BC:CA=3:4:5$，且周长为 36，点 P 从点 A 开始沿 AB 边向 B 点以每秒 1 cm 的速度移动；点 Q 从点 B 沿 BC 边向点 C 以每秒 2 cm 的速度移动，如果同时出发，问经过 3 秒时，△BPQ 的面积为多少？

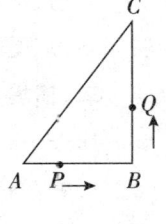

图 5

# 列举勾股定理的其他知识

### （1课时，活动展示课）

## 一、课时目标

### （一）低阶目标

1. 通过查找资料了解勾股定理背后的故事，体会勾股定理的价值。

2. 能对搜集的信息进行梳理，讲出、讲好"勾股故事"。

3. 利用勾股定理，画出丰富多彩的勾股"树"。

### （二）高阶目标

4. 通过搜集勾股定理的相关知识，培养学生收集资料和整理资料的能力。

5. 通过讲"勾股故事"的 PK 大赛，培养学生归纳、表达等能力，提高学生学习的积极性。

6. 通过了解勾股定理的发展史，激发学生学数学、爱数学、做数学的情感，使学生从经历定理探索的过程中，感受数学之美，探究数学之趣。

## 二、情境任务（问题）

**任务一**：整理课前搜集的资料，形成个人的发言稿。

任务二：小组之间进行交流，形成本组的发言稿。

任务三：选派各小组发言人，汇报本组交流成果。

任务四：利用勾股定理知识，画出多彩幻股"树"。

### 三、学生活动

活动1：整理课前布置的查找内容，梳理小组内交流发言稿。

活动2：小组成员之间相互交流，形成本组的发言稿（有逻辑）。

活动3：选派小组代表，参加讲好"勾股故事"的PK比赛。

活动4：画出丰富多彩的勾股"树"，适当用彩笔进行勾勒。

### 四、课时作业

1. 绘制勾股定理的思维导图。

2. 以小组为单位制作美篇。

作业展示如图6。

图6　学生作业展示

## 课时教学设计及课堂教学实录

## 探索勾股定理及其应用

(1课时)

**一、学习目标**

(一)低阶目标

1. 理解并掌握勾股定理的内容和证明。

2. 利用拼图法,通过不同方法验证勾股定理。

3. 运用勾股定理进行简单的计算和实际应用。

4. 经历探索和验证勾股定理的过程,体会数形结合、特殊到一般的数学思想。

(二)高阶目标

5. 在探究活动中,体验解决问题的多样性,培养合作交流意识和探索精神。

6. 通过基于HPM视角下的勾股定理的教学,引导学生寻求数学进步的轨迹,触摸数学知识的来龙去脉,浸润数学思想,感受数学本真,逐步形成正确的数学观。

**二、达成评价**

1.1 掌握勾股定理的内容:直角三角形两直角边的平方和等于斜边的平方。

1.2 经历"观察—猜想—归纳—验证"的数学方法证明勾股定理。

2.1 掌握勾股定理的几种证明方法。

3.1 已知直角三角形的任意两边能求得第三边。

3.2 能够利用勾股定理解决简单的实际问题。

4.1 通过探索勾股定理的发现与证明,进一步加深数形结合的思想。

5.1 在用多种方法验证勾股定理的过程中,增强逻辑思维能力,培养探索精神、合作交流的能力。

6.1 通过基于 HPM 视角下的勾股定理的学习,了解人类文明发展中数学的作用。

6.2 在探究勾股定理的过程中获得成就感,提高推理的能力,激发学习的兴趣,体验数学的美感。

三、学习过程

(一)先行组织

读一读,引出勾股定理。

2002 年在北京召开了国际数学家大会(ICM—2002),在这次大会上,到处都可以看到一个简洁优美、远看像旋转的纸风车的图案,它就是大会的会标。

这个会标采用了 1 700 多年前中国古代数学家赵爽用来证明直角三角形三边关系的弦图,直角三角形的三边关系我们又称之为勾股定理。如图 7。

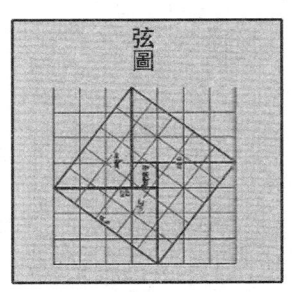

图 7

这一弦图隐含着直角三角形三边之间怎样的一种奇妙关系?

这种关系又是如何发现证明的呢?

接下来,我们将通过学习解决上述问题。

(二)任务(问题)与活动

任务一:议一议,探索勾股定理

活动 1:探究等腰直角三角形的三边关系

学生观察图 8,并回答问题：

(1)正方形 P 的面积是_____平方厘米；

(2)正方形 Q 的面积是_____平方厘米；

(3)正方形 R 的面积是_____平方厘米；

(4)通过刚才的计算,你有何发现？

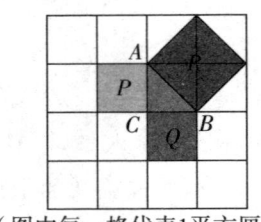

（图中每一格代表1平方厘米）

图 8

学生通过观察图 8,完成填空,并发现：在等腰直角三角形 ABC 中,两直角边的平方和等于斜边的平方这一结论。

活动 2：探究一般直角三角形的三边关系

学生观察图 9,并回答问题：

(1)正方形 P 的面积是_____平方厘米；

(2)正方形 Q 的面积是_____平方厘米；

(3)正方形 R 的面积是_____平方厘米；

(4)活动 1 中得到的结论是否仍成立？

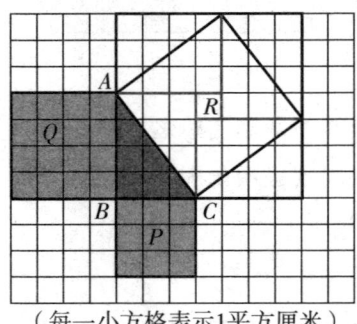

（每一小方格表示1平方厘米）

图 9

在等腰直角三角形中所发现的结论,对于一般的直角三角形是否仍成立呢？（学生：成立）,对此你得到的结论是什么？（学生：直角三角形两直

角边的平方和等于斜边的平方)

任务二:拼一拼,验证勾股定理

活动1:利用拼图法,重走数学家之路

【提出问题】

数学家们通过几个全等的直角三角形,就得到了勾股定理,你知道他们是如何证明的吗?大家观察手中的直角三角形,以 $a$、$b$ 为直角边($b>a$),以 $c$ 为斜边利用拼图法,尝试验证。

【组织学习】

学生先独立思考,然后小组交流。

〔评价标准〕

1.能利用割补拼接后(无重叠、无空隙)面积不变,验证勾股定理,能想出一种方法。(+2)

2.逻辑清晰,语言简洁流畅。(+2)

【表达成果】

学生展示交流结果,并进行说明。

学生1:用四个全等的直角三角形,以直角三角形的斜边为大正方形的边长拼成如图10所示的正方形,根据小正方形的面积与四个全等的直角三角形的面积之和等于边长为 $c$ 的大正方形的面积即可验证勾股定理。

【交互反馈】

其他同学还能进行补充吗?

学生2:我和他的方法类似,但我是以直角三角形的斜边 $c$ 为小正方形的边长,以 $(a+b)$ 为大正方形的边长,拼成如图11所示的正方形。

学生3:我和他们的方法不一样,我是只用了两个全等的直角三角形,构造如图12所示的梯形,通过梯形的面积进行的验证。

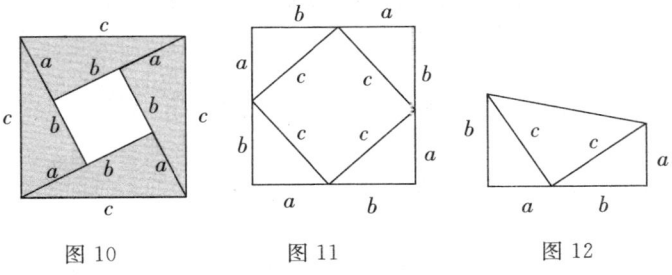

图10　　　图11　　　图12

请同学们根据评价标准给自己组打分。

【整合提升】

勾股定理的证法十分丰富,有500多种。古往今来,下至平民百姓,上至帝王总统,都愿意探讨和研究它的证明。其中较为有名的有中国的"青朱出入图",古印度的"无字证明",达·芬奇证法,赵爽弦图,总统证法,毕氏证法,商高定理,等。如图13,14。

图13  毕氏证法　　　　　　图14  商高定理

(三)迁移运用

例1:如图15,在 Rt△ABC 中,∠B=90°,AB=6,BC=8,求 AC.

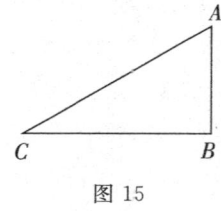

图15

变式:如图16,将长为10米的梯子 AC 斜靠在墙上,BC 长为6米。

(1)求梯子的上端 A 到墙的底端 B 的距离 AB;

(2)若梯子上端 A 下滑2米,那么 BC 是否增加2米呢?

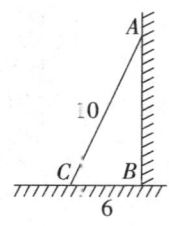

图16

## （四）成果集成

学生梳理本节课思维导图，如图17。

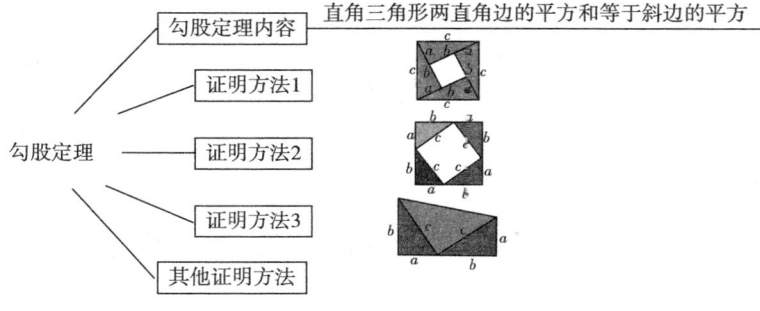

图 17

## （五）作业设计

- **基础作业**

1. 如图18所示的四边形都是正方形，三角形都是直角三角形，已知正方形 $B$、$C$ 的面积分别为3和5，求 $A$ 的面积。

2. 如图19，已知正方形 $D$、$E$、$F$、$G$ 的面积分别为1，2，2，3，求 $A$ 的面积。

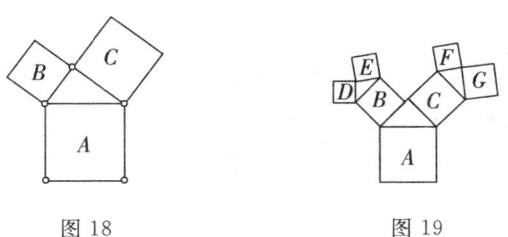

图 18　　　　　　图 19

- **提升作业**

3. 如图20，在锐角 $\triangle ABC$ 中，$AB=15$，$AC=13$，$BC=14$，$AD \perp BC$，垂足为 $D$，求 $DA$ 的长度为。

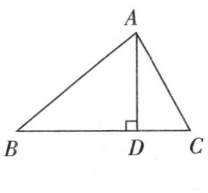

图 20

4. 数学课上,邓老师用五个正方形与两个直角三角形设计的卡通图案如图 21 所示,每个正方形的面积分别为 $S_1$、$S_2$、$S_3$;若 $S_1=6$,则 $S_3=$ _____。

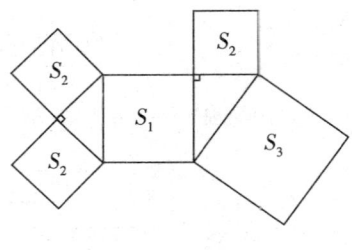

图 21

• 拓展作业

5. 如图 22,有一长、宽、高分别为 12 cm,4 cm,3 cm 的木箱,在它的里面放入一根细木条(木条的粗细忽略不计),要求木条不能露出木箱。

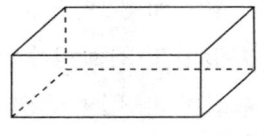

图 22

(1)请你算一算,能放入的细木条的最大长度是多少?
(2)请你算一算,能放入的细木条的最短长度是多少?

6. 如图 23,已知在 Rt△ABC 中,∠ACB=90°,AB=4,分别以 AC、BC 为直径作半圆,面积分别记为 $S_1$、$S_2$,求 $S_1+S_2$ 的值。

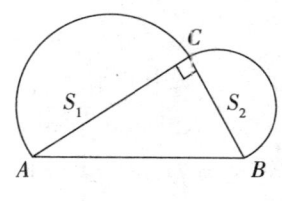

图 23

(六)课后反思

本节课是本单元的重要内容。本节课从正方形瓷砖铺地面的实例引入,创设学习情境,在知识的呈现上,强调了知识的形成过程,注重实践性和探究性,从一开始的"等腰直角三角形"到"一般的直角三角形",让学生经历由特殊到一般的过程,随后在充分获得直接经验的基础上,探索归纳,演绎论证,从而得出勾股定理。

在本节课的授课过程中,学生普遍的积极性很高,能较好地完成任务一,但在任务二用几个全等的直角三角形拼一拼,验证勾股定理时,花费的时间较长,只有少数同学能想到三种及三种以上验证勾股定理的拼法。主要是学生对于用割补方法和面积方法证明几何命题还存在着障碍,对于如何将图形与数有机结合起来还很陌生,在后续授课中,要注意培养学生这方面的能力。

本节课的设计上渗透勾股定理的发展史,让学生能回顾勾股定理的由来与发展。通过基于 HPM 视角下的勾股定理的教学,引导学生寻求数学进步的轨迹,触摸数学知识的来龙去脉,浸润数学思想,感受数学本真,逐步形成正确的数学观。

希望通过本节课的教学,学生在勾股定理的学习中能感受"数形结合"和"转化"的数学思想,体会数学应用价值和渗透数学思想给解题带来的便利;了解勾股定理的重要性,感受人类文明的力量。

# 八年级下册第 17 章"函数及其图象"

长春经济技术开发区实验学校　史晓迪

单元教学规划

**一、单元内容**

华东师范大学出版社,八年级下册,第 17 章,函数及其图象。

**二、单元分析**

(一)课标分析

1.内容要求

(1)函数的概念

①探索简单实例中的数量关系和变化规律,了解常量、变量的意义;了解函数的概念和表示法,能举出函数的实例。

②能结合图象对简单实际问题中的函数关系进行分析。

③能确定简单实际问题中函数自变量的取值范围,会求函数值。

④能用适当的函数表示法刻画简单实际问题中变量之间的关系,理解函数值的意义。

⑤结合对函数关系的分析,能对变量的变化情况进行初步讨论。

(2)一次函数

①结合具体情境体会一次函数的意义,能根据已知条件确定一次函数的表达式;会运用待定系数法确定一次函数的表达式。

②能画一次函数的图象,根据图象和表达式 $y=x+b(k\neq 0)$ 探索并理解 $k>0$ 和 $k<0$ 时图象的变化情况;理解正比例函数。

③体会一次函数与二元一次方程的关系。

④能用一次函数解决简单的实际问题。

2. 学业要求

(1)函数的概念

能识别简单实际问题中的常量、变量及其意义,并能找出变量之间的数量关系及变化律,形成初步的抽象能力,了解函数的概念和表示法,初步形成模型观念;能用适当的函数表示法刻画简单的实际问题中变量之间的关系,理解函数值的意义;能确定简单实际问题中函数自变量的取值范围,并会求函数值;能根据函数图象分析出实际问题中变量的信息,发现变量间的变化规律;能结合函数图象对简单的实际问题中的函数关系进行分析。

(2)一次函数

能根据简单实际问题中的已知条件确定一次函数的表达式;会在不同问题情境中运用待定系数法确定一次函数的表达式;会画出一次函数的图象;会根据一次函数的表达式求其图象与坐标轴的交点坐标;会根据一次函数的图象和表达式 $y=kx+b(k\neq 0)$,探索并理解值的变化对函数图象的影响。认识正比例函数中两个变量之间的对应规律。会根据一次函数的图象解释一次函数与二元一次方程的关系;能在实际问题中列出一次函数的表达式,并结合一次函数的图象与表达式的性质等解决简单的实际问题。

(3)反比例函数

结合具体情境体会反比例函数的意义,能根据已知条件确定反比例函数的表达式;能画反比例函数的图象,根据图象和表达式 $y=\dfrac{k}{x}(k\neq 0)$ 探索并理解 $k>0$ 和 $k<0$ 时图象的变化情况;能用反比例函数解决简单的实际问题。

3. 教学提示

通过对现实问题中变量的分析,建立两个变量之间变化的依赖关系,理解用函数表达变化关系的实际意义;引导学生借助平面直角坐标系中的描点,理解函数图象与表达式的对应关系,理解函数与对应的方程、不等式的关系,增强几何直观;会用函数表达现实世界事物的简单规律,经历用数学的语言表达现实世界的过程,进一步发展应用意识。

在教学过程中,要关注数学知识与实际的结合,经历从实际问题中建立数学模型、求解模型、验证反思的过程,形成模型观念;能在比较复杂的情境中,提升学生发现问题和提出问题、分析问题和解决问题的能力,以及有逻辑地表达与交流的能力。

4.学业质量

能从生活情境、数学情境中抽象概括出函数的概念和规则,掌握相关的运算求解方法,合理解释运算结果,形成一定的运算能力、推理能力和抽象能力。

能从具体的情境中,抽象出函数的数学表达形式,用数学的眼光发现问题并提出数学问题,用数学的思维探索、分析和解决具体情境中的现实生活问题,运用数学的语言与思想方法,提出设计思路,制订解决方案。能够知道解决问题方法的多样性,初步会用数学语言表达与交流。

(二)教材分析

本章是继数与式、方程与不等式之后,数与代数中又一个以实际问题为背景的学习内容。函数是数学中重要的基本概念,也是中学数学教学的重要内容。

本章的主要内容是函数及其图象的基本知识、两类常见函数(一次函数、反比例函数)及其性质的探求和应用。前期所学内容——数轴、代数式、二元一次方程、分式方程均为本章的学习打下了基础,同时本章知识也是九年级学习二次函数的基础,更是高中阶段进一步学习初等函数的基础。

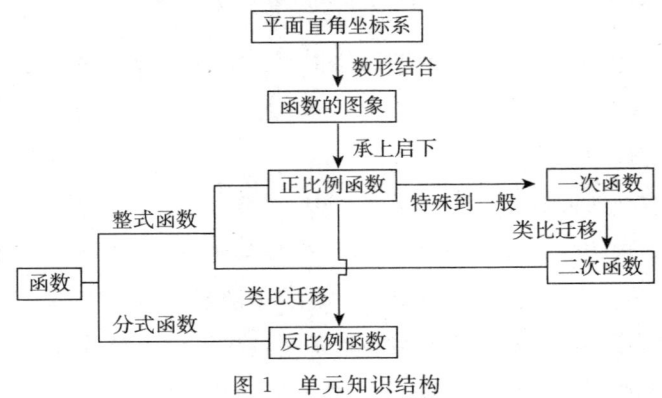

图1 单元知识结构

### (三)学情分析

1.现阶段学生两极分化较为严重,学生整体表现为内动力不足,容易自我放弃,因此教学上的配题要以基础为主。

2.函数部分较为抽象,对于学生来说是全新的内容,不易理解,要从实际问题出发加以引导,强化练习,夯实基础。

3.在七年级及八年级上学期,学过数轴、代数式、二元一次方程、分式方程的相关知识,为本章的学习打下了基础。

## 三、单元主题

函数及其图象。

## 四、单元目标

### (一)低阶目标

1.了解函数的概念及三种表示方法。

2.能结合图象对简单实际问题中的函数关系进行分析,确定自变量的取值范围并会求函数值。

3.掌握平面直角坐标系相关知识点。

4.会用描点法画函数图象。

5.能用待定系数法求函数关系式。

6.一次函数的定义—图象—性质。

7.一次函数与二元一次方程、不等式的关系。

8.反比例函数的定义—图象—性质。

### (二)高阶目标

9.理解一次函数和反比例函数这两种简单函数刻画了现实世界两类常见的运动变化规律。

10.掌握研究一个新函数性质的方法。

11.应用一次函数和反比例函数解决实际问题。

## 五、单元评价

1.1 能辨别什么是函数,确定自变量和因变量。

1.2 了解函数的三种表示方法。

2.1 能根据具体问题,确定自变量的取值范围。

2.2 会求相应的函数值。

3.1 能正确画出平面直角坐标系。

3.2 能在平面直角坐标系中正确找到点,对于给出的点,能说出其坐标。

3.3 能说出各象限和坐标轴上点坐标的特征。

3.4 能够对点进行对称、平移变换。

4.1 能用描点法正确画出简单函数的图象。

5.1 能用待定系数法正确求出函数关系式。

5.2 能根据图象信息或文体条件,灵活运用不同方式求出函数关系式。

6.1 了解一次函数及正比例函数的概念。

6.2 能画出一次函数及正比例函数的图象。

6.3 能够通过图象研究一次函数及正比例函数的性质。

6.4 能利用函数性质解决实际应用问题。

7.1 能用一次函数和二元一次方程间的关系解决问题。

7.2 能用一次函数和一次不等式间的关系解决问题。

8.1 了解反比例函数的概念。

8.2 能画出反比例函数的图象。

8.3 能够通过图象研究反比例函数的性质。

8.4 能利用函数性质解决实际应用问题。

9.1 能说出简单实例中的数量关系和变化规律。

9.2 能举出生活中函数的实例。

10.1 知道学习一个新函数的方法是:定义—图象—性质—应用。

11.1 能结合图象对简单的实际问题中的函数关系进行分析。

11.2 能从函数图象中,提取有效信息,进而解决问题。

## 六、单元结构化活动

如图 2。

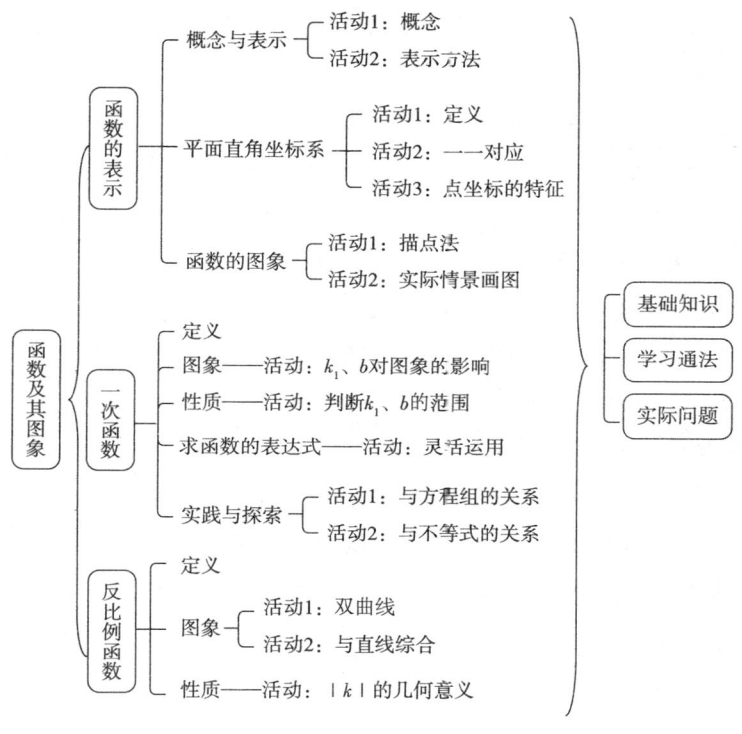

图 2 单元结构化活动

## 七、课时分配

共 13 课时。

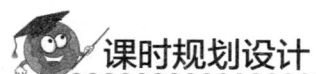

# 变量与函数

（共 2 课时，新授课）

## 一、课时目标

（一）低阶目标

1.正确地理解函数的概念，并能举出函数的实例；了解表示函数关系的三种方法。

2.通过对实际问题的探究活动,使学生了解常量、变量、函数的意义。

3.能确定自变量的取值范围,能根据自变量的值求对应的函数值。

(二)高阶目标

4.体验函数是刻画事物变化规律的常用方法,初步形成用函数描述事物变化规律的习惯。

5.在函数学习的过程中,初步形成建模意识。

二、情境任务(问题)

任务一:函数的概念。

任务二:函数的三种表示方法。

任务三:自变量取值范围和函数值。

三、学生活动

活动1:根据不同的实际背景,列出对应的式子。感受两个变量中,其中一个随着另一个的变化而变化。了解函数的概念。

活动2:在简单实例中,体会函数的三种表示方法。

活动3:根据上面提出的不同的实际问题,自行讨论自变量的取值范围。

四、课时作业

(一)A 层

1.弹簧挂上物体后会伸长,测得一弹簧的长度 $y$(单位:cm)与所挂的物体的质量 $x$(单位:kg)(不超过 10 kg)间有如表1的关系。

表1 弹簧的长度与所挂的物体的质量

| $x$/kg | 0 | 1 | 2 | 3 | 4 | 5 |
|---|---|---|---|---|---|---|
| $y$/cm | 10 | 10.5 | 11 | 11.5 | 12 | 12.5 |

则下列说法不正确的是 ( )

A. $x$ 与 $y$ 都是变量

B. 弹簧不挂重物时的长度为 0 cm

C. 物体质量每增加 1 kg,弹簧长度 $y$ 增加 0.5 cm

D. 当所挂物体质量为 7 kg 时,弹簧的长度为 13.5 cm

2. 函数 $y=\sqrt{x-1}$ 的自变量 $x$ 的取值范围在数轴上可表示为（　　）

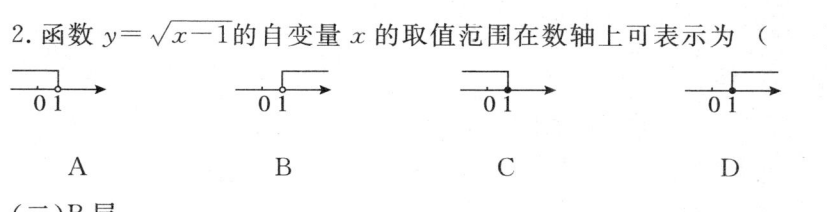

A　　　　　B　　　　　C　　　　　D

(二) B 层

3. 把相同木棍按图 3 摆放,那么随着三角形个数的增加,所用木棍的总数是如何变化的?

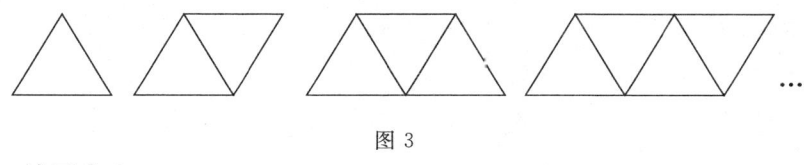

图 3

填写表 2。

表 2　三角形个数与木棍总数

| 三角形个数 $n$ | 1 | 2 | 3 | 4 | … |
|---|---|---|---|---|---|
| 木棍总数 $y$ |  |  |  |  | … |

写出木棍总数 $y$ 与三角形个数 $n$ 之间的关系式。

## 函数的图象

（共 2 课时,新授课）

一、课时目标

(一) 低阶目标

1. 通过实例感受和理解平面坐标系等概念,掌握平面直角坐标系中的点与有序实数对的一一对应关系;能根据点的位置写出它的坐标,能根据坐标描出点的位置;了解平面直角坐标系中点的坐标的特征;掌握点的对称变换。

2. 了解函数图象的意义;掌握画函数图象的方法。

3. 结合图象对简单实际问题中的函数关系进行分析;初步了解图象的曲直、直线函数的倾斜程度等与实际问题之间的关系。

(二) 高阶目标

4. 初步渗透对应思想,体会数形结合思想,促进学生数学抽象、逻辑推理、直观想象能力的形成。

二、情境任务(问题)

任务一:平面直角坐标系。

任务二:函数的图象。

三、学生活动

活动1.1:平面直角坐标系的定义。

活动1.2:平面直角坐标系上的点与有序实数对一一对应。

活动1.3:平面内的点关于坐标轴或原点对称点的坐标特征。

活动2.1:描点法画函数图象。

活动2.2:根据实际问题情境画函数图象。

四、课时作业

(一)A 层

1. 将一盛有部分水的圆柱形小水杯放入事先没有水的大圆柱形容器内,现沿大容器内壁匀速注水,如图4所示,则小水杯内水面的高度 $h(\text{cm})$ 与注水时间 $t(\text{min})$ 的函数图象大致为 ( )

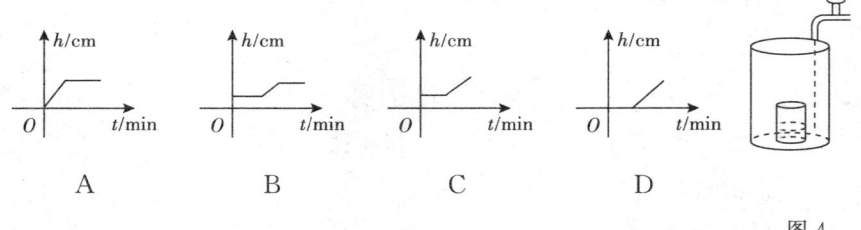

图 4

2. 判断点 $A(1,2)$,$B(-1,-1)$ 是否在函数 $y=x+1$ 的图象上。

(二)B 层

3. 在一次越野赛中,甲、乙两名选手行驶的路程 $y$(单位:km)随时间 $x$(单位:min)变化的图象(全程)如图5所示,根据图象判定下列结论不正确的是 ( )

A. 甲先到达终点

B. 前 30 min,甲在乙的前面

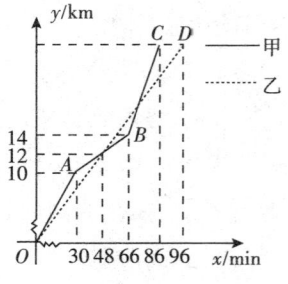

图 5

C. 第 48 min 时，两人第一次相遇

D. 这次比赛的全程是 28 km

# 一次函数

（共 4 课时，新授课）

**一、课时目标**

（一）低阶目标

1. 理解一次函数和正比例函数的概念；根据实际问题列出简单的一次函数的表达式。

2. 经历由实际问题引出一次函数解析式的过程，体会数学与现实生活的联系。

3. 探求一次函数解析式的求法，发展学生的数学应用能力。

4. 能画正比例函数和一次函数的图象，会求一次函数的图象与坐标轴的交点坐标；会作出实际问题中的一次函数的图象。

5. 经历探索一次函数图象性质的过程，掌握一次函数 $y=kx+b(k\neq 0)$ 的性质，知道 $k$ 与 $b$ 的值对函数性质的影响。

6. 能用待定系数法求一次函数，用一次函数表达式解决有关现实问题。

（二）高阶目标

7. 经历作图过程，归纳总结作函数图象的一般步骤，发展学生的总结概括能力。

8. 通过小组活动，经历观察、比较、发现图象特征，发展合情推理的能力，锻炼语言表述能力，培养合作精神，在合作交流中体会参与的乐趣。

9. 感受待定系数法是求函数解析式的基本方法，体会用"数"和"形"结合的方法求函数关系式。

**二、情境任务（问题）**

任务一：一次函数的定义。

任务二：一次函数的图象。

任务三：一次函数的性质。

任务四:待定系数法求函数表达式。

三、学生活动

活动1:$k$、$b$的值对一次函数图象位置的影响。

活动2:根据图象判断$k$、$b$的取值范围。

活动3:待定系数法的灵活运用。

四、课时作业

(一)A层

1.若函数$y=(m-2)x^{n-1}+n$是一次函数,则$m,n$应满足的条件是

( )

A.$m\neq 2$,且$n=0$  B.$m=2$,且$n=2$

C.$m\neq 2$,且$n=2$  D.$m=2$,且$n=0$

2.一次函数$y=-3x+1$的图象过点$(x_1,y_1)$,$(x_1+1,y_2)$,$(x_1-2,y_3)$,则

( )

A.$y_1<y_2<y_3$  B.$y_3<y_2<y_1$

C.$y_2<y_1<y_3$  D.$y_3<y_1<y_2$

(二)B层

3.将一次函数$y=kx-1$的图象向上平移$k$个单位长度后恰好经过点$A(3,2+k)$。

(1)求$k$的值;

(2)若一条直线与函数$y=kx-1$的图象平行,且与两个坐标轴所围成的三角形的面积为$\frac{1}{2}$,求该直线的函数关系式。

# 反比例函数

(共2课时,新授课)

一、课时目标

(一)低阶目标

1.理解反比例函数的概念,会根据实际问题列出反比例函数关系式。

2.能用描点法画出反比例函数的图象。

3.经历对反比例函数图象和表达式探究的过程,掌握反比例函数的性质。

(二)高阶目标

4.经历从实际问题抽象出反比例函数概念的探索过程,发展学生的抽象思维能力,数学建模的能力。

5.经历探究反比例函数性质的过程,渗透数形结合的数学思想。

## 二、情境任务(问题)

任务一:反比例函数的定义。

任务二:反比例函数的图象。

任务三:反比例函数的性质。

## 三、学生活动

活动1:反比例函数的图象是双曲线。

活动2:反比例函数和一次函数图象综合问题。

活动3:$|k|$的几何意义。

## 四、课时作业

(一)A层

1.已知反比例函数 $y=\dfrac{k}{x}$ 经过点 $(1,-2)$,则 $k$ 的值为 （　　）

A.2　　　　B.	　　　C.1　　　　D.$-2$

2.已知反比例函数的图象如图6所示,则实数 $m$ 的取值范围是（　　）

A.$m>1$　　B.$m>0$　　C.$m<1$　　D.$m<0$

3.如图7,$P$ 是反比例函数 $y=\dfrac{k}{x}$ 在第一象限分支上的一个动点,$PA\perp x$ 轴,随着 $x$ 的逐渐增大,$\triangle APO$ 的面积将 （　　）

A.增大　　B.减小　　C.不变　　D.无法确定

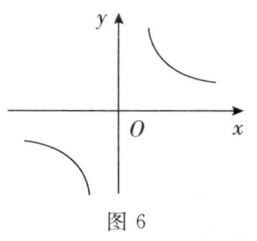

图6

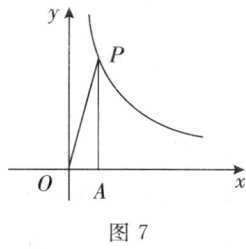

图7

## (二)B层

4.如图 8 是一个反比例函数图象的一部分,点 $A(1,10)$,$B(10,1)$ 是它的端点。

(1)求此函数的关系式,并写出自变量 $x$ 的取值范围;

(2)请你举出一个能用本题的函数关系描述的生活实例。

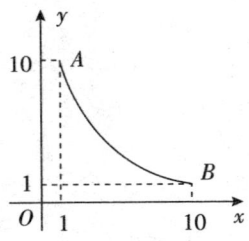

图 8

# 实践与探索

(共 3 课时,新授课)

## 一、课时目标

(一)低阶目标

1.理解函数图象交点的意义,会用图象法解二元一次方程组。

2.了解一次函数与一元一次方程、一元一次不等式之间的相互关系;学会用图象法解一元一次方程和一元一次不等式。

3.能利用一次函数解决简单的实际问题。

(二)高阶目标

4.通过对函数图象的研究,能利用函数图象解决问题,培养学生从图象中提炼有效信息、数形结合的能力。

5.能够从实际问题情境中,抽象出变量之间的关系,转化成数学问题进行解决。

## 二、情境任务(问题)

任务一:一次函数与二元一次方程组。

任务二:一次函数与一元一次方程及不等式。

任务三:利用一次函数图象解决实际问题。

### 三、学生活动

活动1:一次函数与二元一次方程组的关系。

活动2:一次函数与一元一次方程及不等式的关系。

### 四、课时作业

(一)A层

1. 如图9,直线 $y=kx+b(k>0)$ 与 $x$ 轴的交点为 $(-2,0)$,则关于 $x$ 的不等式 $kx+b<0$ 的解集是 _____。

2. 如图10,直线 $y_1=k_1x+a$ 与 $y_2=k_2x+b$ 的交点坐标为 $(1,2)$,则使 $y_1<y_2$ 的 $x$ 的取值范围为 (    )

A. $x>1$    B. $x>2$    C. $x<1$    D. $x<2$

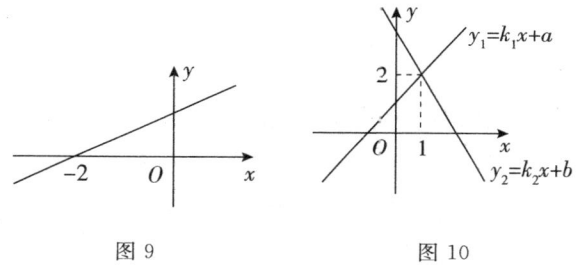

图9            图10

(二)B层

3. 如图11,反映了甲、乙两名自行车运动员在公路上进行训练时的行驶路程 $s$(千米)和行驶时间 $t$(小时)之间的关系,根据所给图象,解答下列问题:

(1)写出甲的行驶路程 $s$ 和行驶时间 $t(t≥0)$ 之间的函数关系式;

(2)在哪一段时间内,甲的行驶速度小于乙的行驶速度;在哪一段时间内,甲的行驶速度大于乙的行驶速度;

(3)从图象中你还能获得什么信息?请写出其中的一条。

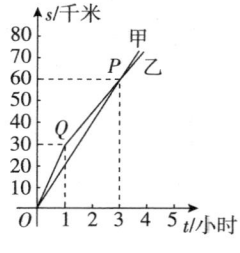

图11

## 课时教学设计及课堂教学实录

## 一次函数复习——图象信息类问题

（1课时）

一、学习目标

（一）低阶目标

1. 会观察图象，能够从图象中获取有效信息。

2. 能根据获得的信息，解决与实际问题相对应的行程问题。

（二）高阶目标

3. 能根据图象中的信息，创造性地提出可解决的、有意义的问题，并能给出正确答案。

二、达成评价

1.1 明确横纵坐标轴实际含义，建立图象与题目信息之间的关联。

1.2 能够根据关键点的坐标正确叙述它在实际背景中的意义。

1.3 能够根据图象正确描绘出整个行程过程。

2.1 能够正确回答可由图象直接得到的答案。

2.2 能够通过推导、计算得出复杂问题的答案。

3.1 能提出可由图象信息直接得到答案的简单问题。

3.2 能提出需要推导、计算得到答案的复杂问题。

3.3 能够正确解答提出的问题。

三、学习过程

（一）先行组织

已知，一辆货车从甲地开往乙地，图12为货车距甲地的距离 $y$(km)与出发时间 $x$(h)之间的函数关系。观察图象，回答问题：

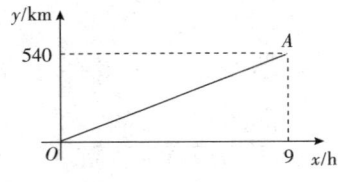

图12

1.甲乙两地相距_____km,你是从哪里看出来的?

2.货车的速度是_____km/h。

3.能否求出线段 OA 所在直线的表达式呢?

课上由学生进行分析回答,通过已知知道这是一个行程问题,图象的纵坐标表示距离,横坐标表示出发时间,那么斜率就表示行驶速度,由图可知货车从甲地开往乙地共用了9小时,行驶了540千米,即点 A 的实际意义,利用行程问题基本数量关系可求出货车速度,利用待定系数法即可求出正比例函数 OA 的表达式。

(二)任务(问题)与活动

任务:

已知,甲地处有一辆轿车、一辆货车均需要开往乙地,两车沿同一公路行驶,且货车的速度小于轿车的速度。图13为两车距甲地的距离 $y$(km) 与货车出发时间 $x$(h)的函数图象。

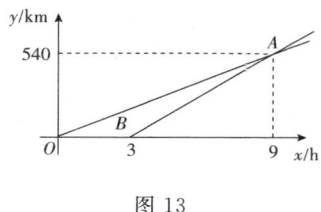

图13

【组织学习】

活动1:独立思考如下问题

(1)射线 OA、BA 分别代表哪辆车的行驶过程,你是如何确定的?

(2)你能描绘出运动全过程吗?

(3)你能说出点 B、点 A 的实际含义吗?

(4)你能求出轿车的速度吗?你是如何求出的?

(5)你能求出射线 BA 所在直线的表达式吗?

带领学生读题并标注有用信息,依次给出每一个问题,给学生思考方向,组织语言,逐一进行分析讲解。

活动2:小组讨论如下问题

(6)当 $x=$_____时,两车相距 30 km?

〔学习评价与指导〕(后置)

C级:能说出 $OA$、$BA$ 的含义,简单描绘轿车的行驶过程。

B级:能确定点 $D$ 的坐标,说出它的实际含义。

A级:能清楚说明两车相距 30 km 的含义,正确解决问题。

S级:能整理出分析图象、得到信息的过程。

【表达成果】

1.组内交流,完成学习提纲。

2.小组派 1 名同学做结果展示。

【交互反馈】

其他同学倾听并提出疑问,全班同学根据评价标准进行自评。

【整合提升】

鼓励学生尝试总结分析整理图象信息的方法——明确横纵坐标实际含义、抓住关键点、线的实际含义,把握整个运动变化过程。

(三)迁移运用

一轿车从甲地开往乙地,一货车从乙地开往甲地,两车同时出发,沿同一条公路匀速前进。图 14 为两车距乙地的距离 $y$(km)与出发时间 $x$(h)的函数关系。

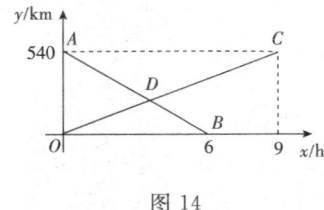

图 14

【组织学习】

任务 1:

观察图象,仿照上题的研究过程,说一说从图象中可以得到哪些信息?

任务 2:小组讨论

组内进行结论共享,思考:根据你得到的结论,你能为本题设置哪些问题呢?

〔学习评价与指导〕(前置)

C级:明确每条线、关键点在实际背景中的含义。

B级:提出点、线或与其他知识相关的问题。

A级:能用自己的语言清楚分析解答过程;认真倾听并能对同伴提出有效的质疑,帮其厘清思路,并能提出解决方向。完成探究报告(见表3)。

表3　探究报告

| 第_____组 | | 从图象中可以得到那些信息? | |
|---|---|---|---|
| 设置问题的角度 | | 提出的问题 | 写出答案,试着说明理由 |
| 针对关键点的问题 | 点 A | | |
| | 点 D | | |
| 针对线段的问题 | 线段 OC | | |
| | 线段 AB | | |
| 其他知识相关问题 | | | |

【表达成果】

选取几名同学展示各组设计的问题。

【交互反馈】

1.其他小组的同学尝试回答问题。

2.全班同学共同补充、完善。

【整合提升】

师生共同对展示内容进行点评,尝试进行更有深度的思考,提出更有创造性的问题,完成互评过程。

(四)成果集成

如图15。

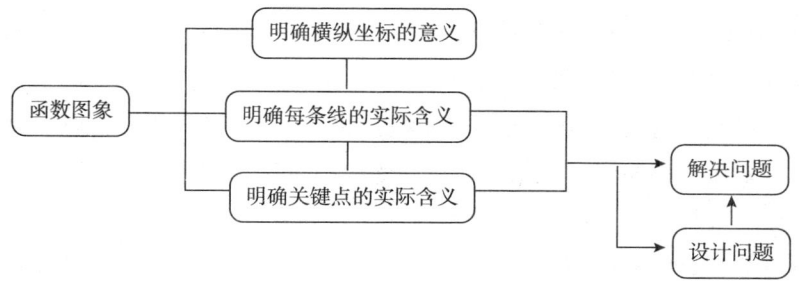

图 15

(五)作业设计

1.完善探究报告,并深入思考,你还能为上题设计哪些问题?

2.甲、乙两个探测气球分别从海拔 5 m 和 15 m 处同时出发,匀速上升 60 min,如图 16 是甲、乙两个探测器所在位置的海拔 $y$(单位:m)与气球上升时间 $x$(单位:min)的函数图象。

(1)求这两个气球在上升过程中 $y$ 关于 $x$ 的函数表达式;

(2)当这两个气球的海拔高度相差 15 m 时,求上升的时间。

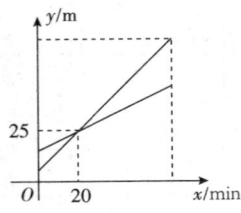

图 16

(六)课后反思

本节课的环节完整,各部分的时间掌控也在预期范围内,并且在嵌入评价的支撑下,学生互动活跃,能够紧跟课堂进度,完成度很高。但在拓展提升部分,学生受前期问题框架的影响,没有能很好地进行思维发散,提出有深度有创意的问题,需要教师加以引导和点播,在班级讨论的大环境下,才有了些许突破。

存在的问题:本节课是以行程问题为主要背景进行设计的,但分析的思路方法也适用于其他线性图形的类型,包括但不限于行程问题,如总价和销量、工作量和工作时间等背景,本节课的各个变式均以行程问题为背景,增加线条数量或改变条件,因此课堂呈现略显单一化、覆盖面较窄,不利于学生打开视野、拓展思维。

改进方向:在迁移运用前,多展示几种背景问题下的图象信息问题,让学生了解以上问题均可以用同样方法提取图象信息,迁移运用的题中不给文字条件及横纵坐标的单位,让学生赋予横纵坐标实际含义,再对函数图象进行分析,即完成编写试题背景,读图提取信息,设计问题,并解决问题的全部命题流程。

# 八年级下册第 18 章"平行四边形"

长春经济技术开发区育隆学校　胡子琦

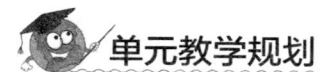单元教学规划

一、单元内容

华东师范大学出版社,八年级下册,第 18 章,平行四边形。

二、单元分析

(一)课标分析

1.内容要求

(1)理解平行四边形、矩形、菱形、正方形、梯形的概念,以及它们之间的关系;了解四边形的不稳定性。

(2)探索并证明平行四边形的性质定理:平行四边形的对边相等、对角相等、对角线互相平分。探索并证明平行四边形的判定定理:一组对边平行且相等的四边形是平行四边形;两组对边分别相等的四边形是平行四边形;对角线互相平分的四边形是平行四边形。

(3)理解两条平行线之间距离的概念,能度量两条平行线之间的距离。

2.学业要求

(1)掌握平行四边形的概念。知道图形的特征,形成和发展抽象能力;在直观理解和掌握图形与几何基本事实的基础上,经历得到和验证数学结论的过程,感悟具有传递性的数学逻辑形成几何直观和推理能力;经历尺规作图的过程,增强动手能力,发展空间观念和空间想象力。

(2)理解几何图形的对称性,知道可以用数学的语言表达对称,发展几何直观和空间观念。

(3)感悟平面直角坐标系是沟通代数与几何的桥梁,会用坐标表达简单图形的性质,感悟通过几何建立直观、通过代数得到数学表达的过程。

3.教学提示

(1)主要侧重学生对基于概念和图形性质的理解,要培养学生初步的抽象能力、更加理性的几何直观和空间想象力。

(2)图形的性质的教学。要通过生活中的或者数学中的现实情境,引导学生经历几何命题发现和证明的过程,感悟归纳推理过程和演绎推理过程的传递性,增强推理能力,会用数学的思维思考现实世界;要引导学生经历针对图形性质、关系、变化确立几何命题的过程,体会数学命题中条件和结论的表述,感悟数学表达的准确性和严谨性。

(3)图形与坐标的教学。要强调数形结合,体会用代数方法表达图形变化的意义,发展几何直观。

4.学业质量

能运用几何图形的基本性质进行推理证明,初步掌握几何证明方法,进一步增强几何直观、空间观念和推理能力。

综合课程标准中以上四个方面对于本单元内容的描述,本单元的学习不仅仅是概念、定理、逻辑推理的学习,更是指向核心素养中几何直观、空间观念、抽象能力、推理能力,以及应用意识、创新意识和数形结合等数学思想方法,基于以上要求设置单元目标、单元评价以及学生活动。

(二)教材分析

本单元运用动态的变换方法研究静态的几何图形,按照"探索—猜想—证明"的顺序展开,体现合情推理与演绎推理的有机结合,加强学生推理能力的训练。教学时要把握这条主线,重视"探索"和"猜想"这两个过程,让学生有充分的空间进行自主探索,获得"基本活动经验",发展几何直观、空间观念等核心素养。

学生推理能力的培养是一个长期过程,书写表达是培养推理能力的重要方式,教学时要关注学生的书写表达。

(三)学情分析

学生在小学阶段,已经接触过四边形的学习,对于平行四边形有一定的认识。在初中的学习中,学生已经掌握了基本的几何语言表达,以及三角形的基础知识,有了一定的学习经验,而学生的逻辑推理能力比较薄弱,并且对于书面表达出论证过程有困难,在进行授课时应注意引导学生掌握推理的基本形式和规则。学生对于定理的探索与应用会混淆,应处理好过程与结果的关系。对于性质与判定定理的理解,学生也易产生混淆,教学时应注意引导学生对其区分。

三、单元主题

平行四边形。

四、单元目标

(一)低阶目标

1.知道平行四边形的特征,理解平行四边形的概念,了解四边形的不稳定性。

2.理解平行四边形的中心对称性,知道可以用数学的语言表达中心对称。

3.探索并证明平行四边形的性质定理:平行四边形的对边相等、对角相等、对角线互相平分。

4.理解两条平行线之间距离的意义,能度量两条平行线之间的距离。

5.能运用平行四边形的基本性质进行推理证明。

6.探索并证明平行四边形的判定定理:两组对边分别相等的四边形是平行四边形;一组对边平行且相等的四边形是平行四边形;对角线互相平分的四边形是平行四边形。

7.能运用平行四边形的判定定理进行推理证明。

8.会用坐标表达平行四边形的性质。

(二)高阶目标

9.通过知道平行四边形的特征的过程,形成和发展抽象能力。

10.通过理解平行四边形的中心对称性,用数学的语言表达对称的过程,发展几何直观和空间观念。

11.在直观理解和掌握图形与几何基本事实的基础上,经历得到和验证数学结论的过程,感悟具有传递性的数学逻辑,形成几何直观和推理能力。

12.经历尺规作图的过程,增强动手能力,发展空间观念和空间想象力。

13.通过几何建立直观、通过代数得到数学表达的过程,感悟数形结合的思想,会用数形结合的方法分析和解决问题。

### 五、单元评价

1.1 给定相关图形,能准确分辨出平行四边形。

1.2 能准确说出平行四边形的定义。

1.3 能举出生活实例应用到了平行四边形的不稳定性。

2.1 能用中心对称图形的概念准确解释出平行四边形是中心对称图形。

2.2 能准确用符号语言表达出平行四边形的中心对称性质。

3.1 能通过观察,动手操作,发现平行四边形边、角、对角线的数量关系。

3.2 能运用演绎推理,证明平行四边形的性质定理1、2、3。

4.1 能准确表述出平行线之间距离的性质。

4.2 能准确测量出两条平行线之间的距离。

4.3 能运用平行线之间距离的性质解决问题。

5.1 能准确运用符号语言表述平行四边形的性质定理1、2、3。

5.2 能应用性质定理解决推理证明问题。

6.1 能根据平行四边形的性质,逆向思考,得出它的逆命题。

6.2 能通过动手实践操作,验证猜想。

6.3 能运用演绎推理,证明平行四边形的性质定理1、2、3。

7.1 能准确运用符号语言表述平行四边形的判定定理1、2、3。

7.2 能应用判定定理解决推理证明问题。

8.1 相关条件下,能准确写出平行四边形顶点的坐标。

9.1 能分析出图形中的平行四边形,准确表述出平行四边形的基本性质。

10.1 能灵活应用平行四边形的中心对称性解决问题。

11.1 能解释出猜想与定理的区别与联系。

11.2 能够用精准的符号语言进行推理证明。

12.1 能想象出通过尺规作图的操作所形成的图形。

12.2 能正确解释出尺规作图的基本原理与方法。

13.1 能解决平面直角坐标系与图形相结合的问题。

**六、单元结构化活动**

如图 1。

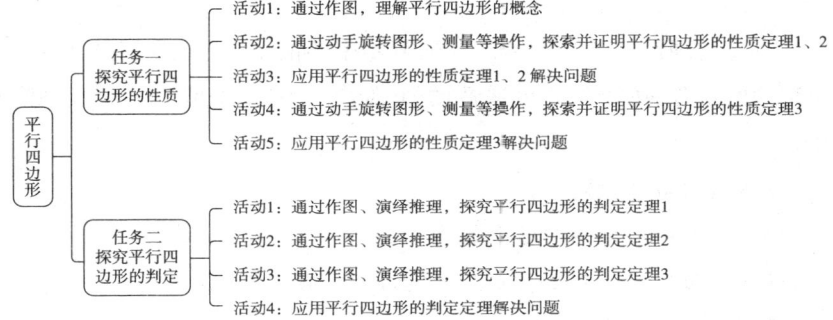

图 1　单元结构化活动

**七、课时分配**

共 8 课时。

## 平行四边形的性质

（共 2 课时，新授课）

**一、课时目标**

（一）低阶目标

1.知道平行四边形的特征,理解平行四边形的概念,了解四边形的不稳定性。

2.理解平行四边形的中心对称性,知道可以用数学的语言表达中心对称。

3.探索并证明平行四边形的性质定理:平行四边形的对边相等、对角相等。

4.理解两条平行线之间距离的意义,能度量两条平行线之间的距离。

5.探索并证明平行四边形的性质定理:对角线互相平分。

(二)高阶目标

6.通过知道平行四边形的特征的过程,形成和发展抽象能力。

7.通过理解平行四边形的中心对称性,用数学的语言表达对称的过程,发展几何直观和空间观念。

8.在直观理解和掌握图形与几何基本事实的基础上,经历得到和验证数学结论的过程,感悟具有传递性的数学逻辑,进一步形成几何直观和推理能力。

二、情境任务(问题)

任务一:理解平行四边形的概念。

任务二:探索并证明平行四边形的性质定理1、2。

任务三:探究平行线之间的距离的性质。

任务四:探索并证明平行四边形的性质定理3。

三、学生活动

活动1:通过按步骤作图,理解平行四边形的概念。

活动2.1:旋转平行四边形纸片,观察、测量平行四边形的边和角。

活动2.2:通过演绎推理,证明平行四边形的性质定理1、2。

活动3:通过观察、测量,探究平行线之间的距离的性质。

活动4.1:旋转平行四边形纸片,观察、测量平行四边形的对角线。

活动4.2:通过演绎推理,证明平行四边形的性质定理3。

四、课时作业

1.将平行四边形的性质定理1、2、3收录到你的"小几何原本"中。(字迹工整,要有文字叙述,要有符号语言,要体现三个性质定理的关系)

2.已知平行四边形的周长是24,相邻两边的长度相差4,求该平行四边形相邻两边的长。

(画出标准图形,字迹工整,符号语言要准确,步步有据)

3. 如图 2,在 □ABCD 中,O 是对角线 AC,BD 的交点,BE⊥AC,DF⊥AC,垂足分别为点 E,F。求证:OE=OF。

(图形标准,字迹工整,符号语言要准确,步步有据,思路正确)

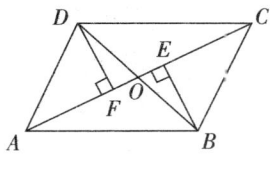

图 2

## 平行四边形的性质

(共 2 课时,习题课)

### 一、课时目标

(一)低阶目标

1. 能运用平行四边形的基本性质进行推理证明。

2. 会用坐标表达平行四边形的性质。

(二)高阶目标

3. 在直观理解和掌握图形与几何基本事实的基础上,经历得到和验证数学结论的过程,感悟具有传递性的数学逻辑,进一步形成几何直观和推理能力。

4. 感悟通过几何建立直观、通过代数得到数学表达的过程,感悟数形结合的思想,会用数形结合的方法分析和解决问题。

### 二、情境任务(问题)

任务一:分析图形,运用平行四边形的性质解决问题。

任务二:运用坐标解决平行四边形问题。

### 三、学生活动

活动 1.1:展示思维导图,梳理知识。

活动 1.2:分析图形,运用平行四边形的性质解决问题。

活动 2.1:在平面直角坐标系中,探究平行四边形顶点的坐标的特征。

活动 2.2:应用坐标解决问题。

## 四、课时作业

(一)基础作业

1. 已知▱ABCD中,AB=8 cm,BC=7 cm,则此平行四边形的周长为_____cm。

2. 在▱ABCD中,∠A=120°,求其余各内角的度数。

3. 已知:如图3,在▱ABCD中,∠ADC的平分线与AB相交于点E。求证:BE+BC=CD。

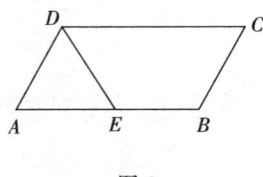

图3

(二)提升作业

1. 如图4,小明用一根36 m长的绳子围成了一个平行四边形的场地,共中AB边为8 m,其他三边长各是多少?

2. 如图5,在▱ABCD中,AE平分∠BAD,BE平分∠ABC,且AE,BE相交于CD上的一点E。求证:AE⊥BE。

3. 如图6,▱ABCD的对角线AC,BD相交于点O,点E,F在AC上,且AF=CE。求证:BE=DF。

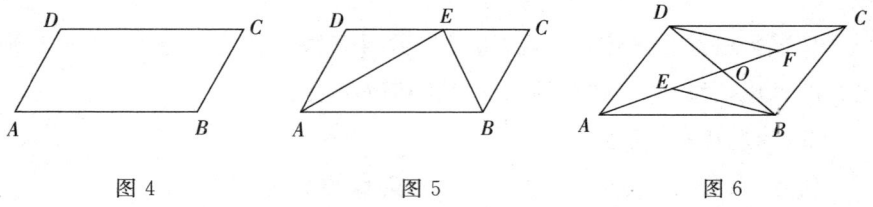

图4　　　　　图5　　　　　图6

## 平行四边形的判定

(共2课时,新授课)

### 一、课时目标

(一)低阶目标

1. 探索并证明平行四边形的判定定理1:两组对边分别相等的四边形

是平行四边形。

2.探索并证明平行四边形的判定定理2:一组对边平行且相等的四边形是平行四边形。

3.探索并证明平行四边形的判定定理3:对角线互相平分的四边形是平行四边形。

(二)高阶目标

4.在直观理解和掌握图形与几何基本事实的基础上,经历得到和验证数学结论的过程,感悟具有传递性的数学逻辑,进一步形成几何直观和推理能力。

5.经历尺规作图的过程,增强动手能力,发展空间观念和空间想象力。

二、情境任务(问题)

任务一:探索并证明平行四边形的判定定理1。

任务二:探索并证明平行四边形的判定定理2。

任务三:探索并证明平行四边形的判定定理3。

三、学生活动

活动1.1:通过动手作图,逆向思考,验证平行四边形的判定定理1。

活动1.2:通过演绎推理,证明平行四边形的判定定理1。

活动2.1:通过动手作图,逆向思考,验证平行四边形的判定定理2。

活动2.2:通过演绎推理,证明平行四边形的判定定理2。

活动3.1:通过动手作图,逆向思考,验证平行四边形的判定定理3。

活动3.2:通过演绎推理,证明平行四边形的判定定理3。

四、课时作业

1.将平行四边形的判定定理1、2、3收录到你的"小几何原本"中。(字迹工整,要有文字叙述,要有符号语言,要体现三个判定定理的关系)

2.如图7,延长$\triangle ABC$的中线$AD$至点$E$,使$DE=AD$,则四边形$ABEC$是平行四边形吗?为什么?(用几何语言说明理由)

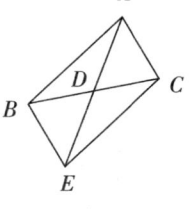

图7

3. 如图 8, 在 □ABCD 中, 点 F, H 分别在边 AB, CD 上, 且 BF=DH。求证: AC 和 HF 互相平分。(图形标准, 字迹工整, 符号语言要准确, 步步有据, 思路正确)

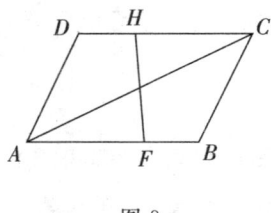

图 8

## 平行四边形的判定

(共 2 课时, 习题课)

**一、课时目标**

(一)低阶目标

1. 能运用平行四边形的判定定理进行推理证明。

2. 会用坐标解决平行四边形的相关问题。

(二)高阶目标

3. 在直观理解和掌握图形与几何基本事实的基础上, 经历得到和验证数学结论的过程, 感悟具有传递性的数学逻辑, 进一步形成几何直观和推理能力。

4. 感悟通过几何建立直观、通过代数得到数学表达的过程, 感悟数形结合的思想, 会用数形结合的方法分析和解决问题。

**二、情境任务(问题)**

任务一:分析图形, 运用平行四边形的判定定理解决问题。

任务二:运用坐标解决平行四边形问题。

**三、学生活动**

活动 1.1:展示思维导图, 梳理知识。

活动 1.2:分析图形, 运用平行四边形的判定定理解决问题。

活动 2.1:在平面直角坐标系中, 探究能构成平行四边形的点的坐标特征。

活动 2.2:应用坐标解决问题。

## 四、课时作业

（一）必做题（图形标准，字迹工整，符号语言要准确，步步有据，思路正确）

1. 如图9，在 □ABCD 中，点 E、F 分别在边 BC、AD 上，且 AE∥CF。求证：AE＝CF。

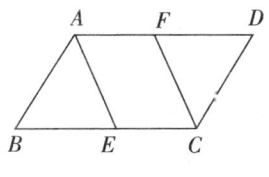

图 9

（二）选做题

2. 如图10，在 □ABCD 中，AF＝CH，DE＝BG，求证：EG 和 HF 互相平分。

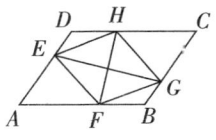

图 10

## 课时教学设计及课堂教学实录

# 平行四边形的性质

（1课时）

## 一、学习目标

（一）低阶目标

1. 探索并证明平行四边形的性质定理3：平行四边形对角线互相平分。

2. 能运用平行四边形的性质定理3进行推理证明。

（二）高阶目标

3. 在直观理解基础上，经历得到和验证数学结论的过程，感悟具有传递性的数学逻辑，进一步形成几何直观和推理能力。

## 二、达成评价

1.1 能通过观察,动手操作,发现平行四边形对角线的数量关系。

1.2 能运用演绎推理,验证平行四边形的性质定理3。

2.1 能准确运用符号语言表述平行四边形的性质定理3。

2.2 能解决一些简单推理证明问题。

3.1 能解释出猜想与定理的区别与联系。

3.2 能够用精准的符号语言进行推理证明。

## 三、学习过程

(一)先行组织

根据平行四边形的定义画一个平行四边形 ABCD。

结合所画图形,当我们知道这是一个平行四边形时,可以推出什么结论?

生:平行四边形的对边平行、对边相等、对角相等、对角线互相平分。

想要画出漂亮的眼睛,可以画平行四边形,黑眼球应该画在哪里?

生:画在平行四边形的中心。

如何找到平行四边形的中心呢?

生:连结对角线。

那么平行四边形的对角线具有什么性质呢?

(二)任务(问题)与活动

任务一:探索并证明平行四边形的性质定理3

活动1:动手操作,提出猜想

如图11,继续观察这个平行四边形的旋转过程,$OA$ 与 $OC$,$OB$ 与 $OD$ 各有什么关系?

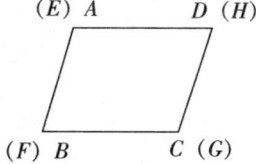 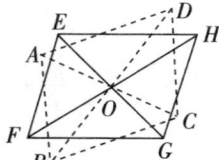 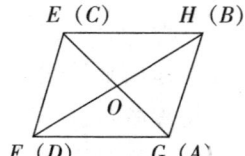

图 11

生:$OA=OC,OB=OD$.

根据平行四边形的定义任意画几个平行四边形,测量一下是否都有相同的结论,即$OA=OC,OB=OD$。

生:提出猜想,平行四边形对角线互相平分。

活动2:演绎推理,证明结论

已知:如图12,▱$ABCD$的对角线$AC$和$BD$相交于点$O$。

求证:$OA=OC,OB=OD$。

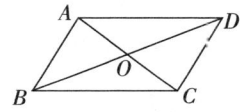

图12

【提出问题】

要想证明$OA=OC,OB=OD$,我们可以通过证明它们所在的三角形是全等的。观察图形,可以发现有多少对全等三角形?

生:△$AOB$与△$COD$,△$AOD$与△$BOC$。

如何证明呢?尝试解决一下。

【组织学习】

独立完成。

〔评价标准〕

1.能用符号语言准确写出已知和求证。(+1)

2.找齐证明三角形全等的条件。(+1)

3.应用了上节课所学习的平行四边形的性质。(+1)

4.写出完整的证明过程。(+1)

【表达成果】

学生1展示证明过程:∵四边形$ABCD$是平行四边形,

∴$AB=CD,AE//CD$,

∴∠$BAC=$∠$DCA$。

∵∠$AOB=$∠$COD$,

∴△$AOB$≌△$COD$,

$\therefore OA=OC, OB=OD$。

学生2展示证明过程:$\because$四边形$ABCD$是平行四边形,

$\therefore AB=CD, AB//CD$,

$\therefore \angle BAC=\angle DCA$,

则$\angle ABD=\angle CDB$,

$\therefore \triangle AOB \cong \triangle COD$,

$\therefore OA=OC, OB=OD$。

【交互反馈】

其他同学依据评分标准对两位同学进行评价。

学生3:两位同学都可以得四分。

追问:这两位同学的证明过程是不一样的,你能解释这是为什么吗?

学生3:因为判定全等三角形的依据是不同的,学生1用的是角角边,学生2用的是角边角。

追问:是否还有其他证明方法?

学生4:可以用类似的办法证明$\triangle AOD$与$\triangle BOC$全等。

【整合提升】

学生整理证明过程并总结出:平行四边形的性质定理3:平行四边形的对角线互相平分。今后遇到问题,可以直接应用这条性质。

任务二:运用平行四边形的性质定理3进行推理证明

活动3:应用定理,解决问题

【提出问题】

如图13,$\square ABCD$的对角线$AC$和$BD$相交于点$O$,$EF$过点$O$且与边$AB$,$CD$分别相交于点$E$和点$F$。求证:$OE=OF$。

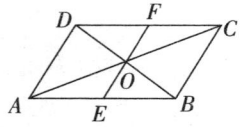

图13

【组织学习】

先独立完成,再小组内根据参考答案互相评分。

〔嵌入式评价标准〕
1.能用符号语言正确应用平行四边形的性质定理3。(+1)
2.能写出完整证明过程,符号语言准确,步步有据,字迹工整。(+2)
3.能根据参考答案,正确给小组同伴进行评分。(+3)

【表达成果】

学生把证明过程在小组成员内进行互换,相互批改。如图14。

图14 小组互相批改

【交互反馈】

学生根据参考答案对小组成员进行评分,并向成员说明得分或扣分原因。

∵四边形$ABCD$是平行四边形,(1分)

∴$OB=OD$,$AB//DC$, (2分)

∴$\angle EBO=\angle FDO$。 (1分)

又∵$\angle BOE=\angle DOF$, (1分)

∴$\triangle BEO\cong\triangle DFO$, (1分)

∴$OE=OF$。 (1分)

字迹工整(1分)

【整合提升】

学生整理过程。

(三)迁移运用

1.电子产品的屏幕尺寸大小是根据什么制定的?你知道为什么吗?

2.如图15,四边形$ABCD$是一个长方形,对角线$AC$与$BD$相交于点

$O$,探究长方形对角线 $AC$ 与 $BD$ 的数量关系,并证明你的猜想。

(1)测量 $AC$ 与 $BD$ 的长度:$AC=$ _____(精确到 mm);$BD=$ _____(精确到 mm)。

(2)猜想 $AC$ 与 $BD$ 的关系:_____。

(3)证明猜想。

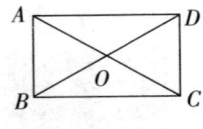

图 15

(四)成果集成

如图 16。

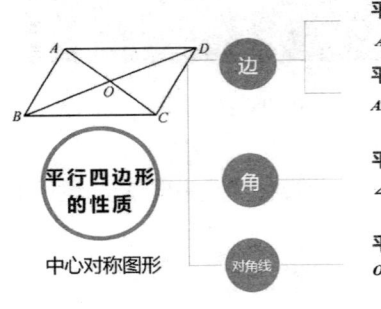

图 16

(五)作业设计

1.将平行四边形的性质定理 3 收录到你的"小几何原本"中。(字迹工整,要有文字叙述,要有符号语言,要体现与之前两个性质定理的联系)

2.作业本:P78 练习 2、3。(图形标准,字迹工整,符号语言要准确,步步有据,思路正确)

(六)课后反思

1.本节课的先行组织和第一个任务活动学生完成得比较好,大部分学生能够通过观察,准确得出结论,说明学生形成了一定的抽象能力和几何直观。

2.在第二个活动中,部分学生对于定理的证明产生了疑惑,不清楚要证明什么,这说明了学生对合情推理与演绎推理出现了混淆,在教学中应注意这一点,要引导学生明白探索发现的结论要经过演绎推理来证明其正确性。

3.在第三个活动中,学生对定理的应用完成得很好,大部分学生能根据参考答案准确地评出分数,说明知识的掌握程度较好,但学生的表达能力还欠缺,可在嵌入式评价中增设评价,在能准确给出评分的基础上,能够用简洁且标准的语言对给出的分数进行解释说明,这样能发展学生的表达能力,也是对逻辑思维的培养。

# 九年级上册第25章"随机事件的概率"

长春经济技术开发区育隆学校  孟令旺

## 单元教学规划

**一、单元内容**

华东师范大学出版社,九年级上册,第25章,随机事件的概率。

**二、单元分析**

(一)课标分析

1. 内容要求

能通过列表、画树状图等方法列出简单随机事件所有可能的结果,以及指定随机事件发生的所有可能结果,了解随机事件的概率。

2. 学业要求

能描述简单随机事件的特征(可能结果的个数有限,每一个可能结果出现的概率相等),能用列表、画树状图等方法求出简单随机事件所有可能的结果以及指定随机事件发生的所有可能结果,能计算简单随机事件的概率;知道经历大量重复试验,随机事件发生的频率具有稳定性,能用频率估计概率;体会数据的随机性以及概率与统计的关系;能综合运用统计与概率的思维方法解决简单的实际问题。

3. 教学提示

随机事件的概率的教学,要从小学阶段的定性描述逐渐走向初中阶段的定量分析,应当通过简单易行的情境,引导学生感悟随机事件,理解概率是对随机事件发生可能性大小的度量;引导学生认识一类简单的随机事件,其所有可能发生结果的个数是有限的,每个可能结果发生的概率是相等的,在此基础上了解简单随机事件概率的计算方法;引导学生通过大量重复试验,发现随机事件发生频率的稳定性,在这样的过程中,引导学生会从统计与概率的角度认识、理解和表达现实世界中大量存在的随机现象。

4.学业质量

知道频数、频率和概率的意义,能够进行简单的数据分析,形成数据观念,综合运用数学和其他学科知识和方法解决问题,积累数学活动经验,发展核心素养。

能够在解决问题的过程中选择合适的方法进行评估,并对结果的实际意义做出解释,能够知道解决问题方法的多样性,具备一定的应用意识,和模型意识,初步会用数学语言表达与交流。

(二)教材分析

本章教学中所提到的问题都来源于学生的生活实际,用到的试验工具也是学生所熟悉的,是唾手可得的,相信这些问题能够让学生感受到数学的有趣和有用,并在解决这些问题的过程中加深对本章主要内容的理解,体会成功的乐趣。

由于用频率估计概率需要做大量重复的试验以探索其变化的趋势,因此教材鼓励学生进行探索,特别是合作探索,一方面比较不同小组试验结果的异同,体会不确定现象固有的变化特性;另一方面汇总各自试验的数据,观察大数次试验结果的发展趋势,以加深对不确定现象规律性的认识。

(三)学情分析

在小学阶段,学生学习了收集、整理、描述、分析数据的简单方法,会定性描述简单随机现象发生可能性的大小,建立了数据意识。虽然学生对事件发生的可能性大小已经有了初步的认识,但只限于定性的描述,在本章将学习从定量的角度去刻画随机事件发生可能性大小的概念——概率。

初中阶段统计与概率领域包括"抽样与数据分析"和"随机事件的概率"两个主题,学生将学习简单的获得数据的抽样方法,通过样本数据推断总体特征的方法,以及定量刻画随机事件发生可能性大小的方法,形成和发展数据观念。初学概率的学生,容易混淆概率与频率这两个概念,更不容易理解两者的联系和区别。概率的意义具有一定的抽象性,学生需要一个较长时期的认识过程。

### 三、单元主题

随机事件的概率。

### 四、单元目标

（一）低阶目标

1. 了解简单随机事件的特征，可以根据特征判断随机事件。

2. 经历大量重复的实验，体会用频率估计随机事件发生机会的大小。

3. 经历具体的随机事件的实验，体会概率的意义。

4. 经历具体的随机事件实验，体会概率是描述不确定现象发生可能性大小的数学概念。

5. 经历大量重复的实验，发现随机事件发生的稳定性，感受用频率估计概率。

6. 掌握列举法（包括列表法和画树状图），会计算简单事件发生的概率。

（二）高阶目标

7. 尝试动手实验，培养收集、描述、分析数据的技能。

8. 经历合作交流，发展探索、合作的精神。

### 五、单元评价

1.1 能通过简单的随机事件，了解随机事件的特征。

1.2 能根据随机事件特征判断必然事件、不可能事件、随机事件。

2.1 能通过比较实验数据中某种结论发生频率或频数的高低，体会随机事件发生的机会的大小。

3.1 能通过具体的抛掷硬币问题的实验和分析，体会概率的定义以及意义。

4.1 能通过观察大数次重复试验的结果后，初步认识到概率是描述不确定现象发生可能性大小的数学概念。

5.1 能通过实验、观察以及充分的思考和讨论，初步理解用平稳时的频率估计事件在每次实验时发生的概率。

6.1 能通过画树状图或者列表的分析方法，解决简单的随机事件的概率问题。

7.1 能通过在具体随机事件中动手操作,培养解决随机事件问题的技能。

8.1 能在遇到具体随机事件问题中自主思考、合作探究,发扬发展探索、合作的精神。

**六、单元结构化活动**

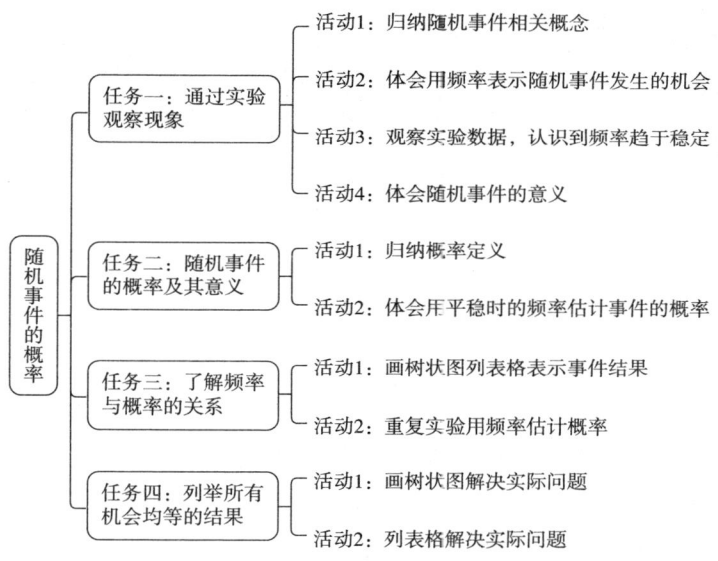

图 1 单元结构化活动

**七、课时分配**

共 4 课时。

**课时规划设计**

## 在重复试验中观察不确定现象

(1 课时,新授课)

**一、课时目标**

(一)低阶目标

1. 了解简单随机事件的特征,可以根据特征判断随机事件类型。

2.经历大量重复的实验,体会用频率估计随机事件发生机会的大小。

(二)高阶目标

3.经历实际情境中的随机事件,感受简单的随机现象及其结果发生的可能性。

二、情境任务(问题)

任务:在重复实验中观察不确定现象。

三、学生活动

活动1:通过实际问题,归纳总结出确定事件、随机事件。

活动2:通过进行抽纸片试验,体会用频率高低表示随机事件发生的机会。

活动3:观察给定抛硬币试验结果数据,认识到在大数次试验后的频率会逐渐稳定在某一数值附近。

活动4:投掷正方体骰子,体会随机事件的意义。

四、课时作业

(一)基础作业

1.下列事件中,是随机事件的是 (　　)

A.明天太阳从东边落下

B.三角形的内角和等于 $180°$

C.在实数范围内 $x$ 的平方加 1 一定是正数

D.中秋节的晚上能看见月亮

2.掷 2 枚普通的正方体骰子,把 2 枚骰子的点数相加,下列事件是必然事件的是 (　　)

A.和为 1　　B.和为 12　　C.和不小于 2　　D.和大于 2

(二)提升作业

3.不透明的口袋内装有红球、白球和黄球共 20 个,这些球除颜色外,其他都相同,将口袋内的球充分搅拌均匀,从中随机摸出一个球,记下颜色后放回,不断重复该摸球过程,共摸取 2 020 次球,发现有 505 次摸到白球,则口袋中白球的个数是 (　　)

A.5　　B.10　　C.15　　D.20

### (三)实践作业

4.每个小组在一个不透明的盒中装有若干个只有颜色不一样的红球与黄球,怎样估算不同颜色球的数量?

操作方法:先从盒中摸出 8 个球,画上记号后放回盒中,再进行摸球实验。摸球实验的要求:搅拌均匀,每次摸出 1 个球,记录结果,然后放回盒中再继续。

活动结果:摸球实验一共做了 50 次,统计结果如下表:

| 球的颜色 | 无记号 | | 有记号 | |
| --- | --- | --- | --- | --- |
| | 红色 | 黄色 | 红色 | 黄色 |
| 摸到的次数 | 18 | 28 | 2 | 2 |

(1)盒中红球、黄球各占球数的百分比分别是多少?

(2)盒中有红球多少个?

## 随机事件的概率

(共 3 课时,新授课)

### 一、课时目标

(一)低阶目标

1.经历具体的随机事件的实验,体会概率的意义。

2.经历具体的随机事件实验,体会概率是描述不确定现象发生可能性大小的数学概念。

3.经历大量重复的实验,发现随机事件发生的稳定性,感受用频率估计概率。

4.掌握列举法(包括列表法和画树状图),会计算简单事件发生的概率。

(二)高阶目标

5.尝试动手试验,培养收集、描述、分析数据的技能。

6.经历合作交流,发展探索、合作的精神。

### 二、情境任务(问题)

任务一:随机事件概率及其意义。

任务二：了解频率与概率的关系。

任务三：列举所有机会均等的结果。

三、学生活动

活动1.1：观察抛硬币试验结果，归纳概率定义。

活动1.2：进行抛硬币实验，初步体会用平稳时的频率估计事件在每次试验时发生的概率。

活动2.1：抛掷两枚硬币，利用树状图，列表格的形式表示实验结果。

活动2.2：抛掷图钉，通过重复实验用频率估计概率。

活动3.1：利用画树状图方式解决实际随机事件问题。

活动3.2：利用列表格解决实际随机事件问题。

四、课时作业

(一)基础作业

1."长春市明天降水概率是30%"，对此消息下列说法中正确的是

（　　）

A. 长春市明天将有30%的地区降水

B. 长春市明天将有30%的时间降水

C. 长春市明天降水的可能性较小

D. 长春市明天肯定不降水

2. 在大量重复试验中，关于随机事件发生的频率与概率，下列说法正确的是

（　　）

A. 频率就是概率

B. 频率与试验次数无关

C. 概率是随机的，与频率无关

D. 随着试验次数的增加，频率一般会越来越接近概率

(二)提升作业

3. 一只口袋中放着8只红球和16只黑球，这两种球除了颜色以外没有任何区别。袋中的球已经搅匀。蒙上眼睛从口袋中取一只球，取出黑球与红球的概率分别是多少？

4. 老师拿出一个黑色的布口袋，当着学生的面在口袋里放入1个红球

和2个白球,把球搅拌均匀后请一个学生在口袋中摸出一个球后,放回搅拌,再摸出第二个球,试问:如果我们不重复做这个实验,利用今天所学的知识思考:

(1)你能和你的同学讨论出两次摸球会出现哪些结果吗?

(2)请你利用画树状图分析并求出两次摸球:"①都是红球;②都是白球;③一红一白"这三个事件的概率。

(三)实践作业

5.请同学们准备一副整齐的扑克牌,并且从52张扑克牌(除去大小王)中任抽一张。

P(抽到红桃)=＿＿＿＿＿;

P(抽到不是红桃)=＿＿＿＿＿;

P(抽到红桃3)=＿＿＿＿＿;

P(抽到5)=＿＿＿＿＿。

问题升级:

请同学们准备一副整齐的扑克牌,并且从一副扑克牌中任抽一张。

P(抽到红桃)=＿＿＿＿＿;

P(抽到不是红桃)=＿＿＿＿＿;

P(抽到红桃3)=＿＿＿＿＿;

P(抽到5)=＿＿＿＿＿。

## 课时教学设计及课堂教学实录

## 在重复实验中观察不确定现象

(1课时)

一、学习目标

(一)低阶目标

1.了解简单随机事件的特征,可以根据特征判断随机事件类型。

2.借助频数或频率,初步体会随机事件发生的机会是有大有小的。

(二)高阶目标

3.经历动手试验和课堂交流的过程,提高数学交流的水平,发展探索合作的精神。

二、达成评价

1.1 能在具体的随机事件中正确认识必然事件、不可能事件、随机事件。

1.2 能在观察理解三种事件的异同中发现随机事件的特点。

2.1 能在大量反复的试验基础上,体会出随着实验次数的增大,随机事件发生的频率会逐渐趋于稳定。

3.1 能在随机事件实验中进一步培养收集、描述、分析数据的技能。

3.2 能在小组合作交流中,提高数学交流的水平,发扬探索、合作的精神。

三、学习过程

(一)先行组织

提出的两个开放性问题,可以帮助学生认识生活中有些事情的发生是确定的和不确定的。引导学生从实际问题中整体地感受有关简单随机事件发生的可能性。

1.在实际生活中,有哪些一定会发生的事件?

2.在实际生活中,有哪些不可能发生的事件?

(二)任务(问题)与活动

任务一:做一做——了解确定事件、随机事件的概念

活动1:学校要举办关于五四青年节演讲大赛,班级要派5名同学参加演讲比赛,以抽签方式决定每个人的出场顺序。现在老师签筒中有5根形状大小相同的纸签,上面分别标有出场的序号1,2,3,4,5。小军首先抽签,他在看不到纸签上的数字的情况下从签筒中随机(任意)地取一根纸签。

【提出问题】

(1)抽到的序号有几种可能的结果?

(2)抽到的序号是0和7,可能吗?这是什么事件?

(3)抽到的序号小于6,可能吗?这是什么事件?

(4)抽到的序号会是1吗?这是什么事件?

【组织学习】

学生通过动手实际操作活动1中的问题,小组内相互合作,相互交流,回答以上问题,根据学生回答的具体情况,教师出示评价标准。

〔评价标准〕

1.能够认真进行小组合作研究。(+1)

2.能够认真地讨论,并且能说出是什么事件。(+1)

3.能归纳总结出随机事件,并且可以说明随机事件和确定事件的联系。(+2)

【表达成果】

第一组学生1:经过我们小组内讨论得出问题(1)有五种可能性。

第二组学生2:我们小组经过讨论得出问题(2)和(3)是不可能事件,问题(4)是一定会发生的事件,这是必然事件。

教师追问:你们小组能根据问题再举一个不可能发生的事件和一定会发生的事件吗?

第二组学生1:抽到的序号是9,是不可能发生的事件,抽到的序号是比0大的,是一定会发生的事件。

第三组学生2:我们觉得问题(5)抽到的序号是1是有可能的,这是随机事件。

【交互反馈】

教师:请其他小组同学依据老师在问题前出示的评分标准对回答问题的小组进行评价,并且能给其他任意小组提出一个问题。

第一组学生3:第一组和第二组在小组讨论过程中,小组内讨论热烈,并且能正确回答问题,按照评价标准前两条,能加2分。我的问题是第二组同学,你们能举一个在生活中的不可能事件和必然事件吗?

第二组学生2:生活当中太阳东升西落是必然事件,太阳西升东落是不可能事件。

教师追问:第二组同学举的例子对不对啊?第四组你们组来点评一

下,并且你们也举一个生活中的不可能事件和随机事件。

第四组学生 1:第二组举的例子是正确的,我们组的例子是,掷一枚骰子,掷出小于 6 的点数是必然事件,掷出 5 的点数是随机事件。

【整合提升】

学生根据以上研究的问题总结事件的分类。

学生 1:事件可以大致分为确定事件和随机事件。

老师追问:那确定事件还可以怎么划分?

学生 2:确定事件还包括必然事件和不可能事件。

教师补充:确定事件是我们能够预先确定的事件,而随机事件是我们无法预先确定的事件。

活动 2:提出问题,探索概念

展示问题:

(1)什么是必然事件、不可能事件、随机事件?

(2)怎样的事件称为随机事件呢?

(3)必然事件和不可能事件的区别在哪里?

学生用自己的语言进行描述,教师给予充分肯定和鼓励,师生共同总结。

教师讲解并板书:

每次试验中,一定会发生的事件叫做必然事件;

每次试验中,一定不会发生的事件叫做不可能事件;

无法预先确定在一次试验中会不会发生的事件叫做随机事件;

其中必然事件和不可能事件统称为确定事件。

任务二:读一读——用频率估计随机事件发生的大小

活动 1:

通过对抛掷硬币次数的增加,正面向上的频率呈现出一定的稳定性,在 0.5 附近摆动,并逐渐稳定于 0.5。

在用试验观察随机现象中,虽然每次试验的结果是随机的,无法预测,但随着试验次数的增加,隐含的规律逐渐显现,事件发生的频率逐渐稳定到某一个数值。所以我们可以用频率估计随机事件在每次试验时发生的机会的大小。

〔评价标准〕

1.能认真阅读书中材料。(+1)

2.能在阅读基础上用自己的话说出结论。(+1)

3.能运用标准的数学的语言说出结论。(+1)

(三)迁移运用

教师:下面我们来做一个课堂游戏,各组同学要做好准备。

如图2是一个可以自由转动的转盘,利月这个转盘与同学们做下面的游戏。

图 2

(1)自由转动转盘,每人分别将转出的数填入准备好的四个方格中的任意一个;

(2)继续转动转盘,每人再将转出的数填入剩下的任意一个方格中;

(3)转动四次转盘后,每人得到一个"四位数";

(4)比较两人得到的"四位数",谁的大谁就获胜。

多做几次上面的游戏。在做游戏的过程中,你的策略是什么?你积累了什么样的获胜经验?

师生活动:在四个小组中分别选择两个小组进行比赛,并且在游戏前可以允许各个小组组内研究获胜策略。在游戏结束后,请获胜小组向同学们介绍获胜策略,让同学们能在游戏中体会确定事件和随机事件的概念。

(四)成果集成

学生在教师的引导下,总结本节课的主要知识——事件的分类。

事件 { 确定事件 { 必然事件  
不可能事件  
随机事件(或不确定事件) }

(五)作业设计

· 基础作业

1. 下列事件中,是随机事件的是　　　　　　　　　　　　　　(　　)

　A. 明天太阳从东边落下

　B. 三角形的内角和等于 $180°$

　C. 在实数范围内 $x$ 的平方加 1 一定是正数

　D. 中秋节的晚上能看见月亮

2. 下列事件中,是随机事件的是　　　　　　　　　　　　　　(　　)

　A. 瓜熟蒂落　　　　　　　B. 一箭双雕

　C. 海底捞月　　　　　　　D. 石沉大海

3. 生活中"几乎不可能"的事件表示　　　　　　　　　　　　(　　)

　A. 不可能事件　　　　　　B. 确定事件

　C. 必然事件　　　　　　　D. 随机事件

4. 掷 2 枚普通的正方体骰子,把 2 枚骰子的点数相加,下列事件是必然事件的是　　　　　　　　　　　　　　　　　　　　　　　　　(　　)

　A. 和为 1　　　　　　　　B. 和为 12

　C. 和不小于 2　　　　　　D. 和大于 2

· 拓展作业

5. 下列说法中,正确的有　　　　　　　　　　　　　　　　　(　　)

①必然发生的事件的可能性很大;②几乎不可能发生的事情是不可能发生的;③不可能事件和必然事件都是确定事件;④如果一件事情不是必然发生的,那么它就不会发生。

　A.1 个　　　　B.2 个　　　　C.3 个　　　　D.4 个

6. 下列事件中,哪些是不可能事件?哪些是必然事件?哪些是随机事件?

(1)小明每次数学测验都考满分;

(2)一年有 14 个月;

(3)13 人中至少有 2 人的生日是同一个月;

(4)掷 1 枚正方体骰子,点数"2"会朝上;

(5)在地球上,树上的果子一定会向下落;

(6)某"免检"产品一定是 100% 合格;

(7)如果 $a,b$ 是有理数,那么 $a+b=b+a$.

• 实践作业

7. 现有两个布袋,里面装有一些除颜色外没有其他区别的小球,布袋中的小球已经搅匀,各种颜色的小球具体数目如图 3,请指出下列事件的类型。

(1)随机地从第一个布袋中取出一个球,该球是白色的;

(2)随机地从第一个布袋中同时取出两个球,两球都是白色的;

(3)随机地从第二个布袋中取出一个球,该球是白色的;

(4)随机地从第二个布袋中同时取出三个球,其中有白色的球;

(5)随机地挑选一个布袋,从中取出一个球,该球的颜色是红、白、黑、黄中的一种。

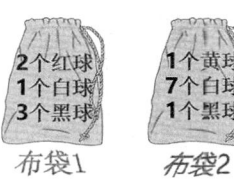

图 3

(六)课后反思

现实生活中存在着大量的随机事件,而概率正是研究随机事件的一个重要知识点,本课是"随机事件的概率"一章的第一节课,在探究新知的过程中,通过为学生创设实际的问题情境,引领学生在活动中认识随机事件、学习新概念、获得新知识,充分调动了学生的学习积极性。从学生课堂发言来看,每个小组都能够按照老师给出的评价标准进行热烈的讨论,可以看出,在教学评一体化中,嵌入评价是至关重要的,它是在嵌入问题解决过程中为了"促进学生学习"而给出的评价。嵌入评价的作用是引导、帮助学生,是在为学生搭建"脚手架"。能够让学生在独立思考,合作探究中学习。

  本节课在任务二设置的嵌入评价就没有任务一所设置的评价丰满,学生对于任务二中评价标准第三条提出看法,同学们认为,"能运用标准的数学语言说出结论",这条评价对于他们来说难度太大了,如果想要达成只能看着书中的原文照搬,这样起不到任何意义,对于其他没有看着书读的同学有失公允。所以通过同学们的反馈可以看出,在今后设置评价时应该考虑周全,既要搭梯子,还要搭建一个人人都爬得上来的好梯子。

# 九年级专题复习"平面直角坐标系上的不定点"

长春经济技术开发区博远学校　李鹤

长春经济技术开发区教师进修学校　陶波

**单元教学规划**

### 一、单元内容

本单元的内容为中考复习专题单元"平面直角坐标系上的不定点",这一单元基于《义务教育数学课程标准(2022年版)》(以下简称"课标")的要求提炼而成。在中考备考阶段,对初中相关知识进行构建后,形成重组单元。在构建本单元的过程中,主要参考华师版教材,对其他版本教材亦有借鉴。

本单元从研究"点"开始,逐渐增加与函数图象、几何图形的关联,目的是对内容进行结构化整合,探索发展学生核心素养的路径。在教学实操过程中,重视数学结果的形成过程,致力于处理好过程与结果的关系;重视数学内容的直观表述,致力于处理好直观与抽象的关系;重视学生直接经验的形成,致力于处理好直接经验与间接经验的关系。

### 二、单元分析

(一)课标分析

在课标的"图形的位置与运动"部分,指明了"确定点的位置,认识图形的平移、旋转、轴对称。探索用数对表示平面上点的位置,增强空间观念和应用意识"。

在"函数的教学"部分,提出了"借助平面直角坐标系中的描点,理解函数图象与表达式的对应关系,理解函数与对应的方程、不等式的关系,增强几何直观。"

在"图形与几何"相关部分,提出了"用数对描述平面上点的位置,形成初步的空间观念和几何直观。强调数形结合,用代数方法研究图形,在平面直角坐标系中用坐标表示图形上点的位置,用坐标法分析和解决实际问题。理解平面上点与坐标之间的一一对应关系,能用坐标描述简单几何图形的位置;会用坐标表达图形的变化、简单图形的性质,感悟通过几何建立直观、通过代数得到数学表达的过程。在这样的过程中,感悟数形结合的思想,会用数形结合的方法分析和解决问题"。

综合上述要求,可以看出:在代数中,数是最基本的元素;在几何中,点是最基本的元素。平面直角坐标系是数轴的拓展,是沟通代数与几何的桥梁。在对点进行探究的基础上,才能够进一步探究线、面、角、形、函数图象等其他数学知识。探索的核心是平面上的点与用数对表示的坐标的一一对应。要体会用代数方法表达图形变化的意义,发展几何直观、推理能力和运算能力,增强应用意识和创新意识。

(二)教材分析

在华师版教材(2012年版)中,从七上开始建立本单元知识体系的基础:代数方面,在第2章学习了"数轴",阐明了数轴上点与有理数的一一对应关系(八年级进一步将数域扩充至实数);几何方面,在第4章学习了"最基本的图形——点和线"一节。

在七下,重点介绍了方程(组)、不等式(组)这两部分数学工具;在几何部分,介绍了"轴对称、平移与旋转"这几种图形变换。

在八年级以后,教材以螺旋上升的方式,扩充了数学知识体系:在代数"函数"方面,先后学习了一次函数、反比例函数、二次函数;在几何平面图形方面,先后研究了三角形、四边形、圆形等图形。

(三)学情分析

九年级学生已经建立起比较完整的知识体系,对平面直角坐标系、函数、多边形都有比较清晰的认识,同时,已经掌握方程(组)、不等式(组)等解题工具,但在具体问题情境下,往往缺乏应用工具的能力,不能准确、快速地找到解题路径。尤其是在处理形如中考压轴题的大型综合问题时,常表现出畏难情绪,甚至有部分学生对此类问题望而却步。

**三、单元主题**

利用数学工具分析平面直角坐标系上的不定点。

**四、单元目标**

(一)低阶目标

1.结合图形,加深对平面直角坐标系内点的坐标特征的认识。会选择恰当的数学工具来判断坐标中未知数的取值范围。经历对不定点的探究过程,会讨论不同情况下未知数的取值,体会到分类思想在数学问题中的广泛应用。

2.对于"坐标与图形"中的相关问题,能分析问题特点,结合几何图形的性质与判定,运用恰当的数学工具,讨论不同情况下坐标中未知数的取值。

3.对于"函数"中的相关问题,能分析问题的特点,结合函数解析式、图象规律,从增减性、对称性、最值等角度运用恰当的数学工具,讨论在不同情况下坐标中未知数的取值。

(二)高阶目标

4.通过在数学问题情境下对不定点的探究,感知图形、图象与方程、不等式的联系,发展"抽象"这一数学核心素养。

5.通过不同问题序列的对比学习,能将分析方法、表述方式迁移到新的问题情境中,形成"模型"这一数学观念。

**五、单元评价**

1.1 能结合图形,认清平面直角坐标系中不同象限以及坐标轴上的特殊点的坐标特征,能找到重要分界点进行分类讨论。能列出恰当的方程或不等式来解释点的位置。

1.2 能通过正确求解方程或不等式,表述平面直角坐标系内不定点位置与不定点坐标中系数的关联。能运用分类讨论思想进行实际操作,在讨论过程中,能做到分类界点明确、分类不重不漏地涵盖所有对象。

2.1 对于"坐标与图形"中与不定点相关联的问题,能通过分析题意,找到图形中蕴含的规律,并用数学工具准确表达,确定解决问题的路径。

3.1 对于"函数"中与不定点相关联的问题,能通过分析题意,找到函数图象、解析式中蕴含的数量之间的关系,并用方程、不等式等基础数学工具准确表达,能清晰表述不定点与函数图象的交互影响。

4.1 通过对不定点位置的探究,能够逐渐脱离草图,在头脑中完成"数形结合"思想与"抽象"核心素养的迭代。

5.1 通过不同问题序列的对比学习,能将分析方法迁移到新问题序列中。

5.2 在面临新的问题序列时,能说出解决问题的明确路径,能用条理清晰的语言表述自己如何迁移方法来解决问题。

## 六、单元结构化活动

如图1。

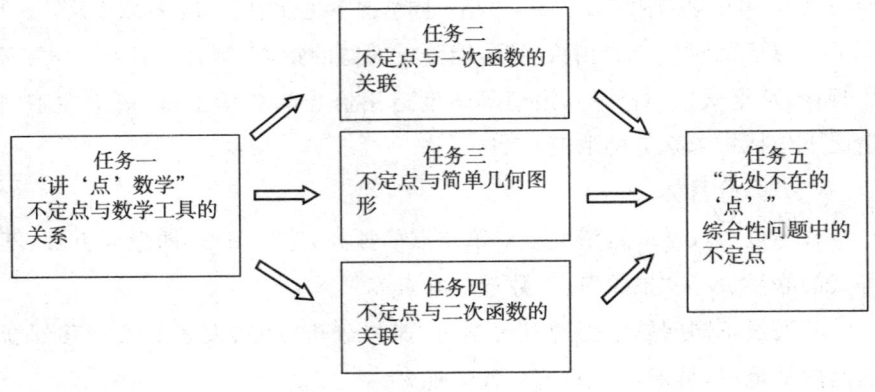

图1　单元结构化活动

## 七、课时分配

共8课时。

# 专题复习课

(共8课时,复习课)

## 一、课时目标与课时任务

见表1至表5。

## 九年级专题复习"平面直角坐标系上的不定点"

表1　第1课时课时目标与课时任务规划表

| 课时目标 | 课时任务 |
| --- | --- |
| （一）低阶目标<br>1.通过结合图象,能够加深对平面直角坐标系内各象限的点的坐标特征的认识。<br>2.通过分析题意,结合图象,能够选择恰当的数学工具(方程、不等式等)来判断未知数的取值范围。<br>3.经历对不定点位置的探究过程,会讨论不定点在不同位置时的未知数取值,体会分类思想在数学问题中的应用。<br>（二）高阶目标<br>4.通过对不定点位置的探究,实现从形到数的过渡,发展"抽象"这一数学核心素养。<br>5.通过不同问题序列的对比学习,能将分析方法、表述方式迁移到新的问题情境中,形成"模型"这一数学观念。 | 先行组织任务：<br>画备用图。<br>新知建构任务一：<br>基础任务序列。<br>新知建构任务二、三、四：<br>单点任务序列。<br>双点任务序列。<br>扩展问题序列。 |

表2　第2课时课时目标与课时任务规划表

| 课时目标 | 课时任务 |
| --- | --- |
| （一）低阶目标<br>1.通过结合图象,能够加深对一次函数图象及性质的理解。<br>2.通过分析题意,结合一次函数图象,能够选择恰当的数学工具来判断未知数的取值范围。<br>3.结合图形,理解不定点与一次函数图象(直线)的位置关系,会讨论点在线上、线外等不同位置时的未知数取值,运用分类思想解决数学问题。<br>（二）高阶目标<br>4.继续发展"抽象"这一数学核心素养。 | 先行组织任务：<br>画备用图。<br>新知建构任务一：<br>单点单线任务序列。<br>新知建构任务二、三：<br>双点单线任务序列。<br>单点双线任务序列。 |

表3  第3、4课时课时目标与课时任务规划表

| 课时目标 | 课时任务 |
|---|---|
| (一)低阶目标<br>1.通过结合图形,能够加深对简单几何图形性质定理及判定的理解。<br>2.通过分析题意,结合几何图形的性质定理与判定定理,能够选择恰当的数学工具来判断未知数的取值范围。<br>3.结合图形,理解不定点与平面直角坐标系中几何图形的关系,会讨论特殊图形的构成;理解图形周长与面积的倍、等、分等关系,运用分类思想解决数学问题。<br>(二)高阶目标<br>4.着重发展"推理"这一数学核心素养。 | 先行组织任务:<br>特殊四边形任务序列。<br>新知建构任务一:<br>特殊三角形任务序列。<br>新知建构任务二、三:<br>面积相关任务序列。<br>周长相关任务序列。 |

表4  第5、6课时课时目标与课时任务规划表

| 课时目标 | 课时任务 |
|---|---|
| (一)低阶目标<br>1.通过结合图象,能够加深对二次函数图象及性质的理解。<br>2.通过分析题意,结合二次函数图象,能够选择恰当的数学工具来判断未知数的取值范围。<br>3.结合图形,理解不定点与二次函数图象(抛物线)的位置关系,会讨论点在线上、线外等不同位置时的未知数取值,运用分类思想解决数学问题。<br>(二)高阶目标<br>4.继续发展"抽象""推理"数学核心素养。 | 先行组织任务:<br>画备用图。<br>新知建构任务一:<br>不定点与定线任务序列。<br>新知建构任务二:<br>不定点与不定线任务序列。 |

表5　第7、8课时课时目标与课时任务规划表

| 课时目标 | 课时任务 |
| --- | --- |
| （一）低阶目标<br>1.通过结合图形、图象,能够加深对整个初中数学知识体系的理解。<br>2.通过阅读问题、分析问题,结合相应的函数知识与几何定理,能够选择恰当的数学工具来判断未知数的取值范围。<br>3.经历对不定点与其他条件的解析过程,灵活运用分类思想、转化思想解决数学问题。<br>（二）高阶目标<br>4.着重发展"抽象""推理"数学核心素养。 | 先行组织任务：<br>画备用图。<br>新知建构任务一：<br>简单综合任务序列。<br>新知建构任务二、三：<br>简单综合变式任务序列。 |

## 二、学生活动

结合课时目标与任务设置学习活动,在同质化的活动中摸索出相对成熟的学习路径,养成"观察、猜想、探究、表达"的学习习惯。

在每课时的"基础任务序列"部分,学生活动以"读题猜想→画图操作→推理论证→总结提升"为一般流程。

在"探究任务序列"部分,学生活动以"画图操作→独立分析→小组讨论→汇报交流"的项目合作式学习为一般流程。

## 三、课时作业

每课时后,布置涉及相应知识点、数学思想的探究性问题。通过类比学习、模仿学习,迁移探究方法、锤炼表述语言、提高数学素养。

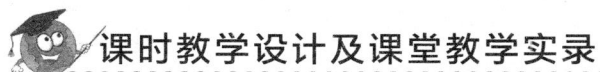

## 课时教学设计及课堂教学实录

# 讲"点"数学

（1课时）

## 一、学习目标

（一）低阶目标

1.结合图象,加深对平面直角坐标系内点的坐标特征的认识。

2.通过分析题意,结合图象,能选择恰当的数学工具(方程、不等式等)来判断未知数的取值范围。

3.经历对不定点位置的探究过程,会讨论不定点在不同位置时的未知数取值,体会分类思想在数学问题中的应用。

(二)高阶目标

4.通过对不定点位置的探究,实现从形到数的过渡,发展"抽象"这一数学核心素养。

5.通过不同问题序列的对比学习,能将分析方法、表述方式迁移到新的问题情境中,形成"模型"这一数学观念。

二、达成评价

1.1 能结合平面直角坐标系的图象,认清四个象限以及两条坐标轴上的点的坐标特征,能够找到重要分界点,进行分类讨论。

2.1 能通过分析题意,找到不定点在图象上的位置。能列出恰当的方程(组)或不等式(组)来表示点的位置。

2.2 通过正确求出方程(组)或不等式(组)的解,会与图象对照,能够表述平面直角坐标系内不定点位置与未知系数的密切关联。

3.1 通过探究不定点的位置,能说清点在不同位置时对方程或不等式的影响。

3.2 通过结合点的位置差异,明确需应用分类思想解决问题。

3.3 通过分类讨论的实际操作,践行分类的方法原则,能做到分类界点明确、分类不重不漏地涵盖所有可能对象。

4.1 通过对不定点位置的探究,逐渐脱离草图,在头脑中形成"数形结合"与"抽象"的过渡。

5.1 通过不同问题序列的对比学习,能将分析方法迁移到新问题序列中。

5.2 在面临新的问题序列时,能说出解决问题的明确路径,能用条理清晰的语言表述自己如何迁移方法来解决问题。

三、学习过程

(一)先行组织

课前先行组织任务:"画画图"。

## 九年级专题复习"平面直角坐标系上的不定点"

准备好练习本,在练习本上画几个平面直角坐标系备用。

画图要求:横、纵坐标均到$|6|$。

呈现课题:讲"点"数学。

出示本课学习任务:1.画画图;2.列列式;3.算算数;4.想想事。

提示学生注意学习本节课的主要活动,即从画图到列式(数形结合思想);从列式到计算(应用意识);从计算到总结(类比归纳方法)。

(二)任务(问题)与活动

任务一:基础任务序列

【问题背景1】在平面直角坐标系中,点$A$坐标为$(a+3,1)$。

问题1:能确定点$A$的位置吗?若$a=2$,能确定点$A$的位置吗?

活动1:思考能否确定点$A$的具体位置?说明为什么?

学生结论:当$a$值不确定时,只能由纵坐标判断点$A$在$x$轴上方;当$a=2$时,可以确定点$A$在第一象限,并可在备用的直角坐标系上画出准确位置。

活动2:动手操作,在如图2的平面直角坐标系上画图,提问板演。

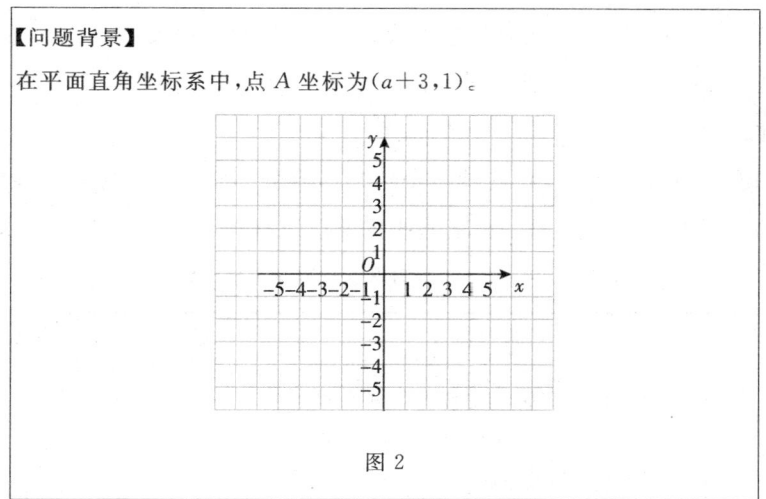

图2

活动3:观察点的位置,阐述点的位置是否符合猜想,说明理由。

学生结论:点的位置符合猜想。说明根据题意可以列出方程,通过解方程确定未知数的值,从而得到点的准确坐标,进而确定点的位置。

**任务二:单点任务序列**

沿用【问题背景1】在平面直角坐标系中,点 $A$ 坐标为 $(a+3,1)$。

**问题2**:点 $A$ 是否总在某个象限?何时在第一象限?何时在第二象限?何时在第三象限或第四象限?

**问题3**:点 $A$ 是否有可能不属于任何一个象限?这个问题能否换一个问法?(有哪些等价问题?)

活动1:结合备用坐标系画草图,利用草图理解题意。

活动2:结合方程或不等式来解决问题,得到符合题意的解或解集。

活动3:在不画图的情况下理解题意,并找到合适的方程或不等式。

学生结论:点 $A$ 在平面直角坐标系上的位置由 $a+3$ 决定.当 $a+3>0$ 时,点 $A$ 在第一象限;当 $a+3<0$ 时,点 $A$ 在第二象限;当 $a+3=0$ 时,点 $A$ 在 $y$ 轴上,不属于任何象限;由于点 $A$ 的纵坐标为1,故点 $A$ 总在 $x$ 轴的上方,即不可能在第三象限或第四象限。

**问题4**:点 $A(a+3,1)$ 总体来说是一个什么样的点?结合平面直角坐标系对它做出描述。

活动1:小组讨论。在讨论中形成统一认识,并整理表达语言。

活动2:汇报交流。推选同学阐述讨论结果,其余同学补充。阐述小组整体加分。

**问题5**:如表6,在研究点 $A(a+3,1)$ 位置特点时,我们的思维顺序是怎样的?用到了哪些知识点?跟哪些数学思想有关?

表6 问题2—3的知识点及数学思想归纳

| 序号 | 问题内容 | 知识点 | 数学思想 |
| --- | --- | --- | --- |
| 问题2 | 点 $A$ 是否总在某个象限?何时在第一象限?何时在第二象限?何时在第三象限或第四象限? | | (数形结合思想,分类讨论思想,转化思想……) |
| 问题3 | 点 $A$ 是否有可能不属于任何一个象限? | | |

活动1:小组讨论。在讨论中回顾解决问题的思维历程,并整理表达语言。

活动2:汇报交流。推选同学阐述讨论结果,其余同学补充。阐述小组整体加分。

学生结论:首先注意到点 $A$ 的纵坐标为1,确定了点 $A$ 总在 $x$ 轴的上方;第一象限的点横、纵坐标均正,故当 $a+3>0$ 时,点 $A$ 在第一象限;同理,当点 $A$ 在第二象限时,$a+3<0$;若点 $A$ 在 $y$ 轴上,则其横坐标为0,解决问题的工具由不等式变为方程,即 $a+3=0$。分别解决对应的不等式或方程,即可确定不同情况下 $a$ 的取值范围。在解决问题的过程中,适用知识点包括平面直角坐标系上各象限点的坐标特征、一元一次方程、一元一次不等式等。

问题6:在另一个平面直角坐标系中,点 $B$ 坐标为 $(5a-1,1)$。对其展开研究,并对这个点做出描述。为帮助学习,可以参照表7。

表7 问题6的能力水平与思维等级评价标准

| 思维等级 | 能力水平 |
| --- | --- |
| 新手级 | 能仿照刚才的研究过程确定几个方向,模仿老师的语言叙述自己的想法。计算偶尔出错。 |
| 高手级 | 能想到多个方面的问题,并能快速解决,能说出部分知识点但不够全面,计算不出错。 |
| 大师级 | 研究问题有头绪,能提出新的问题,语言叙述有条理,非常清楚解决问题用到的知识点和数学思想,计算准确,速度惊人。 |

(三)迁移运用

【学习任务三】双点任务序列

【问题背景2】在平面直角坐标系中,点 $A$ 坐标为 $(a+3,1)$,点 $B$ 坐标为 $(5a-1,1)$。

问题7:点 $A$ 和点 $B$ 是否能够重合?若能重合,在什么位置?

活动1：独立完成。将实际问题转化为数学问题。

活动2：汇报交流。叙述完整的解题思路。

活动3：继续发现。在确定可重合的基础上，求出具体的 $a$ 值，并结合图象加以验证。

学生结论：点 $A$ 和点 $B$ 的纵坐标均为1，故若两点重合，只需横坐标相同；根据题意列出方程 $a+3=5a-1$；解方程，得 $a=1$；将 $a=1$ 代入 $a+3$ 及 $5a-1$ 中，发现 $a+3=5a-1=4$；说明此时点 $A$ 和点 $B$ 确实重合，重合位置在点 $(4,1)$ 处。

问题8：若点 $A$ 在点 $B$ 右侧，求 $a$ 的取值范围；若点 $A$ 在点 $B$ 左侧，求 $a$ 的取值范围。

活动1：独立完成问题。比较问题8与问题7，体会二者的内在联系。

活动2：小组讨论。互相纠正、补充，达成共识。

活动3：汇报交流。在班级范围内汇报，叙述解题思路并比较问题特点。

问题9：若 $A$、$B$ 两点之间的距离为2，求 $a$ 的值。

活动1：独立分析。在前面问题的基础上分析问题，基本确定解决思路。

活动2：独立完成。沿自己的解决思路完成问题，并整理表达语言，准备交流汇报。

活动3：交流汇报。在班级范围内汇报，与他人思路、答案对照。

学生结论：点 $A$ 和点 $B$ 的纵坐标均为1，故两点间距离实际上就是横坐标的差。若点 $A$ 在点 $B$ 的右侧，则可列出方程 $(a+3)-(5a-1)=2$，解得 $a=\dfrac{1}{2}$；若点 $A$ 在点 $B$ 的左侧，则可列出方程 $(5a-1)-(a+3)=2$，解得 $a=\dfrac{3}{2}$。综上，若 $A$、$B$ 两点之间的距离为2，则 $a$ 的值为 $\dfrac{1}{2}$ 或 $\dfrac{3}{2}$。

活动4：自我评价。对照表8判定自己已达到的能力水平，并思考提高途径。

表8 对应问题9的评价标准

| 序号 | 你所在的能力位置 | 提高途径 |
| --- | --- | --- |
| 问题9 | 因为A、B两点都不是固定的点,所以不理解A、B两点之间的距离是什么意思。 | |
| | 结合图形,发现A、B两点都在与x轴水平的直线上。明白两点间的距离就是横坐标的差,从而列出一个方程,并正确地解出方程。 | |
| | 理解A、B两点都在与x轴水平的直线上。并能运用分类思想考虑到两种情况,从而列出两个方程,并准确地求出两个解。 | |

【学习任务四】扩展问题序列

【问题背景2】在平面直角坐标系中,点$A$坐标为$(a+3,1)$,点$B$坐标为$(5a-1,1)$。

问题10:点$A$、$B$能否关于$x$轴对称?若能,求出需满足的条件;若不能,说明理由。

问题11:点$A$、$B$能否关于$y$轴对称?若能,求出需满足的条件;若不能,说明理由。

活动1:画图操作。结合备用坐标系画草图,利用草图初步猜想结论。

活动2:小组讨论。在讨论中达成共识,确定解决问题策略。

活动3:独立完成。按照解题策略推理、计算,与猜想对照。

学生结论:点$A$、$B$的纵坐标均为1,故两点均在$x$轴上方,不可能关于$x$轴对称;点$A$、$B$的纵坐标均为1,当两点横坐标互为相反数时关于$y$轴对称,列出方程$(a+3)+(5a-1)=0$,解得$a=-\frac{1}{3}$。结合图象,可以验证上述结论。

活动4:整合提升。填写表9,反思解题涉及的知识点与数学思想。

表9　问题10—11的知识点及数学思想归纳

| 序号 | 问题内容 | 知识点 | 数学思想 |
|---|---|---|---|
| 问题10 | 点 $A$、$B$ 能否关于 $x$ 轴对称？若能，求出需满足的条件；若不能，说明理由。 | | |
| 问题11 | 点 $A$、$B$ 能否关于 $x$ 轴对称？若能，求出需满足的条件；若不能，说明理由。 | | |

（四）成果集成

反思本节学习内容．结合表6与表9，说出在这几个问题序列中，回顾了哪些知识点？用到了什么数学思想？

知识点：平面直角坐标系各象限点坐标特征、坐标轴上点的坐标特征、关于坐标轴对称的点的坐标特征、两点间的距离、一次方程（组）、一元一次不等式（组）……

数学思想：数形结合思想、分类讨论思想、转化思想、类比思想……

（五）作业设计

【问题背景2】在平面直角坐标系中，点 $A$ 坐标为 $(a+3,1)$，点 $B$ 坐标为 $(5a-1,1)$。

探究问题1：若线段 $AB$ 的长小于2，求 $a$ 的取值范围。

探究问题2：若点 $A$ 到 $y$ 轴的距离与点 $B$ 与 $y$ 轴的距离之比为 $1:2$，求 $a$ 的值。

（六）课后反思

1. 实际授课中，前两个任务序列的完成度较高。学生对于"数形结合"和"分类讨论"有一定的认识，在简单情境中，从实际问题"抽象"出数学问题的思维过渡比较自然。

2. 一些学生习惯于对知识的探究，满足于答案的获得和对解题技巧的掌握，对于学习方法的总结与迁移不太及时，多数学生缺乏主动总结、迁移的意识。在实操中，很多学生不能准确说出数学思想的名称，说明应该强化这一点。

3. 从内容看，一节课上完成四个任务序列稍显拥挤。在给学生时间思考、讨论的前提下,一些拓展问题在课时内无法完成,作业设计中的两个问题就是从课堂任务延后至课下作业任务。

4. 从问题设计来看,关于知识点的问题设计多属于封闭性问题,发展创新意识空间不大,一定意义上限制了学生的思维。实际授课时,随机生成了一些开放性问题,有些学生提出的问题超出预期,很有研究价值,若在时间安排上预留一些机动时间,这些问题可在课内得到比较充分的解决。

# 九年级下册第26章"二次函数"

长春经济技术开发区洋浦学校  苏杭

单元教学规划

一、单元内容

华东师范大学出版社,九年级下册,第26章,二次函数。

二、单元分析

(一)课标分析

1. 内容要求

(1)通过对实际问题的分析,体会二次函数的意义。

(2)会画二次函数的图象,通过图象了解二次函数的性质,知道二次函数系数与图象形状和对称轴的关系。

(3)会求二次函数的最大值或最小值,并能确定相应自变量的值,能解决相应的实际问题。

(4)知道二次函数和一元二次方程之间的关系,会利用二次函数的图象求一元二次方程的近似解。

2. 学业要求

会通过分析实际问题的情境确定二次函数的解析式,体会二次函数的意义;会利用一些特殊点画出二次函数草图;通过图象了解二次函数的性质,知道二次函数的系数与图象形状和对称轴的关系。求其图象与坐标轴的交点坐标;会用配方法将二次函数的表达式化为顶点式的形式。并能由此得出二次函数的性质,以及能解决简单的实际问题。知道二次函数和一元二次方程之间的关系,会利用二次函数的图象求一元二次方程的近似解。

3. 教学提示

函数的教学。要通过对现实问题中变量的分析，建立两个变量之间变化的依赖关系，让学生理解用函数表达变化关系的实际意义；要引导学生借助平面直角坐标上的描点，理解函数图象与表达式的对应关系，理解函数与对应方程、不等式的关系，增强几何直观；会用函数表达现实世界事物的简单规律，经历用数学的语言表达现实世界的过程，提升学习数学的兴趣，进一步发展应用意识。

4. 学业质量

函数概念是初中数学的核心，在我们引入了常量和变量的概念后，学生应能体会一个量随另一个量变化而变化的现象。能从实际情境中抽象概括出二次函数的本质。在深入学习二次函数后，学生应建立研究运动变化规律，构建二次函数模型。

(二)教材分析

二次函数这一单元属于课标中的数与代数这一领域，教材从实际问题情境入手，引入基本概念，引导学生自主探究变量关系及其规律。本单元由简单到复杂，特殊到一般的顺序探究函数的图象和性质，这一顺序更清楚地体现了数与形的相互联系与相互转化。因此，本单元要让学生亲历知识的形成过程，整体感知学习函数的方法，建立形与数的联系。

(三)学情分析

从学生的知识技能基础来看，之前学习过变量、函数等概念，对一次函数、反比例函数也有所理解。在这些基础上，对于学习二次函数都是很好的铺垫性知识。

学生对于抽象复杂的函数知识不感兴趣，教学过程总是遇到各种各样的问题。学生在理解二次函数，各个知识点的时候后，容易遇到障碍。即便是认真学习，很多学生的核心素养不足，也难以理解。

三、单元主题

二次函数的图象与性质。

## 四、单元目标

（一）低阶目标

1. 通过二次函数表达式，感受二次函数的意义。

2. 会绘制二次函数 $y=ax^2(a\neq 0)$、$y=ax^2+c(a\neq 0)$ 的图象，能通过图象了解二次函数的性质。

3. 会通过平移画出 $y=a(x-h)^2$ 的图象，能通过图象得出该二次函数的性质。

4. 通过绘制 $y=a(x-h)^2+k(a\neq 0)$ 的函数图象探索与 $y=ax^2(a\neq 0)$ 的关系。

5. 会用配方法将数字系数的二次函数的表达式化为 $y=a(x-h)^2+k(a\neq 0)$ 的形式，进一步理解各种表达式形式的二次函数图象的性质。

6. 绘制 $y=ax^2+bx+c(a\neq 0)$ 的图象。对二次函数一般式的图象和性质进行探究。

7. 会求二次函数表达式。

8. 掌握求二次函数最值的方法。

9. 通过实践与探索，了解二次函数与一元二次方程、不等式的联系与转化。会利用二次函数的图象求一元二次方程的近似解。

10. 通过建立数学模型，能够用二次函解决实际问题。

（二）高阶目标

11. 在经历观察、比较、归纳、应用，以及猜想、验证的学习过程中，能够掌握类比、转化等学习数学的方法，养成自主探索、合作探究的良好习惯。

12. 在问题不断变式和解决过程中，体会数形结合、分类讨论思想，培养几何直观意识。

13. 在具体情境中抽象数学符号过程，掌握必要的运算（包括估算）技能；探索具体问题中的数量关系和变化规律，掌握用函数进行表述的方法。

### 五、单元评价

1.1 能根据题意,列出二次函数表达式,并写出自变量 $x$ 的取值范围。

2.1 能用描点法画出 $y=x^2$ 的图象,根据函数图象特点,说出图象的对称轴、顶点坐标、最值和增减性。

2.2 能用描点法绘制 $y=ax^2(a\neq 0)$ 的图象,归纳图象特征,根据图象说出函数性质。

2.3 能用描点法画出 $y=x^2+1$ 的图象,根据函数图象特点,说出图象的对称轴、顶点坐标、最值和增减性。

2.4 能画出 $y=ax^2+c(a\neq 0)$ 的图象,并感受到当 $a$ 相同时,$y=ax^2+c(a\neq 0)$ 的图象是由 $y=ax^2(a\neq 0)$ 的图象上下平移得到的。

3.1 能用描点法画出 $y=(x-1)^2$ 的图象,根据函数图象特点,说出图象的对称轴、顶点坐标、最值和增减性。

3.2 能通过函数 $y=ax^2(a\neq 0)$ 的图象左右平移探索 $y=a(x-h)^2(a\neq 0)$ 的性质。

4.1 能用描点法画出 $y=(x-1)^2+1$ 的图象,根据函数图象特点,说出图象的对称轴、顶点坐标、最值和增减性。

4.2 能根据函数 $y=ax^2(a\neq 0)$ 图象的上下、左右的平移得到 $y=a(x-h)^2+k(a\neq 0)$,由此得到二次函数图象的顶点坐标,说出开口方向,得到函数图象的对称轴。

5.1 能够用配方法求出一元二次方程 $x^2+2x-4=0$ 的解,能求出 $y=x^2+2x-4$ 的最大值。

5.2 能把二次函数一般式通过配方法转化成顶点式,并直接说出对称轴和顶点坐标。

6.1 能画出二次函数 $y=x^2+2x+1$ 的图象,通过图象说出二次函数的性质,知道二次函数各项系数与函数图象开口方向、大小和对称轴的关系。

6.2 能画出一般二次函数 $y=ax^2+bx+c(a\neq0)$ 的草图,通过图象说出二次函数的性质,知道二次函数各项系数与函数图象开口方向、大小和对称轴的关系。

7.1 能根据一定的条件,应用待定系数法求出二次函数的表达式,知道给定不共线的三点的坐标可以确定一个二次函数的表达式。

8.1 能够根据配方法,求出二次函数的最值。

9.1 能够根据小组讨论,知道二次函数和一元二次方程之间的关系,会利用二次函数的图象求一元二次方程的近似解。

9.2 能通过图象探究得出二次函数与一元二次不等式之间的联系,能解决实际问题。

10.1 能够通过二次函数图象,通过实际情境分析,列出二次函数表达式,运用二次函数表达式及其性质解决简单的实际问题。

10.2 能够建立解决实际生活中二次函数的模型,在经历由特殊到一般、由具体到抽象的过程中,深刻理解数形结合的方法。

11.1 能够类比一次函数学习过程,对二次函数学习过程进行总结。

11.2 能通过给定任意一个二次函数,画出相应草图,说出二次函数性质。

12.1 能构建知识网络,绘制本单元思维导图,掌握知识之间的关联,对于不同形式的二次函数能够进行转换。

12.2 能通过解析式绘制二次函数草图,也能通过草图判断出二次函数各项系数的正负性。

13.1 能通过二次函数图象直接写出对应一元二次不等式的解,以及给定因变量时,对应自变量的取值范围。

13.2 能用二次函数解决实际问题,并给出正确的解决方案。能通过函数图象对一元二次方程的近似值进行估算。

九年级下册第 26 章 "二次函数"

## 六、单元结构化活动

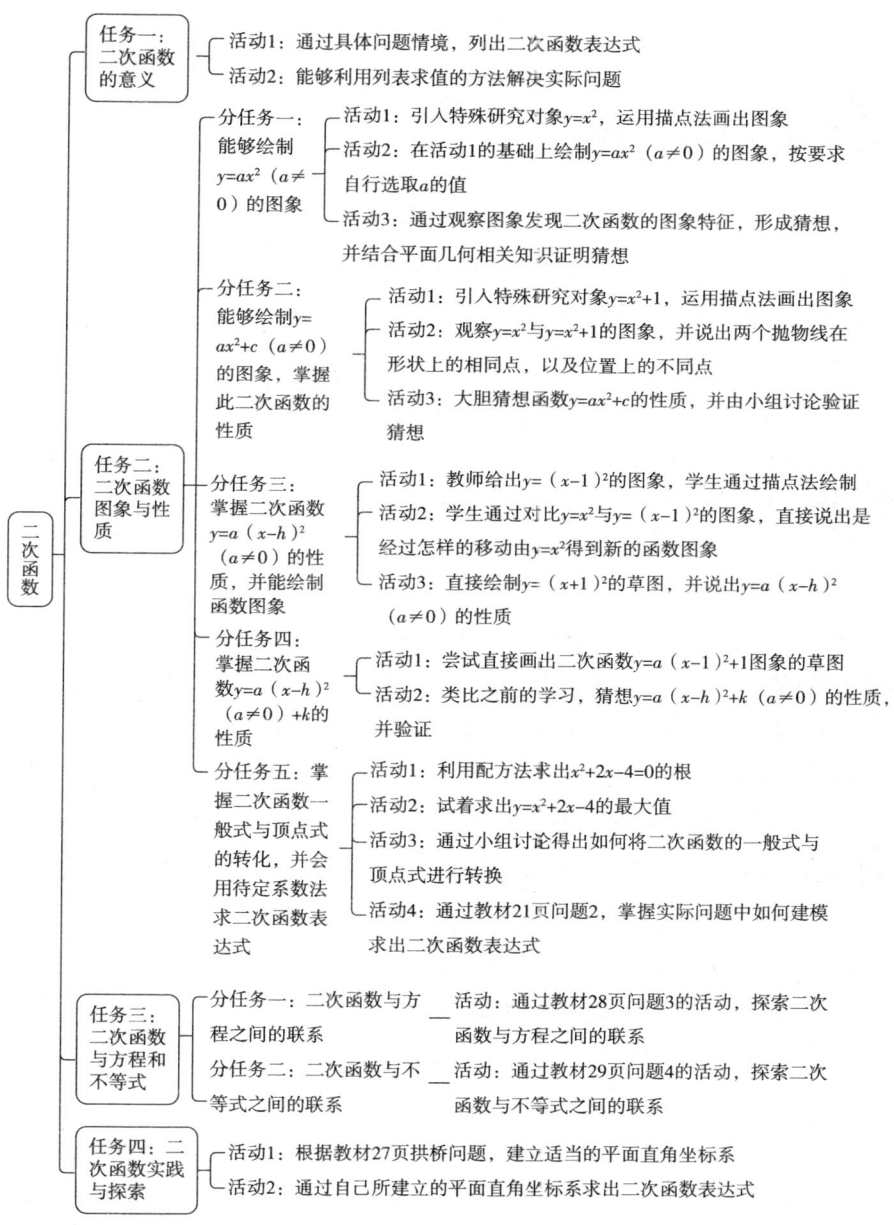

图 1　单元结构化活动

203

## 七、课时分配

共10课时。

## 课时规划设计

# 二次函数

(共6课时,新授课)

## 一、课时目标

(一)低阶目标

1. 用代数语言描述二次函数的意义。

2. 绘制二次函数 $y=ax^2(a\neq 0)$、$y=ax^2+c(a\neq 0)$ 的图象,能通过图象了解二次函数的性质。

3. 会用平移法画出 $y=a(x-h)^2(a\neq 0)$ 的图象,能通过图象认识二次函数的性质。

4. 会用配方法将数字系数的二次函数的表达式化为 $y=a(x-h)^2+k(a\neq 0)$ 的形式,进一步理解各种表达式形式的二次函数图象的性质。

5. 运用描点法绘制 $y=ax^2+bx+c(a\neq 0)$ 的图象。对二次函数一般式的图象和性质进行探究。

6. 在经历观察、比较、归纳、应用,以及猜想、验证的学习过程中,能够掌握类比、转化等学习数学的方法,养成自主探索、合作探究的良好习惯。

(二)高阶目标

7. 学生通过经历从一般到特殊的探究学习过程,激发自主探究学习的主动性和内驱力,形成"类比推理"这一数学能力。

## 二、情境任务(问题)

任务一:二次函数的概念。

任务二:能够绘制二次函数 $y=ax^2(a\neq 0)$ 的图象并掌握其性质。

任务三:运用描点法绘制 $y=ax^2+c(a\neq 0)$ 的图象,了解此二次函数性质。

任务四:了解二次函数 $y=a(x-h)^2(a\neq 0)$ 的性质,并能够准确绘制图象。

任务五：了解二次函数 $y=a(x-h)^2+k(a\neq 0)$ 的性质。

任务六：掌握二次函数一般式与顶点式的转化，并会用待定系数法求二次函数的表达式。

三、学生活动

活动 1.1：通过具体问题情境，列出二次函数表达式。

活动 1.2：能够利用列表求值的方法解决实际问题。

活动 2.1：引入特殊研究对象 $y=x^2$，运用描点法画出图象。

活动 2.2：在活动 1 的基础上绘制 $y=ax^2(a\neq 0)$ 的图象，按要求自行选取 $a$ 的取值。

活动 2.3：通过观察图象发现二次函数的图象特征，形成猜想，并结合平面几何相关知识证明猜想。

活动 3.1：引入特殊研究对象 $y=x^2+1$，运用描点法画出图象。

活动 3.2：观察 $y=x^2+1$ 与 $y=x^2$ 的图象，并说出两个抛物线在形状上的相同点，以及位置上的不同点。

活动 3.3：大胆猜想函数 $y=ax^2+c(a\neq 0)$ 的性质，并由小组讨论验证猜想。

活动 4.1：教师给出 $y=(x-1)^2$ 的图象，学生通过描点法绘制。

活动 4.2：学生通过对比 $y=x^2$ 与 $y=(x-1)^2$ 的图象，直接说出是经过怎样的移动由 $y=x^2$ 得到新的函数图象。

活动 4.3：直接绘制 $y=(x+1)^2$ 的草图，并说出 $y=a(x-h)^2(a\neq 0)$ 的性质。

活动 5.1：尝试直接画出二次函数 $y=(x-1)^2+1$ 图象的草图。

活动 5.2：类比之前的学习，猜想 $y=a(x-h)^2+k(a\neq 0)$ 的性质，并验证。

活动 6.1：利用配方法求出 $x^2+2x-4=0$ 的根。

活动 6.2：试着求出 $y=x^2+2x-4$ 的最大值。

活动 6.3：通过小组讨论得出如何将二次函数的一般式与顶点式进行转换。

活动 6.4：通过教材 21 页问题 2，掌握实际问题中如何通过建模求出二次函数表达式。

## 四、课时作业

**(一)基础作业(A层)**

知识点1:二次函数的概念

1. 下列函数中,$y$ 是 $x$ 的二次函数的是 (　　)

A. $y=x^2-x(x+2)$　　　　B. $y=x^2-\dfrac{1}{x}$

C. $x=y^2$　　　　　　　　D. $y=(x-1)(x+3)$

知识点2:$y=ax^2(a\neq 0)$ 的性质

2. 有下列四个二次函数:①$y=x^2$;②$y=-2x^2$;③$y=x^2$;④$y=3x^2$。其中抛物线开口从大到小的排列顺序是_____。

知识点3:$y=ax^2+c(a\neq 0)$ 的性质

3. 二次函数 $y=3x^2-3$ 的图象开口向_____,顶点坐标为_____,对称轴为_____。

当 $x>0$ 时,$y$ 随 $x$ 的增大而_____。当 $x<0$ 时,$y$ 随 $x$ 的增大而_____。

因为 $a=3>0$,所以 $y$ 有最_____值,当 $x=$_____时,$y$ 的最_____值是_____。

知识点4:$y=a(x-h)^2(a\neq 0)$ 的性质

4. 二次函数 $y=3(x+4)^2$ 的图象开口向上,对称轴是直线,当_____时,$y$ 随 $x$ 的增大而增大,当_____时,$y$ 随 $x$ 的增大而减小,当 $x=$_____时,$y$ 的最_____值是_____。

知识点5:$y=a(x-h)^2+k(a\neq 0)$ 的性质

5. 已知抛物线 $y=-2(x+1)^2-3$,如果 $y$ 随 $x$ 的增大而减小,那么 $x$ 的取值范围是_____。

知识点6:顶点式与一般式的转化

6. 将抛物线 $y=x^2-6x+5$ 向上平移2个单位长度,再向右平移1个单位长度后,得到的抛物线表达式是 (　　)

A. $y=(x-4)^2-6$　　　　B. $y=(x-1)^2-3$

C. $y=(x-2)^2-2$　　　　D. $y=(x-4)^2-2$

## (二)提升作业(B层)

7.当 $2 \leqslant x \leqslant 5$ 时,二次函数 $y=-(x-1)^2+2$ 的最大值为_____。

8.将抛物线 $y=x^2-4x+1$ 向右平移 1 个单位长度,求得到新抛物线的表达式。

## (三)满分作业(C层)

9.函数 $y=2x^2$ 的图象向平移 5 个单位长度,得到 $y=2(x+5)^2$ 的图象,再向_____平移_____个单位,得到 $y=2x^2+20x+56$ 的图象。

# 二次函数应用

（共 3 课时，新授课）

## 一、课时目标

（一）低阶目标

1.会求二次函数表达式并掌握求二次函数最值的方法。

2.通过实践与探索,了解二次函数与一元二次方程、不等式的联系与转化。会利用二次函数的图象求一元二次方程的近似解。

（二）高阶目标

3.在问题不断变式和解决过程中,体会数形结合、分类讨论思想,培养几何直观。

## 二、情境任务(问题)

任务一:用待定系数法,求函数表达式,并用配方法写成顶点式。

任务二:二次函数与方程之间的联系。

任务三:二次函数与不等式之间的联系。

## 三、学生活动

活动1:根据已知函数的特征,写出适当的形式。并根据其他已知条件,求出待定系数的值。

活动2:通过教材 28 页问题 3 的活动探索二次函数与方程之间的联系。

活动3:通过教材 29 页问题 4 的活动探索二次函数与不等式之间的联系。

### 四、课时作业

**(一)基础作业(A 层)**

知识点 1:二次函数与方程之间的联系

1. 二次函数 $y=-2x^2-4x+5$ 的最大值是_____。

2. 在二次函数 $y=ax^2+bx+c(a\neq 0)$ 中,函数值 $y$ 与自变量 $x$ 的部分对应值如表 1,则该函数图象的对称轴是直线　　　　(　　)

A. $x=2$　　B. $x=1$　　C. $x=\dfrac{3}{2}$　　D. $x=-\dfrac{1}{2}$

表 1　自变量与因变量对应表

| $x$ | … | $-2$ | $-1$ | $1$ | $2$ | $3$ | … |
|---|---|---|---|---|---|---|---|
| $y$ | … | $8$ | $3$ | $-1$ | $0$ | $3$ | … |

知识点 2:二次函数与不等式之间的联系

3. 在二次函数 $y=x^2-2x-3$ 中,当 $0\leqslant x\leqslant 3$ 时,$y$ 的最大值和最小值分别是　　　　(　　)

A. $0,-4$　　B. $0,-3$　　C. $-3,-4$　　D. $0,0$

**(二)提升作业(B 层)**

4. 已知 $a,b,c$ 是实数,点 $A(a-1,b)$,$B(a-2,c)$ 在二次函数 $y=x^2-2ax+1$ 的图象上,则 $b,c$ 的大小关系是 $b$ _____ $c$(填">"或"<")。

**(三)满分作业(C 层)**

5. 抛物线 $y=ax^2+bx+c(a\neq 0)$ 图象的一部分如图 2 所示,其对称轴为直线 $x=2$,与 $x$ 轴的一个交点是 $(-1,0)$,有以下结论:①$abc>0$;②$4a-2b+c<0$;③$4a+b=0$;④抛物线与 $x$ 轴的另一个交点是 $(5,0)$;⑤若点 $(-3,y_1)$,$(-6,y_2)$ 都在抛物线上,则 $y_1<y_2$. 其中正确结论有_____。

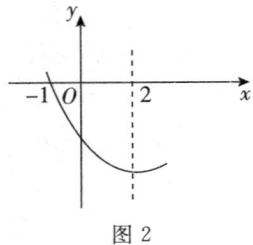

图 2

# 用二次函数解决实际问题

(1课时,新授课)

## 一、课时目标

(一)低阶目标

1. 通过建立数学模型,能够用二次函数解决实际问题。

(二)高阶目标

2. 能够分析实际问题中变量之间的关系,建立二次函数模型解决实际问题。

## 二、情境任务(问题)

任务:通过建立数学模型把实际问题转化成数学问题来解决。

## 三、学生活动

活动1:根据教材27页拱桥问题建立适当的平面直角坐标系。

活动2:根据自己所建立的平面直角坐标系求出二次函数表达式。

## 四、课时作业

(一)基础作业(A层)

知识点1:二次函数实践与探索

1. 某公园有一个圆形喷水池,喷出的水流的高度 $h$(单位:m)与水流运动时间 $t$(单位:s)之间的关系式为 $h=30t-5t^2$,那么水流从喷出至回落到地面所需要的时间是 (　　)

A. 6 s　　　B. 4 s　　　C. 3 s　　　D. 2 s

(二)提升作业(B层)

2. 铅球运动员掷铅球的高度 $y$(m)与水平距离 $x$(m)之间的函数关系是 $y=-\dfrac{1}{12}x^2+\dfrac{2}{3}x+\dfrac{5}{3}$,则该运动员此次掷铅球,铅球出手时的高度为_____ m。

## （三）满分作业（C层）

3. 某菜农搭建一个横截面为抛物线的大棚,有关尺寸如图3所示,若菜农身高为1.6 m,则他在不弯腰的情况下在大棚里横向活动的范围是_____ m。

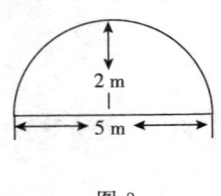

图3

# 课时教学设计及课堂教学实录

## 二次函数 $y=ax^2(a\neq 0)$ 的图象与性质
（1课时）

### 一、学习目标

（一）低阶目标

1. 会绘制二次函数 $y=ax^2(a\neq 0)$ 的图象,能通过图象了解二次函数的性质。

2. 在经历观察、比较、归纳、应用,以及猜想、验证的学习过程中,能够掌握类比、转化等方法,能独立思考,体会数学的基本思想和思维方式。

（二）高阶目标

3. 能掌握解决问题的策略和方法,能运用所学知识解决实际问题,分析实际问题中的数学关系,构建二次函数模型,提升应用能力。

### 二、达成评价

1.1 能正确建立平面直角坐标系并用平滑的曲线连结各点,画出 $y=x^2$ 的图象,并说出它的性质。

1.2 能按要求对 $a$ 赋值,绘制一般情况下 $y=ax^2(a\neq 0)$ 的二次函数图象。当 $a$ 取不同符号时,能准确画出草图。

1.3 能够准确地表述 $y=ax^2(a\neq 0)$ 的性质。

2.1 能根据图象观察、分析出 $y=ax^2$ 的开口方向由 $a$ 的正负决定。开口大小由 $a$ 的绝对值的大小决定。

2.2 能根据图象得出哪些因素影响 $y=ax^2$ 的顶点坐标、对称轴、最值。

2.3 能在探究过程中,渗透数形结合思想,进一步经历由函数图象的观察、概括函数性质的过程,熟悉相应的表述方法。

3.1 从一般到特殊,由具体到抽象,建立二次函数图象和性质的模型,能在实践中体会出二次函数的实际意义,分析出自变量与因变量之间的关系。

三、学习过程

(一)先行组织

回顾以下问题:一次函数的图象是什么?反比例函数的图象是什么?画函数图象一般的步骤是什么?在八年级下学期,我们是如何研究一次函数和反比例函数的图象与性质的,类比研究一次函数的方法,我们探究下二次函数的图象是什么形状。(学生回顾得出一次函数图象是直线,反比例函数图象是双曲线)

(二)任务(问题)与活动

任务一:类比一次函数探究二次函数 $y=x^2$ 的图象与性质

活动1:尝试用描点法,画出二次函数 $y=x^2$ 的图象,观察二次函数 $y=x^2$ 的图象,你发现了什么?

【组织学习】

学生独立思考,尝试画图。

〔评价标准〕

1. 能够建立正确的平面直角坐标系并画出函数图象。(+1)

2. 能够说出二次函数图象的形状。(+2)

3. 能准确判断出二次函数图象是不是轴对称图形。(+3)

4. 能够判断出函数图象是否有最值,最值是什么。(+4)

【表达成果】

生1:用描点法画函数图象前,应该建立正确的平面直角坐标系,并把相应点描绘在平面直角坐标系上。

生2:二次函数的图象是抛物线且是轴对称图形。

生3:此二次函数有最值。

【交互反馈】

组织同学依据评价标准互评,实现交互反馈。

生4:我想给生3打2分,因为他只说出最值,但没有说出最值是多少,(补充)当 $x=0$ 时,最小值是0。

【整合提升】

师生共同总结。

二次函数 $y=x^2$ 的图象是一个开口向上的轴对称图形,对称轴为 $y$ 轴,该图象有最低点,同时也有最小值,最小值为0。

任务二:探究二次函数 $y=ax^2$ 的图象与性质

活动2:绘制 $y=ax^2(a\neq 0)$ 的图象,由各小组自由决定 $a$ 的取值。

问题1:各小组对 $a(a\neq 0)$ 自由取值,并说出自己的取值。

问题2:通过各组所取的不同系数,说出这些函数图象有哪些相同点和不同点。

问题3:上述异同点都是由什么因素决定的?

各组学生根据 $a$ 的不同取值,绘制图象。

组织学生小组讨论后表达成果:

生1:我对 $a$ 赋值为 $\frac{1}{2}$,$y=\frac{1}{2}x^2$ 的图象开口向上,对称轴是 $y$ 轴。

生2:同组补充,$y=\frac{1}{2}x^2$ 的图象最低点坐标为(0,0),最小值是0,$x>0$ 时 $y$ 随 $x$ 的增大而增大,$x<0$ 时 $y$ 随 $x$ 的增大而减小。

生3:我对 $a$ 取值为 $-2$,函数是 $y=-2x^2$,图象开口向下,与 $y=2x^2$ 的图象除了开口方向相反,其余顶点坐标、对称轴都相同。所以我猜想开口方向由 $a$ 的正负决定。

〔评价标准〕

1.能准确绘制该二次函数图象。(+2)

2.能够说出该二次函数图象的对称轴、顶点坐标、最值。(+3)

3.能够说出自己所绘二次函数图象的增减性。(+2)

4.能够对比出本组二次函数与其他二次函数的不同点,并说出你的猜

想。(+3)

组织同学依据评价标准互评,实现交互反馈:

生4:同学3的说法缺乏一般性,不能单纯从一个二次项前系数取值说明二次函数的开口方向由$a$决定,$-2$不具有代表性。

生5:我同意生4的说法,应该再进行深入探究!

组织小结,整合提升:

$y=\frac{1}{2}x^2$,$y=x^2$,$y=2x^2$ 这三个函数图象开口方向、对称轴、最值、增减性相同,但形状不同。$y=-2x^2$ 与 $y=2x^2$ 开口不同,但形状相同。由此,可以看出$a$的正负决定开口方向。

(三)迁移运用

师:根据之前探究函数的经验,我们探究下 $y=ax^2$ 的性质,并说出表达式中$a$的作用。请各位同学从开口方向、对称轴、顶点坐标和最值四个方面进行研究。

(四)成果集成

$a$决定抛物线的开口方向,$a>0$时,开口向上;$a<0$时,开后向下。$|a|$相等,抛物线的开口大小、形状相同。$|a|$越大,开口越小;$|a|$越小,开口越大。

学生通过回顾二次函数图象,整理表2。

表2 二次函数性质

| 函数 | | 图象 | 开口方向 | 顶点坐标 | 对称轴 | 函数变化 | 最值 |
| --- | --- | --- | --- | --- | --- | --- | --- |
| $y=ax^2$ | $a>0$ | | 向上 | (0,0) | $y$轴 | $x>0$时,$y$随$x$增大而增大;$x<0$时,$y$随$x$增大而减小 | 当$x=0$时,$y=0$(为最小值) |

| 函数 | | 图象 | 开口方向 | 顶点坐标 | 对称轴 | 函数变化 | 最值 |
|---|---|---|---|---|---|---|---|
| $y=ax^2$ | $a<0$ | | 向下 | (0,0) | $y$轴 | $x>0$时,$y$随$x$增大而减小;$x<0$时,$y$随$x$增大而增大 | 当$x=0$时,$y=0$(为最大值) |

（五）作业设计

• 基础性作业（A层作业）

1.函数$y=-\dfrac{2}{3}x^2$的图象开口向_____,顶点坐标为_____,对称轴是_____。

2.点$A(3,a)$在抛物线$y=mx^2$上,则点$A$关于抛物线对称轴的对称点的坐标是$(-3,a)$,则$m$的值是_____。

• 提升作业（B层作业）

3.写出一个顶点在原点,开口向下的抛物线表达式。

4.已知原点是抛物线$y=(m-2)x^2$的最低点,则$m$的取值范围是（ ）

A.$m>2$　　　B.$m>-2$　　　C.$m<2$　　　D.$m<0$

• 满分作业（C层作业）

5.已知$y=mx^{m^2+m}$是$x$的二次函数。

(1)该二次函数的图象开口向上,则$m$取何值?

(2)在(1)的条件下,

①当$x$取何值时,$y>0$?

②当$x$取何值,在$y_2>y_1$时,总有$x_2>x_1$?

③当$x$取何值,在$y_2>y_1$时,总有$x_2<x_1$?

（六）课后反思

本章节内容是在大单元基础上进行设计的,让学生在探究活动中去经历、体验、内化知识的方法。

在课上,学生确实遇到了一些问题,比如如何将二次函数的图象用平滑曲线绘制出来,如何发现二次函数的顶点坐标,以及如何探究函数的性质等等。在解决这些问题的过程中,采用类比的方法,学生因为对知识的遗忘导致课堂效果与预设不同。因此在课堂中,需要注意知识的前后关联,尊重学生的独立思考和创新能力。

学生也有很多精彩回答,有些学生能够从简单的图形入手,给出比较详细的解答;而有些学生则可能需要更多的引导才能得出答案。这说明学生的学习风格和能力有较大差异,我们需要提供不同的教学方式,以满足不同学生的学习需求。

这也让我更加意识到,教育应该注重培养学生的创新能力和独立思考能力,而不仅仅是注重知识的传授和计算能力的提升。

# 深度学习理念下大单元教学

初中 / 语文

总 主 编：苏文玲
本册主编：金敬红　张红霞
　　　　　郭小梅　王思瑶

世界图书出版公司

图书在版编目（CIP）数据

深度学习理念下大单元教学 / 苏文玲著 . -- 北京：世界图书出版公司，2022.12
ISBN 978-7-5232-0016-2

Ⅰ.①深… Ⅱ.①苏… Ⅲ.①教学研究 Ⅳ.①G420

中国国家版本馆 CIP 数据核字 (2023) 第 011539 号

| | |
|---|---|
| 书　　　名 | 深度学习理念下大单元教学　初中语文 |
| （汉语拼音） | SHENDU XUEXI LINIANXIA DADANYUAN JIAOXUE　CHUZHONG YUWEN |
| 著　　　者 | 苏文玲 |
| 总　策　划 | 吴迪 |
| 责 任 编 辑 | 王林萍 |
| 装 帧 设 计 | 包莹 |
| 出 版 发 行 | 世界图书出版公司长春有限公司 |
| 地　　　址 | 吉林省长春市春城大街 789 号 |
| 邮　　　编 | 130062 |
| 电　　　话 | 0431-86805551（发行）　0431-86805562（编辑） |
| 网　　　址 | http://www.wpcdb.com.cn |
| 邮　　　箱 | DBSJ@163.com |
| 经　　　销 | 各地新华书店 |
| 印　　　刷 | 河北品睿印刷有限公司 |
| 开　　　本 | 787 mm×1 092 mm　1/16 |
| 印　　　张 | 11.5 |
| 字　　　数 | 172 千字 |
| 印　　　数 | 1—3 000 |
| 版　　　次 | 2022 年 12 月第 1 版　2022 年 12 月第 1 次印刷 |
| 国 际 书 号 | ISBN 978-7-5232-0016-2 |
| 定　　　价 | 45.00 元 |

版权所有　翻印必究

（如有印装错误，请与出版社联系）

# 编委会

顾　　问：崔成林

总 主 编：苏文玲

本册主编：金敬红　张红霞　郭小梅　王思瑶

编　　委：万　丹　马　婷　孙　华　孙艳艳
　　　　　刘　英　刘铭伟　汤　微　杨凤媛
　　　　　邵思语　张　晶　陈秀芬　胡　爽
　　　　　徐成利　徐霄林　雷雯尧　颜廷安
　　　　　王世醒　王　峨　高艾玲　郑兆英

출처별

# 序

  知易行难。作为指导专家，深知大单元设计和教学实践的艰难，要想把"死教材"变成"活课程"，不仅需要理念培育、策略建构，还需要一线教师有较高的专业素养和持之以恒的热情。长春经济技术开发区教师进修学校，基于深度学习理念下教学评一体化实践研究，从教研员带头做起，以教师进修学校附属学校（育隆学校）、项目学校及学科基地校为实践基地，上挂下联，促进教学理念转化，扎根学校课堂实践，解决了理论联系实践的难题，并结出了丰硕的果实，提炼出一个个优质的教学案例，汇集出版了《深度学习理念下大单元教学》专著和中考九个学科的"教学案例"，给基础教育学校提供了急需的可借鉴、可临摹的大单元设计范例，可喜可贺！

## 一、为什么要进行"大单元整体设计"

  素养立意，深度学习，以大单元整体教学为载体，目的是培养知行合一的优秀学习者，这是实施大单元教学的根本价值。然而，一线教师不喜欢这种"大道理"，作为一位常自诩"在理论与实践割裂处穿行"的学者，将从教学质量提升的实践角度谈谈自己的感悟。

  "讲练结合"是一线教师公认的有效教学策略。传统的以"课"为单位的教学，"课"与"课"各自为政，缺乏有机统一、分工合作，形不成"整体"力量，让老师陷入了"讲练两难"的境地。如果按照现在流行的说法，"把课堂还给学生"，教师"少讲"，学生"多练"，人们发现，在这样的课堂，学生学习知识不系统、理解不深刻。由于"讲""练"无法两全，于是，课内损失课外补，"满堂讲""满堂问"依然是当前课堂的主题曲，这说明"单打独斗"式的"课时主义"，不仅导致了知识与知识之间、问题与问题之间、课与课之间……缺乏关联和迁移，导致有效的教学策略难以落地，而且直接影响教学质量的提升。

既然"单打独斗"的"课时主义"有诸多弊端,那么是否可以尝试一下"整体作战"呢?即以一个单元(自然单元或重组单元)为最小的教学单位来组织教学。这种"整体作战",在一个课程单元教学中,分工合理,各展所长:有的课时可以系统讲,有的课时可以集中练,有的课时重在作业讲评,有的课时着眼方法提升……相互配合、有机统一、统筹安排,则可以解决当前课堂"讲练结合"捉襟见肘的问题。以单元为一个教学单位组织教学,可以产生"1+1"大于"2"的教学效果,解决教学碎片化、孤立化的困境;可以让教师的教学决策更加灵活,做到张弛有度、收放自如。

课堂教学是一门艺术,同样需要"战略战术"。视角孤立的"课时教学",零散、浅表、呆板、高耗,过分强调"教学速度和知识效率",达不到知识、思维和素养生长应该具有的"课标"高度,不符合当今素养导向的中高考综合测试要求。单元整体视角的"单元教学"具有"大主题"统领、"系统化"分析、"整体性"编排、"结构化"关联的内涵特征,利于学科素养的落实和质量提升。

## 二、如何进行"大单元整体设计"

什么是"单元"?《现代汉语词典》:整体中自成段落、系统,自为一组的单位。我们日常所说的教材单元是由若干个相同知识组成的集合,通过课时教学的组织方式来完成。真正的课程单元,应该以一个"单元"为"一个最小的教学单位",以课时为单元的组成部分。这如同一只手,手指是手的组成部分,各有各的作用,有机统一才能发挥一只手的完整功能。

那么何谓"大单元"呢?大单元的"大"字,并不是数量、形状的比较词,大单元是指"课程单元""学习单元"。这个"大"字如果需要诠释,我以为用"素养",即"知行统一"解读更准确,"素养为大"。大单元是指基于学科核心素养和课程标准要求,根据学生认知规律和基本学情,以一个主题(专题、话题、问题)为核心,根据单元目标,组织、连接学习内容,形成贯通学习情境、学习任务、学习活动和学习评价的整体联系的最小的教学单位。

"大单元整体设计"的特点是"系统分析、整体设计"。系统分析，是指整个单元规划和课时设计必须建立在对课程标准、核心内容、基本学情深度分析的基础上的"再建构"，是通过大问题、大任务、大观念或大项目的组织方式来完成的，而非一味沿袭教材、教参和学辅资料的规定与说明；整体设计，是指课时教学之前，要在系统分析的基础上组建单元、确定主题、明确目标（含学业质量标准）、结构化任务、递进性活动以及课型、课时、作业等内容。

（一）未设计、先分析——分析课标、分析教材、分析学情，这是单元设计的基础工程

没有对课标、教材、学情的深度解析和精准把握，单元规划和课时设计就成了无源之水、无本之木，教学质量也就无从谈起了。单元设计教案一般会设置课标分析、教材分析、学情分析这些栏目，让老师们把分析显性化、可见化。依我看来，这种分析可以写在纸上，"显而易见"，也可以隐藏在对"课标、教材、学情"分析后的"产品"中。单元目标制定得是否准确，单元学业质量标准制定得是否精准，足以验证设计者是否深度解析并准确把握住了课程标准；单元结构化的学习任务是否完整，分类分层逻辑是否科学，足以验证设计者是否深度阅读并剖析了教材和相关学习资源，是否深谙学科内容之间的逻辑关系；单元递进性活动设置得是否得当，学习过程组织得是否有序，也足以证明设计者对学情把握得准确与否，是否符合自己所教学生的最近发展区。以输出成果证明过程效能，也是一种验证课标、教材、学情分析品质的方法。

（二）整体性、结构化——"整体设计、统筹安排""课程结构、思维进阶"，这是大单元设计的基本特征与内在逻辑

由零散走向关联，由浅表走向深度，由知识化走向课程化（面向真实问题解决），要求设计者站到课程的高度，遵循育人的需要，整体建构，旨在取得最大、最佳教学效能。以主题为统领，以目标为指向，以标准为依据，综合利用各种教学形式和教学策略，完成具有内

在联系的学习任务，达到迁移运用水平。

1.纲举目张——主题是单元设计的聚合器

以核心素养为纲来设计大单元，关键在于提炼一个合适的大主题。通过提炼合适的主题来统领整个单元。单元主题可以这样设计：（1）以大概念或核心概念为主题；（2）以项目化学习主体任务为主题；（3）以课程内容对应解决的主问题、主任务为主题；（4）以教材整合后指向的核心目标为主题；（5）以现实问题整合的跨学科生成为主题；（6）直接采用教科书单元主题；等等。主题的确定应遵循以下基本原则：指向素养提升，落实课程标准，遵循教学规律，体现学科本质和学科育人价值。

2.进阶式目标——具有递进层次的完整目标

优质单元设计的重要品质之一就是澄清本质不同的目标：短期学习目标（知识和技能）和长期学习目标（理解意义和迁移）。单元目标应体现从知识到素养的"思维进阶"，分清低阶学习目标（双基）和高阶学习目标（运用双基）。这种进阶式学习目标可以将学习目标组织成非常有用的结构，它是一个连续统一体，能清楚地说明与具体标准相关的不同层次的知识与技能。

3.单元评价——学业质量标准的单元化

无规矩不成方圆，无标准难求质量。新修订的课程标准，一个较大的变化是增加了"学业质量标准"。根据"逆向设计"理念，单元设计应该在学习目标（学习结果）确定之后，设计单元"学业质量标准"，彰显目标达成评估证据，然后设计单元结构化活动（任务）。单元达成评价可通过设计评价性任务或问题，以完成的情况和质量来测评；可通过各类学习活动成果、课堂汇报、展示或演讲来评估；也可在过程中设置观察评价点，根据学生学习行为、过程来评价等。

4.结构化活动——区分课程单元与教材单元的标志

单元结构化活动是为了达成单元目标，解决学习问题或完成学习任务而进行的一系列习得行为和过程方法，相对独立，又彼此联系，构成一个体系化的课程学习活动结构，由单元结构化学习任务和递进

化学习活动设计构成。以单元主题为基础，将本单元知识进行课程开发，转化为学习任务（或问题），按照"主题（大概念）——主问题/任务（核心概念）——分问题/任务（重要概念）——子问题/任务（基础概念）"逻辑，将子任务活动化，组成一个课程学习的意义整体，是区分课程单元与教材单元的主要标志。

单元结构化任务需要站在单元知识结构化的角度，确定构成系统的各项子任务。这些子任务具有层次性，从低级到高级地解决学习问题或完成子任务的学习方式或策略行为，即递进性活动。单元活动设计要求站在单元知识结构性的高度，以学习问题（或任务）解决为主线赋予相应的认知策略，通盘设计，构建一系列相对独立又内具关联的活动群，整体协同达成单元目标，成为单元规划课时、课型的基本依据和划分标准。

在完成上述研究分析和单元设计之后，我们需要上述内容和结构化活动，联系学生的学情，进行目标的分解、课时的划分，并根据学科特点设计适合的课型，形成具有进阶性且整体闭合的单元教学过程，同时进行设计作业及统筹安排。单元作业设计要整体设计，应具有递进性和关联性。单元作业要求站在单元层面统筹考虑整个单元系列性作业，将单元内零散的、单一的作业采取删减、增补、重组等方式合理整合，而不是对单元内一课一课作业的叠加。要求依据学生的认知特点和某个单元的教学内容，设计合理的、有一定思维梯度的作业，注重学习的阶段性和层次性，避免传统作业的随意性与盲目性。

大单元设计是一项复杂的工作，对设计者的专业能力要求特别高。第一，设计者应该是一个教学研究者，需要对课标、学情、教材深度解析，并转化为单元主题、目标、评价等课程产品；第二，设计者应该是一个课程开发者，需要把教材内容抽丝剥茧，变成结构化的学习问题、学习任务，并赋予情境，引导学生通过学习活动解决问题；第三，设计者应该是一个顶层设计者，需要整体构思、科学统筹课型、课时，从单元规划到课时教学，形成一个完整的系统化设计。在大单元设计方面，无论理论研究专家还是一线实践者，我们仍在路上……但只要我们坚持如一，不断摸索，就能够克服一个个难关，"他山之石，可以攻玉"，我们不妨以此为参考，继续深化研究，以期结出丰硕的果实。

崔成林

崔成林：山东省特级教师，正高级教师。山东省十大创新人物，泰安市功勋教师。长期致力于课堂实践研究，在教学设计、教学评价、现代课堂建构方面有独到见解和实践经验，已在国家和省市教育期刊发表论文上百篇。近几年，着力深度学习理论转化，推进深度教学改革，取得了丰硕的成果，获得了山东省教学成果一等奖、国家教学成果二等奖，本人也荣获"第四届全国教育改革创新先锋奖"。

# 目录 contents

七年级上册第一单元"涵泳四季美文　陶冶审美情趣"/1

七年级上册第二单元"挚爱亲情"/19

七年级上册第五单元"生命之趣"/40

七年级下册第一单元"天下英雄气　千秋尚凛然"/55

七年级下册第三单元"小人物　大情怀"/72

八年级上册第三单元"循章探句赏山水　江山草木皆含情"/92

八年级下册重组单元"借助比较阅读　感受陶渊明和柳宗元的人生智慧"/110

九年级上册第三单元"登亭台楼阁　观湖光山色　抒忧乐情怀"/125

九年级上下册重组单元"'言刃交锋'——议论文复习专题"/138

九年级复习重组单元"劝说有道——劝说类文言文复习"/153

# 七年级上册第一单元
## "涵泳四季美文　陶冶审美情趣"

长春经济技术开发区教师进修学校　张红霞　陈秀芬　刘英

单元教学规划

### 一、单元内容

学习统编版初中语文七年级上册第一单元，本单元包含《春》《济南的冬天》《雨的四季》和《古代诗歌四首》四篇课文，分属于现当代散文和古诗词。

### 二、单元分析

（一）课标分析

《义务教育语文课程标准（2022年版）》中有这样的阐述：能用普通话正确、流利、有感情地朗读。阅读教学应引导学生钻研文本，在主动积极的思维和情感活动中，加深理解和体验，有所感悟和思考，受到情感熏陶，获得思想启迪，享受审美乐趣。从中获得对自然、社会、人生的有益启示。了解常用的修辞方法，体会它们在课文中的表达效果。注重评价主体的多元与互动。坚持定性评价和定量评价，注重过程性评价，全面反映学生语文学习的状态及水平。继续丰富自己的积累。分类整理、欣赏、交流所积累的词语、名句、诗文等，并在日常读写活动中积极运用，提升自身的中华文化修养。

（二）教材分析

学习本单元的课文，一方面要重视朗读课文，想象文中描绘的情景，领略自然之美；另外一方面要把握好重音和停连，感受汉语声韵

之美；同时通过体会比喻和拟人等修辞手法的表达效果，揣摩和品味语言之美。总的来看，本单元是要透过让学生学习四季美文，热爱生活，获得美的熏陶，陶冶美的性情。所以本单元教学侧重引领学生处处、时时感悟语言的美好，领略文字的奥妙，触摸语文学习的方法，为今后学好初中语文打下乐学、会学的基础。

朱自清的《春》，以生动形象的笔法，通过大量的比喻、拟人、排比等修辞手法的使用，从春草、春花、春风、春雨和迎春的人等多个角度，写出了春天的生机和希望，表达了作者对春天的赞美和歌颂。老舍的《济南的冬天》，将济南的一草一木，一山一水拟人化，描写和赞美济南在冬天的温晴。刘湛秋的《雨的四季》，则不限于一时一地，而是描写大自然四季里多姿多彩的雨的形象。四首古代诗词，或观沧海，或泛江河，或别友人，或诉秋思，所描写的景色和所抒发的感情各异，但是都运用了融情于景、情景交融的抒情手法。这三篇文章和四首古诗词既描绘了不同季节的景色，又在语言上各有特色，很适合学生进行朗读和写作模仿。

（三）学情分析

刚刚升入初中的学生，经过小学的积累，大部分学生在学习语文时能够大体把握文意，想象文字描述的情境，体会作品的情感，能够受到优秀作品的感染与激励，向往和追求美好的理想。能够通过语调、韵律、节奏等体味作品的内容和情感。也有一部分初一学生对初中语文学习存在极大的不适应性：学习适应能力差；个别学生缺乏学习兴趣；没有养成良好的语文学习习惯，跟不上初中语文学习的步伐；听说读写技能基础比较薄弱；欠缺对生活的感悟观察；思维模式单一僵化；个别学生偏科，不喜欢语文。

如何转变刚刚升学的七年级学生语文学习劣势？最重要的是激发学生对语文学习的兴趣。一切知识的获得都是以兴趣为前提的。其次，做好与小学语文教学内容和教学方法的衔接，更好地开启学生初中语文学习道路。了解学生小学阶段的学习内容、学习方法、学习习惯等，把学习的起点，放置在学生现有的语文基础上。充分调动学生已有的文章积累、语言积累和知识积累，引导学生顺利进入初中语文学习。

**三、单元主题**

涵泳四季美文　陶冶审美情趣

**四、单元目标**

低阶目标：

1.学习朗读技巧，把握重音和停连，调控语音语调，读出韵味，读出美感。

2.揣摩和品味语言，赏析修辞的妙处，体会作者个性化的语言表达中所蕴含的情感。

3.归纳概括景物特征，进行描写景物片段练习。

高阶目标：

4.通过群文赏析，深化审美感知，体会自然景物中所富有的文化内涵，提升学生对生活的热爱之感，同时提升学生分析与整合的思维能力。

5.通过梳理写景散文的选材、写作顺序、个性化语言表达、抒发情感的方法与规律，迁移运用，创作大作文，达到创造性的学以致用的能力。

**五、单元评价**

1.能通过把握重音、停连，调控语音语调，读出文章的情味，做到有感情地朗读。

2.能通过分析比喻、比拟等修辞手法，品味关键词语，调动多感官认知，展开联想和想象，赏析语言个性化表达的妙处。

3.能找出课外群文中的精美语段，并运用课内所学的赏析方法进行赏析，增强审美感知能力。

4.能归纳文章选取的典型景物，说明特征，概括呈现这一特征所运用的表现手法，并运用表现手法创作景物片段描写。

5. 能结合一个段落、一篇文章，从围绕中心所选取的景物及特征、写作顺序、个性化语言表达、抒发情感几个维度进行梳理，归纳概括其中的方法与规律，将之迁移运用到自己的大作文创作中。

**六、单元结构化活动**

任务一：亲近自然　初读感知

活动1：我来读　初读课文，积累字词、作家作品，熟读课文

活动2：我来理　梳理文章主要内容

活动3：我来辨　归纳概括文章主旨

任务二：共品情韵　动情诵读

活动1：寻美观察　找出最美文章最美段落

活动2：美读美诵　运用朗读技巧练习朗读

活动3：配乐朗读　练习配乐朗读

活动4：展示朗读成果，运用评价量表进行自评、生生互评

任务三：心交物语　品味语言

活动1：拨动心弦　找出令你心动的语句

活动2：物我合一　赏析品味语言的精妙

活动3：手绘美景　景物片段练习

任务四：四季大美　群文赏析

活动1：美读　运用课内所学朗读技巧朗读课外美文

活动2：美赏　运用课内所学赏析方法赏析课外美文

活动3：美创　运用至少两种个性化表达的方法，描写某一季节具有特征性的景物

任务五：描画四季　作文创作

活动1：分组　学生自主选择春、夏、秋、冬四组中的一组

活动2：提纲　完成写作提纲

活动3：成文　创作一篇抒写某一季节的大作文

活动4：展示评价

活动5：作文修改

活动6：完成投稿

七、课时分配

本单元设计11课时。

任务一：亲近自然　初读感知（第1-4课时）

任务二：共品情韵　动情诵读（第5-6课时）

任务三：心交物语　品味语言（第7-8课时）

任务四：四季大美　群文赏析（第9课时）

任务五：描画四季　作文创作（第10-11课时）

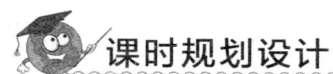

## 课时规划设计

### 亲近自然　初读感知
（第1-4课时）

分别以一课时完成《春》《济南的冬天》《雨的四季》《古代诗歌四首》的学习。

**一、课时目标**

低阶目标：

1.通读课文，积累文学常识与生字生词。

高阶目标：

2.梳理文章主要内容，体会作者抒发的情感，陶冶审美情趣。

**二、情境任务**

亲近自然，走入四季，感知美景，体悟美情。

**三、学生活动**

活动1：我来读　初读课文，积累字词、作家作品，熟读课文，个别课文需背诵

活动2：我来理　梳理文章主要内容

活动3：我来辨　归纳概括文章主旨

**四、课时作业**

1.熟读课文，整理字词。

2.用思维导图梳理文章内容与情感。

## 共品情韵　动情诵读
（第5-6课时）

完成《春》《济南的冬天》《雨的四季》《古代诗歌四首》的学习。

### 一、课时目标
低阶目标：

1.运用重音、停连等朗读技巧有感情地朗读课文。

高阶目标：

2.参照评价量表评价朗读成果。

### 二、情境任务
学校正在开展"我绘四季"活动，向同学们征集描绘四季的视频、音频、稿件，大家踊跃参加。

### 三、学生活动
活动1：寻美观察　找出最美文章最美段落，从各个角度进行立体式赏析

活动2：美读美诵　运用朗读技巧练习朗读，读出情感，读出情境

活动3：配乐朗读　练习配乐朗读，沉浸式体验四季之美

活动4：展示朗读成果　运用评价量表进行自评、生生互评

### 四、课时作业
A层：把你最喜欢的一段描写读给你的家人听。

B层：将你最得意的朗读，配置乐曲，录制成音频或视频投给学校，也可以发到喜马拉雅或抖音等平台。

（A、B选做）

## 心交物语　品味语言
（第7-8课时）

第7课时完成《春》《济南的冬天》，第8课时完成《雨的四季》《古代诗歌四首》。

### 一、课时目标
低阶目标：

1.赏析比喻、拟人等修辞的妙处，体会其中所蕴含的情感。

2.通过品味关键词语，调动多感官认知，展开联想和想象，赏析语言个性化表达的妙处。

高阶目标：

3.在赏析个性化语言表达的基础上，运用个性化语言进行景物描写片段练习，锻炼个性化表达的能力。

二、情境任务

请化身作者笔下的某种景物，就你所展现的风貌谈谈感想。

三、学生活动

活动1：拨动心弦　找出令你心动的语句

活动2：物我合一　赏析品味语言的精妙

活动3：探究事理　归纳概括个性化表达的方法

活动4：迁移运用　利用归纳方法自主赏析《雨的四季》《古代诗歌四首》

活动5：手绘美景　运用至少一种方法进行景物描写片段练习

四、课时作业

基础作业：

1.积累课内的3-5个精妙语句。

提升作业：

2.对应个性化表达的方法再各举一例，可以是小学学过的，也可以是课外阅读积累到的。

高阶作业：

3.修改完善景物描写片段。

（提升作业和高阶作业任选其一完成）

## 四季大美　群文赏析

（第9课时）

完成《春之怀古》（张晓风）、《夏感》（梁衡）、《故都的秋》（郁达夫）、《冬天》（茅盾）的学习。

## 一、课时目标

低阶目标：

1.运用课内学到的朗读技巧朗读课外篇章，读出情韵。

高阶目标：

2.运用课内归纳的赏析方法鉴赏课外美文，强化审美感知，提升审美素养，同时提升学生分析与整合思维能力。

3.运用至少两种个性化表达的方法，描写某一季节景物，突出景物特征，培养创造性思维能力。

## 二、情境任务

通过群文赏析感知四季大美。

## 三、学生活动

活动1：美读　运用课内所学朗读技巧朗读课外美文

活动2：美赏　运用课内所学赏析方法赏析课外美文

活动3：美创　运用至少两种个性化表达的方法，描写某一季节具有特征性的景物

## 四、课时作业

A层：推荐一篇你从课外阅读中获得的写景抒情的美文。

B层：根据评价量表及同学们的点评，修改完善写景的片段练习。

C层：梳理写景散文的选材、写景顺序、个性化语言表达的方法与规律。

（A、B必做，C选做）

# 描画四季　作文创作
（第10-11课时）

## 一、课时目标

运用至少三种以上个性化表达的方法，抓住景物特征描写某一季节，抒发自己个性化的情感。

## 二、情境任务

描画四季，作文创作。

### 三、学生活动

活动1：分组　学生自主选择春、夏、秋、冬四组中的一组

活动2：提纲　完成写作提纲

活动3：成文　创作一篇抒写某一季节的大作文

活动4：展示评价

活动5：作文修改

活动6：完成投稿

### 四、课时作业

挑选自己认为最棒的音频、视频、作文向学校投稿。

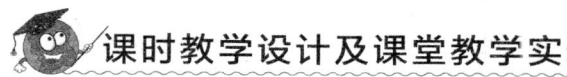
## 课时教学设计及课堂教学实录

### 四季大美　群文赏析
（第9课时）

学习内容：《春之怀古》（张晓风）、《夏感》（梁衡）、《故都的秋》（郁达夫）、《秋天的况味》（林语堂）、《冬天》（茅盾）。

#### 一、学习目标

低阶目标：

1.运用课内学到的朗读技巧朗读课外篇章，读出情韵。

高阶目标：

2.运用课内归纳的赏析方法鉴赏课外美文，强化审美感知，提升审美素养。

3.运用至少两种个性化表达的方法，描写某一季节景物，创造性地表现景物特征。

#### 二、达成评价

1.1能够从重音、停连、语气、节奏、情感几个角度完成选文中某篇或某段的朗读。

1.2 能够根据朗读评价量表自评或互评。

2.能归纳出赏析方法,从关键词、修辞手法、写作手法、表达方式等角度结合具体语句赏析个性化表达的妙处。

3.能运用两种以上的个性化表达方法,抒写某一季节中带有典型特征的景色,并将自己的情感蕴含其中。

### 三、学习过程

(一)先行组织

将阅读材料《春之怀古》(张晓风)、《夏感》(梁衡)、《故都的秋》(郁达夫)和《冬天》(茅盾)提前下发给学生,学生通读后选出自己喜欢的篇章、段落。

(二)任务(问题)与活动

任务一:我把最美读给你听

活动1:参照朗读评分表,自由练习朗读你选出的精美语段

【布置任务　组织学习】

| 朗读评分表 | | |
|---|---|---|
| 角度 | 具体要求 | 分数 |
| 重音 | 能通过有效的重音处理,充分表达文章的思想内涵。 | |
| 停连 | 能恰当把握停连,在掌握停连基础上,实现流畅的换气。 | |
| 语气 | 能根据对文章内容的理解,用恰当的语气进行表达。 | |
| 节奏 | 能表现文章语言节奏,凸显内容与情感变化的节奏。 | |
| 情感 | 能体现对文章内容深刻理解、真挚感受和丰富想象。 | |

活动2:小组推选代表展示朗读成果,其他同学借助朗读评分表评价打分点评(每项满分10分,共50分,及格30分,优秀42.5分)

【表达成果　交互反馈】

第一组"春":

（朗读）

生1：从绿意内敛的山头，一把雪再也撑不住了，噗嗤的一声，将冷面笑成花面，一首澌澌然的歌便从云端唱到山麓，从山麓唱到低低的荒村，唱入篱落，唱入一只小鸭的黄蹼，唱入软溶溶的春泥——软如一床新翻的棉被的春泥。

生2：我给42分。他有些重音处理不到位，停连也差一些，所以给42分。

师：能不能具体说说？

生2：比如"再也"可以重读，他读得比较平淡，"澌澌然"可以慢一点，声音稍微拉长些。

师：点评有理有据，大家接下来就按这样来点评。

第二组"夏"：

（朗读）

生1：你看，麦子刚刚割过，田间那挑着七八片绿叶的棉苗，那朝天举着喇叭筒的高粱、玉米，那在地上匍匐前进的瓜秧，无不迸发出旺盛的活力。这时她们已不是在春风微雨中细滋漫长，而是在暑气的蒸腾下，蓬蓬勃发，向秋的终点做着最后的冲刺。

生2：我觉得他读得挺好的，可以给47分。前几个方面都很好，"看""旺盛的""最后的冲刺"读得都很好，就是情感再饱满点就好了。

师：那你能不能给大家"饱满"地读呢？

生2：我试试。（朗读）

师：给他鼓掌！朗读时，我们心里就该想着：我就是播音主持人，我要拿出范儿来读！

第三组"秋"：

（朗读）

生1：秋蝉的衰弱的残声，更是北国的特产，因为北平处处全长着树，屋子又低，所以无论在什么地方，都听得见它们的啼唱。在南方是非要上郊外或山上去才听得到的。这秋蝉的嘶叫，在北方可和蟋蟀耗子一样，简直像是家家户户都养在家里的家虫。

生2：我给30分，他读得情感不太对。

师：哪里不对？

生2：我觉得这段要有厌烦的情感，他没读出来。

师：哪里体现厌烦了呢？

生2："衰弱的残声"，还有最后一句"这秋蝉的嘶叫，在北方可和蟋蟀耗子一样，简直像是家家户户都养在家里的家虫"，都感觉到作者不太喜欢秋蝉的嘶叫。

师：有没有不一样的评价呢？

生3：我给45分，我觉得情感处理得对。从全文来看，作者回忆故都的秋天，满是留恋，所以能入到他笔下的事物一定是他喜欢的。

师：这两位同学好像都有道理，那到底怎么理解这里的情感呢？谁来说说？

生4：老师，我觉得都对。

师：怎么讲？

生4：作者当时住在北平，对这样的蝉声是比较讨厌的，但是后来离开很久就觉得故乡的一切都是美好的，值得留恋。

师：你能有这样的见解，给你点赞！对了，这篇文章视角的不同造成了情感的分歧，以后我们再学《阿长与<山海经>》时就会有相似的体验的。

第四组"冬"：

（朗读）

生1：二十几岁的我是只要睡眠四个钟头就够了的，我照例五点钟一定醒了；这时候，被窝是暖烘烘的，人是神清气爽的，而又大家都在黑甜乡，静得很，没有声音来打扰我，这时候，躲在那里让思想像野马一般飞跑，爱到哪里就到哪里，想够了时，顶天亮起身，我仿佛已经背着人，不声不响自由自在做完了一件事，也感得一种愉快。

生2：我给49分，她的语气处理得很好，把安静的感觉读出来了，还把思绪自由驰骋的快乐读出来了。只有一处断句有些问题，"顶天亮起身"应该是"顶天亮/起身"而不是"顶天/亮起身"。

活动3：运用课内所学朗读技巧朗读课外美文

【整合提升】

师：从大家的点评来看，能读好一段文字也就基本能理解好这段文字，这就是朗读的妙处啊！大家现在拿出范儿来，运用重音、停连、把控节奏，调节语气，尽情朗读你的最爱吧！（5分钟）

任务二：鉴赏精美语句、段落

活动1：运用课内所学赏析方法赏析课外美文

【布置任务　组织学习】

范例1：小草偷偷地从土里钻出来，嫩嫩的，绿绿的。（《春》）

生1：这是关键词法，"偷偷地"和"钻"，表现了小草的情态和动作，仿佛有了春天使者的灵性，富有生机和活力。

范例2：一个老城，有山有水，全在天底下晒着阳光，暖和安适地睡着，只等春风来把它们唤醒，这是不是个理想的境界？（《济南的冬天》）

生2：这是修辞法，运用了拟人手法，把山水比成人，老城能够"暖和安适地睡着"，等待春风的"唤醒"，这都是人才有的动作，写出了冬天的济南城安闲自适、惬意悠然，表达了作者对济南的冬天的喜爱之情。

范例3：只有在雨中，我才真正感到这世界是活的，是有欢乐和泪水的。但在北方干燥的都市，我们的相逢是多么稀少！只希望日益增多的绿色，能把你请回我们的生活之中。（《雨的四季》）

生3：从表达方式的角度赏析，作者在此处写了一个感叹句，感叹在北方的城市里，和雨相遇的机会之少，抒发了对雨的渴望，对雨的热爱。

范例4：水何澹澹，山岛竦峙。（《观沧海》）

生4：从写作手法的角度赏析，作者运用了动静结合的写作手法。"水何澹澹"写的是海水的波涛汹涌，动态；"山岛竦峙"写的是突兀耸立的山岛，静态。静态的山岛点缀着水波荡漾的海面，这是诗人观沧海的初印象，画面雄阔。

范例5：杨花落尽子规啼，闻道龙标过五溪。（《闻王昌龄左迁龙标遥有此寄》）

生5：从写作手法的角度赏析，作者运用了象征手法。"杨花"含有飘零之感、"子规"象征离别之恨，都体现了诗人对王昌龄被贬的怜惜与悲痛。

【表达成果】

师：个性化表达的方法很多，这就决定了我们赏析的方法也很多，同学们可以把他们进行归类。

生：关键词、修辞手法、写作手法、表达方式。

【交互反馈】

师：个性化表达方法还有对标点的灵活运用，不同的标点传达不同的效果；还可以运用不同的句式，比如以后学到的骈句、散句，这些都可以达到个性化表达的效果。这节课我们主要学习以上四种就可以。

活动2：参照前面的范例，赏析自己喜欢的语句和段落，并按照评价标准给自己判定等级

【整合提升】

| 评价标准 | 等级 | 等级说明 |
| --- | --- | --- |
| 能准确地圈画出文中精妙的用词、修辞、写作手法、表达方式，并进行简要地批注，写出赏析性文字，凸显景物特点，领悟作者的情思。 | ☆☆☆☆☆ | 1.圈点勾画出相关词句，得1颗星。<br>2.自选角度，简要批注，得2-3颗星。<br>3.写出赏析性文字，且凸显出景物特点，领悟作者情思，得4-5颗星。 |

【学生展示】

生1：我喜欢《春之怀古》中一句：忽然有一天，桃花把所有的山村水郭都攻陷了。我从关键词角度赏析。"攻陷"一词一般指在战争中某个地方被敌军占领。桃花攻陷山村水郭，就把春天里桃花开遍了山村水郭的如织似锦的景象写活了，使人有身临其境之感。

生2：我特别喜欢《夏感》中一句：这时她们已不是在春风微雨中细滋漫长，而是在暑气的蒸腾下，蓬蓬勃发，向秋的终点做着最后的冲刺。此句运用了拟人的修辞手法，将土地里的庄稼拟人化，生动形象地写出夏季里植物旺盛蓬勃的生命力，表达了作者对夏季的喜爱之情。

生3：我非常喜欢郁达夫的《故都的秋》。文章主要运用了描写的表达方式。故都的秋令作者向往，他选取了五幅图来描写秋天。我最喜欢第一幅图，文章通过描写清白透亮的芦花、斑驳稀疏的柳影、悲伤寂寥的虫声、残缺的夜月、沧桑老旧的破屋和各色的牵牛花，展现了一幅秋晨小院图。这些景色给人以冷清之感，让人心生悲凉。

生4：我很欣赏《故都的秋》。作者把秋蝉的嘶叫和蟋蟀耗子进行类比，表明秋蝉嘶叫跟蟋蟀鸣叫一样随处可听，是北方秋天具有代表性的事物，突出了它们的声音给人留下深刻印象。

任务三：抒写四季美景

活动1：运用至少两种个性化的表达方法，描写某一季节有特征性的景物

【布置任务　组织学习】

抒写你最喜欢的季节的景物片段，200字以上。

【表达成果】

学生习作1：那株丁香花就静静地矗立在教室的窗外，仿佛一夜骤雨催开了花瓣。心形的深绿的叶子，重重叠叠。浅紫色的花穗点缀在绿幕之上。风吹来，花叶翩然起舞，摇曳在我的眼前。淡淡的带有苦涩的清香随风而来，萦绕在我的鼻尖，仿佛久违的老友来到眼前，欣喜又有些哀愁。

学生习作2：秋天一到，满院飘香。祖父和祖母静静地坐在摇椅

里。他们温柔地看着那盛开的菊花，像是看待自己的孩子，有爱怜，有疼惜。耳畔又想起祖父对我说的那句话，你要做那株屹立于苍茫天地间的菊花，不畏西风，不畏冰霜，不畏寂寞，静静地绽放属于自己的幽香。

活动2：展示写作训练成果，其他同学参照评价量表点评

【交互反馈】

| 序号 | 评价标准 | 等级 | 等级说明 |
| --- | --- | --- | --- |
| 1 | 能够凸显所写季节的特点。 | ☆☆☆☆☆ | 1.所写的景物符合所选季节，符合生活逻辑，得1-3星。<br>2.所写的四季景物，特点鲜明，生动可感，得4-5星。 |
| 2 | 能选择性地从用词、修辞、写作手法、表达方式等角度任选两种写作。 | ☆☆☆☆☆ | 1.使用包含语言鉴赏角度里两种以上的角度，得1-3星。<br>2.能较灵活地变换不同的用词、修辞、写作手法、表达方式，表达适切，选用得当，得4-5星。 |
| 3 | 表达出自己的情感态度，语言生动，表意准确。 | ☆☆☆☆☆ | 1.字数满200字，得1-3颗星。<br>2.能写出独特、有吸引力、有创造力的文字，得4-5颗星。 |

生1：我评价第一段文字，每项我都给5星。"心形的深绿的叶子""浅紫色"突出丁香的特点，运用了拟人、描写、联想等手法，尤其后面"仿佛久违的老友来到眼前，欣喜又有些哀愁"，富有创造力。

生2：我点评第二段，第一项我给3星，因为缺少对菊花特征的具体表现；第二项给5星，她运用了"温柔地"这个词传达了人物的情感，运用了排比突出菊花的品格，在描写中蕴含情感，最后一句富有格调。

师：我们通过前面的美读、美悟、美创，对个性化表达的方法进行了从感知体悟到总结规律再到实践运用的探索。本节课中大家对个性化表达的方法有了比较切实的体会，下面我们回顾一下，进行系统的分类归纳。［具体参看（四）成果集成］

（三）迁移运用

从所给阅读资料《春之怀古》（张晓风）、《夏感》（梁衡）、《故都的秋》（郁达夫）和《冬天》（茅盾）中，选取你在课上没有涉及的另一篇文章进行朗读脚本创作，并运用积累的方法赏析。组内展示，组内评价。

（四）成果集成

| 个性化表达的角度 | 具体方法 |
| --- | --- |
| 词语 | 能够表明特征、传达情感的动词、形容词、副词等。 |
| 修辞 | 比喻、拟人、夸张、排比、反问、设问、对偶等。 |
| 写作手法 | 动静结合、多感官综合运用、象征、联想想象等。 |
| 表达方式 | 记叙、描写、抒情等。 |

（五）作业设计

A层：推荐一篇你从课外阅读中获得的写景抒情的美文。

B层：修改完善写景的片段练习。

C层：梳理写景散文的选材、写景顺序、个性化语言表达、抒发情感的方法与规律。

（A、B必做，C选做）

（六）课后反思

学生朗读能力的形成不可能一蹴而就，也不是学习了朗读技巧之后就可以读得声情并茂，引人入胜。朗读能力提升，不乏天分的因素，更有学生热爱的因素。热爱朗读的学生一定会读得很好，热爱是做好一切的动力。大部分学生爱上朗读之后，又掌握了一些朗读技巧，由读得不顺畅到顺畅，由语调平白到抑扬顿挫，由拖沓的唱读到掌握节奏，甚至由小声到大声，这些都是学生的进步。因此，培养学生"乐在朗读中"尤为重要。

体会个性化表达是个难点。因为个性化表达的方式有很多，学生很难在几节课中就完全掌握，这是个日积月累的长期工程，只有在具体可感的篇章语境中带领学生体会，学生才会有切实的收获。本节课中，学生对修辞手法中的比喻、拟人，写作手法中的动静结合、想象联想，表达方式中的抒情，都有了比较好的理解与运用。

《语文课程标准》中说明：写作要有真情实感，力求表达自己对自然、社会、人生的感受、体验和思考。多角度观察生活，发现生活的丰富多彩，能抓住事物特征，有自己的感受和认识，表达力求有创意。

因此，教学中应注重培养学生观察、思考、表达和创造的能力。不束缚学生，鼓励其自由表达和有创意的表达。自然如此丰富多彩，注重引导学生用眼观察，用心体会，用笔描画，热爱生活，积极向上。

# 七年级上册第二单元"挚爱亲情"

长春经济技术开发区实验学校　刘铭伟

 单元教学规划

一、单元内容

统编版教材语文七年级上册第二单元：《秋天的怀念》（史铁生）、《散步》（莫怀戚）、《散文诗二首》（《金色花》泰戈尔、《荷叶·母亲》冰心）、《〈世说新语〉二则》（《咏雪》《陈太丘与友期行》）。

作文：学会记事。

二、单元分析

（一）课标分析

新课标中关于中华优秀传统文化这一主题，要求弘扬有利于促进社会和谐、鼓励人们向上向善的中华人文精神，弘扬孝老爱亲等中华传统美德。课标同时指出本学段学生能熟练地使用字典、词典独立识字，累计认识常用汉字3500个左右，初步探究语言文字的运用规律，感受语言文字的魅力。能使用硬笔熟练地书写正楷字，体会书法的审美价值。能用普通话正确、流利、有感情地朗读，在通读课文的基础上，厘清思路，理解、分析主要内容，体味和推敲重要词句在语言环境中的意义和作用。欣赏文学作品，有自己的情感体验，初步领悟作品的内涵，从中获得对自然、社会、人生的有益启示。能对作品中感人的情境和形象说出自己的体会，品味作品中富于表现力的语言。对课文的内容和表达有自己的心得，能提出自己的看法，并能与他人合作，共同探讨、分析、解决疑难问题。在阅读中了解叙述、描写、说明、议论、抒情等表达方式。能自信、负责地表达自己的观点，做

到清楚、连贯、不偏离话题。讨论问题，能积极发表自己的看法，有中心，有根据，有条理；能把握讨论的焦点，并能有针对性地发表意见。教师应立足学生的核心素养，选择适宜的学习主题，创设学习情境，开展多种学习活动，引导学生学习发现、思考、探究问题的思路和方法，倡导自主、合作、探究的学习方式，评价应注重学生在学习活动中的过程性与整体性。

（二）教材分析

本单元围绕着人世间最普遍、最美好的情感之一"亲情"展开，是整册教材写人记事的起始单元，从写人记事的角度来看，本单元相对于后四个单元，其内容最为贴近学生的生活，主题相对容易理解，篇幅也更短小，涉及的写法技巧较少。从纵向来看，关于写人记事类文章，统编版教材的单元作文要求由学会记事到学习抒情，再到人物传记，其难度也呈梯度式上升趋势。综述本单元在第四学段的基础地位，落实本单元的教学目标，有助于提高后续单元的学习质量。

（三）学情分析

本单元从不同角度抒写了亲人之间真挚动人的感情，学生通过阅读品味字里行间所寄予的情感，可以加深对亲情的感受和理解，丰富自己的情感体验。七年级学生对于写人记事类文章已有了一定的学习经验，对于作品的主要内容、主题基本可以掌握，但不同学生对于品析作品中的关键语句的能力，语言组织、表达的能力，呈现不均衡的表现。形象思维能力已得到较好的发展，逻辑思维能力及思辨性思维能力发展欠佳。

**三、单元主题**

挚爱亲情

**四、单元目标**

低阶目标：

1.借助工具书、书下注释及测评小卷，准确认读并识记本单元的生字词，积累本单元文言文中的实词与虚词。

2.通过调节语气节奏的变化，学习朗读技巧，把握全文的情感基调。

3.通过反复朗读，了解不同文章所呈现出或显豁直白或深沉含蓄的抒情特点。

4.通过小组合作、探究、交流，感受和理解各篇课文所表现的亲情，唤醒和丰富自己的亲情体验。

高阶目标：

5.通过涵泳品味意蕴丰富的语句，深化理解文章内容，尝试读出亲情之外的情感内涵。

6.梳理本单元所有文章的写作技巧，学会记事的基本原则，能抓住细节表达情感,独立完成习作。

### 五、单元评价

1.1能字正腔圆且准确地读出本单元的生字词，并用正楷字体准确、规范、工整地默写。

1.2能结合书下注释和工具书，准确翻译本单元的文言文，积累本课文言实词与虚词，形成自己的学习笔记。

2.1选择喜欢的语段，能画出重音、停连、语气符号，写提示语，互读互评。

2.2在不断打磨语音技巧、不断调动内心感受的基础上，准确把握全文的感情基调。

3.1能在理解感情内涵与朗读训练中，明确说出不同文章的抒情特点。

4.1能在整体感知全文内容的基础上，通过小组合作探究的学习方式，品味关键语句，准确阐述其深刻的意蕴以及字里行间所寄予的作者情感。

4.2能结合自己的生活体验，准确理解并评价文章中作者的情感。

5.1对同一篇章能说出两种以上的文章主题，并结合文章中具体内容做出合理阐释。

6.1结合本单元课文的叙事技巧,能在写作中灵活掌握记叙的六要素。

6.2能使用书面语言清楚明白地表达事情的经过，在叙述中能借助恰切的词语来表达情感。

### 六、单元结构化活动

**主任务一：积累生字词　感受文字美**

任务一：互助交流　集思广益

活动1：小组内交流本单元的生字词，并校准读音，大声朗读生字词，填写字词积累评价单中自评部分。

活动2：根据多音字发音规则、形近字比较等多种字理知识的融合，组内梳理归纳易错字的规范写法，探究识记生字词的方法。

活动3：每小组汇报梳理、探究的成果，展示3-5个生字词识记的方法，其他小组成员评价补充。

任务二：考中见误　夯实基础

活动1：用正楷字完成本单元生字词测评小卷，生生相互批改纠正，填写字词积累评价单中互评部分。

活动2：评出本单元生字词书写小达人，张贴本学期优秀达人榜单。

任务三：巧借"东风"　丰满"羽翼"

活动1.结合评价量表，组内根据书下注释、工具书，合作翻译《〈世说新语〉二则》。

活动2：小组代表汇报翻译成果，其他成员依据评价量表给予评价。

任务四：强记"精粹"　小试牛刀

活动1：梳理本课实词与虚词，形成学习笔记。

活动2：实操训练，类文翻译。

主任务二：朗读文章　锤炼技巧

任务一：学有所用　示范引领

活动1：选择喜欢的语段，画出重音、停连、语气等符号，生生互评，并提出建议。

活动2：依据教师的符号标记及提示语的示例，更改、规范自己的标识。

任务二：练读文章　把握基调

活动1：依据教师的朗读示范，打磨自己的语音技巧，生生互评。

活动2：朗读全文，把握全文感情基调，了解不同文章的抒情特点。

主任务三：品析语言　感悟主题

任务一：品关键句　悟动人情

活动1：在朗读文章的基础上，阐述四篇精读文章所表达的不同亲情的主题。

活动2：画出本组所研读的篇章中表达亲情主题的关键语句，就其关键词，组内交流，分析研讨。

任务二　分析美句　见山外山

活动1：评价下列语句的分析，归纳分析的方法。

活动2：勾画四篇文章中意蕴深刻的语句，从主题的角度为其做批注。

活动3：班级交流批注内容，体味亲情之外的主题。

任务三　逆向追溯　梳理技巧

活动1：结合文章主题，小组讨论梳理四篇精读课文写人记事的方法。

活动2：班级交流、质疑、补充四篇精读文章的写作技巧。

任务四　他山之石　可以攻玉

活动1：根据学习提纲，运用四篇精读文章所学到的分析方法，自主学习《散文诗二首》。

活动2：组内交流、讨论、展示学习成果，其他小组评价补充，完善学习提纲。

主任务四：学写记事　成果反刍

任务一　评议优劣　添枝加叶

活动1：依据本单元学到的叙事技巧，评价下面两个片段的优劣。

活动2：按照写作提示，完成写作实践一"添枝加叶"，生生互评，提出建议。

任务二　厚积薄发　学以致用

活动1：围绕叙事要素及情感表达两大方面，讲评教师呈现出来的本班同学的作文片段，发现并总结共性问题。

活动2：对照共性问题，修改自己的文章。

活动3：组内互评互改作文，订正共性问题，修正个性问题，形成作文二稿。

## 七、课时分配

本单元用9课时达成单元目标。

任务一：积累生字词　感受文字美（1-2课时）

任务二：朗读文章　锤炼技巧（3-4课时）

任务三：品析语言　感悟主题（5-6课时）

任务四：运用所学方法　助读自学文章（第7课时）

任务五：学写记事　成果反刍（8-9课时）

## 课时规划设计

### 积累生字词　感受文字美
（第1-2课时）

整合篇目：《秋天的怀念》《散步》《金色花》《荷叶·母亲》《咏雪》《陈太丘与友期行》。

**一、课时目标**

低阶目标：

1.借助字典、古汉语词典等工具书及书下注释，独立认读本单元生字，积累本单元文言文中的实词与虚词。

2.通过完成本单元生字词测评小卷，正确默写本单元要求"会写"的生字词，提升正楷字书写水平。

高阶目标：

3.根据多音字发音规则、形近字比较等多种字理知识的融合，掌握并创造识记本单元生字词的方法。

4.迁移运用所积累的文言实词与虚词，进行类文翻译。

**二、情境任务**

积累生字词　感受文字美。

**三、学生活动**

任务一：互助交流　集思广益

活动1：小组内交流本单元的生字词并校准读音，大声朗读生字词，填写字词积累评价单中自评部分。

活动2：根据多音字发音规则、形近字比较等多种字理知识的融合，组内梳理归纳易错字的规范写法，探究识记生字词的方法。

活动3：每小组汇报梳理、探究的成果，展示3-5个生字词的识记方法，其他小组成员评价补充。

任务二：考中见误　夯实基础

活动1：用正楷字完成本单元生字词测评小卷，生生相互批改纠正，填写字词评价单中自评、互评部分。

活动2：评出本单元生字词书写小达人、张贴本学期优秀达人榜单。

任务三：巧借"东风"　丰满"羽翼"

活动1：结合翻译评价单，组内根据书下注释、工具书合作翻译《〈世说新语〉二则》。

活动2：小组代表汇报翻译成果，其他成员依据评价单给予评价。

任务四：强记"精粹"　小试牛刀

活动1：梳理本课实词与虚词，形成学习笔记。

活动2：实操训练，类文翻译。

四、课时作业

必做作业：

1.使用规定的书法纸，用正楷字体书写一页本单元的生字词，选取优胜作品做本期墙报。

2.搜集5句以上有关写雪的古诗词，誊写在积累本上。

选做作业：

3.针对不同的篇目，选择喜欢的语段，运用前一单元学会的朗读技巧，尝试做朗读符号标识。（其中A层学生标识2个语段，B层学生标识3个语段，C层学生标识4个语段）

## 朗读文章　锤炼技巧
（第3-4课时）

整合篇目：《秋天的怀念》《散步》《金色花》《荷叶·母亲》《咏雪》《陈太丘与友期行》。

一、课时目标

低阶目标：

1.通过上一单元对重音、停连、语气、节奏的外部语音技能的学习，准确标识朗读符号。

2.在反复朗读的基础上，调整语气、节奏的变化，不断调动内心感受，把握全文的感情基调。

高阶目标：

3.结合所掌握的朗读技巧与自己内心感受，对他人的朗读做出有根据的评价。

**二、情境任务**

朗读文章　锤炼技巧。

**三、学生活动**

任务一：学有所用　示范引领

活动1：选择喜欢的语段，画出重音、停连、语气等符号，生生互评，并提出建议。

活动2：依据教师的符号标记及提示语的示例，更改、规范自己的标识。

任务二：练读文章　把握基调

活动1：依据教师的朗读示范，打磨自己的语音技巧，生生互评。

活动2：朗读全文，把握全文感情基调，了解不同文章的抒情特点。

**四、课时作业**

必做作业：

1.选择本单元中的两篇文章，读给家长听，并上传语音至钉钉群。

选做作业：

2.标注每篇文章的抒情特点。（A层学生选做，B、C层学生必做）

## 品析语言　感悟主题

（第5-6课时）

整合篇目：《秋天的怀念》《散步》《咏雪》《陈太丘与友期行》。

**一、课时目标**

低阶目标：

1.在朗读文章的基础上，阐述四篇精读文章所表达的不同的亲情主题。

2.通过品读具体语句，感受和理解各篇课文所表现的亲情，唤醒和丰富自己的亲情体验。

3.组内合作探究，梳理四篇精读文章的写作技巧。

高阶目标：

4.通过品读、评价意蕴丰富的语句，深化理解，读出亲情之外的情感内涵。

**二、情境任务**

品析关键语言　感悟多样主题。

**三、学生活动**

任务一：品关键句　悟动人情

活动1：在朗读文章的基础上阐述四篇精读文章所表达的不同亲情的主题。

活动2：研读篇章中表达亲情主题的关键语句。

任务二：分析美句　见山外山

活动1：评价下列语句的分析，归纳分析的方法。

活动2：勾画四篇文章中意蕴深刻的语句，从主题角度为其做批注。

活动3：班级交流批注内容，体味亲情之外的主题。

任务三：逆向追溯　梳理技巧

活动1：结合文章主题，小组讨论梳理四篇精读课文写人记事的方法。

活动2：班级交流、质疑、补充四篇精读文章的写作技巧。

**四、课时作业**

必做作业：

1.真行——为长辈做一件力所能及的事，如捶捶背、揉揉肩、洗洗脚。

2.实感——将这一过程及真实感受写成一篇300字左右的文章。

3.整理本单元四篇课文的写作技巧，誊写到学习笔记本上。

选做作业：

4.阅读《我与地坛》及《合欢树》相关篇目。（B、C层必做，A层选做）

5.完成本单元阅读理解练习题。（A层学生完成1篇阅读理解题，B层学生完成2篇阅读理解题，C层学生完成3篇阅读理解题）

跨学科作业：

6.观看电影《世上只有妈妈好》，选取一到两处感人情节，结合本课学到的分析方法，尝试写一篇影评。（A层学生写100字影评，B层学生写300字影评，C层学生写300字以上的影评，一周后上交）

## 运用所学方法　助读自学文章

（第7课时）

整合篇目：《金色花》《荷叶·母亲》。

### 一、课时目标

低阶目标：

1.通过学习四篇精读文章所学到的分析方法，自主学习《散文诗二首》，完成学习提纲。

高阶目标：

2.通过合作探究交流，条理清晰、有理有据地阐述自己的观点，完善学习提纲。

### 二、情境任务

运用所学方法　助读自学文章。

### 三、学生活动

任务：他山之石　可以攻玉

活动1：根据学习提纲，运用四篇精读文章所学到的分析方法，自学《散文诗二首》。

活动2：组内交流、讨论、展示学习成果，其他小组评价补充，完善学习提纲。

### 四、课时作业：

必做作业：

1.完成本单元的综合训练题。

选做作业：

2.任选本单元中的一篇文章，背诵其精彩片段。（A层学生选做，B、C层学生必做）

## 学写记事　成果反刍
（第8-9课时）

整合篇目：《秋天的怀念》《散步》《金色花》《荷叶·母亲》《咏雪》《陈太丘与友期行》。

### 一、课时目标

低阶目标：

1.通过梳理本单元每篇文章的叙事技巧，掌握叙事六要素，学会记事原则。

2.依据叙事的六要素，扩写片段文章。

高阶目标：

3.通过品析本单元课文的关键语句，学会抓住细节表达情感的方法，独立完成习作。

4.通过仔细品读他人的习作，能观点明确、条理清晰地评价他人的语言表达，并反思自己的语言表达实践。

### 二、情境任务

学写记事　成果反刍。

### 三、学生活动

任务一：评议优劣　添枝加叶

活动1：依据本单元学到的叙事技巧，评价下面两个片段的优劣。

活动2：按照写作提示，完成写作实践一"添枝加叶"，生生互评，提出建议。

任务二：厚积薄发　学以致用

活动1：围绕叙事要素及情感表达两大方面，讲评教师呈现出来的本班同学的作文片段，发现并总结共性问题。

活动2：对照共性问题，修改自己的文章。

活动3：组内互评互改作文，订正共性问题，修正个性问题，形成作文二稿。

**四、课时作业**

必做作业：

1.根据写作提示，选择写作实践二或写作实践三，完成不少于600字习作。

选做作业：

2.阅读优秀作文选中一篇写人记事类文章，写一段200字赏析。（A层学生选做，B、C层学生必做）

项目式作业：

3.《散步》与《秋天的怀念》任选一篇文章，以小组为单位，拍成课本剧，历时两周完成，并在班级表演。

流程提示：

①首先从规定的篇目中选择最感兴趣的故事时，要充分发表自己的意见，同时也要认真听取别人的意见。

②对于角色的分配，可以谈谈自己对人物的理解及扮演这一角色的优势等，最终大家商讨决定由谁来扮演哪个角色。

③将课本故事改为剧本时，可以根据需要对故事内容进行适当修改。

④设计人物的台词、动作、表情，要尽量符合人物的身份、性格等。设计好后，各角色牢记自己的台词并商量怎样相互配合演出。

⑤进行排练，可以制作或选用一些简单的道具，还可以配上音乐。

⑥结合之前的影评作业，提高编排与表演质量。

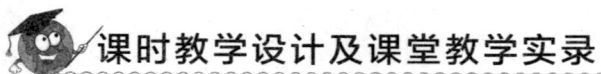

## 课时教学设计及课堂教学实录

### 品析语言　感悟主题
（第5-6课时）

一、学习目标

低阶目标：

1.在反复朗读文章的基础上，阐述四篇精读文章所表达的不同的亲情主题。

2.通过品读具体语句，感受和理解各篇课文所表现的亲情，唤醒和丰富自己的亲情体验。

高阶目标：

3.通过仔细倾听他人的研读成果，有理有据地对他人的观点进行质疑、评价，进而反思自己的观点。

## 二、达成评价

1.在反复朗读文章、不断调动内心情感的基础上，准确说出每篇精读文章所表达的不同的亲情主题。

2.1在整体感知全文内容的基础上，找到蕴含作者情感的关键语句。

2.2通过圈点勾画、批注等方法，品味关键语句中的关键词，准确阐述其深刻的意蕴以及字里行间所寄予的作者情感。

3.能依据探究主题，有根据、有条理地质疑评价他人的观点，中心明确地表达自己的看法。

## 三、学习过程

（一）先行组织

同学们，"家"之所以被称为避风的港湾，幸福的摇篮，是因为家满载着浓浓的亲情，今天就让我们一起走进不同的家庭，共同品味他们之间流淌的亲情。上两节课我们朗读了本单元的课文，把握了四篇文章的感情基调。本节课我们领到了新任务"品析关键语句语言　感悟核心主题"。

（二）任务与活动

任务一：品关键句　悟动人情

活动1：在朗读文章的基础上阐述四篇精读文章所表达的不同的亲情主题

【布置任务】

在朗读文章的基础上，阐述四篇精读文章所表达的不同的亲情主题。

【组织学习】

先独立思考，给出你的答案。

评价量表：

| 评价标准 | 评价等级 |
| --- | --- |
| 1.能恰切说出一篇文章的主题。 | A级+1分 |
| 2.能恰切说出两篇文章的主题。 | B级+2分 |
| 3.能恰切说出三篇文章的主题。 | C级+3分 |
| 4.能恰切说出四篇文章的主题。 | D级+4分 |

【表达成果】

生1：《秋天的怀念》这篇文章向我们讲述了一个悲伤的故事，一个伟大的母亲为了让残疾的儿子重新找回生活下去的勇气，忍受病痛，小心翼翼地照顾着儿子的情绪，临终时依然对儿女满怀牵挂，而文中的儿子最后终于明白母亲的爱，字里行间表达出对母亲深深的愧疚和感激，因此我觉得这篇文章的主题是"母爱子，子念母"。《散步》这篇文章读起来就清新、明朗了很多，写的是一家人散步的琐事，虽然中途发生了分歧，但是却很好地解决了，让我们感受到的是家人间的互敬互爱，呈现在我们眼前的是一个很温暖的家庭，因此我觉得这篇文章的主题是表现和谐温馨的家庭氛围，还有尊老爱幼的美好品格。

生2：我完全同意这位同学的看法，我还发现《咏雪》这篇文言文也是写和谐温馨的家庭氛围的，只是角度不同。

【交互反馈】

教师再次呈现评价量表，学生自评、互评。

生3评：生1说出了两篇文章的主题，获B级+2分，生2不仅思考出生1所回答的两篇文章的主题，还思考出了一篇文言文的主题，应获C级+3分。

生4：刚才生2说《散步》和《咏雪》主题相同，只是角度不同，我想知道有什么不同？

生2：《散步》的角度是说当家庭中出现分歧矛盾时，一家人互敬互爱，互相谦让，营造了和谐的家庭氛围。《咏雪》的角度是写平常日子，家人们如何相处，展现的是和谐的家庭关系。

生5补充：《陈太丘与友期行》通过元方维护父亲尊严的答语，侧面写出了元方具有良好的家庭教养。

师总结：看来反复有效的朗读，的确可以帮助我们理解文章。下面请大家为自己填写这一活动的评价单，看看我们还有多大的上升空间。

【整合提升】

师生共同总结四篇文章的主题。

《秋天的怀念》——深沉母爱赤子深情

《散步》——尊老爱幼温暖和谐

《咏雪》——温馨美好轻松愉悦

《陈太丘与友期行》——良好家教维护父亲

活动2：研读篇章中表达亲情主题的关键语句

【布置任务】

组内交流，小组代表汇报所研读的篇章中，表达亲情主题的关键语句的分析，得出人物形象。

第一组：《秋天的怀念》交流的主问题——面对"我"的疾病和自暴自弃，母亲是怎样做的？

第二组：《散步》交流的主问题——在解决散步时的分歧时，谁做得最好？

第三组：《〈世说新语〉二则》交流的主问题——探索儿童故事，找寻亲情足迹。

【组织学习】

独立勾画关键句，做批注，然后小组内交流。

评价量表：

| 评价标准 | 评价等级 |
| --- | --- |
| 1.能准确找到每篇现代文中四处关键句进行圈点勾画，并就关键词条理清晰地做出合理阐释。<br>2.能准确找到每篇文言文中一处关键句进行圈点勾画，并就其关键词条理清晰地做出合理阐释。 | 合格 |
| 1.能准确找到每篇现代文中五处关键句进行圈点勾画，并就关键词条理清晰地做出合理阐释。<br>2.能准确找到每篇文言文中两处关键句进行圈点勾画，并就其关键词条理清晰地做出合理阐释。 | 良好 |
| 1.能准确找到每篇现代文中五处以上关键句进行圈点勾画，并就其关键词条理清晰地做出合理阐释。<br>2.能准确找到每篇文言文中两处以上关键句进行圈点勾画，并就其关键词条理清晰地做出合理阐释。 | 优秀 |

第一组：《秋天的怀念》

面对"我"的疾病和自暴自弃，母亲是这样做的。

1."母亲就悄悄地躲出去，在我看不见的地方偷偷地听着我的动静。当一切恢复沉寂，她又悄悄地进来，眼边红红的，看着我。"当"我"暴怒无常、砸碎玻璃、猛摔东西时，母亲并没有马上劝说、安慰、制止"我"，而是"悄悄地躲出去"，"在我看不见的地方偷偷地听着我的动静"。"悄悄"和"偷偷"这两个词，可以看出母亲深深地理解儿子的痛苦需要发泄，甚至需要一个人发泄，她用宽厚的母爱容忍着儿子的暴怒，同时又担忧着儿子，怕他有什么过激行为伤害了自己。母亲躲出去了，她的心却一刻也没有离开儿子。

2.母亲扑过来抓住我的手，忍住哭声说："咱娘儿俩在一块儿，好好儿活，好好儿活。"这句话写出了母亲的痛心与焦急。"扑"字写出她想扑灭儿子轻生的念头，儿子的痛苦在母亲心已经加倍，母亲却没有跟儿子一起抱头痛哭，而是"忍着哭声"，她是以怎样强大的毅力克制着自己的悲情，怎样努力地给儿子一份坚定的力量啊！

3.母亲进来了，挡在窗前："北海的菊花开了，我推着你去看看吧。"母亲要"挡在窗前"，体现出这位细心的母亲，担心飘零的落叶又勾起儿子悲观的情绪。

4.文章出现了两次"好好儿活"，包表达了母亲对儿子的最纯粹质朴的爱与期待。第一次是"我"在痛苦绝望甚至要轻生时，母亲本能地急切地说出这句话，是在恳求我坚强起来，珍爱生命。第二次是母亲离世后，我明白了无论受到怎样的打击，都要勇敢的生活下去，找到属于自己的幸福。这也是母亲最大的期待。

第二组：《散步》

这篇文章展现的是和谐的家庭氛围，所以我们组围绕"在解决散步时的分歧时，哪位家庭成员做得最好"展开，但是这个问题在我们组也产生了分歧，最终我们保持三种看法。现将讨论结果汇报给大家。

"我"做得最好。文中第六段"我想找一个两全的办法，找不出；我想拆散一家人，分成两路，各得其所，终不愿意"，可以看出"我"是一个关心母亲也关心儿子的人。"我"更是一个比较孝顺的人。虽然"我"决定走大路，但并不意味着儿子不重要，文中"但我和妻子都是慢慢地，稳稳地，走得很仔细，好像我背上同她背上的加起来，就是整个世界。""世界"这个词说明母亲、儿子就是"我"的所有，"我"的全部，一样重要。"慢慢地，稳稳地"，说明"我"怕母亲摔倒，妻子怕儿子摔倒，所以走得很仔细。也就是说在这个家庭中，"我"既要照顾年幼的儿子，又要孝顺年迈的母亲，作为中年人，"我"与妻子有着扶老携幼的责任。当出现分歧由"我"来解决时，"我感到了责任的重大，就像领袖人物在严重关头时那样"，这表明"我"的决策会影响家庭的和谐，所以即便是这种小分歧，"我"也把它的处理看得很重，表达了作者对母亲与儿子浓浓的爱。

母亲做得最好。"母亲摸摸孙儿的小脑瓜,变了主意:'还是走小路吧!'""摸"字看出奶奶对孙儿的疼爱,母亲是一个慈爱的老人,她的眼睛顺着小路看去,感觉到奶奶是善解人意的,是无私的。

妻子做得最好。因为文中说"在外面,妻子总是听我的",说明妻子懂得维护丈夫的尊严,遵从自己的丈夫。她是一位贤妻。在我做出走大路的决定时,妻子也没有反对,说明妻子也很孝顺。

第三组:《〈世说新语〉二则》

我们组汇报的主题是"探索儿童故事 找寻亲情足迹"。

《咏雪》一文,从"雪日内集,与儿女讲论文义"可以看出谢安一家其乐融融的情景,屋外冰寒雪骤,室内谈笑风生。"公欣然"和"公大笑乐",看出谢安是一个很慈爱的老人,他和子侄辈有着很亲密的感情,当然也通过他的行为看出他的侄子侄女很聪明,有才华。全文营造出了温馨美好的家庭气氛。

《陈太丘与友期行》中,元方面对友人对父亲的辱骂,从"信"与"礼"的角度,义正词严,落落大方地回击了友人,维护了父亲的尊严。

【交互反馈】

按照评价量表,学生自评、互评、相互补充。

《秋天的怀念》:

生1评:第一小组学生找到了四处关键语句,并就"悄悄""偷偷""挡""好好活儿"等关键词,条理清晰地做出合理地阐释,为合格等级。

生2补充:我在阅读这篇文章时,发现文中还有一句"她憔悴的脸上现出央求般的神色"。这里的"憔悴"写出母亲身患绝症晚期的痛苦,也显示了儿子的状态对她心理的折磨,"央求"也写出了母亲对"我"的关怀与渴望。

生3补充:文中母亲多次要带"我"去北海看菊花,也是有寓意的,体现出一个睿智的母亲,想要让儿子通过看菊花的茂盛艳丽,走出绝望振作起来。

《散步》：

生4评：第二组学生找到五处关键语句，并就"慢慢地""稳稳地""世界""摸"等关键词，条理清晰地做出合理地阐释，为良好等级。

生5补充：答案不唯一，每一种看法都有道理。文中的儿子表现也是最好的，在爸爸做出走大路的决定时，他没有哭闹，可见他是一个乖巧可爱、孝顺的孩子，在爸爸妈妈的影响下，小小的他也懂得了孝道。

生6补充："母亲本不愿出来的；她老了，身体不好，走远一点儿就觉得累。""母亲信服地点点头"，以上可以看出"我"对母亲在日常生活中的关心，并不觉得母亲是累赘。"信服"，说明母亲信任儿子，儿子平常对母亲很孝顺。"我的母亲又熬过了一个严冬"，体现我对母亲的关心。"熬"字说明这个过程对母亲而言很痛苦，这个字体现出作者对母亲的担忧、心疼，也因母亲熬过这个严冬感到欣慰、高兴。

《〈世说新语〉二则》：

生7评：第三组学生在《咏雪》中找到了三处关键句，并就"内集""欣然""大笑"这三个关键词，条理清晰地做出合理阐释，为优秀等级；《陈太丘与友期行》中找到了两处关键句，就"信""礼"两个关键词，条理清晰地做出合理地阐释，为良好等级。

生8补充："友人惭，下车引之。元方入门不顾"中的"不顾"是他坚持原则的一种体现，这与元方良好的家庭教养密切相关，这一细节也体现着亲情这一主题。

师总结：抓住关键语句，挖掘关键词的含义，让我们看到亲情在不同的家庭里流淌。大家都颇有收获，快来填写本部分的评价单吧。

【整合提升】

师生共同梳理交流成果。［具体参看（四）成果集成］

## （三）迁移运用

围绕亲情主题，结合本课所学到的分析方法，为史铁生的《合欢树》做五处批注。

## （四）成果集成

| 《秋天的怀念》 | 深沉母爱　赤子深情<br>母亲：慈爱、包容、细心、无私、坚强、睿智 |
|---|---|
| 《散步》 | 尊老爱幼　温暖和谐<br>"我"：孝顺、有担当<br>母亲：慈爱、无私<br>妻子：孝敬、贤良<br>儿子：俏皮、可爱 |
| 《咏雪》 | 温馨美好　轻松愉悦<br>谢太傅：慈爱<br>侄子侄女：聪明机敏，有才华 |
| 《陈太丘与友期行》 | 家庭教养　维护父亲<br>元方：知信、知礼、维护父亲尊严 |

## （五）作业设计

必做作业：

1.真行——为长辈做一件力所能及的事，如捶捶背、揉揉肩、洗洗脚。

2.实感——将这一过程及真实感受写成一篇300字左右的文章。

选做作业：

3.阅读《我与地坛》相关篇目。（B、C层必做，A层选做）

跨学科作业：

4.观看电影《世上只有妈妈好》，选取一到两处感人情节，结合本课学到的分析方法，尝试写一篇影评。（A层学生写100字影评，B层学生写300字影评，C层学生写300字以上影评，一周后上交）

## （六）课后反思

本节课设计紧紧围绕"品关键句　悟动人情"这一任务展开，符合大单元教学评一体化设计要求，为学生提供有效的学习支架，设计了两个有助于学生达成学习目标的活动，尤其是在活动二中，由于篇章内容及切入角度的不同，又设计了具体的研讨主问题，让学生迅速找到统一的研讨方向，大大提高了课堂的效率，嵌入评价及学习评价单的设计，也让学生找到衡量自我学习的标尺。同时，充分发挥了学生自主、合作、探究的学习方式，让学习真正地发生。通过"迁移运用"与"作业设计"，唤醒和丰富学生自己的亲情体验，力求让学生做到知行合一。

  不足之处在于学生的能力不同，因此在合作探究中能力偏弱的学生参与度不高，容易产生两极分化的现象。此外，本节课的课容量较大，一小部分同学对于本节课的知识消化吸收不良，在日后的教学设计中要注意修正。

# 七年级上册第五单元"生命之趣"

长春经济技术开发区博远学校　万丹

单元教学规划

### 一、单元内容

统编版语文七年级上册第五单元：郑振铎《猫》、康拉德·劳伦兹《动物笑谈》、蒲松龄《狼》。

写作：如何突出中心。

### 二、单元分析

（一）课标分析

内容要求：

《义务教育语文课程标准（2022年版）》要求学生：①主动积累、梳理基本的语言材料和语言经验，逐步形成良好的语感。②学会运用多种阅读方法，具有独立阅读能力，能借助工具书阅读浅易文言文。③乐于探索，勤于思考，初步掌握比较、分析、概括、推理等思维方法，辩证地思考问题。④感受语言文字的美，感悟作品的思想内涵和艺术价值，能结合自己的经验，理解、欣赏和初步评价语言文字作品，丰富自己的情感体验和精神世界。

学业要求：

第四学段（7-9年级）要求学生：①养成默读习惯，有一定的速度，阅读一般的现代文，每分钟不少于500字。能较熟练地运用略读和浏览的方法，扩大阅读范围。②在通读课文的基础上，厘清思路，理解、分析主要内容，体味和推敲重要词句在语言环境中的意义和作用。③欣赏文学作品，有自己的情感体验，初步领悟作品的内涵，从

中获得对自然、社会、人生的有益启示。④阅读浅易文言文，能借助注释和工具书理解基本内容。⑤了解常用的修辞手法，体会它们在课文中的表达效果。

教学提示：

①引导学生增强语言积累和梳理意识，教给学生语言积累和梳理的方法，注重积累与运用相结合。②结合日常生活的真实情境进行教学，可开展阅读与探究活动，引导学生关注社会，表达和交流自己在生活中的发现和感受。③在主题情境中，开展文学阅读和创意表达活动，引导学生感受文学之美、表达自己的独特感受，促进学生的精神成长。引导学生综合运用朗读、默读、诵读、复述、评述等方法学习作品，感受文学作品语言、形象、情感等方面的独特魅力和思想内涵，提升审美能力和审美品位。④注意引导学生客观、全面、冷静地思考问题，识别文本隐含的情感、观点、立场，体会作者运用的思维方法。

学业质量：

第四学段（7-9年级）要求学生：①在学习与生活中，发现并积累不同语境下具有个性化特征的词句和段落，能根据自己的表达需要和习惯选择使用。②在讨论问题过程中，能积极发表自己的看法，做到有中心，有根据，有条理。③在阅读文学作品时，能把握主要内容，并通过朗读、概括、讲述等多种方式，表达对作品的理解；能厘清行文思路，用多种形式介绍所读作品的基本脉络；能从多角度揣摩、品味经典作品中的重要词句和富有表现力的语言，通过圈点、批注等多种方法呈现对作品中语言、形象、情感、主题的理解；能与他人分享自己获得对自然、社会、人生的有益启示。

（二）教材分析

本单元围绕着"生命之趣"选编了一组写动物的文章，还有一篇写作。《猫》以第一人称的口吻记述了三次养猫的经历，描写了作者对第三只猫的歉疚之情，表达了作者对无辜弱小生命的同情，体现了作者对生命的尊重和善于自我反省的精神。《动物笑谈》是一篇科普文章，作者从一个动物学家的角度，以诙谐幽默的语言，描写了自己观察动物和进行科学实验时的趣事，字里行间蕴含着作者对动物的喜爱和欣赏之情，表达了作者对生命的尊重。《狼》则是一篇文言小说，描写了人与狼的争斗场面，展现了人与狼之间的智慧较量。总而言之，这些课文从不同的侧面记述了人与动物的故事，反映了人对动物的了解和认识，展现了作者对人与自然关系的思考。写作《如何突出中心》旨在引导学生从熟悉的校园生活、家庭生活、社会见闻中选择有感触的人物、事件、场景等，想清楚自己要表达什么，然后围绕中心立意设计写作思路。

（三）学情分析

本单元的课文围绕动物主题选取了两篇现代文和一篇文言文，内容非常契合七年级学生的年龄特征和阅读兴趣。七年级学生对大自然充满好奇和兴趣，对学习生活具有比较多的切身经历，但其思维能力一般不足以对此类生活进行较高层次的提炼。在表达方面，学生对身边事物以及同类型故事有较深的感受，但较少能够独立完成有条理的叙述。同时，七年级学生掌握的诵读方法仍停留在小学阶段，本单元继续加强"默读"的读书方法，可以让他们从小学阶段的"指读"等读书方法中逐步过渡，进一步提高阅读速度，为以后的阅读打下基础。所以，本单元的教学重点是让学生多品读、多思考、多表达。

三、单元主题

生命之趣

四、单元目标

低阶目标：

1.继续学习默读的技巧，养成圈点勾画和做摘录的习惯，借助注释和工具书，疏通文意，积累文言词汇。

2.熟读文章，通过划分段落层次、抓中心语句、归纳段落要点的方法，理解段落之间的关联，把握文章的写作思路。

3.阅读文章，揣摩文中的细节描写，学习作者高超的描写手法，以及学习文中准确严谨而又传神生动的笔法，从不同角度体会文章的语言特点，在字里行间感悟作者情感的细微之处。

4.在把握段落大意、厘清思路的基础上，学会概括文章的中心思想，理解作者所要表达的思想情感，思考其中蕴含的人生哲理。

高阶目标：

5.拓展课外系列文本的解读并联系生活，反思人与自然的关系，初步学习从多维角度看问题，提升辩证思维能力，从而形成关爱动物、善待生命的意识，在生活中学会与动物和谐相处。

6.通过三篇文章的对比阅读，明确"中心"的具体含义，学习并体会如何提炼中心、梳理线索、安排详略。结合生活实际，回忆"触动过你的内心，引发过你的思考"的一件事，围绕作文主题"突出中心"，自拟题目，自定立意，写一篇文章，不少于600字。

**五、单元评价**

1.1能够熟练运用默读的具体方法：不出声，不动唇，不指读，不回看，一口气读完全文。

1.2能够勾画文中表现作者情感、观点的重要语句或段落，并做好摘录。

1.3能够结合课下注释和工具书，疏通文意，积累文言词汇。

2.1能够运用划分段落层次、抓中心语句、归纳段落要点的具体方法，梳理故事情节。

2.2能够厘清段落之间的关联，把握文章的写作思路。

3.1能够重点分析有关语言、动作、神态、心理描写的句子，尤其抓住文中生动的细节描写，分析人物形象，学习作者高超的描写手法。

3.2能够学习文中准确严谨而又传神生动的笔法，体会行文活泼又不乏幽默的语言特点。

3.3能够运用圈点和批注方式，多角度赏析文章中的精彩语段，体会其表达效果。

4.1能够运用思维导图的形式梳理和归纳三篇课文的行文思路，概括文章的中心思想。

4.2能够运用阅读、比较、分析等方式，总结三篇文章在语言风格、思想情感、道理寓意等方面的不同之处，体会不同作者的创作意图，思考文中蕴含的人生哲理。

5.1能够找到文中人与动物之间的"和平面"和"矛盾面",初步学习从多维角度看问题,提升辩证思维能力。

5.2能够结合文章内容和生活实际,反思人与自然的关系,形成关爱动物、善待生命的意识,在生活中学会与动物和谐相处。

6.能够分析出三篇文章的中心,明确"中心"的具体含义,掌握提炼中心、梳理线索、安排详略的写作方法。围绕作文主题"突出中心",自拟题目,自定立意,写一篇文章,不少于600字。

### 六、单元结构化活动

主任务一:寻找·动物逸事

任务一:默读课文,梳理结构

活动1:小组默读比赛,在规定的时间内读完三篇课文,并复述文章内容。

活动2:熟读三篇课文,把握段落大意,厘清文章结构。

任务二:圈点批注,品味语言

活动1:运用圈点批注的方法,摘录文中的精彩语段并赏析。

活动2:分析总结三篇文章不同的语言风格,体会文章的语言特点,感悟作者情感的细微之处。

主任务二:走进·人物内心

任务一:提炼中心,明确主旨

活动1:运用表格或思维导图的形式,整理三篇文章的关键句和中心句,提炼文章主旨。

活动2:课外阅读夏丏尊的《猫》、靳以的《猫》和王鲁彦的《父亲的玳瑁》,与郑振铎的《猫》比较,体会这些文章中作者表达的思想感情。

任务二:合作探究,评价反思

活动1:结合自己的生活体验,对文中所述人与动物相处的不同方式进行评价。

活动2:郑振铎养猫的经历和劳伦兹对动物的尊重,他们都从动物身上悟出了宝贵的人生经验。请你也写一段在生活中与小动物之间发生的故事,并谈一谈通过你们之间的故事给你带来了哪些感受和思考。

主任务三:倡导·和谐共生
任务一:善待生命,消除偏见
活动1:课外拓展阅读《母狼的智慧》《猎人和狼》《狼图腾》等其他和狼相关的文章,形成狼专题。探究人与狼之间的角色关系。
活动2:编辑一份《与野生动物和谐相处》的手抄报,请你根据所给资料,写一段80字左右的"编者按"。(资料:北美白狼于1911年灭绝;中国犀牛于1922年灭绝;亚洲猎豹于1948年灭绝;西亚虎于1980年灭绝……)
任务二:亲近动物,和谐共生
活动1:日常生活中,同学们也会接触到一些小动物,回忆曾经亲身经历的或听到的人与动物之间发生的故事,仿照作者郑振铎的《猫》,把故事复述出来讲给同学听。
活动2:围绕"亲近动物,和谐共生"这一主题,制作一个公益广告视频。

主任务四:写作·突出中心
任务一:把握中心,学习写作
活动1:借助课文,梳理已学技巧,总结写作方法。
活动2:确定中心,设计线索,组织材料,安排详略。
活动3:补充手法,拟写提纲,开始创作。
任务二:学生互评,修改作文
活动1:学生互相交换作文,提出修改建议。
活动2:完善作文,展示佳作。

### 七、课时分配
本单元设计共8课时,具体分配如下。
主任务一:寻找·动物逸事(第1-2课时)
主任务二:走进·人物内心(第3-4课时)
主任务三:倡导·和谐共生(第5-6课时)
主任务四:写作·突出中心(第7-8课时)

## 课时规划设计

### 寻找·动物逸事
（第1-2课时）

**一、课时目标**

低阶目标：

1.继续学习默读技巧，熟练掌握默读的具体方法，复述文章内容。

2.熟读课文，梳理文章层次。

3.勾画文章中的精彩语段，进行精读和赏析，体会其表达效果。

高阶目标：

4.比读文章语言，体会三篇文章的不同趣味，明确作者情感的细微之处。

**二、情境任务（问题）**

任务一：默读课文，梳理结构

任务二：圈点批注，品味语言

**三、学生活动**

活动1.1：小组默读比赛，在规定的时间内读完三篇课文，并复述文章内容。

活动1.2：熟读三篇课文，把握段落大意，厘清文章结构。

活动2.1：运用圈点批注的方法，摘录文中的精彩语段并赏析。

活动2.2：分析总结三篇文章不同的语言风格，体会文章的语言特点，感悟作者情感的细微之处。

**四、课时作业**

必做作业：

1.选择你熟悉的一种小动物，抓住其特征进行生动的描写，以突出其特点。（200字左右）

选做作业：

2.任选推荐资源中的一部或两部作品，摘录其好词、好句、好段到摘抄本上，并做批注赏析。（推荐资源：老舍《猫》、康拉德·劳伦兹《所罗门王的指环》、姜戎《狼图腾》）

## 走进·人物内心

（第3-4课时）

**一、课时目标**

低阶目标：

1.在把握段落大意、厘清文章思路的基础上，学会概括文章的中心思想。

2.梳理并归纳三篇文章所述人与动物之间不同类型的相处方式。

高阶目标：

3.结合自己的生活体验对其相处方式进行评价，反思人与自然的关系，学会与动物和谐相处。

**二、情境任务（问题）**

任务一：提炼中心，明确主旨

任务二：合作探究，评价反思

**三、学生活动**

活动1.1：运用表格或思维导图的形式，整理三篇文章的关键句和中心句，提炼文章主旨。

活动1.2：课外阅读夏丏尊的《猫》、靳以的《猫》和王鲁彦的《父亲的玳瑁》，与郑振铎的《猫》比较，体会这些文章中作者表达的思想感情。

活动2.1：结合自己的生活体验，对文中所述人与动物相处的不同方式进行评价。

活动2.2：郑振铎养猫的经历和劳伦兹对动物的尊重，让他们从动物身上悟出了宝贵的人生经验。请你也写一段在生活中与小动物之间发生的故事，并谈一谈通过你们之间的故事给你带来了哪些思考和感受。

**四、课时作业**

必做作业：

1.选择2种动物，分别搜集2个与其相关的成语和故事。

选做作业：

2.在课文《狼》中，"狼"是一个负面形象，然而在中国传统文化中，"狼"还有其他的特征和内涵。请你举例并说明。

## 倡导·和谐共生

（第5-6课时）

### 一、课时目标

低阶目标：

1.拓展课外文本的阅读，形成善待生命、消除偏见的强烈意识。

2.搜集、整理与主题"动物保护"相关的素材，学会撰写动物保护"编者按"。

高阶目标：

3.撰写文案（包含广告词、解说词、配乐）和创意脚本，拍摄公益广告视频。

### 二、情境任务（问题）

任务一：善待生命，消除偏见

任务二：亲近动物，和谐共生

### 三、学生活动

活动1.1：课外拓展阅读《母狼的智慧》《猎人和狼》《狼图腾》等其他和狼相关的文章，形成狼专题。探究人与狼之间的角色关系。

活动1.2：编辑一份《与野生动物和谐相处》的手抄报，请你根据所给资料，写一段80字左右的"编者按"。（资料：北美白狼于1911年灭绝；中国犀牛于1922年灭绝；亚洲猎豹于1948年灭绝；西亚虎于1980年灭绝……）

活动2.1：日常生活中，同学们也会接触到一些小动物，回忆曾经亲身经历的或听到的人与动物之间发生的故事，仿照作者郑振铎的《猫》，把故事复述出来讲给同学听。

活动2.2：围绕"亲近动物，和谐共生"这一主题，制作一个公益广告视频。

### 四、课时作业

必做作业：

1.站在动物角度看问题，审视人类的行为，用辩证的眼光，思考在生活中人类对待动物的行为是否妥当。（举一个生活实例进行说明）

选做作业：

2.学习本单元后，你有什么感受或启发，请以小作文的形式写下来。（不少于300字）

3.从全球来看，很多动物在走向灭绝，生物的灭绝会破坏自然界生态平衡。如果科学家可以运用科技手段复活已经灭绝的动物，你想复活哪一灭绝动物？说说你的理由。

# 课时教学设计及课堂教学实录

## 寻找·动物逸事
### （第1课时）

#### 一、学习目标
低阶目标：
1.继续学习默读技巧，熟练掌握默读的具体方法，复述文章内容。
2.熟读课文，梳理文章层次。
3.勾画文章中的精彩语段，进行精读和赏析，体会其表达效果。
高阶目标：
4.比读文章语言，体会三篇文章的不同趣味，明确作者情感的细微之处。

#### 二、达成评价
1.1能够在规定的时间内完成三篇课文的阅读。
1.2能够熟练掌握默读的具体方法：不出声，不动唇，不指读，不回看，一口气读完全文。
1.3能够用简洁的语言复述文章内容。
2.能够厘清段落之间的关联，把握文章的写作思路。
3.能够运用圈点和批注方式，多角度赏析文章中的精彩语段，体会其表达效果。
4.能够运用阅读、比较、分析等方式，总结三篇文章在语言风格的不同之处，明确作者情感的细微之处。

#### 三、学习过程
（一）先行组织

名言导入：上帝所创造的，即使是最低等的动物，皆是生命合唱团的一员，我不喜欢只针对人类需要而不顾及猫、狗等动物的任何宗教。

——林肯

正如这句名言所说，即使是最低等的动物，皆是生命合唱团的一员。人和动物都是大自然中的重要成员，但有一种观念认为，人类是万物之灵，人类的智慧可以改造自然，征服自然。我们到底应该怎样处理人与自然之间的关系呢？学习第五单元的文章，也许会帮助我们找到答案。

（二）任务（问题）与活动

任务一：默读课文，梳理结构

活动1：小组默读比赛，在规定的时间内读完三篇课文，并复述文章内容

师：下面大家按照老师所给的嵌入性评价，进行默读比赛，看谁能够在规定的时间内读完三篇文章。

| 默读评价标准 | 等级与分值 | 得分 |
| --- | --- | --- |
| 不出声,不动唇,不指读,不回看,一气呵成默读完课文。 | A 等＋1 分 | |
| 一气呵成读完课文，大致读懂文意。 | B 等＋2 分 | |
| 一气呵成读完课文，准确说出文章主要内容。 | C 等＋3 分 | |

生：（学生自由默读课文）

师：同学们按照评价标准，给自己打分。

（学生展示各自的得分，得满分的很多）

师：大部分同学能够在规定的时间内读完课文，很好，哪位同学愿意跟大家分享文章的故事内容呢？

（三位学生代表复述故事内容）

师：这几位同学复述得很生动，复述的时候，抓住了主要情节。我们一起来总结一下复述文章故事需要把握哪些要素。模式：人物＋事件＋事件六要素＋故事情节（开端、发展、高潮、结局）。

活动2：熟读三篇课文，把握段落大意，厘清文章结构

学生梳理展示：

| 《猫》文章层次 |
| --- |
| 第一部分(第1—2段)：写第一只可爱的小猫病死了，"我"感到辛酸。 |
| 第二部分(第3—14段)：写活泼可爱的第二只猫被人捉走，"我"感到悲伤和愤恨。 |
| 第三部分(第15—34段)：写第三只猫不幸亡失让"我"难过自责，"我"自此永不养猫。 |

| 《动物笑谈》文章层次 |
|---|
| 第一部分（第1段）：总写。研究动物行为，常发生一些趣事。 |
| 第二部分（第2-9段）：写"我"做水鸭子实验时的怪异表现。 |
| 第三部分（第10-19段）：写"我"养鹦鹉"可可"的经历以及趣事。 |

| 《狼》文章层次 |
|---|
| 第一部分（第1-4段）：以叙述的方式，交代屠户与狼相斗的过程。 |
| 第二部分（第5段）：以议论的形式，揭示文章的主旨。 |

任务二：圈点批注，品味语言

活动：再次默读三篇课文，运用圈点批注法，摘录文中的精彩语段并赏析

【提出问题】

师：圈点批注法是古人读书时常用的传统方法，我们应该从哪些方面进行圈点批注呢？

【组织学习】

先独立思考，然后小组交流。

生代表：圈点文章中的精彩内容，可以从文章的内容、结构、写作手法、语言特色等方面进行批注。

师明确：说得非常好！同学们也可以给自己设定一些圈点和批注的符号。如用圆点或圆圈标注精妙之处，用问号表示质疑，用叹号表示强调，等等。符号设定后，每个人要养成固定使用的习惯，这样在整理读书笔记时才不至于凌乱。下面是一个批注示例（《骆驼祥子》片段），大家可以参考。

| | |
|---|---|
| 　　地名他很熟习，即使有时候绕点儿远也没大关系，好在自己有的是力气。拉车的方法，以他干过的那些推、拉、扛、挑的经验来领会，也不算十分难。况且他有他的主意：多留神，少争胜，大概总不会出了毛病。至于讲价争座，他的嘴慢气盛，弄不过那些老油子们。知道这个短处，他干脆不大到"车口"上去；哪里没车，他放在哪里。在这僻静的地点，他可以从容地讲价，而且有时候不肯要价，只说声："坐上吧，瞧着给！"他的样子是那么诚实，脸上是那么简单可爱，人们好像只好信任他，不敢想这个傻大个子是会敲人的。即使人们疑心，也只能怀疑他是新到城里来的乡下佬儿，大概不认识路，所以讲不出价钱来。及至人们问到，"认识呀？"他就又像装傻，又像要俏地那么一笑，使人们不知怎样才好。 | 这是祥子的生意经。<br><br>"嘴慢气盛"写祥子的性格，优劣分明。<br><br>语言简洁，憨态可掬。<br><br>祥子的相貌气质是他的保护色吗？<br><br>坐车人与拉车人，到底谁在揣摩对方上更胜一筹？ |

批注评价标准：

| 批注评价标准 | 等级与分值 | 得分 |
|---|---|---|
| 找到精彩语句，有批注。 | A等＋1分 | |
| 找到精彩语句，有批注，赏析合理。 | B等＋2分 | |
| 找到精彩语句，有批注，赏析具体，表达流畅。 | C等＋3分 | |

【表达成果】

生1："猫花白的毛，很活泼，常如带着泥土的白雪球似的，在廊前太阳光里滚来滚去。"批注：运用比喻的修辞手法，将小猫比喻为"带着泥土的白雪球"，运用朴素的言语创造了一只活泼可爱的猫的形象，小猫逗玩的情态跃然纸上。

生2："我也怅然地，愤恨地，在诅骂着那个不知名的夺去我们所爱的东西的人。"批注："怅然""愤恨""诅骂"三个词语，生动形象地写出了作者对那些不顾别人利益，自私自利行为的谴责与鞭挞。

生3："想到它的无抵抗的逃避，益使我感到我的暴怒、我的虐待，都是针，刺我良心的针！"批注：运用比喻的修辞手法，把"使我感到我的暴怒、我的虐待"比喻成"针"，强调我的悔恨和遗憾之深，生动形象。

生4："不过为了探求真理，也只好忍受这种考验了。所以，那个星期天，当我带着那群小鸭子在我们园里青青的草上又蹲又爬又叫地走着，而心中正为它们的服从而暗自得意的时候，猛一抬头，却看见园子的栏杆边排着一排人，他们全都脸色煞白。"批注：运用动作描写，生动形象地写出了作者的艰辛，表达了作者对动物的喜爱。作者为了实验他愿意"又蹲又爬又叫地走着"，面对小水鸭对他的依赖，他毫无急躁和反感，耐心地付出体力与时间，换得了小水鸭极大的信任，我被作者的爱心所感动。同时，作者还是一个细心严谨的科学家，为求知而不顾世俗体面和尊严，这种精神值得我敬佩。

生5："骨已尽矣，两狼之并驱如故。"批注：我体会到狼是贪婪凶狠的。

【交互反馈】

师：请其他同学依据评分标准对以上同学进行评价。

生6：我认为生1和生3的回答都可以得C等＋3分，所找的句子典型，他们是从修辞的角度进行赏析的，分析具体，表达流畅。

生7：我认为生2的回答可以得B等－2分。他是从关键词语的角度进行赏析的，赏析合理。但我觉得如果把"词语"换成"情感鲜明的词语"，这样表达会更完整。

生8：我认为生4的回答可以得C等+3分，她找的句子很精彩，并且她是从描写方法、文章内容和心得体会三个角度进行赏析的，内容丰富，表达流畅。

生9：我给生5的回答评为A等+1分，他是从自己的心得体会进行赏析的，但分析得不够具体，语言表达过于简单，他可以补充原文内容进行赏析。

【整合提升】

师生共同总结圈点批注的方法：可以从文章的内容、结构、写作手法、语言特色等方面进行入手，还可以展开联想、想象，补充原文内容，或写出心得体会，提出自己的见解。

（三）迁移运用

任选王鲁彦《父亲的玳瑁》、康拉德·劳伦兹《所罗门王的指环》（节选）、蒲松龄《狼三则》另外两则之一，按照任务一、任务二的学习形式，自主完成默读概括、层次梳理、批注赏析（至少2处）的学习任务。

（四）成果集成

| | |
|---|---|
| 圈点批注方法（角度） | 文章内容 |
| | 文章结构 |
| | 写作手法：修辞、描写方法、动词等 |
| | 语言特色 |
| | 展开联想、想象 |
| | 补充原文内容 |
| | 写出心得体会 |
| | 提出自己的见解 |

（五）作业设计

必做作业：

1.选择你熟悉的一种小动物，抓住其特征进行生动的描写，以突出其特点。（200字左右）

选做作业：

2.任选推荐资源中的一部或两部作品，摘录其好词、好句、好段到摘抄本上，并做批注赏析。（推荐资源：老舍《猫》、康拉德·劳伦兹《所罗门王的指环》、姜戎《狼图腾》）

（六）课后反思

本课教学充分激发了学生自主学习能力，通过方法指导，层层推进，促进学生的思考。教学中充分相信学生，让学生在思考、探究、交流中提升阅读能力。例如，在任务二的活动中，同学们经过独立思考、班级展示、生生互评，对文章内容有了深刻的理解，不仅培养了学生的小组合作能力，还培养了学生的语言表达能力。

但在教学的过程中，为了节省教学时间，仅仅让学生采用"默读"的教学方法，缺乏片段的集体朗读展示，影响了学生对文章的全面理解。在今后的教学中，会采取多种朗读方式，让学生更全面地理解课文，提升学生的阅读能力。

# 七年级下册第一单元"天下英雄气 千秋尚凛然"

长春经济技术开发区育隆学校 雷雯尧

单元教学规划

### 一、单元内容

统编版初中语文教材七年级下册第一单元：

散文：《邓稼先》（杨振宁）、《说和做——记闻一多先生言行片段》（臧克家）、《回忆鲁迅先生（节选）》（萧红）、《孙权劝学》（《资治通鉴》）。

写作：写出人物的精神。

### 二、单元分析

（一）课标分析

内容要求：

《义务教育语文课程标准（2022年版）》第四学段（7-9年级）的课程目标，在"阅读与鉴赏"中要求引导学生能够"在通读课文的基础上，厘清思路，理解、分析主要内容，体味和推敲重要词句在语言环境中的意义和作用"，"对作品中感人的情境和形象说出自己的体验，品味作品中富于表现力的语言"；在"表达与交流"中，要求学生能够做到"合理安排内容的先后和详略，条理清楚地表达自己的意思"。

学业要求：

在语文课程中，学生需要通过阅读、理解、分析主要内容、体味重要词句和形象，并清楚地表达自己的感受。

教学提示：

本单元的课文契合"发展型学习任务群"中"文学阅读与创意表达"的要求，教师应该引导学生，从多个角度去理解和品味经典作品，学习分类整理富有表现力的词语和精彩段落，并分析作品表现手法的作用。同时，教师应该帮助学生总结不同类型文学作品的阅读经验和方法，提高阅读和表达的能力。

学业质量：

第四学段（7-9年级）中要求学生"能够通过朗读、概括、讲述等方式，表达对作品的理解"，"能从多角度揣摩、品味经典作品中的重要词句和富有表现力的语言"，"能分类整理富有表现力的词语、精彩段落和经典诗文名句，分析作品表现手法的作用"，并"能通过对阅读过程的梳理、反思，总结不同类型文学作品的阅读经验和方法"。

（二）教材分析

纵向来看，统编版初中语文七年级下册第一单元选编了一组关于杰出人物的散文和一篇文言文，本单元的人文主题是感受杰出人物的非凡气质，唤起对理想的憧憬与追求。本单元要求学习精读的方法，在通览全篇、了解大意的基础上，把握关键语句或段落，字斟句酌，揣摩品味其含义和表达的妙处；注意结合人物生平及其所处时代，透过细节描写，把握人物特征，理解人物的思想感情。

横向来看，《邓稼先》抒写了邓稼先以身许国、创新科技的巨大贡献；《说和做——记闻一多先生言行片段》展现了闻一多先生学术上沉默专注、革命时无惧生死的爱国热情；《回忆鲁迅先生（节选）》记录了伟大的文学家鲁迅先生可亲、富有人情味的一面；《孙权劝学》则把循循善诱的国君孙权和善读好学的吕蒙呈现给读者。邓稼先、闻一多、鲁迅、吕蒙等人物，都堪称中华文化历史长廊中的名人，本单元课文从不同角度展现了他们的品格和气质。

（三）学情分析

已有经验：大部分学生有一定的写人散文阅读积累，能够通过阅读所写事件，对其中的人物形象进行分析。

认知障碍：学生缺乏横向对比和分析不同事件的能力；学生缺乏深入分析能力，无法剖析选材布局和关键语句，很少有学生能够关注和分析文章的组材特点。

### 三、单元主题

天下英雄气　千秋尚凛然

### 四、单元目标

低阶目标：

1.通过通读第一单元四篇课文，阅读课文圈点勾画，梳理文章中的人物事迹或故事情节，从篇章的角度梳理作者的组材方法。分析第一单元四篇课文，画出思维导图，概括其选材、组材特点，训练学生的聚合思维和概括能力。

2.通过品析副词、动词等富有表现力的词语，揣摩品味其在表现人物精神上的妙用；分析作者如何通过人物描写展现人物精神，并在写作时借鉴和运用。

高阶目标：

3.能够通过分析材料，感受人物精神，培养逻辑思维能力。

4.借鉴已学课文中的勾画关键语句和描写方法、角度，梳理其他文章故事情节，初步赏析其他相关文章。

5.通过总结所学课文内容，在写作活动中，总结写作常规的方式，完成作文。

### 五、单元评价

1.1能通过梳理《邓稼先》中所写事件，简要概括文章内容，分析在组材构篇上的特点。

1.2能通过梳理《说和做——记闻一多先生言行片段》中所写事件，简要概括文章内容，分析在组材构篇上的特点。

1.3能通过梳理《回忆鲁迅先生（节选）》中所写事件，简要概括文章内容，分析在组材构篇上的特点。

1.4能在"观其大略"的基础上整体感知课文，充分利用课后习题和阅读提示，探究出不同的写作结构。

2.1能打通从赏析关键词句到感悟精神品质的路径，字斟句酌，揣摩品析，对体现人物精神的数词、副词进行品析，感受人物的精神品质。

2.2能通过分析三篇文章中的人物描写句（外貌描写、语言描写、行动描写）进行揣摩，由人物外在的"形"的描写，走进人物的心灵世界。

3.1能通过摘抄《回忆鲁迅先生（节选）》，精读品析语言描写句、细节描写句、外貌描写句，体会鲁迅先生的形象。

3.2能概括邓稼先、闻一多和鲁迅这三位人物的非凡品格；掌握自主学习《孙权劝学》的方法，疏通文意，运用前面所学的精读方法分析《孙权劝学》中吕蒙的形象。

4.1能自读单元课文，结合第一课段和第二课段探究所得，比较分析本单元课文在写出人物精神上所使用的材料选择、特定情境、人物标志性的外貌、习惯性的言行举止、细节描写的方法。

4.2能结合课外文章，分析印证其在课文中探究的在描写上各有侧重、对比的写人方法。

5.1能通过以上的学习，明确典型事件、写作手法、议论抒情、描写角度对写作的重要作用。

5.2能运用所学，撰写片段。

5.3能逐步领会并掌握从写作要素的分析、精神气质的选择提炼、事件的选择到片段的写作的过程。

## 六、单元结构化活动

**天下英雄气，千秋尚凛然**

- **探求篇章奥妙，与君初相识**
  - **任务一：** 自读《邓稼先》《说和做——记闻一多先生言行片段》《回忆鲁迅先生（节选）》，梳理文章所写事件，并简要概括
    - 活动1.1：完成《邓稼先》课文结构图
    - 活动1.2：完成《说和做——记闻一多先生言行片段》课文结构图
    - 活动1.3：完成《回忆鲁迅先生（节选）》课文结构图
  - **任务二：** 根据三篇课文的结构，分别制作课文结构图，分析三篇文章在组材上的特点并简要概括
    - 活动2：借助三篇课文课后的"思考探究"，以及自制的课文结构图，分析三篇课文在结构上的特点

- **解密伟人气质，感受非凡气质**
  - **任务三：** 品析富有表现力的词语：选择《邓稼先》中能体现人物精神的数词、副词进行品析，感受人物的精神品质
    - 活动3：字斟句酌，揣摩品析，完成体现任务精神的数词、副词的品析，感受人物的精神品质完成学习任务单一
  - **任务四：** 品析人物描写句：选择三篇文章中的人物描写句（外貌描写、行动描写）进行揣摩，由人物外在的"形"的描写，走进人物的心灵世界
    - 活动4.1：通览全篇，精读赏析，完成学习任务单二：品析生动的人物描写句
    - 活动4.2：自读《回忆鲁迅先生（节选）》，精读品析，完成学习任务单三：自选语句精读品析
    - 活动4.3：绘制思维导图。要求：请你根据前面的精读品析，概括邓稼先、闻一多和鲁迅这三位伟人的品格

- **寻踪伟人精神，鉴赏写人艺术**
  - **任务五：** 自读单元课文，结合第一课段和第二课段探究所得，比较分析本单元课文在写出人物精神上所使用的方法
    - 活动5.1：完成"写人艺术我探究"的学习任务单
    - 活动5.2：完成寻找伟人的配文海报

- **实践写人方法，书写一段传奇**
  - **任务六：** 细化写作量规，探究写作价值，拟定写作提纲后互评互改
    - 活动6.1：请同学们参看学习任务单任务一所给表格，小组合作探究写出人物精神的评价量规
    - 活动6.2：以刚刚勾画的课文为内容，尝试为以下几句歌词配上MV画面，并说说你的理由
    - 活动6.3：同桌互评：交换写好的作文，你认为同桌作文中的哪些内容最适合作为歌曲MV的画面？为什么？

## 七、课时分配

| | | |
|---|---|---|
| 与君初相识，探求篇章奥妙·阅读分析课 | 阅读本单元前三篇课文，整体感知文章内容，制作思维导图，并概括三篇文章在组材构篇上的特点。 | 2课时 |
| 解密伟人气质，感受非凡气质·阅读分析课 | 在通读全文、了解大意的基础上，揣摩、品析本单元课文中富有表现力的词语、人物描写句和议论抒情句，解读伟人的非凡气质，并完成思维导图。 | 3课时 |
| 寻踪伟人精神，鉴赏写人艺术·阅读分析课 | 自读单元课文，结合第一课段和第二课段探究所得，比较分析本单元课文在写出人物精神上所使用的方法。 | 1课时 |
| 书写一段传奇，实践写人方法·实践课 | 细化写作量规，探寻写作价值，拟定写作提纲后互评互改。 | 1课时 |

## 课时规划设计

### 与君初相识，探求篇章奥妙
（第1-2课时）

#### 一、课时目标

低阶目标：

1.能通过自读《邓稼先》《说和做——记闻一多先生言行片段》《回忆鲁迅先生（节选）》简要概括文章事件。

2.能通过圈点勾画《邓稼先》《说和做——记闻一多先生言行片段》《回忆鲁迅先生（节选）》清晰掌握文章结构。

高阶目标：

3.能根据三篇课文的结构，分别制作课文结构图。

4.能概括三篇文章在组材构篇上的特点，比较出三篇文章不同之处。

5.能将所学迁移至其他文段、文章的分析之中。

#### 二、情境任务（问题）

任务一：自读《邓稼先》《说和做——记闻一多先生言行片段》《回忆鲁迅先生（节选）》，梳理文章所写事件，并简要概括

任务二：根据三篇课文的结构，分别制作课文结构图。分析三篇文章在组材上的特点并简要概括

### 三、学生活动

默读课文，整体感知：默读《邓稼先》《说和做——记闻一多先生言行片段》《回忆鲁迅先生（节选）》，根据提示，完成课文的结构图。

活动1.1：完成学习任务单一（《邓稼先》课文结构图）

活动1.2：完成学习任务单二（《说和做——记闻一多先生言行片段》课文结构图）

活动1.3：完成学习任务单三［《回忆鲁迅先生（节选）》课文结构图］

活动2：请你借助三篇课文课后的"思考探究"，以及自制的课文结构图，分析三篇课文在结构上的特点

### 四、课时作业

必做作业：

1.读书时，我们总是"于细节处见精神"，参照示例，找出细节描写的句子，探究闻一多的精神追求。

【示例】

细节：一个又一个大的四方竹纸本子，写满了密密麻麻的小楷，如群蚁排衙。

精神追求："群蚁排衙"运用了比喻的修辞手法，生动形象地写出了小楷字写得多而工整，侧面衬托出闻一多先生勤奋刻苦和治学严谨的态度。

细节：_____

精神追求：_____

选做作业：

2.假设要再为邓稼先颁一次奖，请你参考为杨振宁拟写的诺贝尔物理学奖颁奖词的示例，结合文章内容，拟写一份邓稼先的"两弹一星"功勋奖章颁奖词。

## 解密伟人气质，感受非凡气质

（第3-5课时）

### 一、课时目标

低阶目标：

1.能在通读全文、了解大意的基础上，揣摩、品析本单元课文中

富有表现力的词语、人物描写句和议论抒情句。

2.能通过分析段落、句子、词，解读伟人气质，并完成思维导图的制作。

高阶目标：

3.能独立、自觉分析作者如何通过人物描写展现人物精神。

4.通过重组、合理联想，能在写作时借鉴和运用修辞与写作手法。

**二、情境任务（问题）**

任务三：品析富有表现力的词语。选择《邓稼先》中能体现人物精神的数词、副词进行品析，感受人物的精神品质

任务四：品析人物描写句。选择三篇文章中的人物描写句（外貌描写、语言描写、行动描写）进行揣摩，由人物外在的"形"的描写，走进人物的心灵世界

**三、学生活动**

活动3：字斟句酌，揣摩品析，完成体现人物精神的数词、副词的品析，感受人物的精神品质，完成学习任务单一。

活动4.1：通览全篇，精读赏析，完成学习任务单二，品析生动的人物描写句。

活动4.2：自读《回忆鲁迅先生（节选）》，精读品析，完成学习任务单三：自选语句精读品析。

活动4.3：绘制思维导图。要求：请你根据前面的精读品析，概括邓稼先、闻一多和鲁迅这三位伟人的品格。

**四、课时作业**

必做作业：

1.根据老师出示的情境，合理发挥想象，还原闻一多先生做研究时的情景,让先生的形象更加鲜活。

要求:尽量遵从文本，合理想象,并尝试运用文中的四字短语来表达。

夜，已经深了，可闻一多先生的书房里却还亮着光，只见他：____

_____

_____

选做作业：

2.结合三组镜头，分析孙权、吕蒙、鲁肃三人的形象，为他们制

作"三国真英雄"人物卡。

要求：要有插图，姓名，性格特点以及金句。

## 寻踪伟人精神，鉴赏写人艺术
（第6课时）

**一、课时目标**

低阶目标：

1.分析、比较、探究不同的课文在写出人物精神上所使用的不同方法。

2.能通过探究，品味不同写法的好处与作用。

3.通过借鉴课文，学会批注阅读文章的方法。

高阶目标：

4.能为班级文化角设计一张寻找伟人的配文海报。要求：人物照片、名言、他人评价、介绍词四个要素齐全，排版整洁美观；选取的名言、他人评价、事例等与人物精神关联非常明显，材料典型，能突出体现人物精神；能够熟练运用人物描写，辅以对比等写作手法，凸显人物的精神气质。

**二、情境任务（问题）**

任务五：自读单元课文，结合第一课段和第二课段探究所得，比较分析本单元课文在写出人物精神上所侹用的方法

**三、学生活动**

活动5.1：完成写人艺术我探究的学习任务单

活动5.2：完成寻找伟人的配文海报的任务

**四、课时作业**

必做作业：

1.参照语文书中的示例，抓住文中的关键语句体会鲁迅形象，将自己的阅读感受以批注的形式简洁地记录在文旁（至少三处），并选择一处写下来。

选做作业：

2.课外阅读闻一多先生的《太阳吟》《死水》《静夜》等诗作，欣赏其艺术特色，感受其中的精神追求。

# 书写一段传奇，实践写人方法

（第7课时）

**一、课时目标**

低阶目标：

1.通过以上的学习，能明确典型事件、写作手法、议论抒情、描写角度对写作的重要作用。

2.能自觉在实践中规划作文中组材、选材的方法的使用。

高阶目标：

3.充分把握课文中场景环境、人物动作细节描写，以和MV中歌词所描述的画面进行匹配。

4.逐步领会并掌握从写作要素的分析、精神气质的选择提炼、事件的选择到片段的写作过程。

5.感受英雄人物的伟大品质，并能记录生活中让人感动且平凡的事件。

**二、情境任务（问题）**

任务六：细化写作量规，探寻写作价值，拟定写作提纲后互评互改

**三、学生活动**

活动6.1：请同学们参看学习任务单任务一所给表格，小组合作探究写出人物精神的评价量规

活动6.2：以刚刚勾画的课文为内容，尝试为以下几句歌词配上MV画面，并说说你的理由

活动6.3：同桌互评。交换写好的作文，你认为同桌作文中的哪些内容最适合作为歌曲MV的画面？为什么？

**四、课时作业**

必做作业：

1.请以《这样的人让我_____》为题作文，向摄制组投稿，写一写你生命中的某人。

选做作业：

2.查找资料或结合所学过的红色英雄事例，继续为《如愿》MV中的其他歌词设计画面，并写出解说词。

## 课时教学设计及课堂教学实录

### 寻踪伟人精神，鉴赏写人艺术
（第1课时）

一、学习目标

低阶目标：

1.通过以上的学习，能明确典型事件、写作手法、议论抒情、描写角度对写作的重要作用。

2.能自觉在实践中规划作文中组材、选材的方法的使用。

3.充分把握课文中场景环境、人物动作细节描写，以和MV中歌词所描述的画面进行匹配。

高阶目标：

4.逐步领会并掌握从写作要素的分析、精神气质的选择提炼、事件的选择到片段的写作过程。

5.感受英雄人物的伟大品质，并能记录生活中让人触动且平凡的事件。

二、达成评价

1.能通过小组或个人口头报告的方式，说明对典型事件、写作手法、议论抒情、描写角度在写作中的重要作用的理解情况。

2.能通过撰写文段以及写作提纲，自评、互评其在实践中规划组材、选材的方法使用的情况，并创造具体的建议和改进措施。

3.能通过小组活动，根据文段，选择一个场景进行描写，再结合课文中的场景环境、人物动作细节描写，进行匹配和比较，并通过展示和讨论的方式，分享彼此的成果和感悟。

4.能逐步学会分析作文要素、挑选人物特质、选择事件和写作片段的过程。

5.能体会、英雄人物的崇高品质，记录生活中的感人平凡事件。

### 三、学习过程

（一）先行组织

| | 评价项目 | 评价量规 | 例句阐释 | 人物精神 |
|---|---|---|---|---|
| 写出人物精神评价标准 | 典型事件 | | 邓稼先签方案时的手。 | |
| | | 有背景环境作映衬 | | |
| | | 正面描写塑造人物 | | |
| | | | 邓稼先与奥本海默。 | |
| | | | 他，是口的巨人；他，是行的高标。 | 闻一多：知行合一，堪称楷模。 |
| | 描写角度 | 多种角度 | 《邓稼先》六个部分。 | 邓稼先： |
| | …… | | | |

1.在通读第一单元四篇课文的基础上，阅读课文圈点勾画，梳理文章中的人物事迹或故事情节，画出思维导图，概括其选材、组材特点。

2.品析副词、动词等富有表现力的词语，揣摩品味其在表现人物精神上的妙用。（外貌描写、语言描写、行动描写）

3.明确典型事件、写作手法、议论抒情、描写角度对写作的重要作用。

（二）任务（问题）与活动

任务一：结构化活动中的任务六

活动6.1：参看学习任务单任务一，小组合作探究写出人物精神的评价量规

【组织学习】

先独立思考，然后小组交流。

活动6.1.1:独立思考，回到课文文本，填写表格（例句阐释选择1-2处进行分析）

活动6.1.2：小组讨论交流评价量规，分享例句和人物精神，完善表格

【表达成果】

学生A：我们小组完成了填写表格的任务，并且互相讨论了例句和人物精神，进行了完善。

学生B：我们选取了邓稼先的签关键方案时的手作为典型事件，

同时描述了他的才能卓越、质朴、奉献精神和家国情怀。

学生C：我们还通过对比邓稼先与奥本海默，深刻体会到邓稼先的精神品质。

学生D：同时，我们也选择了闻一多的凌乱的头发和书桌，以及鲁迅的躺椅和香烟作为背景环境的描写。

学生E：最后，我们通过议论抒情的方式，对闻一多进行了高度概括，强调了他的口才和行动的卓越，形成了完整的人物形象。

【交互反馈】

师：请其他组同学依据评分标准对此小组进行评价。（出示评价标准表格）

学生F：我觉得这个小组在评价量规的选取上很准确，对邓稼先的评价从多个角度进行了描写，既有对其才能卓越、质朴平实等正面特点的描述，也有通过与奥本海默的对比来突出他的精神品质的描写。

学生G：我不同意，我认为他们选取的例子太少，不具有说服力。

学生H：我认为他们在描写背景环境时也很到位，通过描述闻一多的凌乱的头发和书桌、鲁迅的躺椅和香烟等细节，使得人物形象更加丰满和生动。

师：谢谢同学们的分享，你们的表格填写得很详细，对人物精神的评价量规、例句阐释和背景环境作映衬都进行了充分的讨论。然而，在评价量规中，可以进一步提炼和明确评价的要点，使评价更加具体和有深度。比如，在例句阐释中，可以选择更具有代表性的例句，以更好地支持评价量规。同时，在人物精神的描写中，可以尝试多角度切入，突出人物的不同特点和精神品质，使人物形象更加鲜明和丰满。另外，在交流讨论时，可以更加深入地探讨不同人物之间的对比和衬托，以加深对人物精神的理解。还有，在表达成果中，可以更加具体地描述小组完成的任务，并简洁明了地表达出人物精神的评价和描写。希望同学们在后续的课堂活动中能够进一步完善和提升自己的评价和表达能力。

【整合提升】

师生共同总结，班级分享，投屏展示表格。［具体参看（四）成果集成］

【学习评价】

| 评价标准 | 等级 | 分值 |
| --- | --- | --- |
| 能准确分析出任务精神。 | C | +1 |
| 分析出的任务精神与事例相对应。 | B | +2 |
| 分析出的任务精神能与事例相对应；能结合评价量规分析出评价项目的合理性。 | A | +3 |

活动6.2：以刚刚勾画的课文为内容，尝试为以下几句歌词配上MV画面，并说说你的理由

同桌交换写好的作文，你认为同桌作文中的哪些内容最适合作为歌曲MV的画面？为什么？

①"这盛世每一天，山河无恙烟火寻常。"

（学生发现典型事件对于突出人物精神的重要作用）

②"你永远在我身边，与你相约一生清澈，如你年轻的脸。"

（学生发现细节描写对于突出人物精神的重要作用）

③"你是我之所来，也是我心之所归。"

（学生发现议论抒情对于突出人物精神的重要作用）

| 评价标准 | 等级 | 分值 |
| --- | --- | --- |
| 言之有理；能结合选取画面分析出对应的一条人物精神。 | C | +1 |
| 言之有理，语言流畅；并能结合评价项目中的一条进行分析；能结合选取画面分析出对应的两条人物精神。 | B | +2 |
| 言之有理，语言流畅；并能结合评价项目中的两条进行分析；能结合选取画面分析出对应的三条人物精神。 | A | +3 |

活动6.3：进一步进行同桌互评

交换写好的作文，你认为同桌作文中的哪些内容最适合作为歌曲MV的画面？为什么？

（三）迁移运用

| | 写作提纲 |
| --- | --- |
| 第一步 | ●确定写作对象。"这样的人"可以是你熟悉的人，比如你的同学、邻居，也可以是陌生的人，比如路人、新闻报道中的人；可以是某个具体的人，也可以是另一类人。我选择的写作对象是： |
| 第二步 | ●补全题目。《这样的人让我_____》，题目横线处应该填上一个能体现自己情感态度的词语。 |

续表

| 第三步 | ●明确人物精神品质。我想要在写作中表现TA的精神品质。 |
|---|---|
| 第四步 | ●选取典型细节。学习了评价量规中的"典型事件"板块,我想到可以选取以下事件来突出特别的细节,凸显人物精神。<br>1.<br>2.<br>3.<br>…… |
| 第五步 | ●运用写作手法。我准备运用的写作手法有: |
| 第六步 | ●表达情感态度(议论抒情)。我对TA的评价是: |

| 评价标准 | 等级 | 分值 |
|---|---|---|
| 完成前三步:能记录下来老师以及同学对其的评价。 | C | +1 |
| 完成前四步:在记录下他人评价的基础上可以对其他同学的提纲进行合理评价。 | B | +2 |
| 全部完成:可以通过倾听他人评价过程进行自主、有意识地修改和补充。 | A | +3 |

(四)成果集成

| 典型事件 | 有典型细节作补充 | 邓稼先签关键方案的手。<br>闻一多凌乱的头发、凌乱的书桌。<br>鲁迅的躺椅、香烟。 |
|---|---|---|
| | 有背景环境作映衬 | 邓稼先:从任人宰割到站起来了。<br>闻一多:衰微的民族;警报迭起,形势紧张。<br>鲁迅:太阳出来了。 |
| 写作手法 | 正面描写塑造人物 | 邓稼先:我不能走的语言。<br>闻一多:长须飘飘的外貌,演讲的语言描写。<br>鲁迅:包书的动作描写,笑的神态描写。 |
| | 对比衬托烘托人物 | 邓稼先:与奥本海默作对比。<br>闻一多:与反动派作对比。<br>鲁迅:与其他人睡觉作对比。 |
| 议论抒情 | 高度概括精神品质 | 闻一多:他,是口的巨人;他,是行的高标。 |

| 课文 | 选取画面 | 体现精神 |
|---|---|---|
| 《邓稼先》 | 爆炸的原子弹、从美国回中国的飞机、签署建议书的手、无垠的荒漠 | 执着追求、至死不渝、热爱祖国、默默无闻、忠厚平实、真实坦白、谦虚宽容、朴实纯正、严谨认真、责任感强、领导力强 |

续表

| 《说和做——记闻一多先生言行片段》 | 凌乱的头发、零乱的书桌、振臂高举的手臂、竖直的手指、飘飘的长须 | 热爱祖国、潜心治学、惜字如金、一丝不苟、浅浅淡泊、勤奋务实、英勇无畏、疾恶如仇、大义凛然 |
|---|---|---|
| 《回忆鲁迅先生》 | 爽朗的笑、燃烧的香烟、胃药丸、一把躺椅、随意处理的校样、深夜的灯火、整整齐齐的书纸 | 尊重妻子、关怀妻子、尊重儿子、呵护天性、亲勤培植、宽厚体谅、大度慈爱、随性释然、一丝不苟、勤勉认真、燃烧生命 |

（五）作业设计

必做作业：

生活中我们会遇到各种各样的人，有的让你尊敬，有的让你佩服，有的让你感动，有的让你叹息……请以《这样的人让我_____》为题作文，向摄制组投稿，写一写你生命中的某人。

要求：1.结合评价量表；2.不少于500字。

选做作业：

查找资料或结合学过的红色英雄事例，继续为《如愿》MV中的其他歌词设计画面，并写出解说词。

拓展作业：

结合生活，或可通过阅读语文书七下第二单元，以及其他学过的课文、历史学科、道法学科、班会中涉及的英雄人物寻找素材。

| 维度 | 评价内容 | 评价等级 | 评价说明 |
|---|---|---|---|
| 议论抒情 | 高度概括精神品质。 | ☆☆☆☆☆ | 写出人物的基本特点，得1颗星；能表现出人物的精神气质，得2—3颗星；能表现人物的非凡气质，得4—5颗星。 |
| 典型事件 | 有典型细节作补充；有背景环境作映衬。 | ☆☆☆☆☆ | 选取3件及以上的事写人，得1颗星；选取3件及以上的事写人，且事例符合人物精神气质，得2—3颗星；选取3件及以上的事写人且事例典型，处在特殊情境中，突出展现人物的精神气质，得4—5颗星。 |

续表

| | | | |
|---|---|---|---|
| 写作手法 | 写作描写塑造人物；对比衬托烘托人物。 | ☆☆☆☆☆ | 运用3种及以上人物描写，得1颗星；运用3种及以上人物描写，部分描写能够与人物的精神气质吻合，得2—3颗星；运用3种及以上人物描写，每处均能与人物的精神气质吻合，得4—5颗星。 |

（六）课后反思

该教学设计以歌曲MV摄制组征求拍摄灵感的情境为背景，引导学生通过写作投稿的方式，表达自己对生命中某个人物的评价，体现人物的精神，以达到引发观众共鸣的效果。教学设计包括三个活动：情境创设、细化写作量规和探寻写作价值。

该教学设计充分利用了真实情境和学科核心素养，通过情境创设、细化写作量规和探寻写作价值三个环节，引导学生从不同的角度深入思考和理解人物精神，并在实际写作中运用这些要素。通过小组合作和分享，促使学生在合作中互相学习和交流，提高了学生的写作能力和情感表达能力。同时，预设的典型事件和写作手法的例句阐释，也有助于学生更好地理解和运用这些要素。

然而，教学设计中的时间安排较为紧凑，可能需要教师在实施时掌握好节奏，确保学生能充分参与和完成各个活动。此外，教学设计中并未提及对学生写作作品的评价和反馈，教师可以在实施时加入对学生互评的评价和指导，帮助学生进一步提高写作水平。

# 七年级下册第三单元"小人物 大情怀"

长春经济技术开发区育隆学校 徐霄林

 单元教学规划

### 一、单元内容

| | | | |
|---|---|---|---|
| 统编版<br>七年级下学期<br>第三单元 | 散文 | 《阿长与〈山海经〉》 | 鲁迅 |
| | | 《老王》 | 杨绛 |
| | 小说 | 《台阶》 | 李森祥 |
| | | 《卖油翁》 | 欧阳修 |
| | 写作 | 抓住细节 | |
| | 名著阅读 | 《骆驼祥子》圈点与批注 | |

### 二、单元分析

（一）课标分析

内容要求：

《义务教育语文课程标准（2022版）》在课程内容的"基础型学习任务群"中指出：旨在引导学生在语言文字情境中，发现、感受和表现语言文字的魅力，并通过梳理学过的语言现象，欣赏优秀作品的语言表达技巧，初步探究语言文字的规律。分类整理、欣赏、交流所积累的词语、名句、诗文等，并在日常读写活动中积极运用，提升自身的中华文化修养。

学业要求：

紧密联系学生的生活实际，结合识字内容，选择适宜的学习主题，创设情境，综合运用随文识字、集中识字、注音识字、字理识字

等识字方法，在诵读、积累和梳理中教给学生语言积累和梳理的方法，注重积累、梳理和运用相结合。在语音、文字、词汇、修辞等方面，避免围绕相关知识概念，要从遇到的具体语言实例出发进行指导。在"发展型学习任务群"中，"文学阅读与创意表达学习任务群"旨在引导学生在语文实践活动中，通过整体感知、联想想象，感受文学语言和形象的独特魅力，获得个性化的审美体验；了解文学作品的基本特点，欣赏和评价语言文字作品，提高审美品位；观察、感受自然与社会，表达自己独特的体验与思考，尝试创作文学作品。

教学提示：

创设阅读情境，整合听说读写，引导学生综合运用朗读、默读、诵读、复述、评述等方法学习文学作品，在评价时，要侧重评价学生的文学作品欣赏水平，关注研讨、交流以及创意表达的能力。在"拓展型学习任务群"中，"整本书阅读"旨在引导学生独立阅读古今中外诗歌集、中长篇小说、散文集等文学名著，根据阅读进度完成读书笔记，针对语言、形象、主题等方面话题展开研讨，并通过开展多样的读书活动，丰富、拓展名著阅读。

学业质量：

学生能根据语境，借助工具书，认清字形、读准字音、正确理解汉字的意思，可以通过朗读、概括、讲述等方式，把握主要内容，表达对作品的理解；能厘清行文思路，通过圈点批注等方式，理解重要词语和富有表现力的语言；可以开展跨学科学习，通过多种方式获取资料，通过合作，能综合运用绘画、表演、创作等多种活动样式开展校园活动和社会活动。

（二）教材分析

第三单元以"小人物　大情怀"为主题。《阿长与〈山海经〉》是一篇以"爱"为主题的回忆性散文。文章记述了一个不识字、愚昧、迷信，但却淳朴善良、关爱孩童的保姆。看似是对其愚昧、迷信、粗俗的批判，背后实则隐藏了作者对她善良品德的赞美，是一个饱经风霜的成年人对童年的回忆。在写作手法上，本文详略安排得当，对于提高学生的写作能力具有示范作用。

《老王》是一篇叙事散文。本课侧重于表现对弱势群体的关爱和同情。本文的学习目的正是要引导学生感悟"爱"的博大，关爱生活中的不幸者，陶冶美的情操。这篇散文以平淡似水的笔调，记叙了普通人老王的艰辛生活，并通过杨绛一家与其交往过程中的几个生活片段的描写，集中刻画了老王忠厚、老实、善良的"不幸者"的形象，并含蓄地提出了关怀"不幸者"的社会问题。

《台阶》以农民的儿子为故事的叙述者，叙述父亲为了盖房子而拼命苦干一生，表现了农民艰难困苦的生存状态和他们为了改变现状而不懈努力的精神，赞美了父亲吃苦耐劳、拼命硬干、坚韧不拔的精神。作品兼有崇敬和悲悯双重感情色彩。该小说有诸多值得品析的语言，通过这些语言可以对父亲的形象有深入理解。同时文中的父亲形象具有一定的典型性，对于该形象的辩证理解可以培养学生的探究意识。

《卖油翁》是北宋文学家欧阳修的一篇文言文。这篇文章篇幅不长，但故事生动，通过记叙卖油翁与陈尧咨的对话和卖油翁酌油的事例，说明了熟能生巧的道理。学好这篇课文，对培养学生戒骄戒躁、谦虚谨慎的生活作风，逐步形成良好的个性和健全的人格有着积极的意义。

写作练习以"抓住细节"为主题，旨在引导学生认识到细节描写的重要性及如何正确运用细节，并且学习借鉴写作方法。

名著阅读《骆驼祥子》又是对于第三单元学会圈点批注方法的拓展，通过运用圈点和批注，分析祥子的"可悲"与"可怜"之处，体会黑暗社会的"吃人"现象。

（三）学情分析

学期的必读书目中有与本单元相关的文章，可以借此安排学生回顾读书内容，做到阅读的迁移。学习本单元，重在理解隐藏在文中批判性语言下的对平凡人的赞美与尊重，能够让学生在烦琐的生活中发现爱、表达爱，体会身边人的高尚品质，发现普通人身上的闪光点。学生通过一学期多的文本阅读，已经掌握了朗读、精读等阅读方式，也初步了解了品味关键语句的方法，对于文言文学习，也掌握了初步的学习方法。

但是，处于这个阶段的学生还不具备完全独立的阅读分析能力，缺乏细致阅读的能力，对生活与生命虽有一定的认识，但他们的视野有限，感悟有限，所以如何让学生关注详略安排、角度选择等方面，借助开头、结尾、文中的反复及特别之处发现关键语句，并尝试参考文章的某些写法运用到自己作文中，是本单元的重难点。

**三、单元主题**

小人物　大情怀

**四、单元目标**

低阶目标：

1.通过重点学习熟读精思，学习从标题、详略安排等方面把握文章结构和人物形象，借助工具书，疏通文意，掌握重点词语。

2.阅读文章，准确提取与小人物塑造有关的语句，用简洁的语言赏析句子，重点分析有关语言、动作、神态描写的句子，尤其要抓住细节描写，在字里行间体会作者对小人物的情感态度。

3.通过熟读精思文章，学会从开头、结尾、文中的反复及特别之处发现关键语句及视角的变化，感受文章的意蕴。

4.借鉴已学课文中的赏析方式，运用圈点和批注方式，多角度赏析相关文章和《骆驼祥子》。

高阶目标：

5.通过阅读、比较、分析等方式找出课文中小人物塑造的方法技巧，结合生活实际，寻找身边"最可爱的人"，运用细节描写，准确抓住人物特征，突出人物的典型性，在具体事件中突出人物品格，彰显时代精神，写一篇文章，不少于600字。

6.通过学习与小人物有关的文章，感受小人物生活的不易与坚韧的态度，树立积极向上的人生态度；读写结合，体会文章的主旨思想，感受小人物身上的可贵品质，向善、务实、求美。

**五、单元评价**

1.1通过学习熟读文章，梳理文章的主要内容，理解人物的形象。

1.2通过查字典，结合课下注释，疏通文意，梳理文章情节。

1.3通过合作探究，在反复阅读过程中，掌握文章的详略安排及这样安排的好处。

2.1通过重点分析有关语言、动作、神态描写的句子，尤其抓住细节描写，分析人物形象。

2.2通过做批注的形式，分析人物形象。

2.3通过小组展示的形式，理解人物形象。

3.1通过分析开头、结尾、文中的反复及特别之处发现关键语句，体会作者的情感变化。

3.2通过反复品味视角之妙，体味作者对小人物的情感。

4.1借鉴已学课文中的赏析方式，多角度赏析相关文章。

4.2运用圈点和批注方式，多角度赏析《骆驼祥子》。

5.1通过阅读、比较、分析等方式找出课文中小人物塑造的方法技巧，结合生活实际，寻找身边"最可爱的人"，用思维导图构思写作提纲。

5.2运用细节描写，准确抓住人物特征，突出人物的典型性，在具体事件中突出人物品格，彰显时代精神，写一篇文章，不少于600字。

6.通过学习与小人物有关的文章，感受小人物生活的不易与坚韧的态度，树立积极向上的人生态度；读写结合，体会文章的主旨思想，感受小人物身上的可贵品质，向善、务实、求美。

**六、单元结构化活动**

主任务一：品味鲁迅交错之感

任务一：完善思维导图，探讨情感变化

活动1：概括事件，分析形象

活动2：合作探究，厘清详略

活动3：绘制情感变化曲线图

任务二：精读文本，体味"深切的回忆"

活动1：反复品味视角之妙，体味鲁迅之温情

活动2：反复品味关键语句，感受鲁迅情思

主任务二：感受杨绛"愧怍"之情

任务一：熟读课文，读懂人物

活动1：用词语，概括人物形象

活动2：选词语，做批注

任务二：品词赏句，读懂"愧怍"

活动1：品读反常之处

活动2：品读反复之处

活动3：品读特别之处

任务三：拓展阅读，读懂博大情怀
活动：比较阅读巴金的《随想录》

主任务三：探究"父亲"行为之意
任务一：梳理情节，概说故事
活动：梳理故事情节，概说故事
任务二：批注细节，品评人物
活动1：批注细节，赏析人物
活动2：质疑问难，解读主旨
任务三：勾连生活，畅谈启发

主任务四：体味"工匠精神"
任务一：疏通文意，文白互译
活动1：再读，疏通文意
活动2：演读，文白互译
任务二：演读，赏析人物
活动1：组内演读，分析人物形象
活动2：小组展示，小组互评

主任务五：探寻祥子之悲
任务一：圈点批注，品评人物形象
活动1：知人论世，梳理情节
活动2：圈点批注，赏析人物形象
任务二：品析悲剧之因，畅谈反思启示
活动1：回顾祥子一生
活动2：分析悲剧
活动3：悲剧启示
任务三：展评专题探究
活动1：推选选题
活动2：展示与评价

主任务六：传承小人物精神

任务一：抓住细节，撰写《最可爱的人》
活动1：梳理已学技巧，总结撰写方法
活动2：梳理事件，完成思维导图
活动3：补充手法，拟写提纲
任务二：多种评价，完善作文

## 七、课时分配

统编版七年级下学期第三单元共12课时，具体安排如下。
《阿长与〈山海经〉》（第1-2课时）
《老王》（第3-4课时）
《台阶》（第5-6课时）
《卖油翁》（第7-8课时）
《骆驼祥子》圈点批注（情节和人物梳理）（第9课时）
《骆驼祥子》圈点批注（专题展示汇报）（第10课时）
写作指导课《抓住细节》之《最可爱的人》（第11课时）
写作讲评课（第12课时）

## 课时规划设计

### 《阿长与〈山海经〉》
（第1-2课时）

**一、课时目标**

低阶目标：
1.梳理文章的主要内容和结构，理解人物形象，掌握文章的详略安排及这样安排的好处。
2.理解回忆性散文中作者写作时的回忆与童年的视角的变化与妙处。
3.通过分析关键语句，体会作者用词之妙。
高阶目标：
4.体会文章的主旨思想，感受阿长身上的可贵品质。

**二、情景任务（问题）**

任务一：完善思维导图，探讨情感变化
任务二：精读文本，体味"深切的回忆"

### 三、学生活动

活动1.1：概括事件，分析形象

活动1.2：合作探究，厘清详略

活动1.3：绘制情感变化曲线图

活动2.1：反复品味视角之妙，体味鲁迅之温情

活动2.2：反复品味关键语句，感受鲁迅情思

### 四、课时作业

必做作业：

1.改错作业本，完成作业本《老王》的课前预学部分。

2.小卷《阿长与〈山海经〉》。

选做作业：

3.根据自己的理解，为"最可爱的人"作文做详略安排的提纲，写在活页本上。

| 评价标准 | 等级 | 分值 |
| --- | --- | --- |
| 事件只有一两件，详略安排不清晰。 | A | +1 |
| 事件有多件，详略安排清晰，且布局合理。 | B | +2 |
| 事件有多件，详略安排清晰，且布局合理，色彩搭配合理，有新意。 | C | +3 |

## 《老王》

（第3-4课时）

### 一、课时目标

低阶目标：

1.品读重点段落，理解老王临终前赠送香油和鸡蛋的丰富内涵。

2.探究作者"愧怍"的深刻原因。

高阶目标：

3.细读文本，体会作者与老王之间的关系，理解人性之美，感受作者的自我批判精神。

### 二、情景任务（问题）

任务一：熟读课文，读懂人物

任务二：品词赏句，读懂"愧怍"

任务三：拓展阅读，读懂博大情怀

### 三、学生活动

活动1.1：用词语，概括人物形象

活动1.2：选词语，做批注

活动2.1：品读反常之处

活动2.2：品读特别之处

活动3：比较阅读巴金的《随想录》

### 四、课时作业

必做作业：

1.思考探究第二题，写在积累本上。

2.小卷《老王》。

3.寻找"生活中的老王"。

在你的生活中，也有许多像老王这样的普通人？你怎样看待他们？请用200字写下来，运用文中所学手法。

选做作业：

4.用不同的视角，叙述老王的一生。

学习指南：本文的叙述视角是"我"。

| 评价标准 | 等级 | 分值 |
| --- | --- | --- |
| 视角变化，个人生平表述不太全面，事件只有一两件。 | A | +1 |
| 视角变化，个人生平表述较为全面，事件有多件，语言较为有新意。 | B | +2 |
| 视角变化，个人生平表述全面，事件有多件，且语言有新意。 | C | +3 |

## 《台阶》
（第5-6课时）

### 一、课时目标

低阶目标：

1.通读全文，梳理情节，概括故事的大意。

2.运用批注的方法品读细节描写，欣赏"父亲"的形象。

高阶目标：
3.体会"台阶"的含义，把握小说的主题。

**二、情景任务（问题）**

任务一：梳理情节，概说故事情节

任务二：批注细节，品评人物

任务三：勾连生活，畅谈想法

**三、学生活动**

活动1：梳理情节，概说故事情节

活动2.1：批注细节，赏析人物

活动2.2：质疑问难，解读主旨

活动3：文中的"父亲"在建成高台阶的新屋后，并未觉得自己的地位提高了，反而若有所失。其实每个人心中都有自己的"台阶"。对此，你如何看？

**四、课时作业**

必做作业：

1.《台阶》小卷。

2.比较《父亲的树》与《台阶》两篇文章的异同。

学习指南：可以从体裁、手法、主旨等方面比较。

选做作业：

3.读完《台阶》，可以了解自己的父亲心中的"台阶"，细致描写他"建台阶"的某个场景。

## 《卖油翁》
（第7-8课时）

**一、课时目标**

低阶目标：

1.熟读课文，理解文言句意，总结理解文言句意的方法。

2.品读关键词句，揣摩人物心理与态度，欣赏人物形象。

高阶目标：

3.运用理解文言句意的方法，完成相关文章的文白互译。

4.探究"手熟",品味"工匠精神"。

## 二、情景任务(问题)

任务一:疏通文意,文白互译

任务二:演读,品析人物

任务三:解说"工匠精神"

## 三、学生活动

活动1.1:再读,疏通文意

活动1.2:演读,文白互译

活动2:演读,品析人物形象

活动3.1:研读"手熟",品析卖油翁"工匠精神"

活动3.2:联系现实,谈当代"工匠精神"

## 四、课时作业

1.按照文言格式,整理《卖油翁》。

2.运用理解文言句意的方法,完成下题。

卖蒜叟

南阳杨二相公精于拳术,每至演武场传授枪棒,观者如堵。一日,有卖蒜叟,咳嗽不绝①声,旁睨而揶揄之。<u>杨大怒招叟至前以拳打砖墙陷入尺许</u>,傲之曰:"叟能如是乎?"叟曰:"君能打墙,不能打人。"杨骂曰:"老奴能受我打乎?打死勿怨!"叟笑曰:"垂死之年,能以一死成②之名,死亦何怨!"老人自缚于树,解衣露腹。杨故取势于十步外,奋拳击之。老人寂然无声,但见杨双膝跪地,叩头曰:"晚生知罪矣。"拔其拳,已夹入老人腹中,坚不可出。哀求良久,老人鼓腹纵之,已跌出一石桥外矣。老人徐徐负蒜而归,卒不肯告人姓氏。

(有删改)

【注释】①绝:停止。②成:成全。

1.解释下列加点的字。

| 语句 | 已学的解释文言句意方法 | 意思 |
| --- | --- | --- |
| 旁睨而揶揄之 | 勾连旧知:睨之久而不去 | |
| 叟能如是乎 | 语境推测 | |
| 老人徐徐负蒜而归 | 勾连旧知:徐以杓酌油沥之 | |
| 卒不肯告人姓氏 | 成语印证:卒章显志 | |

3.我们需要表演课本剧《卖油翁》，小组完成一份剧本并分配好角色，做好排练。

学习指南：（1）可以参考示例（如图所示），补好神态和动作。

（2）选好角色，练好台词和神态、动作等。

（3）可抓住关键语句，展开合理的想象。

| | 原文 | 课本剧 |
|---|---|---|
| 第一幕 | 公亦以此自矜。卖油翁释担而立，睨之久而不去。见其发矢十中八九，但微颔之。 | （陈尧咨在家中菜园射箭，卖油翁经过。）陈尧咨（洋洋得意放下箭）：哈哈，我又射中了！卖油翁(放下担子，站在一旁，不经意地看了很久，偶尔微点下头)，<u>A</u> |
| 第二幕 | 康肃问曰："汝亦知射乎？吾射不亦精乎？"翁曰："无他，但手熟尔。"康肃忿然曰："尔安敢轻吾射！"翁曰："以我酌油知之。"乃取一葫芦置于地，以钱覆其口，徐以杓酌油沥之，自钱孔入。 | 陈尧咨（<u>B</u>）地说："你也懂射箭吗？我的箭术难道不精湛吗？"卖油翁（<u>C</u>）地回答："没有别的奥妙，只是手熟罢了。"陈尧咨气愤地说："你怎敢轻视我的箭术？"卖油翁（胸有成竹）地说："就凭我倒油的经验知道这个（道理）。"卖油翁把葫芦放在地上，用钱盖住葫芦口，慢慢地用勺子舀油滴入葫芦，油从钱孔滴入。 |
| 第三幕 | 而钱不湿。因曰："我亦无他，惟手熟尔。"康肃笑而遣之。 | 钱却没有沾湿。卖油翁（谦虚）地说："我也没什么别的奥妙，只是手熟罢了。"陈尧咨（<u>D</u>）地笑了，然后打发他走了。 |

（1）第一幕中，原文中的"＿＿＿＿"和"＿＿＿＿"等词语表现了卖油翁对陈尧咨箭术的态度。结合原文中描写人物动作、行为的词语，可以在A处填入一个词来模拟鼻子发出的声音"＿＿＿＿"，因为＿＿＿＿＿＿＿＿＿＿＿＿。

（2）第二幕中，原文中"汝亦知射乎"和"吾射不亦精乎"等语句都表现了陈尧咨的性格特点。联系上下文对人物语言的描写，根据词语"乎"

和"尔",可以推断出B、C两处可分别填入修饰的词语"_____"和"_____"。

(3)在给第三幕D处"笑"加个形容词的学习任务中,大家产生了分歧,你的选择是_____(①礼貌②惭愧③尴尬),理由是_____。

## 《骆驼祥子》
### (第9-10课时)

**一、课时目标**

低阶目标：

1.通过阅读,了解人物形象和小说情节。

2.揣摩经典细节,知道圈点勾画、批注点评,并能够在阅读时加以运用。

3.品味"京味儿",体味文章语言之妙。

高阶目标：

4.结合背景知识,分析祥子的人生悲剧产生的原因,探讨祥子的悲剧对我们当下的启示。

**二、情景任务(问题)**

任务一：圈点批注,品评人物形象

任务二：品析悲剧之因,畅谈反思启示

任务三：展评专题探究

**三、学生活动**

活动1.1：知人论世,梳理情节

活动1.2：圈点批注,品析人物

活动2.1：回顾祥子的一生

活动2.2：分析悲剧

活动2.3：悲剧启示

活动3.1：推选选题

活动3.2：展示与评价

## 四、课时作业

**必做作业：**

1. 阅读《骆驼祥子》，完成任务单。

| 时间规划 | 阅读章节 | 思考任务 |
| --- | --- | --- |
| 第一周 | 第一章<br>第二章 | 1. 祥子的目标是什么？<br>2. 祥子实现目标有什么阻力？<br>3. 祥子为了实现目标做了怎样的努力？<br>4. 祥子努力的结果是什么？<br>5. 祥子的"目标"达成之后，经历了一次怎样的意外？ |
| | 第三章<br>第四章<br>第五章<br>第六章 | 6. 遭遇意外后，祥子的目标有没有改变？<br>7. 经历了这次转折后，祥子的心态发生了哪些变化？ |
| | 第七章<br>第八章<br>第九章<br>第十章<br>第十一章 | 8. 在祥子再次追求目标并快要成功时，又出现了什么意外？ |
| 第二周 | 第十二章<br>第十三章<br>第十四章<br>第十五章<br>第十六章<br>第十七章<br>第十八章<br>第十九章 | 9. 又一次遭遇意外后，祥子的目标有没有改变？<br>10. 经历了这次转折后，祥子的心态又发生了哪些变化？<br>11. 这次祥子的目标是如何实现的？但接下来又出现了什么意外？ |
| | 第二十章<br>第二十一章<br>第二十二章<br>第二十三章<br>第二十四章 | 12. 第三次转折之后，祥子的心态又发生了哪些变化？<br>13. 最终的结局如何？ |

2.小组随机抽取任务卡，合作完成任务一至任务三。

选做作业：

3.给祥子或引起你同情的人物写小传。

学习指南：（1）要抓住人物的主要经历，选择典型事，表现人物特点。

（2）内容力求客观、全面、充实且重点突出。

## 《抓住细节》
### （第11-12课时）

#### 一、课时目标

低阶目标：

1.了解细节描写及常见类型，理解细节描写在写作中的作用。

2.了解细节描写的要求，学习细节描写的方法。

高阶目标：

3.运用细节描写的方法，列出作文提纲，并在此基础上完成一篇作文。

#### 二、情景任务（问题）

任务一：抓住细节，撰写《最可爱的人》

任务二：多种评价，完善作文

#### 三、学生活动

活动1.1:梳理已学技巧，总结撰写方法

活动1.2:梳理事件，完成思维导图

活动1.3:补写手法，拟写提纲

活动2：多种评价，完善作文

#### 四、课时作业

1.完善《最可爱的人》提纲，形成一篇不少于600字的作文。

2.参照给予的评价和意见，完善《最可爱的人》。

## 课时教学设计及课堂教学实录

### 《卖油翁》
（第1课时）

**一、学习目标**

低阶目标：

1.通过多次朗读，读准字音和节奏，有感情地朗读课文。

2.借助课下注释和工具书，积累文言实词、虚词，疏通文章大意并总结归纳理解文言句意的方法。

高阶目标：

3.参考《卖油翁》，运用文言文翻译和理解文言句意的方法，完成相关文章的文白对译。

**二、达成评价**

1.学生通过自读、示范朗读、个读、齐读等方式，读准字音和节奏，读出人物的语气和态度。

2.1学生借助课下注释和工具书，掌握"矜""释""睨""但""颔""安""徐""遣""尔"等文言实词和"而""以"等文言虚词的意义和用法，疏通文意。

2.2学生通过翻译文言文，总结归纳理解文言句意的方法。

3.学生通过运用文白对照的方法和课文，完成一篇现代文改写成文言文。

**三、学习过程**

（一）先行组织

1.前置作业：自读课文《卖油翁》，纠字音和节奏。

2.学生齐读《卖油翁》。教师指出同学们在朗读的过程中，大家对字音和节奏的把握非常好，也对陈尧咨生气时的情状把握到位，但是对陈尧咨第一次说话的语气表现得不够充分。除此之外，对卖油翁的回答也把握得不够精准。那我们应该怎么才能将文章读得更好呢？

（生回答：疏通文意）

（二）任务（问题）与活动

任务一：疏通文意，文白互译

活动1：再读，疏通文意

【提出问题】

同学们先不看注释，看能读懂多少，把不懂的语句画出来，限时2分钟。大家在读完之后，一定有些不理解的地方，那我们应该如何疏通文意？

【组织学习】

小组合作，疏通文意，限时6分钟。在开始小组合作之前，可以参考老师给予的学习指南（如下）和评价标准，要求全员参加。

学习指南：（1）可以参考课下注释、工具书和以前的文言积累。

（2）注意加点的字。

（3）文言翻译的方法：留、替、调、补、删。

①陈康肃公善射，当世无双，公亦以此自矜。
②尝射于家圃，有卖油翁释担而立，睨之久而不去。
③见其发矢十中八九，但微颔之。
④康肃问曰："汝亦知射乎？吾射不亦精乎？"
⑤翁曰："无他，但手熟尔。"
⑥康肃忿然曰："尔安敢轻吾射！"
⑦翁曰："以我酌油知之。"
⑧乃取一葫芦置于地，以钱覆其口。
⑨徐以杓酌油沥之，自钱孔入，而钱不湿。
⑩因曰："我亦无他，惟手熟尔。"康肃笑而遣之。

评价标准：

| 维度 | 评价标准 | 等级 | 分值 |
| --- | --- | --- | --- |
| 翻译表述 | 声音较为洪亮，有两处错误，黄色的词语翻译精准，表述时较为完整流畅、清晰简洁。 | A | +1 |
| | 声音洪亮，有一处错误，黄色的词语翻译精准，表述时完整流畅、清晰简洁。 | B | +2 |
| | 声音洪亮，完全正确，黄色的词语翻译精准，表述时完整流畅、清晰简洁且落落大方。 | C | +3 |

【表达成果】

随机抽取第三小组，小组成员依次翻译文言文。在翻译的过程中，其他小组重点关注加点的词语的翻译，参考评价标准。

【交互反馈】

学生1：第三组在翻译的过程中，对"吾射不亦精乎"中的"亦"翻译得不到位，还有对"酌油"翻译得不到位，所以应为A级。

学生2："吾射不亦精乎"应为"我射箭的本领不也很精湛吗？"，"酌油"应为"舀油"。

经过第三组的翻译和其他同学的补充，给大家2分钟时间，自己翻译给自己听。结束后，我们进行全文翻译。

【整合提升】

师生共同总结理解文言句意的方法：借助注释、成语印证、语境推测、勾连旧知、资料查证。

活动2：演读，文白互译

1.学生个读《卖油翁》。

2.学生齐读《卖油翁》。

评价标准：

| 诵读评价标准 | 等级 | 分值 |
| --- | --- | --- |
| 大声朗读、字音读准、流畅、节奏正确。 | A | +1 |
| 大声朗读、字音读准、流畅、节奏正确、语速适中。 | B | +2 |
| 大声朗读、字音读准、流畅、节奏正确、语速适中、有感情（读出语气变化）。 | C | +3 |

（三）迁移运用

古风创作社团需要把下面的《琴女与球手》改写成文言文，邀请你仿照《卖油翁》进行文白对译，要求语句通顺，不超过100字。

原文：有一个女生喜欢弹电子琴，在班上没有人的琴技可与她的媲美。她曾经在音乐教室里弹琴，有一个男生拿着篮球在旁边观看，很久都没离开。女生问他："我弹琴的技术不精湛吗？"男生不说话，只是对她微微一笑。他将篮球顶在手指尖上，飞速旋转，让人眼睛都看花了。男生随即说："我这点球技也没什么奥秘，不过是熟练罢了。"

（教师手机投影，对比学生答案。）

（四）成果集成

```
        一词多义
以：因为、凭借、用、用来
而：连词，表承接；连词，表转折，
但是；连词，表修饰

        特殊句式
介宾短语后置句
省略句
```

```
理解文言句意的方法
借助注释
成语印证
语境推测
勾连旧知
资料查证
```

（五）作业设计

1.整理《卖油翁》中的文言常识（一词多义、特殊句式、通假字）

2.我们需要表演课本剧《卖油翁》，小组完成一份剧本并分配好角色，做好排练。

（六）课后反思

本课主要是翻译课，以朗读为主线，以学生为主体设计学生活动完成目标。本节课对标课标：诵读古代诗词，阅读浅易文言文，能借助注释和工具书理解基本内容。注重积累、感悟和运用，提高自己的欣赏品味。

本课以朗读带动其他教学环节，导入方式直接以朗读进行，既检测前置作业，也为快速进入文章翻译做铺垫。活动中以再读的形式，小组合作，疏通文意；以演读的方式，使学生充分理解文句，读懂全文。

此外，也重视文言文字词的学习，抓住最典型的字词句讲解，归纳整理文中的一词多义、通假字、特殊句式。在整理的过程中，师生共同归纳、总结、理解文言句意的方法，又依托课本，完成现代文改成文言文的练习，不仅夯实了基础，提高了学生迁移运用的能力，也让学生获得了解决真实情境的满足感。

# 八年级上册第三单元
# "循章探句赏山水　江山草木皆含情"

长春经济技术开发区育隆学校　汤微

单元教学规划

一、单元内容

统编版语文八年级上册第三单元：《三峡》（郦道元）、《答谢中书书》（陶弘景）、《与朱元思书》（吴均）

二、单元分析

（一）课标分析

阅读要求：

1.欣赏文学作品，有自己的情感体验，初步领悟作品的内涵，从中获得对自然、社会、人生的有益启示。能对作品中感人的情境和形象说出自己的体验，品味作品中富于表现力的语言。

2.阅读浅易文言文，能借助注释和工具书理解基本内容。注重积累、感悟和运用，提高自己的欣赏品味。背诵优秀诗文。

写作要求：

3.多角度观察生活，发现生活的丰富多彩，能抓住事物的特征，为写作奠定基础。写作要有真情实感，表达自己对自然、社会、人生的感受、体验和思考，力求有创意。

能力要求：

4.阅读表现人物、自然的优秀文学作品，包括古诗文名篇，体会作者通过语言和形象构建的艺术世界，借鉴其中的写作手法，表达自己对自然的观察和思考，抒发自己的情感。

### （二）教材分析

本单元所选课文均出自统编版语文教材八年级上册第三单元，包含文言文《三峡》《答谢中书书》《与朱元思书》。本单元以"旅行家"为主题设立了"三峡——江南山水——富春江"一条完整的旅游线路，引导学生欣赏祖国壮美风光，鉴赏名家写景妙笔，感受寄情山水的奇妙情感，最后能达成完成一篇旅游景点推介词的创作，描绘自然景色，抒发内心感受的目的。

### （三）学情分析

八年级学生已经有了一定的古诗文学习基础，且在七年级时初步养成了积累文言词语、了解文言现象、翻译句子、理解古诗文主旨的古诗文学习习惯。但也存在实词积累量少，翻译能力薄弱，审美能力不强的情况。因此，在坚持良好习惯的前提下，教师还需要引导学生在脑海中想象画面，使其仿佛身临其境地欣赏自然景色的美丽，鉴赏作家巧妙的写景手法，并能根据文中句子设身处地地分析作者情感。

### 三、单元主题

循章探句赏山水　江山草木皆含情

### 四、单元目标

低阶目标：

1.在反复诵读、整体感知的基础上，借助联想和想象，仔细品味诗文，体会作者的情怀。

2.借助注释和工具书自主阅读古诗文，积累常见的文言实词和虚词，能对课文进行文白对译。

3.养成观察的习惯，学习从多个方面观察景物的方法，通过观察抓住景物的特征，能鉴赏常见写景手法的作用。

4.从古人歌咏山水的优美篇章中获得美的感受，从而净化心灵，陶冶情操，激发对祖国山川的热爱，培养高尚的审美情趣。

高阶目标：

5.尝试运用多种写景手法，结合多种感官的感受，从不同角度描写景物。

6.体会情感交融的感染力，尝试描写景物时恰当地融入情感，使景物鲜活起来。

### 五、单元评价

1.1通过自由朗读、个人朗读、全班齐读等多种方式反复诵读课文，能读准字音节奏，读出情感和气势。

1.2通过阅读课文，能找出文中体现情感的语句，体会作者思想感情。

2.1通过整理文言文本，积累文中的重点实词、虚词和各种文言现象。

2.2通过借助书下注释、工具书、文言文本，能通顺地翻译整篇文章。

3.通过找出并赏析文章写景语句，使用学习支架概括景物特点，分析写景手法在文中的具体作用。

4.通过设定旅行家情境，每节课前展示图片、文字或视频等方式，能介绍文章中的山水美景，感受到祖国大好河山的独特魅力。

5.通过几篇文章的归纳总结，制作表格，能掌握本单元中常见的写景手法。

6.通过梳理文章中景物描写、借景抒情的具体语句并运用表格中的多种写景手法，完成一篇景点推介词写作。

## 六、单元结构化活动

第一课时　旅行家的情感清单

主任务：熟读文本，熟悉作家作品

任务一：熟悉文本，读准字音和节奏，读出情感

活动1.1：自由诵读找出生字词

活动1.2：听示范诵读标注字音

活动1.3：自由诵读字音准确

活动1.4：个人诵读节奏准确

活动1.5：全班齐读读出气势

活动1.6：个人展示读出情感

任务二：掌握三位作者的文学常识

活动2.1：三位作者文学常识思维导图填空整理

第二课时　游三峡

主任务：在理解文意的基础上，能概括景物特点

任务一：熟读文本，能翻译全文

活动1.1：多种方法反复诵读字正腔圆节奏准

活动1.2：课前尝试自主翻译，课上小组合作解决遇到的问题，达到字字落实句意明

任务二：概括景物特点

活动2：绘三峡 景物特征抓得牢

第三课时　赏三峡

主任务：理解作者对三峡的思想感情

任务一：掌握文中的景物描写手法，厘清全文写景顺序

活动1.1：合作探究 写景方式我来辨

活动1.2：合作探究 写作顺序我来见

任务二：掌握作者思想情感

活动2.1：研读品味 作者情感我来析

第四课时　赏江南美景

主任务：掌握文章中心主旨

任务一：熟读文本，对文章进行文白对译

活动1.1：课前有声诵读

活动1.2：解释词语译全文

任务二：概括景物特点，赏析文章主题

活动2.1：概括特点赏手法

活动2.2：理解情感析主题

第五课时　品富春山水

主任务：理解作者对富春山水的情感，以及他的处世态度

任务一：熟读文本，能翻译全文

活动1.1：课前有声诵读

活动1.2：解释词语译全文

任务二：概括景物特点，赏析文章主题

活动2.1：概括特点赏手法

活动2.2：理解情感析主题

第六课时　旅行家的景点推介

主任务：为景点创作一段旅行推介词，并能互相分享

任务一：理清不同景点的独特魅力

活动1.1：景点介绍会

任务二：创作并分享自己的推介词

活动1.2：推介词写作会

活动1.3：推介词分享会

**七、课时分配**

本单元设计6课时。

旅行家的情感清单（1课时）

旅行家的景点之旅（游三峡、赏三峡、赏江南美景、品富春山水）（4课时）

旅行家的景点推介（1课时）

课时规划设计

## 旅行家的情感清单
（第1课时）

**一、课时目标**

低阶目标：

1.借助工具书及书下注释，掌握文中出现的生字词。

2.通过多种方法诵读课文，读准字音和节奏。

3.大致理解文意，初步感知作者情感。

高阶目标：

4.能挑选精彩段落录制一段朗读视频。

**二、情境任务**

自由朗读全文，勾画出不认识的字词。在文从字顺的基础上，你认为应该带着怎样的情感去朗读文章呢？

**三、学生活动**

活动1：自由诵读　找出生字词

活动2：听示范诵读　标注字音

活动3：自由诵读　字音准确
活动4：个人诵读　节奏准确
活动5：全班齐读　读出气势
活动6：个人展示　读出情感

### 四、课时作业：

（旅行家的游览准备）

必做作业：

1.录制一段精彩段落的朗读视频。

选做作业：

2.录制一段朗读精彩段落的视频并说明选择理由。

| 朗读视频星级评价表 | | | | |
|---|---|---|---|---|
| 评价标准 | 衣着得体、举止大方。 | 声音洪亮、字音准确。 | 配合音乐、声情并茂、有节奏感。 | 说明选择理由有理有据。 |
| 星级 | ☆ | ☆☆ | ☆☆☆ | ☆☆☆☆ |

## 旅行家的景点之旅

（文言文翻译课　第2课时）

### 一、课时目标：

低阶目标：

1.通过多种方法诵读课文，理解文意。

2.借助工具书及书下注释积累常见的文言实词、虚词、句式，并翻译全文。

3.通过品读课文，体会三峡山水景物特点。

高阶目标：

4.能用自己的语言分析三峡景物的特点。

### 二、情境任务

试着翻译《三峡》全文。你能准确概括出文中有哪些景物以及它们的特点吗？

### 三、学生活动

活动1：诵三峡　字正腔圆节奏准

活动2：绘三峡　景物特征抓得牢

活动3：品三峡　段意清晰句意明

## 四、课时作业

（旅行家的三峡之旅）

必做作业：

1.整理文言文本（实词、虚词、文言现象、全文翻译、板书）

选做作业：

2.作为一位立志走遍祖国大好河山的旅行家，你已经多次来到三峡游览，领略了其四季不同的风光。现在《国家地理》旅行杂志邀请你做一段专访，采访问题是"你最喜欢哪一个季节的三峡"。请你准备一份发言稿。100字左右。

| 发言稿评价量表 | | | |
|---|---|---|---|
| 评价内容 | 翻译课文。 | 概括景物特点。 | 说明喜爱理由。 |
| 星级 | ☆ | ☆☆ | ☆☆☆ |

# 旅行家的景点之旅

（第3课时）

## 一、课时目标

低阶目标：

1.借助学习支架，掌握常见的景物描写方法及作用。

2.了解文章的行文思路及写作角度。

3.感受作者的思想情感。

高阶目标：

4.绘制出三峡的知识思维导图。

## 二、情境任务

小组合作探究分析《三峡》的写景手法和写景顺序。分析文章情感主旨。

## 三、学生活动

活动1：合作探究　写景方式我来辨

活动2：合作探究　写作顺序我来见
活动3：知识归纳　文言现象我来练

### 四、课时作业

（旅行家的三峡之旅）

必做作业：

1.绘制《三峡》知识点思维导图。

选做作业：

2.再次来到三峡，回顾过往的经历，翻阅郦道元的《三峡》，你觉得祖国大好河山令人心旷神怡，能给人带来不同的情感体验。古代先贤也常常寄情山水之中，为此你找出了朱熹的《百丈山记》进行比较阅读。阅读下面文言文，完成下面小题。

【甲】自三峡七百里中，两岸连山，略无阙处。重岩叠嶂，隐天蔽日，自非亭午夜分，不见曦月。

至于夏水襄陵，沿溯阻绝。或王命急宣，有时朝发白帝，暮到江陵，其间千二百里，虽乘奔御风，不以疾也。

春冬之时，则素湍绿潭，回清倒影，绝巘多生怪柏，悬泉瀑布，飞漱其间，清荣峻茂，良多趣味。

每至晴初霜旦，林寒涧肃，常有高猿长啸，属引凄异，空谷传响，哀转久绝。故渔者歌曰："巴东三峡巫峡长，猿鸣三声泪沾裳。"

（郦道元《三峡》）

【乙】出山门而东，十许步，得石台，下临峭岸，深昧险绝。于林薄间东南望，见瀑布自前岩穴濆①涌而出，投空下数十尺。其沫乃如散珠喷雾，日光烛之，璀璨夺目，不可正视。

（节选自朱熹《百丈山记》）

【注】①濆（fèn）：水自地下喷涌而出。

1. 解释下列加点词在文中的意思。

①略无阙处　　②良多趣味　　③哀转久绝　　④下临峭岸

2. 把下面的句子翻译成现代汉语。

①虽乘奔御风，不以疾也。

②其沫乃如散珠喷雾。

3.【甲】【乙】两文都写到了水景，分别表现了怎样的特点？

4.【甲】【乙】两文抒发的思想感情有什么相同之处？

## 旅行家的景点之旅
### （第4课时）

**一、课时目标**

低阶目标：

1.理解并积累文中重点词语（如交辉、俱、歇、颓、与等）及特殊句式（判断句：实是欲界之仙都），能对文章进行文白对译。

2.能理解文章内容，概括景物特点，掌握景物描写手法。

3.能理解文章中心主旨和体会作者的情感态度。

高阶目标：

4.掌握并鉴赏文中出现的写景手法并能尝试完成旅行推介词。

**二、情境任务**

在理解全文的基础上概括景物特点，分析景物描写手法。文中能欣赏山水奇景的人有哪些？

**三、学生活动**

活动1：课前有声诵读

活动2：解释词语译全文

活动3：概括特点赏手法

活动4：理解情感析主题

**四、课时作业**

（旅行家的江南之旅）

必做作业：

1.整理文言文本（实词、虚词解释；全文翻译；文言现象）。

选做作业：

2.旅行家的美妙旅行还在继续，这一站你选择了风景秀美的江南地区。游览期间你接到了《国家地理》杂志编辑的信息，邀请正在江南的你为杂志读者推荐一篇描写江南山水的小品文。请你运用合理的联想、想象手法，尝试将《答谢中书书》改写成一篇白话散文。不少于100字。

| 散文作业评价标准 | | | | |
|---|---|---|---|---|
| 要求 | 大致翻译全文，重点词语解释不清；语句不连贯通顺；书写潦草，字数不足100字。 | 字字落实翻译全文；语句通顺连贯；书写比较工整，字数满足要求。 | 在翻译全文的基础上能加入一些合理的联想、想象，写出江南山水景物的特点；结尾抒发游览感受，表达作者的情感；书写工整，字数满足要求。 | 采用散文化的语言翻译原文，运用联想、想象加入江南地区其他代表性景物，使用恰当的写景手法刻画景物的特点，语言优美有文采；结合对文章的理解抒发作者情感；书写美观，字数满足要求。 |
| 等级 | D | C | B | A |

## 文言文翻译及鉴赏课

（第5课时）

### 一、课时目标

低阶目标：

1.积累文言词汇，反复诵读，培养文言语感能力。

2.品读赏析，把握本文景物描写的特点，感受文章精练生动的语言特色。

高阶目标：

3.体会作者高洁的志趣和追求自由的情怀。

### 二、情境任务

在能准确解释字词、翻译全文的基础上概括景物特点，分析景物描写手法。文中能欣赏山水奇景的人有哪些？

### 三、学生活动

活动1：课前有声诵读

活动2：解释词语译全文

活动3：概括特点赏手法

活动4：理解情感析主题

## 四、课时作业

（旅行家的富春江之旅）

基础巩固作业：

1. 整理文言文本（实词、虚词、文言现象、全文翻译、板书）

能力提升作业：

2. 你在这一站选择了浙江省的富春江，为了了解富春江的文化内涵，你阅读了吴均的《与朱元思书》，了解了古代文人常常与朋友分享游玩经历的故事，为此你又阅读了王维的《山中与裴迪秀才书》，并将两文进行比较。

阅读下面两段文言语段，完成下面各题。

【甲】夹岸高山，皆生寒树，负势竞上，互相轩邈，争高直指，千百成峰。泉水激石，泠泠作响；好鸟相鸣，嘤嘤成韵。蝉则千转不穷，猿则百叫无绝。鸢飞戾天者，望峰息心；经纶世务者，窥谷忘反。横柯上蔽，在昼犹昏；疏条交映，有时见日。

（选自吴均《与朱元思书》节选）

【乙】当待春中，草木蔓发，春山可望，轻鲦（tiáo）出水，白鸥矫翼，露湿青皋①（gāo），麦陇朝雊②（gòu），斯之不远，倘能从我游乎？非子天机清妙③者，岂能以此不急之务④相邀？然是中有深趣矣！无忽。

（王维《山中与裴迪秀才书》节选）

【注】①青皋：青草丛生的水岸边。②雊：野鸡鸣叫。③天机清妙：思想情趣与众不同。④不急之务：闲事，这里指游山玩水。

1. 解释下列句中加点的词在文中的意思。

（1）负势竞上　　　　（2）鸢飞戾天者

（3）白鸥矫翼　　　　（4）倘能从我游乎

2. 用现代汉语写出文中画线句子的意思。

（1）横柯上蔽，在昼犹昏。

（2）非子天机清妙者，岂能以此不急之务相邀？

3. 同为书信，【甲】【乙】两文的写作目的有何不同？

# 推介活动课
（第6课时）

## 一、课时目标

低阶目标：

1.通过比较，掌握三峡、江南山水、富春江山水的特点。

2.感受祖国大好河山的艺术魅力。

高阶目标：

3.为喜爱的景点创作一段旅游推介词并能录制旅游推介视频。

## 二、情境任务

每个景点的特色是什么？你能尝试为其中一处景点写一段推介词吗？

## 三、学生活动

活动1：小组探究，概括三篇文章景物特点

活动2：个人写作，创作旅行景点推介词

活动3：个人展示，声情并茂朗诵推介词

## 四、课时作业

（旅行家的游览推介）

基础巩固作业：

作为一位经验丰富的旅行家，完成对比表格（如下）。

| 山景 | | | |
|---|---|---|---|
| 篇目 | 具体景物 | 写作手法 | 艺术魅力 |
| 《三峡》 | | | |
| 《答谢中书书》 | | | |
| 《与朱元思书》 | | | |
| 水景 | | | |
| 篇目 | 具体景物 | 写作手法 | 艺术魅力 |
| 《三峡》 | | | |
| 《答谢中书书》 | | | |
| 《与朱元思书》 | | | |

能力提升作业：

一段奇妙的旅行即将结束，回顾你游览的经历，思绪万千。为了将你的旅行经历发布在《国家地理》杂志上，推动当地旅游经济发展，请从三峡、江南山水、富春江中任选一处景点为它写一段旅行推介词。（内容包含景物列举、特色介绍、吸引游客）200字左右。具体要求见推介词写作评价表。

| 推介词写作评价表 | | |
|---|---|---|
| 项目 | 标准 | 等级 |
| 字数 | 50-100字。 | C |
| | 100-200字。 | B |
| | 200字以上。 | A |
| 书写 | 书写潦草，难以辨认。 | C |
| | 横平竖直，书写工整。 | B |
| | 美观大方，书写认真。 | A |
| 语言 | 依据原文翻译。 | C |
| | 运用修辞，语言优美。 | B |
| | 有鼓动性、号召力。 | A |

## 课时教学设计及课堂教学实录

### 《答谢中书书》
（第4课时）

一、学习目标

低阶目标：

1.理解并积累文中重点词语（如交辉、俱、歇、颓、与等）及特殊句式（判断句：实是欲界之仙都），能对文章进行文白对译。

2.能理解文章内容，概括景物特点，掌握景物描写手法。

3.能理解文章中心主旨和体会作者的情感态度。

高阶目标：

4.掌握并鉴赏文中出现的写景手法并能尝试完成旅行推介词。

## 二、达成评价

1.1通过借助工具书、书下注释，及互相帮助学习的形式积累重点字词解释并进行词语积累。

1.2通过小组讨论成员互助的方法，能对文章进行文白对译。

2.通过使用教师给出的学习支架和评价量表，能准确找出景物特点和描写手法并进行简单的鉴赏分析。

3.通过阅读和分析文中表达情感的句子，能理解作者的情感态度。

4.通过完成作业和借助表格自评的形式，尝试将学到的写景手法运用到旅行推介词中。

## 三、学习过程

（一）先行组织

（课前有声诵读活动，课代表带领齐读一遍课文及书下注释，教师监督全班齐背一遍课文）

生：（朗读及背诵课文）

（设计意图：充分利用课前3分钟时间熟悉课文和书下注释，并了解学生背诵情况）

（二）任务与活动

同学们，南北朝时期政治动荡，陶弘景几经宦海沉浮早已心灰意冷，决心离开官场隐居山林，投入自然的怀抱以获取精神的愉悦。《答谢中书书》就是在这样的背景下创作而成的，它也成为南朝山水小品中具有非凡意义的名篇佳作之一。

提出主问题：这篇文章作为山水小品的名篇，作者究竟想要表达怎样的情感？

【组织学习】

任务一：解释全文重点词语及翻译全文

活动1.1：想要探究作者的情感，首先要理解文章内容。为了能够走进江南山水，我们需要小组合作限时7分钟标注重点实词，翻译全文，扫清理解文章的障碍。教师随机点小组翻译任意句子。（要求：每小组派出自己的5号选手作为小组代表进行解词和翻译）

生：（全组参与讨论。其余同学帮助5号同学理解重点词语和翻译。5号同学作为小组代表翻译全文，解释词语，如有问题其他小组

同学可以提出改正意见）

活动1.2：大家刚才的分享都有可取之处，现在请根据屏幕上呈现出的全文翻译，全班同学整理修改自己的翻译

生：（根据教师给出的标准翻译对自己的答案进行调整）

活动1.3：现在我们挑战升级，要求大家能够对照黑板上的课文不借助工具书和注释自由出声进行文白对译。

生：（对照屏幕进行文白对译）

活动1.4：随机抽取一位同学独立翻译全文。

师：同学们，大家能告诉我哪句话在文中起到总领全文的作用？

生：山川之美，古来共谈。

古往今来，文人墨客喜爱谈论山水自然的美妙，陶弘景就是其中一位优秀的代表。他笔下的江南山水美景用原文中的一个字概括是？

生：我认为是"实是欲界之仙都"的"仙"。

任务二：你能尝试根据对课文的理解概括景物特点及鉴赏写景手法吗？在大家分享之后其他同学需要根据下面这个评价表对他进行评价

活动2.1：陶弘景评价这里的景色是"人间仙境"。请大家使用"我通过文中的_____句子看出了_____之美，它使用了_____的景物描写手法"的句式来鉴赏文中的各种景物。并使用下面的景物鉴赏评价量表进行自评和他评。

| 景物鉴赏评价量表 | | | | |
|---|---|---|---|---|
| 要求 | 能找出写景语句，读音准确。 | 能解释句子意思。 | 能用词准确地形容景物特点。 | 能鉴赏写景手法（修辞、视角、色彩、感官、动静、时间）。 |
| 分值 | +1 | +1 | +1 | +1 |

【表达成果　交互反馈】

生1：我通过"高峰入云，清流见底"看出了山峰高耸、河流清澈、山水相映之美，它使用了视角变化、动静结合的景物描写手法。

生评：我认为句子找得准确，对山水景物特点的理解也很对，也找到了写景手法，但我会扣除一分，因为他没有字字落实地翻译句子。这句话准确的翻译应该是：高耸的山峰直入云霄，清澈的溪流一眼见底。

生2：我通过"两岸石壁，五色交辉。青林翠竹，四时俱备"看出了石壁五彩缤纷、树木青葱翠绿之美，它使用了色彩相衬的景物描写手法。两岸的石壁五彩缤纷交相辉映，青葱的树木翠绿的竹林，一年四季都能看到。

生评：根据这个评价表我想给她满分。因为她不仅找准了句子，而且翻译字字落实，形容石壁与树木的词语也很精准，而且找到了使用的描写手法。

生3：我通过"晓雾将歇，猿鸟乱鸣；夕日欲颓，沉鳞竞跃"看出了生机盎然、晨昏变化之美。这句话是说"雾消散了，猿鸟胡乱地鸣叫，夕阳西下，沉在水底的鱼争相跃出水面"。它使用了动静结合、视觉听觉多种感官结合的景物描写手法。

生评：我在准确翻译句子这项给他扣一分，原因是他没有翻译出"晓"是早晨的意思。而且用"胡乱"来形容猿鸟的叫声似乎也并不合适，我觉得应该说"叫声此起彼伏"更合适。

（三）迁移运用

【整合提升】

任务三：同学们，刚才的分享让大家感受到了作者笔下的自然美丽清新。堪称人间仙境的江南山水美景，恐怕只有仙气飘飘、遗世独立的人物才能独具慧眼感受到自然的万千魅力。文中能欣赏绮丽景色的人有哪些？

生1："自康乐以来"，作者认为康乐公能欣赏山水之美，从中感受到乐趣。这也体现出他对康乐公的仰慕之情。

生2：我认为"我"同样是有像康乐公那样的心境与审美能力的人。因为通过他的眼睛和文笔，我感受到了江南山水的动人，也看出了他沉醉山水的愉悦，昔日的谢灵运，今日的陶弘景，也有着古今知音共享山水的得意。至于为什么没有直接把自己写出来，我认为作者是一种委婉的表达，也是一种自谦。

生3：我认为也有很多人没有能力或者说没有时间寄情山水。我认为"未复有能与其奇者"表现了世人是无法沉浸山水之乐的。因为他们要追求的东西太多了，也太忙碌了，以至于没有一种淡泊自得的心境，导致他们无心感受自然的美好。同时作者也是在惋惜世人对秀美山水的无动于衷。（板书）

## （四）成果集成

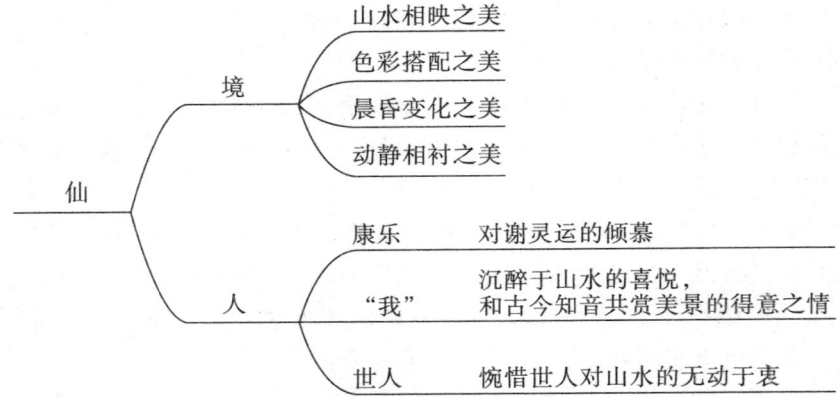

## （五）作业设计

基础巩固作业：

1.整理文言文本。（实词、虚词解释；全文翻译；文言现象）

能力提升作业：

2.运用合理的联想、想象手法，尝试将本文改写成一篇白话散文。不少于100字。

| | 散文作业评价标准 | | | |
|---|---|---|---|---|
| 要求 | 大致翻译全文，重点词语解释不清，语句不连贯通顺；书写潦草，字数不足100字。 | 准确并字字落实翻译全文，语句通顺连贯，书写比较工整，字数满足要求。 | 在翻译全文的基础上能加入一些合理的联想、想象，写出江南山水景物的特点；结尾抒发游览感受，表达作者的情感；书写工整，字数满足要求。 | 采用散文化的语言翻译原文，运用联想、想象加入江南地区其他代表性景物，使用恰当的写景手法刻画景物的特点，语言优美有文采；结合对文章的理解抒发作者情感；书写美观，字数满足要求。 |
| 等级 | D | C | B | A |

（六）课后反思

在教学过程中注重学生自我感知能力的培养，用朗读作为理解文章的基础。通过朗读环节，学生对课文内容形成了整体印象，感知到课文景物描写的魅力。导入以作家写作背景介绍的方式，迅速拉近了文本与学生的距离。精心设计导入，极大激发了学生的阅读兴趣，丰富了学生对文章中心主旨的感受和理解，为快速进入文章主题做好铺垫。

以朗读带动其他教学环节。朗读，不能简单地乏味地重复，在教学过程中，学生在老师的引导下，由读准字音、读准节奏到读出感情，一次比一次读得好。充分利用好晨读时间帮助学生读通课文、读懂课文。从实际效果来看，充分的朗读为学生理解文句，读懂全文，理解作者的思想感情铺平了道路。

搭建学习支架，设置嵌入式评价量表，帮助学生摘取知识果实。文言文的小组合作探讨有助于个性化一对一帮扶，扫平文章分析的障碍。

重视文言文字词的学习，抓住最常用最具有生长性的字词句讲解，给学生留下自己继续去学习去查找的空间。在小组成员互助中，学生既认识了新的字词，也巩固了学过的字词，并利用文言文本进行了归纳整理、积累字词、翻译课文等活动以完成课后作业，让学生的学习由课堂延伸到课外。

# 八年级下册重组单元
# "借助比较阅读　感受陶渊明和柳宗元的人生智慧"

长春经济技术开发区育隆学校　马婷

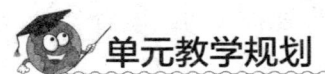单元教学规划

### 一、单元内容

统编人教版初中语文教材八年级下册第三单元：《桃花源记》（陶渊明）、《小石潭记》（柳宗元）。

### 二、单元分析

（一）课标分析

《义务教育语文课程标准（2022年版）》第四学段（7-9年级）的课程目标，在"阅读与鉴赏"中要求引导学生"随文学习基本的词汇、语法知识，用以帮助理解课文中的语言难点"，"诵读古代诗词，阅读浅易文言文，能借助注释和工具书理解基本内容。注重积累、感悟和运用，提高自己的欣赏品位"。

内容要求：

本单元为文言文单元，在语言的形式上契合"基础型学习任务群"的"语言文字积累与梳理"的要求，在表达的内容上契合"发展型学习任务群"中"文学阅读与创意表达"的要求。"语言文字积累与梳理"第四课段（7-9年级），旨在引导学生"在语言文字运用情境中，发现、感受和表现语言文字的魅力"，并"欣赏优秀作品的语言表达技巧"；同时，"文学阅读与创意表达"第四课段（7-9年级），旨在引导学生通过阅读古诗文名篇，"体会作品的情感和思想内涵"，"体会作者通过语言和形象构建的艺术世界"。

学业要求：

"基础型学习任务群"中"语言文字积累与梳理"的学业要求是："诵读、积累与梳理，重在培养兴趣、语感和习惯。引导学生增强语言积累和梳理的意识，教给学生语言积累和梳理的方法，注重积累、梳理与运用相结合。"

"发展型学习任务群"中"文学阅读与创意表达"的学业要求是："重视古代诗文的诵读积累，感受文学作品语言、形象、情感等方面的独特魅力和思想内涵，提升审美能力和审美品位；鼓励学生在口头交流和书面创作中，运用多样的形式呈现作品，发挥自己的创造性；引导学生成长为主动的阅读者、积极的分享者和有创意的表达者。"

学业质量：

课标在"学业质量描述"中明确指出："在阅读过程中能把握主要内容，并通过朗读、概括、讲述等方式，表达对作品的理解；能厘清行文思路，用多种形式介绍所读作品的基本脉络；能从多角度揣摩、品味经典作品中的重要词句和富有表现力的语言，通过圈点、批注等多种方法呈现对作品中语言、形象、情感、主题的理解。"

（二）教材分析

八年级下册第三单元所选的一组文章，或记事，或记游，或状物，或抒情。单元导读明确指出："阅读这些诗文，能够让我们了解古人的思想、情趣，感受他们的智慧，受到美的熏陶和感染"，提升学生对中华优秀传统文化的认同感与自豪感。

其中，《桃花源记》描绘了一幅和谐美好的理想生活蓝图；《小石潭记》抒发了诗人在面临清幽深远的石潭美景时的所思所感。

（三）学情分析

八年级的学生已经有了一定的古诗文储备量，也掌握了较为常见的文言语法知识和实词虚词的含义，但是并未涉及深层次的词法句法知识，缺乏独立鉴赏诗文的能力，对于文言诗词的兴趣不大。因此，文言词语的特殊用法以及特殊句式是学生学习的难点，并且学生对文章内容的深入理解可能也有所局限，所以在活动设计过程中，仍然需要给学生提供注释和工具书，帮助其理解诗文大意。与此同时，还需要为学生创设真实可感的情境，尽可能给予学生沉浸式的学习心理体验。

### 三、单元主题

感受陶渊明和柳宗元的人生智慧

### 四、单元目标

低阶目标：

1.归纳整理常见的文言词汇与文言句式，理解古今异义词和词类活用，积累文言知识。

2.多次带有感情地阅读文本，感受文言文的节奏、断句和情感表达的轻重缓急。

3.借助注释和工具书翻译原文，读懂文章大意。

高阶目标：

4.梳理诗文描绘景物的顺序和特点，总结写景顺序、训练学生的聚合思维和分析思维能力。

5.阅读"补充资料"，结合文本谈谈哪些地方加深了你对课文主旨的理解。

6.通过分析古文丰富的思想内涵，体会古代文人对理想社会不懈追求的政治视野和富有意趣的审美取向，感受美的熏陶，更好地学习和传承中华文化。

### 五、单元评价

1.1能够自行归纳整理常见的文言词汇与文言句式，理解古今异义词和词类活用，积累文言知识。

1.2比较、分析三篇"记"的语言特点。

2.多次带有感情地阅读文本，感受文言文的节奏、断句和情感表达的轻重缓急。

3.可以借助注释和工具书翻译原文，读懂文章大意。

4.1梳理诗文描绘景物的顺序和特点，总结写景顺序、训练学生的聚合思维和分析思维能力。

4.2通过朗诵、绘制导图等活动，感受并分析事物的整体特征、感受诗文的意境和情感。提高审美的鉴赏能力。

5.1阅读"补充资料"，结合文本谈谈你对课文主旨的理解，以增进学生的批判思维和创造思维。

5.2参考课外资料，梳理评析文章的切入点和主要观点，画出行文的思路图。

6.1感受作者传达的思想和志趣，从而陶冶自身的情感和胸怀，提高对中华优秀传统文化的热爱之情以及民族自信心。

6.2阅读赏析古文名篇，通过分析古文丰富的思想内涵，体会古代文人对理想社会的不懈追求、心怀天下的政治视野和富有意趣的审美取向，感受美的熏陶，更好地学习和传承中华文化。

### 六、单元结构化活动设计

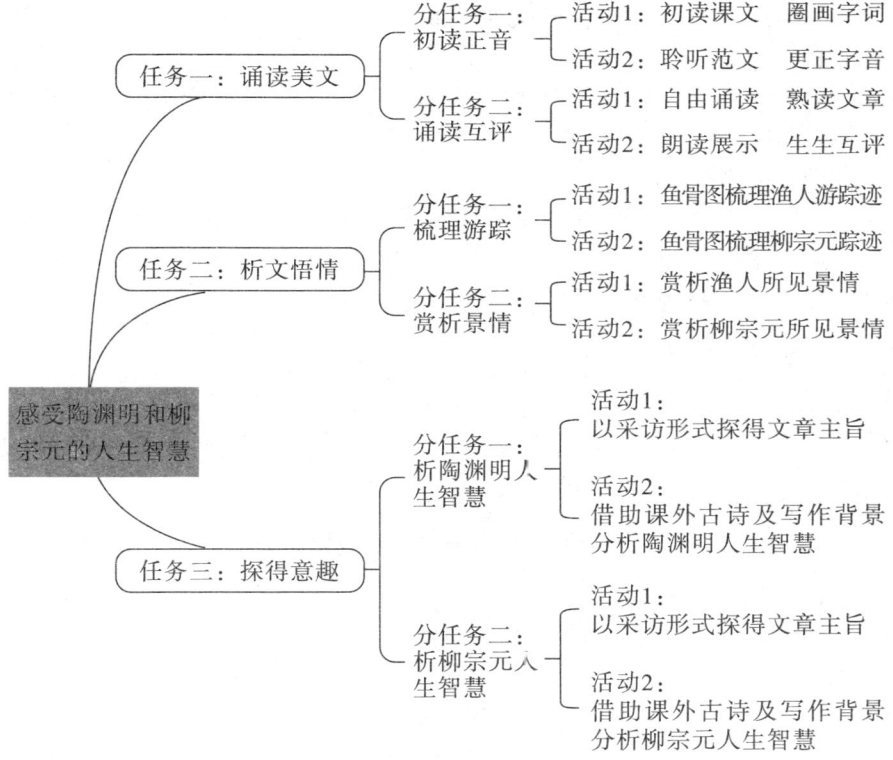

### 七、课时分配

本单元设计共5课时。

任务一：诵读美文（第1课时）

任务二：析文悟情（第2-3课时）

任务三：探得意趣（第4-5课时）

## 课时规划设计

### 诵读课
（第1课时）

**一、课时目标**

低阶目标：

1.反复朗读、记诵，整体把握文本，理解文章的内容。

2.多次带有感情地阅读文本，感受文言文的节奏、断句和情感表达的轻重缓急。

3.情感真挚，语言流利地展示课文诵读并能根据评价表解释诵读处理方法。

高阶目标：

4.通过本课诵读掌握文言文阅读方法。

**二、情境任务**

诵读《桃花源记》《小石潭记》。

**三、学生活动**

1.1学生快速自读课文，圈画出不认识的字和断句困难之处。

1.2音频范读《桃花源记》和《小石潭记》，学生自行标注读音、断句。

1.3限时5分钟，根据朗读评价表自读。

1.4学生展示个读。（其他同学点评，教师补充）

**四、课时作业**

录制朗诵《桃花源记》《小石潭记》视频（配置音乐）。

### 译读课
（第2课时）

**一、课时目标**

低阶目标：

1.借助注释和工具书翻译原文，读懂文章大意。

2.归纳整理本课文言词汇与文言句式，理解古今异义词和词类活用。

高阶目标：

3.迁移运用整理的文言词汇与文言句式。

4.分析《桃花源记》描绘景物的顺序和特点。

二、情境任务

鱼骨图梳理渔人游踪及所见之景、情（在梳理中翻译文章，落实文言字词）。

三、学生活动

1.1以思维导图的形式梳理渔人的游踪。

1.2分析渔人分别在见到了什么景色或者发生什么事情时对应的心理变化。

四、课时作业

必做作业：

按照下面评价表，整理文言文笔记本。

| 分层 | 整理要求 | 示例 |
| --- | --- | --- |
| A | 1.字词翻译准确。 | 1.每错一处，扣1分。 |
| B | 1.字词翻译准确、通顺、流畅。<br>2.句式翻译准确。<br>（1）省略句：补充省的句子成分。<br>（2）判断句：注意格式，XX是XX。<br>（3）倒装句：注意语序。 | 1.每错一处，扣1分。<br>2.省略句缺少句子成分，判断句翻译错误，倒装句语序错误，扣1分。 |
| C | 1.字词翻译准确。<br>2.句式翻译准确。<br>（1）省略句：补充省的句子成分。<br>（2）判断句：注意格式，XX是XX。<br>（3）倒装句：注意语序。<br>3.注意文言现象：一词多义、词类活用、古今异义。 | 1.每错一处，扣1分。<br>2.省略句翻译缺少句子成分，或者判断句式翻译错误，扣1分。<br>3.文言现象每错一处，扣1分。 |

选做作业：

现在有一个旅游团要去游览桃花源，请你依据原文内容为他们设计桃花源导览图，并附上游览建议。

## 译读课

（第3课时）

一、课时目标

低阶目标：

1.借助注释和工具书翻译原文，读懂文章大意。

2.归纳整理本课文言词汇与文言句式，理解古今异义词和词类活用。

高阶目标：

3.迁移运用整理的文言词汇与文言句式。

4.分析《小石潭记》描绘景物的顺序和特点，探究作者心理变化。

二、情境任务

鱼骨图梳理柳宗元游踪及所见之景、情。（在梳理中翻译文章，落实文言字词）

三、学生活动

1.1以思维导图的形式梳理柳宗元的游踪和情感变化。

1.2小组合作，分析柳宗元的踪迹。

四、课时作业

必做作业：

1.按照下面评价表，整理文言文笔记本。（参看课时规划设计·译读课·课时作业·必做作业）

选做作业：

2.作为一位旅游达人，你受邀为热门景点撰写沉浸式旅行体验。请你在下列六个网红打卡景点中，选择一个景点（同组四位同学不能相同）写一则体验语。我们将评选出"网红体验语TOP5"。

可选景点：

《桃花源记》：行舟桃林／桃源农乐

《小石潭记》：曲径寻幽／游鱼戏水／潭岸望源／竹树环合

# 品析课

（第4课时）

一、课时目标

低阶目标：

1.以陶渊明的身份回答教师采访的问题，理解文章主旨。

2.阅读《桃花源记》的补充资料，结合文本讨论陶渊明的人生智慧。

高阶目标：

3.通过分析古文丰富的思想内涵，体会古代文人对理想社会的不懈追求的政治视野和富有意趣的审美取向，感受美的熏陶，学习和传承中国传统文化。

## 二、情境任务
穿越时空隧道与陶渊明面对面来一场触动灵魂的采访。

## 三、学生活动
1.1同学们根据教师问题，设计回答内容。

1.2小组合作，以陶渊明的视角进行模拟回答。

## 四、课时作业
必做作业：

1.阅读"补充资料1"，结合文本谈谈哪些地方加深了你对课文主旨的理解。

补充资料1：

李长之《步入二十二年的躬耕生活——他的思想的成熟（节选）》（《陶渊明传论》第二章）

选做作业：

3.阅读"补充资料2"，并勾画精彩的分析语段。

4.梳理评析"补充资料2"的切入点和主要观点，画出行文的思维导图。

补充资料2：

唐卫香《对"桃花源"的追问与深思——关于〈桃花源记〉的深度研课（节选）》

# 品析课
（第5课时）

## 一、课时目标
低阶目标：

1.搜集柳宗元的相关文学常识以及文章的写作背景。

2.阅读课外诗文，结合文本理解课文主旨。

3.参考课外资料，梳理评析文章的切入点和主要观点，画出行文的思路图。

高阶目标：

4.阅读赏析古文名篇，通过分析古文丰富的思想内涵，体会古代文人对理想社会不懈追求的政治视野和富有意趣的审美取向，感受美的熏陶，更好地学习和传承中华文化。

**二、情境任务**

穿越时空隧道与柳宗元面对面来一场触动灵魂的采访。

**三、学生活动**

1.1穿越时空访人物。

1.2课外拓展明态度。

**四、课时作业**

必做作业：

1.阅读"补充资料1"，结合文本谈谈哪些地方加深了你对课文主旨的理解。

补充资料1：

《小石潭记》：陈治勇《闲笔蕴千钧，无情胜有情——〈小石潭记〉结尾探幽（节选）》

选做作业：

2.阅读"补充资料2"，并勾画精彩的分析语段。

3.梳理"补充资料2"的切入点和主要观点，画出行文的思路图。

补充资料2：

蒋兴超.交融：情思的深度抵达——《小石潭记》文本解读[J].语文教学通讯,2020(11):71-73.

## 课时教学设计及课堂教学实录

## 借助《江雪》《重别梦得》和写作背景分析柳宗元的人生智慧
（第5课时）

**一、学习目标**

低阶目标：

1.搜集柳宗元的相关文学常识以及文章的写作背景。

2.阅读课外诗文，结合文本理解课文主旨。

3.参考课外资料，梳理评析文章的切入点和主要观点，画出行文的思路图。

高阶目标：

4.阅读赏析古文名篇，通过分析古文丰富的思想内涵，体会古代文人对理想社会不懈追求的政治视野和富有意趣的审美取向，感受美的熏陶，更好地学习和传承中华文化。

二、达成评价

1.1能详细搜集并整理陶渊明、柳宗元的相关文学常识

1.2能搜集并整理文章的相关背景。

2.1借助注释理解课外所选诗歌，并分析出主旨。

2.2结合课内外文章和写作背景，分析作者的人生智慧。

3.1课后能阅读课外参考资料，梳理评析文章的切入点和主要观点。

3.2阅读"补充资料"，结合文本理解课文主旨。

4.1能够理解文章的丰富的内涵，感受古人的人生智慧。

三、学习过程

（一）先行组织

1.课前搜集柳宗元的文学常识和《小石潭记》的写作背景。

2.通过赏析《小石潭记》的视频（游客穿越到小石潭与柳宗元对话的视频），初步感知作者的写作心绪。

（二）任务（问题）与活动

任务：分析柳宗元人生智慧

活动1：学生汇报柳宗元的相关资料

【提出问题】

不管是武陵渔人之奇遇，还是小石潭之美景，背后都站着一个了不起的人物。上节课我们对陶渊明的采访非常灵动。本节课我们借助材料进一步了解柳宗元被贬永州的十年，下面请同学来分享你搜集的相关资料。

生1：柳宗元，字子厚，世称柳河东，唐宋八大家之一。

生2：与韩愈共同倡导唐代古文运动，并称"韩柳"。

生3：代表作有《永州八记》《三戒》《捕蛇者说》等。

生4：柳宗元只活了47岁，他的人生经历大起大落。前半生仕途顺遂，后因永贞革新失败，被贬为永州司马，开始了他十年流放生涯。

根据学生查找资料进行归纳整理。

柳宗元，唐代文学家，唐宋八大家之一。字子厚，祖籍河东（今山西永济），世称柳河东。因官终柳州刺史，又称柳柳州。与韩愈共同倡导唐代古文运动，并称"韩柳"。他写了大量的寓言、游记、散文，以游记散文见长。代表作有《永州八记》《三戒》《捕蛇者说》等。

柳宗元只活了47岁，他的人生经历大起大落。人生开篇顺风顺水，他出生于显赫家族，少年成才，前半生仕途顺遂。在他平步青云时，因参加永贞革新，被贬为永州司马，开始了他十年流放生涯。在永州的十年，亲族朋友不理睬，地方官员时时监视，是柳宗元最困厄、最艰难、最孤寂的十年。然这困顿的十年，却是他文学创作的巅峰时刻，造就了他古文大家的绝世风范。在永州的日子，他关心底层百姓，发展生产，兴办文教。比如《捕蛇者说》，写的是捕蛇人宁愿冒着生命危险去捕毒蛇免税，也不希望恢复赋税。这篇文章就是为百姓发声，鞭挞当时苛税猛于虎的现实。柳宗元的山水游记把自己的身世遭遇、思想感情融合于自然风景的描绘中，寄寓自己的不幸遭遇，倾注怨愤抑郁的情绪。

活动2：以采访形式探得文章主旨

【组织学习】

让我们穿越时空隧道，与柳宗元、陶渊明面对面来一场触动灵魂的采访吧。请同学们参考下面的评价量表和昨天的采访设计，结合课文和相关背景，设计2-3个问题对柳宗元进行采访，以小组为单元，设计采访问题和回答。稍后以小组为单位展示采访内容。

| 记者采访 | 陶渊明回答 |
| --- | --- |
| 记者：尊敬的五柳先生，您好！我是来自21世纪的记者欧阳，非常荣幸能够穿越时空来采访您。您的《桃花源记》对后世影响非常深远，您能不能用几个字来概括一下您笔下所描绘的桃花源呢？ | 陶渊明：我笔下的桃花源是一个风景绝美，里面的人都安居乐业的地方。 |
| 记者：那么您为什么要虚构一个这样绝美的世界呢？ | 陶渊明：因为我的时代社会环境非常黑暗，所以我想通过它来反映社会的黑暗，也来寄托我的美好理想。 |

续表

| 记者：那么您为什么要在文中写美丽的桃花源外还有一片美丽的桃花林呢？ | 陶渊明：因为我希望我描写的桃花源能和我心中的桃花林一样美好灿烂。<br>陶渊明：美丽的桃花林外有一个美丽的桃花源，这是人们世世代代所追求的梦想。 |
|---|---|
| 记者：美丽的桃花林外有一个美丽的桃花源，这是人们世世代代所追求的梦想。感谢您用文字为我们铸造了桃源之梦，点燃了希望之灯，激励世人为了美好不断地追求。 | |

| 记者采访 | 柳宗元回答 |
|---|---|
|  |  |
|  |  |
|  |  |

| 人物采访评价量表 |||
|---|---|---|
| 序 | 项目 | 评价分数 |
| 1 | 语言要简洁，符合身份（采访者、被采访者）。 | +1 |
| 2 | 问题和回答要结合原文、背景。 | +1 |
| 3 | 问答要能突出文章的主旨。 | +1 |
| 总分 | | |

【表达成果】

小组汇报：

A组问：尊敬的柳宗元先生，请问您去小石潭游玩时哪些景色让您印象深刻？

B组答：小石潭的水声动听，像玉器碰撞的声音一样清脆动听，溪水清澈见底，游鱼活泼欢快，让我觉得很快乐。潭西南四面都是竹树，很少有人经过，这里幽深的环境也让我印象深刻。

A组问：请问您看见这些景色时是什么心情？

B组答：小石潭动听的水声和游鱼细石都让我感觉快乐，但是后面四面竹树，凄凉无人的环境让我感到凄神寒骨，心声悲凉。

A组问：请问您感觉悲凉是因为小石潭周围的景色不符合您的期待吗？

B组答：不是。我看见小石潭的环境联想到了我这么多年的经历，我少年成才，前半生仕途顺遂，但是后来因参加永贞革新，被贬为永州司马，开始了十年流放生涯。小石潭这样清凉幽深的环境让我触景生情，不禁由喜转悲。

A组：感谢您的回答。虽然经历过很多挫折，但是您依旧能保持一颗积极乐观、孤高自傲的心，您洒脱阔达的精神让我敬佩。

活动3：借助课外古诗和写作背景，分析柳宗元的人生智慧

（出示《江雪》与《重别梦得》）从这两首诗中可以看出柳宗元的什么人物形象？

生：诗人只用了二十个字，就描绘了一幅幽静寒冷的画面：在下着大雪的江面上，一叶小舟，一个老渔翁，独自在寒冷的江心垂钓。寄托了诗人高洁孤傲、执着不屈的崇高人格。"皇恩若许归田去，晚岁当为邻舍翁"，也可读出诗人摒弃官场，请求归隐的内心。

师：结合《小石潭记》《江雪》《重别梦得》及作者人生经历，由此你能看出柳宗元怎样的生活态度？

生：革新失败、仕途不顺，来到永州和柳州后，他有过短暂的落寞。后来寄情山水、热爱生活，可见他心性豁达、洒脱恣意。

【整合提升】

其实，自古以来有许多文人志士被贬，被贬本身是一件不幸的事，但也正因为被贬他们才创造了这些伟大亘古的文字。

流放汉北，一定程度上成就了屈原的《离骚》；

被贬朗州，一定程度上成就了刘禹锡的《秋词》；

被贬黄州，一定程度上成就了苏轼的《记承天寺夜游》；

被贬邓州，一定程度上成就了范仲淹的《岳阳楼记》；

被贬永州，一定程度上成就了柳宗元的《永州八记》。

……

因此,幸与不幸没有明确的界限,我们可以说,永州因为柳宗元有了被永恒定格的意义。热爱生活,心性豁达、洒脱恣意才是智慧的人生态度。

(三)迁移运用

阅读同时期柳宗元在永州所做的《渔翁》,思考这首诗展现了柳宗元怎样的内心世界?

生:这首诗通过描写柳宗元夜宿永州西山,晨起汲水燃竹,以忙碌的身影形象,又延及西岩、清湘、楚竹这些景物,袒露了他隐于其后的一颗火热不安的心。这是热烈的向往,是急切的追求,诗中显示柳宗元对自由安适的生活的向往。

(四)成果集成

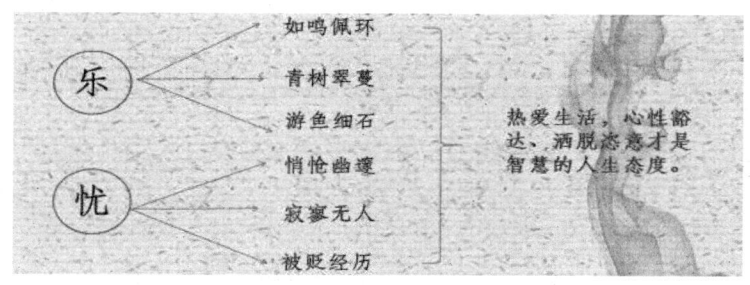

(五)作业设计

必做作业:

1.阅读"补充资料1",结合文本谈谈哪些地方加深了你对课文主旨的理解。

补充资料1:

《小石潭记》:陈治勇《闲笔蕴千钧,无情胜有情——〈小石潭记〉结尾探幽(节选)》

选做作业:

2.阅读"补充资料2",并勾画精彩的分析语段。

3.梳理"补充资料2"的切入点和主要观点,画出行文的思路图。

补充资料2:

蒋兴超.交融:情思的深度抵达——《小石潭记》文本解读[J].语文教学通讯,2020(11):71-73.

（六）课后反思

活动一在设计采访问题时，学生会多角度考虑文章主旨，加上教师的引导，学生对文本有了更深入的理解。鼓励学生在口头交流和书面创作中运用多样的形式呈现作品，发挥自己的创造性。活动二借助课外阅读，通过分析柳宗元的经历和形象，引导学生成长为主动的阅读者、积极的分享者和有创意的表达者，学生对柳宗元洒脱恣意，心性豁达的人生智慧感受更深。

设计采访问题时支架范围较宽泛，学生提的问题有时候偏离主旨，这个时候需要教师加以引导，所以会花费一些时间。

# 九年级上册第三单元
## "登亭台楼阁　观湖光山色　抒忧乐情怀"

长春经济技术开发区实验学校　胡爽

单元教学规划

### 一、单元内容

统编版初中语文九年级上册第三单元选编了一组古代诗文名篇，有《岳阳楼记》《醉翁亭记》《湖心亭看雪》《行路难》《酬乐天扬州初逢席上见赠》《水调歌头》。从内容主题看，都与"自然山水""志趣抱负"有关，但在情感寄托上各有特色；从文体上看，前三篇是山水文言散文，后三首是诗词。

### 二、单元分析

（一）课标分析

《义务教育语文课程标准（2022年版）》第四学段（7-9年级）的课程目标，在"阅读与鉴赏"中要求引导学生"诵读古代诗词，阅读浅易文言文，能借助注释和工具书理解基本内容。注重积累、感悟和运用，提高自己的欣赏品位"，同时，"从中获得对自然、社会、人生的有益启示。能对作品中感人的情境和形象说出自己的体验，品味作品中富于表现力的语言"。

内容要求：

本单元的散文都是名胜游记，诗词则更倾向于表露个人情志、抱负。其中，《岳阳楼记》将登楼者览物之情写出悲喜之意，寄托了范仲淹"先天下之忧而忧，后天下之乐而乐"的政治理念和济世情怀；《醉翁亭记》是一篇文辞优美的散文，体现了作者醉情山水、怡然自乐的积极态度及与民同乐的政治胸襟；《湖心亭看雪》是一篇小品文，以明白晓畅、清新简练的文字记述了作者随性前往湖心亭赏雪的往事，寄托了作者淡淡的故园之思、浅浅的故国之悲。本单元还选择了三首体裁各异的诗词，都表现了诗人面对不如意时的豁达胸怀。李白《行路难》（其一）中体现了诗人在悲愤中不乏豪迈气概，在失意中仍怀有希望的复杂情绪；《酬乐天扬州初逢席上见赠》中诗人历经二十三年被贬归来无限悲凉，却在沉郁中充满着豪迈刚健之气；《水调歌头》情绪多有起伏，总体表达了诗人旷达积极的情趣和深邃的哲理意蕴。

教学提示：

在课程内容中，本单元为文言文单元，在语言的形式上契合"基础型学习任务群"的"语言文字积累与梳理"的要求，在表达的内容上契合"发展型学习任务群"中"文学阅读与创意表达"的要求。"语言文字积累与梳理"第四学段（7-9年级）旨在引导学生"在语言文字运用情境中，发现、感受和表现语言文字的魅力"，并"欣赏优秀作品的语言表达技巧"；同时，"文学阅读与创意表达"第四学段（7-9年级）旨在引导学生通过阅读古诗文名篇，"体会作者通过语言和形象构建的艺术世界，借鉴其中的写作手法，表达自己对自然的观察和思考，抒发自己的情感"。

学业质量：

在第四学段（7-9年级）的"学业质量描述"中要求学生"能根据语境，借助工具书，认清字形、读准字音、正确理解汉字的意思"，"能从多角度揣摩、品味经典作品中的重要词句和富有表现力的语言，通过圈点、批注等多种方法呈现对作品中语言、形象、情感、主题的理解"，并"分析作品表现手法的作用"。

九年级的学生已具备一定的文言文基础，基本能准确理解文章大意，只对极个别特殊的文言现象缺乏系统的感知，同时在分析文言作品的语言特色和思想感情上存在较大的困难。

综上，课程目标、课程内容和课程评价都要求，在学习优秀的文言作品时，应关注文言梳理、语言特色、思想情感三个方面的内容。

### 三、单元主题

登亭台楼阁　　观湖光山色　　抒忧乐情怀

### 四、单元目标

低阶目标：

1.积累文言常用实词，注意其古今意义的不同；积累常见文言虚词，注意其在表达语气，关联文义方面的作用。

2.积累古代诗文中的名言警句。反复诵读课文，在理解内容的基础上，熟读成诵。

3.了解古代写景记游散文的文体特点，在比较阅读中体会作者在景物描写中寄寓的政治理想和思想情感，感受作者的忧乐情怀。

高阶目标：

4.结合具体语句，体会古代诗文语言简洁、音韵和谐、意境深远的特点，能够观点清晰，有理有据地阐述见解，文从字顺地表达，培养学生的审美能力、思维能力。

### 五、单元评价

1.1结合书下注释积累文言常用实词"谪守、大观、浩浩汤汤、伛偻、颓然"等词的含义。

1.2结合具体语境辨析"属、观、观、秀、白"等词的意义和用法。

1.3结合工具书理解文章虚词的妙用，如"而、也、若夫"等。

1.4能准确理解并灵活运用名言警句，如"百废具兴""不以物喜不以己悲""先天下之忧而忧，后天下之乐而乐""醉翁之意不在酒"等。

1.5在诵读中积累语感，加深理解。初读，准确连停；再读，把握重音，读准语气。

2.坚持熟读成诵，准确默写。

3.1积累游记中的骈偶句，体会其议论抒情的表达效果。

3.2结合文章写作背景及作者生平事迹，理解范仲淹先忧后乐的政治理想；欧阳修与民同乐的政治抱负；张岱的家国之思；李白在怀才不遇中仍怀有希望；刘禹锡酬谢友人，与之共勉；苏轼以积极乐观的旷达情怀面对人生。

3.3反复诵读精彩语句，结合写作背景深刻把握作者情感及文章主题。

4.1能够结合具体语句或写法，对"一切景语皆情语"有自己的阅读及观点表达。

4.2鉴赏景物描写段落，学会运用对比、衬托、移步换景、白描等写法及描写、议论、抒情等综合表达方式进行游记类散文创作。

**六、单元结构化活动**

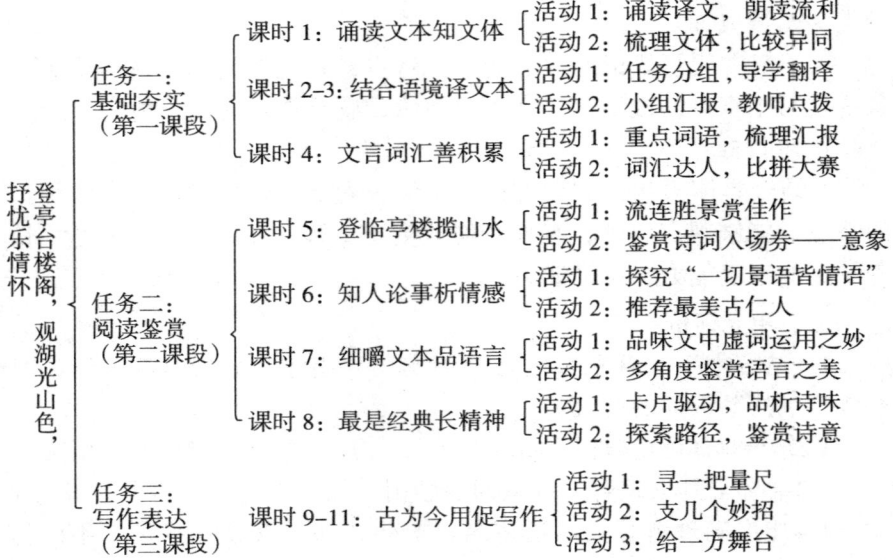

**七、课时分配**

在实施本单元教学整合设计的过程中，基于九年级学生的学情特点、教材的构成、课标的要求，立足于"核心素养"的达成，充分考虑学生以往语文学习过程中形成的由表及里的一般认知规律，共设计11课时。

第一课段（1-4课时）：诵读与合作译文结合，疏通文意的同时积累文言词汇。

第二课段（第5-8课时）："登临亭楼览山水"，立足于体会"游景"；"知人论世析情感"，旨在"析情"；"细嚼文本品语言"，在于体会语言之美；"最是经典长精神"，指向本单元的人文精神。

第三课段（第9-11课时）："古为今用促写作"，为本单元的写作课。

九年级上册第三单元"登亭台楼阁 观湖光山色 抒忧乐情怀"

## 课时规划设计

## 文言基础课
（第1-4课时）

### 一、课时目标

低阶目标：

1.结合书下注释积累文言常用实词，了解古今异义词的意义和用法；理解文章虚词的妙用等。

2.梳理文体特点，比较异同。

高阶目标：

3.能借助工具书，结合具体语境，准确理解名言警句的含义，并能灵活运用。

### 二、情境任务（问题）

任务一：诵读文本知文体

任务二：结合语境译文本

任务三：文言词汇善积累

### 三、学生活动

活动1.1：诵读诗文，朗读流利

活动1.2：梳理文体，比较异同

活动2.1：任务分组，导学翻译

活动2.2：小组汇报，教师点拨

活动3.1：重点词语，梳理汇报

活动3.2：词汇达人，比拼大赛

### 四、课时作业

整体作业：

1.整理积累笔记并识记文言词汇。

项目作业：

2.制作文言词汇积累小册。整理内容为重点文言词汇，包括一词多义、通假字、古今异义词、常见虚词等；形式不限；要求有封面及简短文字说明。（小组合作完成）

## 阅读鉴赏课

（第5-8课时）

### 一、课时目标

低阶目标：

1. 通过集中关注三篇文章中的景物描写，感受自然山川之美。

2. 结合三篇文章的作者经历及创作背景，体会蕴含于文中的思想情感。

3. 流利且有感情地朗读课文，引导学生深入体会写景记游散文骈散各异的语言风格。

高阶目标：

4. 通过任务驱动学习，多角度感受诗人的悲与乐，体会写法特点，感受豪放旷达的胸怀和积极乐观的精神境界。

5. 在情境任务驱动中，学生能比较三篇文章在景物描写方法上的异同，总结其特点，促进审美能力、语言表达能力的综合提升。

6. 在分析品味诗词语言的基础上，分析意象的含义，积蓄文化沉淀，提高鉴赏古诗词的兴趣和能力。

### 二、情境任务（问题）

任务一：登临亭楼览山水

任务二：知人论世析情感

任务三：细嚼文本品语言

任务四：最是经典长精神

### 三、学生活动

活动1.1：流连胜景赏佳作

活动1.2：鉴赏诗词入场券——意象

活动2.1：探究"一切景语皆情语"

活动2.2：推荐最美古仁人

活动3.1：品味文中虚词运用之妙

活动3.2：多角度鉴赏语言之美

活动4.1：卡片驱动，品析诗味

活动4.2：探索路径，鉴赏诗意

### 四、课时作业

基础作业：

1.诗文背诵打卡并完成单元诗文情境默写小卷。

2.完成关于亭台楼阁文化的非连续性文本阅读训练。

3.自学课后古诗词四首，小组分工，任选一首在小组群里进行讲解视频发表；小组择优推选到班级，年级统一表彰。

4.从本单元的作者中推荐一名"最美古仁人"，为其撰写颁奖词。（120字左右）

能力作业：

5.岳阳城里的岳阳楼、琅琊山上的醉翁亭、西湖里的湖心亭都是深受驴友喜爱的名胜古迹。请以小组为单位从三个旅游胜地中任选其一，设计一张门票，包括图片、路线图、文字说明等。（小组合作完成）

6.年级将开展"登亭台楼阁　观湖光山色　抒忧乐情怀"主题研学课程，你是课程开发小组的一员，请你结合依据本单元三篇散文，为洞庭、湖醉翁亭或西湖写一段课程推荐。（小组合作完成）

## 写作表达课

（第9-11课时）

### 一、课时目标

低阶目标：

1.积累丰富论据，能筛选辨析恰切的素材作为论据证明论点。

高阶目标：

2.围绕论点能对论据进行合理的分类和剪裁。

3.独立完成一篇逻辑严密的议论文。

### 二、情境任务

古为今用促写作

### 三、学生活动

活动1：寻一把量尺

活动2：支几个妙招

活动3：给一方舞台

### 四、课时作业

完成单元作文《谈诚信》的写作及讲评。

## 课时教学设计及课堂教学实录

### 登临亭楼览山水
（第5课时　第二课段）

**一、学习目标**

低阶目标：

1.在情境任务驱动中，学生能比较三篇文章在景物描写方法上的异同，总结其特点，促进审美能力、语言表达能力的综合提升。

高阶目标：

2.在分析品味诗词语言的基础上，分析意象的含义，提高鉴赏古诗词的兴趣和能力，积蓄文化沉淀，培养文化自信。

**二、达成评价**

1.能准确分析出文中景物描写的特点及写法，体会三篇文章写景方法上的异同。

2.1学生能够独立完成课后必做作业《月夜忆舍弟》《商山早行》的学习。

2.2积累诗词意象的含义及用法。

**三、学习过程**

（一）先行组织

搜集关于岳阳楼（洞庭湖）、醉翁亭、湖心亭的诗歌或对联。

（二）任务（问题）与活动

1.文学作品推荐：李长之《李白传》、卞孝萱《刘禹锡评传》、林语堂《苏东坡传》、刘小川《品中国文人》。

2.经验回顾：结合八年级《三峡》《记承天寺夜游》《小石潭记》《答谢中书书》等写景散文的学习经验，仿照示例，为三篇文章的写景句作批注，尝试从多种角度综合赏析写景佳句。即写了什么，有什么特点，怎么写的。

3.学习活动中的表格设计。

活动1：流连胜景赏佳作

【布置任务】

小组合作探究从"岳阳楼上望洞庭""醉翁亭边话山水""湖心亭中绘西湖"三个主题中任选其一,结合文本进行景物描写赏析。

活动1评价量表:

| 评价要求 | 等级 |
| --- | --- |
| 1. 准确找出写景语段及写作对象。 | +1 |
| 2. 从词语运用、修辞、写法等角度恰切地分析景物描写的特点。 | +2 |
| 3. 结合情境具体分析表达的情感。 | +3 |

【组织学习】

请参照下面表格示例,完成学习任务。

| 景物描写语段 | 写作对象 | 具体词语 | 景物特点 | 写法或修辞 | 表达作用 |
| --- | --- | --- | --- | --- | --- |
| 衔远山,吞长江……此则岳阳楼之大观也。 | 洞庭湖总体景象。 | 衔、吞、浩浩汤汤、横无际涯、气象万千。 | 广阔无边、气势磅礴、景色多变。 | 动静结合拟人修辞,时间与空间多角度。 | 引发迁客骚人不同情感。 |
| …… | | | | | |

【表达成果】

第一组学生汇报如下:

| 景物描写语段 | 写作对象 | 具体词语 | 景物特点 | 写法或修辞 | 表达作用 |
| --- | --- | --- | --- | --- | --- |
| 天与云与山与水,上下一白。湖上影子,惟长堤一痕、湖心亭一点、与余舟一芥、舟中人两三粒而已。 | 西湖雪景。 | 一白、一痕、一点、一芥、两三粒。 | 苍茫渺远,空旷寂静。 | 量词、白描。 | 由远及近,由大及小,仿佛一幅极有意境的水墨画,创设出强烈的视觉效果。 |

《湖心亭看雪》一文中写景句量词使用极妙。运用了"痕""点""芥""粒"等非常规量词,用于长堤、湖心亭、作者身处之舟、舟中之人,以由远及近、由大及小的顺序和白描的手法几笔勾勒出来,仿佛一幅极有意境的水墨画,创设出强烈的视觉效果。

第二组学生汇报如下：

| 景物描写语段 | 写作对象 | 具体词语 | 景物特点 | 写法或修辞 | 表达作用 |
|---|---|---|---|---|---|
| 其西南诸峰，林壑尤美，望之蔚然而深秀者，琅琊也……有亭翼然临于泉上者，醉翁亭也。 | 醉翁亭周边景色。 | 林壑尤美，蔚然而深秀，水声潺潺，翼然。 | 山谷幽美、草木茂盛。寥寥数语，神形兼备，给人身临其境之感。 | 移步换景。 | 由山引出泉，由泉引出亭，从远到近，从整体到部分，层层推进，让读者身临其境。 |

《醉翁亭记》一文开篇："其西南诸峰，林壑尤美，望之蔚然而深秀者，琅琊也。山行六七里，渐闻水声潺潺，而泻出于两峰之间者，酿泉也。峰回路转，有亭翼然临于泉上者，醉翁亭也。"运用了移步换景的写法，由山引出泉，由泉引出亭，从远到近，从整体到部分，层层推进，让读者身临其境。

……

【交互反馈】

教师再次呈现评价量表，学生进行自评和互评。

第一组和第二组学生分别赏析出《湖心亭看雪》《醉翁亭记》里景物描写语句的要点。

第三组学生补充：《岳阳楼记》第三、四段景物描写都融情于景，同时一阴一晴，一悲一喜，形成对比，迁客骚人将个人的荣辱得失与万千的景象相结合，因物而喜，因己而悲。

【整合提升】

师生共同总结写法。

$$融情于景\begin{cases}妙用修辞\\动静结合\\移步换景\\白描对比\\写作顺序\end{cases}$$

活动2：鉴赏诗词入场券——意象

【布置任务】

朗读三首古诗，寻找诗歌意象，仿照示例分析其表达效果。

| 诗歌 | 诗句 | 意象 | 效果 |
|---|---|---|---|
| 《行路难》 | | | |
| 《酬乐天扬州初逢席上见赠》 | 沉舟侧畔千帆过，病树前头万木春。 | 沉舟病树。 | 诗人用"沉舟""病树"两种景物自喻，指代消极的境况，用"千帆过""万木春"两种现象揭示新事物必将取代旧事物的道理。 |
| 《水调歌头》 | | | |

活动2评价量表：

| 评价要求 | 等级 |
|---|---|
| 1.准确找出意象的词语。 | +1 |
| 2.结合具体语境体会意象的内涵。 | +2 |
| 3.依据作者的生平经历分析表达的情感。 | +3 |

【组织学习】

　　意象就是寓"意"之"象"，即用来寄托诗人情思的物象。诗人通过种种写作手段将自己的情感、情致、思想、理趣等主观性的东西附着在"象"上，构成意象。如"抽刀断水水更流，举杯销愁愁更愁"（李白《宣州谢朓楼饯别校书叔云》）；"问君能有几多愁，恰似一江春水向东流"（李煜《虞美人》）；"试问闲愁都几许？一川烟草，满城风絮，梅子黄时雨"（贺铸《青玉案》）。这些意象的创造，都是运用比喻，使本来看不见、听不着的"愁"，化为可视、可听的形象，形成新的艺术境界。请同学们先独立思考，再小组讨论。

【表达成果】

　　第一组学生："金樽清酒、玉盘珍羞、冰塞川、雪满山"是《行路难》中的意象，诗人用"冰塞川""雪满山"象征人生道路上的艰难险阻。诗人空怀一片报国之心，非但不被皇帝任用，反被"赐金还山"，此情形不也是冰塞黄河，雪拥太行吗？

　　第二组学生：月是《水调歌头》中的意象，苏轼以月起兴，以与其弟苏辙七年未见之情为基础，围绕中秋明月展开想象和思考，把人世间的悲欢离合之情纳入对宇宙人生的哲理性追寻之中，表达了词人对亲人的思念和美好祝愿，也表达了在仕途失意时旷达超脱的胸怀和乐观的心态。

……

【交互反馈】

教师再次呈现评价量表，学生进行自评和互评。

第一组和第二组学生分别鉴赏出意象要点，且语言表达有进步。

教师补充：行路难中的酒写朋友出于对李白的深厚友情，出于对这样一位天才被弃置的惋惜，于是不惜金钱，设下盛宴为他饯行。而面对金樽美酒、玉盘珍馐，却只能"停杯投箸""拔剑四顾"，一片茫然，写出了诗人的内心极度苦闷。

第三组学生补充：三首诗词都涉及了意象"酒"，"金樽清酒斗十千""暂凭杯酒长精神""把酒问青天"，三位作者都有悲愁苦闷，郁郁不得志的情感。

【整合提升】

师生共同总结诗歌意象。

古诗词意象
- 酒——多传达豪情或悲愁苦闷，郁郁不得志。
- 月——离愁别恨，寂寞思归之情。
- 冰塞川、雪满山——艰难险阻。
- 沉舟、病树——多传达思乡怀远、孤寂落魄和愁苦之情。

（三）迁移运用

王国维《人间词话》曾说："一切景语皆情语。"勾连《小石潭记》《与朱元思书》《记承天寺夜游》，总结融情于景的写法策略，以"秋日里的校园"为题目，写一段练笔，300字。

（四）成果集成

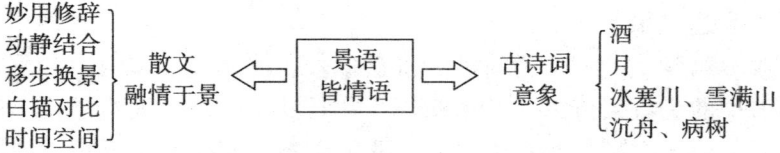

（五）作业设计

基础作业：

1.背诵默写经典名句，完成导学提纲自测卷。

2.完成关于亭台楼阁文化的非连续性文本阅读训练。

能力作业：

3.岳阳城里的岳阳楼、琅琊山上的醉翁亭、西湖里的湖心亭都是深受驴友喜爱的名胜古迹。请以小组为单位从三个旅游胜地中任选其一，设计一张门票，包括图片、路线图、文字说明等。（小组合作完成，时间为一个星期）

（六）课后反思

统编版初中语文九年级上册第三单元所选的作品，都是字字珠玑的古代名篇。从内容主题看，单元选编的三篇散文《岳阳楼记》《醉翁亭记》《湖心亭看雪》都是名胜记游之作，三首诗词《行路难》《酬乐天扬州初逢席上见赠》《水调歌头》则偏于抒发独特的人生感悟。

怎样跳出传统文言文教学的模式，将单元内容整合到一起，提炼适切的单元主题，是设计的核心问题。第三单元单元导语有这样的表述："本单元所选的诗文在描写景物、抒发感情的同时，也表达了作者的政治理想、志趣抱负。学习时要注意体会古人寄托于山水名胜中的思想感情，感受他们的忧乐情怀。"基于此，我们将单元主题定为"登亭台楼阁　观湖光山色　抒忧乐情怀"。在主题的引导下，我们开始研讨本单元的单元目标，践行"以终为始"的教学设计。当然，大单元教学设计实施时，一定要经过充分的研讨，让每一位参与的教师心中有明确的方向，把握每节课的授课重点，这样才不至于出现拿着相同的剧本却演出不同故事的情况。

# 九年级上下册重组单元
## "'言刃交锋'——议论文复习专题"

长春经济技术开发区育隆学校　邵思语

单元教学规划

### 一、单元内容

统编版初中语文教材九年级上册：《敬业与乐业》《就英法联军远征中国致巴特勒上尉的信》《论教养》《精神的三间小屋》《中国人失掉自信力了吗》《怀疑与学问》《谈创造性思维》《创造宣言》。

九年级下册：《山水画的意境》《驱遣我们的想象》。除了议论文外，还有九年级上册第五单元的写作"论证要合理"以及口语交际"辩论"。

### 二、单元分析

（一）课标分析

《义务教育语文课程标准（2022年版）》第四学段（7-9年级）的课程目标，在"阅读与鉴赏"中明确要求："阅读简单的议论文，能区分观点与材料（道理、事实、数据、图表等），发现观点与材料之间的联系，并通过自己的思考，作出判断。""表达与交流"中规定："讨论问题，能积极发表自己的看法，有中心，有根据，有条理；能把握讨论的焦点，并能有针对性地发表意见。写简单的议论性文章，做到观点明确，有理有据。"

内容要求：

语文学习任务群中的"发展型学习任务群"之"思辨性阅读与表

达"中规定："学习革命领袖的理论文章、经典的思辨性文本(包括短小的文言经典)，理解作者的立场、观点与方法。围绕社会热点问题，以口头或书面方式参与讨论。"

教学提示：

"思辨性阅读与表达"中的教学提示表述道："应设计阅读、讨论、探究、演讲、写作等多种学习活动，引导学生学习发现、思考、探究问题的思路和方法。""第四学段，注意引导学生客观、全面、冷静地思考问题，识别文本隐含的情感、观点、立场，体会作者运用的思维方法，如比较、分析、概括、推理等，尝试对文本进行评价。引导学生基于阅读和生活实际，开展研讨等活动，表达要观点鲜明、证据充分、合乎逻辑。"

学业质量：

课标中对学业质量进行描述："能提取、归纳、概括主要信息，把握信息之间的联系，得出有意义的结论；能利用掌握的多种证据判断信息的真实性与可信度，能运用文本信息解决具体问题。阅读简单议论性文章，能区分观点与材料，并能解释观点与材料之间的联系；能运用实证材料对他人观点作出价值判断。"

（二）教材分析

统编版初中语文教材中，有三个专门的议论文单元，分别是九上二单元、九上五单元和九下四单元。前两个单元的单元导读都提到了把握论点、论据、论证方法和论证思路，而九下四单元还强调了"发现疑难问题，独立思考，有自己的见解"。

纵观全国各地中考议论文阅读题，主要考查以理解能力为主，要求能整体感知文章的主要内容，把握文章的论点、论据、论证，了解文章的基本思路，领会文章语言的表达效果，并能进行概括和表达。在此基础上，能创造性阅读，完成开放性的题目。

（三）学情分析

议论性文章的学习是在九年级上学期进行的，学生对相关知识还有比较深的印象。但是在答题的规范表达、实践与情境的应用以及个性化表达上仍有欠缺。根据课内议论性文章的知识梳理，迁移运用到情境与实践中，有利于调动学生的积极性，在实践中记忆、理解、运用议论文相关知识，进行"读""写""用"一系列的活动，落实语文核心素养。

### 三、单元主题
"言刃交锋"——议论文复习专题

### 四、单元目标
1.明确议论文相关知识，明确辩论比赛的流程。

2.能准确找出议论文中的论点；根据辩题，确认论点。

3.能准确找出议论文中的论据；能为本队论点找到充足有力的论据。

4.能梳理常用的论证方法；能用论证方法证明本队论点；能梳理议论文论证思路；能梳理本队论证思路。

5.结合之前的准备工作，完成班级辩论赛。

### 五、单元评价
1.1能根据课内议论文，概括议论文相关知识。

1.2能敲定班级辩论赛的流程，分配队内任务。

2.1能准确找出或概括课内议论文的论点。

2.2能根据总结的论点位置分布，找出或概括课外议论文的论点。

2.3能根据辩题，确认本队的论点。

3.1根据课内议论文找出并判断论据类型。

3.2能找出、补充课外议论文的论据。

3.3能为本队论点找到充足有力的论据。

4.1从课内议论文中概括论证方法及作用。

4.2能运用多种论证方法证明本队论点。

4.3根据两类议论文梳理课内议论文的论证思路。

4.4结合确定的论点和论据梳理本队论证思路。

5.1能够根据队内分工，完成自己的辩论任务。

5.2能够根据辩论经验，叙写感想。

## 六、单元结构化活动

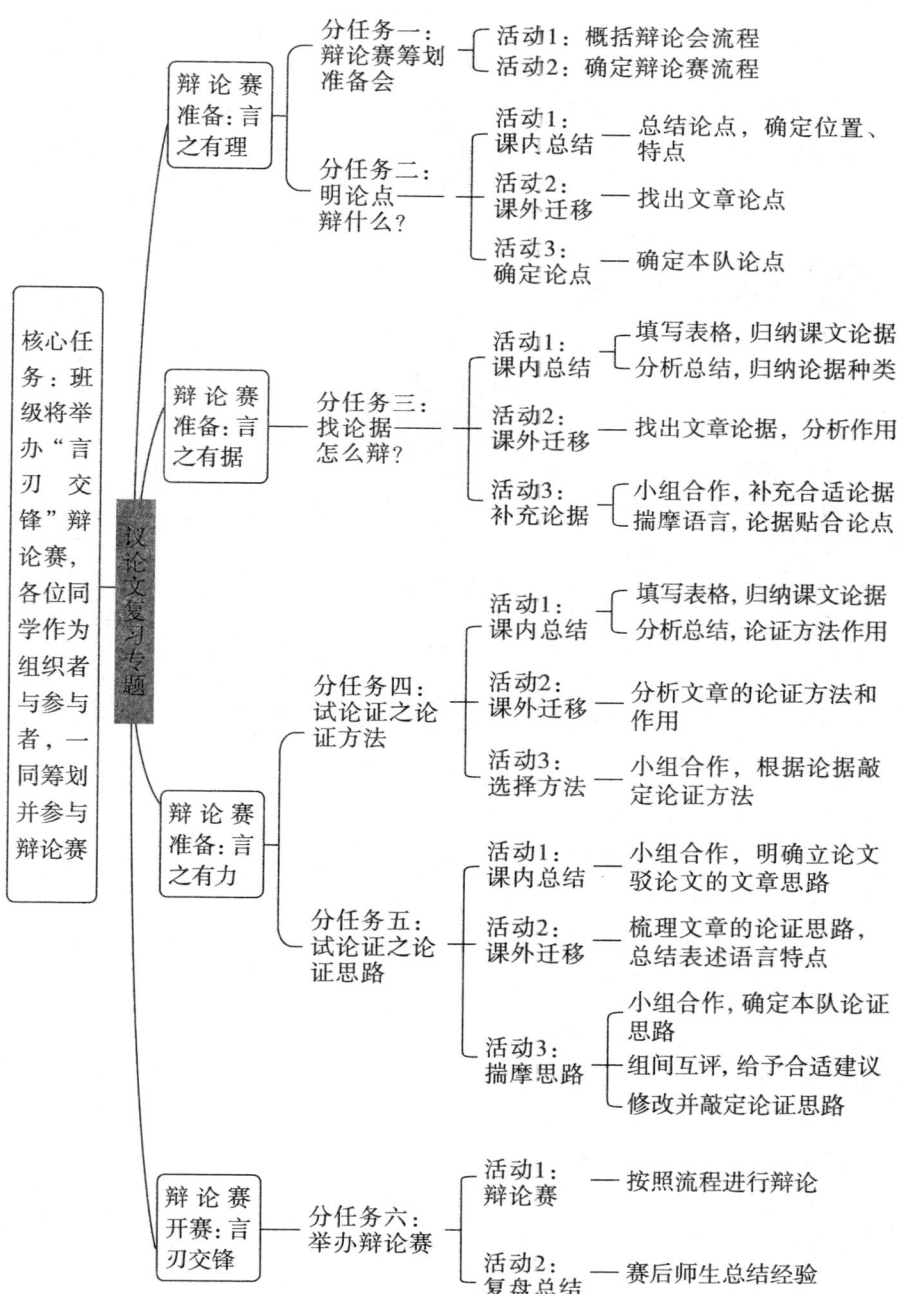

## 七、课时分配

本单元共4课时，以下是具体的课时分配。

完成分任务一、分任务二（第1课时）

完成分任务三、分任务四（第2课时）

完成分任务五（第3课时）

完成分任务六（第4课时）

### 课时规划设计

## 复习课
（第1课时）

### 一、课时目标

低阶目标：

1.总结议论文相关知识。

2.能准确找出或概括议论文中的论点。

3.明确辩论比赛的流程。

高阶目标：

4.根据辩题，确定本队中心论点及分论点。

### 二、情境任务

分任务一：辩论赛筹划准备会

分任务二：明论点——辩什么？

### 三、学生活动

活动1.1：阅读九下第93页口语交际——辩论，概括辩论会流程。

活动1.2：小队分工排辩手

活动2.1：修改论点表格

活动2.2：根据表格得出结论

活动2.3：抽取论题

活动2.4：小组合作，确定本队中心论点及分论点

### 四、课时作业

基础作业：

1.绘制表格，列举《山水画的意境》《创造宣言》中的论据、论

证方法和作用，以及课外议论文《放弃也是一种智慧》的论据。

　　能力作业：

　　2.进行"快速定位"比赛，阅读三篇议论文并计时找出其中的论点。

　　3.完成项目式作业一：为本队的论点找事实论据和道理论据。（不少于五个）

## 复习课
（第2课时）

### 一、课时目标

低阶目标：

1.能准确找出议论文中的论据。

2.能梳理常用的论证方法。

高阶目标：

3.能为本队论点找到充足有力的论据。

4.运用多种论证方法证明本队论点。

### 二、情境任务

任务三：找论据——怎么辩？

任务四：试论证之论证方法

### 三、学生活动

活动3.1：根据课内议论文找出并判断论据类型

活动3.2：阅读课外议论文，找出、补充其中的论据

活动3.3：小组合作为论点辨析论据

活动4.1：根据表格，概括论证方法

活动4.2：概括论证方法的作用

### 四、课时作业

基础作业：

1.完成项目式作业二：以表格形式列举本队论据。

2.以思维导图的形式绘制《敬业与乐业》《中国人失掉自信力了吗》以及课外议论文《和谁走得近决定你是谁》的论证思路。

能力作业：

3.根据本队论据，运用适当的论证方法，写一段议论性文字。

## 复习课
（第3课时）

**一、课时目标**

低阶目标：

1.通过两篇典型文章，梳理议论文论证思路。

2.总结并应用论证思路的步骤，梳理课外议论文的论证思路。

高阶目标：

3.根据论题确定本队论证思路，发现观点与材料之间的联系，并通过自己的思考做出判断。

**二、情境任务**

任务五：试论证之论证思路

**三、学生活动**

活动4.1：根据两类议论文梳理课内议论文的论证思路

活动4.2：根据两类议论文论证思路梳理课外议论文的论证思路

活动4.3：结合确定的论点和论据梳理本队论证思路

**四、课时作业**

基础作业：

1.完成项目式作业三：根据小组讨论的论证思路，结合论据与论证方法，完成一辩辩论稿的创作。

能力作业：

2.根据课上"窃取"的情报，设计二辩三辩的驳论提纲。

## 展示课
（第4课时）

**一、课时目标**

结合之前的准备工作，完成班级辩论赛。

**二、情境任务**

任务六：举办辩论赛

**三、学生活动**

活动6.1：辩论赛

活动6.2：赛后复盘

四、课时作业

基础作业：

1.完成项目式作业四：完善自己的辩论稿。

能力作业：

2.复盘自己的比赛过程，写一段感想。

项目式作业：

3.完成辩论稿的写作。

项目式作业一：为本队的论点找事实论据和道理论据（不少于五个）。

项目式作业二：以表格形式列举本队论据。

项目式作业三：梳理论证思路，结合论据与论证方法，完成一辩辩论稿的创作。

项目式作业四：修改完善自己的辩论稿。

## 课时教学设计及课堂教学实录

## 试论证之论证思路

（第3课时）

一、学习目标：

低阶目标：

1.通过两篇典型文章，梳理议论文论证思路。

2.总结并应用论证思路的步骤，梳理课外议论文的论证思路。

高阶目标：

3.根据论题确定本队论证思路，发现观点与材料之间的联系，并通过自己的思考做出判断。

二、达成评价

1.分清立论和驳论两种论证方式。

2.1梳理两种议论文的论证思路。

2.2总结梳理论证思路。

2.3能迁移运用到课外议论文。

3.1 能总结出论证思路的评价量表。

3.2 能通过小组合作的方式，敲定本队的论证思路，并用思维导图的形式呈现出来。

3.3 能通过评价量表评价本队或对方的论证思路，给予修改建议。

3.4 能根据建议，修改完善本队论证思路。

三、学习过程

（一）先行组织

放视频（反方立论）。

这个辩手的立论具有极强的说服力，这离不开严密的逻辑和谋篇布局。如何串联论据，设计我们辩论的论证思路，才能使我们的论辩具有逻辑和说服力呢？先让我们从《敬业和乐业》与《中国人失掉自信力了吗》中汲取经验。

（二）任务（问题）与活动

完成本队论证思路的梳理。

任务一：课内总结明思路

活动1：昨天作业是以思维导图的形式梳理《敬业和乐业》和《中国人失掉自信力了吗》的论证思路，下面请同学们进行展示说明

生：《敬业与乐业》的中心论点是："我确信'敬业乐业'四个字，是人类生活的不二法门。"其中有三个分论点：有业，敬业和乐业。"有业"引用了孔子的话和百丈禅师的例子，"敬业"引用朱子的话，举了总统和拉黄包车的例子，"乐业"反驳了做工苦的论调。最后得出结论：敬业即是责任心，乐业即是趣味。

《中国人失掉自信力了吗》先是树靶子，用信地信物信国联，以及一味求神拜佛，得出"中国人失掉自信力了"的论断，然而信地信物信国联是"他信力"，求神拜佛是"自欺力"，作者批驳了这个论证过程，又列出观点"我们有并不失掉自信力的中国人在"，举了古代和现在的例子，说明这些人是绝大多数。最后总结"中国人自信力的有无要看中国的筋骨和脊梁"。

活动2：请同学们观察两篇文章的论证思路，分别概括立论文和驳论文的论证思路

生：立论文要先列出中心论点，然后列出分论点。说明列举了什么论据，运用了什么论证方法，论证了什么论点。最后总结。

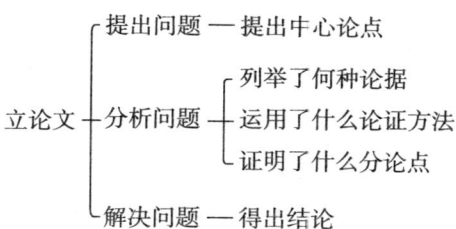

生：驳论文先树靶子，列出对方观点、论据、论证思路，再去批驳对方论点、论据或论证思路，最后确立自己的观点并进行证明。

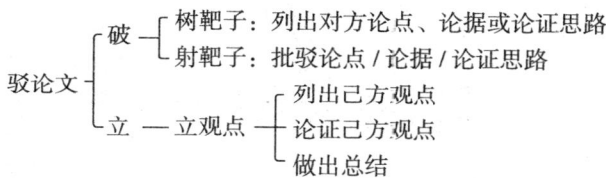

任务二：课外迁移理思路

活动1：阅读课外议论文《和谁走得近决定你是谁》，小组合作绘制思维导图并展示补充

第三组导图：

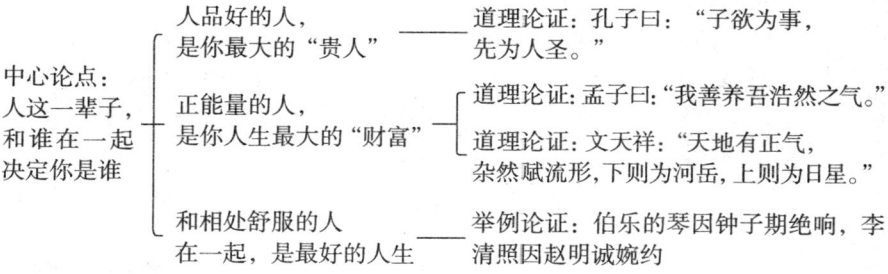

其他同学进行补充。

生1：我认为可以进行补充，分论点一缺少道理论证："与善人居，如入芝兰之室，久而不闻其香，即与之化矣。"还有一个对比论证，"人品好的人，不会嫉妒你的优秀，只会在你成功时由衷赞美；更不会在你受难时落井下石，踩着你的失败上位，忘恩负义、笑里藏刀的人，纵然对你表面客气，却防不住背地里捅你刀子"。

生2：除了这个，分论点二也缺了一个对比论证，"与正能量的人共事，心态积极乐观，事情就会走向光明的一方，反之常常和负能量的人做伴，不知不觉就会变得焦虑和悲观"。分论点三缺了一个道理论证，"平生相交几知己，绿鬓红颜到白头"。文章开头也不是直接说出中心论点，而是有个道理论证。

生3：文章结尾还有个总结："和谁在一起，要做出选择"，应该补充上去。

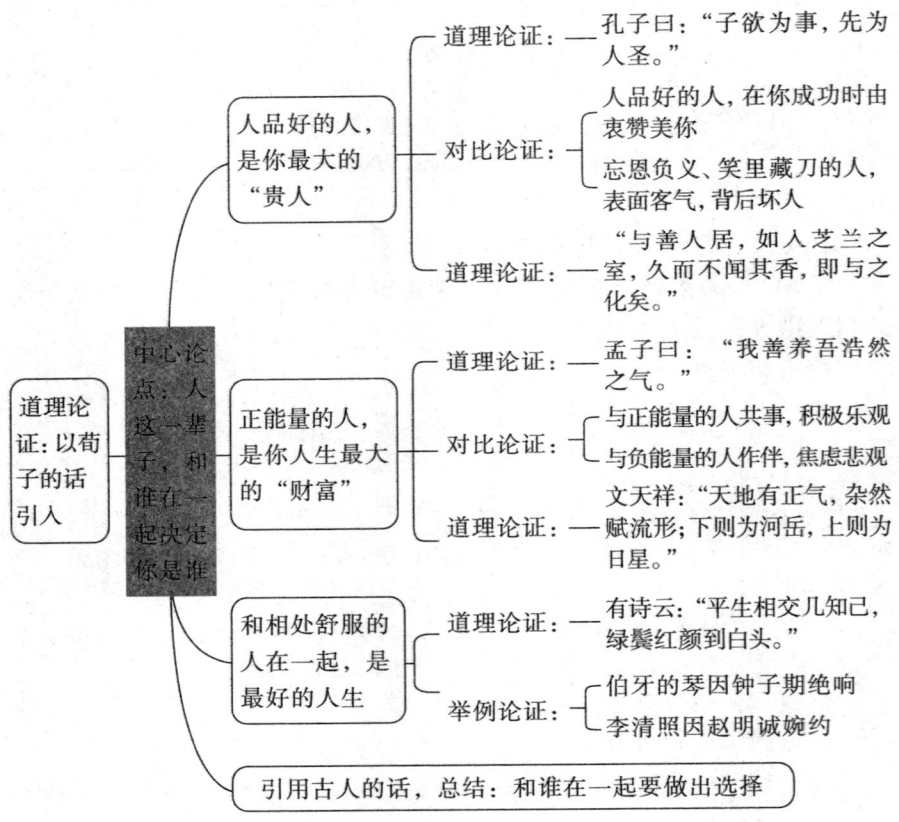

活动2：我们写辩论稿的论证思路，需要注意哪些地方呢？请制作评价量表

生：内容要全，要写明论点、论据、论证方法，还要按照行文顺序安排，有一定的逻辑顺序。

| 论证思路评价量表 | | |
|---|---|---|
| 序号 | 项目 | 评价等级 |
| 1 | 能确定议论文的论点、论据、论证方法。 | ☆ |
| 2 | 能根据文章行文顺序说明文章的论点、论据、论证方法。 | ☆☆ |
| 3 | 能用恰当凝练的语言，按照逻辑关系，根据行文顺序说明论点、论据和论证方法。 | ☆☆☆ |

任务三：组间互评议思路

【组织学习】

根据本队的论点和评价量表，以小组为单位，以思维导图的形式书写本队一辩的论证思路。

【表达成果】

展示并叙述论证思路导图。

生1：我们的中心论点是宁做鸡头不做凤尾。分论点首先是鸡头可以获得更多的关注和资源。比如在学校，平行班中的佼佼者，要比重点班中的吊车尾更好，因为可以获得更多的资源，而重点班的吊车尾只能默默无闻，没人关注。如果在企业中，做中小企业的领导也要比在大企业做职员强，因为领导是有决策权的，而小职员只能在别人的领导下做一个"社畜"。其次鸡头可以有一个好的心态，因为自己引人注目，还有居于人上的地位，更容易获得更多信心，这份信心可以让我向着优秀更加努力，获得成就感、幸福感、满足感。而凤尾压力大，容易让人失去信心，最后只能"躺平"。最后鸡头容易被发现，有机会，鸡头更加出众，更容易被发现，因为他获得大部分的关注，掌握大量的好资源，所以更容易突出自己的能力，更引人关注。比如"百里奚举于市"，就因为他在人群中的出众才能被人看到，最后成就一番事业。综上所述，我们认为鸡头比凤尾好。

宁做鸡头不做凤尾 ┬ 鸡头可以获得更多的关系和资源 ┬ 平行班中的佼佼者＞重点班中的吊车尾
　　　　　　　　　│　　　　　　　　　　　　　　└ 做中小企业的领导＞在大企业做职员
　　　　　　　　　├ 鸡头可以有一个好的心态 ── 容易获得更多信心，获得成就感、幸福感、满足感
　　　　　　　　　└ 鸡头容易被发现、有机会 ┬ 能力突出，获得大部分关注，有资源
　　　　　　　　　　　　　　　　　　　　　 └ 主观能动性不受限

生2：我们的中心论点是凤尾好。分论点首先是凤尾比鸡头更有"惯性"，凤尾所处的环境比较好，能影响人们的学习积极性。我拿自己举例子，最开始我在班里排名20多，但是因为被身边的同学影响，现在我努力学习，已经在班里排到10多名了。其次凤尾比鸡头更有学习积极性，因为他不是凤头，所以为了成为凤头，他会花费更多时间去努力，不甘居人后，让自己更加出色。最后，凤尾拥有更好的资源和机会，因为他们的平台更大，资源更丰富，这个资源不是鸡头所拥有的小资源能比的，比如大企业拥有的资源，不是小企业能比的。所以最后总结，强者胜，虽然鸡头在鸡里最强，但当不了凤尾；而凤尾虽在凤里当尾，但也可以在鸡里当头，所以凤尾比鸡头好。

凤尾比鸡头好
- 凤尾比鸡头学习更有"惯性" —— 我的成绩
- 凤尾比鸡头更有学习积极性 —— 举例身边同学
- 凤尾比鸡头有更优质的资源和好的机会 —— 举例大企业

【交互反馈】

各个组、队之间根据评价量表进行打分和评价。

生1：第一位同学我可以给三星。他们的论点、论据、论证思路都很清晰，也有逻辑。先说了鸡头可以获得更多的关注和资源，又说了鸡头可以有一个好的心态，最后说了鸡头容易被发现，而且他们举了论据去证明自己的论点，还能够按照顺序完成对思路的梳理。

师：这位同学评价十分中肯，鸡头组的同学既考虑到客观环境，也注意到了主观因素，正是这种全面而富有逻辑的思路，让他们的观点变得很有说服力，符合我们"三星"的评价标准。

生2：第二位同学我给一星，因为他们第一个和第二个分论点我觉得有些重复，都是说激发积极性，这里我觉得可以合并成一个论点，就是能够激发自己的积极性。

生3：我进行一下补充，我们第一个分论点强调的是客观环境给人的带动，因为这个环境给我们以好的影响，所以才会去学习，而第二个分论点强调自己的主观能动性，也就是我本身就是想去做这些，所以这两点其实是不同的。

师：好，可以在修改论证思路时让语言表述得更加清晰明了，富有区分性。

【整合提升】

请根据以上评价修改本队论证思路。

生1：我们觉得自己的思路是没有问题的，所以我们丰富了论据，"鸡头容易被发现"，这里我们主要阐述道理，我们想增加马云作为小头目被发现，获得投资的例子，来让这个论点更加有说服力。

师：好，在增加时注意语言的表述要贴合论点，比如：正因为马云在身边的人中脱颖而出获得关注，才能获得投资，最后成就一番事业。

生2：我们修改了本队分论点一：凤尾拥有比鸡头更好的学习氛围。为了区分两个分论点，我们将分论点二修改成了：凤尾拥有更强的上进心与积极性。

师：这样确实更具有区别性，从客观的环境和主观的情绪上分别进行阐述，注意要增加对应的论据，使自己的论点真实可靠，充实有力。

（三）迁移运用

选择对方的一个分论点，小组合作构思批驳分论点的提纲。

生1：我们驳斥的是对方第一个分论点：鸡头可以获得更多的关注和资源。做中小企业的领导与做大企业的职员比，当然是做领导好，但是这只能证明他有更多的话语权而非关注和资源。大企业明显拥有更好、更优质的资源，所以我方认为凤尾比鸡头好。

生2：我们驳斥的是对方的第一个分论点：凤尾拥有比鸡头更好的学习氛围。所有人都比你强的学习氛围，与其说激励学习，不如说带来压力。长久的压力必然带来精神焦虑，而身为凤尾不受认可也伤害了自信心与自尊心，长久来看不利于个人健康和发展，所以我方认为鸡头比凤尾好。因为鸡头居于上位，容易获得认可和尊重，这种正向的激励才是好的学习氛围，督促人向更好迈进。

（四）成果集成

总结：立论文驳论文的论证思路。

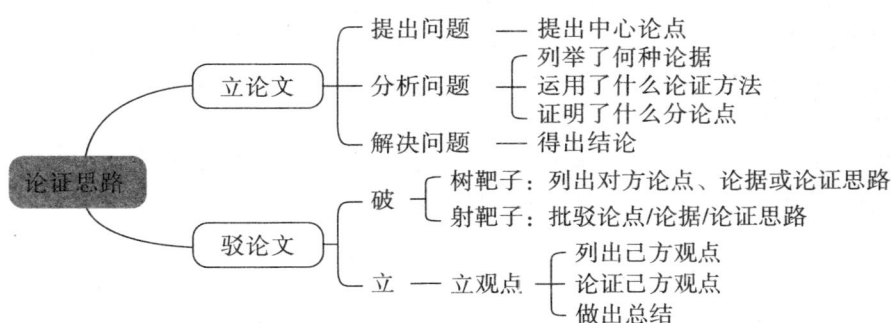

（五）作业设计

基础作业：

1.根据小组讨论的论证思路，结合论据与论证方法，完成一辩辩论稿的创作。

能力作业：

2.根据课上"窃取"的情报，设计二辩三辩的驳论提纲。

（六）课后反思

本课围绕立德树人的根本任务，充分发挥其独特的育人功能和奠基作用，促进学生核心素养发展，利用课内经典的思辨性文本，理解作者的立场、观点与方法。通过学习两篇典型议论文，概括立论文和驳论文的论证思路，并迁移运用到课外议论文和实际应用中去，围绕社会热点问题，以口头或书面方式参与讨论。

本单元设计从学生语文生活实际出发，创设学习情境，设计富有挑战性的学习任务，激发学生的好奇心、想象力、求知欲，促进学生自主、合作、探究学习；引导学生勤于思考，乐于实践，勇于探索。语文学科核心素养中的"语言运用"要求"具有正确、规范运用语言文字的意识和能力，能在具体语言情境中有效交流沟通"，思维能力要求"思维具有一定的敏捷性、灵活性、深刻性、独创性、批判性。有好奇心、求知欲，崇尚真知，勇于探索创新，养成积极思考的习惯"。通过核心任务：举办辩论赛，学生可以运用、锤炼语言，提高写作、口语交际能力，也可以在思辨中锻炼自己的逻辑思维、辩证思维。

本节课我在时间把控上出现了问题，在四十分钟内完成这些活动，时间很紧。尤其是前边课内议论文归纳总结的步骤，花费时间较长。除了时间问题，我的语言引导也有不到位的地方，在学生出现问题时，不能用准确的语言进行引导，使其改正。这要求我在教学设计时要进行时间预估，做好前置任务的布置，这样会提高课堂效率。语言引导上的不足除了预设和更认真备课外，还需要我在日常教学中不断磨炼，不断学习。

《礼记》云："教学相长也。"通过教学，我能清晰地认识到自己的不足，而这也激励我奋进，不断提高自己的技能与素养。

# 九年级复习重组单元
# "劝说有道——劝说类文言文复习"

长春经济技术开发区育隆学校  张晶

单元教学规划

### 一、单元内容

统编初中语文教材七年级上册第四单元《诫子书》、七年级下册第一单元《孙权劝学》、九年级下册第三单元《送东阳马生序》、九年级下册第六单元《曹刿论战》《邹忌讽齐王纳谏》和《出师表》，属于重组单元。

### 二、单元分析

（一）课标分析

《义务教育语文课程标准（2022年版）》（以下简称"新课标"）第四学段（7—9年级）的课程目标，在"阅读与鉴赏"中要求引导学生"在通读课文的基础上，厘清思路，理解、分析主要内容，体味和推敲重要词句在语言环境中的意义和作用。对课文的内容和表达有自己的心得，能提出自己的看法，并能与他人合作，共同探讨、分析、解决疑难问题"，"阅读浅易文言文，能借助注释和工具书理解基本内容。注重积累、感悟和运用，提高自己的欣赏品位。背诵优秀诗文80篇（段）"。在"表达与交流"中，"讨论问题，能积极表达自己的看法，有中心，有根据，有条理；能把握讨论的焦点，并能有针对性地发表意见"。

内容要求：

"文学阅读与创意表达"作为其中一个"发展型学习任务群"，强调要引导学生"阅读表现人与社会、人与他人的古今优秀诗歌、散

文、小说、戏剧等文学作品，学习欣赏、品味作品的语言、形象等，交流审美感受，体会作品中的情感和思想内涵"。

教学提示：

"引导学生综合运用朗读、默读、诵读、复述、评述等方法学习作品。重视古代诗文的诵读积累，感受文学作品语言、形象、情感等方面的独特魅力和思想内涵，提升审美能力和审美品位；鼓励学生在口头交流和书面创作中，运用多样的形式呈现作品，发挥自己的创造性"。

学业质量：

在第四学段（7—9年级）的"学业质量"中要求学生"在阅读过程中能把握主要内容，厘清行文思路，用多种形式介绍所读作品的基本脉络；能从多角度揣摩、品味经典作品中的重要词语和富有表现力的语言"，并"能分类整理富有表现力的词语、精彩段落和经典诗文名句，分析作品表现手法的作用；能从作品中找出值得借鉴的地方，对照他人的语言表达反思自己的语言实践"，以及"能与他人分享自己获得的对自己、社会、人生的有益启示，能借鉴他人的经验调整自己的表达，能根据需要，运用积累的语言进行口头或书面表达"。

综上，课程目标、课程内容和课程评价都要求，在学习经典诗文作品时，应关注诵读积累、梳理总结、理解感悟和表达运用等几个方面的内容，因此本单元的学习目标也是按照这几个方面进行设计的。

（二）教材分析

统编初中语文教材中劝说类文言文有《诫子书》《孙权劝学》《送东阳马生序》《曹刿论战》《邹忌讽齐王纳谏》《出师表》六篇，分布在七年级上下册以及九年级下册的教材中。其中《送东阳马生序》《曹刿论战》《邹忌讽齐王纳谏》《出师表》四篇是"新课标"附录1"优秀诗文背诵推荐篇目"，占文言文篇目的五分之一。在对这六篇优秀文言文的分析中，发现前三篇文言文是君主对臣子或长者对晚辈进行劝学，而后三篇文言文是臣子对君主进行劝谏，文章的对象、目的、逻辑和方法有所不同，因此在复习时把这六篇文言文分成了两类，分别是"劝学篇"和"劝谏篇"，并且融合口语交际中的"劝说"类内容，学生能自信、负责地表达自己的观点，向古人学习优秀的劝说艺术，根据评价量表和需要调整自己的表达内容和方式，不断提高应对能力，增强感染力和说服力。

（三）学情分析

学生经过近三年的文言文学习，基本掌握了词语理解和文言文的特殊用法，能够阅读浅易文言文，能借助注释和工具书理解基本内容。但是学生对陌生的课外文言文理解存在抗拒心理，翻译的迁移能力偏弱，因此在进行复习时，针对学生的学习障碍以及学生喜欢挑战比赛的心理特点，通过课前布置任务，课上挑战比赛，课后归纳整理的形式，总结文言字词理解和句子翻译的规律，迁移运用到课外文言文中；学生对文言文内容和写法的理解感悟以及表达运用，通过情境问题的形式来学习劝学或劝谏的策略，能够解决学生现实生活的真实问题，建设开放的语文学习空间，激发学生探究问题、解决问题的兴趣和热情，引导学生在多样的日常生活场景和社会实践中学习语言和运用语言文字的能力，并树立担当意识。

### 三、单元主题

劝说有道——劝说类文言文复习

### 四、单元目标

低阶目标：

1.通过速背的形式背诵四篇推荐篇目优秀文言文，能以分类的形式整理巩固文言文知识，通过对字词的理解、句子翻译并总结方法，迁移运用到课外文言文的阅读理解中。

2.利用表格梳理文章内容、结构、写法，即劝说的对象、目的、逻辑、手法等。

3.结合具体语句分析人物形象，学习并总结古人高超的劝说和劝谏艺术，能够总结劝说之道，体会作品中人物的情感。

高阶目标：

4.结合具体情境，能针对不同的对象采用具体的方式进行劝学或劝谏，并在劝说过程中，提升应对能力，增强感染力和说服力，树立担当意识。

### 五、单元评价

1.1通过挑战"速背状元"的形式准确流利地背诵四篇推荐篇目优秀文言文。

1.2分类整理，能根据篇目整理作者作品等文学常识，能在每篇文言文的教材注释和笔记中挑选出10-20个重点文言词语，并结合文章内容理解性识记，总结文言文词语识记方法。

1.3能整理文言文中特殊的文言现象，包括通假字、古今异义、一词多义、词类活用、特殊句式。

1.4 小组合作，回顾每篇文言文重点句子，梳通文意，总结文言文翻译方法。

2.1 利用表格，完成文言文劝说的对象、目的、逻辑和手法的整理，即文章的内容、结构、写法。

2.2 能够从道理方面总结出劝说之道：目的明确、逻辑清晰、方式恰当。

2.3 对比教师和文言文表现出来的情感态度，从情感方面总结沟通之法：循循善诱、言辞恳切。

3.1 结合文中的具体语句，分析文章中的人物形象，体会人物的情感。

3.2 学习古人高超的劝说艺术，总结劝说之道，体会作品中强烈的担当意识和家国情怀。

4.1 根据评价量表，结合具体情境，能针对不同的对象采用具体的方式进行劝学或劝谏。

4.3 劝说时能做到清楚、连贯、不偏离主题，自信、负责地表达自己的观点，提高应对能力，增强感染力和说服力，树立担当意识。

## 六、单元结构化活动

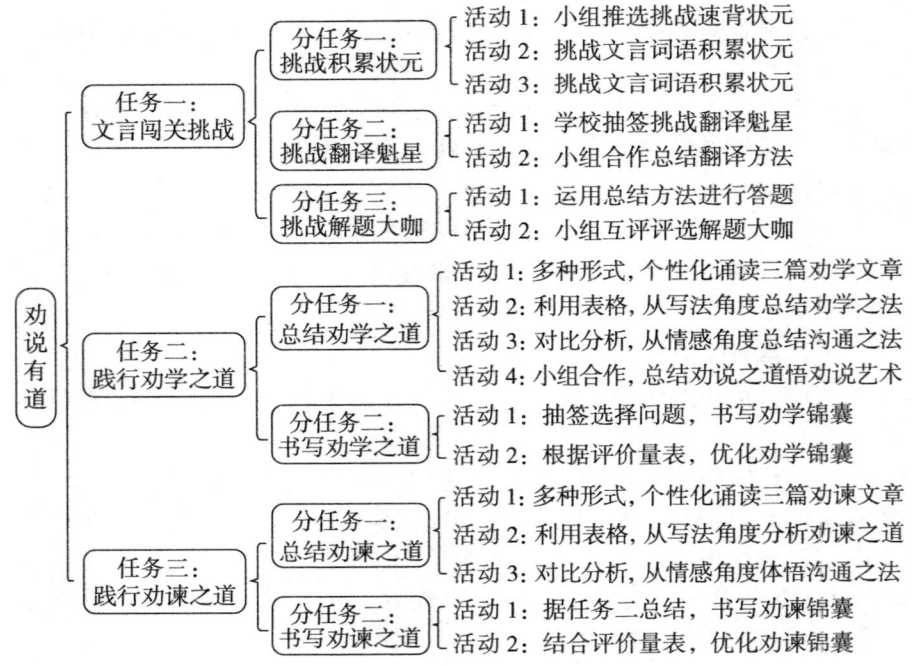

## 七、课时分配

本单元共3课时，具体分配如下。
基础复习——文言闯关挑战，完成任务一（第1课时）
整合阅读——践行劝学之道，完成任务二（第2课时）
整合阅读——践行劝谏之道，完成任务三（第3课时）

课时规划设计

## 文言闯关挑战
（第1课时）

### 一、课时目标

低阶目标：
1.以速背的形式背诵四篇推荐篇目优秀文言文。
2.以分类的形式整理巩固文言文知识，包括文学常识、字词的理解、句子翻译等。

高阶目标：
3.能够总结文言文词语识记和句子翻译的方法，并迁移运用到课外文言文的词语和句子理解中。

### 二、情境任务

任务一：挑战积累状元
活动1：小组推选挑战速背状元
活动2：挑战文言词语积累状元
活动3：总结文言词语识记方法

任务二：挑战翻译魁星
活动1：学生抽签挑战翻译魁星
活动2：小组合作总结翻译方法

任务三：挑战解题大咖
活动1：运用总结方法进行答题
活动2：小组互评评选解题大咖

三、学生活动

活动1.1 小组推选挑战速背状元

活动1.2 挑战文言词语积累状元

活动1.3 总结文言词语识记方法

活动2.1 学生抽签挑战翻译魁星

活动2.2 小组合作总结翻译方法

活动3.1 运用总结方法进行答题

活动3.2 小组互评评选解题大咖

四、课时作业

前置作业（周末作业）：

1.梳理六篇文言文的内容结构思维导图。

2.根据思维导图背诵《送东阳马生序》《曹刿论战》《邹忌讽齐王纳谏》《出师表》四篇文章。

3.能在每篇文言文的教材注释和笔记中挑选出10-20个重点文言词语，并进行理解性识记。

第1课时作业：

分层作业：

C层：

4.任选一段文言文录制诵读视频。

5.任选一篇文章按照文言文中考题词语解释一种题型，完成试题和答案的命制，并写出分析。

B层：

6.任选两段不同篇目的文言文录制诵读视频。

7.任选两篇文章按照文言文中考题词语解释、翻译句子两种题型，完成试题和答案的命制，并写出分析。

A层：

8.任选四段不同篇目的文言文录制诵读视频。

9.任选三篇文章按照文言文中考题词语解释、翻译句子、内容理解三种题型，完成试题和答案的命制，并写出分析。

项目式作业：

建立自己的文言语料资源库。

10.整理文学常识：作家作品资料。

11.整理文言文中特殊的文言现象，包括通假字、古今异义、一词多义、词类活用、特殊句式。

能力作业：

12.按照词语理解方法和翻译方法整理语言材料。

## 践行劝学之道
（第2课时）

**一、课时目标**

低阶目标：

1.利用表格梳理三篇文章内容、结构、写法，即劝学的对象、目的、逻辑、手法等。

2.结合具体语句分析人物形象，学习并总结古人高超的劝说艺术，体会长辈或君主对晚辈或臣子的殷切期望。

高阶目标：

3.结合具体情境，能针对不同的对象采用具体的方式进行劝学，并在劝说过程中，提升应对能力，增强感染力和说服力，树立担当意识。

**二、情境任务**

任务一：总结劝学之道

活动1：多种形式，个性化诵读三篇劝学文章

活动2：利用表格，从写法角度总结劝学之道

活动3：对比分析，从情感角度总结沟通之法

活动4：小组合作，总结劝学之道悟劝学艺术

任务二：书写劝学之道

活动1：抽签选择问题，书写劝学锦囊

活动2：根据评价量表，优化劝学锦囊

**三、学生活动**

活动1.1多种形式，个性化诵读三篇劝学文章

活动1.2利用表格，从写法角度总结劝学之道

活动1.3对比分析，从情感角度总结沟通之法

活动1.4小组合作，总结劝学之道悟劝学艺术

活动2.1抽签选择问题，书写劝学锦囊

活动2.2根据评价量表，优化劝学锦囊

## 四、课时作业

分层作业：

C层：结合评价量表，分点列出劝学建议，完善劝学锦囊。

B层：将小组完善的劝学锦囊文字改写成一篇书信，200字左右。

A层：将小组完善的劝学锦囊文字录制成一条视频，2分钟左右。

项目式作业：

建立自己的文言语料资源库。

1.整理三篇文言文中的劝学语料。

2.绘制人物形象图谱，结合人物语言，分析人物劝学能力武器（方法）和能力值。

## 践行劝谏之道

（第3课时）

### 一、课时目标

低阶目标：

1.利用表格梳理三篇文章内容、结构、写法，即劝谏的对象、目的、逻辑、手法等。

2.结合具体语句分析人物形象，学习并总结古人高超的劝谏艺术，体会强烈的家国情怀。

高阶目标：

3.结合具体情境，能针对不同的对象采用具体的方式进行劝谏，并在劝谏过程中提升应对能力，增强感染力和说服力，树立担当意识。

### 二、情境任务

任务一：总结劝谏之道

活动1：多种形式，个性化诵读三篇劝谏文章

活动2：利用表格，从写法角度分析劝谏之道

活动3：对比分析，从情感角度体悟沟通之法

任务二：书写劝谏之道

活动1：据任务二总结，书写劝谏锦囊

活动2：结合评价量表，优化劝谏锦囊

### 三、学生活动

活动1.1：多种形式，个性化诵读三篇劝谏文章

活动1.2：小组合作，从写法角度分析劝谏之道

活动1.3：对比分析，从情感角度体悟沟通特点

活动2.1：据任务二总结，书写劝谏锦囊

活动2.2：结合评价量表，优化劝谏锦囊

### 四、课时作业

分层作业：

C层：结合评价量表，分点列出劝谏建议，完善劝谏锦囊。

B层：将小组完善的劝谏锦囊文字改写成一篇书信，200字左右。

A层：将小组完善的劝谏锦囊文字录制成一条视频，2分钟左右。

项目式作业：

建立自己的文言语料资源库。

1.整理三篇文言文中的劝谏语料。

2.绘制人物形象图谱，结合人物语言，分析人物劝谏能力武器（方法）和能力值。

## 课时教学设计及课堂教学实录

## 文言闯关挑战
（第1课时）

### 一、学习目标

低阶目标：

1.以速背的形式背诵四篇推荐篇目优秀文言文。

2.以分类的形式整理巩固文言文知识，包括文学常识、字词的理解、句子翻译等。

高阶目标：

3.结合具体语句总结文言文词语识记和句子翻译的方法，并迁移运用到课外文言文的词语和句子理解中。

二、达成评价

1.1 个人能准确流利地背诵四篇推荐篇目优秀文言文。

1.2 小组互考背诵文章，推选一名挑战速背状元选手并根据准确度和流利度评选速背状元。

2.1 自主整理，能根据篇目整理作者作品等文学常识。

2.2 能在每篇文言文的教材注释和笔记中挑选出10-20个重点文言词语，并进行理解性识记。

3.1 分类整理文言文中特殊的文言现象，包括通假字、古今异义、一词多义、词类活用、特殊句式。

3.2 根据总结的文言文词语的识记规律，总结文言文词语识记方法。

3.3 小组合作，回顾每篇文言文重点句子，疏通文意，总结文言文翻译方法。

3.4 展示学生的积累内容评选积累状元，根据挑战翻译比赛评选翻译魁星，根据解题比赛评选解题大咖。

三、学习过程

（一）先行组织

探究分析长春中考近四年课内外文言文阅读考查内容。

师生总结文言文专题复习重点：文学常识、词语理解、句子翻译、内容理解、手法分析、文章主旨等。

（二）任务与活动

任务一：挑战积累状元

活动1：小组推选挑战速背状元

5分钟时间，小组内进行速背对决，组内评选一名同学，参加组间的速背对决，评选出速背状元。要求：准确、流利，根据文章字数用时最短为速背状元。

活动2：挑战文言词语积累状元

以学生作业中所列出的高频词语作为通关素材，进行文言词语默背通关比赛，评选文言词语积累状元。

活动3：总结文言词语识记方法

小组合作，总结文言文词语识记的方法：已学迁移法、组词法、语境推测法和成语联想法。

任务二：评选翻译魁星
活动1：学生抽签挑战翻译魁星
小组选派一名代表，抽签选择重点句子，其他小组根据翻译要求进行互评，翻译完全正确的小组获得"翻译魁星"称号。
1.静以修身，俭以养德。
2.**蒙辞**以军中多务。
3.以中有足乐者，不知口体之奉不若人也。
4.忠之属也。可以一战。
5.吾妻之美我者，私我也。
6.臣本布衣，躬耕于南阳，苟全性命于乱世，不求闻达于诸侯。
翻译要求：
1.加粗字体的词语解释准确。
2.能按照现代汉语语序表达。
3.缺少的成分能够补充完整。
学生翻译句子。
活动2：小组合作总结翻译方法
【布置任务】
小组合作，结合刚才的句子翻译，总结出文言文句子翻译方法。
评价标准：
1.能结合句子内容说出1—2种翻译方法，为一星翻译家。
2.能结合句子内容说出3种以上的翻译方法，为二星翻译家。
3.能结合句子内容，分别用一个字概括说出五种及以上翻译方法，为三星翻译家。
【组织学习】
先独立思考，然后小组内交流。
【表达成果】
第一组学生：我们小组根据第一句"静以修身，俭以养德"中的"静"和"俭"分析出翻译的方法是组词法，根据"蒙辞以军中多务"的"蒙"就是吕蒙，以及"躬耕于南阳"的"南阳"是地名，总结出人名和地名在翻译中要保留。
第二组学生补充：我们小组根据"蒙辞以军中多务"和"苟全性命于乱世，不求闻达于诸侯"中的"以军中多务""于乱世"和

"于诸侯"这三项内容都是状语后置的部分,分析出翻译的方法是需要调整语序;根据"可以一战"这一句分析出主语"我们"应该补充出来,得出翻译的第二个方法是补充成分;根据"蒙辞以军中多务"的"蒙"就是吕蒙,以及"躬耕于南阳"的"南阳"是地名,总结出人名和地名在翻译中要保留;根据"吾妻之美我者"中的"之"的用法,分析出"之"在句子中不翻译,要删掉。

【交互反馈】

教师再次呈现评价量表,学生进行自评和互评。

第一组学生概括出两种翻译方法,为一星翻译家。

第二组学生总结出三种翻译方法是二星翻译家。

第三组学生纠正和补充:"静以修身,俭以养德"中的"静"和"俭"组词法是字词理解方法,这里的翻译方法应该是替换法,即用现代汉语双音节词替换古代汉语的单音节词。

【整合提升】

师生共同总结出翻译方法。

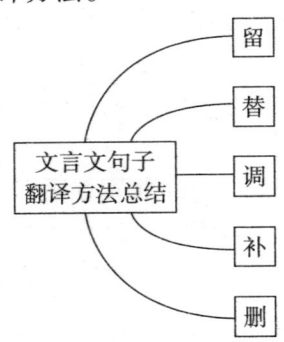

(三)迁移运用

将词语解释方法以及翻译方法,运用到课外阅读文言文中。

活动1:运用总结方法进行答题

比赛试题:

君子曰:学不可以已。青,取之于蓝,而青于蓝;冰,水为之,而寒于水。木直中绳①,輮②以为轮,其曲中规。虽有槁暴③,不复挺者,輮使之然也。故木受绳则直,金就砺则利,君子博学而日参省乎己,则知明而行无过矣。

【注】①中(zhòng)绳:(木材)合乎拉直的墨线。绳,墨

线。②鞣（róu）：同"燥"，古代用火烤使木条弯曲的一种工艺。③虽有（yòu）槁暴（pù）：即使又晒干了。有，通"又"。槁，枯。暴，同"曝"，晒干。

活动2：小组互评评选解题大咖

翻译错误次数最少的小组获得"解题大咖"称号。

（四）成果集成

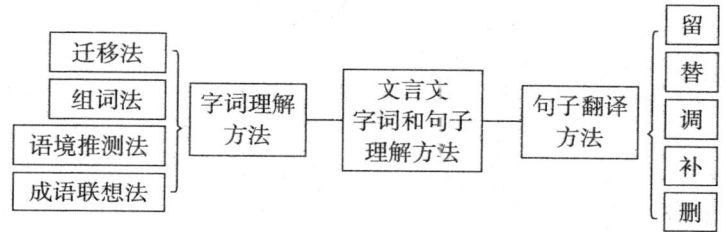

（五）作业设计

分层作业：

C层：

1.任选一段文言文录制诵读视频。

2.任选一篇文章按照文言文中考题词语解释一种题型，完成试题和答案的命制，并写出分析。

B层：

3.任选两段不同篇目的文言文录制诵读视频。

4.任选两篇文章按照文言文中考题词语解释、翻译句子两种题型，完成试题和答案的命制，并写出分析。

A层：

5.任选四段不同篇目的文言文录制诵读视频。

6.任选三篇文章按照文言文中考题词语解释、翻译句子、内容理解三种题型，完成试题和答案的命制，并写出分析。

项目式作业：

建立自己的文言语料资源库之一。

1.整理文学常识：作家作品资料。

2.整理文言文中特殊的文言现象，包括通假字、古今异义、一词多义、词类活用、特殊句式。

3.按照词语理解方法和翻译方法整理语言材料。

### （六）课后反思

本课时主要落实"新课标"中的课程目标，"阅读与鉴赏"部分中"诵读古代诗词，阅读浅易文言文，能借助注释和工具书理解基本内容。注重积累、感悟和运用，提高自己的欣赏品位，背诵优秀诗文80篇（段）"，以及教学提示："引导学生综合运用朗读、默读、诵读、复述、评述等方法学习作品。重视古代诗文的诵读积累……鼓励学生在口头交流和书面创作中，运用多样的形式呈现作品，发挥自己的创造性"，培养学生的语言运用和思维能力。

结合学生的心理特点和学习障碍点，本课时以文言闯关挑战比赛为情境，总结文言文词语理解和翻译的方法，并迁移运用到课外文言文的词语和句子理解中。采用"评伴全程"的策略，以嵌入性评价为支架，帮助学生高质量完成活动，引导学生总结方法，并利用方法迁移运用到新的学习任务中，积累相关的语言材料，提升综合能力。

不足之处，本课时在落实翻译方法时，练习的句子不足以覆盖所有的方法，还需要在后续的学习中有针对性地练习。

## 践行劝学之道
（第2课时）

### 一、学习目标

低阶目标：

1.利用表格梳理三篇文章内容、结构、写法，即劝学的对象、目的、逻辑、手法等。

2.结合具体语句分析人物形象，学习并总结古人高超的劝说艺术，体会长辈或君主对晚辈或臣子的殷切期望。

高阶目标：

3.结合具体情境，能针对不同的对象采用具体的方式进行劝学，并在劝说过程中，提升应对能力，增强感染力和说服力，树立担当意识。

### 二、达成评价

1.1运用朗读、分角色朗读、默读等多种形式诵读三篇文言文。

1.2利用表格，完成文言文劝说的对象、目的、逻辑和手法的整理，即梳理文章的内容、结构、写法。

1.3结合表格能够从道理方面总结出劝学之道：目的明确、逻辑清晰、方式恰当。

2.1对比教师和文言文中表现出来的情感态度,分析人物形象,体会长辈或君主对晚辈或臣子的殷切期望。

2.2从情感方面总结沟通之法:循循善诱、言辞恳切。

2.3结合前面活动,从道理和情感两方面总结劝学之道。

3.1根据评价量表,结合具体情境,能针对不同的对象采用具体的方式进行劝学。

3.2劝说时能做到清楚、连贯、不偏离主题,自信、负责地表达自己的观点,提高应对能力,增强感染力和说服力,树立担当意识。

### 三、学习过程

（一）先行组织

教师劝学方式:昨天我们测试10个文言文词语的理解,都是已学篇章的,但是仍有10%的同学没有达到优秀。第一,我们连基础都掌握不牢,如何进行篇章的学习?第二,距离中考还有不足百天的时间,我们以这样的状态,能否迎战中考?

（停顿三秒,转换表情）刚才老师所说的内容能否让考测不优秀的同学实现有效复习的目的?为什么?

学生:不能。因为没有给出具体的方法指导。

师:如何劝说别人?我们来向先贤学习。

（对初中阶段规劝类的文言文进行分类,劝学类和劝谏类。

劝学类:《诫子书》《孙权劝学》《送东阳马生序》

劝谏类:《曹刿论战》《出师表》《邹忌讽齐王纳谏》）

师:这节课我们通过《诫子书》《孙权劝学》《送东阳马生序》这三篇文言文,向古人学习劝学之道。

（二）任务与活动

任务一:总结劝学的艺术

活动1:多种方式,个性化诵读三篇文言文

齐读《诫子书》、分角色朗读《孙权劝学》、默读《送东阳马生序》后,学生自主选择个性化的诵读方式。

活动2:小组合作,从写法角度总结劝学之道

| 劝学之道 | | | | | |
| --- | --- | --- | --- | --- | --- |
| 序号 | 篇目 | 对象 | 目的 | 逻辑 | 手法 |
| 1 | 《诫子书》 | | | | |
| 2 | 《孙权劝学》 | | | | |
| 3 | 《送东阳马生序》 | | | | |

小组代表汇报完善表格，并总结劝学之道：

| 劝学之道 | | | | | |
|---|---|---|---|---|---|
| 序号 | 篇目 | 对象 | 目的 | 逻辑 | 手法 |
| 1 | 《诫子书》 | 上对下 | 修身养德 | 做什么 不做什么 | 正反说理 |
| 2 | 《孙权劝学》 | | 好学进步 | 学习的重要性 学习的方法 学习的效果 | 现身说法 |
| 3 | 《送东阳马生序》 | | 勉励成才 | 学习之艰难 对比之鲜明 | 现身说法 多种对比 |

学生总结：劝学之道，目的明确、逻辑清晰、方式恰当。

活动3：对比分析，从情感角度总结沟通特点

对比分析老师课前的劝学态度和三篇文章人物的态度，分析不同人物的形象特点，并总结沟通特点。结合前面的手法，从道理和情感两方面总结劝学之道。

学生分析：

《诫子书》

诸葛亮："静以修身，俭以养德"，"夫学须静也，才须学也；非学无以广才，非志无以成学"，可以看出诸葛亮是一位品格高洁、才学渊博的父亲，对儿子的殷殷教诲与无限期望尽在此书中。

《孙权劝学》

孙权：从"卿今当涂掌事，不可不学"到"孤岂欲卿治经为博士邪！但当涉猎，见往事耳。卿言多务，孰若孤"，从"不可"和"但"可以看出孙权的耐心和期望，他是一位善于劝说、关心下属、循循善诱、耐心教导、以身作则、重视队伍建设、平易近人的君主。

吕蒙：善于听劝、虚心肯学、见贤思齐、肯下功夫、知错就改、有军人的坦诚豪爽、富有幽默感等。

鲁肃：敬才、爱才、真诚忠厚、关心友人、重视礼节、见贤思齐等。

《送东阳马生序》

宋濂：从"不敢稍逾约""不敢出一言以复""以中有足乐者，不知口体之奉不若人也"等语句中可以看出宋濂聪明伶俐、博闻强识、谦卑求学、胼手胝足、脚踏实地的特点，他激励后世学子，晴下

读书之苦，将治学成果化作利刃，划破重重困局。

结合上课前老师的表达，总结文中孙权、诸葛亮和宋濂的人物特点，虽然是君主或长辈，但是能以平等姿态和晚辈沟通，做到态度上循循善诱、言辞恳切。

活动4：小组合作，总结劝说之道悟劝说艺术

小组分析：

结合前文表格和对比分析，从道理和情感总结劝说之道悟劝说艺术。

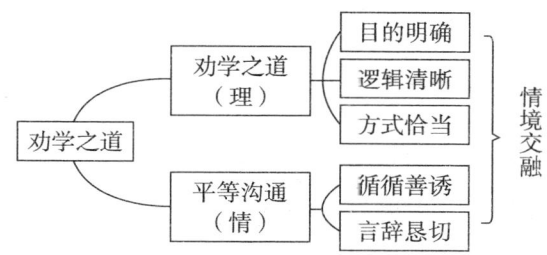

任务二：书写劝学之道

活动1：抽签选择问题，书写劝学锦囊

抽签分组讨论，结合前面总结的劝学艺术，来解决现实中的问题，把内容写在锦囊上。

【提出问题】

1.中考将近，作为小组长，你如何劝说小组同学有效复习文言文？

2.中考复习阶段，作为五班人，你如何劝说小伙伴完成作业？

3.弟弟沉迷游戏，作为过来人，你如何劝说他立志勤学？

【组织学习】

先独立思考，然后小组交流。

评价标准：

1.目的明确，+2

2.逻辑清晰，+2

3.方式恰当，+2

4.循循善诱，+2

5.言辞恳切，+2

活动2：根据评价量规，优化劝学锦囊

【表达成果】
展示锦囊：

　　第一小组　　　　　　　第二小组　　　　　　　第三小组

【交互反馈】

师：请其他同学依据评分标准对他进行评价。

对第一小组的评价：

1.目的相对明确，但是只从考试角度来切入，不够全面。

2.逻辑不够清晰，不能只从一方面来劝学。

3.方式可以多样化，结合自身来劝学更有说服力。

4.循循善诱没有体现出来。

5.言辞是恳切的，建议可以更强烈一些，加上称呼和语气词。

对第二小组的评价：

1.目的比较明确，从学业和对师长的关系方面劝说。

2.逻辑不够清晰，从正反两方面进行劝说。

3.方式可以多样化，结合自身来劝学更有说服力。

4.循循善诱的特点表现出了一些。

5.言辞是恳切的，有称呼，让人感觉亲切。

对第三小组的评价：

1.目的比较明确，从学生的角度来劝说。

2.逻辑相对清晰，现身说法证明游戏的危害。

3.方式比较灵活，从游戏的危害、完成作业的好处和建议来劝说。

4.循循善诱做得比较好。

5.言辞是恳切的，但是只是从学习角度，还应该从个人成长角度来劝说。

【整合提升】

学生根据评价量规，以及交互反馈的内容，优化劝学锦囊。

劝学锦囊之一：

亲爱的弟弟：

我现在是一名初三的学生，目前感觉时间过得非常快，每天过得非常充实，但是我听妈妈说了你的事情，还是想用几分钟的时间和你聊聊我的经历。初一时，我对学习没有明确的目标，所以就希望通过游戏获得快乐，但是学业成绩一塌糊涂，为此父母批评我多次，直到有一次熬夜打游戏后，我发烧了两天，考试成绩也低到了谷底。那一次之后，我进行了反思，每天回家先完成作业，把玩游戏的时间控制在每天半个小时，习惯了也就好了。后来，学业越来越紧张，我的成绩也越来越好，我发现学习带来的成就感更大，也就不玩游戏了。其实，我们可以玩游戏，但是一定不能因此荒废学习，每天给自己制定学习计划，完成后再玩一会游戏。或者你开发一下其他的兴趣爱好，比如运动、看书啊，一定会发现更大的乐趣。最后，希望我的经历对你有所帮助，希望听到你的好消息。

（三）迁移运用

参考劝谏之文的写作和沟通方式，写一段劝谏之文。

对象选择：

A.家长（个人发展、家庭建设）

B.任意一科老师（学科方面）

C.主任或校长（学生成长、学校发展）

学生书写劝谏之文：

爸爸妈妈：

我想过了，我现在要开始学习了，但是我还是想每天玩半个小时的游戏。希望你们能答应我。首先，我需要逐步进入学习状态，需要你们的监督；其次，当我没有状态的时候，希望你们不要批评我，而是给我一些动力和鼓励。希望你们能采纳我的建议，我也会加油。

（四）成果集成

学生优化劝学锦囊。

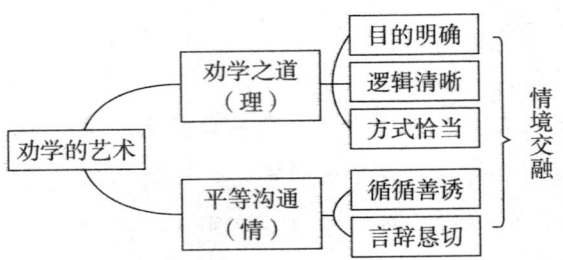

（五）作业设计

分层作业：

C层：结合评价量表，分点列出劝学建议，完善劝学锦囊。

B层：将小组完善的劝学锦囊文字改写成一篇书信，200字左右。

A层：将小组完善的劝学锦囊文字录制成一条视频，2分钟左右。

项目式作业：

建立自己的文言语料资源库之一。

1.整理三篇文言文中的劝学语料。

2.绘制人物形象图谱，结合人物语言，分析人物劝学能力武器（方法）和能力值。

（六）课后反思

本课时落实"新课标"中的课程目标："厘清思路，理解、分析主要内容，体味和推敲重要词句在语言环境中的意义和作用，对课文的内容和表达有自己的心得，能提出自己的看法，并能与他人合作，共同探讨、分析、解决疑难问题。"因此本课时以"践行劝学之道"为情境，根据课时目标和达成评价，设计了"总结劝学有道""书写劝学之道"两个任务完成本课时的目标，通过表格梳理，以及将教师和古人劝学方式进行对比，引导学生从道理和情感两方面总结劝学之道："目的明确、逻辑清晰、方式恰当、循循善诱、言辞恳切五个方面，从优秀文言文中汲取智慧，激发学生探究问题、解决问题的兴趣和热情，引导学生在多样的日常生活场景和社会实践中运用语言文字，能够解决学生现实生活的真实问题，树立作为青少年的担当意识，落实语文核心素养。"